KB182140

고대 군사사와 동아시아

고대 군사사와 동아시아

한국고대사탐구학회 편

景仁文化社

서문

올해 우리는 봉오동 전투·청산리 전투 100주년이자, 6·25 전쟁 70주기가 되는 해를 맞았습니다. 이제 우리는 많은 선열들의 희생 덕택에 문화의 힘을 갖추고 향유할 수 있는 나라에 서 있지만, 또 '거안사위(居安思危), 사즉유비(思則有備)'라는 말과 같이 우리가 지켜나가야 할 것을 한층 더 분명히 되새겨야 할 때이기도 합니다. 그렇기에 호국보훈의 달인 6월을 맞아, 동아시아의 군사사를 돌아보고자 하는 목적으로 출간하게 된 이 책의 의미가 더욱 뜻깊습니다.

이 책은 동아시아의 고대 군사사에 대해 연구하여 오신 열네 분의 저자 분이 2016년부터 2020년까지 『한국고대사탐구(韓國古代史探究)』에 게재하셨던 14편의 군사사 관련 논문들을 정리, 종합하여 출판하는 책입니다. 이 책에 실린 논문의 저자 분들은 현재 동아시아 각국의 고대사에 대해 중진으로서 지속적인 연구를 계속해 오신 분들부터 신진으로서 참신한 견해들을 펼치고 계신 분들까지 다양한 구성원으로 이루어져 있습니다. 또한 그 연구 대상 또한 고대 한반도와 요동 지방은 물론 서주시대의 중국과 9세기의 일본에 이르기까지 폭 넓은 시공간에 걸쳐 있습니다.

그럼에도 한 가지 공통적인 것은 이 책을 출판하는 데 참여해 주신 연구자 분들 모두가 뜨거운 열의를 보이시면서, 영세하게 느껴질 수 있는 고대사의 사료를 종합적, 확장적인 시각에서 탐구하시어 수준 높은 논문을 작성하여 주셨다는 점입니다. 나아가 많은 선생님들께서 십시일반의 마음으로 이 책을 출간하는 데 동참하여 주신 것은, 단순한 과거로서의 역사를 되살펴보는 것만이 아니라 자신들이 위치한 세계의 치열한 국제 정세 속에서 경쟁하였던 동아시아 각국으로부터 오늘날의 교훈을 찾아내고 미래를 위한 대계를 마련하기 위한 노력이었다고도 감히 생각하여 봅니다.

이 책에 실린 논문들은 대개 학술지에 등재되기까지 수차례의 발표회와 학술대회에서 더욱 나은 글이 될 수 있도록 많은 선생님들의 질정을 받았고, 모두 정식의 심사를 거쳐 학술적인 검증을 받았습니다. 이 책을 출판하기까지 오늘날 고대 동아시아의 군사사에 대해 재고할 계기를 마련할 수 있는 학술적 가치가 높은 글을 완성하시는 데 의기투합하여 노력해 주신 열네 분의 선생님들께 깊은 감사의 뜻을 밝힙니다.

이 글에 실린 논문들은 기본적으로 연구 대상의 시간적인 순서에 따라 배치되어 있지만, 그럼에도 동아시아의 역사적 변천에 따라 일정한 시대적 경향성을 읽어낼 수 있기도 합니다. 가장 먼저 소개되는 논문들은 고대 동아시아 세계에서 다양한 국가와 정치체들이 전쟁의 주체로 성장하는 과정과 그 성장 과정에서 맺어졌던 다양한 국제 관계에 대한 논문들입니다. 먼저 이유표 선생님은 서주와 험윤(玁狁)이 대결하였던 전역에 대해 『시경(詩經)』 등의 전래 문헌과 금석문 자료 등 출토 문헌을 통해 살피시고, 이로부터 서주·험윤 사회와 양자가 대결한 전쟁의 성격을 추출해 내고자 힘쓰셨습니다. 다음으로 위가야 선생님은 나제동맹(羅濟同盟)이 결성되고 작동하는 과정에서 서로 다른 전략적 입장에 있던 백제와 신라 양국이 협력할 때 신라의 보은 등지 진출이 어떠한 전략적 역할을 지니고 있었는지, 그리고 한성 상실 이후 백제의 주도와 신라의 협력으로 고구려에 대한 공세가 어떻게 이루어졌으며 그럼에도 그것은 어떠한 한계를 지니고 있었는지에 대해 고찰하셨습니다. 또한 송영대 선생님의 논문은 고구려의 남정(南征) 이전 신라와 가라의 전술을 파악하고, 고구려의 무기와 전술이 그들에 의해 어떠한 방식으로 도입되어 전쟁의 양상이 바뀌어 갔는지에 대해 살핀 글입니다.

이어서 고대 국가가 성숙해 나가는 과정에서 군사(軍事)가 어떻게 국가 제도의 일환으로서 정비되어 나가는지에 대해, 한반도를 중심으로 한 6~7세기의 국가에서의 사례를 중심으로 살핀 글들 또한 실렸습니다. 정동민 선생님은 열전과 묘지명 등의 자료에 나타난 수군(隋軍)의 동향, 고구려에서의 쇠뇌의 적극적인 도입, 별동대의 동향 등을 중심으로 612년 고구려-수(隋) 전쟁의 전개 과정을 다시금 정리하셨습니다. 이어서 정덕기 선생님의 논문은 6~7세기 신라 병부(兵部)의 조직화 과정을 시기별로 나누어 살피고, 더불어 병마 행정이 제도적으로 정비화되는 과정을 살핀 글입니다. 또한 신범규 선생님의 논문은 중국 사서인 『수서』 신라전의 기록을 통해 신라 군역과 관련한 사례들을 재검토 한 후 신라 군역의 형태를 구분하고 어떻게 운영했는지 살펴본 글이며, 이정빈 선생님의 글은 「천남생(泉男生) 묘지(墓誌)」에 보이는 장군·대장군에 대해 고구려에서 평시의 관직·관등을 기반으로 하여 전시에 이를 호환시켜 운영한 군사 제도의 일환으로서 설명, 분석한 논문입니다.

그 다음으로 이 책에서는 신라와 당에 의해 백제·고구려가 멸망한 이후 신라가 당의 확장주의 정책을 저지하고 자국의 자립성을 대외적으로 확고히 하여 나가는 시기에 대해 분석한 논문들이 실렸습니다. 먼저 윤진석 선생님은 「답설인귀서」에 나타난 당태종의 '평양이남 백제토지'에 대한 언사를 놓고 제기된 '신라의 백제통합론'과 '삼한일통의식 9세기 성립설'을 비판하시고, 해당 발언이 어떠한 시대적인 맥락과 화법에 입각해 제시되었으며 문무왕 대를 비롯한 이후 시대에는 어떠한 의미를 지니게 되었는지에 대해 접근하셨습니다. 이어서 이민수 선생님은 「풍사훈묘지명(馮師訓墓誌銘)」에서 확인되는 659년의 계림도대총관(雞林道大總管)의 존재에 대해 신라를 침공하려 한 당의 숨은 의도가 반영된 것이라고 보시면서,『삼국사기』김유신전에서 나타난 정황을 재해석하여 당의 팽창 야욕에서 비롯된 대신라 기만책이 투영된 것이라고 설명하셨습니다. 다음으로 이재준 선생님은 주류성을 비롯하여 백강, 피성, 임존성 등 백제 부흥 운동기의 지명에 대한 다양한 자료와 견해를 종합·정리·비판하여, 주류성 홍주(홍성)설에 주목해야 할 필요성을 제고해 주셨습니다.

또한 이상훈 선생님은 교통로와 유적·지명·전설 등을 고려하여 나당 연합군이 주둔했던 기점인 평양성 인근의 영류산(嬰留山)이 이케우치 히로시(池內宏) 이후 일반적으로 받아들여진 대성산(大城山)이 아닌 봉수산(烽燧山)·부산(斧山) 일대임을 주장하셨습니다. 한편 김병희 선생님은 675년 전후 나당전쟁의 상황과 나당관계에서 '매소성 전역'이 갖는 의미를 탐색하시고, 이것이 나당전쟁의 종료 시점에 대한 신라인의 인식에 미친 영향에 대해 연구하셨습니다.

마지막에 실린 2편의 논문에서 각각의 선생님께서는 통일 이후의 신라와 9세기의 일본에서 내부와 외부의 문제에 대응하기 위해 군사 조직이 정비되어 나가는 과정과 그 배경, 의의를 살펴보셨습니다. 한준수 선생님의 논문은 신문왕대 삼무당의 설치가 군사적 측면에서 진행된 삼국민 통합정책인 동시에 친위 군사력의 정비과정임을 살핀 글이며, 정순일 선생님의 글은 일본의 정관(貞觀) 11년(869)~13년(871) 동안 동해 연안에 노사(弩師)가 배치된 일에 대해 노사의 역할과 출신, 사천왕법(四天王法)으로 대표되는 일본 내의 이념적 뒷받침과 일본에서 바라본 신라 방면의 동향 등을 두루 살피시어 종합적으로 이해한 글입니다.

서 말 구슬이 꿰어 보배가 되듯, 선생님들의 귀중한 글들이 하나의 책으로 정리되어 나오는 데는 많은 분들의 애정 어린 손길이 있었습니다. 우선 옥고를 작성하시고 정성껏 다듬어 주신 저자 분들께 가장 먼저 감사의 말씀을 올립니다. 아울러 이상의 글들이 논문으로 실리는 과정에 도움을 주셨던 조범환 회장님과 한준수 편집위원장님, 이상훈 기획·연구위원님을 비롯한 한국고대사탐구학회의 여러 임원 분들, 한국고대사탐구학회와 함께 학술대회를 공동으로 개최하여 주셨던 군사편찬연구소와 학술대회의 장소 대관과 시설 준비를 비롯해 많은 도움을 주신 전쟁기념관의 관계자 분들께도 감사드립니다. 물론 앞서 말씀 드렸듯, 발표회와 학술대회에서 이 책에 실리기 이전의 발표문에 대해 많은 충고와 조언을 하여 주신 토론자 분들과 현장에 참석하여 주셨던 여러 선생님들께도 감사드리지 않을 수 없습니다. 그리고 이 책의 출판 과정을 총괄하여 주신 경인문화사 측에도 깊은 감사의 뜻을 전합니다. 또한, 이 책을 살펴주시는 독자 분들께도 고대 동아시아의 군사사에 대한 관심을 가져 주신 데 감사드리며, 이 책에 실린 글들을 통해 역사학적인 혜안과 앞으로의 연구에 대한 넓은 시야를 얻어 가시기를 바라마지 않을 따름입니다.

봉오동 전투 100주년을 맞은 오늘, 2020년 6월 7일
『고대 군사사와 동아시아』 편집진 일동

|목 차|

서 문

〈수록 논문의 학술지 초출 일람표〉

연번	저자	논문 제목(원제)	초출
01	이유표	'獫狁方興' -서주와 험윤의 전역 기록 검토	『한국고대사탐구』 34 (2020. 4. 30)
02	위가야	'나제동맹'의 攻守 전략 검토	『한국고대사탐구』 34 (2020. 4. 30)
03	송영대	高句麗 南征 이후 新羅·加羅의 전술 변화 고찰	『한국고대사탐구』 30 (2018. 12. 31)
04	정동민	612년 高句麗-隋 전쟁의 전개 양상	『한국고대사탐구』 34 (2020. 4. 30)
05	정덕기	6~7세기 신라 병부의 조직 정비와 병마행정의 변화	『한국고대사탐구』 30 (2020. 4. 30)
06	신범규	신라 중고기 軍役의 형태와 운영 양상	『한국고대사탐구』 30 (2018. 12. 31)
07	이정빈	「천남생 묘지」에 보이는 將軍과 7세기 고구려의 군사 운용	『한국고대사탐구』 22 (2016. 4. 30)
08	윤진석	648년 당태종의 '평양이남 백제토지' 발언의 해석과 효력 재검토 -'신라의 백제통합론'과 '삼한일통의식 9세기 성립설'에 대한 비판을 중심으로-	『한국고대사탐구』 34 (2020. 4. 30)
09	이민수	백제 멸망기 당의 신라 침공 계획	『한국고대사탐구』 33 (2019. 12. 31)
10	이재준	군사적 관점에서 본 주류성과 백강의 위치	『한국고대사탐구』 31 (2019. 4. 30)
11	이상훈	고구려 영류산의 위치와 나당연합군의 진군로	『한국고대사탐구』 34 (2020. 4. 30)
12	김병희	羅唐戰爭의 終了 始點에 대한 再檢討 및 買肖城 戰役의 過程 硏究	『한국고대사탐구』 30 (2018. 12. 31)
13	한준수	신라 통일기 三武幢의 설치와 麗濟 유민	『한국고대사탐구』 30 (2018. 12. 31)
14	정순일	9세기 후반 일본의 弩師 배치 배경	『한국고대사탐구』 34 (2020. 4. 30)

〈수록 논문의 발표 내역〉

연번	저자	논문 제목	발표 행사
01	이유표	서주시기 대 험윤 전역의 특성	「한국 고대 군사사와 동아시아」 학술대회 (2020. 1. 17)
02	위가야	'나제동맹'의 攻守 전략 검토	「한국 고대 군사사와 동아시아」 학술대회 (2020. 1. 17)
03	송영대	高句麗 南征 이후 新羅·加羅의 전술 변화 고찰	「신라 군사사의 새로운 이해」 학술대회 (2018. 6. 23)
04	정동민	612년 高句麗-隋 전쟁의 전개 양상	「한국 고대 군사사와 동아시아」 학술대회 (2020. 1. 17)
05	정덕기	6~7세기 신라 병부의 조직정비와 병마행정의 변화	「신라 군사사의 새로운 이해」 학술대회 (2018. 6. 23)
06	신범규	6~7세기 신라의 軍役체제 운영 양상	「신라 군사사의 새로운 이해」 학술대회 (2018. 6. 23)
07	이정빈	泉男生 墓誌銘에 보이는 將軍과 7세기 高句麗의 군사 운용	「泉男生 墓誌銘에 대한 새로운 이해」 학술대회 (2015. 12. 23)
08	윤진석	648년 당태종의 '평양이남 백제토지' 발언의 해석과 효력 재검토 -'신라의 백제통합론'과 '삼한일통의식 9세기 성립설'에 대한 비판을 중심으로-	「한국 고대 군사사와 동아시아」 학술대회 (2020. 1. 17)
09	이민수	660년 당의 신라 침공 시도	한국고대사탐구학회 제78차 월례발표회 (2019. 9. 28)
10	이재준	백제 부흥전쟁의 중심, 주류성은 어디인가?	홍주 주류성 국제학술 세미나 (2019. 11. 22)
11	이상훈	고구려 영류산의 위치와 나당연합군의 진군로	「한국 고대 군사사와 동아시아」 학술대회 (2020. 1. 17)
12	김병희	買肖城 戰役 및 羅唐戰爭의 終了 始點에 對한 再檢討	「신라 군사사의 새로운 이해」 학술대회 (2018. 6. 23)
13	한준수	신라 통일기 三武幢의 설치와 의의	「신라 군사사의 새로운 이해」 학술대회 (2018. 6. 23)
14	정순일	9세기 후반 일본의 노사(弩師) 배치 배경	「한국 고대 군사사와 동아시아」 학술대회 (2020. 1. 17)

'獫狁方興'
-서주와 험윤의 전역 기록 검토

이 유 표 │ 동북아역사재단 연구위원

Ⅰ. 들어가며

고사리 캐세, 고사리 캐세, 고사리가 돋아났네.
돌아가세, 돌아가세, 이 해도 다 저물어 가네.
집도 절도 없는 것은 獫狁 때문일세.
편히 앉아 쉴 틈 없는 것도 獫狁 때문일세.

...(중략)...

옛날 내가 집을 떠날 때엔 버드나무 가지 푸르렀는데,
지금 와서는 눈만 펄펄 날리고 있네.
가는 길 더디기만 하고 목마른 듯 굶주린 듯
내 마음 서글프지만, 아무도 내 슬픔 몰라주네.[1]

이 시는 周宣王 시기에 지어진 것으로 추정되는 『詩經』「小雅·采薇」편

---

[1] 『毛詩正義』卷9-3, 『十三經注疏(附校勘記)』, 淸阮元刻本, 北京, 中華書局, 1980, 412~414쪽, "采薇采薇, 薇亦作止. 曰歸曰歸, 歲亦莫止. 靡室靡家, 獫狁之故 ··· (중략) ··· 楊柳依依. 今我來思, 雨雪霏霏. 行道遲遲, 載渴載饑. 我心傷悲, 莫知我哀." 본문에서 인용한 『詩經』 시편 역문은 김학주 역주 『새로 옮긴 시경』, 명문당, 2010년, 465~468쪽을 참고하였음.

의 시작과 끝 부분으로, 玁狁과 전투를 치르기 위해 전선에 투입된 군사들의 애환을 담고 있다. 예와 지금의 전쟁 양상은 많이 다르지만, 이 시가 시대를 초월한 공감대를 얻고 있는 것은 전쟁이 주는 비극은 예나 지금이나 마찬가지기 때문일 것이다.

이처럼 周人들을 고통에 몰아넣은 '玁狁'은 어떤 집단일까? 『毛詩』는 이 시를 변경을 지키러 전쟁터에 나가는 사람을 보낼 때 부르는 노래라 하였다. 또 文王 때 서쪽에는 昆夷의 침입이, 북쪽에는 玁狁의 침략이 있어, 天子가 나라를 지키기 위해 국경을 지키는 싸움터에 장수를 파견할 때 부른 노래라 하기도 하였다.[2] 이는 昆夷와 玁狁을 구별하여, 昆夷를 서쪽의, 玁狁을 북쪽의 異族으로 인식한 것을 보여준다.

玁狁을 북쪽의 異族으로 인식한 것은 20세기 초 王國維에 의해 더욱 강화되었다. 다만 기존과 다른 것은 昆夷와 玁狁을 구별하지 않고, 같은 집단에 대한 서로 다른 표기로 인식한 것이다. 이뿐만이 아니라 商代와 周初의 鬼方, 漢朝의 匈奴 또한 玁狁과 동일한 집단으로, 시대에 따라, 기록에 따라 달리 명명된 것이라 주장하였다. 이러한 인식을 바탕으로 王國維는 西周 金文과 전래문헌에 나오는 玁狁 관련 지명 중 8개를 宗周의 동북 지역에 위치한다고 고증하여 玁狁이 북방에 위치한 집단이라는 설을 강화하였다.[3] 그의 이러한 획기적 연구방법론과 결과는 지금까지도 널리 받아들여지고 있다.

그러나, 玁狁을 북방의 異族으로 보는 관점은 1980년 陝西省 西安市 長安區 鬪門鎭에서 多友鼎이 발견되면서 재고의 여지가 생겼다.[4] 多友鼎 명문

. . . .

2 『毛詩正義』卷9-3, 412~413쪽, "采薇, 遣戍役也. 文王之時, 西有昆夷之患, 北有玁狁之難, 以天子之命, 命將率, 遣戍役, 以守衛中國."

3 王國維, 「鬼方昆夷玁狁考」『觀堂集林(附別集)』, 北京, 中華書局, 1959a, 583~606쪽.

4 李學勤, 「論多友鼎的時代及意義」『人文雜誌』1981-6, 90쪽.

(『集成』2835)[5]에서 玁狁의 공격과 西周의 대응이 기록되어 있다. 李學勤은 多友鼎 명문에 보이는 '筍', '京師' 등이 周의 도읍이었던 宗周의 서북쪽에 있었고, 王國維가 고증했던 8개 지명들 중에도 宗周 부근 혹은 宗周의 서북쪽에서 찾을 수 있다는 것을 증명하면서,[6] 玁狁을 북쪽이 아닌 서쪽에 있었던 異族으로 파악하였다.

이러한 관점은 문헌에 보이는 '犬戎'을 '玁狁'과 동일시하는 관점을 통해 큰 힘을 얻었다. 『國語』「周語」와 『後漢書』「西羌傳」에 보면, 周穆王이 犬戎을 정벌한 후 太原으로 옮겼다는 기록이 보인다.[7] 周宣王 시기의 시편인 『詩經』「小雅·六月」[8]편에는 尹吉甫가 玁狁을 추격하여 大原(곧 太原)에 이르렀다는 기록이 보인다. 이 두 기록을 정합해 보면, 犬戎이 곧 玁狁이라는 것을 알 수 있다. 여기서의 '太原'은 지금의 寧夏回族自治區 固原 평원 일대로 추정되는데, 학자들은 이곳을 '玁狁' 곧 '犬戎'의 근거지로 보고 있다.[9]

그렇다면 '험윤'은 어떤 성격을 가진 집단이었을까? 이는 『國語』「周語」편에 기록된 "穆王이 장차 犬戎을 정벌하려하여 … 왕이 마침내 정벌하여 흰 늑대 넷과 흰 사슴 넷을 얻어 돌아왔다"[10]는 기록을 통해 엿볼 수 있다. 학자들의 연구에 따르면, 여기서 '늑대'와 '사슴'은 몽고족을 비롯한 중앙아시아 초원 여러 민족의 토템으로, 『國語』의 기록은 당시 초원 일각에 '흰 늑대'와 '흰 사슴'을 토템으로 하는 훗날 초원 제국들의 선민들이

5 中國社會科學院考古研究所 編, 『殷周金文集成』1-18, 北京, 中華書局, 1984-94. 본문 약칭 『集成』.

6 李學勤, 앞의 논문, 1981, 90쪽.

7 이 기록에 대해서는 다음 장에서 자세히 검토하도록 하겠다.

8 『毛詩正義』卷10-2, 424~425쪽.

9 이와 관련된 연구사는 李峰의 『西周的滅亡: 中國早期國家的地理和政治危機』, 上海, 上海古籍出版社, 2007, 192~197쪽 참고.

10 徐元誥 撰, 『國語集解』(修訂本), 北京, 中華書局, 2002, 1~9쪽.

있었음을 증명하는 것이라고 한다.[11] 따라서 험윤 또한 중앙아시아 초원 민족계 집단임을 어느 정도 긍정할 수 있다.

앞서 인용한 『詩經』「采薇」편을 대표로 하는 여러 사료를 통해 봤을 때, 훗날 중원 국가의 초원 여러 민족에 대한 인식처럼, 獫狁 또한 호전적인 대상으로 인식된 것으로 보인다. 이러한 인식의 영향으로 학계에는 獫狁을 호전적인 기마민족으로 보는 관점 또한 존재한다.[12] 현재 국내 학계에 獫狁에 대한 연구는 그리 많지 않다. 그것도 대체로 각 청동 명문의 고석을 위주로 하는 케이스 연구로, 獫狁에 대한 종합적인 연구는 전무한 실정이다.[13] 따라서 필자는 선행 연구를 기초로 하여, 『詩經』, 『國語』, 『後

. . . .

11 徐元誥 撰, 『國語集解』(修訂本), 1~9쪽, "穆王將征犬戎 …(중략)… 王遂征之, 得四白狼四白鹿以歸." 韋昭는 주석에서 "흰 늑대와 흰 사슴은 犬戎이 공물로 바치는 것(白狼白鹿, 犬戎所貢)"이라 하였다. 그러나 최근의 연구성과는 우리에게 새로운 해석의 여지를 주었다. 『蒙古祕史』에 보이는 '푸른 늑대와 흰 사슴(蒼狼白鹿)'은 몽고 선민들 가운데 늑대와 사슴을 토템으로 하는 부족이 있었다는 것을 보여준다. 혹자는 당시 흰 늑대와 흰 사슴을 토템으로 하는 몽고족 선민이 있었다는 것을 증명해 준다고 여겼지만, 那木吉拉는 현재 견융과 몽고족 선민 사이의 관계가 불분명하지만, 최소한 고대 북방 알타이어계 여러 민족들 사이에 흰 늑대와 흰 사슴을 토템으로 하는 민족이 있었다는 근거는 될 수 있다고 하였다(佟德福 等,「薩滿教在蒙古文化深層結構中的積澱」『中央民族學院建校四十周年學術論文集』, 北京, 中央民族學院出版社, 1991; 那木吉拉,「犬戎北狄古族犬狼崇拜及神話傳說考辨」『民族文學研究』2008-2).

12 대표적인 성과로 張烈의 「也談我國騎兵的産生和發展」『文史知識』1988-4; 楊東晨의 『周興亡史』, 西安, 陝西人民出版社, 2015 등이 있다.

13 이기구,「『兮甲盤』銘文과 西周 宣王代의 대외관계」『명지사론』14-15, 2004; 심임숙,「《兮甲盤》銘文에 대한 小考」『국제언어문학』22, 2010; 민후기,「2003년 眉縣 楊家村 출토 청동기 銘文 자료의 考釋－<逨盤>, <四十二年逨鼎>, <四十三年逨鼎>, <單叔鬲>, <單五父方壺>, <逨盉>, <盂>의 注解를 중심으로－」『한국사학사보』36, 2017 ; 이유표,「多友鼎 명문의 戰役과 인물을 통해 본 周厲王의 권력」『사림』61, 2017 ;「不其簋를 秦器로 볼 수 있는가: 不其簋 명문 재검토」『중국고중세사연구』48, 2018 등.

漢書』「西羌傳」 등 여러 전래문헌과 西周 金文에 보이는 西周와 玁狁의 전쟁 기록을 살펴보고, 더 나아가 양자 간 전쟁 기록에 보이는 특징에 대해 종합적으로 고찰해 보고자 한다.

II. 西周 對玁狁 戰役 기록 검토: 전래문헌

'玁狁' 관련 기록으로 대표적인 것이 바로 『詩經』이다. 『詩經』에 수록된 시편 가운데 玁狁과 관련된 것으로는 「小雅·采薇」, 「出車」, 「采芑」, 「六月」 편 등이 있다. 「采薇」는 앞서 살펴본 것처럼 戍役에 나간 사람의 노고를 읊은 것이고, 「出車」는 玁狁을 무찌른 南仲을 노래하는 시편이며, 「采芑」는 玁狁과 蠻荊을 무찌른 方叔의 공로를 드높이는 시편이고, 「六月」 또한 玁狁을 격퇴하고 정벌한 尹吉甫의 공로를 찬미하는 내용을 담은 시편이다. 이 가운데 「出車」의 내용을 살펴보도록 하자.

내 수레 내어 들판에 나와 있네. 天子 계신 곳에서 내게 오라고 명하셨기 때문이네. 하인 불러 수레를 준비하게 하고, 나랏일에 어려움이 많아서 급히 서둘러 온 걸세.
내 수레 내어 들판으로 나왔네. 거북과 뱀 그린 깃발 꽂고 소꼬리 털 단 깃대 세우니, 여러 가지 깃발들이 얼마나 바람에 펄럭이는가? 마음은 그래도 걱정뿐인데 내 하인까지도 병이 났네.
왕께서 南仲에게 명하시어 方 땅에 가 성을 쌓게 하셨네. 수레 내어 떠나니 위세 당당하고 여러 가지 깃발은 화사하기도 하네. 왕께서 우리에게 명하시어 朔方에 성을 쌓게 하셨으니, 용감한 南仲은 玁狁을 쳐 없앨걸세.
전에 내가 떠날 때엔 기장이 한창 패고 있었는데 지금 와서는 눈 내리어 길이 진흙투성이네. 나랏일에 어려움이 많아 편히 지낼 틈도 없네. 어찌 돌아가고 싶지 않으리? 군령이 두려워 못가는 거지.

직직 여치가 울고 팔딱팔딱 메뚜기는 뛰는데 님을 뵙지 못하여 마음의 시름 그지없네. 님을 뵈어야 내 마음 안정되겠네. 용감한 南仲이 西戎을 쳐 부셨네.

봄날은 길고 초목이 우거지자 꾀꼬리가 삑삑 우는 속에 쑥을 수북히 뜯네. 많은 적을 베고 사로잡은 뒤 돌아오게 되었네. 용감한 南仲이 玁狁을 평정하였네.[14]

『毛詩』는 전쟁에서 돌아온 장수를 위로할 때 부른 노래라 하였다.[15] 이 전쟁의 지휘관은 南仲이다. 비록 南仲이 지휘한 전쟁이 어디서 치러졌는지 구체적으로 나와 있지 않지만, '方'과 '朔方'에 성을 쌓았다는 것을 통해, '方' 땅 부근, 곧 西周 금문에 보이는 '蒡'京[16] 부근에서 전쟁을 치른 것이 아닌지 추정된다. 비록 그 전투 과정은 자세히 나와 있지는 않으나, 기장이 패기 시작하는 늦여름에서 초목이 우거지기 시작하는 봄까지, 玁狁을 방어하기 위해 성을 쌓고, 또 玁狁의 내침을 성공적으로 격퇴하고 돌아온 장사들의 모습을 엿볼 수 있다.

이어서 「六月」편을 보도록 하자.

---

14 『毛詩正義』 卷9-4 「出車」, 415~416쪽, "我出我車, 于彼牧矣. 自天子所, 謂我來矣. 召彼仆夫, 謂之載矣. 王事多難, 維其棘矣. 我出我車, 于彼郊矣. 設此旐矣, 建彼旄矣. 彼旟旐斯, 胡不施施. 憂心悄悄, 仆夫況瘁. 王命南仲, 往城于方. 出車彭彭, 旗旐央央. 天子命我, 城彼朔方. 赫赫南仲, 玁狁于襄. 昔我往矣, 黍稷方華. 今我來思, 雨雪載涂. 王事多難, 不遑啓居. 豈不懷歸, 畏此簡書. 喓喓草蟲, 趯趯阜螽. 未見君子, 憂心忡忡. 旣見君子, 我心則降. 赫赫南仲, 薄伐西戎. 春日遲遲, 卉木萋萋. 倉庚喈喈, 采蘩祁祁. 執訊獲醜, 薄言還歸. 赫赫南仲, 玁狁于夷."

15 『毛詩正義』 卷9-4 「出車」, 415쪽.

16 王國維가 西周 금문에 보이는 '蒡'을 『詩經』의 '方'으로 본 이후, 학자들은 대체로 이 설을 따르고 있다(王國維, 「周蒡京考」 『觀堂集林』 권12, 1959b, 525~529쪽).

六月은 뒤숭숭하니 병거를 정비한 뒤 튼튼한 네 마리 말로 끌게 하고, 군복 입은 이들 올라 탔네. 玁狁이 매우 험악하여 나는 이들을 막으러 왔네. 왕께서 출정하시어, 나라를 안정시키려는 것일세.

가지런한 네 마리 검은 말은 길이 잘 들어 절도가 있네. 이번 유월에 내 군복 지어 입었네. 다 지은 나의 군복 입고 30리 진군 하였네. 왕께서 출정을 명하시어, 天子를 보좌하는 것일세.

네 마리 말은 크고도 살져 덩치가 큼지막하네. 玁狁을 쳐부수어 큰 공을 이루려네. 위엄으로 부하 이끌며 신중히 전쟁에 임하였네. 신중히 전쟁에 임하여 왕국을 안정시켰네.

玁狁은 강하여 焦穫 땅을 다 점령하고 鎬 땅과 方 땅에까지 침입하려, 涇陽까지 이르렀네. 얼룩덜룩 새매 무늬 깃발 세우고 흰 기폭 펄럭이네. 큰 병거 열 대가 부대의 앞장서서 달리네.

병거는 편안하여 덜컹덜컹 달리고 네 마리 말은 건장한데 건장하고도 길 잘 들었네. 玁狁을 쳐부수고 大原 땅에 이르렀네. 문무에 능한 吉甫는 온 나라의 규범일세.

吉甫님 기뻐하심은 많은 승리 거뒀기 때문이네. 鎬 땅으로부터 돌아와 보니 내가 떠난 지 오래 되었네. 여러 벗들에게 음식을 권하는데 자라구이와 잉어회도 있네. 동료 중에는 누가 있는가? 효도와 우애에 뛰어난 張仲이 있네.[17]

이 시는 앞의 「采薇」, 「出車」와는 달리, 종군하는 군사의 애환 보다는 강인한 패기가 느껴진다. 이 전쟁은 시기적으로 6월에 치러졌다. 이 시기

. . . .

17 『毛詩正義』 卷10-2, 424~425쪽, "六月棲棲, 戎車旣飭. 四牡騤騤, 載是常服. 玁狁孔熾, 我是用急. 王于出征, 以匡王國. 比物四驪, 閑之維則. 維此六月, 旣成我服. 我服旣成, 于三十里. 王于出征, 以佐天子. 四牡修廣, 其大有顒. 薄伐玁狁, 以奏膚公. 有嚴有翼, 共武之服. 共武之服, 以定王國. 玁狁匪茹, 整居焦穫. 侵鎬及方, 至于涇陽. 織文鳥章, 白旆央央. 元戎十乘, 以先啓行. 戎車旣安, 如輊如軒. 四牡旣佶, 旣佶且閑. 薄伐玁狁, 至于大原. 文武吉甫, 萬邦爲憲. 吉甫燕喜, 旣多受祉. 來歸自鎬, 我行永久. 飮御諸友, 炰鱉膾鯉. 侯誰在矣, 張仲孝友."

는 지금의 음력으로 환산해 보면 4월로 「출거」에서 말하는 초목이 무성해지기 시작하는 시기와 일치한다. 이 시는 왕이 직접 출정한 전쟁으로 파악되는 점에서 앞의 두 시편과 차이를 보인다. 물론 해석에 따라 차이가 있겠지만, "王于出征, 以匡王國", "王于出征, 以佐天子"를 고려하면, 왕이 직접 참전한 것으로 보는 것이 보다 타당해 보인다.

이 시의 가치는 바로 전쟁지리가 비교적 자세히 기록되어 있다는 것이다. 玁狁은 焦穫 땅을 점령하고 鎬 땅과 方 땅을 공략하기 위해 涇陽까지 이르렀다.[18] 이에 대응하여 周王은 직접 출정하면서 吉甫로 보좌하게 하였다. 周王과 吉甫는 玁狁의 내침을 성공적으로 격퇴하고, 玁狁을 끝까지 추격하여 太原에까지 이르렀다. 太原은 전술한대로 당시 玁狁의 근거지로 지금의 寧夏回族自治區 固原 일대였다. 이는 周가 대대적으로 반격하여 玁狁에 큰 타격을 입혔다는 것을 방증해 준다.

마지막으로 「采芑」편의 관련 기록을 보도록 하자. 「采芑」는 方叔이 군사를 이끌고 남방의 蠻荊을 정벌하러 가는 것을 기록한 시편이다. 그 마지막 부분에 "밝고 진실한 方叔께서는 玁狁을 정벌하시고 荊 땅의 오랑캐들도 굴복시키었네."[19]라고 하였다. 이는 方叔이 蠻荊을 치기 전, 이미 玁狁을 정벌했던 사실을 말해준다.

이어서 『後漢書』「西羌傳」의 기록을 보도록 하자.

---

18 "玁狁은 강하여 焦穫 땅을 다 점령하고 鎬 땅과 方 땅에까지 침입하려 涇陽에 이르렀네." 이는 玁狁이 焦穫을 지나 涇陽까지 이른 침입 노선을 말해준다. 涇陽은 '涇水'의 북쪽, 곧 당시 周의 도읍이었던 鎬京의 북쪽에 있었기 때문에, 玁狁이 '鎬'와 '方'을 거쳐 涇陽에 이르렀을 가능성은 없다. 따라서 필자는 '鎬'와 '方'을 玁狁이 직접 침입한 곳이 아닌, 작자가 당시의 위급함을 강조하기 위해, 玁狁이 '鎬 땅과 方 땅에까지 침입하려 涇陽에 이르렀네'로 해석하였다.
19 『毛詩正義』 卷10-2, 426쪽, "顯允方叔, 征伐玁狁, 蠻荊來威."

周穆王 때에 이르러 戎狄이 공물을 바치지 않자 穆王은 서쪽으로 犬戎을 쳐서 그곳의 다섯 왕을 사로잡고 흰 사슴 네 마리와 흰 늑대 네 마리를 얻었으며,[20] 王은 이에 戎을 太原으로 옮겼다. 夷王 때 쇠약해져 荒服이 입조하지 않자, 夷王이 虢公에게 六師를 이끌고 太原의 戎을 치도록 명하니, 유천에 이르러 말 천 필을 노획하였다. 厲王이 無道하자 戎狄이 쳐들어와 노략질하다가 犬丘로 들어와 秦仲의 일가를 살해하였다. 厲王이 戎을 치도록 명하였으나 이기지 못하였다. 周宣王이 즉위한 지 4년에 秦仲으로 하여금 戎을 치도록 하였으나 그는 도리어 戎에게 살해당하였다. 宣王이 이에 秦仲의 아들 莊公을 불러서 병사 7천을 주니, (莊公은) 戎을 패배시켰다. 이로부터 戎은 점차 물러갔다. 27년 후, 宣王이 군대를 보내 太原의 戎을 쳤으나 이기지 못하였다. 5년 후, 宣王이 條戎과 奔戎을 쳤으나 왕의 군대를 크게 패하였다. 2년 후, 晉人이 汾水 일대 낮고 습한 땅에서 北戎을 패배시켰고, 戎人은 姜侯의 邑을 멸하였다. 다음 해, 宣王은 申戎을 쳐서 패배시켰다. 10년 후, 幽王은 伯士에게 六齊의 戎을 치도록 명하였으나 伯士의 군대는 패하고 그는 전사하였다. 같은 해 戎이 犬丘를 포위하여 秦襄公의 형인 伯父를 사로잡았다. 이때 幽王은 어리석고 사나와 四夷가 번갈아 가며 침략하였다. (幽王은) 申后를 폐하고 褎姒를 왕후로 삼았다. 申侯가 노하여 戎과 함께 주왕실을 노략질하여 酈山에서 幽王을 살해하니, 周나라는 이에 동쪽 洛陽으로 천도하고, 秦襄公은 戎을 공격하여 周나라를 구하였다.[21] 2년 후, 邢侯가 北戎을 크게 격파하였다.[22]

---

20 徐元誥 撰, 『國語集解』(修訂本), 北京, 中華書局, 2002, 1~9쪽.

21 『史記』 卷4, 本紀4, 周本紀, 北京, 中華書局, 1959 및 여러 문헌에 기록되어 있다.

22 『後漢書』 卷87, 列傳77, 西羌傳, 北京, 中華書局, 1965, 2871쪽, "至穆王時, 戎狄不貢, 王乃西征犬戎, 獲其五王, 又得四白鹿, 四白狼, 王遂遷戎于太原. 夷王衰弱, 荒服不朝, 乃命虢公率六師伐太原之戎, 至于兪泉, 獲馬千匹. 厲王無道, 戎狄寇掠, 乃入犬丘, 殺秦仲之族, 王命伐戎, 不克. 及宣王立四年, 使秦仲伐戎, 爲戎所殺, 王乃召秦仲子莊公, 與兵七千人, 伐戎破之, 由是少卻. 後二十七年, 王遣兵伐太原戎, 不克. 後五年, 王伐條戎·奔戎, 王師敗績. 後二年, 晉人敗北戎于汾隰, 戎人滅姜侯之邑. 明年, 王征申戎, 破之. 後十年, 幽王命伯士伐六濟之戎, 軍敗, 伯士死焉. 其年,

『後漢書』는 5세기 南朝 宋의 范曄이 지은 사서로 西周 시기와는 15세기 내외의 차이가 있지만, 戰國時代 魏 나라의 사서인 『竹書紀年』이 발견된 후 처음으로 편찬된 관찬 사서로, 「西羌傳」과 「東夷傳」에서 『竹書紀年』의 내용이 적잖이 반영되어 있기 때문에, 周代史를 연구하는데 상당히 중요한 사료로 쓰인다.

인용문을 보면, 西周와 戎의 관계를 시간 순서에 따라 나열하였다. 본문은 『竹書紀年』 등에 보이는 조각 기사를 모아 한 단락으로 구성한 것이기 때문에, 본문에 보이는 여러 '戎'은 결코 같은 집단으로 볼 수 없다. 이 단락에서 玁狁, 곧 犬戎과 관련된 기사를 보면, 穆王 때 犬戎을 정벌하여 '太原'으로 옮긴 것, 이왕 때 '太原의 戎'을 정벌한 것, 그리고 宣王 때 犬戎을 쳤으나 실패한 것과 幽王 때 申侯가 犬戎을 끌어들여 幽王을 酈山에서 살해한 것 등 네 가지가 있다.

앞에서 인용한 『詩經』의 기록은 모두 宣王 시기의 것으로, 宣王 시기 승리한 전쟁만 기록되어 있는데 반해, 「西羌傳」에는 패배한 기록도 같이 정리되어 있다. 이러한 기록의 차이를 통해 개인의 서정을 노래한 시편과 사서의 차이를 엿볼 수 있다. 또 양자 간의 전쟁이 결코 일방적인 것이 아니라, 쌍방이 장기간 일진일퇴하던 관계였다는 것도 알 수 있다.

Ⅲ. 西周 對玁狁 戰役 기록 검토: 출토문헌

다음으로 西周 金文에 보이는 玁狁 관련 기사를 시대 순으로 보도록 하자. 西周 金文에는 厲王 시기 對 玁狁 전역을 기록한 多友鼎 명문,[23] 宣王 초

....

戎圍犬丘, 虜秦襄公之兄伯父. 時幽王昏虐, 四夷交侵, 遂廢申后而立褒姒. 申侯怒, 與戎寇周, 殺幽王於酈山, 周乃東遷洛邑, 秦襄公攻戎救周. 後二年, 邢侯大破北戎."

[그림 1] 多友鼎 명문(좌)과 기물(우)

기의 것으로 보이는 兮甲盤(『集成』 10174)과 不其簋, 그리고 虢季子白盤 명문(『集成』 10173), 宣王 후기의 四十二年逨鼎 명문(『銘圖』 2501)[24] 등이 있다. 먼저 多友鼎 명문을 보도록 하자.

　　10월, 玁狁이 막 군대를 일으켜 京師를 무참히 정벌하자, 王에게 추격할 것을 알리니, 王이 武公에게 명하여 말하였다. "너의 元士를 보내어 京師로 달려가서 추격하게 하라." 武公이 多友에게 명하여 公車를 이끌고 京師로 달려가 추격하게 하였다. 癸未日, 戎이 筍을 정벌하여 다 포로로 잡아가니, 多友는 서쪽으로 추격하였다. 甲申日 새벽, 漆에서 싸워 多友는 적을 죽이고 사로잡는 공을 세웠다. 무릇 公車를 이끌고 적의 머리 2□5개를 베었으며, 23명을 사로잡아 심문하였으며, 병거 117乘을 노획하였고, 筍 땅에서 포로된 사람들을 다 구출해 내었다. 또, 龏 땅에서 싸워 36명의 머리를 베고, 두 사람을 사로잡아 심문하였으며, 병거 10乘을 노획하였다. 그들을 계속 쫓아 世 땅까지 추격해 교전을

23　에드워드 쇼우네시는 이를 宣王 시기의 것으로 파악하기도 한다(Edward L. Shaughnessy, "The Date of the 'Duo You Ding' and its Significance", *Early China* (9-10), 1983-1985, 55~69쪽).

24　吳鎭烽 編, 『商周靑銅器銘文暨圖像集成』, 上海, 上海古籍出版社, 2012. 본문 약칭 『銘圖』.

벌여, 多友는 또 적의 머리를 베고 적을 사로잡아 심문하는 공을 세우고, 이에 계속 돌격하여 楊冢에 이르렀는데, 公車를 이끌고 115명의 머리를 베고, 세 사람을 사로잡아 심문하였으며, 노획한 수레 가운데 쓸 수 없는 것은 다 불태웠지만, 말은 다 끌고 돌아왔다. 京師에서 포로가 되었던 사람들을 구출해 내었다. 多友는 이에 획득한 적의 머리와 포로를 武公에게 바쳤고, 武公은 이에 왕에게 바쳤다. (周王이) 이에 武公에게 말하길, "네가 이미 京師를 안정시켜 네게 포상을 내리니, 네게 土田을 하사하노라."라고 하였다. 丁酉일, 武公은 獻宮에 있었다. 이에 向父에게 명하여 多友를 부르게 하니, (다우가) 이에 獻宮으로 들어왔다. 公이 친히 多友에게 말하길, "내 처음 너에게 명하였는데, 훌륭하게도 (내 기대를) 저버리지 않고, 또 일을 이루어 많은 전공을 세우면서 네가 京師를 안정시켰으니, 네게 圭瓚 하나와 錫鐘 1 肆, 鐈鋚 100鈞을 하사하노라." 多友는 감히 武公의 아름다움을 드날리며, 존귀한 鼎을 만드노니, '朋友'와 함께, 그 子子孫孫 영원히 보배로이 사용할 지어다.[25]

이 명문은 玁狁의 공격에 대한 周의 대응을 잘 보여주고 있다. 玁狁이 京師와 筍 땅을 약탈하고 돌아가자, 周王은 당시 집정대신으로 추정되는 武公에게 출정을 명하였다. 武公은 자신의 사속 將領인 多友에게 명하여 玁

---

25 「多友鼎」, "唯十月, 用玁狁放(方)興, 廣伐京𠂤(師), 告追于王, 命武公, "遣乃元士, 羞追于京𠂤(師)." 武公命多友率公車, 羞追于京𠂤(師). 癸未, 戎伐筍, 衣(卒)孚(俘), 多友西追. 甲申之辰, 搏于郗(漆), 多友右(有)折首執訊, 凡以公車折首二百又□又五人, 執訊廿又三人, 孚(俘)戎車百乘一十又七乘, 衣(卒)復筍人孚(俘). 或(又)搏于龔(龏), 折首卅又六人, 執訊二人, 孚(俘)車十乘. 從至, 追搏于世, 多友或(又)右(有)折首執訊, 乃䡊追, 至于楊冢, 公車折首百又十又五人, 執訊三人, 唯孚(俘)車不克以, 衣(卒)焚, 唯馬馭盡. 復奪京𠂤(師)之孚(俘). 多友乃獻孚(俘)馘訊于公, 武公迺獻于王. 迺曰武公曰, "女(汝)旣靜京𠂤(師), 賚女(汝), 易(錫)女(汝)土田." 丁酉, 武公才(在)獻宮. 迺命向父侶(召)多友, 迺徙于獻宮. 公親(親)曰多友曰, "余肇吏(使)女(汝), 休, 不逆, 又(有)成事, 多禽(擒), 女(汝)靜京𠂤(師), 易(錫)女(汝)圭瓚一, 錫(錫)鐘一牆(肆), 鐈鋚百匀(鈞)." 多友敢對揚公休, 用乍(作)隣(尊)鼎, 用朋用友, 其子子孫永寶用."

狁을 격퇴하게 하였고, 多友는 京師로 출격하여, 漆, 龔, 世, 楊冢 등에서 싸워 玁狁을 죽이고 사로잡는 공로를 세우는 한편, 漆 땅에서는 筍에서 사로잡힌 주민들을 구출하였고, 楊冢에서는 京師에서 사로잡힌 주민들을 구출하여 돌아왔다.

周王이 玁狁이 공격했다는 보고를 접하고 武公에게 출정을 명한 시점(癸未, 20)[26]부터, 武公에 대한 포상(丁酉, 34)을 할 때까지 걸린 시간은 14일에 불과하다. 武公의 명령을 받고 출정한 多友가 이튿날 처음 전투를 치렀고, 또 전투를 마치고 돌아와 武公에게 전황을 보고하고, 武公이 다시 周王에게 보고한 정황까지 고려해 보면, 실제 행군한 시간은 11일 정도로 추산해 볼 수 있다.[27] 이는 전투가 얼마나 급박하게 이루어졌는지 알려준다.

여기서 흥미로운 것은 多友가 玁狁을 격퇴하면서 전차를 127승이나 노획했다는 것이다.[28] 속전속결로 진행된 전역에서 玁狁이 전차를 127승 이상이나 끌고 내려왔다는 것은, 초원 민족계 집단의 특징을 지닌 玁狁의 주력 병종이 '騎兵'이 아니라 전차병이었을 가능성을 말해준다. 玁狁을 추격한 多友 또한 '公車', 곧 '武公의 전차'를 끌고 출정하였다. 이는 본 명문에 보이는 戰役이 숨 가쁘게 진행된 양자 간 전차 추격전이었음을 보여준다.[29]

이 밖에, 본 명문은 '전쟁 명령', '전황 보고', 그리고 전과에 대한 포상에 대한 인적 관계가 잘 드러나 있다. 전쟁이 발생하자 周王은 武公에게 출정을 명하였고, 武公은 다시 多友에게 명령하였다. 武公의 명을 받고 전

---

26 숫자는 60갑자의 순서다.

27 이 기간 동안 周의 군대가 행군한 거리는 최소 600km 이상에 달하는 것으로 추정된다. 이는 뒤의 4장에서 구체적으로 언급할 것이다.

28 漆 땅에서 117승, 龔 땅에서 10승을 노획하였다.

29 뒤에서 언급할 四十二年逨鼎 명문에서도 '기물, 수레, 말(器車馬)'을 노획했다는 기록을 통해 험윤이 전차를 타고 침공했다는 것을 엿볼 수 있다.

투를 치른 多友는 전투가 끝나고 돌아와 武公에게 전과를 보고하였고, 武公은 周王에게 전과를 보고하였다. 武公의 보고를 받은 周王은 武公의 '전공'을 치하하며 포상하였고, 武公은 다시 多友에 대한 포상을 진행하였다. 이는 당시의 엄격한 '중층적 사속관계'의 일면, 곧 '周王'과 '有力者', '有力者'와 '私屬(家臣)' 사이의 관계를 잘 보여주는 것으로, 앞서 예로 든『詩經』「六月」의 작자가 왕이 참전한 전투에서 周王을 찬양하지 않고 吉甫의 공로를 찬양한 것 또한 이러한 맥락에서 이해할 수 있다. 이러한 관계는 다음에 살펴 볼 不其簋 명문에서도 찾아볼 수 있다.

不其簋는 1980년 山東省 滕縣 後荊溝에서 출토된 것으로,30 中國國家博物館에 소장된 不其簋蓋와 짝이 되는 기물이다. 不其簋에는 모두 151자(重文 3자)의 명문이 새겨져 있는데, 그 내용은 다음과 같다.

> 9월 初吉 戊申일, 伯氏가 말하였다. "不嬰! 서북방의 玁狁이 西兪를 널리 정벌하였다. 왕께서 내게 명하시길, '서로 나아가 쫓아내라'고 하셔서, 내 돌아가 사로잡은 것들을 바칠 수 있었다. 너를 명하여 嬰 땅으로 병거를 몰아 추격하게 하니, 너는 내 병거를 몰아 高陶에서 玁狁을 소탕하여, 너는 많은 적의 머리를 베고 사로잡았다. 戎이 크게 군사를 모아 멀리 너를 추격하니, 너는 크게 戎과 싸웠다. 너는 훌륭하게도 내 병거를 위험에 빠뜨리게 하지 않았다. 너는 많은 전과를 획득하고, 적의 머리를 베었으며, 사로잡아 심문하였다." 伯氏가 말하였다. "不其, 너 小子야! 너는 군공을 민첩하게 세웠으니, 너에게 활 하나와 화살 1束, 臣 5家, 田 10田을 하사하니, 이로써 너의 직무를 길이 이행하라." 不其가 절하고 머리를 조아리며, (伯氏를) 드높이고, 나의 皇祖 公伯과 孟姬를 위한 존귀한 궤를 만든다. 이로써 많은 복과 만수무강을 빌고, 좋은 명성이 길이 계속 되길 원하며, 자자손손 영원히 보배롭게 사용할 지어다.31

....

30 萬樹瀛, 「滕縣後荊溝出土不其簋等靑銅器群」『文物』1981-9.

[그림 2] 不其簋 기물(좌)과 명문(우)

본 명문을 통해 알 수 있듯이, 伯氏는 周王의 명을 받아 출정하였고, 또 不其에게 출정을 명하였다. 不其는 伯氏의 명을 받고 鬘과 高陶에서 玁狁을 소탕하여 적을 베고 사로잡는 공을 세웠다. 이 전역에서도 큰 공을 세운 것은 不其이지만, 不其는 周王에게 포상을 받은 것이 아니라 伯氏에게 포상을 받았다. 이 또한 앞의 多友鼎과 같은 사례로 '중층적 사속관계'의 일면을 보여주는 것이라 할 수 있다.

이어서 兮甲盤 명문을 보도록 하자. 兮甲盤은 宋代에 나타난 기물로, 淸末 해외로 유출되었다가 2010년 河南 天河堂이 미국에서 구매하면서 다시 중국으로 돌아왔다. 본 명문은 兮伯吉父가 왕을 따라 玁狁을 정벌한 것과

31 「不其簋」, "唯九月初吉戊申, 白(伯)氏曰: 不嬰馭方玁狁, 廣伐西兪, 王令我羞追于西, 余來歸獻禽(擒), 余命女(汝)御(禦)追于鬘, 女(汝)以我車宕伐玁狁于高陶, 女(汝)多折首執訊, 戎大同, 從追女(汝), 女(汝)伋戎大敦, 女(汝)休弗以我車圅(陷)于艱, 女(汝)多禽(擒), 折首執訊. 白(伯)氏曰: 不嬰, 女(汝)小子, 女(汝)肇誨(敏)于戎工, 易(錫)女(汝)弓一, 矢束, 臣五家, 田十田, 用從(永)乃事.不嬰拜稽手(首)休, 用乍(作)朕皇且(祖)公白(伯)·孟姬𨼫(尊)簋, 用匄多福, 眉壽無疆(疆), 川(永)屯(純)·𠠤(令)冬(終), 子子孫孫, 其永寶用𠈷(享)."

周王의 명을 받아 淮夷 지역에 出使한 내용을 담고 있다. 그 중 對 玁狁 전역 관련 내용은 다음과 같다.

5년 3월 旣死覇 庚寅일, 왕이 처음으로 瞫盧에서 玁狁을 격퇴하였을 때, 兮甲이 왕을 따라, 적의 머리를 베고 사로잡았다.……왕이 兮甲에게 말 네 필과 駒車를 하사하였다…(중략)…兮伯吉父가 盤을 만드니, 만수무강하도록 子子孫孫 영원히 보배로이 사용할 지어다.[32]

周宣王 5년 3월 하순의 庚寅일, 周王이 직접 출정하여 瞫盧[33]에서 玁狁을 격퇴하였을 때, 兮甲이 왕을 따라 출정하여 적의 머리를 베고 사로잡는 공을 세웠다. 왕이 직접 출정하였다는 것에서 『詩經』「六月」편과 상통한다. 兮甲盤의 작기자는 명문 말미에 스스로를 '兮伯吉父'라 칭하고 있다. 학자들은 「六月」편과 본 명문을 연관시켜 '兮伯吉父'와 '尹吉甫'를 동일 인물로 보고 있다. 필자도 '兮伯吉父'를 '尹吉甫'로 보는 데 이견이 없다. '兮伯'이라는 호칭이 보여주듯이 '兮'는 領地이고, '尹吉甫'의 '尹'은 관직명을 '氏'로 삼은 것으로 볼 수 있기 때문에, 동일 인물일 가능성이 상존하기 때문이다.

兮甲盤 명문의 전쟁이 일어난 시간은 周宣王 5년 3월이고, 『詩經』「六月」편의 전쟁은 周宣王 모년 6월이다. 학자들은 吉甫가 참전한 것으로 판단되

---

32 「兮甲盤」, "佳(唯)五年三月旣死覇庚寅, 王初各(格)伐玁狁于瞫盧, 兮甲從王, 折首執訊, 休亡敗(愍), 王易(錫)兮甲馬三(四)匹·駒車 … (중략) … 兮白(伯)吉父乍(作)般(盤), 其眉壽萬年無彊(疆), 子子孫孫永寶用."

33 王國維는 이를 '彭衙'로 석독하고, 지금의 陝西省 洛水 유역에 있던 것으로 보았으나, 이는 焦穫에서 涇陽으로 이어지는 玁狁의 침입 루트에서 멀리 떨어져 있다. 李峰은 '瞫'를 '彭'으로 석독할 수 있다면, '彭衙'보다는 甘肅省 鎭原縣에 있었던 '彭陽'으로 보는 것이 더욱 설득력 있으나 아직 이를 증명할 방법이 없다고 하였다(王國維, 앞의 논문, 1959a, 596~603쪽 ; 李峰, 앞의 책, 2007).

는 이 두 기록을 동일 전역에서 나온 것으로 파악하기도 한다. 만약 이 두 기록을 같은 전역으로 판단한다면, 鎬와 方을 정벌하기 위해 焦穫을 지나 涇陽에 이른 玁狁을 3월에 屠盧에서 격퇴하고 6월에 太原을 정벌한, 3개월에 걸쳐 일어난 전쟁으로 파악할 수 있다. 이는 격퇴전과 대외정벌전이 결합된 양상으로, 多友鼎 명문과 不其簋 명문에 보이는 戰役이 速戰速決의 격퇴전 양상에 머무는 것과는 차이가 있다.

이어서 宣王 12년에 일어난 것으로 보이는 虢季子白盤 명문을 보도록 하자.

12년 정월 초길 정해일, 虢季子白이 보배로운 盤을 만드노라. 크게 빛나는 子白이여, 군공에 굳세고 용맹하며, 四方을 잘 경영하도다. 玁狁을 정벌하여 낙수 북쪽(洛之陽)에 있도다. 적의 머리 벤 것이 500이오, 사로잡은 자가 50이니, 이로써 먼저 돌아 왔노라. 용맹스러운 子白은 왕에게 참수한 적을 바치니, 왕은 子白의 의로움을 가상히 여겨, 周廟의 宣榭에 이르러 연회를 베푸셨노라. 왕께서 말씀하시었다. "白父께서는 참으로 빛나는 공을 이루셨도다." 왕께서 말 네 필을 하사하시어 왕을 보좌하도록 하셨다. 그 색채가 선명한 붉은 활과 화살을 하사하시고, 도끼를 하사하시어 蠻方을 정벌하게 하시었네. 子子孫孫 만년토록 끝이 없을 지어다.[34]

虢季子白은 洛水 북쪽에서 험윤의 내침에 대응하여 출정하였다. 따라서 본 기록에 나오는 전역은 격퇴전의 유형에 속한다. 여기서 흥미로운 것은

---

34 「虢季子白盤」, "佳(唯)十又二年正月初吉丁亥, 虢季子白乍(作)寶盤, 不(丕)顯子白, 昚(壯)武于戎工(功), 經維三(四)方, 搏伐玁狁, 于洛之陽, 折首五百, 執訊五十, 是以先行, 趄趄(桓桓)子白, 獻馘于王, 王孔加(嘉)子白義, 王各(格)周廟宣榭, 爰卿(饗), 王曰: 白父, 孔覭又(有)光, 王賜(錫)乘馬, 是用左(佐)王, 賜(錫)用弓, 彤矢其央, 賜(錫)用戉(鉞), 用政(征)蠻方, 子子孫孫, 萬年無彊(疆)."

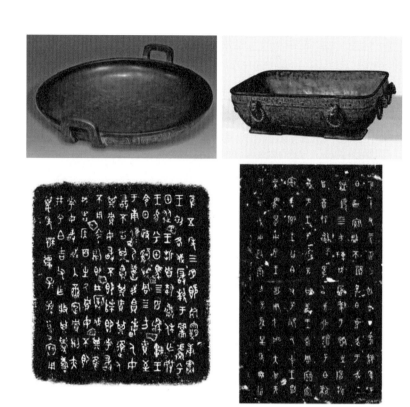

[그림 3] 兮甲盤 기물(좌상), 명문(좌하), 虢季子白盤 기물(우상), 명문(우하)

그 전과로, 虢季子白이 획득한 수급이 500이고 사로잡은 자가 50이라는 것은, 격퇴전에서는 상당히 큰 성과에 속한다. 이는 전투가 끝난 후 周王이 虢季子白에게 최고 등급에 해당되는 '붉은 활'과 '붉은 화살'을 포상으로 사여했다는 것을 통해서도 확인해 볼 수 있다. 다시 말해, 玁狁이 비교적 큰 규모로 침입하였고, 이를 효과적으로 격퇴하면서 소기의 목적을 달성했다는 것이다.

이어서 四十二年逨鼎 명문에 보이는 전역을 보도록 하자.35

[그림 4] 四十二年逨鼎 명문

…(전략)… 내가 長父를 楊 땅의 諸侯로 세웠을 때, 내 너에게 長父를 안정시킬 것을 명하였는데, 너는 능히 그 군대를 안정시킬 수 있었다. 너는 네 조상과 아버지를 능히 본받아 玁狁을 쳐서 이겼다. 출정하여 邢阿와 曆巖에서 승리를 거두어, 너는 훌륭하게 戎을 패배시켰다. 너는 長父 옆에서 戎을 추격하고 싸워, 弓谷에서 정벌하니, 너는 적을 사로잡고 베었고, 기물과 車馬를 노획하였다. 너는 군공을 민첩하게 세워 짐의 명령을 어기지 않았으니, 너에게 울창주 한 동이와 鄭 땅의 전 30전, 降 땅의 20전을 하사하노라 …(후략)…36

楊侯는 곧 宣王의 아들인 '尚父'로, 이는 『新唐書』「世系表」를 통해 증명할 수 있다.37 과거에는 楊國을 지금의 山西省 洪洞縣 동남쪽 范村에 있었던 것으로 여겼으나,38 四十二年逨鼎의 출토로 인해, 이러한 인식에 의문이

35 陝西省文物局 等編, 『盛世吉金: 陝西寶鷄眉縣靑銅器窖藏』, 北京, 北京出版社, 2003.
36 「四十二年逨鼎」, "余肇建長父, 侯于楊, 余令(命)女(汝)奠長父休, 女(汝)克奠于坓(厥)自(師), 女(汝)隹(唯)克井(型)乃先且(祖)考, 戎玁狁出戠于井(邢)阿, 于曆巖, 女(汝)不𢧤戎, 女(汝)光長父以追博戎, 乃卽宕伐于弓谷, 女(汝)執訊隻(獲)聝, 孚(俘)器車馬.女(汝)敏于戎工, 弗逆朕新令(命), 賚(賫)女(汝)秬鬯一卣, 田于鄭卅田, 于降廿田."
37 『新唐書』 卷71下, 表11下, 世系表, 北京, 中華書局, 1975, 2346쪽, "楊氏出自姬姓, 周宣王子尚父封爲楊侯."

제기되었다. 위에 인용된 단락은 楊侯의 책봉 및 逨가 楊侯를 보좌하여 玁狁을 격퇴한 내용을 담고 있는데, 전술하였듯이 玁狁은 宗周의 서쪽, 곧 지금의 寧夏回族自治區 固原 일대에 자리 잡고 있었다. 만약 楊侯가 山西省에 있었다면, 周王이 山西省에 있는 楊侯를 명하여 玁狁을 격퇴하게 했을 가능성이 없다는 것이다.[39] 따라서 학자들은 楊侯의 위치를 지금의 山西가 아닌 玁狁과 인접한 宗周의 서쪽 부근에 있었던 것으로 추정하고 있다.[40]

지금까지 전래문헌과 출토문헌에 보이는 對 玁狁 戰役 기록을 살펴보았다. 이를 戰役이 발생한 시기, 관련 지역, 참전 인물, 전쟁유형, 그리고 '전쟁 명령', '전황 보고', '전공에 대한 포상' 관계 및 전리품을 기준으로 다음과 같이 표로 정리해 보았다.

〈표 1〉西周 對玁狁戰 관련 자료

사료	시간	지역	참전 인물	전쟁 유형	전쟁 명령	전황 보고	전공 포상	전리품
『後漢書』「西羌傳」	穆王 시기			대외 정벌전				다섯 왕, 흰 사슴 넷, 흰 늑대 넷
『竹書紀年』周夷王	夷王 시기	太原	虢公	대외 정벌전	王-虢公			말 천 필
多友鼎 명문	厲王 모년 10월	京師, 筍, 漆, 龔, 世, 楊冢	多友	격퇴전	王-武公 武公-多友	多友-武公 武公-王	王-武公 武公-多友	수급, 포로, 전차 127승, 순, 경사에서

38 『漢書』卷28上, 志8, 地理志上, 北京, 中華書局, 1962, 1550쪽, "楊, 荓曰有年亭. 應劭曰, '楊侯國.'"

39 彭裕商, 「周代玁狁及相關問題」『歷史研究』2004-3 ; 田率, 「四十二年逨鼎與周伐玁狁問題」『中原文物』2010-1.

40 彭裕商은 逨鼎이 출토된 眉縣 楊家村이 楊侯의 故地였을 가능성을 제기한 바 있다(彭裕商, 위의 논문, 2004).

사료	시간	지역	참전인물	전쟁유형	전쟁명령	전황보고	전공포상	전리품
								포로된 백성 구출
『詩經』「采薇」	宣王 시기 늦여름~초봄			成守戰				
『詩經』「出車」	宣王 시기 늦여름~초봄	方, 朔方	南仲	成守戰	周王-南仲			수급, 포로
兮甲盤 명문	宣王 5년 3월	䕘膚	王, 兮伯吉父	격퇴전	周王-兮伯吉父		周王-兮伯吉父	수급, 포로
『詩經』「六月」	宣王 6월	焦穫, 鎬, 方, 涇陽, 太原	王, 吉甫	격퇴전 대외정벌전	王-吉甫			수급, 포로
『詩經』「采芑」	宣王		方叔					
不其簋 명문	宣王 모년 9월	䐗, 高陶	伯氏, 不其	격퇴전	王-伯氏 伯氏-不其		伯氏-不其	수급, 포로
虢季子白盤 명문	宣王 12년 정월	洛水의 북쪽	虢季子白	격퇴전	王-虢季子白	虢季子白-王	王-虢季子白	수급 500 포로 50
『後漢書』「西羌傳」	宣王 31년	太原		대외정벌전				실패
四十二年逨鼎	宣王 42년?	邢阿, 曆廠, 弓谷	楊侯(長父), 逨	격퇴전				수급, 포로 거마
『後漢書』「西羌傳」	幽王 11년	宗周 부근						실패

이를 바탕으로 다음 장에서는 西周와 玁狁 간의 戰役 관련 기록에 보이는 몇 가지 특징에 대해 논해 보고자 한다.

IV. 西周와 玁狁 간의 戰役 기록에 나타난
몇 가지 특징

　개인적인 서정을 노래한『詩經』, 그리고 개인의 공적을 드러내기 위해 제작된 金文의 특성상, 두 기록에 보이는 전쟁 내용은 주관적이고 미시적이며 단편적으로, 주의 戰勝을 기념하는 내용을 담고 있다. 그러나『後漢書』「西羌傳」등의 史類 문헌은 다르다. 周가 승리한 전쟁 외에 패배한 전쟁도 기록되어 있고,『國語』같은 경우는 승리한 전쟁이 기록되어 있지만 그 이후 '荒服이 이르지 않았다(荒服不至)'는 비판도 수반하고 있다. 이는 각 문헌의 작성 환경 및 목적에 따라 서로 다른 성격을 띠고, 그 성격에 따라 기록의 스펙트럼 또한 각기 다르다는 것을 엿볼 수 있다. 이러한 기록의 정리를 통해, 서주와 험윤의 전역과 관련된 몇 가지 경향성 및 특징을 발견할 수 있다.

　첫째, 주로 농한기에 발생한 玁狁의 침입: 험윤의 침입 시간을 검토해 보면, 多友鼎 명문의 경우 玁狁이 10월에 침입을 하였고, 不其簋 명문은 9월, 그리고 虢季子白盤 명문의 내침은 1월, 그리고 兮甲盤 명문과『詩經』「六月」의 戰役은 3월에서 6월에 이르는 시기에 발생하였다. 당시 周曆이 지금의 음력 11월을 정월로 삼고 있었다는 것을 고려해 보면, 不其簋 명문의 사례를 제외한 나머지는 모두 늦여름에서 초봄 사이에 발생했다는 것을 알 수 있다. 이는『詩經』「出車」편에 보이는 기장이 패기 시작한 시기부터 초목이 무성해지기 시작한 시기와 대체로 일치한다.

　둘째, 涇河 河谷을 중심으로 발생한 戰役: 서주와 험윤 간의 전투가 일어났던 지역에서도 모종의 경향성을 발견할 수 있다. 위의 표에서 볼 수 있듯이 전투가 일어난 지점은 太原(『後漢書』「西羌傳」,『詩經』「六月」), 京師·筍·漆·龏·世·楊冢(多友鼎 명문), 方·朔方(『詩經』「出車」), 冨虜(兮甲盤 명문), 焦穫·京樣(『詩經』「六月」), 西兪·釁·高陶(不其簋 명문), 洛水의 북쪽(虢季子白盤 명문), 邢阿·曆厰·弓谷(四十二年逨鼎 명문) 등이다. 이 가운데 현재 고증이 가능한 곳은 太原(大原), 京師, 筍, 漆, 冀, 方, 焦穫, 涇陽, 洛水의 북쪽(洛之陽), 邢阿, 曆厰, 弓谷 등이다. 이 지역을 하나씩 보도록 하자.

① 京師: 劉雨는 京師를 '鎬京'으로 보았고,[41] 李學勤은 公劉가 옮겼던 京師, 곧 豳 땅으로 보았다.[42] 이는 涇水 北岸의 고원 지역으로, 지금의 陝西省 豳縣 일대에 있었다. 多友鼎 명문을 보면, 多友는 周王의 명을 받아 京師로 출격하였다. 당시 周의 도읍인 宗周가 '鎬京'이었다는 것을 고려해 보면, 후자의 설이 보다 타당해 보인다.

② 筍·漆·冀: 彭裕商은 모두 京師 부근에 있었던 것으로 보았으나 구체적인 위치를 제시하지는 못했다.[43] 李峰은 多友鼎 명문의 戰役이 涇河 河谷의 교통로를 통해 이뤄진 것으로 보았다. 곧 '筍'은 『漢書』「地理志」의 栒縣으로 지금의 旬邑 동북쪽에 있었고, '漆'은 涇水와 漆水가 만나는 지점의 涇河 南岸, '冀'은 『詩經』「皇矣」편에 보이는 '冀'으로 지금의 甘肅省 涇川縣 일대에 있었던 것으로 추정하였다. 이밖에 '世'와 '楊冢'은 구체적인 위치를 고증할 수는 없지만, 李峰은 이 또한 冀 땅 서쪽으로 이어지는 涇河 河谷에 있었던 지역으로 추정하였다.[44]

③ 方: 西周 金文에 자주 보이는 '菶'으로, 당시 周王이 자주 머물던 곳이다.[45] 현재 그 정확한 위치를 파악하기는 힘들지만, 周王이 鎬京과

---

41 劉雨, 「多友鼎銘的時代與地名考訂」『考古』 1983-2.
42 李學勤, 앞의 논문, 1981, 90~92쪽.
43 彭裕商, 앞의 논문, 2004.
44 李峰, 앞의 책, 2007, 185~191쪽.
45 周王의 활동 지점에 대해서는 何景成의 『西周王朝政府的行政組織與運行機制』, 北京, 光明日報出版社, 2013, 239~249쪽, '附表一, 西周時期周王的主要活動地點'

豐, 그리고 周原 지역에서 주로 활동했다는 것을 고려해 보면, 鎬京에서 그리 멀지 않은 곳에 있었을 것이다.[46]

④ 焦穫: 『爾雅』「釋地」에 "周에 焦穫이 있다(周有焦穫)"고 하였는데, 郭璞은 주석에서 "지금의 扶風 池陽縣 瓠中이 이곳이다(今扶風池陽縣瓠中是也)"라고 하였다.[47] 彭有商은 淸代 郝懿行『爾雅義疏』에서 "晉의 扶風郡 池陽縣은 지금의 西安府 三原縣이다"라고 한 것을 미루어, 지금의 陝西省 三原縣 서쪽, 涇陽縣 서북쪽, 涇惠渠가 涇水와 만나는 곳으로 추정하였다.[48]

⑤ 涇陽: 涇陽은 경수의 북쪽이라는 뜻으로 그 범위가 아주 넓다. 그러나 「六月」편의 전쟁이 焦穫에서 涇陽으로 이어지는 것을 봤을 때, 焦穫에서 鎬京으로 이어지는 교통로 속에서 찾을 수 있는데, 곧 지금의 涇陽縣 경내에서 남쪽의 鎬京으로 이어지는 곳으로 파악된다.

⑥ 洛水의 북쪽(洛之陽): 西周 共王 시기의 것으로 추정되는 永盂 명문(『集成』10322)에 "12년 초길 丁卯일 … 益公은 왕명을 전달하고 관찰하여 師永에게 陰陽洛의 전답을 하사하였는데"[49]라는 내용이 보인다. 그리고 周王이 하사한 땅의 경계를 획정하기 위해 益公, 井伯, 榮伯, 尹氏, 師俗父, 遣仲 등 당시의 집정 대신들이 현지 시찰을 왔다. 이를 통해 봤을 때, 여기의 '陰陽洛'은 宗周에서 그리 멀지 않은 곳에 있었을 가능성이 있다. 李峰은 지금의 陝西省 甘泉 북쪽의 洛河 상류 혹은 洛河와 渭河가 만나는 大荔 부근일 가능성을 제기하였는

참고

46 彭裕商은 鎬京 근처에 있는 곳으로 보았다(彭裕商, 앞의 논문, 2004).

47 『爾雅注疏』卷7, 2615쪽.

48 彭裕商, 위의 논문, 2004.

49 「永盂」, "隹(唯)十又二年初吉丁卯, 益公內(入)卽命于天子, 公迺出乎(厥)命, 易(錫)畀師永乎(厥)田陰昜(陽)洛, 彊(疆)眔(遝)師俗父田 … (후략) …"

데, 지금의 西安에서 延安으로 이어지는 교통로가 고대부터 쓰였던 이른바 '延州道'라는 것을 고려해 봤을 때, 전자의 가능성이 크다고 보았다.[50] 그러나 그 땅이 師俗父같은 왕조 귀족의 전답과 이어지는 것을 봤을 때, 당시 귀족들이 많이 거주하던 周原 일대에 '洛'이라는 지명이 있었을 가능성 또한 배제할 수 없다.

⑦ 邢阿·曆厰·弓谷: 四十二年逨鼎에 보이는 지명으로, 현재 그 위치를 제대로 파악하기는 쉽지 않다. 田率은 '邢阿'의 '邢'은 지명, '阿'는 동사로 보아 뒷 구절에 이어지는 것으로 파악하면서, '邢'을 옛날 井氏가족의 근거지로 추정되는 지금의 陝西省 寶鷄市 鳳翔縣 부근으로 보았다. 田率은 曆厰을 지금의 寶鷄市 隴縣 서남쪽의 數歷山으로 보았고, 弓谷을 지금의 甘肅省 涇川縣에 있던 것으로 보았다.[51] 곧 이 戰役을 지금의 涇川에서 鳳翔으로 이어지는 교통노선 상에서 일어난 것으로 본 것이다. 이는 西漢 시기에 개척된 '回中道'의 일부로,[52] 西周 시기에 이미 사용되고 있었는지, 보다 신중한 연구가 필요하다.

이를 통해 玁狁의 주요 활동 범위를 유추해 낼 수 있다. 李峰은 厲王 시기의 多友鼎 명문과 宣王 시기의 『詩經』「六月」의 전쟁 노선을 [그림 5] 와 같이 재구한 바 있다.[53]

50 李峰, 앞의 책, 2007, 197쪽.
51 田率, 「四十二年逨鼎與周代玁狁問題」『中原文物』2010-1.
52 李峰, 위의 책, 2007, 199~200쪽.
53 李峰의 『西周的滅亡』(위의 책, 2007) '地圖8, 地圖10'을 기초로 작업하였다. 지도 작업에 도움을 준 인하대 강승우 선생에게 감사의 뜻을 전한다.

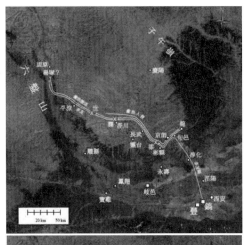

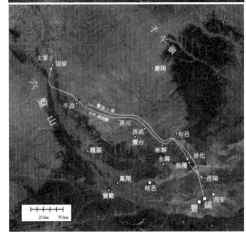

[그림 5]
多友鼎 명문의 戰役 노선도(상),
『詩經』「六月」의 戰役 노선도(하)

　　두 戰役 모두 涇河 河谷의 교통로를 중심으로 진행되었다. 玁狁은 涇河
河谷을 통해 周의 도읍을 향해 진격하였고, 周 또한 이 길을 통해 玁狁을
추격하고 또 정벌하였다. 四十二年逨鼎 명문에 보이는 조금 다른 양상을 보
인다. 그렇지만, 설사 田率과 李峰의 추측대로 涇川에서 鳳翔으로 이어지는
이른바 '回中道'의 남단을 타고 전투가 진행되었다 하더라도, 이 노선은

涇河 河谷을 따라 내려오다가 涇川 지역에서 남쪽으로 꺾이는 길이기 때문에, 涇河 河谷의 교통로가 중요한 역할을 하고 있다는 점은 변함이 없다.

셋째, 전차병 위주의 兵種 구성: 전술하였듯이 玁狁은 초원민족계 집단이다. 중국인에게 초원민족은 호전적인 '騎馬民族'이라는 이미지가 강하다. 따라서 학계 일각에서는 玁狁을 '기마민족'으로 인식하기도 한다. 玁狁에 대한 기록은 Ⅱ장과 Ⅲ장에 열거한 기록 밖에 없는 상황에서, 玁狁에 대한 이미지 형성에 후대 초원 민족의 이미지가 덧씌워지는 것은 어쩌면 당연한 것인지도 모른다. 玁狁의 토템이 후대 몽고족과 같은 '사슴'과 '늑대'라는 것 또한 이러한 이미지 형성에 한몫 했을 것이다.

또 玁狁을 '기마민족'으로 인식하는데 결정적인 이론적 근거는 바로 殷商代에 '騎馬'는 물론 말타고 활을 쏘는 '騎射'가 있었다는 설이다. 小屯 M164에서 사람, 말, 개의 유골 각 1구, 그리고 화살과 꺽창, 그리고 玉策과 馬具 등이 출토되었다. 石璋如는 이를 戰馬와 사냥개로 추정하였다.[54] 이후 于省吾는 甲骨卜辭에 '先馬', '馬射' 등의 단어가 보이고, 또 騎馬를 증명하는 卜辭가 있다는 것을 근거로 殷商代에 이미 '單騎'와 '騎射'가 성행했다고 주장하였다.[55] 이는 후대 큰 영향을 끼쳤다.[56] 이를 근거로 미루어 보면, 다시 말해 중원 왕조에 이미 騎射가 성행했다면, 초원민족에 騎射가 있는 것은 당연하다는 것이다.

그러나 多友鼎 명문에 보이는 戰役을 보면, 이러한 인식에 의문이 생기지 않을 수 없다. 多友는 玁狁을 추격하여 격퇴하면서 漆, 龔, 世, 楊家 등에서 전투를 치렀다. 이 과정에서 多友는 다음과 같은 전과를 거두었다.

---

54 石璋如, 『(中國考古報告集之二)小屯』第一本 『遺址的發現與發掘: 丙編·殷墟墓葬之二: 中組墓葬』, 台湾商務印書館, 1972, 34쪽.

55 于省吾, 「殷代的交通工具和驛傳制度」, 『東北人民大學學報』, 1955-2, 96쪽.

56 楊升南, 「略論商代的軍隊」『甲骨探史錄』, 1982, 379쪽 ; 陳恩林, 「中國古代騎術和騎兵考元」『松遼學簡』 1991-2 등.

漆: 수급 2□5, 포로 23, <u>병거 117승</u>, 筍 땅에서 포로된 사람들 구출

龏: 수급 36, 포로 2, <u>병거 10승</u>

世: 수급, 포로

楊冢: 수급 115, 포로 3, 불용 수레 소각, 말, 京師에서 포로된 사람들 구출

　여기서 눈에 띄는 것은 병거다. 후술하겠지만, 본 戰役은 숨 가쁘게 진행된 약탈전(周의 입장에서는 '擊退戰')으로, 人畜과 물자를 사이에 두고, 玁狁은 약탈을, 周는 손실을 최대한 막기 위해 숨 가쁜 도주와 추격전을 펼쳤다. 이때 周가 약탈한 병거가 최소 127승으로 집계되는데, 만약 '속전 속결'의 약탈전에서 기마군단이 있었다면, 상대적으로 효율이 낮은 병거를 백여 승이나 이끌고 내려왔을 리는 없다. 또 전차를 위주로 하는 주군 또한 玁狁의 기마군단을 최대 5일 내에 추격할 수도 없었을 것이다. 이러한 정황을 미루어 보면, 당시 中原 지역은 물론 중국 인근 초원 지역에도 전문화된 기마군단이 있었을 가능성은 그리 크지 않아 보인다.

　넷째, 대체로 '擊退戰'과 '對外征伐戰'의 양상으로 진행된 戰役. 이러한 맥락에서 多友鼎 명문과 『詩經』「六月」에 보이는 戰役의 차이는 흥미롭다. 多友鼎 명문에 보면, 玁狁이 筍을 정벌하여 다 포로로 잡아간 癸未일(20)[57] 부터 多友의 전공에 대한 武公의 포상이 있던 丁酉일(34)까지, 14일이 걸렸다. 이 14일 동안, 多友는 漆, 龏, 世, 楊冢에서 전투를 치르며 전공을 세웠다. 이 중 전투를 마치고 多友가 武公에게 전공을 보고하고, 武公이 周王에게 보고한 이후 포상을 받았던 것 까지 고려해 보면, 최대 11일 내에 이 모든 전투가 치러졌을 것이다. 또 철군할 때 漆 땅에서 宗周까지 더 이동해야 했다는 것도 생각해 보면, 漆에서 楊冢까지 4일 내에 이르렀다는 계

....

57 숫자는 60갑자의 순서다.

산이 나온다. 宗周에서 '漆'이 있었던 彬縣까지는 직선거리로 약 110km, 현재의 국도 거리로 140km 정도 떨어져 있고, 彬縣에서 '冀'이 있었던 鎭原縣까지는 직선거리로 약 105km, 국도로 150km정도 떨어져 있으며, 鎭原縣에서 楊冢까지는 직선으로 약 85km, 현재 국도로 약 110km 정도 떨어져 있었다. 그렇다면 漆에서 楊冢까지는 최소 직선거리로 190km, 현재 도로 교통으로 260km나 떨어져 있었다. 多友가 이 거리를 추격하려면 하루 평균 최소 약 48km에서 65km 이상씩 이동해야 한다는 계산이 나온다.[58] 이를 통해 당시 多友의 추격전이 상당히 긴박하게 이뤄졌다는 것을 알 수 있다.

이어서 『詩經』「六月」편의 太原 정벌전을 보도록 하자. 玁狁이 鎬京과 方에 침입하기 위해 焦穫을 공격하고 涇陽에 이르렀고, 周王은 吉甫를 이끌고 출정하였다. 이 과정 속에서 周王은 爰盧에서 또 玁狁을 격퇴하였고(今甲盤 명문), 결국은 玁狁의 근거지였던 太原까지 정벌하고 돌아왔다. 鎬京에서 '太原'이 있었던 寧夏回族自治區 固原까지는 직선거리로 약 300km, 현재 국도로 약 370km 떨어져 있었다. 심재훈은 晉侯穌鐘 명문에 보이는 周王의 하루 평균 행군 거리를 10km로 추정한 바 있다.[59] 또 혹자는 「六月」편의 '30리 진군하였네(于三十里)'를 근거로 당시 하루 평균 행군 거리가 30리라 주장하기도 하였다. 당시 30리는 지금의 대략 12.4km로,[60] 심재훈의

---

58 이유표, 「多友鼎 명문의 戰役과 인물을 통해 본 周厲王의 권력」『사림』61, 2017, 315~317쪽.

59 晉侯穌鐘 명문에 보면, 周王이 宗周에서 成周로 이동하는데 45일이 걸렸음을 나타내주고 있다. 심재훈은 지금의 西安에서 洛陽까지의 거리가 대략 430km라는 것을 근거로, 당시 周王이 하루 평균 약 10km정도 행군했음을 보여주는 것이라 하였다(심재훈, 「晉侯穌編鐘 銘文과 西周 後期 晉國의 發展」『중국사연구』10, 2000, 11~13쪽).

60 『禮記』「王制」편에 보면, 당시 10촌이 1척, 10척이 1장, 180장이 1리라 하였다. 당시 1척이 약 0.23미터였다는 것을 근거로 계산해 보면, 1리는 약 414m 거리

10km와 약간의 차이를 보인다. 이를 근거로 보면, 周王은 玁狁의 근거지인 太原을 정벌하기 위해, 하루 평균 약 10km 내외로 행군했을 가능성을 보여준다. 그렇다면 周王이 鎬京을 출발한 이후, 太原 부근에 이르기까지, 최소 대략 35일 내외가 걸렸을 것이다.

비록 같은 교통로 위에서 벌어진 전역이지만 이처럼 두 전역은 여러 방면에서 차이를 보이고 있다.

먼저 多友鼎 명문의 지휘관은 多友로 厲王 시기 執政大臣으로 추정되는 武公에 딸린 사속 武將이었다. 이러한 그가 지휘관으로 출정한 것으로 보아, 당시 邊域의 상황이 상당히 급박했음을 알 수 있다. 반면 『詩經』「六月」의 전역은 주왕이 직접 군대를 이끌고 출정한 대외정벌전이었다. 비록 玁狁의 내침에 대응한 격퇴전으로 시작했지만, 장기간에 걸쳐 대외정벌전을 진행한 것으로 보면, 이는 즉흥적인 대응이라기보다 오랜 시간 준비된 전역이었다는 것을 알 수 있다.

〈표 2〉多友鼎 명문과 兮甲盤 명문, 『詩經』「六月」편에 보이는 戰役 비교

출처	유형	참전자	지휘관의 지위	전투 지점	일평균 행군 거리
多友鼎 명문	격퇴전	多友	多友(사속)	筍, 京師, 漆, 龔, 世, 楊冢	약 48~65km
兮甲盤 명문	격퇴전	王, 兮伯吉父	王	臂臚	
『詩經』「六月」	대외정벌전	王, 吉甫	王	焦穫, 涇陽, 太原	10km 내외

'격퇴전'은 적의 침입에 대응하여 적을 물리치기 위해 수행되는 전역이다. 그만큼 즉흥적이고 기동성이 강하다. 多友鼎 명문을 통해 알 수 있듯이, 玁狁은 '京師'와 '筍' 땅에 들어가 약탈한 이튿날 바로 후퇴하였다. 多友

....

다. 이는 현재 5리를 2km로 환산하는 계산법과 거의 일치한다. 따라서 30리는 대략 지금의 12.420km다.

는 후퇴하는 적을 추격하여 수 차 전투를 치른 후, '京師'에서 포로된 주민들을 楊冢에서 구출할 때까지 걸린 시간은 4일 남짓, 하루에 48~65km씩 행군하면서 玁狁을 추격하였다. 이는 비단 多友鼎 명문뿐만 아니라, 앞서 예로 든 不其簋와 虢季子白盤, 四十二年逨鼎 명문 또한 숨 가쁘게 전개된 戰役을 기록하고 있다. 이를 통해 험윤의 침입 목적이 결코 땅을 차지하는데 있지 않고 중국의 인축과 물자를 빼앗아 가는데 있었다는 것을 알 수 있는데, 이는 고대 중앙아시아 초원 민족의 대 중국 전략과 대체로 일치한다. 그리고 이에 응전하는 주의 목적은 험윤이 빼앗아간 인축과 물자를 회복하여 그 손실을 최소화하는 것이었다.

반면 '대외정벌전'은 그렇지 않다. 물론 兮甲盤 명문과 「六月」편의 戰役이 玁狁의 내침으로 촉발되었으나, 周王이 직접 군사를 이끌고 참전할 정도로 이미 어느 정도 군사적 준비가 되어 있었다. 특히 周宣王 초기는 이른바 '宣王中興'[61]의 시기로, 내부적으로는 국가를 안정시켰고, 대외적으로는 적극적인 군사 활동으로 과거 西周 초중기의 영광을 재현하려 하였다. 따라서 이번 대외정벌전은 바로 이러한 맥락에서 준비된 것으로 볼 수 있다.

다섯째, '일진일퇴'의 길항관계 양상. 西周 시기는 크게 세 번의 興衰 주기를 갖는다. 西周 초기부터 孝王 시기까지, 夷王-厲王 시기, 그리고 宣王-幽王 시기다. 穆王 시기는 첫 번째 興衰 주기의 최전성기였고, 夷王 시기는 두 번째 興衰 주기의 시작으로 국가를 정상화시키기 위한 夷王의 노력이었으며, 宣王 시기는 앞서 말한 '宣王中興' 시기에 감행된 것이다.[62] 그만큼 대외정벌은 결코 쉽게 진행될 수 없고, 왕조적 차원에서 장기간 군사적·경제적 역량이 축적되어야 성공적으로 수행할 수 있었다는 것을 보여준다. 그 목적은 玁狁을 굴복시켜 天子의 권위를 드날리는 것이었다.

61 『後漢書』 卷86, 列傳76, 南蠻傳, 2830쪽.
62 李裕杓, 『西周王朝軍事領導機制研究』, 上海, 上海古籍出版社, 2018, 102~116쪽.

이러한 맥락을 고려해 봤을 때, 西周와 玁狁의 전쟁은 결코 일방적인 양상이 아니라 서로 일진일퇴하는 길항관계의 양상이었다. 周는 玁狁이 공물을 바치지 않고 조회하지 않을 때 天子의 권위를 빌어 이들을 정벌하였지만, 반대로 天子의 권위가 약해졌을 때, 玁狁은 조회하지 않고 공물도 바치지 않았다. 宣王 39년, 이처럼 玁狁의 반복무상한 태도를 종결시키고자 '太原에서 호적조사(料民于太原)'[63]를 하여 직접 통치하고자 하였으나, 소기의 성과를 거두지 못하고, 玁狁은 다시 周에 침입하여 약탈을 지속하였다. 게다가 幽王 시기에 '申后'와 '褒姒'의 爭寵으로 상징되는 내부 갈등이 표면으로 드러나, 결국 申侯의 사주를 받은 犬戎, 곧 玁狁의 침입으로 인해 幽王은 여산에서 살해당하고, 서주 왕조는 막을 내리고 말았다.

V. 맺음말

玁狁은 西周 王朝의 서북쪽에 있었던 초원 민족게 집단으로, 전래문헌에서는 犬戎이라고도 불렸다. 玁狁과 관련된 기록은 西周 金文과 『詩經』 등에 보이는 단편적인 기록 밖에 없는 관계로 험윤에 대한 전체적인 면모를 파악하는 것은 불가능하다. 그러나 이 단편적인 기록들이 모두 서주와 험윤 사이의 군사 문제를 다루고 있기 때문에, 다행히 양자 간의 군사적 관계를 파악하는 데 중요한 사료로 쓰인다. 본문은 관련 기록을 검토하고, 양자 간 전쟁 기록에 보이는 몇 가지 특징 및 경향성을 다음과 같이 정리하였다.

첫째, 험윤은 주로 농한기에 주를 침입했다. 둘째, 험윤과 서주의 전쟁

---

63 徐元誥 撰, 『國語集解』(修訂本), 23~26쪽.

은 주로 경하(涇河) 하곡(河谷)의 교통로를 중심으로 진행되었다. 셋째, 중국 학계 일각에서는 험윤을 호전적인 '기마민족'으로 인식하고 있으나, 관련 기록을 검토해 본 결과, 당시 험윤의 주력은 전차병으로, 전문적인 기마군단은 없었다. 넷째, 서주와 험윤의 전역은, 주로 험윤의 공격을 격퇴하는 '擊退戰'과 험윤을 정벌하여 그들의 복종을 이끌어 내려는 '對外征伐戰'의 양상으로 전개되었다. 험윤은 주를 공격하여 인축과 물자를 약탈하려는 목적으로, 그리고 주는 그 피해를 최소화하기 위한 목적으로 험윤을 격퇴하였고, 때에 따라 적극적인 군사행동을 통해 험윤을 정벌하여 그들의 복종을 이끌어 내기도 하였다. 다섯째, 이러한 양자 간의 관계를 통해, 험윤과 서주의 전쟁이 일방적으로 진행된 것이 아니라, 서로 일진일퇴하는 길항관계의 양상을 띠고 있었다는 것을 알 수 있었다.

　본문에서 열거한 것처럼 西周 시기 玁狁 관련 자료는 많지 않다. 이처럼 적은 조각을 가지고 큰 그림을 맞추는 것은 한계를 지닐 수밖에 없다. 이러한 한계를 보완할 수 있는 것이 바로 고고학, 인류학, 민족학 등 인접 학문이지만, 필자의 능력적 한계로 인해 제대로 반영할 수 없었다. 앞으로 이러한 인접 학문에 더욱 관심을 기울여, 본 연구의 한계를 보완해 나가고자 한다. 이를 위해 많은 연구자들의 질정을 구하는 바이다.

'나제동맹'의 攻守 전략 검토

위 가 야 | 성균관대학교 박물관 학예사

I. 머리말

433년 7월, 백제가 신라에 사신을 보내 화친을 요청했다.[1] 이에 신라가 응하면서[2] 373년 독산성주의 망명[3] 이래로 반세기 넘게 지속되어 온 적대적인 양국관계에 변화가 생겼다. 4세기 말 이래 고구려·신라 對 백제·가야·왜의 구도로 고착된 동북아 국제질서에서 벗어나기 위한 양국의 행동이었다. 기존의 연구에서는 이를 계기로 성립한 백제와 신라의 관계를 동맹의 관점에서 정리해 왔다. 이른바 '羅濟同盟'에 대한 연구였다. 연구는 주로 동맹의 결성 시점과 그 성격을 구체화하는 데 초점을 맞춰 진행되었다.

결성 시점에 대해서는 백제가 신라에 화친을 요청한 433년으로 보는 견해가 일찍부터 확인되며,[4] 이에 반해 양국의 공동 군사행동이 처음으로

---

1 『三國史記』 卷25, 百濟本紀3, 毗有王 7年 秋7月. "遣使入新羅請和."
2 『三國史記』 卷3, 新羅本紀3, 訥祇麻立干 17年 秋7月. "百濟遣使請和, 從之."
3 『三國史記』 卷3, 新羅本紀3, 奈勿尼師今 18年 ; 『三國史記』 卷24, 百濟本紀2, 近肖古王 28年.
4 李萬烈, 「三國의 抗爭」『한국사』 2, 국사편찬위원회, 1984, 407~471쪽 ; 金秉柱, 「羅濟同盟에 관한 硏究」『韓國史硏究』 46, 1984, 31쪽 ; 林起煥, 「후기의 정세변동」 『한국사』 5, 국사편찬위원회, 1996, 89쪽 ; 孔錫龜, 『高句麗 領域擴張史 硏究』, 書景文化社, 1998, 289쪽 ; 姜鍾薰, 「羅濟同盟의 結成 背景과 高句麗의 對外關係」『大邱史學』 105, 2011 ; 노중국, 『백제의 대외 교섭과 교류』, 지식산업사, 2012. 단 노중국은 1981년의 글에서는 백제·신라의 관계가 433년의 접근에서 455년으로

확인되는 455년으로 보는 견해도 제출되었다.[5] 이외에도 474년과[6] 475년,[7] 그리고 541년을[8] 동맹 결성의 시점으로 보는 등 다양한 견해가 있다.[9] 이처럼 다양한 시점이 제시된 이유는 사료에서 양국이 동맹을 결성하였다는 명시적 기록을 확인할 수 없었기 때문이었다. 이 때문에 양국 관계를 동맹으로 볼 수 없다는 견해 또한 있다. 백제와 신라의 군사 협력은 고구려와의 세력 균형 상 필요에 따라 변화하였을 뿐으로 동맹에서 비롯된 것이 아니었던 것으로 보거나[10] 양국 사이의 연대는 상호 군사적 활동을 담보할 수 있을 정도로 공고하지 않았다고 보아,[11] 이러한 관계에

....

의 군사동맹으로 진전되었다고 본 바 있었다(盧重國, 「高句麗·百濟·新羅사이의 力關係變化에 대한 一考察」『東方學志』28. 1981, 74~76쪽). 이 밖에도 많은 연구들이 '나제동맹'의 결성 시점을 433년으로 보고 있다.

5 鄭雲龍, 「5~6世紀 新羅 對外關係史 硏究－高句麗·百濟·加耶 關係를 中心으로－」, 高麗大學校 박사학위논문, 1996, 102~105쪽. 신라가 고구려의 변장을 살해한 450년에 동맹이 맺어진 것으로 보기도 한다(李宇泰, 「나제동맹의 결성과 정치적 발전」『한국사』 7, 국사편찬위원회, 1997, 69~71쪽).

6 유우창, 「5세기대 '나제동맹'의 성립과 가라국」『釜大史學』 30, 2006, 199~201쪽.

7 김병곤, 「고구려의 평양 천도에 대한 신라의 양단책」『史林』 40, 2011, 131~132쪽 ; 전덕재, 「5세기~6세기 전반 신라의 대외정책과 백제」『백제 웅진기 외교관계와 인식』(백제학연구총서 쟁점백제사14), 한성백제박물관, 2019, 81쪽.

8 강민식, 『5세기~6세기 중반 백제의 대외관계』, 忠北大學校 박사학위논문, 2010, 166~167쪽.

9 동맹 결성의 정확한 기년을 제시하지 않고 개로왕대 군사적 공동대응단계에서 동성왕대 실질적인 군사동맹관계로의 발전을 상정하기도 한다(梁起錫, 「5~6世紀 前半 新羅와 百濟의 관계」『新羅文化祭學術發表會論文集(新羅의 對外關係史 硏究)』 15, 1994 :『백제의 국제관계』, 서경문화사, 2013, 175쪽 ; 「5세기 백제와 고구려·신라의 관계」『백제논총』 9, 2009: 위의 책, 2013, 154쪽).

10 鄭載潤, 「熊津時代 百濟와 新羅의 關係에 대한 考察－羅濟同盟에 대한 비판적 검토－」『湖西考古學』 4·5, 2001.

11 이순근, 「三國統一期 三國의 對外戰略(1)－소위 '羅濟同盟'과 신라의 한강하류 진출 배경을 중심으로－」『人文科學硏究』 3, 1998.

'나제동맹'이라는 표현을 쓰는 것은 적합하지 않다고 하였다. 최근에는 '盟'에 수반되어야 할 절차와 의식이 백제와 신라 사이에는 보이지 않고 동맹으로 설정된 기간 동안 양국이 서로 대립하였던 모습이 확인되므로 양국의 관계를 동맹이 아니라 군사적인 협력관계, 또는 전략적 동반자 관계 정도로 이해해야한다는 견해가 제출되었다.[12]

이처럼 그간 5~6세기 백제와 신라의 관계를 규정해 왔던 나제동맹이라는 용어는 그 개념의 정합성과 역사적 상황과의 부합도 면에서 재검토가 필요하다. 따라서 이 글에서는 편의상 나제동맹이라는 용어를 사용하지만 확정적인 것은 아니라는 의미에서 '나제동맹'으로 표기하겠다. 다만 주목해야할 것은 동맹의 성립을 부정하는 견해들에서도 백제와 신라가 해당 시기에 군사적으로 협력하고 있었다는 이해가 확인된다는 점이다. 백제가 화친을 청하고 신라가 이에 응한 433년부터 성왕의 죽음으로 양국 관계가 파탄에 이른 554년까지의 시기에 가장 두드러지는 양상은 고구려의 남진 위협에 대응하기 위한 군사협력이었다.[13] 따라서 이러한 군사협력이 어떤 식으로 이루어 졌을 지에 대한 검토가 이루어진 것은 당연한 귀결이었다.

양국의 관계를 동맹으로 규정한 연구들에서는 그 양상을 동맹의 성격 문제라는 관점에서 검토했다. 먼저 공격과 방어의 양면성을 띤 攻守동맹으로 파악하는 견해가 있다[14] 반면 실제 동맹군의 운용 사례를 분석하여 防

---

12 공석구, 「‘羅濟同盟’을 다시 검토한다」『百濟學報』 30, 2019.

13 이 때문에 필자는 최근 그간 동맹이라는 용어로 표현되어 온 백제와 신라의 관계를 그 양상을 구체적으로 분명하게 드러낼 수 있는 다른 용어를 통해 정리한다면 그것은 양국의 ‘군사협력체제’일 수 있다는 견해를 제출하였다(魏加耶, 『5~6世紀 百濟와 新羅의 ‘軍事協力體制’ 研究』, 成均館大學校 박사학위논문, 2018). 따라서 이 글에서도 ‘나제동맹’이 아닌 ‘군사협력체제’라는 용어를 사용하는 것이 좀 더 적절할 수도 있겠지만, 이 글의 논지 전개가 ‘동맹’의 전략적 성격을 다룬 기존 연구의 개념을 재검토하는 데 초점이 맞추어져 있기 때문에 서술의 편의상 ‘동맹’이라는 용어를 사용할 것이다.

禦동맹으로 보기도 한다.[15] 같은 관점에서 共守동맹으로 보는 견해도 있다.[16] 6세기를 기점으로 동맹의 성격이 '방어동맹'에서 '공격동맹'으로 변화했다고 보기도 한다.[17] 대체로 '방어동맹' 또는 '共守동맹'의 관점에서 동맹의 군사적 성격을 파악하는 견해가 많다고 할 수 있다. 『삼국사기』에 보이는 총 8번의 공동 군사작전 중 공격작전이 551년의 한차례에 불과했기 때문이었다. 그런데 해당 시기 백제가 고구려에 대해 일방적으로 수세에 몰려있지는 않았으며, 바다 건너 북위와 왜, 나아가 물길까지 끌어들여 고구려와의 전쟁 수행에 지원을 받으려 했던 모습이 확인된다. 그렇다면 군사협력 관계에 있었고 지리적으로도 지원에 가장 적합한 신라와 오직 공동 방어로 일관했다는 것은 쉽게 납득이 가지 않는 일일 수 있다. 따라서 이 글에서는 우선 '나제동맹'의 운용 양상을 면밀히 검토하겠다. 이 과정에서 사료의 裏面에 숨겨져 있던 양국이 공동으로 고구려에 대해 공세를 취한 상황을 확인할 수 있다면 이를 통해 이해할 수 있는 양국 군사협력의 攻守 전략의 실상이 어떠한지 또한 밝혀낼 수 있을 것이라 기대한다.

14 申采浩, 『朝鮮上古史』, 鐘路書院, 1948, 212쪽 ; 단재신채호전집편찬위원회, 『단재신채호전집 1(역사 朝鮮上古史)』, 독립기념관 한국독립운동사연구소, 2007에 影印 ; 李萬烈, 앞의 논문, 1984, 471쪽 ; 전덕재, 앞의 논문, 2019, 81쪽.

15 金秉柱, 앞의 논문, 1984, 43쪽 ; 鄭雲龍, 앞의 박사학위논문, 1996, 104쪽.

16 노중국, 「5~6세기 고구려와 백제의 관계 – 고구려의 한강유역 점령과 상실을 중심으로 – 」 『북방사논총』 11, 2006, 9쪽 ; 노중국, 앞의 책, 2012, 129~130쪽. 단 노중국은 1981년의 글에서는 '攻守동맹'이라고 표현했다(盧重國, 앞의 논문, 1981, 83쪽).

17 유우창, 「5~6세기 '나제동맹'의 전개와 가야의 대응」 『역사와 경계』 72, 2009, 136~146쪽. 이 견해는 『일본서기』의 기록을 통해 551년뿐만 아니라 530년에도 '나제동맹'의 공동 군사행동이 있었던 것으로 본다. 백제와 신라가 가야를 협공하였다는 것이다.

II. '나제동맹'의 방어 전략과 백제의 구상

『삼국사기』와 『일본서기』 등의 사료를 통해 확인 할 수 있는 '나제동맹' 시기 고구려·백제·신라의 교전 양상을 정리한 것이 다음의 〈표 1〉이다.[18] 공동 군사작전이 이루어진 경우 음영으로 표시했다. 이를 통해 양국의 공동 군사작전은 총 8회 이루어졌으며, 방어전이 7회, 공격전이 1회였음을 확인할 수 있다.[19]

〈표 1〉 5세기 중반~6세기 중반 고구려·백제·신라의 교전

	교전 내용	공격	방어	구원 협공	요청	출전	비고
455	10월, 고구려가 백제를 침략하자 신라가 구원	고	백	신	×	신본	
468	봄, 고구려와 말갈이 신라 북변의 실직성을 습격	고·말	신	×	×	고본 신본	高句麗本紀에는 2월에 실직성을 빼앗은 것으로 되어 있음
469	8월, 백제가 고구려의 南鄙를 침략	백	고	×	×	고본 백본	
475	9월, 고구려가 한성을 함락시키고 개로왕을 죽임, 신라가 구원군을 파견하였으나 때를 맞추지 못함	고	백	신	백	고본 백본 신본	新羅本紀에는 474년에 기록
480	말갈이 신라 북변을 침범	말	신	×	×	신본	
481	고구려와 말갈이 신라 북변에 들어와 호명 등 7성을 빼앗고 미질부로 진군, 신라가 백제와 가야의 구원병과 함께 격퇴	고·말	신	백·가	×	신본	
482	9월 말갈이 백제 한산성을 습격해 깨뜨림	말	백	×	×	백본	

---

18 魏加耶, 앞의 박사학위논문, 2018, 37~39쪽의 〈표 3〉을 재정리한 것이다.

19 494년 전투의 경우, 고구려가 아닌 신라가 공격전을 수행했으며, 이후 신라가 수세에 몰리자 백제의 구원이 있었던 것으로 파악하는 견해도 있다(尹星鎬, 『新羅의 漢江流域 領域化 過程 研究』, 高麗大學校 박사학위논문, 2017, 35~36쪽). 하지만 그렇다하더라도 백제와 신라가 공동으로 수행한 군사작전은 방어전이었다.

	교전 내용	공격	방어	구원협공	요청	출전	비고
484	7월, 고구려가 신라 북변을 침략하자 신라가 백제와 함께 母山城 아래에서 격퇴	고	신	백	×	신본	
489	9월, 고구려가 신라 북변을 침략	고	신	×	×	고본 신본	연속된 전투
	10월, 고구려가 신라의 狐山城을 함락시킴	고	신	×	×		
494	7월, 신라가 고구려와 薩水 벌판에서 싸웠으나 이기지 못하고 犬牙城을 지킴, 고구려가 포위하자 백제가 구원군을 파견하여 포위를 풂	고	신	백	×	고본 백본 신본	신라의 공격전으로 이해하는 견해도 있음.
495	8월, 고구려가 백제 雉壤城을 포위, 백제가 신라에 구원을 요청, 신라가 구원병을 파견하여 격퇴, 백제가 사신을 보내 사례함	고	백	신	백	고본 백본 신본	
496	7월, 고구려가 신라의 牛山城을 공격, 신라가 泥河 가에서 격퇴	고	신	×	×	고본 신본	
497	8월 고구려가 신라의 우산성을 함락시킴	고	신	×	×	고본 신본	
501	11월, 백제가 고구려의 水谷城을 습격	백	고	×	×	백본 고본	고구려본기에는 503년 기사에 기록
502	11월, 백제가 고구려의 변경을 침략	백	고	×	×	고본 백본	501년 공격과 같은 사건일 가능성 있음
503	9월, 말갈이 백제 馬首柵을 불태우고 高木城을 공격, 백제가 격퇴	말	백	×	×	백본	
506	7월, 말갈이 고목성을 攻破	말	백	×	×	백본	
	11월, 고구려가 백제를 공격했으나 큰 눈이 내려 돌아옴	고	백	×	×	고본	
507	10월, 고구려와 말갈이 漢城을 공격하기 위해 橫岳 아래 주둔, 백제가 물리침	고·말	백	×	×	고본 백본	
512	9월, 고구려가 백제의 加弗城을 공격하여 빼앗고 圓山城을 처부숨, 백제가 葦川 북쪽에서 고구려군을 크게 격파	고	백	×	×	고본 백본	위천 전투는 百濟本紀에만 기록
523	8월, 고구려가 백제를 침략, 백제가 浿水에서 고구려군을 물리침	고	백	×	×	고본 백본	
529	10월, 고구려가 백제를 침략, 北鄙의 혈성을 빼앗음, 백제가 五谷 벌	고	백	×	×	고본 백본	

	교전 내용	공격	방어	구원협공	요청	출전	비고
	판에서 맞아 싸웠으나 이기지 못함						
540	9월, 백제가 고구려의 우산성을 공격했으나 이기지 못함	백	고	×	×	고본 백본	
548	1월, 고구려와 濊가 백제 漢北 獨山城을 공격, 백제가 신라에 구원을 요청, 신라군이 독산성 아래에서 고구려군을 격파	고·예	백	신	백	고본 백본 신본	고구려본기에는 고구려가 濊를 보낸 것으로 기록
550	1월 백제가 고구려 道薩城을 빼앗음	백	고	×	×	고본 백본 신본	①백제본기에는 신라가 두 성을 빼앗아 간 기록이 없음 ②고구려본기에는 금현성을 공격했다고만 기록 ③이사부열전에 고구려군이 다시 금현성을 공격했으나 이기지 못한 사실을 기록
	3월 고구려가 백제의 錦峴城을 함락시킴	고	백	×	×		
	신라가 고구려·백제의 군사가 피로한 틈을 타 도살성과 금현성을 빼앗아 증축함	신	고·백(?)	×	×		
551	9월, 신라가 고구려를 공격하여 10성을 빼앗음	신	고	×	×	고본 신본	신라본기에는 3월에 10군을 빼앗은 것으로 기록
	백제가 신라·가야와 함께 고구려를 쳐서 漢城의 땅을 차지하고 진군하여 平壤을 토벌, 6군의 故地를 회복	백	고	신·가	×	일본 서기	『일본서기』 권19, 欽明 12년 是歲

* 고: 고구려, 백: 백제, 신: 신라, 가: 가야, □본:『삼국사기』각국 본기

좀 더 구체적인 양상을 확인하기 위해 공동 군사작전이 이루어진 경우의 사료를 제시한다.

> A-1. 訥祇麻立干 39년(455) 겨울 10월, 高句麗가 百濟를 침략하니, 왕이 병사를 보내 구원하였다.[20]
>
> A-2. 慈悲麻立干 17년(474) 가을 7월, 高句麗王 巨連이 몸소 군사를

....

20 『三國史記』卷3, 新羅本紀3, 訥祇麻立干 39년 冬十月. "高句麗侵百濟, 王遣兵救之."

거느리고 百濟를 공격하였다. 百濟王 慶이 아들 文周를 보내 원
군을 요청하니, 王이 군사를 내보내 구원하게 하였다. (군사가)
미처 이르지 못하였는데 百濟가 이미 함락되고 慶 또한 살해당
했다.[21]

A-3. 炤知麻立干 3년(481) 3월, 高句麗가 靺鞨과 북쪽 변경에 들어와
狐鳴 등 7城을 빼앗았다. 또 彌秩夫로 진군하였다. 아군과 百
濟·加耶의 원병이 길을 나누어 막으니 적이 패배하고 퇴각하였
다. 추격하여 泥河의 서쪽에서 격파하고 1천 여급의 머리를 베
었다.[22]

A-4. 炤知麻立干 6년(484) 가을 7월, 高句麗가 북쪽 변경을 침입하였
으므로, 우리 군사가 百濟와 함께 母山城 아래에서 공격하여 크
게 깨뜨렸다.[23]

A-5. 炤知麻立干 16년(494) 가을 7월, 장군 實竹 등이 高句麗와 薩水
之原에서 싸웠으나 이기지 못하였다. 물러나 犬牙城을 지키자
高句麗兵이 포위하였다. 百濟王 牟大가 병사 3천을 보내 구원하
여 포위를 풀었다.[24]

A-6. 炤知麻立干 17년(495) 가을 8월, 高句麗가 百濟의 雉壤城을 포위
하자 百濟가 구원을 요청하였다. 왕이 장군 德智에게 명령하여
병사를 이끌고 구원하게 하니 高句麗兵이 도망갔다. 百濟王이
사신을 보내 와서 사례하였다.[25]

....

21 『三國史記』 卷3, 新羅本紀3, 慈悲麻立干 17年 秋七月. "高句麗王巨連, 親率兵攻百
濟. 百濟王慶, 遣子文周求援, 王出兵救之. 未至, 百濟已陷, 慶亦被害."

22 『三國史記』 卷3, 新羅本紀3, 炤知麻立干 3年 三月. "高句麗與靺鞨入北邊, 取狐鳴
等七城, 又進軍於彌秩夫. 我軍與百濟·加耶援兵, 分道禦之. 賊敗退, 追擊破之泥河
西, 斬首千餘級."

23 『三國史記』 卷3, 新羅本紀3, 炤知麻立干 6年 秋七月. "高句麗侵北邊, 我軍與百濟
合擊於母山城下, 大破之."

24 『三國史記』 卷3, 新羅本紀3, 炤知麻立干 16年 秋七月. "將軍實竹等與高句麗戰薩
水之原, 不克. 退保犬牙城, 高句麗兵圍之. 百濟王牟大遣兵三千, 救解圍."

25 『三國史記』 卷3, 新羅本紀3, 炤知麻立干 17年 秋八月. "高句麗圍百濟雉壤城, 百濟

A-7. 聖王 26년(548) 봄 정월, 고구려왕 平成이 濊와 모의하여 漢北
의 獨山城을 공격하였다. 왕이 사신을 보내 신라에 구원을 청
하였다. 신라왕이 장군 朱珍에게 명령하여 甲卒 3천을 거느리
고 출발하게 하였다. 朱珍이 밤낮으로 길을 가서 獨山城 아래에
이르러 고구려병과 한 번 싸워 크게 격파하였다.[26]

B-1. 欽明天皇 12년(551), 是歲, 百濟의 聖明王이 친히 百濟의 군대와
두 나라[두 나라는 新羅와 任那를 말한다]의 병사를 거느리고
高麗를 쳐서 漢城의 땅을 획득했다. 또한 진군하여 平壤을 쳤
다. 무릇 6郡의 땅이니 드디어 故地를 회복한 것이다[27]

B-2. (眞興王)12년(551) 辛未, 왕이 居柒夫와 仇珍 大角湌·比台 角湌·
耽知 迊湌·非西 迊湌·奴夫 波珍湌·西力夫 波珍湌·比次夫 大阿湌·
未珍夫 阿湌 등 여덟 장군에게 명하여 百濟와 함께 高句麗를 침
공했다. 百濟人이 먼저 平壤을 쳐서 깨뜨리니, 居柒夫 등이 승세
를 타고 竹嶺 以外 高峴 以內의 10郡을 빼앗았다.[28]

사료 A는 백제와 신라가 공동으로 수행한 방어전에 대한 기록이다. 이
를 통해 다음과 같은 특징을 확인할 수 있다.

먼저 대부분의 방어전이 성공적으로 수행되었다. 총 7회의 방어전 중
사료 A-2를 제외한 모든 전투에서 백제와 신라는 고구려를 격퇴하는데
성공했다. 사료 A-2의 경우도 신라군의 구원이 늦었던 것이지 교전을 통

請救. 王命將軍德智, 率兵以救之, 高句麗衆潰. 百濟王遣使來謝."

26 『三國史記』 卷26 百濟本紀4, 聖王 26年 春正月. "高勾麗王平成與濊謀, 攻漢北獨
山城. 王遣使請救於新羅. 羅王命將軍朱珍, 領甲卒三千發之. 朱珍日夜兼程至獨山
城下, 與麗兵一戰, 大破之."

27 『日本書紀』 卷19, 欽明天皇 12年 "是歲, 百濟聖明王, 親率衆及二國兵[二國謂新
羅·任那也]. 往伐高麗, 獲漢城之地. 又進軍討平壤. 凡六郡之地, 遂復故地."

28 『三國史記』 卷44, 列傳4, 居柒夫. "十二年辛未, 王命居柒夫及仇珍大角湌·比台角
湌·耽知迊湌·非西迊湌·奴夫波珍湌·西力夫波珍湌·比次夫大阿湌·未珍夫阿湌等八
將軍, 與百濟侵高句麗. 百濟人先攻破平壤, 居柒夫等, 乘勝取竹嶺以外高峴以內十郡."

한 방어전이 실패한 것은 아니었다. 한성을 점령한 고구려군이 신속하게 회군할 수밖에 없었던 복합적인 이유 중 하나로 신라 구원군 1만과의 접전을 회피했던 것을 들었던 견해를[29] 따를 수 있다면, 사료 A-2의 방어전 역시 절반의 성공을 거둔 것으로 평가할 수도 있다.

다음으로 백제와 신라 외에 가야가 함께 방어전을 수행하는 모습이 확인된다. 이때의 가야는 고령의 大加耶를 중심으로 한 연맹세력으로 파악하는 견해가 많다.[30] 가야가 백제와 함께 구원군을 파견한 것을 통해 이 시기부터 백제·신라·가야의 3국 동맹이 형성된 것으로 보기도 한다.[31] 가야의 참여가 백제의 적극적인 요청에 의해서 이루어진 것이라면[32] 고구려를 상대하는 백제와 신라의 군사협력 전략에 가야군의 활동이 포함되기 시작한 것으로 보아도 좋겠지만 일시적인 현상에 지나지 않으므로 이러한 외연 확장을 근거로 '동맹'의 결성까지 이야기하기에는 무리가 있다.[33]

가장 흥미로운 특징은 백제와 신라 사이에 군사 협력에 임하는 태도에 일종의 온도차가 확인된다는 것이다. 7회의 방어전 중 백제가 구원한 것이 3회, 신라가 구원한 것이 4회였다. 이와 더불어 신라가 고구려의 공격을 받았으나 백제의 지원을 받지 못한 기사가 다수 보이는 것을 근거로 백제가 신라보다 우월한 위치에서 동맹을 맺었다고 파악하기도 한다.[34]

---

29 鄭載潤, 『熊津時代 百濟 政治史의 展開와 그 性格』, 西江大學校 박사학위논문, 1999, 44~45쪽 ; 노중국, 앞의 책, 2012, 138~140쪽.

30 金泰植, 『加耶聯盟史』, 一潮閣, 1993, 111~112쪽 ; 양기석, 「5世紀 後半 韓半島 情勢와 大加耶」 『5~6세기 동아시아의 국제정세와 대가야』(대가야학술총서5), 고령군 대가야박물관·계명대학교 한국학연구원, 2007, 45~47쪽.

31 金泰植, 위의 책, 1993, 111~112쪽 ; 李文基, 「大伽耶의 對外關係」 『加耶史研究 -대가야의 政治와 文化-』, 慶尙北道, 1995, 225쪽 ; 양기석, 위의 논문, 2007, 47쪽.

32 양기석, 위의 논문, 2007, 48쪽 ; 노중국, 위의 책, 2012, 243쪽.

33 魏加耶, 앞의 박사학위논문, 2018, 79~80쪽.

하지만 좀 더 두드러지는 특징은 백제는 신라의 구원 요청이 없어도 원군을 파견하는 반면, 신라의 구원은 한 차례를 제외하고는 모두 백제의 구원 요청 이후에 이루어졌다는 것이다. 〈표 1〉에서 확인할 수 있는 것처럼 백제는 500년 이후로도 고구려의 침공에 시달렸지만 신라에 구원을 요청하지 않았고, 이 때문인지 신라는 원군을 파견하지 않았다. 그런데 500년 이후의 유일한 공동 방어전인 사료 A-7에서 백제의 구원 요청과 신라의 원군 파견이 확인되는 것은 백제와 신라가 원병을 파견하는 모습의 차이가 단순히 기록의 누락이 아닌 양국이 군사 협력에 임하는 태도의 실제를 반영한 것임을 알 수 있게 한다.

그렇다면 백제와 신라가 군사 협력에 임하는 태도가 달랐던 것은 무엇 때문일까. 좀 더 절실하게 군사 협력을 원했던 것이 백제였기 때문으로 보인다. 실제로 백제는 먼저 화친을 요청하여 신라의 응답을 얻어낸 다음 해에 良馬 2필과, 白鷹을 연달아 보내[35] 신라의 의중을 확인하려 했다. 이렇듯 부단히 노력한 결과 백제는 당시 고구려에 종속된 상태였던 신라를 우방으로 끌어들임으로써 우방을 하나 늘리는 동시에 적국의 수를 하나 줄이는 효과를 거둘 수 있었다.[36] 또한 신라는 바다 건너 중국의 南朝 劉宋과는[37] 달리 직접적인 군사 지원이 가능한 상대였다. 따라서 오래된 강적인 고구려의 남진을 저지하고 나아가 광개토왕 남정으로 빼앗긴 영토의

---

34 김창석, 「신라의 대외정책과 백제인식」, 『신라와 백제, 소통과 갈등』, 충청남도 역사문화연구원·경상북도문화재연구원, 2018, 68~69쪽.

35 『三國史記』 卷25, 百濟本紀3, 毗有王 8年 春二月·秋九月.

36 박윤선, 『5세기 중반~7세기 백제의 대외관계』, 숙명여자대학교 박사학위논문, 2007, 19쪽.

37 백제는 429년과 430년에 연이어 劉宋에 사신을 보냈는데, 그 목적은 劉宋과의 밀접한 관계를 유지함으로써 고구려를 견제하는 데 있었다고 보았다(魏加耶, 앞의 박사학위논문, 2018, 22쪽).

탈환을 위해서 신라는 대단히 중요한 군사 협력의 대상일 수밖에 없었다.

반면에 신라의 경우, 백제와의 군사 협력은 이를 통해 고구려의 정치적·군사적 간섭에서 벗어나는 것과 동시에 고구려의 침공 위협에 효과적으로 대처하는 것 이상의 의미를 가지지 않았던 것으로 보인다.[38] 〈표 1〉에서 확인되는 것처럼 백제가 여러 차례 한강 유역으로의 진출을 시도하는 것에 반해, 신라는 도살성과 금현성을 攻取한 550년 전까지는 고구려를 공격하지 않았다.[39] 삼국 중 상대적으로 후발 주자였던 신라의 국력이 고구려에 공세를 취하기에 모자랐기 때문이겠지만, 백제와 같이 고토 회복이라는 뚜렷한 목적이 있었던 것은 아니었기 때문으로도 볼 수 있다.

결국 백제에게 신라는 고구려의 남진을 막기 위한 군사 협력 상대인

....

38 魏加耶, 앞의 박사학위논문, 2018, 58쪽.

39 사료 A-5를 신라가 고구려를 공격한 것으로 볼 여지가 없는 것은 아니다. 윤성호는 薩水를 괴산군 청천면에 비정한 통설을 수용한 후 신라가 고구려의 중심 거점인 국원의 남서쪽으로 선제공격을 시도하였으나 고구려의 저항을 이겨내지 못하고 철수하였다고 보았다(윤성호, 「5세기 중후반 신라 소지마립간대의 대고구려 관계」, 『한국학논총』 51, 2019(a), 18쪽). 하지만 전덕재는 『삼국사기』 지리지를 근거로 5세기 중·후반 청주 지역 주변의 형세를 청주의 북쪽과 서쪽 방면에는 고구려의 今勿奴郡(진천읍)·仍斤內郡(槐壤郡: 괴산읍)·道西縣(증평군 도안면)이 위치하고 있고, 동쪽과 동남 방면에는 신라의 薩買縣(괴산군 청천면)·三年山郡(보은읍)이, 서쪽 방면에는 백제의 大木岳郡(大麓郡: 천안시 목천면)·仇知縣(金池縣: 세종특별자치시 전의면), 豆仍只縣(燕岐縣: 세종특별자치시 연기면 연기리)·一牟山郡(燕山郡: 청원군 문의면)·未谷縣(昧谷縣: 보은군 회인면)이 위치하고 있었던 것으로 보았다(전덕재, 「신라의 北進과 서북 경계의 변화」, 『韓國史研究』 173, 2016, 93쪽). 그렇다면 薩買縣과 같은 지역으로 파악한 A-5의 薩水는 신라의 영역이므로 국원(충주)에서 仍斤內郡(괴산읍)을 거쳐 남하해 온 고구려군을 신라군이 迎擊하였으나 패배하여 건아성으로 후퇴했다고 볼 수 있을 것이다. 다만 『삼국사기』 지리지에 기록된 영역 편제의 시기에 대해서는 이론이 있으므로(朴賢淑, 「百濟 사비시대의 地方統治와 領域」, 『百濟의 地方統治』, 學研文化社, 1998, 198쪽) 이 점은 향후 다시 정리할 필요를 느낀다. 이에 대해서는 후고를 기약한다.

동시에 고토 회복을 위한 군사 협력 상대이기도 했다. 1회 수행된 공격전을 전하는 사료 B-1과 B-2는 백제·신라·가야 연합군의 1차 목표가 백제의 고토인 漢城임을 알려준다. "백제가 먼저 평양을 쳐서 깨뜨리니 居柒夫 등이 승세를 타고 竹嶺 以外 高峴 以南의 10군을 빼앗았다"는 내용은 연합군의 전투가 한성을 함락시킬 때까지만 수행되었고, 이후 신라가 획득한 10군은 어디까지나 작전의 부차적인 결과였음을 알려준다.[40] 연합군이 한성을 넘어 평양으로 진군하려 할 때 신라군이 이탈하여 독자적으로 한강 중·상류의 10군을 차지했을 가능성 또한 있다.[41] 이는 군사 협력의 공격 전략이 전적으로 백제의 구상 아래 이루어졌음을 전하는 것과 함께 신라의 행동이 백제의 전적인 통제권 아래에 있지는 않았음을 알려준다. 동시에 551년의 사례는 백제의 고토 회복이 백제 혼자만의 힘으로는 어려운 일이었음을 알려준다. 그런데 앞서 언급한 것처럼 백제가 고토를 회복하기 위해 고구려를 공격한 일은 여러 차례 있었다. 그렇다면 한 가지 의문이 생긴다. 백제는 과연 551년 이전까지는 계속해서 혼자 힘으로만 고구려에 대한 공격전을 수행했을까. 472년 8월에 백제는 北魏에 사신을 보내 표를 올리고 군사를 보내 고구려를 정벌해 줄 것을 요청했는데,[42] 이때 백제는 단순히 북위의 군사를 요청했을 뿐만 아니라 북위의 군사와 합세하여 고구려를 칠 것임을 천명하고 있었다.[43] 물길과의 연계를 통해 고구

40 魏加耶, 앞의 박사학위논문, 2018, 194~196쪽.
41 이도학은 한강 하류지역을 회복한 백제가 계속적인 북진을 신라측에 종용하였으나 實益을 얻을 수 없을 것이라 판단한 신라가 백제군과 결별한 후 임진강선에서 分岐하여 단독으로 추가령 지구대를 따라 강원도 회양을 지나 철령에 도달했을 것이라 하였다(李道學, 「新羅의 北進經略에 관한 新考察」 『慶州史學』 6, 1987 ; 『新羅·加羅史 硏究』, 서경문화사, 2017, 50쪽).
42 『魏書』 卷7上, 高祖紀7上, 高祖 延興 2年 八月丙辰. "百濟國遣使奉表請師伐高麗."
43 『魏書』 卷100, 列傳88, 百濟國. "又云, 今璉有罪, 國自魚肉, 大臣强族, 戮殺無已, 罪盈惡積, 民庶崩離. 是滅亡之期, 假手之秋也. 且馮族士馬, 有鳥畜之戀, 樂浪諸郡,

려를 공격하려 한 모습 또한 사료에서 확인할 수 있다.[44] 이는 백제가 고구려를 공격하기 위한 전략의 기본이 우방국과의 군사 협력에 있었음을 알려주는 사례다. 따라서 551년 이전에도 신라와의 사이에서 이러한 군사 협력의 공격 전략이 추진되었을 가능성이 있다. 이에 대해 장을 바꾸어 정리해 보기로 한다.

III. '나제동맹'의 공격 전략과 삼년산성의 전략적 위치

백제가 '나제동맹', 좀 더 구체적으로는 신라와의 군사 협력에서 어떠한 공격 전략을 구상하고 또 실현에 옮겼는지 그 실상을 명시적으로 기록한 사료는 없다. 다만 그 양상을 미루어 추측할 수 있게 하는 단서가 470년부터 474년까지 이어진 신라의 백제 외곽지역 축성에 있다.

『삼국사기』 신라본기에는 460년대 후반부터 470년대 초까지 신라가 변경에 축성한 사실을 전하는 기사가 많다. 그런데 이들 대부분의 위치는 당시 백제의 외곽 지역이라고 할 수 있는 충북 남부 지역이었다.

> C-1. 慈悲麻立干 11년(468) 봄, 高句麗가 靺鞨과 함께 북쪽 변경의 悉直城을 습격하였다. 가을 9월, 何瑟羅 사람으로서 15세 이상을 징발하여 泥河에 성을 쌓았다[泥河는 泥川이라고도 한다].[45]

....

懷首丘之心. 天威一擧, 有征無戰. 臣雖不敏, 志效畢力, 當率所統, 承風響應."

44 『魏書』 卷100, 列傳88, 勿吉國. "自云其國先破高句麗十落, 密共百濟謀從水道幷力取高句麗."

45 『三國史記』 卷3, 新羅本紀3, 慈悲麻立干 11년 "春, 高句麗與靺鞨, 襲北邊悉直城. 秋九月, 徵何瑟羅人年十五已上, 築城於泥河[泥河一名泥川]."

C-2. 長壽王 56년(468) 봄 2월, 王이 靺鞨의 병사 1만으로 新羅의 悉直州城을 쳐서 빼앗았다.[46]

C-3. 慈悲麻立干 13년(470), 三年山城을 쌓았다[三年이라는 것은 공사를 시작하여 처음부터 끝까지 3년에 일을 마친 까닭으로 이름 붙인 것이다].[47]

C-4. 慈悲麻立干 14년(471) 봄 2월, 芼老城을 쌓았다.[48]

C-5. 慈悲麻立干 17년(474) 一牟·沙尸·廣石·沓達·仇禮·坐羅 등의 성을 쌓았다.[49]

사료 C-1과 C-2를 통해 468년 봄에 고구려가 靺鞨과[50] 함께 신라의 북쪽 변경 悉直城을 습격하여 빼앗자 신라가 何瑟羅 사람을 동원하여 泥河에 성을 쌓았음을 알 수 있다. 실직성과 하슬라는 각각 삼척과 강릉에 비정한다.[51] 고구려가 남한강 수로를 이용하여 충주-청풍-단양-영월-정선-삼척으로 진출하는 경로를 통해 실직성을 공격한 것으로 파악된다.[52] 니하에 쌓은 성은 이론이 없는 것은 아니지만 정선의 송계리 산성으로 비정하는 견해가[53] 공감을 얻고 있다.[54] 이 시기 고구려의 신라 공격 목표가 신라의

----

46 『三國史記』 卷18, 高句麗本紀6, 長壽王 57년 "春二月, 王以靺鞨兵一萬, 攻取新羅悉直州城."

47 『三國史記』 卷3, 新羅本紀3, 慈悲麻立干 13년 "築三年山城[三年者, 自興役始終三年訖功, 故名之]."

48 『三國史記』 卷3, 新羅本紀3, 慈悲麻立干 17년 "春二月, 築芼老城."

49 『三國史記』 卷3, 新羅本紀3, 慈悲麻立干 17년 "築一牟·沙尸·廣石·沓達·仇禮·坐羅等城."

50 이때의 靺鞨은 북방의 勿吉과는 구별되는 집단이며 고구려의 부용세력으로 이해된다(李康來, 「『三國史記』의 靺鞨 認識 -통일기 신라인의 인식을 매개로-」 『白山學報』 52, 1999: 『삼국사기 인식론』, 일지사, 2011, 278쪽).

51 이병도 역주, 『삼국사기 상(개정판)』, 을유문화사, 1996, 74쪽.

52 鄭雲龍, 앞의 박사학위논문, 1996, 32쪽 ; 盧泰敦, 「『삼국사기』 신라본기의 고구려관계 기사 검토」 『慶州史學』 16, 1997, 79쪽.

북쪽 변경 즉 동해안의 강원도 일대였음을 알 수 있다.

그런데 사료 C-3~5에 보이는 신라가 새로 쌓은 성들의 위치를 검토하면 대부분 당시 신라의 영역 밖으로 여겨지는 소백산맥 서쪽에 위치하고 있었다. 다음 〈표 2〉는 C-3~5에 보이는 성들의 위치 비정 결과를 정리한 것이다.

〈표 2〉 470~474년 신라의 축성 지역

명칭	축성 연도	위치 비정(1안)	위치 비정(2안)
三年山城	470	충북 보은군 보은읍	
芼老城	471	충북 보은군 마로면	경북 군위군 효령면55
一牟城	474	충북 청원군 문의면	
沙尸城	474	충북 옥천군 이원면	충남 홍성군 장곡면56
廣石城	474	충북 영동군	
沓達城	474	경북 상주시 화서면57	
仇禮城	474	충북 옥천군 옥천읍	충북 옥천군 청산면58
坐羅城	474	충북 영동군 황간면	

* 장창은의 연구(「'나·제동맹기' 신라와 백제의 국경선 변천」, 『한국학논총』 45, 2016)을 기반으로 작성하였으며, 위치 비정에 異說이 있을 경우 '위치 비정(2안)'으로 표기하고 각주로 전거를 표기하였음
** 축성 연도는 완공 연도로 파악함

〈표 2〉의 위치 비정을 보면 沓達城을 제외한 모든 축성 지역이 충북 일대임을 확인할 수 있다. 이 지역이 백제와 신라, 그리고 고구려 삼국 사이에 형성된 이른바 接境地帶,59 또는 군사적 완충지대일60 가능성은 충

53 장창은, 『고구려 남방 진출사』, 京仁文化社, 2014, 94~95쪽.
54 윤성호, 앞의 논문, 2019(a), 9쪽.
55 정구복·노중국·신동하·김태식·권덕영 주석, 『(개정증보)역주 삼국사기 3 주석편(상)』, 한국학중앙연구원 출판부, 2012, 95쪽.
56 정구복·노중국·신동하·김태식·권덕영 주석, 위의 책, 2012, 95~96쪽.
57 장창은, 위의 책, 2014, 98쪽.
58 酒井改藏, 「三國史記의 地名考」 『朝鮮學報』 54, 1970, 40쪽.
59 山本孝文, 「考古資料로 본 南漢江 上流地域의 三國 領域變遷」 『韓國上古史學報』

분하지만, 자연 경계선이라 할 수 있는 소백산맥을 넘어 축성이 이루어지고 있다는 점에서 그 축성의 목적이 주목된다. 우선 추정할 수 있는 목적은 추풍령을 통해 신라로 넘어 들어오는 경로의 방어라고 할 수 있다. 이때 주목되는 것이 가장 먼저 축성된 삼년산성의 위치다. 삼년산성은 서쪽으로는 금강 水系와 연결되고, 북쪽으로도 달천을 통해 남한강 유역에 가까운 전략적 요충지에 위치하였으므로,[61] 신라로 들어오는 외적의 침입을 선제적으로 저지할 수 있는 거점이었다. 이 시기에 신라로 침입해 들어올 수 있는 외적은 고구려였으므로, 삼년산성의 축성은 고구려의 침입을 막기 위한 방어의 거점을 구축하는데 그 목적이 있었다고 볼 수 있다.

그런데 신라의 방어선에서 다소 돌출되어 있는 삼년산성의 위치는 삼년산성이 방어뿐만 아니라 공격의 거점으로도 유용할 수 있음을 알려준다. 이 때문에 단순히 고구려의 남하를 막는 것이 아니라 신라가 청주와 영동 방면으로 진출하기 위한 교두보 확보를 위해 삼년산성을 쌓았다고 보기도 한다.[62] 470년 이전에 상주를 통하여 화령을 넘어 보은으로 진출한 뒤에 전진 기지인 삼년산성을 축성하였고, 474년에는 후방 기지인 상주에 답달성을 쌓았다고 보아, 신라가 삼년산성과 연결되는 교통로를 중심으로 축성을 진행하며 영역화를 시도하면서 금강 상류로 진출하였다는 견해도 있다.[63] 그러나 삼년산성 축조와 거의 같은 시기에 고구려의 실직

....

40, 2003, 32쪽.

60 장창은, 『신라 상고기 정치변동과 고구려 관계』, 신서원, 2008, 177~183쪽.

61 장창은, 앞의 책, 2014, 97쪽.

62 鄭載潤, 앞의 논문, 2001, 78쪽. 삼년산성의 축조를 신라가 당면한 고구려의 남진을 저지하면서도 장차 백제를 겨냥한 신라의 북진 의지를 천명한 것으로 보기도 한다(梁起錫, 「新羅의 淸州地域 進出」『文化史學』11·12·13, 1999, 362쪽).

63 윤성호, 「5세기 중후반 신라의 소백산맥 이서 지역 진출」『전북사학』55, 2019 (b), 37쪽.

성 침공이 있었던 상황에서(사료 C-1·C-2) 신라가 백제와의 관계를 악화시킬 수도 있는 공세적 축성을 굳이 감행하였을까 라는 의문이 남는다.

신라의 삼년산성 축조에 백제가 아무런 조치를 취하지 않은 이유가 무엇인지 또한 해결해야할 문제다. 신라가 5세기 중반 이후 고구려에 대해 독자노선을 채택하였고 이 시기 백제는 고구려의 공세 때문에 소백산맥 서록 방면으로는 국력을 집중하기 어려운 상황에 처해있었다고 본 후, 이것이 신라가 대외확장에 나서기 유리한 환경을 제공하였다고 본 견해가 있다. 이때 신라가 목표로 삼은 지역이 백제의 지배력이 약화된 소백산맥 서록이었고 468년 이전에 소백산맥을 넘어 금강 상류의 보은 지역에 진출한 신라가 삼년산성을 축성했다는 것이다. 축성의 목적은 고구려보다는 백제를 방어하는 데 있었다고 한다.[64] 이 견해에는 472년 백제가 북위에 보낸 표문 내용을 통해 30여 년 간 백제가 고구려의 침입에 시달렸다는 상황 인식이 전제되어 있다. 하지만 표문의 내용은 백제가 북위를 자신이 구성한 對고구려 포위전에 끌어들이기 위해 과장한 것이고 470년을 전후한 시기 백제가 고구려를 상대하는 자세는 수세라기보다는 적극적 공세로 보는 편이[65] 타당하다고 여겨진다. 무엇보다 469년 8월에 백제는 장수를 보내 고구려의 남쪽 변경을 공격한 일이 있었는데,[66] 이 시점에 신라가 백제의 배후를 찔러 소백산맥 서록에 진출하여 산성을 축조하는 일이 있었다면, 백제가 고구려에 공세를 취하는 것 자체가 어려운 일이었으리라 생각된다. 또한 이러한 상황이라면 신라의 산성 축조가 백제의 아무런 견

---

64 李富五, 「5세기 후반 신라의 소백산맥 서록 진출과 지배형태」 『新羅史學報』 10, 2007, 15~18쪽.

65 魏加耶, 앞의 책, 2018, 58~76쪽 ; 安成振, 『百濟 漢城期 對中關係 硏究 － 4·5세기 對高句麗政策의 推移와 관련하여 －』, 고려대학교 박사학위논문, 2019, 174~175쪽.

66 『三國史記』 卷25, 百濟本紀3, 蓋鹵王 15년 "秋八月, 遣將侵高句驪南鄙."

제 없이 이루어졌다는 기록 또한 납득이 되지 않는다.[67] 따라서 이 시기 신라의 삼년산성 축조가 기록대로 이루어졌다면 그것은 백제의 묵인 또는 협조 아래[68] 가능했던 것으로 보아야 할 것 같다.

그렇다면 삼년산성 축성의 목적을 우선 고구려군의 남하 저지에 있었던 것으로 보아도 좋을 것 같다. 백제의 입장에서도 신라의 입장에서도 삼년산성의 축조를 통해 고구려군의 남진을 방어하려 하였다는 것이다. 그런데 백제와 신라에게 삼년산성이 가지는 방어전략적 가치는 조금 차이가 있었던 것으로 생각된다. 우선 신라의 경우를 생각해 보자. 당시까지 고구려군이 신라에 침입하는 주요 경로는 동해안을 따라 내려오거나 단양 방면에서 죽령을 넘어오는 것이었다고 한다.[69] 앞서 사료 A-4에서 A-5에서 확인한 충주 방면에서 증평이나 괴산을 통해 추풍령을 향하는 공세는 모두 475년 백제의 한성 함락 이후에 있었던 일이었다. 사료 A-4의 北邊은 특정하기 어렵지만 母山城은 충북 진천군 진천읍의 大母山城에 비정

<hr>

67 이부오는 신라가 소백산맥을 넘어 그 서록에 진출하는 일이 간단한 문제는 아니었고, 또한 대규모 성곽을 구축하기까지 해당 지역세력 및 백제와의 사이에도 적지 않은 갈등과 조정 과정이 필요했을 것으로 보아, 470년 신라가 삼년산성을 쌓았다는 사실 하나만을 전하는『삼국사기』의 기사는 전후사정을 크게 생략한 결과로 볼 수 있다고 하였다(李富五, 앞의 논문, 2007, 3쪽). 이에 그는『삼국사기』초기 기록의 蛙山城 전투 관련 기록을 470년 이전 신라와 백제가 충돌한 기록이 초기 기록으로 재정리된 것으로 보아 삼년산성 축조를 둘러싼 백제와 신라 사이의 갈등 양상을 복원하였다(李富五, 위의 논문, 2007, 19~23쪽). 초기 기록이 전하는 상황을 이 시기로 특정할 수 있을 지에 대해서는 의문이 남지만, 삼년산성 축조 상황에서 갈등이 발생했을 수 있다는 추정은, 역으로 갈등이 없었던 것처럼 기록된 것이 사실을 반영한 것이라면 그것은 갈등의 당사자인 백제와 신라의 합의 아래 축성이 이루어졌던 상황일 수 있다는 또 다른 추정을 가능케 할 수 있다.

68 장창은, 앞의 책, 2008, 183쪽.

69 金賢淑,「4~6세기경 小白山脈 以東地域의 領域向方 ―『三國史記』地理志의 慶北地域 '高句麗郡縣'을 중심으로」,『韓國古代史硏究』26, 2002, 90쪽.

되며,[70] A-5의 薩水는 충북 괴산군 청천면에 비정된다.[71] 犬牙城은 이론이 없는 것은 아니지만 전황을 생각할 때 보은 일대에 있었을 것으로 추정한 견해가[72] 타당해 보인다. 즉 신라가 삼년산성을 축성하는 시점까지는 고구려가 추풍령을 통해 신라로 공격해 들어온 일이 없었다. 그렇다면 당시 신라에게 추풍령 방면은 상대적으로 고구려 남진의 위협이 적은 지역일 수 있었다.

고구려와 대치하는 상황에서 삼년산성의 방어전략적 가치는 470년 당시에는 오히려 백제에게 좀 더 중요했을 수 있다. 광개토왕의 남정 이후 충주지역이 고구려에게 장악되면서,[73] 백제의 수도 漢城은 북방과 남방 양 방향에서 고구려군의 위협에 노출되었다. 충주 쪽에서 이천 방면으로 북상하여 광주와 하남을 거치는 교통로를 이용하여 한성을 공격할 수 있었기 때문이다. 당시 백제는 청주 신봉동 지역을 방어용 군사거점으로 운용하면서 충주(國原)의 고구려 군사거점을 견제하고 있었지만,[74] 이외에도

70 장창은, 앞의 논문, 2016, 105쪽 ; 전덕재, 앞의 논문, 2016, 94~95쪽. 단 모산성의 영유 주체에 대해서는 별도의 분석이 필요하다고 보았다. 필자는 기존 논문에서 신라의 북변에 침입한 고구려군을 백제와 신라의 연합군이 격파한 후 모산성 아래까지 추격한 것으로 보았고, 이때 모산성의 영유 주체를 백제로 보았는데(魏加耶, 앞의 박사학위논문, 2018, 88쪽), 전황에 대한 이해는 변함없지만 그 영유 주체에 대해서는 기존의 견해를 수정하고 차후의 분석을 기다리려 한다.

71 전덕재, 위의 논문, 2016, 94~96쪽.

72 양기석, 「475년 위례성 함락 직후 고구려와 백제의 국경선」 『한국 고대 사국의 국경선』, 서경문화사, 2008, 84쪽.

73 李道學, 「永樂 6年 廣開土王의 南征과 國原城」 『孫寶基博士停年記念韓國史學論叢』, 1988 : 『고구려 광개토왕릉 비문 연구』, 서경, 2006, 381~382쪽.

74 4세기 후반부터 6세기 초반까지의 백제 고분이 밀집되어 있는 청주 신봉동 고분군에서 다량의 武具가 출토되어 이 지역을 백제의 중요 군사 거점으로 파악해 왔다(車勇杰, 「신봉동 백제토광묘 출토 철제유물」 『百濟硏究』 21, 1990, 291~293쪽). 정운용은 백제가 이 지역을 중요 군사 거점으로 삼아 중원으로부터 이어지는 고구려 세력의 확산을 방어·견제하고 있었다고 하였다(鄭雲龍, 앞의 박

고구려의 남진을 방어하는 동시에 고구려의 군사거점을 견제할 곳을 운영할 필요성이 있었을 것이다. 하지만 이러한 거점을 백제가 단독으로 운영하는 것은 전력의 분산으로 인해 고구려에 대해 공세를 취할 여력이 사라지는 결과를 초래할 가능성 또한 배제할 수 없었다는 점에서 쉽게 시도하기는 어려운 일이었다.

따라서 신라의 삼년산성 축성은 고구려의 군사적 압력에 대한 백제와 신라의 공동 대응이면서[75] 충주의 고구려 군사 거점을 견제하는 것을 목적으로 이루어졌으리라는 관점에서[76] 이해해야 하지 않을까 한다. 앞서 언급한 것처럼 469년 8월에 백제는 장수를 보내 고구려의 남쪽 변경을 공격했다. 같은 해 10월에는 雙峴城을 수리하고 靑木嶺에 큰 목책을 설치한 후 漢山城의 군사를 나누어 지키게 하였다.[77] 쌍현성과 청목령은 각각 장단(장풍) 북쪽 망해산의 쌍령 부근과 개성 청석동에 비정된다.[78] 쌍현성을 수리하고 청목령에 큰 목책을 설치한 것을 단순히 고구려의 반격을 예상한 방어조치가 아니라 예성강 유역을 수복하기 위한 전진기지 확보 시도로 볼 수 있다면[79] 이 시기 백제의 對고구려 전략이 단순히 고구려의 남진을 방어하는 것 하나에만 있지는 않았다고 할 수 있다. 그런데 앞서 언급한 것처럼 고구려에 대한 공세를 진행하고 또 그것을 유리하게 이끄

사학위논문, 1996, 109쪽).

75 鄭雲龍, 앞의 박사학위논문, 1996, 35쪽.

76 임기환은 470년 신라가 소백산맥을 넘어서서 보은 지역에 삼년산성을 축조한 것은 당시의 동향으로 보아 백제를 지원하면서 고구려의 위협에 대처하는 의미를 갖는 것으로 보았다(林起煥, 「漢城期 百濟의 對外交涉 − 3~5세기를 중심으로 −」『漢城期 百濟의 물류시스템과 對外交涉』, 학연문화사, 2004, 120쪽).

77 『三國史記』 卷25, 百濟本紀3, 蓋鹵王 15年 "冬十月, 葺雙峴城, 設大柵於靑木嶺, 分北漢山城士卒, 戍之."

78 문안식, 『백제의 흥망과 전쟁』, 혜안, 2006, 170·194쪽.

79 서영일, 「고구려의 백제 공격로 고찰」 『史學志』 38, 2006, 58~59쪽.

는 것은 백제나 신라 한 나라만의 군사적 역량을 넘어선 일이었다. 그렇다면 백제가 對고구려 공세를 계획하면서 신라에 지원을 요청했을 가능성은 적지 않다고 할 수 있다.

이때 백제가 신라에 요청한 지원이 백제가 북방의 고구려를 직접 공격할 때, 신라는 충주의 고구려 군사 거점을 견제하는 것이 아니었을까. 수도가 전방 가까이에 위치한 백제의 입장에서 북진을 통해 예성강 유역을 수복하는 것은 방어선의 확보라는 점에서 국가의 안위와 직결된 문제였다. 반면에 신라 입장에서 백제의 예성강 유역 확보는 향후 고구려의 공격이 백제로 집중될 수 있다는 확실치 않은 기대 외에는 아무런 이득이 없는 일이었다. 따라서 백제가 신라를 공동 작전의 수행을 통한 對고구려 직접 공격에 끌어들이는 일은 기대하기 어려웠다. 이에 백제가 선택한 차선책이 신라에 삼년산성의 축성을 제안하는 것이었다고 생각된다.[80] 신라에게 충주의 고구려 군사거점 견제의 역할을 분담시킴으로써 고구려의 전력을 분산시키는 동시에 백제는 對고구려 공세에 전력을 집중하려는 전략이었다. 백제는 먼저 468년 2월에 있었던 고구려의 실직성 공격을 들며

....

80 정운용은 백제의 묵시적 양해를 통해 신라가 보은 지방에 대한 지배권을 안정적으로 확보할 수 있었던 것으로 보았다(鄭雲龍, 앞의 박사학위논문, 1996, 35쪽). 반면에 서영일은 신라가 백제의 혼란을 틈타서 백제의 남쪽 변경 지역으로 진출한 것으로 보았다(서영일, 『신라 육상 교통로 연구』, 학연문화사, 1999, 81쪽). 그러나 후자의 견해에서 상정하고 있는 백제의 혼란은 삼년산성 축성이 완료되었을 시점인 470년보다 뒤인 475년에 백제의 수도 한성이 함락된 이후의 상황을 소급시켜 파악한 이해라는 점에서 따르기 어렵다. 삼년산성의 축성을 백제와 신라의 고구려에 대한 공동 대응이라는 측면에서 이해하는 전자의 견해에는 전적으로 동의하지만, 이때의 축성은 백제의 묵시적 양해보다는 적극적인 제안을 통해 이루어졌으리라는 점을 부연하고 싶다. 백제와 군사협력 관계에 있던 신라가 소백산맥 以東의 영역화조차 완전하게 달성하지 못한 상태에서 아무리 백제의 묵시적 양해가 있었다 하더라도 소백산맥 以西인 충북 지역에 수년에 걸친 축성 작업에 뛰어들 수 있었을지 의문이기 때문이다.

고구려가 충주지역에 구축한 군사거점을 견제할 필요성이 있다고 설득했을 것이다. 앞서 확인했듯이 고구려군의 침입 경로가 충주를 출발해 남한강 수로를 따라 실직을 공격하는 것이었으므로 충주지역을 배후에서 견제하는 것은 전투 없이 고구려군의 침입을 막는 효과를 볼 수 있는 방법이었기 때문이다. 이것은 신라에게도 확실한 이득을 가져다주는 제안이었다. 따라서 신라가 백제의 제안을 수락한 것 같다. 백제가 축성지로 본 일대를 제안한 것은 [그림 1]을 통해 확인할 수 있는 것처럼 이 일대가 충주지역을 견제할 수 있는 전략적 요충지였기 때문이다.

[그림 1] 삼년산성의 전략적 위치
(崔永俊, 『한국의 옛길 嶺南大路』, 高麗大學校 民族文化硏究院, 2004, 85쪽)

470년에 삼년산성이 완공된 것으로 생각하면 착공은 468년 2월에서 그리 멀지 않은 시기에 이루어졌을 것이다.[81] 이렇게 생각해볼 때 469년 8월 이후 이어진 백제의 일련의 군사 행동은 단순히 對고구려 전진기지 확보만이 목적이 아니라, 신라의 공세적 축성에서 고구려군의 시선을 돌리기 위한 양동책이었을 가능성도 상정해 볼 수 있겠다.

신라가 백제의 제안을 받아들여 삼년산성과 그 인근의 산성을 축조해 충주의 고구려 군사거점 견제를 담당한 것은 양국의 군사협력 전략이 단순히 고구려의 남진을 공동으로 방어하는 데에 있는 것이 아니라 백제가 對고구려 공세를 취하면 신라가 그것을 보조하는 방식으로도 운용되었음을 알려준다고 할 수 있다. 470년대 백제가 취한 對고구려 공세는 다음과 같이 정리할 수 있다. 472년 백제는 북위에 사신을 파견하여 고구려 정벌을 요청하였다. 기존의 연구에서는 백제의 이러한 행동을 구원 요청으로 파악하였지만 백제가 보낸 표문의 내용을 면밀히 분석하면 그 목적이 북위와의 협공을 통한 고구려 공격에 있음을 알 수 있다.[82] 또한 백제는 고구려 북방에 위치한 물길과의 연계도 추진하였다.[83] 물길을 통해 고구려의 배후를 위협하여 고구려의 주의와 전력을 분산시키는 데 그 목적이 있었다. 신라의 삼년산성 축조는 이보다 선행하여 진행된 백제의 공격 전략 중 하나였으며, 그것은 동시에 '나제동맹'의 對고구려 공격 전략이기도 하

---

81 삼년산성이 총 3년 걸려 완공되었다고 하므로 470년을 완공시점으로 생각하면 467년 또는 468년에 축성이 시작된 것으로 볼 수 있다는 견해도 있다(李富五, 앞의 논문, 2007, 16쪽).

82 魏加耶, 앞의 박사학위논문, 2018, 58~76쪽.

83 『魏書』卷100, 列傳88, 勿吉國. "自云其國先破高句麗十落, 密共百濟謀從水道幷力取高句麗." 『위서』 물길국전에는 延興 연간에 물길 사신 乙力支가 북위에 도착하여 백제와의 연계를 알린 것으로 되어 있다. 『冊府元龜』에 따르면 연흥 연간에 물길의 사신이 북위에 도착한 것은 475년 10월 한 차례 뿐이었다. 따라서 백제와 물길의 연계는 475년 이전의 일로 볼 수 있다.

였던 것으로도 볼 수 있다. 다만 흥미로운 것은 삼년산성 축성 이후 이어지는 신라의 축성지가 대부분 신라의 입장에서는 백제에 대한 방어선으로도 생각할 수 있는 지역이라는 점이다. 이는 신라가 백제의 제안에 응하면서도 한편으로는 자국의 실리를 취한 행동으로 이해할 수 있지 않을까 한다. 백제는 신라의 실리 추구를 알면서도 당면의 과제인 對고구려 공세를 위해 신라의 이러한 행위를 묵인할 수밖에 없었을 것이다. 이는 앞서 확인한 '나제동맹'의 방어전에서 임하는 백제와 신라의 입장 차이와도 부합한다.

삼년산성은 신라본기 소지마립간 8년(486) 정월 기사에서 다시 확인된다. 이에 따르면 신라는 이해에 삼년산성과 屈山城을 改築하였다.[84] 그런데 이듬해인 487년 백제가 고구려를 공격한 것으로 여겨지는 기록을 『일본서기』에서 확인할 수 있다. 『일본서기』卷15, 顯宗天皇 3년 기사는[85] 紀生磐宿禰 반란[86] 또는 대산성 전투로[87] 일컬어지는 사건을 전한다. 임나일본부설의 연장에서 이 사건을 한반도에 주둔하던 倭의 장수가 백제를 공격한 사건으로 이해한 이래로 다양한 견해가 제기되었는데,[88] 이를 바탕으

---

84 『三國史記』卷3, 新羅本紀3, 炤知麻立干 8年. "春正月, 拜伊湌實竹爲將軍. 徵一善界丁夫三千, 改築三年·屈山二城."

85 『日本書紀』卷15, 顯宗天皇 3年. "是歲, 紀生磐宿禰, 跨據任那, 交通高麗. 將西王三韓, 整脩宮府, 自稱神聖. 用任那左魯·那奇他甲肖等計, 殺百濟適莫爾解於爾林[爾林高麗地也]. 築帶山城, 距守東道. 斷運粮津, 令軍飢困. 百濟王大怒, 遣領軍古爾解·內頭莫古解等, 率衆趣于帶山攻. 於是, 生磐宿禰, 進軍逆擊. 膽氣益壯, 所向皆破. 以一當百. 俄而兵盡力竭. 知事不濟, 自任那歸. 由是, 百濟國殺佐魯·那奇他甲背等三百餘人."

86 양기석, 앞의 논문, 2007, 49~58쪽.

87 延敏洙, 「六世紀前半 加耶諸國을 둘러싼 百濟·新羅의 動向-소위「任那日本府」說의 究明을 위한 序章-」『新羅文化』7, 1990 ; 신수진, 「5세기 후반 加羅國의 성장과 帶山城 전투의 성격」『韓國史研究』172, 2016.

88 이에 대한 연구사는 신수진의 정리(신수진, 위의 논문, 2016, 114~115쪽)를 참고

로 기록의 내용을 정리하면 다음과 같다.

고구려와 내통하고 있던 백제의 장수 紀生磐宿禰가 任那의 左魯 那奇陀甲背와 힘을 합쳐 역시 백제의 장수였던 適莫爾解를 고구려땅인 爾林에서 죽였다. 이후 帶山城을 쌓아서 백제에서 동쪽으로 통하는 길을 막아 백제의 군사를 고립시켰다. 이에 백제왕이 領軍 古爾解와 內頭 莫古解를 보내 대산성을 공격하게 하니 紀生磐宿禰가 임나로부터 도망쳤으며, 那奇陀甲背 등 300여인은 백제군에게 살해되었다.

이렇게 정리하면 우선 백제의 장수인 적막이해가 어째서 고구려땅인 이림에서 살해되었는지에 대해 의문이 생긴다. 또한 기록대로라면 백제군의 일부가 대산성의 동쪽인 이림 부근에서 고립되었는데, 이 백제군의 성격이 무엇이었는지도 궁금해진다. 이러한 의문은 당시의 상황을 백제가 고구려 영토였던 이림을 공격하는 과정에서 紀生磐宿禰와 那奇陀甲背 등이 고구려와 내통하여 백제군 장수인 適莫爾解를 죽인 것으로 이해하면[89] 해결될 수 있다.

사건의 현장인 이림과 대산성에 대해서는 다양한 견해가 있지만,[90] 당시 고구려와의 교전지를 생각하면 두 성을 청주-청원일대에서 찾거나,[91] 이림을 음성군 읍성읍에 대산성을 괴산군 도안면(現 증평군 도안면)에 비정한 견해가[92] 가장 사실에 근접한 것으로 보인다. 그런데 550년에 백제

....

할 것.

89 김태식, 「5~6세기 高句麗와 加耶의 관계」 『北方史論叢』 11, 2006 : 『사국시대의 사국관계사 연구』, 서경문화사, 2014, 63쪽.

90 이에 대한 연구사는 김태식의 정리(위의 논문, 2014, 52~53쪽)를 참고할 것.

91 양기석, 앞의 논문, 2007, 55쪽 ; 여호규, 「5세기 후반~6세기 중엽 高句麗와 百濟의 국경 변천」 『百濟文化』 48, 2013, 143~144쪽.

92 김태식, 위의 논문, 2014, 59~60쪽. 이용현은 이림의 위치를 음성과 괴산 중 하나일 것이라 하였다(이용현, 「5세기말의 加耶와 高句麗의 관계: 顯宗紀 3년 是歲조의 검토」 『가야제국과 동아시아』, 통천문화사, 2007, 57쪽).

가 왜에 이림에서 잡은 高麗奴를 보낸 사실을[93] 생각하면 음성읍과 도안면
에 비정한 견해가 좀 더 설득력이 있다. 550년 당시까지 청원지역이 고구
려의 영토였다고 보기는 어렵기 때문이다.[94]

따라서 이 사건은 백제가 對고구려 공세를 시도한 사례로 볼 수 있다.
그런데 사료에는 이 공격에 가야가 동원된 모습만 보인다. 그렇다면 신라
는 이 공세에서 아무런 역할을 담당하지 않았던 걸까. 백제의 고구려 공
격이 있기 1년 전인 486년 신라가 삼년산성을 개축한 사실과 삼년산성의
개축을 즈음한 시점의『삼국사기』기록에서 확인되는 백제와 신라의 움
직임에 주목할 필요가 있다. 〈표 3〉은 이림·대산성 전투의 시점인 487년
이전『삼국사기』에 기록된 백제와 신라의 동향을 정리한 것이다.

〈표 3〉 487년 이전 백제와 신라의 동향

시점	주체	동향	전거
485년 5월	백제	사신을 신라에 보냄	百濟本紀 第4, 東城王 7년
486년 1월	신라	一善 경계의 丁夫 3000명을 징발하여 三年山城과 屈山城을 고쳐 쌓음	新羅本紀 第3, 소지마립간 8년
486년 8월	신라	狼山 남쪽에서 크게 사열	新羅本紀 第3, 소지마립간 8년
486년 10월	백제	궁궐 남쪽에서 크게 사열	百濟本紀 第4, 東城王 8년

485년 5월에 백제가 신라에 사신을 보내고 486년 1월에 신라가 三年山

....

93 『日本書紀』卷19, 欽明天皇 11年. "夏四月庚辰朔, 在百濟日本王人, 方欲還之[百濟
本記云, 四月一日庚辰, 日本阿比多還也]. 百濟王聖明, 謂王人曰, 任那之事, 奉勅堅
守. 延那斯·麻都之事, 問與不問, 唯從勅之. 因獻高麗奴六口. 別贈王人奴一口[皆攻
爾林, 所禽奴也]."
94 청원에서 확인되는 고구려의 유적인 남성골산성은 목책 단계의 방어시설에서
발전 형태를 찾아볼 수 없으며, 주변으로 백제 산성이 둘러싸고 있는 형태를 보
아 남성골산성을 중심으로 고구려가 이 지역을 완전히 장기간 장악하였다고 파
악하는 것은 무리가 있다는 지적이 있다(이정범, 「5~6세기 고구려의 한강유역
지배형태」『高句麗渤海硏究』51, 2015, 95쪽).

城과 屈山城을 고쳐 쌓고 있는 것은 앞서 확인한 것처럼 백제가 對고구려 공세를 준비하는 과정에서 신라에게 삼년산성 등의 축조와 군사주둔을 권유했던 사실을 떠올리게 한다. 또한 一善 지역의[95] 丁夫 3000명을 징발하여 삼년산성을 고쳐 쌓고 있는 것은 이 지역에 대한 신라의 지배가 군사적 거점 지배의 형태로 유지되었기 때문이겠지만,[96] 3000명이란 숫자는 아무래도 성을 고쳐쌓는 것에만 동원되었다고 보기에 지나친 감이 있다.[97] 이들 중 일부는 성에 배치된 병력으로 볼 수도 있지 않을까.[98] 또한 같은 해 8월과 10월 신라와 백제 모두 열병을 거행하고 있는 것은 양국에서 모종의 군사 작전을 실행하기 위한 군사 훈련이 진행 중이었음을 추정할 수 있게 한다. 그리고 바로 다음 해 백제가 고구려의 이림을 공격한 것이다. 그렇다면 신라에게 부여된 전략적 역할은 470년대와 마찬가지로 보은 일대에서 충주의 고구려 군사거점을 견제하며 백제의 고구려 공격을 보조하는 것이었다고 할 수 있다.[99] 470년대와 달라진 것이 있다면

....

95 경북 구미시 선산읍에 비정한다(정구복·노중국·신동하·김태식·권덕영 주석, 앞의 책, 2012, 97쪽).

96 장창은, 앞의 논문, 2016, 114쪽.

97 삼년산성은 외측 성벽 높이 13~20m, 둘레 1,680m에 사용된 석재만 25만 ㎥에 이르는 거대한 산성이라고 한다(李富五, 앞의 논문, 2007, 29쪽). 따라서 개축에 동원된 3000명이란 숫자가 크게 이상하지 않을 수도 있다. 다만 삼년산성이 토성으로 초축되었을 가능성이 있다는 점에서(윤성호, 앞의 논문, 2019(b), 43쪽) 현재의 규모가 초축과 개축 당시의 그것이라고 확신할 수는 없다. 따라서 3000명을 전부 개축에 동원된 인원으로만 파악하기는 어렵지 않을까 한다.

98 『三國史記』新羅本紀의 축성 기사를 검토하면 聖德王 20년(721)에 何瑟羅道의 丁夫 2천을 징발해 북쪽 경계에 長城을 쌓은 기사와, 憲德王 18년(826)에 漢山 북쪽 여러 州의 郡人 1만을 징발하여 浿江의 長城 3백리를 쌓은 기사를 확인할 수 있다. 下代라는 시점과 長城의 新築이라는 점을 감안할 때, 上古期 신라에서 2개성의 改築에 3000명이 동원되는 것은 아무래도 그 숫자가 많다고 생각한다.

99 김병남은 486년 1월의 삼년산성과 굴산성 개축을 백제와 신라와의 결속 과정이 순조롭게 진행되지 않았던 사실의 방증으로 파악했다. 이어지는 2월 백가의 위

481년의 신라 구원을 계기로 백제·신라와 군사협력 관계를 맺기 시작한 가야의 군대가 공격군에 합류한 것을 들 수 있다. 이때 가야가 신라와는 달리 백제의 고구려 공격에 직접 동원된 것은 가야 쪽이 상대적으로 백제에 종속적이었기 때문이었던 것으로 생각된다.

신라가 충주의 고구려 군사거점을 견제할 수 있는 보은 일대의 삼년산성에서 모종의 군사적 행위를 할 때 마다 백제의 고구려 공격이 시도되고 있는 것은 단순한 우연으로 치부하기 어렵지 않을까 한다. 이러한 군사 행동의 동시성을 설명할 수 있는 해석은 이제까지의 분석을 통해 확인한 것처럼 백제의 고구려 공격을 신라가 보조하였다는 것이다. 그 형태는 보은 일대의 삼년산성에서 충주의 고구려 군사거점을 견제하여 고구려의 전력을 분산시키는 동시에 백제는 고구려에 대한 공세에 전력을 집중시키는 것이었다. '나제동맹'의 공격 전략이 이러한 형태로 나타날 수밖에 없었던 이유는 양국이 고구려 공격을 통해 얻을 수 있는 실리가 달랐기 때문으로 생각된다. 백제와 신라는 고구려의 군사 압박에 대한 공동 대응이라는 안보상의 국익은 공유할 수 있었지만 새로운 영역 확장이라는 측면에서는 利害를 달리 할 수밖에 없었다는 지적은[100] 시사하는 바가 크다. 다만 지상 과제인 고토 회복을 추진해야 했던 백제에게 신라와의 군사 협력은 단순한 공동 방어를 넘어 고구려 공격에 성공하기 위한 전제일 수 있었으므로, 상대적으로 적극적이며 주도적으로 신라를 설득하여 앞서 확

사좌평 임명과 7월의 우두성 축조, 8월과 10월에 신라와 백제가 각각 군대를 사열한 것 또한 모두 백제와 신라의 상호 대결이라는 관점에서 이해하고 있다(김병남, 「5세기 말 백제와신라의 협력 과정 재검토」 『역사와 경계』 111, 2019, 37~44쪽). 흥미로운 지적이라고 생각하지만 487년 백제가 고구려의 이림성을 공격하려 했던 시도에 대한 분석이 빠져 있다는 점에서 당시 백제와 신라 사이의 갈등이 존재했다고 파악하는 데에는 동의하기 어렵다.

100 朴京哲, 「麗羅戰爭史의 再檢討」 『韓國史學報』 26, 2007, 67쪽.

인한 공격 전략에 참여시켰던 것으로 생각된다. 하지만 이렇듯 일방의 利害를 위주로 구상된 '나제동맹'의 공격 전략은 신라가 좀 더 적극적으로 자국의 이익을 도모하게 되면 원활한 운용이 불가능한 것이었다. 전략의 파탄은 신라의 국가의 내실을 충실히 한 후 외부로 그 시선을 돌리는 것과 함께 찾아왔다.

IV. 맺음말

550년 正月에 백제는 고구려의 道薩城을 공격해 빼앗았다.[101] 같은 해 3월에는 고구려가 백제의 金峴城을 함락시켰다.[102] 그런데 신라가 양국의 군사들이 피로한 틈을 타서 도살성과 금현성을 빼앗아 증축한 후 甲士 1000명을 두어 이를 지키게 하는 일이 벌어졌다.[103] 바로 다음해인 551년에 백제가 신라가 함께 한강유역 공격에 나섰다는 것을[104] 보면 신라의 도살성·금현성 攻取는 백제의 묵인이라는 관점에서 이해해야 할 것 같다.[105] 대신 백제는 한강유역 공격전에서의 적극적인 협조를 요청했을 것

....

101 『三國史記』卷26, 百濟本紀4, 聖王 28年 春正月.
102 『三國史記』卷19, 高句麗本紀7, 陽原王 6年.
103 『三國史記』卷4, 新羅本紀 第4, 眞興王 9年.
104 『日本書紀』卷19, 欽明天皇 13年 "是歲, 百濟聖明王, 親率衆及二國兵, [二國謂新羅·任那也.] 往伐高麗, 獲漢城之地. 又進軍討平壤. 凡六郡之地, 遂復故地".
105 鄭雲龍, 앞의 박사학위논문, 1996, 125~126쪽. 한편 서영일은 백제가 동맹국인 신라의 금현성과 도살성 공취를 묵인하는 태도를 취한 것은 신라의 공격이 고구려를 목표로 했다고 판단했기 때문이라고 했다(서영일, 앞의 책, 1999, 151쪽). 반면에 노중국은 백제 입장에서 한강유역 수복의 성공에 신라의 도움이 절대적으로 필요했기 때문에 신라와의 충돌을 피했을 것이라고 보았다(노중국, 앞의 논문, 2006, 43쪽). 김영심과 박민경 역시 비슷한 관점에서 백제의 태도를

이다. 하지만 신라가 점차 자국의 실리를 추구하면 독자 행동을 추진하기 시작했다는 것만큼은 분명하다. 이는 앞서 확인한 것처럼 551년 백제·신라·가야 연합군의 한강유역 공격전에서 신라가 이탈하여 독자적으로 한강 중·상류의 10군을 차지했던 사실을 통해서도 미루어 짐작할 수 있다. 그리고 그 결과는 553년 신라의 기습적인 한강 유역 점유와 554년 관산성에서 성왕이 살해된 것에 따른 '나제동맹'의 파탄이었다.

　　지금까지 '나제동맹'의 군사 협력에서 구상되어 실행에 옮겨진 攻守전략의 실상에 대해 검토하였다. 백제와 신라의 군사 협력은 주로 고구려의 남진을 저지하기 위한 공동 방어, 즉 방어 전략의 측면에서 검토되었고, 그것이 주된 흐름을 이루고 있던 것 또한 사실이었다. 하지만 양국의 군사 협력에서 공격 전략이 존재하지 않은 것은 아니며, 그것이 백제의 고구려 공격을 신라가 보조하였다는 형태로 구사되었음을 확인할 수 있었다. 양국의 攻守전략을 좀 더 구체적으로 검토하기 위해서는 주된 전장이었던 충북 일원의 교통로와 이를 瞰制하는 산성의 분포 상태가 면밀하게 정리되어야 할 것이지만, 이 글에서는 미처 정리하지 못했다.[106] 이 점을

분석했다(김영심, 「관산성전투 전후 시기 대가야·백제와 신라의 대립」 『5~6세기 동아시아의 국제정세와 대가야』(대가야학술총서5), 고령군 대가야박물관·계명대학교 한국학연구원, 2007, 241~242쪽 ; 朴珉慶, 『6~7世紀 百濟의 對倭關係 硏究』, 成均館大學校 박사학위논문, 2014, 103~104쪽).

106 특히 충주 외에도 청원 부강리와 대전 월평동 일대에 고구려군의 군사 거점이 존재했음을 감안해 5세기 중·후반 청주 일대를 둘러싼 백제와 신라, 그리고 고구려 삼국의 군사 충돌 문제를 재정리할 필요가 있다. 475년 이후 고구려가 청원과 대전 일대에 진출하여 군사거점을 설치한 것으로 파악되어 왔지만(최종택, 「남한지역 고구려유적 연구현황과 과제」 『高句麗渤海硏究』 50, 2014, 81~82쪽), 남성골 산성을 고구려가 축조·운용하였던 시점을 5세기 중·후반으로 이해하는 견해도 제출된 바 있다. 충주고구려비에 기록된 사건의 시점으로 파악되는 449년을 전후하여 고구려가 충주 지역에 군사 거점을 확보하고 충북·경북 북부 지역으로 세력을 확장하던 고구려가 충주-괴산-보은 방면을 거쳐 청원

보완하는 후고를 기약하면서 글을 마친다.

지역으로 진출하였다고 본 것이다. 이 견해에 따르면 백제에 대한 이러한 군사적 압박으로 인하여, 470년에 신라가 백제 영역이었던 보은에 삼년산성을 축조할 수 있었다고 한다(정운용, 「淸原 南城谷 高句麗 山城의 築造와 運用」『동북아역사논총』39, 2013, 81~82쪽). 山本孝文 또한 삼년산성이 고구려의 청원 부강리 남성골 유적과 마주보는 위치에 축조되었으므로, 그 축조 목적이 고구려의 남하에 대비했을 것이라면 고구려가 475년에 한성을 함락시키기 이전에 충북 지방까지 이미 진출했다고 보아야 한다고 하면서, 두 산성의 축조 시기와 한성 백제 함락 사이의 관계를 면밀히 검토할 필요성이 있다고 하였다(山本孝文, 앞의 논문, 2003, 47쪽의 각주 23). 따라서 충북 지역 고구려 군사 거점 유적의 시기를 언제로 파악하는지에 따라 삼년산성을 비롯한 470~474년에 축조한 신라의 성곽들의 축조 목적에 대한 이해가 심화될 수 있을 것으로 생각된다.

高句麗 南征 이후 新羅·加羅의 전술 변화 고찰

송 영 대 ｜ 건국대학교 강사

Ⅰ. 머리말

삼국시대는 수많은 전쟁이 매일같이 일어났던 시대였다. 三韓을 거치며 삼국이 정립되던 상황에서는 小國을 자국으로 편입시키거나 영향력을 행사하기 위해 전쟁이 일어났다. 이후 삼국통일이 이루어지기 이전까지 전쟁이 지속되었으며, 中國이나 倭의 군대와도 끊임없이 전쟁을 치렀다.

수많은 전쟁을 겪으면서 삼국시대에는 자연스레 전술이 발전하게 되었다. 전술이란 '부대가 전투 목적을 달성할 수 있도록 전투력을 운용하는 전투기술'로 정의할 수 있다.[1] 기록이 영세하기 때문에 삼국시대의 전술을 온전히 복원하는 것은 매우 어렵다. 그렇지만 각종 사료와 고고학 유물의 분석을 통하여 대략적인 전술의 변화 양상 등을 확인 할 수 있다. 시간이 지날수록 전술은 高度化되는데, 이는 다양한 무기 개발과도 연관이 있다.

주지하듯이 新羅와 加羅[2]지역은 고구려의 南征이 이루어졌던 5세기 초

---

1 김용현, 『군사학개론』, 白山出版社, 2005, 254쪽.

2 '加羅'는 '더하여 網羅한다'는 의미를 지녔다. 『南齊書』와 『日本書紀』에서도 加羅로 기술되었으며 이는 加羅人들 스스로가 표방한 것이다. 『三國史記』 등에서 보

를 전후하여 고고학적 양상, 특히 무기의 양상에서 여러 변화가 확인된다.[3] 가장 큰 변화로는 기존의 板甲이 札甲으로 대체되고 馬甲과 馬胄가 출토된다는 점이다. 이는 重裝騎兵이 한반도 남부에 본격적으로 등장하게 되었다는 것으로, 기병전술의 본격적인 전개가 이루어졌다는 사실을 증명한다.

기존 연구에서는 4세기 후반에서 5세기 전반에 신라가 고구려의 지배를 받았으며, 5세기 후반에 이르러 고구려로부터 무기와 무장 기술을 받아들여 중장기병부대가 창설되었다는 견해가 제기되었다.[4] 아울러 400년을 기점으로 전술 체계가 바뀌었다는 지적도 있으며,[5] 무기체계 변화 등의 영향은 倭에까지도 미쳤다는 연구도 있다.[6]

필자는 이러한 기존의 연구 성과와 관련하여 문득 한 가지 의문이 들었다. 고구려의 南征이 新羅와 加羅에게 막대한 영향을 미쳤는데, 고구려의 무기와 전술 또한 그대로 移植되었을까란 것이었다. 당시 고구려의 주요 전쟁터는 遼東과 滿洲 일대 및 백제와 대치하였던 한강 일대였다. 고구려가 대적하였던 상대들은 평소 신라나 가라가 대적하였던 辰韓이나 弁韓 小國과는 다른 존재들이었다. 한 문화의 영향이 다른 문화권에 미칠 경우, 그 문화의 원형이 그대로 전달되기보다는 기존 문화권에서 나름대로의

이는 加耶·加良·駕洛은 加羅를 멸망시킨 신라인들의 표기였다. '耶'는 의문을 나타내는 助詞로, 自稱인 加羅와는 달리 비꼬는 의미를 담았다(이도학, 「任那諸國內 '加羅聯盟'의 勢力 變遷과 對外 關係」 『新羅·加羅史 研究』, 서경문화사, 2017, 104쪽). 이러한 점에 착안하여 본고에서는 기존의 가야에 대한 범칭으로 加羅로 기술하였다.

3 申敬澈, 「古式鐙子考」 『釜大史學』 9, 효원사학회, 1985.
4 李仁哲, 「4~5세기 高句麗의 南進經營과 重裝騎兵」 『軍史』 33, 國防軍史研究所, 1996.
5 김두철, 「무기·무구 및 마구를 통해 본 가야의 전쟁」 『가야고고학의 새로운 조명』, 부산대학교 한국민족문화연구소, 2003.
6 송계현, 「고구려의 신라 구원과 가야와 왜의 무기체계 변화」 『고구려발해연구』 21, 고구려발해학회, 2005.

적응과정을 거치면서 도입되는 것이 상식이다. 즉 신라와 가라가 고구려의 전술과 무기를 도입하였더라도 이를 원형 그대로 흡수하지 않고, 도리어 자신들의 상황에 맞춰 적용하였을 수 있겠다는 생각이 들었다.

본 글은 이러한 문제의식을 바탕으로 작성되었다. 또한 고구려의 南征 이후 신라와 가라의 전술 변화와 관련하여 필자는 국립경주박물관에 소장되어 있는 傳 김해 덕산리 출토 기마인물형토기를 주목하였다. 이 유물은 騎士가 重武裝을 하고, 말도 馬甲으로 무장한 重裝騎兵을 표현한 것이다. 이 기사는 投槍과 방패를 들고 돌격하는 모양새라는 점이 특징이다. 기존 연구에서도 이러한 무장을 지적한 사례들도 있었지만, 심도 있게 고찰하지는 않았다.[7] 필자는 이 유물이 신라와 가라지역의 전술 변화를 상징적으로 보여주는 것으로 판단하여, 그 의미를 분석하였다.

본 글에서는 고구려 南征 이전 신라와 가라의 전술을 파악하고, 기존 고구려의 무기와 전술이 어떠하였는지를 살펴보았다. 또한 고구려 南征 이후 고구려의 전술이 신라와 가라에서 어떻게 적용되고 변화하였는지를 고찰하였다. 특히 投槍을 사용하는 중장기병의 실전 능력 및 전술 활용 기간 등의 사항에 대해 검토하였다.

II. 高句麗 南征 이전 新羅·加羅의 전술

고구려 南征 이전 新羅와 加羅의 전술은 전체적인 양상을 파악하긴 힘들다. 그렇지만 기록의 片鱗과 고고학적 성과를 통해 밝혀진 무기 체계를 통해 대략적인 모습을 추정할 수 있다. 본 章에서는 현재 학계에서 고구려

---

7 曺彌賢,「古墳 壁畵를 통해 본 高句麗 重裝騎兵」, 전북대학교 석사논문, 2009, 31~32쪽.

南征 이전 즉 5세기 이전의 무기 체계를 어떻게 보고 있는지를 살펴보고, 문헌기록과 대조하였다. 아울러 무기 체계의 분석을 통해 당시의 전술 양상을 파악하였다.

4세기 이전에 신라는 辰韓의 斯盧國에서 출발하여 점차 영역을 확대해 나가고 있었다. 이 시기의 군사는 사용하는 무기의 종류에 따라 短劍이나 長劍을 사용하는 劍兵, 鐵矛를 사용하는 槍兵, 활과 화살을 사용하는 弓兵으로 나눈다고 보고 있다. 시대별로 따지면 기원전 1세기부터 기원후 2세기 전엽에는 철제 단검을 사용하는 短劍兵이 장기적으로 유지되다가, 2세기 중엽부터 3세기 중엽에는 철제 장검을 사용하는 長劍兵으로 대체된다고 보았다. 전반적으로 보병 중심의 군사조직을 주를 이루었다고 보며, 시대가 지날수록 조직화된 군사체계가 확립된다고 보았다.[8] 4세기 전반 가라에서는 鐵劍이 줄어들고 長身의 대도가 증가하기 시작하였다. 또한 鐵矛도 기존에 비해 기능적 개량이 이뤄져 矛身의 단면이 菱形에 가까우며 너비가 좁아지는 철모가 제작되어 찌르는 기능이 강화되었다. 鐵鏃은 有莖鏃이 유행하여 화살과 철촉을 견고히 고정하게 되었다. 또한 영남지역에서는 鐵製甲冑가 등장하기 시작하였다.[9]

4세기 들어 한반도에서는 騎乘用 馬具인 鞍裝, 鐙子가 확인되면서 기마 문화의 본격적인 도입 및 활용이 시작된다. 이러한 4세기 전반의 馬具類는 가라에 해당하는 낙동강 하류 유역 뿐만 아니라, 百濟에 해당하는 청주 봉명동 유적이나 신라 지역인 경주 황성동 등에서도 출토되고 있다. 마구류의 유입은 三燕과 고구려의 영향이 컸던 것으로 여겨진다.[10] 부산 복천동 38호분과 69호분 출토 마구는 현재 영남지역에서는 가장 빠른 시기에

---

8 우병철, 「신라의 무기」 『신라고고학개론』 下, 진인진, 2014, 347~348쪽.
9 김도영, 「가야의 무기」 『가야고고학개론』, 진인진, 2016, 400쪽.
10 이현정, 「신라의 말과 마구」 『신라고고학개론』 下, 진인진, 2014, 248~256쪽.

해당하는 마구로, 표비와 함께 환두대도·철모·철촉·갑주가 공반하였다. 4
세기 후반대가 되면 부산 복천동 고분군뿐만 아니라 김해 대성동 고분군
과 양동리 고분군에서도 마구류가 출토된다.[11]

　　기존의 고고학 연구 성과를 보면 5세기 이전까지 신라와 가라에서는
주로 보병 중심의 무기 체계가 갖춰져 있었다는 사실을 알 수 있다. 또한
제한적이긴 하였으나 馬具의 존재를 통해 기병도 일부 활용되었다고 볼
수 있다. 당시 기병들은 『三國史記』에서 확인되듯이 邀擊戰이나 追擊戰 등
에서 활동했으며 輕裝騎兵을 주로 운용하였던 것으로 나타난다.[12]

　　고고학적 유물을 통해 당시 전쟁의 양상을 대강 가늠할 수는 있지만,
구체적인 양상까지 알기는 쉽지 않다. 이와 더불어 참고해야 할 자료로
문헌사료를 들 수 있다. 삼국시대 초기를 다룬 中國 正史인 『三國志』·『後漢
書』·『晋書』에서는 당시 한반도 남부 지역을 三韓으로 기술하여 다루었다.
여기에서는 騎乘이나 武器와 관련하여, 상세하지는 않지만 다음의 기록들
이 참고된다.

〈표 1〉『三國志』·『後漢書』·『晋書』의 騎乘·武器 관련 기록

연번	사서	국가	기록
A-1	『三國志』	馬韓	소나 말을 탈 줄 모르기 때문에 소나 말은 모두 장례용으로 써버린다.[13]
A-2	『三國志』	辰韓	소와 말을 탈 줄 알았다 …(中略)… 步戰을 잘하며, 兵仗器는 馬韓과 같다.[14]
A-3	『後漢書』	馬韓	소와 말을 탈 줄 모른다.[15]
A-4	『晋書』	馬韓	소나 말을 탈 줄 모르기 때문에 가축을 기르는 것은 단지 장사지내는 데

---

11 柳昌煥, 「三國時代 騎兵과 騎兵戰術」 『한국고고학보』 76, 2010, 147쪽.

12 『三國史記』 卷1, 婆娑尼師今 15년. "十五年 春二月 加耶賊圍馬頭城 遣阿湌吉元
　　將騎一千擊走之 秋八月 閱兵於閼川" ; 『三國史記』 卷2, 奈解尼師今 15년. "七年
　　秋八月 百濟襲西境圓山鄕 又進圍缶谷城 仇道率勁騎五百擊之 百濟兵佯走 仇道追
　　及蛙山 爲百濟所敗 王以仇道失策 貶爲缶谷城主 以薛支爲左軍主" ; 助賁尼師今 3
　　년. "三年 夏四月 倭人猝至圍金城 王親出戰 賊潰走 遣輕騎追擊之 殺獲一千餘級."

연번	사서	국가	기록
			쓰기 위해서이다 …(中略)… 弓·楯·矛·櫓를 잘 쓰며, 비록 남과 다투거나 전쟁을 할 때에도 굴복한 상대를 서로 귀하게 여긴다.16
A-5	『晋書』	辰韓	소도 부리고 말도 탄다. 그 풍속은 馬韓과 비슷하며, 兵器도 역시 馬韓과 같다.17

<표 1>의 A-1·3·4에서 나타나듯이 馬韓은 줄곧 말을 탈 줄 모른다고 기록된 반면, A-2·5에서 辰韓은 말을 탈 줄 안다고 기재되었다.18 또한 辰韓의 兵仗器는 馬韓과 같다고 하였다. 문제는 A-1에서 마한의 무기를 거론하지 않았다는 것이다. 오히려 이 부분은 A-4의 기록을 통해 그 실체를 알 수 있다.

A-4에서는 "善用弓楯矛櫓"라고 하여 주요 무기들이 열거되었다. 주지하듯이 弓은 활을 의미하며, 矛는 투겁이 있는 槍을 의미한다. 문제는 楯과 櫓이다. 둘 다 방패를 의미하는데 굳이 서로 다른 글자로 기술하였다는 점은, 당연히 楯과 櫓의 용도나 형태에 차이가 있다는 사실을 내포한다. 楯은 우리가 알고 있는 개인용 방패로, 주로 창이나 칼과 함께 드는 보조 방어구를 의미한다. 나무로 제작되기 때문에 그 실체가 제대로 남아있지

---

13 『三國志』 卷30, 「魏書」, 烏丸鮮卑東夷傳, 韓. "不知乘牛馬 牛馬盡於送死."

14 『三國志』 卷30, 「魏書」, 烏丸鮮卑東夷傳, 韓. "乘駕牛馬 …(中略)… 便步戰 兵仗與馬韓同."

15 『後漢書』 卷85, 「東夷列傳」, 三韓. "不知騎乘牛馬."

16 『晋書』 卷97, 「四夷傳」, 東夷, 馬韓. "不知乘牛馬 畜者但以送葬 …(中略)… 善用弓楯矛櫓 雖有鬪爭攻戰 而貴相屈服."

17 『晋書』 卷97, 「四夷傳」, 東夷, 辰韓. "服牛乘馬 其風俗可類馬韓 兵器亦與之同."

18 A-2의 기록은 『三國志』에서는 弁辰 項에 기록되었지만, 이후 史書에서의 반영 상황을 보면 辰韓에 해당한다고 보는 게 타당하다. 마찬가지의 사례로 鐵 産地에 대한 기록을 들 수 있다(송영대, 2016, 「『通典』「邊防門」 東夷篇의 구조 및 찬술 목적」 『史林』 57, 首善史學會, 152쪽). 先代의 기록을 後代에 재배치하였다는 점에서 착안하여, A-2에서 국가란을 弁辰이 아닌 辰韓으로 기재하였다.

않지만, 고대 전투에는 필수적으로 사용되었던 방어구였다.

櫓는 『說文解字』에서는 '大盾' 즉 큰 방패라고 하였다.[19] 『禮記』에서는 "선비는 忠과 信으로 甲冑로 삼고, 禮와 義로써 干櫓를 삼는다"는 표현이 있다.[20] 『三國志』 賀齊傳에서는 賀齊가 사치스럽고 화려한 것을 좋아하여 干櫓와 戈矛에 葩瓜를 그려 장식했

다고 하였다.[21] 『通典』에서는 周代에 五兵과 五盾을 쓴다고 하였는데, 여기에서 五盾을 干櫓의 종류라고 설명하였다.[22] 이러한 기록들을 통해 '干櫓'는 당시 전쟁에서 일반적으로 사용하였던 방패 종류의 방어 무기를 의미하였음을 알 수 있다. 『墨子』에서도 守城戰에 대한 서술에서 櫓의 존재가 기술되었는데, 너비가 4尺, 높이가 8尺으로 성벽의 100步마다 배치한다고 하였다.[23] 이 기록을 그대로 받아들인다면 櫓는 거대한 방어

[그림 1] 아시리아의 맨틀리트
(출처 : Jack Coggins, Soldiers and Warriors)

....

19 『說文解字』 卷7, 「木部」. "櫓 大盾也 從木魯聲."

20 『禮記』 第41, 「儒行」. "儒有忠信以爲甲冑 禮義以爲干櫓."

21 『三國志』 卷60, 「吳書」 15, 賀全呂周鍾離傳, 賀齊. "齊性奢綺 尤好軍事 兵甲器械 極爲精好 所乘船雕刻丹鏤 靑蓋絳襜 干櫓戈矛 葩瓜文畫 弓弩矢箭 咸取上材 蒙衝 鬪艦之屬 望之若山 休等憚之 遂引軍還."

22 『通典』 卷76, 「禮門」 36, 沿革 36, 軍禮 1, 出師儀制, 周. "司兵掌五兵五盾[五兵者・戈・殳・戟・酋矛・夷矛 五盾 干櫓之屬也]."

23 『墨子』, 「備城門」. "百步爲櫓 櫓廣四尺 高八尺."

무기로, 적의 矢石을 막는 防壁과도 같은 역할을 하였다고 볼 수 있다. 이른바 이동용 防壁 혹은 防板으로 생각할 수 있으며, 이러한 형태의 무기는 여러 사례를 통해 확인된다.

고대 로마나 중세 유럽에서는 맨틀리트(Mantlet)라고 하는 큰 방패를 사용하였다. 가장 이른 시기에 보이는 맨틀리트는 아시리아(Assyria)에서 사용한 것으로, 궁수들을 방어하는 용도로 사용하였다. [그림 1]을 통해 알 수 있듯이 맨틀리트의 높이는 사람보다 컸고, 너비는 두 세 사람을 가릴 수 있을 정도였다. 맨틀리트는 중세시대에 석궁병을 보호하거나 攻城戰을 펼칠 때에도 사용되었다.24 15세기 초의 유럽에서는 패비스(Pavise, pavas)라는 맨틀리트를 사용하였는데, 일종의 움직일 수 있는 胸壁으로 地面에 놓으면 전사의 몸을 모두 가렸다고 하였다.25

〈사진 1〉石上神宮 鐵盾

고대 일본에서는 이러한 대형 방패의 존재가 실제 유물로 나타난다. 이소노카미 신궁[石上神宮]에는 2점의 鐵盾이 傳世되었는데, 1점은 이소노카미 신궁에 보관 중이며, 다른 1점은 〈사진 1〉의 유물로 도쿄국립박물관[東京國立博物館]의 헤이세이관[平成館]에 전시되어 있다.26 前者는

---

24 Jack Coggins, *Soldiers and Warriors*, New York: Dover Publications, 1994, 7쪽.
25 찰스 바우텔 編譯, 박관순 譯, 『무기의 역사』, 가람기획, 2002, 183쪽.
26 伊藤純, 「石上神宮鐵盾觀察記 : 適切な展示によって判ったこと」 『大阪歷史博物

높이 143.0cm, 위의 폭 73.6cm, 중앙 폭 67.6cm, 아래 폭 79.7cm이며, 後者
는 높이 140.3cm, 위의 폭 70.5cm, 중앙 폭 65.0cm, 아래 폭 77.4cm이
다.27 모두 5세기 말~6세기 초의 유물이다. 古墳時代 중기 전반대에는 革盾
이라는 유물이 등장하는데, 대체로 허리가 잘록한 장방형 형태로 길이는
150cm 내외, 폭은 50cm 정도로 나타난다. 革盾은 한반도 대성동 11호분,
복천동 21·22호분에서 출토된 유물과 유사한 형태로 판단된다.28 해당 유
물들은 실전용보다 의례용으로 보는 경향이 강하나, 『墨子』의 기록과 비
교한다면 실제 전투 때 사용하였을 가능성을 배제할 수 없다. 이러한 유
물들은 三韓의 櫓와 일치하거나 유사한 성격의 유물로 판단할 수 있다.

앞에서 살펴보았듯이 馬韓에서는 弓·楯·矛·櫓를 잘 썼다고 하였으며,
辰韓의 兵器는 馬韓과 같다고 하였다. 무기에 대한 일부 기록이지만, 이를
통해서 당시 전투 방식을 추론할 수 있다. 방패와 창, 활은 고대 전투에서
매우 기본적인 무기이다. 여기에서 방패가 楯과 櫓로 구분되어 활용되었
다는 사실은 방패를 다양하게 활용하는 전술이 마련되었음을 의미한다.
櫓는 맨틀리트와 같은 대형 방패로 볼 수 있으며, 이는 개인무기가 아닌
2명 정도가 활용하는 무기로 보는 게 합리적이다. 2명 정도의 인원이 활
용하는 무기가 주요 무기의 반열에 있었다는 사실은 개인 전사의 전투력
이 중심이 된 전투가 아닌 군인 집단 중심의 전투가 이뤄졌음을 의미한
다. 출토 유물과 연관시켜 보았을 때, 전투는 주로 보병이 중심이 되었으
며, 기병은 부수적으로 활용되었을 것으로 보인다.

즉 5세기 이전 신라와 가라에서는 櫓를 사용하는 병사들이 선두에서

館 研究紀要』平成 17年 10月 第4號, 大阪: 大阪市文化財協會, 2005, 13쪽.

27 櫻井久之, 「鍵手文の盾 : 文樣から見た石上神宮鐵盾の出現背景」『大阪歷史博物
館 研究紀要』平成 18年 10月 第5號, 大阪: 大阪市文化財協會, 2006, 43쪽.

28 이성훈, 「삼국시대 한반도 출토 방패(防牌)와 무기류의 변화」『한국고고학보』
97, 한국고고학회, 2015, 189~190쪽.

아군을 보호하고, 投射兵器와 近接兵器로 무장한 보병의 設陣이 이뤄졌다고 볼 수 있다. 전투가 개시되면 투사병기로 무장한 보병, 즉 弓手가 먼저 활을 쏘아 적진을 교란시키거나 아군을 엄호하였다. 矛와 楯으로 무장한 보병들은 궁수들의 엄호 하에 적에게 접근하였으며, 이때도 楯가 병사들을 보호하는 역할을 했다고 볼 수 있다.

적정 거리에 이르면 矛와 楯으로 무장한 병사들이 근접전을 펼쳤는데, 이때는 고대 그리스의 팔랑크스(Phalanx)처럼 密集隊形을 구축하여 전투하였을 것으로 여겨진다. 이 외에 돌팔매와 投槍도 적절하게 활용되었을 것으로 보인다. 특히 投槍은 적의 前列을 무너뜨리기 위해 근접하여 창을 던져 공격하거나 적의 방패를 부수는 역할을 하였다.

아울러 輕裝騎兵도 활용하였을 것으로 보인다. 앞서 거론하였듯이『三國史記』에서는 일찍부터 기병을 활용한 게 확인된다. 또한 中國 正史에서도 辰韓에서는 말을 탈 줄 알았다고 하였으며, 고고학적으로도 4세기 경에 騎乘用 馬具가 확인된다. 경장기병은 적진을 향해 돌격을 감행하기도 하였지만, 그보다는 기습전이나 추격전에서 주로 활약하였을 가능성이 크다. 즉 5세기 이전 신라와 가라에서는 보병이 중심이 되고 기병은 보조를 맞추는 형태의 전술이 주로 전개되었을 것으로 보인다.

Ⅲ. 高句麗의 전술과 重裝騎兵 활용

新羅와 加羅의 무기체계는 廣開土王 永樂 10년(400)에 있었던 高句麗 5만 대군의 원정 이후에 변화를 맞이하게 되었다.[29] 신라의 경우 국경을 접하

---

29 「廣開土王陵碑文」. "十年庚子 教遺步騎五萬 往救新羅 從男居城 至新羅城 倭滿其中 官軍方至 倭賊退△△背急追至任那加羅從拔城 城卽歸服 安羅人戌兵△新羅城

고 교류를 하면서 高句麗軍의 존재를 알고 있었으며 그들의 활동상을 파악하였다고 여겨진다. 그렇지만 직접 자신의 영토에서 고구려가 대규모 군사작전을 펼치는 모습은 큰 충격으로 다가왔다. 보병과 기병의 복합적이고 유기적인 用兵으로 倭軍을 단숨에 격퇴하는 고구려군의 전술은 신라와 가라의 군대가 개선하고 받아들여야 할 대상으로 설정되었다.

고구려는 5세기 이전에 이미 무기 체계를 확립하였다.[30] 확립된 무기 체계를 바탕으로 고구려는 다양한 군대 운용을 하고 있었으며, 한반도 남부에 비해 기병의 활용도가 높았다. 특히 고구려에서는 鐵騎 즉 重裝騎兵을 적극적으로 활용하였다. 이는 여러 고분벽화를 통해서 알 수 있으며, 기록 중에서는 『三國史記』東川王 20년(246)에 曹魏의 毌丘儉과의 싸움에서도 鐵騎 5천을 동원한 사례가 잘 알려져 있다.[31] 참고로 중국에서도 後漢代에 들어 鐵騎를 활용한 사례가 확인된다. 後漢 末에 公孫瓚이 아들 公孫續에게 보내는 서신에서 5천의 鐵騎를 언급한 바 있으며,[32] 曹魏代에 張恭이 曹操의 官屬을 영접할 때에 鐵騎 200명을 보냈다고 하였다.[33] 이보다 앞선 秦代에

....

△城 倭寇大潰."

30 고구려는 1~2세기에 漢代 무기의 영향으로 무기체계를 성립하였고, 2세기~3세기 중엽에 고구려의 독자적 무기체계를 형성하였으며, 3세기 후반~4세기 중후엽에는 무기 체계를 확립하였다(김길식, 「고구려의 무기체계의 변화」『한국 고대의 Global Pride, 고구려』, 고려대학교박물관·서울특별시, 2005, 230~237쪽).

31 『三國史記』卷17, 東川王 20년. "二十年 秋八月 魏遣幽州刺史毌丘儉 將萬人 出玄菟來侵 王將步騎二萬人 逆戰於沸流水上 敗之 斬首三千餘級 又引兵再戰於梁貊之谷 又敗之 斬獲三千餘人 王謂諸將曰 魏之大兵 反不如我之小兵 毌丘儉者魏之名將 今日命在我掌握之中乎 乃領鐵騎五千 進而擊之 儉爲方陣 決死而戰 我軍大潰 死者一萬八千餘人 王以一千餘騎 奔鴨淥原."

32 『後漢書』卷73, 「劉虞公孫瓚陶謙列傳」, 公孫瓚. "四年春 黑山賊帥張燕與續率兵十萬 三道來救瓚 未及至 瓚乃密使行人齎書告續曰 昔周末喪亂 僵屍蔽地 以意而推 猶爲否也 …(中略)… 父子天性 不言而動 且厲五千鐵騎於北隰之中 起火爲應 吾當自內出 奮揚威武 決命於斯."

鐵騎를 운용하였다고 추정할 수 있는 馬甲이 秦始皇陵에서 石鎧甲의 형태로 출토되었다.[34]

　고구려의 兵器 관련 기록은 中國 正史 중에서 『梁書』・『南史』・『北史』・『隋書』・『周書』에서 확인된다. 각 기록들을 열거하면 아래와 같다.

〈표 2〉 中國 正史에 기재된 고구려의 武器 기록

연번	사서	기록
B-1	『梁書』	國人은 氣力을 숭상하여, 弓矢와 刀・矛를 잘 쓰며, 鎧甲이 있어서 戰鬪에 익숙하여, 沃沮와 東穢를 모두 복속시켰다.[35]
B-2	『南史』	國人은 氣力을 숭상하여, 弓矢와 刀・矛를 잘 쓰며, 鎧甲이 있어서 戰鬪에 익숙하여, 沃沮와 東濊를 모두 복속시켰다.[36]
B-3	『周書』	兵器로는 甲・弩・弓・箭・戟・矟・矛・鋋이 있다.[37]
B-4	『北史』	兵器는 中國과 대략 동일하다.[38]
B-5	『隋書』	兵器는 中國과 대략 동일하다.[39]

　<표 2>에 따르면 『梁書』・『南史』에서는 주요 무기로 弓矢와 刀・矛, 鎧甲이 거론되었고, 『北史』・『隋書』・『周書』에서는 甲・弩・弓・箭・戟・矟・矛・鋋이 있다고 하였다. 前者는 梁代(502~557년), 後者는 北周代(557~581년) 혹은 그 이전의 정황을 반영한 것이다. 특히 후자는 역대로 고구려와 국경을 맞대

---

33 『三國志』卷18,「魏書」, 二李臧文呂許典二龐閻傳, 張恭. "恭卽遣從弟華攻酒泉沙頭・乾齊二縣 恭又連兵尋繼華後 以爲首尾之援 別遣鐵騎二百 迎吏官屬 東緣酒泉北塞 徑出張掖北河 逢迎太守尹奉."

34 楊泓, 『古代兵器通論』, 北京: 紫禁城出版社, 2005, 112쪽.

35 『梁書』卷54,「諸夷傳」, 東夷, 高句驪. "國人尙氣力 便弓矢刀矛 有鎧甲 習戰鬪 沃沮・東穢皆屬焉."

36 『南史』卷79,「夷貊傳」下, 東夷, 高句麗. "國人尙氣力 便弓矢刀矛 有鎧甲 習戰鬪 沃沮・東濊皆屬焉."

37 『周書』卷49,「異域傳」上, 高麗. "兵器有甲弩弓箭戟矟矛鋋."

38 『北史』卷94,「高句麗傳」. "兵器與中國略同."

39 『隋書』卷81,「東夷傳」, 高麗. "兵器與中國略同."

었던 北朝에서 확보한 정보이므로 실제 고구려의 군사적 상황을 반영한 것으로 이해할 수 있다.

즉 6세기 경의 고구려 무기는 다양화되었고, 특히 槍類가 발달하였으며 중국의 무기체계와도 유사하였다는 사실을 알 수 있다. B-3에서 "戟·矟·矛·鋋"의 槍類가 열거되었다. 이 무기들은 안악 3호분 동쪽 회랑의 동벽에 있는 出行圖에서 확인할 수 있다. 즉 기록보다 앞서 이미 4세기 고구려에서는 B-3에서 보이는 무기 체계가 확립되어 있었던 것이다.

戟은 날 끝에 갈래 혹은 고리가 있는 무기로 춘추전국시대부터 보이며, 안악 3호분에서는 重裝步兵이 주로 사용하는 것으로 나타난다. 창의 한쪽 갈래가 갈고리 모양을 하면서 柄部를 향한 것이 특징으로 마치 鉤鐮槍과 같은 인상을 준다. 벽화에서는 창날 아래에 붉은 색의 槍纓이 달렸다. 黃州 順川里 上洞遺蹟과 平壤 石巖里 土壙墓遺蹟에서 戟의 실물자료가 출토된 사례가 보고되었다.[40] 출토량은 많지 않으나, 효율성이 높기 때문에 주요 무기로 사용되었던 것으로 보인다.

矟은 '槊'으로도 쓰는 무기이며, 기병돌격용 긴 창이다. 後漢 劉熙의 『釋名』에 따르면 길이가 1丈 8尺에 이르며 말 위에서 사용한다고 하였다. 『南齊書』에 따르면 三國時代 曹操와 曹丕가 槊을 비껴들고 있었다고 하였으며, 魏晉南北朝時代에는 『馬槊譜』라는 전문 기술서도 존재했다고 전한다.[41] 『藝文類聚』에서는 『通俗文』을 인용하여 "矛의 길이가 1丈 8尺에 이르는 것을 槊이라 한다"고 하였다.[42] 중국에서 조사된 骨尺을 참고하면 1尺은 23cm 혹은 23.9cm라고 하였으므로, 槊의 길이를 계산하면 4.14m~4.3m에 이른다.[43]

40 國防軍事研究所, 『韓國武器發達史』, 國防軍事研究所, 1994, 48쪽.

41 송영대, 「『삼국사기』를 통해 본 6~7세기 신라의 무기 체계」, 『사학연구』 117, 한국사학회, 2015, 48쪽.

42 『藝文類聚』 卷60, 「軍器部」, 槊. "通俗文曰 矛丈八者謂之槊."

稍은 서양에서도 랜스(Lance)라는 이름의 무기로 사용되었다. 기병 돌격에 있어서 가장 기본적인 무기로, 稍 자체만을 주요 무기로 사용하고 다른 무기는 사용하지 않는 경우가 많았다. 대신 전투에서 지속적으로 싸우기 위하여 奪稍 즉 상대방의 稍이나 창을 빼앗아 싸웠다. 특히 중국에서는 隋唐代에 奪稍과 避稍이 주요 기술로 일컬어졌으며, 尉遲敬德이 그 기술의 고수로도 널리 알려졌다.[44] 안악 3호분의 출행도에서는 重裝騎兵과 墓主 뒤에 있는 輕裝騎兵이 무장한 것으로 나타난다.

矛는 '鉾'로도 쓰는 무기로 투겁창으로 일컬어지며, 古代에는 槍의 汎稱으로 사용되었다. 고고학적으로는 창날 아래에 홈이 있어서 이 안으로 자루를 끼어 넣을 수 있는 구조의 무기로 파악한다. 삼국시대 유적에서 출토되는 창 중에서 대다수가 이에 해당하며, 당시에 사용된 가장 기본적인 무기였다. 戟과 비교하면 창날에 별다른 갈래가 없이 곧은 날을 형성한 게 특징이다. 안악 3호분에서 稍으로 보이는 무기와 외형적으로는 동일하나 용도에 따라 다르게 구분하였다고 생각된다.

鋋은 漢代에 투창을 일컬었다. 서양과는 달리 중국에서 투창은 크게 유행한 무기는 아니었으나, 여러 기록에서 그 실체가 확인된다.[45] 『釋名』의 釋兵에서는 "鋋이란 延으로 읽고 도달한다는 뜻으로, 여기에서 가면 저기에 이른다는 것을 말한다"[46]고 하였으며, 『說文解字』에서는 작은 矛를 의

<hr>

43 鍾少異, 『金戈鐵戟 : 中國古代兵器的歷史與傳統』, 北京: 中國人民解放軍出版社, 1999, 62쪽.

44 『舊唐書』 卷68, 「尉遲敬德傳」. "敬德善解避矟 每單騎入賊陣 賊矟攢刺 終不能傷 又能奪取賊矟 還以刺之 是日 出入重圍 往返無礙 齊王元吉亦善馬矟 聞而輕之 欲親自試 命去矟刃以竿相刺 敬德曰 縱使加刃 終不能傷 請勿除之 敬德矟謹當卻刃 元吉竟不能中 太宗問曰 奪矟·避矟 何者難易 對曰 奪矟難 乃命敬德奪元吉矟 元吉執矟躍馬 志在刺之 敬德俄頃三奪其矟 元吉素驍勇 雖相歎異 甚以爲恥."

45 鍾少異, 『金戈鐵戟 : 中國古代兵器的歷史與傳統』, 北京: 中國人民解放軍出版社, 1999, 70쪽.

미한다고 하였다.[47] 『史記』 匈奴列傳에서는 "그들의 長兵으로는 弓矢가 있고, 短兵으로는 刀와 鋋이 있다"고 하였다. 『史記集解』에서는 "鋋은 矛와 형태가 비슷하며, 자루는 鐵로 되었다"고 하였으며, 『史記索隱』에서도 "鋋은 작은 矛로 자루는 철로 되었다"고 기술하였다.[48]

『後漢書』 馬融傳에 기재된 廣成頌에서는 "鋋이 날아다니는 게 번개처럼 격렬하였고, 流矢가 비처럼 떨어졌다"는 전쟁 묘사 기록이 남아 있다.[49] 『晋書』 朱伺傳에서는 "朱伺가 전장에 들어서자, 적이 朱伺에게 鋋을 던져 맞췄는데, 朱伺가 역으로 鋋을 집어 들어, 반대로 적을 맞추었다"고 하였다.[50] 중국 湖南省 資興 東漢墓에서는 2점의 鋋이 출토되었는데, 1점은 날의 길이가 27cm, 자루가 130cm이며, 다른 1점은 자루가 대나무처럼 되어 11마디가 있는 것으로 전체 길이가 157cm에 이른다.[51]

鋋은 다른 槍類와는 달리 안악 3호분 출행도에서 명확하게 확인되지 않는다. 대신 장천 1호분에서는 짐승을 향해 투창을 던지는 사람의 모습이 확인되는데, 이 때 쓰인 무기를 鋋으로 볼 수 있다. 때문에 기존 연구에서는 장천 1호분 전실 북벽의 수렵도에서 鋋으로 추정되는 槍鉾로 큰 짐승을 사냥하는 장면이 있으므로, 수렵용에 鋋이 사용되었다고 보았다.[52] 투창의 활용 사례와 효율성으로 보았을 때 고구려에서 鋋은 보병이나 경장기병이 사용하였을 가능성이 크다고 생각한다.

....

46 『釋名』, 「釋兵」. "鋋 延也 達也 去此至彼之言也."
47 『說文解字』 卷15, 「金部」. "鋋 小矛也 從金延聲."
48 『史記』 卷110, 「匈奴列傳」. "其長兵則弓矢 短兵則刀鋋【集解】韋昭曰 鋋形似矛 鐵柄 晉時年反【索隱】音蟬 埤蒼云 鋋 小矛鐵矜 古今字詁云 䥇通作矜]."
49 『後漢書』 卷60上, 「馬融傳」. "飛鋋電激 流矢雨墜."
50 『晋書』 卷81, 「朱伺傳」. "伺既入 賊擧鋋摘伺 伺逆接得鋋 反以摘賊."
51 楊泓, 『古代兵器通論』, 北京: 紫禁城出版社, 2005, 148~149쪽.
52 김성태, 「三國時代 槍鉾의 연구」 『史林』, 수선사학회, 2001, 227쪽.

고구려의 중장기병은 槊을 주로 사용하였는데, 이는 중국 또한 마찬가지였다. 중장기병은 기존의 경장기병과 비교하여 기사와 말이 모두 중무장하였다는 점에서 차이를 보인다. 중장기병의 도입이 곧바로 군사력의 우위로 연결되지는 않는다. 다만 기존 전쟁의 패턴에 여러 변화를 초래하였다. 화약 등장 이전까지 군대는 기본적으로 密集隊形을 형성하였으며, 각 상황에 맞춰 設陣을 하였다.

전쟁의 기본 원리는 『孫子』에서도 언급되었듯이 正兵과 奇兵의 활용에 있었다.[53] 주요 전투를 벌이는 존재는 正兵이었고, 변수를 마련하는 것은 奇兵이었다. 騎兵은 기본적으로 奇兵에 해당하였다. 奇兵을 활용할 때에 경장기병은 상대방의 奇兵에 대응하거나 正兵의 빈틈을 만드는 역할을 하였고, 중장기병은 상대방의 正兵에 직접 맞닥뜨려 대열을 무너뜨리는 역할을 하였다. 즉 기병은 무장 체계에 따라 다양하게 전술적인 활용이 가능하였으며, 고구려는 鐵騎 도입이 3세기 때부터 확인되는 것을 보아, 주변국에 비해 발달된 기병전술을 활용하였다고 생각할 수 있다.

현재 고구려의 전술을 완벽하게 복원하는 것은 자료의 부족으로 무리가 있다. 다만 여러 기록과 고분벽화 등을 통하여 대략적인 전술을 추정할 수 있다. 고구려 고분벽화 중에서도 안악 3호분의 출행도에서는 다양한 兵種과 무기가 확인되며 중장기병과 경장기병, 중장보병과 경장보병으

---

53 『孫子』, 「兵勢」. "孫子曰 凡治衆如治寡 分數是也 鬪衆如鬪寡 形名是也 三軍之衆可使必受敵而無敗者 奇正是也 兵之所加 如以碬投卵者 虛實是也 凡戰者 以正合以奇勝 …(中略)… 戰勢不過奇正 奇正之變 不可勝窮也 奇正相生 如循環之無端孰能窮之哉" 奇正은 고대에 중요시하던 군사용어이다. 군대의 편제에서 적 부대를 견제하고 포위하는 임무를 맡은 부대가 正兵, 기습하고 돌격하는 부대가 奇兵이었다. 또한 일반적인 작전 원칙에 따라 전투하는 게 正兵, 순간순간 변화하는 특수 작전을 펼치는 부대가 奇兵이다. 이외에도 여러 군사적 상황에서 奇正을 구분할 수 있다(孫武 著, 유동환 譯, 『孫子兵法』, 홍익출판사, 1999, 100~101쪽, 주석 3번).

로 구분된다. 중장기병은 槊으로 무장하여 적진을 돌격하여 陣을 破碎하는 역할을 하였으며, 경장기병은 기습전이나 추격전에 주로 활용되었다. 중장보병은 적에 맞서 백병전을 펼쳤고, 경장보병도 함께 싸우거나 다른 군사들을 보조하는 역할을 하였다. 중장보병은 戟으로 무장한 것으로 나타나는데, 이는 對騎兵戰術의 차원으로도 이해할 수 있다. 경장보병을 보면 도끼로 무장하기도 하여 工兵이나 적의 갑옷에 충격을 주는 역할로 볼 수 있다. 무장 체계로 보았을 때 이미 고구려는 4세기 정도에 수준 높은 전술 체계가 마련되어 있었던 것으로 볼 수 있으며, 步騎를 복합적으로 활용하였다고 여겨진다.

IV. 新羅·加羅의 重裝騎兵 도입 및 돌격전술

400년에 高句麗는 한반도 남부지역에 "步騎五萬"을 투입하였다. 보병과 기병으로 이루어진 군대는 이전부터 고구려가 복합적인 연계 작전을 활용해 왔었다는 것을 의미한다. 또한 이 대규모 원정을 통해 순식간에 한반도 남부지역이 평정되었다. 고구려의 步騎 연합 작전과 중장기병의 활용 등은 新羅와 加羅에게 큰 충격으로 다가왔다.

고구려군의 활약으로 인하여 신라와 가라는 전술체계를 근본적으로 바꿔야 될 상황이 되었다. 앞서 살펴보았듯이 신라와 가라의 기존 전술은 방패를 주로 활용하는 밀집보병 전술이었다. 이 전술은 對步兵戰에서는 활용 가치가 컸지만 對騎兵戰에 익숙하지 않은 상황에서는 고구려군에 대적하기에 충분하지 않았다.

군사제도에 있어서 가장 중요한 원칙은 '상대적 우위의 전력유지'이다. 군은 전투를 위주로 하고, 전투는 상대로부터 全勝을 목표로 한다. 때문에 전투역량을 건설·유지·증강시켜 적의 현존 전력을 압도해야 하며, 아군의 유리점은 계속 유지하고 불리점은 보완하여 상대적인 전력의 우위를 확보해야 한다.[54] 상대의 군사적 역량에 맞서기 위해서는 크게 2가지 방향으로 아군의 전력을 보완할 수 있다. 하나는 아군의 유리점을 극대화시켜, 적군의 강점을 억제하는 것이다. 다른 하나는 적군의 강점을 받아들이고 아군에게 적용시켜, 戰力의 對稱을 도모하는 것이다.

고구려는 曹魏나 鮮卑 등과 항전하면서 步騎를 다양하게 활용하는 복합전술을 구사하게 되었으며, 廣開土王代에 이르러서는 주변국을 압도할 정도로 강한 군사력을 갖추게 되었다. 비록 국력 차이를 무시할 수 없으나 신라와 가라는 局地戰에서 고구려와 同位를 형성할 필요가 있었다. 현실적으로 戰力의 優位를 점하기는 어렵더라도, 對稱 戰力의 형성 단계까지는 갈 필요가 있었다.

신라와 가라에는 이미 馬具가 유입되어 있었고 경장기병도 활용되던 상황이었다. 또한 고구려와 百濟와의 교류를 통해 중장기병의 존재 또한 알고 있었던 것으로 보인다. 그렇지만 실제 체감과 간접적인 지식은 天壤之差이다. 고구려의 南征 이후 신라와 가라는 중장기병을 도입하여 戰力으로 활용하고자 하였다. 이후 실제로 한반도 남부에서도 중장기병의 존재가 확인된다.

함안 馬甲塚에서는 한 벌의 馬甲이 온전한 상태로 출토되었으며, 도항리 현4호와 동6호에서 馬冑와 馬甲이 출토되었다.[55] 또한 경주 쪽샘 C-10호의 主槨에서는 무사가 착장하였던 縱長板冑·頸甲·札甲과 말에게 착용시켰던 頸胸甲·腹甲·尻甲의 馬甲이, 副槨에서 騎乘用 馬具와 馬冑가 양호한 상태로 출토되었다.[56] 이러한 사례들은 모두 한반도 남부에 重裝騎兵이 도입

54 김용현, 『군사학개론』, 白山出版社, 2005, 32쪽.
55 이현정, 「가야의 말과 마구」 『가야고고학개론』, 진인진, 2016, 340쪽.

되었다는 점을 증명한다.

　다만 필자는 신라와 가라가 즉각적으로 고구려의 중장기병전술을 도입하지 못했을 것이라 생각한다. 오히려 그 중간 단계로서 기존 신라와 가라의 전술과 융합한 형태로 중장기병전술이 마련되었을 것이라 본다. 어떠한 문화가 다른 지역이나 문화권에 유입되면, 해당 문화권에서는 이를 바로 수용하지 않고 일종의 過渡期를 거치면서 定着期에 돌입하게 된다. 고구려의 南征 이후 즉 5세기는 한반도 남부 지역에 있어서 군사문화의 변화가 이뤄지는 과도기였다. 신라와 가라는 즉각적으로 중장기병을 도입하려고 하였으나, 騎馬文化에 익숙하지 않은 관계로 고구려에 필적하는 위력을 곧바로 발휘하지는 못하였다.

　이러한 當代의 정황과 관련하여 國寶 제275호 騎馬人物型土器의 존재가 주목된다. 1970년대에 金海 德山里에서 출토되었다고 전해지는 이 토기는 1986년에 菊隱 李養璿 박사에 의해 국립경주박물관에 기증되어 현재까지도 전시되고 있다. <사진 2>를 통해 확인할 수 있듯이 이 토기는 高杯 위에 騎馬人物이 있는 象形土器로, 騎士의 안장 뒤에 角杯 2개가 대칭되어 접합되었다. 말은 馬冑와 馬甲을 착용하였고, 騎士 또한 甲冑를 착장하였다.[57] 문제는 이 騎士의 武裝이다. 騎士는 오른손을 어깨 위쪽으로 치켜들어 창을 잡고 던지려는 자세를 취하며, 왼손은 방패를 쥐고 있는데, 방패는 안장 앞에 두어 받치고 높이는 騎士의 눈 아래에 이른다. 위아래가 중간부분에 비해 약간 벌어져 있어서 이소노카미 신궁 鐵盾의 축소판처럼 여겨진다.

　이 기마인물형토기의 형태를 바탕으로 당시 전투 방식을 추정해보자.

....

56 국립경주문화재연구소, 『경주 쪽샘유적』, 국립경주문화재연구소, 2010, 31~34쪽.
57 참고로 이 유물과 거의 동일하게 생긴 출토지 미상의 개인소장 기마인물형 토기도 존재하며, 역시 5세기 이후의 유물로 보고 있다(이성훈, 「삼국시대 한반도 출토 방패(防牌)와 무기류의 변화」 『한국고고학보』 97, 한국고고학회, 2015, 181~184쪽).

<사진 2> 傳 김해 출토 기마인물형토기

馬冑와 馬甲을 장착한 말 위에 중무장을 한 騎士가 敵陣을 향해 돌격한다. 적진으로 돌격하다가 적의 前列이 투창 사거리 안에 들어왔을 때 일제히 창을 던진다. 이후에는 방패에 몸을 맡긴 채 적진으로 돌격하여 적의 대형을 무너뜨린다. 기존에 우리가 알던 기마돌격과는 매우 다른 형태의 전술이다. 혹은 토기에 제대로 표현되지 않았으나 刀를 착장하여 투창 후 적진에서 사용하였을 가능성도 있다.

여기에 사용된 投槍은 『周書』에서 고구려의 무기로 거론되었던 鋋으로 볼 수 있다. 鋋은 矛와 비슷하나 선단부가 矛에 비해 가늘고 길며 자루가 철로 되어 있다. 중국 漢代부터 그 존재가 확인되며 날 끝이 편평하고 양날로 되었으며, 가끔 木質로 된 자루도 있어 矛와의 구별이 힘들다. 우리나라에서는 2~3세기대 대형 목곽묘에서 출토 사례가 확인되는데, 특히 울산 하대 43호분에서 출토된 鐵鋋은 잔존 길이가 158.8cm, 柄部 길이는 95.2cm이며 鋒部로 갈수록 가늘고 단면형태는 볼록렌즈형이다.[58] 평양 태성리 13호에서 131cm, 김해 양동리 212호에서 121cm의 鐵鋋이 출토되었다.[59] 이 외에도 김해 양동리 200호분과 235호분에서도 출토 사례가 보고되었다.[60]

....

58 釜山大學校博物館, 『蔚山下岱遺蹟-古墳Ⅰ』, 釜山大學校博物館, 1997, 59쪽.
59 부산복천박물관, 『古代戰士 : 고대전사와 무기』, 부산복천박물관, 1999, 43쪽.

鋋 즉 투창은 세계적으로 널리 사용된 무기이며 古代의 여러 국가부터 19세기 줄루족에 이르기까지 오랜 기간 동안 사용되었다. 투창의 크기 또한 사용자의 키를 초과하는 것도 있으며, 길이가 30cm에 이르는 짧은 것도 있다.[61] 투창은 대다수 부족사회와 고대 문명국가에서 보조무기로 사용되었다. 화살보다 무겁기 때문에 타격력은 높았으나 사정거리는 짧았다. 뉴기니의 마에 엥가(Mae Enga)족 전사들은 최대 50m까지 던질 수 있었으며, 목표물에 정확히 던져 치명상을 입힐 수 있는 거리는 30m였다. 로마 군단의 병사들은 적 진영 30m 앞에서 필라(Pila)를 던졌다. 로마 군의 투창은 살상보다는 주로 적의 주의를 돌리고, 창이 박힌 방패를 움직이지 못하게 하기 위해서였다. 투창 공격은 칼을 든 로마군이 본격적으로 적 대형에 난입하기 불과 몇 초 전에 이루어졌다.[62] 트라키아(Thracia)의 펠타스트(Peltast)는 원형 혹은 타원형의 방패와 한 다발의 창을 들었는데, 그 길이는 110cm~160cm 사이였다. 손가락에 가죽끈 고리를 달아서 투창을 던져 정확성을 높였으며, 투창 이후에는 동료들에게 피신하는 방식으로 전투에 임하였다.[63]

아케메네스조 페르시아(Achaemenid Persia)의 경장기병은 기원전 6세기에서 5세기에 활동하였으며, 활과 투창으로 무장하고 치고 빠지는 식으로 전투를 벌였다. 페르시아 서부에서는 기원전 5세기부터 중무장을 한 기병이 증가하며, 2자루의 팔타(Palta)라는 창으로 무장하고서 찌르거나 던지는 식으로 싸웠다.[64] 마케도니아(Macedonia)의 필리포스 2세(Philippos

60 曹弼賢,「古墳 壁畫를 통해 본 高句麗 重裝騎兵」, 전북대학교 석사논문, 2009, 31쪽, 주석 91.

61 The Diagram Group 著, 조필군·노우주 譯,『무기의 세계사 : 역사속의 신무기』, 노드미디어, 2009, 82쪽.

62 로렌스 H. 킬리 著, 김성남 譯,『원시전쟁』, 수막새, 2014, 36쪽.

63 존 워리 著, 임웅 譯,『서양 고대 전쟁사 박물관』, 르네상스, 2006, 90~91쪽.

[그림 2] 기원전 4세기의 페르시아 군대
(출처 : Alexander K. Nefedkin, The Tactical Development of Achaemenid Cavalry)

Ⅱ)가 육성하였던 기병은 휴대한 장창(Sarissa)을 앞으로 내밀어 적진에
충돌하는 방법을 사용했지만, 필요에 따라서는 장검을 사용하고 장창을
던지며 싸우기도 하였다.[65] 카르타고(Carthago)의 용병이었던 북아프리카
누미디아(Numidia) 출신 경기병은 단체로 행동하면서 적에게 투창을 던
지며 싸웠다. 15세기 무어(Moor)인의 무슬림 기병대도 방어보다 속도를
중시하면서 가벼운 갑옷을 입고 창 대신 투창으로 바꾸어 들어 싸웠다.[66]
몽골군의 경우에도 주요 무기는 角弓이었으나 백병전에서 갈고리가 달린
창이나 투창, 騎兵刀 등을 사용하였다.[67]

....

64 Alexander K. Nefedkin, "The Tactical Development of Achaemenid Cavalry",
   GLADIUS Vol.26, Madrid: Editorial CSIC, 2006, 5쪽.
65 정토웅, 『세계전쟁사 다이제스트 100』, 가람기획, 2010, 49쪽.
66 조셉 커민스 著, 김지원·김후 譯, 『전쟁 연대기 Ⅰ』, 니케북스, 2013, 64쪽, 153쪽
67 티모시 메이 著, 신우철 譯, 『칭기즈칸의 세계화 전략 : 몽골병법』, KOREA.

이처럼 전 세계적으로 보병이 투창을 사용한 사례는 많이 확인되며, 기병이 투창을 사용한 사례도 간혹 확인된다. 그렇지만 傳 김해 덕산리 출토 기마인물형토기처럼 중장기병이 방패와 투창을 들고 돌격하는 사례 즉 重裝騎兵 投槍突擊戰術은 쉽게 찾아보기 힘들다.

그렇다면 이러한 전투 방식은 어떠한 상황에서 사용되는 것일까? 우선 對騎兵戰術로 보기는 힘들다. 경장기병을 대적하기에는 민첩함이 떨어지기 때문에 비효율적이다. 중장기병을 상대할 때 투창을 던져 기선제압을 하거나 일시적으로 피해를 줄 수 있지만, 본인이 무기를 들고 있지 않고 방패만 들고 있다면 도리어 스스로를 제약하는 상황이 발생한다. 오히려 자신의 무기를 들고 이를 바탕으로 武勇을 과시하며 싸우는 게 효율적이면서도 일반적이다. 이는 三室塚의 攻城圖를 통해서도 증명된다.

傳 김해 덕산리 출토 기마인물형토기에서 보이는 투창과 방패를 사용한 돌격 전술은 對騎兵戰이 아닌 對步兵戰에서 활용되었을 것으로 보인다. 敵陣을 향해 돌격하면서 陣을 무너뜨린다는 1차적 목적이 제대로 구현된 전술이다. 특히나 상대방이 중장기병에 익숙하지 않은 상태라면 투창으로 前列을 붕괴시키고 이후에는 방패에 의지하여 돌격을 펼치는 것이다. 특히 돌격할 때 방패를 앞세운다면 騎士의 안정도 보장할 수 있었다.

이러한 전술이 고구려에서 도입되었을 가능성은 있다. 앞서 언급하였듯이 고구려에서도 鋋을 사용한 흔적들이 여러 자료에서 확인되기 때문이다. 그렇지만 고구려의 기병들은 기본적으로 방패 없이 槊을 이용하였으며, 이는 고구려 고분벽화의 사례를 통해 확인할 수 있다. 鮮卑族이나 漢族과의 싸움에서 槊의 활용이 익숙하였을 고구려 중장기병이 굳이 다소 비효율적이었다고 생각되는 전술을 사용할 가능성은 크지 않다.

....

COM, 2009, 110~111쪽.

오히려『晉書』에서 三韓의 兵器로 楯과 櫓를 거론하는 등 방패전술이 발달하였다는 점을 상기한다면 신라와 가라에서 자체적으로 개발하였던 전술이었을 가능성이 크다고 생각된다. 로마 보병은 상대방의 방패를 부수거나 움직이지 못하게 하려는 목적으로 투창 전술을 이용하였다. 한반도 남부에서도 會戰에서 적에게 승리하기 위해서는 前列의 방패대열을 붕괴시킬 필요가 있었으며, 이 때문에 투창과 기병돌격이 한꺼번에 이행되는 전술이 창안된 것으로 생각된다. 더구나 기병전술이 익숙하지 않고, 對騎兵戰術을 마련하지 못한 적군을 상대하는 데에 상당한 효과를 볼 수 있었다.

그렇지만 필자는 중장기병의 투창돌격전술이 오랫동안 지속되었을 것으로 생각되지 않는다. 중장기병의 존재가 한반도 남부에 퍼지면서 동시에 對騎兵戰術이 마련되었다. 말은 본능적으로 약자에게 강하고 강자에게 약하다. 상대가 꿈쩍하지 않고 버티고 있으면 말은 오히려 겁을 먹고 전투를 피하는 성향이 있다. 혹여 강력한 대형을 이루고 있는 적군에게 공격을 서두르다가는 오히려 아군의 말이 놀라게 되어 역습을 초래하게 된다.[68]

즉 중장기병의 투창돌격전술은 단기간에만 사용되었을 가능성이 크다. 이는 기록을 통해서도 감지된다.『三國史記』에서는 7세기에 들어 槊에 대한 언급이 확인되는데, 신라의 경우 丕寧子와 金欽運의 기록에서 그 존재가 나타난다.[69] 『北史』에서도 신라에 대해 文字와 甲兵이 중국과 동일하다고 하였으므로,[70] 6~7세기에 신라는 중국의 무기체계와 유사한 체계를 구축하였다고 해석할 수 있다. 참고로『北史』에서는 倭의 무기로 "弓·矢·刀·

---

68 정토웅,『역사 속의 戰士들』, 매일경제신문사, 2007, 28쪽.

69 송영대,「『삼국사기』를 통해 본 6~7세기 신라의 무기 체계」『사학연구』117, 한국사학회, 2015, 48쪽.

70『北史』卷94,「新羅傳」. "其文字·甲兵 同於中國 選人壯健者悉入軍 烽·戍·邏俱有屯營部伍."

矟·弩·贊·斧"를 열거하였는데,[71] 倭에도 矟이 도입된 것을 보아 신라에서
도 이미 주요 무기로 자리 잡았다고 해석할 수 있다.

6~7세기 이후 신라는 고구려와 유사한 무기체계 및 전술체계를 마련
하였다. 신라는 자체적으로 군사력을 강화해 나갔으며, 고구려와 유사한
기병돌격전술로 기존의 돌격전술을 대체하였다고 보는 것이 자연스럽다.
또한 이러한 신라의 전술은 이후 신라의 삼국통일전쟁 때까지 이어졌다.

Ⅴ. 맺음말

고대 국가는 상호간에 잦은 전쟁을 통해 무기체계와 전술체계를 발전
시켜 나갔다. 규모가 비슷한 국가와의 싸움에는 그에 걸맞은 무기와 전술
이 사용되었지만, 상황의 변화에 따라 무기와 전술 또한 변화하고 발전해
나갔다.

新羅와 加羅에서는 高句麗의 南征 이전에는 주로 보병전술이 활용되었
다. 고고학적으로 확인되듯이 4세기 이전 신라와 가라는 기본적으로 창과
칼, 활을 이용하여 싸웠다. 또한『晋書』에서 三韓이 楯과 櫓를 사용하였다
고 기록되었다. 楯과 櫓는 모두 방패에 해당하지만 그 크기와 용도가 달랐
다. 특히 櫓는 개인 전사 보다는 2명 이상의 인원이 사용하는 대형 방패
즉 맨틀리트와 같은 방어구로 볼 수 있다. 이는 집단전술의 존재를 상정
할 수 있게 한다. 즉 고구려 南征 이전의 신라와 가라에서는 방패전술이 발
달하였으며 密集隊形을 형성한 步兵戰術이 주로 사용되었을 것으로 보인다.

고구려에서는 3세기부터 鐵騎를 운용하였다. 또한 안악 3호분의 出行圖

71『北史』卷94,「倭傳」. "有弓·矢·刀·矟·弩·贊·斧 漆皮爲甲 骨爲矢鏑 雖有兵 無征戰."

를 통해 알 수 있듯이 重裝騎兵과 輕裝騎兵, 重裝步兵과 輕裝步兵이 함께 어우러져서 싸우는 步騎 복합전술을 운용하였다고 추정할 수 있다. 『周書』에서는 고구려의 여러 무기들을 열거하였는데, 그 중에서도 "戟·矟·矛·鋋"은 槍類에 해당한다. 槍類를 4개로 나누어 기술하였다는 것은 각기 다른 용도로 파악하였다는 것임과 동시에, 고구려의 무기체계가 다양하게 발달하였음을 의미한다. 고구려의 기병은 戟과 槊를 주로 사용하였던 것으로 보이며, 漢族과 鮮卑族, 百濟에 대응하는 전술을 발전시켜 나갔다고 생각된다.

고구려는 南征 당시 步騎 5만을 동원하였으며, 복합적인 전술을 활용하였다고 여겨진다. 고구려군의 전술은 신라와 가라에게 충격으로 다가왔다. 신라와 가라는 戰力 對稱의 일환으로 고구려의 중장기병을 도입하였다. 다만 고구려와 동일한 전술을 그대로 적용시켰는지에 대해서는 의문의 여지가 있다. 오히려 기존 전술을 융화시키면서 자신들의 상황에 맞는 전술을 채용하는 過渡期를 거쳤을 가능성이 크다.

이와 관련하여 필자는 국보 275호인 傳 김해 덕산리 출토 기마인물형 토기를 주목하였다. 해당 유물에서 중장기병은 방패를 들고 투창을 던지는 자세를 취하고 있다. 중장기병이 투창을 던지는 사례는 흔치 않은 사례이다. 이는 對步兵戰의 상황에서 활용된 전술로 볼 수 있다. 楯과 櫓와 같은 방패를 자주 활용하던 상황에서 중장기병전술을 융화시키면서 해당 전술이 개발된 것이다.

그렇지만 이러한 중장기병 투창돌격전술은 오랫동안 사용되었을 것으로 생각되지 않는다. 『北史』에서 신라의 무기체계가 중국과 동일하다고 한 점, 7세기 들어 『三國史記』에서 신라군이 槊을 활용하는 기록이 보인다는 점을 통해 우리에게 잘 알려진 重裝騎兵 突擊戰術로 변화하게 되었음을 알 수 있다. 이러한 중장기병 돌격전술은 이후 신라의 삼국통일전쟁 때까지 활용되었다.

612년 高句麗-隋 전쟁의 전개 양상

정 동 민 | 한국외국어대학교 역사문화연구소 HK연구교수

I. 머리말

高句麗는 5세기 이래 만주 중남부와 한반도 중북부에 걸친 광대한 영토를 영유하고 독자적 천하관을 확립하며 동북아를 대표하는 국가 가운데 하나로 자리매김하였다. 그런데 589년에 陳을 멸망시킴으로써 300여 년간 분열되어 있던 중국 대륙을 통일한 隋는 동북아에서 다원적인 세력을 인정하지 않고 중국 중심의 일원적 국제 질서를 구축하고자 하였다.[1] 이러한 상황 속에서 고구려와 수는 598년, 612년, 613년, 614년 등 4차례에 걸쳐 전쟁을 벌였다.

고구려-수 전쟁은 당사국은 물론 주변 제세력에게도 영향을 미치며 동북아의 국제 질서를 뒤흔들었던 만큼 국내외 학계의 많은 관심을 받아 왔다. 이 가운데 612년에 벌어진 전쟁은 상대적으로 기록이 풍부하고, 『隋書』의 찬자가 언급하였듯이 수가 전례를 찾아 볼 수 없었던 113만 3,800명이라는 대규모 병력을 동원하였다는 점에서 큰 주목을 끌었다. 특히 군사사적 관점에서 군단 편성, 무기 체계, 전략 및 전술, 방어 체계 등을 규명하는 연구가 활발히 이루어졌는데,[2] 이를 통해서 전쟁 및 전투의 구체적인

---

1 이성제, 『高句麗의 西方政策 硏究』, 국학자료원, 2005, 171쪽.
2 임기환, 「7세기 동북아 전쟁에 대한 연구동향과 과제-고구려와 수, 당의 전쟁

수행 과정을 이해할 수 있었다. 하지만 관련 자료의 부족이라는 한계 속에 『수서』本紀 및 禮儀志나 『資治通鑑』 등 기존에 널리 알려진 한정된 문헌 사료에 의존하면서 다각도로 살펴보지 못하고 평면적인 연구가 이루어지기도 하였다.

이에 본고에서는 612년 고구려-수 전쟁과 관련한 자료의 범위를 좀 더 확대하면서 군사사적 관점에서 전쟁 전개 양상의 일면을 살펴보고자 하는데, 전쟁에 참전한 인물의 개인 행적이 담겨져 있는 列傳이나 墓誌銘 등을 주목해보고자 한다. 개인의 열전이나 묘지명을 자세히 살펴보면 正史의 본기나 예의지에 없는 기록 혹은 일부 다른 기록을 전하기도 한다. 이와 같은 기록에 대해서 보다 면밀히 검토하고 의미를 부여할 수 있다면, 전쟁의 또 다른 양상을 파악하는 데 도움이 될 것이라고 생각된다. 이와 더불어 현재까지 축적된 고고학적 자료에도 주목하고자 하는데, 특히 전쟁 수행에 있어 기본 요소라고 할 수 있는 무기·무장에 대한 적극적인 검토가 필요하다고 여겨진다. 이와 같은 연구 방법을 통해 612년 고구려-수 전쟁의 새로운 면모를 확인해보고자 한다.

II. 高句麗와 隋 간 戰運의 고조와 전쟁 발발

전술하였듯이 고구려-수 전쟁은 598년에 처음 전개되었는데, 그 서막은 2월에 이루어진 고구려의 遼西 공격이었다. 고구려의 공격을 격퇴한 수는 곧바로 군대를 편성하여 고구려 원정에 나섰다. 하지만 장마철이라는

....

을 중심으로」『역사문화논총』8, 2014, 10쪽. 612년 高句麗-隋 전쟁과 관련한 연구 성과는 정동민, 「598년 高句麗-隋 전쟁의 배경과 충돌 양상-접경공간인 遼西地域을 중심으로-」『역사문화연구』67, 2018, 5쪽, 주 2)를 참고하기 바란다.

악조건 속에서, 군량 수송이 원활하게 이루어지지 않음으로 인한 군사들의 굶주림 및 전염병 발발 그리고 水軍 궤멸 등의 어려움에 직면하다가 결국 철군하였다. 전쟁 이후 양국 관계는 소강 상태를 보였지만, 얼마되지 않아 우호적인 관계가 형성되었다. 그러나 隋 文帝에 이어 隋 煬帝가 황제의 자리에 오른 후 양국 간 전쟁 발발 분위기가 다시 고조되었고, 결국 수 양제는 고구려 원정을 결심하였다.

수 양제는 장기간에 걸쳐 체계적으로 원정을 준비하였다. 먼저 풍부한 군수물자의 필요성을 인식하면서 608년에 揚子江 유역의 물자를 동북지역으로 운송하기 위한 운하를 건설했다. 軍馬를 확보하는 데에도 심혈을 기울였는데, 山東에서 군마를 길러서 軍役에 공급케 하거나,3 天下의 富人에게 군마를 사들이게 하고는 헌납토록 하였다. 또한 전투 장비를 대거 제작함은 물론, 병장기 관리에 소홀한 자를 즉시 처형하라고 명령할 만큼 병장기 수선에도 심혈을 기울였다.4 그리고 涿郡에 臨朔宮을 건설하고 고구려 원정의 大本營으로 삼았다.

611년 2월 수 양제가 탁군에서 고구려를 토벌하겠다는 조서를 내리면서5 전쟁 준비가 본격화되었다. 수는 2월에 東萊에서 배 300척을 건조하였다. 4월에는 長江·淮水 이남에 있는 水手 1만 명과 弩手 3만 명, 嶺南에 있는 鑱手6 3만 명을 징발하여 水軍으로 삼았다. 5월에는 戎車 5만 승을 제작한 다음 高陽으로 보낸 후, 군사들로 하여금 융거에 갑옷이나 천막 등을 싣고 오도록 하였다. 7월에는 洛口와 탁군을 연결하는 대운하인 永濟渠를 통해

---

3 『資治通鑑』 卷181, 隋紀5, 煬帝 大業 7년 12월.

4 『隋書』 卷24, 志19, 食貨, 大業 6년.

5 『隋書』 卷3, 帝紀3, 煬帝 上, 大業 7년 2월.

6 胡三省은 '鑱'에 대해 '작은 槊(小矟)'이라고 주를 달았다(『資治通鑑』 卷181, 隋紀 5, 煬帝 大業 7년 4월, 胡三省 註).

黎倉과 낙구 창고에 있는 미곡을 탁군으로 보냈고,[7] 다시 최전방 보급기지인 瀘河鎭과 懷遠鎭[8]으로 옮겼다.[9] 598년 전쟁 당시 수군은 행군 도중에 장마와 홍수라는 변수를 만나면서 원활한 군량 수송이 이루어지지 않아 결국 철군한 바 있다.[10] 이와 같은 실패를 거울삼아 수 양제는 전쟁이 시작되기 전에 노하진과 회원진을 최전방 보급기지로 삼아 군량을 비축한 후, 원정군이 그곳을 지날 때 군량을 지급함으로써 원활한 군량 보급을 꾀하고자 했던 것이다.

한편 수군은 위와 같이 고구려 원정을 위한 제반 준비를 하면서, 고구려군과 전투를 벌였던 것으로 보인다.

A-① 大業 5년(609) 天子(수 양제)의 수레가 서쪽으로 순행하며 塞外에 위세를 떨쳤다. 공(豆盧實)은 이때 戎을 복속시키는 데 참여하였다. …… 천자가 東夷(고구려)에 죄를 묻고자 하여, 거친 들판(朔野)에 병사를 주둔시켰는데, 공을 左第2軍 海冥道 副將으로 삼아 禁兵을 맡도록 하였다. 공은 서리와 이슬을 뒤집어쓰고, 군사들에게 솔선수범하였다. 軍井의 물을 마시지 않았고, 장수의 일신을 펴지 않았으며, 위무하고 격려하니, 사람들은 충성을 다하기로 생각하였다. 이 때 6軍이 공격하고 七萃가 동

---

7 606년 隋는 鞏縣 동남쪽에 洛口倉을 건설하였는데, 그 둘레가 20여 리에 이르렀다고 한다. 그리고 움 3천여 개가 있었는데, 각 움마다 8천 석을 넣을 수 있었다고 한다(『資治通鑑』 卷180, 隋紀4, 煬帝 大業 2년 9월).

8 瀘河鎭은 요령성 錦州 혹은 錦縣, 懷遠鎭은 요령성 北鎭 남쪽으로 추정된다(王綿厚, 「唐"營州至安東"陸軍交通地理考實」『遼海文物學刊』 1986-1, 1986, 79쪽 ; 이정빈, 『고구려-수 전쟁 : 변경 요서에서 시작된 동아시아 大戰』, 주류성, 2018, 134~136쪽).

9 611년 2월~7월에 이루어진 隋軍의 전쟁 준비과정은 『資治通鑑』 卷181, 隋紀5, 煬帝 大業 7년 2~7월을 참고하기 바란다.

10 『資治通鑑』 卷178, 隋紀2, 文帝 開皇 18년 6월.

시에 분격하여 오랑캐를 이겼는데, 뛰어난 공이 있을 것임은 예견된 일이었다. 공을 평가하여, 조서를 내려 金紫光祿大夫를 주었다. …… 그 해 8월 4일 군막에서 죽으니, 나이 60세였다.[11]

A-② 이듬해(611) (李景이) 고구려 武厲城을 공격하여 격파하였다. (수 양제는) 苑丘侯 관작을 수여하고, 비단 1천 필을 주었다.[12]

기사 A-①은 豆盧實이란 인물의 묘지명에 기록된 일부 내용이다. 그는 자신이 이끄는 부대와 함께 거친 들판(朔野)에 주둔하면서 고구려군과 전투를 벌여 승리를 거두었고, 그 해 군막에서 사망하였다고 한다. 이상에서 열거한 그의 행적은 609년(大業 5년) 수 양제의 서역 순행에 참여하였다는 내용 다음에 연이어져 서술되어 있다. 그리고 묘지명인 만큼 그의 사망 연대에 대해서는 의심할 여지가 없다고 여겨지므로, 기사 A-①에 보이는 내용 모두 609년의 두로실 행적으로 추정된다.[13] 이와 같이 기사 A-①의

----

11 「豆盧實 墓誌銘」. "大業五年, 輿駕西巡, 積威塞外, 公時預服戎. …… 天子問罪東夷, 陳兵朔野, 以公爲左第二軍海冥道副將, 猶典禁兵. 公蒙犯霜露, 率先士卒. 軍井不飮, 將蓋靡張, 撫而勉之, 人思效節. 於是, 六軍臨道, 七萃同奮, 剗殄夷醜, 預有英勳. 以平道功, 詔授金紫光祿大夫. …… 以其年八月四日, 卒於軍幕, 春秋六十." 墓誌銘의 원문은 高鐵泰·高然, 「《豆盧實墓志》與北朝隋唐豆盧氏家族」『齊魯學刊』 2015-3, 2015, 52~53쪽 ; 한국학중앙연구원출판부 편집부, 『중국 소재 한국 고대 금석문』, 한국학중앙연구원 출판부, 2015, 156쪽을 참고하였다.

12 『隋書』 卷65, 列傳30, 李景. "明年, 攻高麗武厲城破之. 賜爵苑丘侯, 物一千段."

13 豆盧實이 군대를 이끌고 고구려군과 전투를 벌인 시기 및 사망 시기가 609년이었는지에 대해서 의심의 여지가 없는 것은 아니다. 609년 隋 煬帝의 순행을 보면 3월에 떠나 5월에는 土谷渾 원정에 나섰고 9월에서야 마치게 되는데, 순행에 따라나선 두로실이 토욕혼을 공격하는 대신 고구려를 공격하였고 8월에 군막에서 죽었다고 한다면 다소 어색한 전개일 수 있다. 그리고 고구려군과의 전투 및 사망 기사가 609년 순행 참여 기사와 613년(大業 9년) 河南郡 河南縣으로의 歸葬 기사 사이에 있는데, "天子가 東夷에 죄를 묻고자 하여(天子問罪東夷)" 앞에

내용이 모두 609년의 두로실 행적이라면, 612년에 전쟁이 벌어지기 전 고구려와 수 사이에 이미 충돌이 있었다고 볼 수 있다. 한편 두로실은 당시 左第2軍 海冥道 副將을 맡고 있었다고 하는데, 좌제2군 해명도는 612년 전쟁 당시 수군에 편제되었던 左第3軍 溟海道軍과 관련이 있는 것으로 보인다. 그렇다면 수는 609년 이전 혹은 그 즈음에 이미 고구려 원정을 위한 군단 편성을 하고 있었다고 볼 수 있다.

기사에 따르면 두로실이 이끄는 군대는 거친 들판에 주둔하면서 고구려군과 전투를 벌였다고 하는데, 그 거친 들판은 어디일까. 구체적인 위치까지는 알 수 없지만, 대략적인 범위는 어느 정도 파악이 가능하다고 여겨진다. 두로실이 군막에서 사망하였다는 점을 감안하면 그가 이끄는 부대는 고구려군에게 승리한 이후에도 그 곳에 계속 주둔하였던 것으로 보인다. 그렇다면 고구려의 영토일 가능성은 희박하다. 그리고 당시 수가 醫巫閭山·大陵河 하류의 서쪽(요서 서부)에 영향력을 미치고 있었던 상황을 감안하면,[14] 두로실의 군대가 주둔하였다는 거친 들판은 고구려의 서쪽 경계인 遼河와 의무려산·대릉하 하류의 동쪽(요서 동부) 사이에 있었을 가능성이 높다. 즉, 609년에 수는 요서 동부에서 고구려군과 전투를 벌여 승리하고, 군대를 계속 주둔시키면서 이 일대에 영향력을 미치고자 했던 것이다.[15]

....

‘大業 8년(612)’이라는 기년을 삽입하면 내용상이나 연대상으로 어색함이나 오류를 찾을 수 없다. 그렇기 때문에 ‘大業 8년’이라는 기년이 누락되었을 가능성을 상정할 수 있지만, 墓誌銘에서도 가장 중요한 내용이라고 할 수 있는 피장자의 정확한 사망 연도를 누락했다고 보기 힘들다고 여겨지므로 609년으로 보고자 한다.

14 이정빈, 앞의 책, 2018, 137쪽.

15 정동민, 「613·614년 高句麗-隋 전쟁에 보이는 遼西 상황과 隋軍의 전략」, 『서강인문논총』 55, 2019, 82쪽.

기사 A-②에는 李景이라는 인물의 행적이 담겨 있는데, 611년 고구려의 武厲城을 공격하였다고 한다. 무려성의 위치와 수의 공격 의도에 대해, 요령성 北鎭市 남쪽 廖屯鄕 大亮甲村유적지로 보면서 무려성이 고구려 성으로서 수군의 최종 군량보급기지인 회원진과 가깝기 때문에 수가 최전방에서의 안정적인 군량 보급을 위해 공격한 것이라는 견해가 있다.[16] 반면 612년 전쟁 당시 수가 차지하였다는 武厲邏[17]로 보면서 요하 도하의 발판을 마련하기 위해 공격한 것이라는 견해도 있다.[18]

기사 A-②에 보이는 수군의 무려성 공략 의도가 정확히 무엇이었는지는 판단하기 어려우나, 기사 A-①에 보이는 수군의 고구려군 공격과 비교해보면 전장이 요서 동부였다는 공통점이 있다. 즉, 수는 609~611년 요서에서 고구려군과 전투를 벌였던 것이다. 기사 A 이외에도 고구려가 수의 鎭·戍를 공격하는 등 양국은 612년 이전에 요서에서 국지전을 전개하였다.[19]

주지하듯이 요서는 고구려와 수 사이의 접경공간으로 제종족이 거주하고 있었다. 양국은 요서의 제종족에 대하여 영향력을 미치고자 하였는데, 6세기 후반 대에는 의무려산과 대릉하 하류 일대를 경계로 서부는 수, 동부는 고구려가 영향력을 행사하였다.[20] 이와 같은 상황에서 수가 609~611년에 요서 동부에서 고구려군과 전투를 벌인 것은 전쟁이 본격적으로 전개되기 전에 좀 더 고구려 강역에 가까운 지점까지 영향력을 미침으로

....

16 이성제, 「高句麗와 契丹의 關係」 『북방사논총』 5, 2005, 15~16쪽.
17 武厲邏의 위치에 대해 대체로 요령성 新民市 경내에서 찾고 있는데, 遼濱古城, 高臺山유적지, 公主屯後山유적지, 巨流河村 東山崗 高麗城子 등을 유력한 후보지로 보고 있다. 자세한 내용은 이성제, 「高句麗의 西部 國境線과 武厲邏」 『대구사학』 113, 2013, 4~5쪽, 주 8)~11)을 참고하기 바란다.
18 이정빈, 앞의 책, 2018, 205쪽.
19 이정빈, 위의 책, 2018, 181~185쪽.
20 이정빈, 위의 책, 2018, 137쪽.

써 군량 보급 등 전쟁 수행에 있어 유리한 국면을 조성하기 위해서라고 볼 수 있다.

612년 1월 수 양제가 고구려 원정을 선언하는 조서를 내림으로써 전쟁은 시작되었다. 수는 참전하는 모든 군사를 탁군에 집결시켰는데, 병력만 113만 3,800명이었다고 한다. 수 원정군을 살펴보면 육군과 水軍으로 구성되어 있었다. 육군의 경우, 조서의 내용만 본다면 '24군+天子 6군' 등 모두 30개 군으로 편성된 것으로 파악할 수 있다.[21] 하지만 조서에 나오는 군대 이외에 遂城道軍, 增地道軍, 險瀆道軍, 蓋车道軍, 新城道軍, 盧龍道軍 등도 편성되었을 가능성이 높고, 탁군에서 '매일 한 군이 출발하여 40일이 되어서야 출병을 마쳤다'는 기록을 참고해 볼 때, '34군+천자 6군' 등 모두 40개 군으로 편성되었을 것으로 추정된다.

육군 각 군은 기병, 보병, 輜重戎車散兵으로 구성되어 있었다. 기병은 중장기병이 주력으로 장창부대와 弓矢부대가 있었고, 보병은 쇠뇌부대와 창부대가 있었는데, 기병과 보병 모두 기본적으로 明光鎧를 착용하고 있었던 것으로 보인다. 치중융거산병은 募人들이 주축이었는데, 일시적으로 병력 수만 채우는 예비군, 융거를 이용해 군수물자를 옮기는 보급병, 공성 기계를 만드는 工人 등이 소속되어 있었던 것으로 추정된다. 육군 각 군의 병력 수는 34군과 천자 6군이 달랐다고 여겨지는데, 34군은 각각 기병 4,000기·보병 8,000명·치중융거산병 1만 3,000명 등 총 2만 5,000여 명, 천자 6군은 각각 기병 5,000기·보병 1만 명·치중융거산병 2만 명 등 총 3만 5,000여 명이었을 것으로 추정된다. 한편 水軍의 경우 滄海道軍 1개 군만 편성되었는데, 수수 1만 명, 노수 3만 명, 배찬수 3만 명 등 총 7만 명이었을 것으로 여겨진다.[22]

....

21 『隋書』 卷4, 帝紀4, 煬帝 下, 大業 8년 정월.
22 隋 원정군의 군단 편성과 병종 구성에 대한 자세한 내용은 정동민, 「고구려 원

위와 같은 대규모 병력으로 편성된 수군은 탁군에서 하루에 한 군만 출발하였다. 그리고 북을 치고 호각소리를 불며 고구려로 진군하였다. 이러한 일련의 행위는 일종의 무력시위라고 볼 수 있는데, 대군의 위용을 부각시킴으로써 고구려군의 항복을 이끌어 내거나 혹은 전쟁 의지를 꺾고자 한 것이다.[23] 고구려로 진군하면서 군사 모두에게 갑옷을 착용하게 하고 말에게까지도 馬鎧를 착용시킨 것도 같은 맥락으로 이해할 수 있다.

수군은 1월에 탁군을 출발한 후 臨渝關을 지나[24] 노하진 혹은 회원진에서 군량 등 군수물자를 보급 받고 3월 甲午일(15일)에 遼水(요하)에 이르렀는데, 598년 전쟁에서 6월에 임유관을 출발하였던 것과 비교하면 훨씬 빠른 행보를 보여주고 있다. 이는 598년 전쟁 당시 수군이 고구려로 진군하는 도중에 장마와 홍수를 만나 군량 수송이 원활하게 이루어지지 못함에 따라 기아에 시달리고 전염병이 유행하여 철군할 수밖에 없었던 경험을 의식한 행보로 볼 수 있다. 당시 요하 도하로로는 新民-高臺山-瀋陽의 북로, 臺安-孫城子-鞍山의 중로, 般山-高平-牛莊-海城의 남로 등이 있었는데,[25] 거리를 고려하면 회원진에서 최종적으로 군수 보급을 받았던 군대는 북로와 중로, 노하진에서 최종적으로 보급을 받았던 군대는 남로를 이용해서 요수를 건너고자 하였던 것으로 추정된다.[26]

그런데 수군은 요수를 건너기가 녹록치 않았다. 고구려가 요수 동쪽에 군사를 배치하면서 적극적인 방어태세를 취하고 있었기 때문이다. 중로를

정 隋軍의 편성과 兵種 구성」『韓國古代史研究』82, 2016, 236~253쪽을 참고하기 바란다.

23 韓昇,「隋煬帝伐高麗之謎」『滾川師院學報』1996-1, 1996, 63쪽 ; 張豔,「朝貢關系下隋唐對高句麗戰爭的原因分析」『周口師範學院學報』2015-6, 2015, 112쪽.
24 『隋書』卷78, 列傳43, 藝術 庚質. "八年, 帝親伐遼東, 徵詣行在所. 至臨渝謁見."
25 여호규,『高句麗城』2, 國防軍史研究所, 1999, 66쪽.
26 정동민, 앞의 논문, 2016, 254쪽.

통해 遼東城으로 진군하고자 했던 수 양제는 요수 도하를 위해 工部尙書 宇文愷로 하여금 浮橋 3개를 제작토록 하였다. 그리고 부교의 한쪽 끝을 요수 동쪽에 대고자 하였으나, 부교의 길이가 짧아 댈 수 없었다. 이에 수군은 강물로 뛰어들어 도하를 시도하였는데, 고구려군이 높은 곳에 올라가 공격하면서 실패하고 만다. 고구려군은 천연의 해자라고 할 수 있는 요수와 그 주변의 지형을 적절히 활용함으로써 도하를 저지할 수 있었던 것이다. 수 양제는 부교의 필요성을 절감하면서 그 길이를 늘려 요수 동쪽 기슭에 대는 데 성공함으로써 비로소 도하에 성공할 수 있었다.[27]

한편 『수서』에는 요수에서의 전투가 3월에 있었고 甲子일에 수군이 요수를 건넜다고 기록하고 있다.[28] 그런데 612년 3월에는 갑자일이 없다. 그리고 기사 내용을 보면 3월 다음에 5월로 넘어가고 있다. '4월'이 누락되었을 가능성을 상정할 수 있는 것이다. 이러한 점들을 감안할 때 수군은 4월 갑자일(15일)에 요수를 건넜던 것으로 여겨진다.[29] 즉, 수군은 요수를 건너는 데 한 달여가 걸린 것이다. 요수를 지키던 고구려군은 비록 수군의 도하를 저지하는 데는 실패하였지만, 도하를 한 달 가까이 지연시킴으로써 후방에 있는 아군에게 전투에 대비할 수 있는 충분한 시간을 벌어주었다고 볼 수 있다.

. . . .

27 『資治通鑑』 卷181, 隋紀5, 煬帝 大業 8년.
28 『隋書』 卷4, 帝紀4, 煬帝 下, 大業 8년 3월. "甲子, 車駕渡遼. 大戰於東岸, 擊賊破之, 進圍遼東."
29 日干支와 관련한 문제는 이정빈, 앞의 책, 2018, 190~192쪽에 자세하게 규명되어 있다.

Ⅲ. 高句麗軍과 隋軍 간 성곽전의 전개

수군이 4월 중순에 요수를 건넌 이후, 양국은 성곽전을 전개하였다. 고구려군은 요수를 사이에 두고 수군과 전투를 벌이기는 하였지만, 성을 중심으로 한 방어에 중점을 두었다. 수군과 비교했을 때 병력 수에서 큰 차이를 보이고 있는 만큼, 최대한 군사들을 노출시키지 않은 채 피해를 최소화하면서 방어해야 했기 때문이다.[30] 고구려의 성들은 미리 군량과 무기를 충분히 비축하면서[31] 수군과의 성곽전에 대비하였다.

양국 간의 가장 대표적인 성곽전이라고 한다면 4월부터 벌어진 요동성 전투를 들 수 있다. 요동성은 중국 요령성 遼陽에 위치하고 있었다. 요양은 고대부터 동북지방의 중심지로, 遼東平原과 千山山脈의 점이지대에 자리 잡고 있는데, 예로부터 요동평원을 따라 요동반도와 渾河 방면뿐만 아니라 천산산맥을 넘어 압록강 일대로 나아가는 육상로가 발달한 교통의 요충지였다.[32]

수군은 4월부터 抛車, 雲梯, 衝梯, 飛樓, 撞車, 地道, 八輪樓車 등 각종 공성기구들을 총동원하여 요동성을 공격하였는데, 고구려군의 항복을 받아내며 함락 직전까지 몰아갔으나, 결국에는 함락시키지 못하였다. 그 이유에 대해 사료에는 다음과 같이 기록하고 있다.

....

30 고구려의 성 방어체계와 관련해서는 여호규, 「고구려의 성과 방어체계」, 『고구려의 문화와 사상』, 동북아역사재단, 2007을 참고하기 바란다.
31 645년 高句麗-唐 전쟁 때 蓋牟城에는 양곡 10여만 석(『新唐書』 卷236, 列傳145, 高麗), 遼東城에는 양곡 50만 석이 있었다고 하는데(『舊唐書』 卷199上, 列傳149上, 高麗), 이와 같이 고구려 성에 군량이 비축되어 있는 모습은 高句麗-隋 전쟁 때에도 다르지 않았다고 여겨진다.
32 여호규, 앞의 책, 1999, 304쪽.

B. 황제(수 양제)는 諸軍에 명하여 (요동성을) 공격하게 하였다. 또한 여러 장수에게 詔勅하여, "고(구)려가 만약 항복을 하면 마땅히 위무하여 받아들이고, 함부로 군사를 풀어 약탈해서는 아니된다"라고 하였다. 성이 막 함락될 즈음, 적은 곧 항복하겠다고 청하였으나, 여러 장수들이 帝旨에 따라 감히 그 기회를 이용하여 공격하지 못하고, 먼저 달려가서 아뢰었다. 답보가 도착할 무렵이면 적들의 수비 역시 정비되어 나와서 저항하였다. 이와 같이 하기를 두세 번 되풀이하였으나 황제는 깨닫지 못하였다. 이로 말미암아 군량은 다하고 군사는 지친 데다, 군량 수송마저 이어지지 않아 諸軍이 패전하니, 결국 군대를 돌리고 말았다.

기사 B에 의하면 수군 지휘부는 전투에 대한 모든 상황을 수 양제에게 보고하고 그 지시를 따라야만 했는데, 수군 지휘부가 수 양제에게 보고하고 지시를 기다리는 사이 고구려군이 전열을 재정비하면서 요동성을 지켜낼 수 있었다고 한다. 수군 지휘부와 수 양제 간 보고·지시가 이루어지는 사이에 고구려군이 전열을 재정비할 수 있었다고 한다면, 보고·지시가 이루어지는 시간이 그리 짧지 않았다고 볼 수 있다. 즉, 요동성 전투 당시 수 양제가 요동성이 아닌 다른 곳에 있으면서 전투 상황을 보고받고 지시를 내렸다고 볼 수 있는 것이다. 수 양제가 '6월에 요동성에 도착하여 제장들을 책망하였다'는 기록을 볼 때[33] 4~5월 요동성 전투 당시 수 양제가 요동성에 있지 않았음을 확인할 수 있다.

그렇다면 4~5월에 수 양제는 어디에 있었던 것일까. 이와 관련하여 아래의 기사가 주목된다.

C-①. (大業 8년 3월) 甲子일 거가가 遼(水)를 건너 東岸에서 크게 싸

....

33 『隋書』 卷4, 帝紀4, 煬帝 下, 大業 8년. "六月, 己未, 幸遼東, 責怒諸將."

윘는데, 적을 공격하여 그들(고구려군)을 격파하고, 나아가 요동성을 포위하였다. 乙未일에 大頓에서 큰 새 두 마리를 보았다. 키는 1丈餘이며, 하얀 몸에 붉을 발을 하고 있었고, 유유자적하며 헤엄치고 있었다. 황제(수 양제)가 이를 기이하게 여겨 공인에게 명하여 그리게 하고, 아울러 칭송하는 글을 새기도록 하였다. 5월 壬午일에 納言 楊達이 죽었다. 이 때에 제장에게 각각 지시를 내리니 감히 어기지 못하였다. 이미 고(구)려의 각 성이 지키니 공격해도 함락되지 않았다.[34]

C-②. (大業 8년) 遼東으로 출정하였다. 황제(수 양제)가 臨海頓에 머물렀는데, 큰 새를 보고 기이하게 여기었다. (虞)綽에게 명하여 글을 새기게 하였다. 그 글은 다음과 같으니 "大業 8년 壬申 여름 4월 丙子일, 황제가 遼碣을 평정하고, 군대를 돌려 황제가 탄 수레가 남쪽으로 가다가, 鸞旗가 서쪽으로 가서 행궁이 柳城縣의 臨海頓에 다다랐다"고 하였다.[35]

기사 C-①에 따르면 수 양제는 3월 갑자일에 요수를 건너 요동성을 포위하였고, 乙未일에 大頓에서 큰 새 두 마리를 보았다고 한다. 전술하였듯이 수군은 3월이 아닌 4월 갑자일(15일)에 요수를 건넜다. 그리고 을미일은 5월에 있는데, 17일에 해당한다. 한편 을미일 다음으로 壬午일에 楊達이 죽었다는 내용이 이어지는데, 임오일은 4일에 해당한다. 그렇다면 을미일은 오기일 가능성이 높다고 여겨진다. 그리고 수 양제가 대돈에 있었

----

34 『隋書』 卷4, 帝紀4, 煬帝 下, 大業 8년 3~5월. "甲子, 車駕渡遼, 大戰於東岸, 擊賊破之, 進圍遼東. 乙未, 大頓見二大鳥, 高丈餘, 皜身朱足, 遊泳自若. 上異之, 命工圖寫, 并立銘頌. 五月, 壬午, 納言楊達卒. 於時諸將各奉旨, 不敢赴機. 旣而高麗各城守, 攻之不下."
35 『隋書』 卷76, 列傳41, 虞綽. "從征遼東, 帝舍臨海頓, 見大鳥, 異之. 詔綽爲銘. 其辭曰, 維大業八年, 歲在壬申, 夏四月, 丙子, 皇帝底定遼碣, 班師振旅, 龍駕南轅, 鸞旗西邁, 行宮次於柳城縣之臨海頓焉."

던 시기는 5월 임오일(4일) 기사 이전에 있으므로 4월로 보는 것이 합리적이다. 즉, 수 양제는 요수를 건넌 4월 갑자일(15일) 이후 어느 날부터 대돈에 머물고 있었던 것이다.

기사 C-②를 보면 4월 수 양제가 머물렀다는 대돈이 臨海頓이었음을 알 수 있다. 임해돈은 司隸大의 장관격인 司隸大夫 王綝이 감독하였고,[36] 수군이 철군할 때 다음 원정을 대비하여 군량을 미리 옮겨 놓았을 만큼 중요한 곳이었다.[37] 그리고 기사를 통해서 수 양제가 4월 병자일(27일)에 임해돈에 도착하였음을 알 수 있다. 즉 수 양제는 4월 병자일(27일)부터 요동성에 다시 행차했던 6월 己未일(11일) 사이에 임해돈에 머무르고 있었던 것이다.

그렇다면 수 양제가 머물렀다는 임해돈은 어디일까. 임해돈은 望海頓이라고도 부르는데, 기사 C-②에 보이는 것처럼 柳城縣 관할에 있었다. 임해돈은 기사 C-②에 보이는 수 양제의 이동 경로와 그 명칭을 볼 때 요동성의 남서쪽으로 바다와 가까운 지역에 있었다고 추정된다.[38] 그리고 8월에 수 각지에서 운반된 양곡이 보관되었다는 점을 감안하면 교통의 요충지였다고 여겨진다. 또한 망해돈이 "요서의 변경에 있었다"라는 胡三省의 주을 참고하면[39] 당시 수군 최전방 보급기지였던 회원진이나 노하진과 거의 같은 선상이거나 약간 서쪽에 위치하고 있었던 것으로 보인다.[40] 이를 종합해 본다면 임해돈은 대릉하 하류의 錦州 일대로 추정된다.[41] 요동성이

---

36 『隋書』 卷43, 列傳8, 觀德王雄 弟達. "帝令綝於臨海頓別有所督."

37 『資治通鑑』 卷181, 隋紀5, 煬帝 大業 8년 8월.

38 이정빈, 「6세기 후반~7세기 초반 고구려의 서방 변경지대와 그 변화 - 요서 고구려의 邏와 수의 鎭·戍를 중심으로」, 『역사와 현실』 82, 2011, 123쪽.

39 『資治通鑑』 卷181, 隋紀5, 煬帝 大業 8년 7월, 胡三省 註. "望海頓, 當在遼西界."

40 臨海頓과 望海頓이 瀘河鎭의 별칭 내지 그 부속시설이었다는 견해가 있다(이정빈, 위의 논문, 2011, 123쪽).

위치한 요양에서 금주까지의 거리는 약 200여 km이다. 요동성에 있던 수군 지휘부는 임해돈에 머물고 있던 수 양제에게 보고하고 그 지시를 받기까지 최소 400여 km를 가야했던 것이다.

수 양제는 수군이 요수를 건너 요동성을 포위하였을 때 승리를 확신하였던 것으로 추정된다. 그리하여 요동성 주변에 머무르지 않고 후방인 임해돈에 머무르면서 전쟁을 지휘하였던 것으로 보인다. 이로 인해 수 양제와 전장에 있던 지휘관 사이에 공간적인 거리가 형성되어 지휘관과 수 양제 간 보고·지시의 신속성이 크게 떨어졌고, 전선 부대는 장기간 공황 상태에 빠지게 되었다.

지휘관들이 수 양제에게 전투에 대한 상황을 보고하고 지시를 기다리는 사이에 전투 양상은 시시각각 변했다. 하지만 이러한 지휘 체계로 인하여 수군은 그 변화에 바로 대처하지 못하였다. 결국 고구려군은 수군 지휘 체계의 문제점으로 인해 다시 전열을 정비할 수 있는 시간을 얻게 되었고 수군의 계속된 공격을 막아낼 수 있었다. 6월에 이르러서는 수 양제가 요동성에 다시 가서 전투를 지휘하였지만 수군은 끝내 요동성 함락에 실패하였다.

위와 같이 수군이 요동성에서 승리하지 못한 이유로 '전투 지휘관과 수 양제 간 보고·지시의 신속성 결여'라는 지휘 체계의 문제점을 들 수 있었는데, 지휘 체계에 있어 또 다른 문제점도 있었던 것으로 보인다. 수 육군 각 군의 주요 지휘관으로는 12衛 소속으로 수 양제가 친히 임명한 大將[42]과 亞將이 각각 한 명씩 있었고, 각 團에는 偏將 한 명이 있었으며,[43]

----

41 譚其驤 主編,『中國歷史地圖集』5, 地圖出版社, 1982, 20쪽 ; 林汀水,「遼東灣海岸線的變遷」『中國歷史地理論叢』1991-2, 1991, 6쪽 ; 이정빈, 앞의 논문, 2011, 122~123쪽.
42 『三國史記』卷20, 高句麗本紀8, 嬰陽王 23년 정월에는 '上將'이라고 기록되어 있다.
43 『隋書』卷8, 禮儀3, 大業 7년.

대장의 자문 역할을 한 監軍이 있었다.[44] 그리고 특수 보직으로 受降使者한 명이 있었다. 주요 지휘관 가운데 수항사자는 그 관명을 볼 때 정식으로 고구려군의 항복을 받아내는 역할을 맡았던 것으로 보인다. 한편 수항사자는 황제의 조서를 받드는 역할도 맡고 있었다. 이로 미루어 본다면 대장의 전투 상황 보고나 의견 표명 또한 수항사자를 통해 수 양제에게 전달되었을 가능성이 높다고 여겨진다.[45]

수항사자는 높은 품계의 장군이나 문관이 탈 수 있는 軺車로 이동하였는데, 騎吏 3명을 포함한 15명이 수행하였다. 그리고 대장의 통제도 받지 않았다.[46] 이로 보아 수항사자는 군내에서 대장과 더불어 막강한 권한을 가지고 있었다고 여겨진다. 그렇다면 수항사자로 누가 임명되었을까. 수항사자로 참전한 인물로는 陸知命이 확인된다. 그는 東暆道 수항사자로 참전하였다가 군대에서 죽었다고 한다.[47] 당시 육지명은 정5품 治書侍御史를 맡고 있었다. 치서시어사는 3臺 가운데 감찰관부라고 할 수 있는 御史臺 소속으로 백관을 감찰·탄핵하고 옥안과 송사를 추국하는 일을 관장하였다.[48]

한편 于仲文이 이끄는 樂浪道軍에 慰撫使로 劉士龍이 있었다. 류사룡은 乙支文德이 수군의 동정을 살펴려 왔을 때 을지문덕을 사로잡으려는 우중문의 계획에 반대하였다가,[49] 결국 전쟁 패배에 대한 책임으로 참형을 당한 인물이다.[50] 그의 관명에 보이는 '慰撫'는 수항사자의 임무 가운데 하

---

44 『隋書』 卷71, 列傳36, 遊元. "遼東之役, 領左驍衛長史, 爲蓋牟道監軍."

45 서인한, 『동북아의 왕자를 꿈꾸다』, 플래닛미디어, 2009, 217·237쪽.

46 『隋書』 卷8, 禮儀3, 大業 7년. "受降使者一人, 給二馬軺車一乘, 白獸幡及節各一, 騎吏三人, 車輻白從十二人. 承詔慰撫, 不受大將制."

47 『隋書』 卷66, 列傳31, 陸知命. "遼東之役, 爲東暆道受降使者, 卒於師."

48 김택민 主編, 『譯註 唐六典』 中, 신서원, 2005b, 320쪽.

49 『隋書』 卷60, 列傳25, 于仲文.

나였다. 또한 류사룡이 대장인 우중문의 의견에 맞서는 모습은 대장의 통제를 받지 않는 수항사자를 연상케 한다. 그리고 위무사라는 관명 또한 수항사자와 마찬가지로 612년에 처음 확인된다.[51] 이러한 점들을 감안할 때 위무사는 수항사자이고, 낙랑도군의 수항사자로 류사룡이 임명되었던 것으로 보인다.[52] 당시 류사룡은 尙書右丞을 맡고 있었다. 상서우승은 5省 가운데 하나인 尙書省의 6曹 소속으로 수 초기에는 종4품이었다가 수 양제 때에는 정4품이 되었다.[53]

대장과 더불어 막강한 권한을 가지고 있었다는 점 그리고 치서시어사와 상서우승 등이 임명되었다는 점 등을 감안하면, 수항사자는 대장을 통제·견제하는 역할 또한 맡았던 것으로 보인다. 그렇기 때문에 대장의 영향력이 미칠 수 있는 12衛 소속이 아닌 5省이나 3臺 출신 인물이 임명되었던 것으로 추정된다.

이와 같이 수항사자의 또 다른 역할이 대장을 통제·견제하는 것이었기 때문에 수항사자가 대장의 보고나 의견에 대해 일부 무시하거나 혹은 임의로 내용을 선택하여 수 양제에게 보고하였을 가능성이 높다. 즉 '수 양제가 전투를 지휘하는 대장으로부터 직접 보고를 받지 못함으로 인한 정확한 전황 파악 실패' 또한 지휘 체계의 문제점으로 들 수 있는 것이다.

수항사자는 612년 고구려-수 전쟁 때만 설치된 관직으로 그 이후에는 다시 설치되지 않았는데,[54] 수 양제가 승리에 대한 확신을 바탕으로 설치한 관직으로 볼 수 있다. 수 양제는 "고구려의 무리는 우리 한 군도 감당

---

50 『隋書』 卷4, 帝紀4, 煬帝 下, 大業 8년 11월.
51 寧志新, 『隋唐使職制度研究』, 中華書局, 2005, 70쪽.
52 서인한도 劉士龍을 受降使者로 파악한 바 있다(서인한, 앞의 책, 2009, 218쪽).
53 김택민 主編, 『譯註 唐六典』上, 2005a, 121쪽.
54 寧志新, 위의 책, 2005, 70쪽.

하지 못할 것인데, 113만 3,800명을 동원하면 당연히 승리하지 않겠는가"
라고 언급한 바 있다. 진을 정벌하였을 당시 52만 명을 동원하였는데, 고
구려 원정에 더 많은 병력을 동원했으니 질 리가 없다고 생각한 것이다.
그리고 고구려보다 더 위협적이라고 생각했던 돌궐을 복속시켰다는 점
또한 수 양제가 승리를 확신한 요인이 되었을 것이다.

위와 같은 승리의 확신 속에서 수 양제는 수군 지휘부에게 전투에 대
한 모든 상황을 자신에게 보고하고 그 지시를 따르게 하면서 전투에 대한
지휘권을 각 군 대장에게 부여하지 않고 자신이 행사하였다. 이는 누구와
도 승리의 영광을 나누지 않고[55] 전쟁 승리에 대한 공을 자신에게 돌려
승리를 거둘 줄 아는 군주임을 대거 표출함으로써 자신의 권력을 강화하
려는 의도로 볼 수 있다. 그렇다면 수항사자 파견은 위와 같은 수군 지휘
체계와 수 양제의 의도를 따르지 않으려고 하는 대장에 대한 통제·견제
책이라고 볼 수 있다.

전쟁 승리에 대한 공을 대장에게 돌리지 않고자 했던 수 양제의 의도
는 고구려군의 항복을 대장이 아닌 수항사자가 받도록 한 것에서도 드러
난다. 고구려군의 항복을 대장이 직접 받는다면 대장의 전공이 부각될 수
있으므로, 자신을 대변하는 수항사자를 통해 항복을 받도록 한 것이다. 이
와 같이 수항사자는 수 양제가 전쟁 승리에 대한 공을 자신에게 돌림으로
써 자신의 권력을 강화하려고 했던 의도 속에서 파견한 것이라고 볼 수
있다.

이와 같이 수군 내부의 지휘체계 속에서 수군이 요동성을 차지하지 못
한 이유를 찾을 수 있었는데, 그렇다면 고구려는 이러한 수군 지휘체계의
문제점을 인식하고 전투를 전개하였을까. 고구려군이 수군 지휘체계의 문

---

55 김택민, 「麗·隋 力學關係와 戰爭의 樣相」 『東洋史學硏究』 127, 2014, 259쪽.

제점을 간파했기 때문에 요동성에서 의도적으로 '항복 의사'를 표명하여 시간을 벌었다는 견해가 있으나,[56] 명확한 정황이나 근거는 딱히 보이지 않는다. 다만 이러한 수군 지휘 체계의 문제점으로 인하여 고구려는 여러 차례 방어 태세를 재정비하여 요동성을 지킬 수가 있었고 전쟁을 장기전으로 몰아갈 수 있었다.

고구려군과 수군 간 성곽전은 요동성 이외의 다른 고구려 성에서도 이루어졌다. 하지만 고구려군은 수군의 공격을 막아내며 성을 지켜낼 수 있었다.[57] 그렇다면 고구려군이 수성할 수 있었던 요인은 무엇이었을까. 여러 요인이 있겠지만 전투 수행에 있어 기본 요소인 무기·무장을 빼놓을 수는 없을 것이다. 그렇기 때문에 당시 고구려의 무기·무장에 대하여 살펴볼 필요가 있다.

당시 수성전에 사용한 무기·무장과 관련하여 고구려 성 가운데 하나인 심양 石臺子山城을 주목하고자 한다. 무기·무장과 관련된 유물이 많이 출토되었고, 비교적 후대에 축조된 것으로 추정되면서 고구려 후기의 성곽전 상황을 보여주는 데 적합하다고 여겨지기 때문이다. 특히 토축 성벽에서 隋 五銖錢이 출토되었다는 점은 주목할 만하다. 589년 수가 중국 대륙을 통일하였을 때 고구려 평원왕은 군사를 훈련시키고 군량을 확보하였다고 하는데,[58] 이를 통해 고구려가 수의 침입에 대비하여 군사적 대책

---

56 김영수, 「612년 여·수 전쟁과 고구려의 첩보전」『민족문화』30, 2007, 294쪽 ; 서인한, 앞의 책, 2009, 237쪽.

57 『隋書』卷4, 帝紀4, 煬帝 下, 大業 8년 5월. "既而高麗各城守, 攻之不下." 반면 隋軍이 懷遠鎭 일대에서 遼河를 건넌 후 곧바로 遼東城으로 접근하는 단일 기동로를 선택하였다는 견해도 있다(이동준, 「隋煬帝의 高句麗 원정과 군사전략」『學林』30, 2009, 153쪽). 필자는 그 견해에 동의하지 않는데, 이에 대해서는 정동민, 앞의 논문, 2016, 255쪽, 주 71)을 참고하기 바란다.

58 『隋書』卷81, 列傳46, 東夷, 高麗. "及平陳之後, 湯大懼, 治兵積穀, 爲守拒之策."

을 세우고 있었음을 알 수 있다. 이러한 군사적 대책 속에서 기존의 성곽을 개축·보수하였을 것으로 여겨지는데, 토축 성벽에서 출토된 수 오수전은 석대자산성 또한 수의 침입에 대한 대비 속에서 개축·보수되었을 가능성을 시사한다.[59]

석대자산성에서는 철제 방어구로 투구편과 소찰, 철제 공격용 무기로 화살촉, 칼(刀), 창(矛), 창고달이, 도자(削), 匕首 등이 출토되었다. 이 외 성곽 방어와 관련된 무기로 마름쇠 1점과 투석용 석환 2점이 출토되었다.[60]

먼저 방어구를 살펴보면 투구편은 15점이 출토되었다. 윗부분은 좁고 아랫부분이 넓은 細長形으로, 일부는 S자형으로 휘어져 있다(그림 1-1).[61] 한편 이와 비슷한 형태의 투구편이 길림성 集安의 麻線溝2100호분(그림 1-2)[62]과 太王陵(그림 1-3)에서 출토되었는데,[63] 이들 투구편은 만곡종장판주의 장찰로 추정되고 있다.[64] 이를 감안하면 석대자산성에서 출토된 투구편 또한 만곡종장판주의 장찰로 볼 수 있다.

----

59 여호규는 서남문에서 안쪽 토석혼축벽이 석축 성벽의 문길을 덮고 있고 토축 성벽에서 隋 五銖錢이 출토된 점을 근거로 石臺子山城이 2차에 걸쳐 사용되었고 성벽도 2차에 걸쳐 축조되었을 것으로 추정하였다. 그러면서 석축 성벽은 燈塔 白巖城보다 정교하고 치밀하게 축조되었다는 점을 들어 비교적 안정된 시기에 축조되었고, 토축 성벽은 7세기 전반의 국가적 위기 상황에서 급히 개축되었던 것으로 보았다(여호규, 앞의 책, 1999, 235쪽).

60 遼寧省文物考古研究所·瀋陽市文物考古研究所, 『石臺子山城』 上, 文物出版社, 2012.

61 遼寧省文物考古研究所·瀋陽市文物考古研究所, 위의 책, 2012, 113·131~132·144쪽.

62 吉林省文物考古研究所·集安市博物館, 『集安高句麗王陵』, 文物出版社, 2004, 158~161쪽.

63 吉林省文物考古研究所·集安市博物館, 위의 책, 2004, 281~282쪽.

64 송계현, 「桓仁과 集安의 고구려 갑주」 『북방사논총』 3, 2005, 174~175쪽.

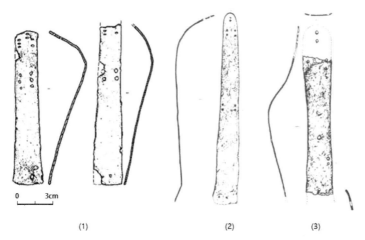

[그림 1] 고구려 유적에서 출토된 만곡종장판주 장찰
(1) 瀋陽 石臺子山城 SⅠ구역 104호피트 ①층 (2) 集安 麻線溝2100호분 (3) 集安 太王陵

　출토 유물과 고분 벽화를 참고해보면 고구려에서는 4세기 중반에 종장
판주와 만곡종장판주, 5세기 중반에 소찰주가 나타난 것으로 추정된다.[65]
그런데 고구려 후기의 성곽으로 추정되는 석대자산성에서 만곡종장판주
의 장찰이 출토되었다는 점을 감안하면, 만곡종장판주는 소찰주가 등장한
이후에도 계속해서 사용된 것으로 보인다. 반면 소찰주는 5세기 후반~6세
기 중반에 축조된 것으로 추정되는 아차산4보루와 5세기 대에 축조된 것

---

65 정동민, 「高句麗 重裝騎兵의 特徵과 運用形態의 變化－古墳壁畵資料를 중심으로」
　　『韓國古代史硏究』 52, 2008, 377쪽. 고구려 만곡종장판주는 중국의 撫順 高爾山
　　城에서 출토된 바 있고, 북한의 안악2호분, 안악3호분, 남포 약수리벽화고분, 쌍
　　영총, 순천 동암리벽화고분, 대동 팔청리벽화고분 등의 벽화에서는 종장판주나
　　만곡종장판주를 확인할 수 있다. 소찰주는 서울 아차산4보루(서울대학교박물
　　관·서울대학교인문학연구소·구리시·구리문화원,『아차산 제4보루』, 2000, 163~
　　164쪽)와 연천 무등리2보루 등에서 출토되었고, 중국의 集安 麻線溝1호분, 通溝
　　12호분, 三室塚 등의 벽화에서 확인할 수 있다. 고분 벽화에 보이는 투구의 자
　　세한 모습과 관련 참고문헌은 같은 논문을 참고하기 바란다.

으로 추정되는 고분 벽화에서만 확인되고 있다. 그렇다면 소찰주는 5~6세기 대에 제작되어 유행하였다가 사라졌을 가능성이 있다. 하지만 소찰주가 5세기 초~중반에 중장기병이 대거 보급되고 군사조직이 체계화되는 상황에서[66] 지휘관의 지위를 나타내기 위해 제작된 투구라고 본다면, 점차 시간이 지나면서 실전용보다는 의장용 투구로 변모하였을 가능성도 있다.

또 다른 방어구로 소찰은 200점이 출토되었는데, 이를 통해 고구려군이 찰갑을 착용하고 있었음을 알 수 있다. 소찰은 고구려의 여러 성곽과 고분에서 출토되었다.[67] 그리고 찰갑은 고분 벽화에서 확인할 수 있다.[68] 소찰이나 찰갑을 확인할 수 있는 유적 가운데 집안의 萬寶汀242호분,[69] 七

....

66 정동민, 앞의 논문, 2008, 394~395쪽.
67 성곽에서는 중국의 桓仁 五女山城, 高儉地山城, 撫順 高爾山城, 鐵背山城, 蓋州 高麗城山城, 燈塔 白巖城, 新賓 河西村古城, 五龍山城, 寬甸 虎山山城, 柳河 羅通山城 그리고 남한에 위치한 보루 등에서 출토되었다. 고분에서는 중국의 集安 千秋塚, 麻線溝2100호분, 萬寶汀242호분, 山城下博廠1호분, 山城下博廠145호분, 山城下博廠159호분, 太王陵, 禹山下1041호분, 禹山下3319호분, 七星山211호분, 七星山871호분 등에서 출토되었다. 遼寧省文物考古研究所, 『五女山城-1996~1999, 2003年 桓仁五女山城調査發掘報告』, 文物出版社, 2004 ; 吉林省博物館文物工作隊, 「吉林集安兩座高句麗墓」『考古』1977-2, 1977 ; 吉林集安縣文管所, 「集安萬寶汀墓區242號古墳淸理簡報」『考古與文物』1982-6, 1982 ; 集安縣文物保管所, 「集安高句麗墓葬發掘簡報」『考古』1983-4, 1983 ; 遼寧省文物考古研究所, 『五女山城-1996~1999, 2003年 桓仁五女山城調査發掘報告』, 文物出版社, 2004 ; 吉林省文物考古研究所·集安市博物館, 앞의 책, 2004 ; 吉林省文物考古研究所·集安市博物館, 「集安JSZM145號墓調査報告」『吉林集安高句麗墓葬報告集』, 科學出版社, 2009 ; 李東, 「羅通山城考古調査與試掘」『中國考古學年鑑－2009』, 文物出版社, 2010 ; 遼寧省文物考古研究所, 「2008-2009年遼寧桓仁縣高儉地高句麗山城發掘簡報」『東北史地』2012-3, 2012 등을 참고하기 바란다.
68 중국의 集安 通溝12호분, 三室塚 그리고 북한의 안악2호분, 안악3호분, 남포 대안리 1호분, 쌍영총, 대동 팔청리벽화고분 등에서 확인된다. 고분 벽화에 보이는 찰갑의 자세한 모습과 관련 참고문헌은 정동민, 위의 논문, 2008을 참고하기 바란다.

星山211호분[70] 등이 축조 시기가 가장 이른 것으로 여겨지는데, 대체로 3세기 중·후반 경으로 추정되고 있다. 이를 감안하면 고구려는 그 무렵부터 찰갑을 제작하였다고 볼 수 있다.

한편 고분 벽화에 보이는 갑옷을 보면 대부분 찰갑이다.[71] 그리고 고구려 유적에서 갑옷과 관련된 유물로는 소찰 이외에 아무 것도 발견되지 않았다. 이로 볼 때 고구려시기의 대표적인 갑옷은 찰갑이었고, 장기간에 걸쳐 사용되었을 것으로 추정된다. 즉, 전쟁 당시 고구려군은 만곡종장판주와 찰갑을 착용하고 전투에 나섰을 가능성이 높은 것이다[그림 2].

다음으로 공격용 무기를 살펴보면, 화살촉 265점, 도자 23점, 칼 3점, 비수 1점, 창 2점, 창고달이 1점 등이 출토되었다. 출토된 공격용 무기의 수량을 감안한다면 고구려군은 활, 칼, 창 등을 주로 사용하였고, 수성전의 특성상 원사무기를 적극적으로 활용하였다고 여겨진다.

공격용 무기 가운데 가장 많이 출토된 화살촉의 경우, 265점 가운데 형태가 명확한 것은 251점이다. 촉두의 형태를 보면 圭形은 102점, 錐形은 41점,

---

69 吉林集安縣文管所, 앞의 논문, 1982, 19쪽.

70 여호규, 「集安地域 고구려 超大型積石墓의 전개과정과 被葬者 문제」, 『韓國古代史研究』 41, 2006, 97쪽.

71 북한의 남포 덕흥리벽화고분과 감신총에서만 찰갑이 아닌 다른 유형의 갑옷이 확인된다. 덕흥리벽화고분 행렬도에서 중장기병이 착용한 갑옷에 대해 明光甲으로 보는 견해(장경숙, 「고구려 고분벽화에 묘사된 갑주」, 『慶州文化研究』 6, 2003, 127~128쪽)와 板甲으로 보는 견해(송계현, 「韓國 古代의 甲冑」, 『한국고대의 갑옷과 투구』, 국립김해박물관, 2002, 67쪽)가 있다. 그리고 감신총 문지기가 착용한 사선과 평행선으로 표현된 갑옷에 대해 布나 皮로 제작한 것으로 보기도 한다(송계현, 위의 논문, 2002, 67쪽 ; 국사편찬위원회, 『나라를 지켜낸 우리무기와 무예』, 두산동아, 2007, 50쪽). 덕흥리벽화고분에 보이는 갑옷의 자세한 모습과 관련 참고문헌은 정동민, 앞의 논문, 2008, 358~359쪽, 감신총 문지기에 보이는 갑옷의 모습은 조선유적유물도감편찬위원회, 『조선유적유물도감』 5, 1990, 81쪽, 그림 81과 사진 82를 참고하기 바란다.

[그림 2] 종장판주와 찰갑을 착용하고 있는 무사(안악2호분)

矛形은 61점, 柳葉形은 23점, 三翼形은 10점, 鏃形은 13점이다. 그리고 평균적으로 촉두는 길이 3.2cm, 너비 0.93cm, 두께 0.43cm, 촉신은 길이 7.47cm, 너비 0.6cm, 두께 0.39cm이다.

한편 남한의 고구려 보루에서도 많은 화살촉이 출토되었다. 이들 보루는 축조 시기가 5세기 후반~6세기 중반으로 비교적 안정적인 연대를 가지고 있기 때문에 석대자산성에서 출토된 화살촉을 살펴보는 데 중요한 비교 자료가 될 수 있다. 이들 보루에서 출토된 화살촉은 촉신이 긴 유엽형이 주류를 이룬다. 그리고 촉두와 촉신의 평균 길이, 너비, 두께는 다음 <표>와 같다.

〈표〉瀋陽 石臺子山城과 남한 고구려 보루 출토 철제 화살촉 (단위 : cm)

출토 유적	분석대상 수량	촉두			촉신		
		평균 길이	평균 너비	평균 두께	평균 길이	평균 너비	평균 두께
석대자산성	251	3.2	0.93	0.43	7.47	0.6	0.39
아차산3보루72	65	1.89	0.82	0.29		0.62	0.44
아차산4보루73	51	2	0.88	0.38		0.66	0.51
시루봉보루74	27	1.98	0.82	0.33			
홍련봉2보루75	126	1.6	0.8				
용마산2보루76	18	2.23	1.05	0.36			0.46
구의동보루77	8	1.52			12		
남성골산성78	56	2.3			5		
호로고루성79	31	2.35			7.8		
평균 (석대자산성 제외)		1.98	0.87	0.34	8.27	0.64	0.47

석대자산성과 남한 고구려 보루에서 출토된 화살촉의 촉두 길이, 너비, 두께를 평균 내어 비교해 보았을 때 석대자산성에서 출토된 화살촉의 촉두가 길고 넓으며 두껍다. 평균이 아닌 개별 유적 단위로 비교를 해 봐도 석대자산성에서 출토된 화살촉의 촉두가 가장 길고 두꺼우며, 너비는 용마산2보루 다음으로 넓다.

기존 연구에 따르면 고구려 초기~4세기에는 촉두의 너비가 넓고 납작하며 촉두와 경부만 있는 화살촉, 4세기~5세기에는 촉두의 너비가 좁고 촉신부가 없는 화살촉, 5세기~6세기에는 촉두의 너비가 좁고 촉신부가 긴 화살촉이 주를 이룬다고 한다. 시간이 지날수록 갑주 등의 방어구가 발전함에 따라 화살촉 촉두의 너비가 좁아지면서 세장형을 띠게 된다는 것이다.[80] 그런데 석대자산성에서 출토된 화살촉의 촉두는 길고 넓으며 두껍다. 고구려 후기에 들어서 화살촉의 또 다른 변화 양상을 확인할 수 있는 것이다.

주지하듯이 화살촉 촉두의 너비가 좁고 두께가 얇을수록 관통력은 증가한다. 그런데 석대자산성에서 출토된 화살촉의 촉두는 넓고 두껍다. 그렇다고 고구려가 화살촉의 관통력을 포기하였다고 볼 수 있을까. 전술하

---

72 고려대학고고환경연구소·구리시, 『아차산 제3보루 - 1차 발굴조사보고서 - 』, 2007.
73 서울대학교박물관·서울대학교인문학연구소·구리시·구리문화원, 앞의 책, 2000.
74 서울대학교박물관·서울대학교인문학연구소·구리시·구리문화원, 『아차산 시루봉 보루 - 발굴조사 종합보고서 - 』, 2002.
75 서울대학교박물관·서울특별시, 『홍련봉 제2보루 - 1차 발굴조사보고서 - 』, 2007.
76 서울대학교박물관·서울특별시, 『용마산 제2보루 - 발굴조사 종합보고서 - 』, 2009.
77 구의동보고서간행위원회, 『한국유역의 고구려요새 - 구의동유적발굴조사종합보고서 - 』, 도서출판 소화, 1997.
78 김보람, 「고구려 철촉 연구」, 고려대학교 석사논문, 2013.
79 김보람, 위의 논문, 2013.
80 김보람, 위의 논문, 2013, 94쪽.

였듯이 시간이 지날수록 갑주 등의 방어력이 더욱 강화되고 있는 상황에서 고구려가 관통력을 포기하였으리라고 생각하기는 어렵다. 그렇다면 촉두가 넓어지고 두꺼워졌어도 적군의 갑주를 뚫을 수 있는 발사 장치가 개발된 것은 아닐까. 이와 관련하여 다음 기사가 주목된다.

> D-① "太府의 工人은 그 수가 적지 않으니, (고구려) 왕이 반드시 써야 한다면 奏聞하는 것이 당연한 데도, 여러 해 전에는 몰래 재물을 주어, 利로써 小人을 움직여 사사로이 弩手를 그대 나라로 빼어 갔다. 이 어찌 兵器를 수리하는 목적이 나쁜 생각에서 나온 까닭에 남이 알까봐 두려워서 훔쳐 간 것이 아니겠는가."[81]

> D-② 요동을 정벌하게 되자 (闔毗가) 本官領 武賁郎將으로 宿衛를 맡았다. 이 때 衆軍이 요동성을 포위하였는데, 황제가 闔毗로 하여금 성 아래로 가서 선유하게 하였다. 적군(고구려)은 활과 쇠뇌(弓弩)를 마구 쏘았고, 탄 말이 화살에 맞았으나, 闔毗는 얼굴색이 변하지 않았다.[82]

기사 D-①은 590년 수 문제가 고구려 왕에게 보낸 璽書 내용의 일부로, 고구려가 수의 쇠뇌 제작자를 빼어간 일에 대해 비난하고 있다. 당시 쇠뇌는 수에서도 매우 중요한 무기 가운데 하나였기 때문에[83] 고구려가

---

81 『隋書』 卷81, 列傳46, 高麗. "太府工人, 其數不少, 王必須之, 自可聞奏, 昔年潛行財貨, 利動小人, 私將弩手, 逃竄下國. 豈非修理兵器, 意欲不臧, 恐有外聞, 故爲盜竊."

82 『隋書』 卷68, 列傳33, 闔毗. "及征遼東, 以本官領武賁郎將, 典宿衛. 時衆軍圍遼東城, 帝令毗詣城下宣諭. 賊弓弩亂發, 所乘馬中流矢, 毗顏色不變."

83 612년 高句麗-隋 전쟁 당시 隋 煬帝가 머물렀던 六合城에 쇠뇌를 대거 설치한 점(『隋書』 卷12, 志7, 禮儀7, 大業 4년), 水軍으로 동원된 7만 명 가운데 3만 명

쇠뇌 기술자를 빼어간 일에 대해 예민하게 반응하면서 외교마찰로까지 비화되었던 것이다. 이 기사를 통해 고구려가 6세기 후반에 수와 외교적 마찰을 감수하면서까지 우수한 쇠뇌 제작에 심혈을 기울였음을 알 수 있다. 고구려가 넓고 두꺼운 축두를 제작하여 사용할 수 있었던 것은 결국 우수한 쇠뇌 제작에 성공하였기 때문에 가능하였다고 볼 수 있다.

기사 D-②에는 612년 고구려-수 전쟁 당시 요동성 전투에서 閻毗가 성 아래로 가서 선유하다가 부상당하였다는 내용이 담겨져 있는데, 고구려군의 활과 쇠뇌(弓弩) 공격으로 부상을 입었다고 한다. 612년 전쟁 때 고구려군이 성곽전에서 활과 더불어 쇠뇌를 활용하고 있었음을 확인할 수 있는 것이다. 위의 기사를 종합하면 고구려가 6세기 후반에 우수한 쇠뇌 제작에 힘을 기울였고, 612년 전쟁 당시 성곽전에서 적극 활용하고 있었다고 볼 수 있다.

쇠뇌는 戰國시기에 처음 제작되었는데, 화살의 비거리나 파괴력이 활보다 강했다.[84] 그리고 활이 현을 당긴 상태에서 최적의 순간에 쏘아야 했다면, 쇠뇌는 장전된 상태에서 보다 여유롭게 최적의 순간을 포착하여 쏠 수 있다는 장점이 있었다. 하지만 방아쇠 장치가 시위를 당기고 발사

....

이 弩手였고(『資治通鑑』 卷181, 隋紀5, 煬帝 大業 7년 4월) 天子 6軍에만 노수 3만 명이 있었던 것처럼(『隋書』 卷68, 列傳33, 何稠) 군대 내 노수의 비중이 적지 않았던 점, 613년 고구려-수 전쟁 당시 郭榮이 수 양제의 친정을 만류하면서 "천균의 강한 쇠뇌는 생쥐를 위해서 쏘지 않는데, 어찌 친히 거가를 수고스럽게 하며 작은 오랑캐를 대적하십니까"라고 말한 기록(『隋書』 卷50, 列傳15, 郭榮) 그리고 618년 고구려가 倭에 사신을 파견하여 수를 격파한 사실을 알리면서 수 포로와 더불어 전리품인 쇠뇌를 보냈다는 기록(『日本書紀』 卷22, 推古紀 26년 8월) 등을 통해 쇠뇌가 隋軍의 중요한 무기였음을 알 수 있다.

84 쇠뇌는 일반적으로 적과의 거리가 150m 정도였을 때 쏘았는데, 유효 사거리는 약 360m, 비거리는 800m를 넘었다고 한다(篠田耕一, 신동기 역, 『무기와 방어구-중국편』, 들녘, 2006, 161쪽).

하기까지 강한 압박을 견딜 수 있을 만큼 견고하고 정교하게 제작해야만 했기 때문에 제작에 있어 전문 기술자가 필요했다.[85] 기사 D-①의 쇠뇌 기술자를 둘러싼 고구려와 수의 갈등은 바로 이러한 쇠뇌의 특징을 보여 주는 것이라 하겠다.

고구려는 408년에 축조된 남포 덕흥리벽화고분의 행렬도에 보이는 쇠뇌 그리고 그 위의 "薊懸鈴捉軒弩"명 묵서로 볼 때[86] 5세기 초반 이전에 쇠뇌를 도입하였던 것으로 여겨진다. 그런데 기사 D-①에서 수의 쇠뇌 기술자를 빼내간 것을 볼 때 쇠뇌 제작에 있어 일정 정도 한계를 가지고 있었던 것으로 추정된다. 이는 고구려가 6세기 중반까지 기병 및 중장기병 중심의 전술을 운용하여 기병의 방호력을 중시하면서 쇠뇌에 대해 큰 관심을 가지지 않았기 때문으로 여겨진다.

그렇다면 고구려는 왜 6세기 후반에 쇠뇌 제작에 힘을 기울이고 보급하려고 하였을까. 이와 관련해서 기사 D-②를 주목할 필요가 있는데, 612년 전쟁 당시 고구려군이 수군과 성곽전을 벌이면서 쇠뇌를 적극 활용하고 있는 것이다. 6세기 후반 수는 진을 멸망시켜 중국 대륙을 통일하였고, 돌궐을 복속시켰으며, 요서까지 영향력을 미치면서 고구려를 압박하고 있었다. 이에 고구려는 수의 침입에 대비해야만 했는데, 수는 진 정벌 때 50여만 명을 동원하는 등 엄청난 병력을 갖추고 있었다. 수에 비해 병력 수가 적었던 고구려로서는 전술하였듯이 대규모 병력에 맞서기 위한 전술로 성곽전을 적극 구사하지 않을 수 없었을 것이다. 성곽전의 경우 성곽이라는 장애물로 인해 근접 전투가 용이하지 않기 때문에 원사무기의 중요성이 더욱 커질 수밖에 없다.[87] 아마 이러한 상황 속에서 고구려는

---

85 이정빈, 「6~7세기 고구려의 쇠뇌 운용과 군사적 변화」, 『軍史』 77, 2010, 64쪽. 쇠뇌에 대한 자세한 내용은 같은 논문을 참고하기 바란다.
86 조선유적유물도감편찬위원회, 앞의 책, 1990, 129·137~143쪽.

우수한 쇠뇌 제작에 힘을 기울였던 것으로 추정된다.[88]

한편 수는 北周의 군제를 계승하는 과정에서 중장기병을 그대로 활용하여 기병의 주력으로 삼았다. 그렇기 때문에 고구려로서는 수의 중장기병에 대해서도 대비해야만 했다. 전술하였듯이 석대자산성에서 출토된 화살촉을 보면, 고구려는 기존에 비해 넓고 두꺼운 촉두를 제작하였다.[89] 이는 수군의 갑주를 뚫는 것에 그치는 것이 아니라 관통 상처를 크게 내어 보다 치명적인 상처를 내기 위해서라고 여겨지는데, 그 대상 가운데 하나가 바로 중장기병이었을 것으로 추정된다. 수의 중장기병에 대비하기 위해 우수한 쇠뇌 도입은 필수적이었던 것이다.

위와 같이 내부 지휘체계의 문제점 그리고 우수한 원사무기를 바탕으로 한 고구려의 성 방어전술에 막혀 수군은 고구려 성을 함락시키지 못하고 더 이상 진군하지 못하는 상황에 이르렀다.

IV. 隋軍의 별동대 편성과 高句麗의 대응

성곽전에서의 고전으로 인해 전체적인 일정에 차질을 빚은 수군은 점차 초조해질 수밖에 없었다. 이에 수 양제는 6월에 별동대를 편성하여 점령하지 못한 고구려의 성들을 우회한 채 평양성으로 직접 진군하려는 계

---

87 이정빈, 앞의 논문, 2010, 74쪽.
88 고구려가 隋의 쇠뇌 제작기술을 도입하면서 우수한 強弩도 제작하였을 것으로 여겨지는데, 강노의 주 공격대상은 공성도구였을 것으로 추정된다.
89 石臺子山城에서 출토된 삼각형 혹은 사각형 촉신을 갖추고 있는 추형 철촉에 대해 漢代의 추형 동촉이 대부분 쇠뇌촉으로 사용되었다는 점을 감안하면서 쇠뇌촉으로 파악하는 견해가 있다(김길식, 「고구려의 무기체계의 변화」, 『한국 고대의 Global Pride - 고구려』, 2005, 고려대학교박물관, 238쪽).

획을 세웠다. 이러한 계획은 별동대가 전방뿐만 아니라 후방에서도 고구려군을 맞이할 수 있는 상황을 초래할 수 있다는 점에서 무리수를 둔 것이라고도 볼 수 있다. 하지만 수 양제는 전쟁이 장기간 이어지면서 초래된 군수 물자 부족, 군사들의 사기 저하를 고려해야만 했다. 그리고 곧 다가올 장마와 말갈의 고구려 원병 또한 경계해야만 했다.[90] 아마도 이러한 요인들 때문에 별동대 편성을 계획하였다고 볼 수 있다. 수 별동대와 관련해서는 아래의 기사가 주목되었다.

E. (大業 8년 6월) 左翊衛大將軍 宇文述은 扶餘道로 나아가고, 右翊衛大將軍 于仲文은 樂浪道로 나아가고, 左驍衛大將軍 荊元恒은 遼東道로 나아가고, 右翊衛大將軍 薛世雄은 沃沮道로 나아가고, 右屯衛將軍 辛世雄은 玄菟道로 나아가고, 右御衛將軍 張瑾은 襄平道로 나아가고, 右武候將軍 趙孝才는 碣石道로 나아가고, 涿郡太守 檢校左武衛將軍 崔弘昇은 遂城道로 나아가고, 檢校右御衛虎賁郎將 衛文昇은 增地道로 나아가서 모두 압록수 서쪽에 모였다. (宇文)述 등의 군사는 瀘河·懷遠 두 鎭에서 사람과 말 모두 100일치 군량을 보급받았고, 또 방패·갑옷·창(槍槊)·옷감·무기·火幕 등을 지급받았는데, 사람마다 3섬 이상으로, 무거워 능히 운반할 수 없었다. 軍中에 명령을 내려 "米粟을 버리는 자는 참할 것이다"라고 하였다. 사졸들이 모두 장막 아래에 땅을 파서 그것을 묻고 비로소 길을 떠났는데, 중간지점에 이르러 양식이 이미 다 떨어지려고 하였다. ······ 애초 9개 군에 遼河를 건넌 자는 30만 5,000명이었는데, 요동성으로 되돌아온 자는 2,700명 뿐이었다.[91]

....

90 『隋書』 卷60, 列傳25, 段文振.
91 『資治通鑑』 卷181, 隋紀5, 煬帝 大業 8년 6월. "左翊衛大將軍宇文述出扶餘道, 右翊衛大將軍于仲文出樂浪道, 左驍衛大將軍荊元恆出遼東道, 右翊衛將軍薛世雄出沃沮道, 右屯衛將軍辛世雄出玄菟道, 右御衛將軍張瑾出襄平道, 右武衛將軍趙孝才出碣石道, 涿郡太守檢校左武衛將軍崔弘昇出遂城道, 檢校右御衛虎賁郎將衛文昇出增地

기사 E에는 수 별동대를 구성하고 있던 군대와 병력 규모, 집결 장소, 보급 상황, 진군 중의 문제점, 그리고 결과 등이 담겨 있다. 위의 기사에서는 수 별동대가 9개 군, 30만 5,000명으로 편성되었다고 기록하고 있다. 그러나 전술하였듯이 육군 한 군 병력이 약 2만 5,000명이었다는 점 그리고 기사에 보이는 9개 군 이외에 楊義臣이 이끄는 肅愼道軍이 별동대로 참전하는 등[92] 다른 군이 추가로 별동대로 투입되었을 가능성을 감안하면 대략 12개 군으로 편성되었을 것으로 추정된다.[93]

별동대로 편성된 12개 군은 노하진이나 회원진에서 출발하여 각기 다른 경로로 진군하던 도중에 갑작스럽게 별동대 임무를 부여받고, 압록수 서쪽에서 만나 함께 평양성으로 진군하였던 것으로 보인다.[94] 그렇다면

道, 皆會於鴨綠水西. 述等兵自瀘河·懷遠二鎭, 人馬皆給百日糧, 又給排·甲·槍槊, 並衣資·戎具·火幕, 人別三石已上, 重莫能勝致. 下令軍中, 遺棄米粟者斬. 士卒皆於幕下掘坑埋之, 才行及中路, 糧已將盡. …… 初, 九軍渡遼, 凡三十萬五千, 及還至遼東城, 唯二千七百人."

92 『隋書』 卷63, 列傳28, 楊義臣. "其後復征遼東, 以軍將指肅愼道. 至鴨綠水, 與乙支文德戰, 每爲先鋒, 一日七捷. 後與諸軍俱敗, 竟坐免. 明年, 以爲軍副, 與大將軍宇文述趣平壤. 至鴨綠水, 會楊玄感作亂, 班師. …… 尋從帝復征遼東, 進位左光祿大夫."

93 隋 별동대의 병력 구성에 대한 자세한 내용은 정동민, 앞의 논문, 2016, 259~262쪽을 참고하기 바란다.

94 隋 별동대가 遼河와 大凌河 하류 부근에 주둔하면서 전투에 참여하지 않았던 군으로 구성되었고, 瀘河鎭이나 懷遠鎭에서 다 같이 출발하였다고 보는 견해가 일반적이다(김복순, 「고구려 대·수당 항쟁전략고찰」 『軍史』 12, 1986, 100쪽 ; 서인한, 『高句麗 對隋·唐戰爭史』, 국방부군사편찬위원회, 1991, 88쪽 ; 이종학, 『한국군사사연구』, 충남대학교 출판부, 2010, 161쪽 ; 임용한, 『한국고대전쟁사』 2, 혜안, 2012, 94쪽). 필자는 별동대 편성과 군량부족 직면시기, 별동대 임무를 부여받은 樂浪道軍이 고구려군과의 전투를 대비하면서 보여준 병력 배치, 그리고 별동대 임무를 부여받은 군의 구성 등을 감안해 볼 때 그렇게 보기 어렵다고 여겨지는데, 자세한 이유에 대해서는 정동민, 위의 논문, 2016, 257~259쪽을 참고하기 바란다.

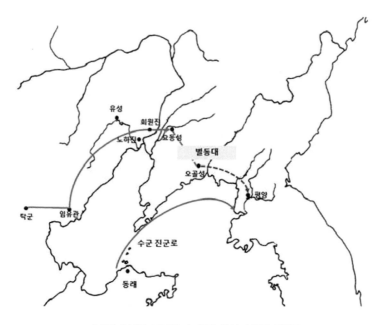

〈지도〉 612년 고구려-수 전쟁 당시 수군의 진군로

수 양제는 어떤 군대로 별동대를 편성하였을까. 이에 대하여 두 가지 가능성을 상정할 수 있는데, 별동대 편성 계획 당시 평양성에 가깝게 접근했던 군대로 편성하였을 가능성과 군대 지휘관의 능력 혹은 신임을 고려하여 편성하였을 가능성이 있다.

먼저 별동대 편성 계획 당시 평양성에 가깝게 접근했던 군대로 편성하였을 가능성을 살펴보려면, 별동대로 편성되었던 군대의 진군로를 파악해야 한다. 이와 관련하여 우중문이 이끄는 낙랑도군이 烏骨城[95]을 거쳐 압록강 서쪽으로 진군하였다는 기록이 있다. 낙랑도군이 오골성에서 전투를 벌이지 않고 동쪽으로 이동하였다는 점에서[96] 오골성을 지나기 전에 별동

....

95 요령성 鳳城에 위치한 鳳凰山城으로 추정되고 있다.

대 임무를 부여받았던 것으로 여겨지지만, 구체적으로 어느 시점에서 별
동대 임무를 부여받았는지 알 수 없다. 낙랑도군 외에 별동대로 편성되었
던 군대의 진군로는 파악할 수 없다.

다음으로 군대 지휘관의 능력 혹은 신임을 고려하여 편성하였을 가능
성과 관련해서는 별동대로 참전했던 扶餘道軍의 宇文述이 주목된다. 우문
술은 589년 진 원정을 비롯하여 608년 토욕혼 원정에도 참여하는 등 군사
적 능력을 인정받은 바 있다. 하지만 이보다 더 주목해봐야 할 점은 수
양제와 우문술의 관계이다. 우문술은 수 양제가 태자에 오르고 황제로 즉
위하는 데 큰 도움을 주면서 左衛大將軍 許國公에 봉해졌으며, 수 양제와
사돈 관계를 맺기도 하였다. 이를 통해 수 양제와 우문술 간의 친분과 신
임을 확인할 수 있는데, 이를 감안하면 군대 지휘관의 능력 혹은 신임을
고려하여 편성하였을 가능성이 더 높다고 여겨진다. 하지만 별동대가
시간의 촉박함 속에서 편성된 만큼 전자의 가능성도 적지 않다고 볼
수 있다.

별동대 임무를 부여받은 각 군은 계획대로 압록강 서쪽에서 만나 잠시
주둔하였는데, 커다란 문제점에 봉착했다. 별동대를 구성하고 있었던 각
군은 최전방 보급병참기지였던 노하진과 회원진에서 사람과 군마 양식
각각 100일분, 갑옷·방패·창삭 등의 병기, 옷감, 火幕 등을 지급받았는데,
군사들이 그 무게를 감당할 수 없어 일부 군량을 장막 아래의 땅에 묻고
이동함으로써 군량이 거의 다 떨어지게 된 것이다. 이러한 상황 속에서
우문술은 철군을 주장하였지만, 수 양제로부터 별동대에 대한 전권을 위
임받은 우중문은 그의 의견을 무시하고 압록강을 건너 계속 평양성으로
진군하고자 하였다.

---

96 『隋書』卷60, 列傳25, 于仲文. "遼東之役, 仲文率軍指樂浪道. 軍次烏骨城, 仲文簡
　　贏馬驢數千, 置於軍後. 既而率衆東過."

한편 고구려군은 수 별동대에 대해 기민하게 대처하였다. 우선 최고군 통수권자였던[97] 을지문덕이 직접 수 별동대 군영으로 가 동정을 살피면서, 수군 병사들이 식량 부족으로 인한 굶주림 그리고 군수물자 직접 운송 및 전투 수행에 따른 피곤함에 시달리고 있었음을 확인하였다. 이에 청야 전술을 펼치면서 매번 싸울 때마다 거짓으로 패배하고 계속 도망치는 유인 작전을 구사하였다. 전황을 지구전으로 끌고 가서 식량 결핍과 피로를 가중시켜 수군의 전력을 지속적으로 소모·약화시킨 후, 결정적인 시기에 출격하여 일거에 섬멸하려는 작전을 전개하고자 한 것이다.[98]

수 별동대는 고구려군의 유인 작전에 걸려들면서 청천강으로 추정되는 薩水를 건너 평양성에서 불과 30리 떨어진 곳까지 진군하여 진영을 구축하였다. 이러한 상황에서 을지문덕은 거짓으로 수에 항복을 요청하였는데, 우문술은 군사들이 너무 피곤하고 지쳐 있어 싸울 수 없고, 평양성이 험준하고 견고하여 함락시키기 어렵다는 판단 아래 方陣을 구축하면서 퇴각하였다. 이 때 고구려군이 수 별동대를 공격하였는데, 수 별동대는 고구려군과 싸우면서 퇴각해야 하는 어려운 상황에 놓이게 되었다.

고구려군과 전투를 벌이면서 후퇴하던 수 별동대는 7월에 이르러 살수에 이르게 되었고, 서둘러서 살수를 건너고자 하였다. 그런데 살수 건너편에 고구려 정예 부대가 이미 배치되어 있었다. 별동대의 절반이 살수를

---

97 乙支文德은 隋 煬帝가 于仲文에 보낸 密旨에서 "왕이나 文德이 오면 반드시 사로잡으라"고 한 데서 알 수 있듯이 수에게 고구려 국왕에 버금가는 인물로 인식되었고, 軍政權과 軍令權을 장악했던 5개 관등의 대표자·책임자였던 大對盧로 추정된다는 점에서 고구려 귀족의 대표자로서 실질적인 최고 군사권자였을 것으로 여겨지고 있다(이정빈, 앞의 책, 2018, 218~219쪽). 반면 '乙支'를 정6품 '乙奢'와 연관시키면서, 높은 지위나 권력을 가진 인물이 아니었다고 보는 견해도 있다(孫煒冉, 「乙支文德考」 『通化師範學院學報』 2015-7, 2015, 10~13쪽).

98 김복순, 앞의 논문, 1986, 104쪽.

건넘에 따라 병력이 둘로 나누어졌을 때, 살수 건너편에 있던 고구려군은 별동대의 후방을 공격하였다. 수 별동대는 전방과 후방에서 고구려군의 공격을 받게 된 것이다. 고구려군으로서는 '적군이 강을 건너면 반쯤 건너오게 한 다음에 공격하라'는 전술에 충실했고,[99] 수 별동대로서는 '만약 아군이 강물을 건너야 한다면 신속히 건너서 강물에서 멀리 벗어나야 하고, 강물 안에서는 적군을 맞아 싸워서는 안된다'[100]는 전술을 간과한 것이다.

고구려가 살수에서 수 별동대에 대해 양공작전을 펼칠 수 있었던 것은 압록강-평양 사이의 성 방어체계가 무너지지 않았기 때문이라고 볼 수 있다. 고구려군은 수 별동대를 평양성 근처까지 유인하는 과정에서 작전상 전투를 치루고 고의적으로 패배를 가장하였을 뿐 피해를 거의 입지 않았기 때문에 압록강-평양 사이의 성 방어체계 또한 그대로 유지할 수 있었다. 이러한 상황에서 수 별동대가 고구려군의 공격을 받아 살수로 후퇴하였을 때 곽산 룡한산성, 태천 농오리산성, 영변 철옹성 등 살수 인근 북쪽에 있는 성들이 연계하여 군사를 파견함으로써 별동대 후방을 공격할 수 있었던 것으로 보인다. 살수에서 전·후방으로 고구려의 공격을 받은 수 별동대는 玄菟道軍을 이끌었던 右屯衛將軍 辛世雄이 전사하는 등 처참한 패배를 맞이하였다.[101]

고구려군은 살수에서 승리한 후 白石山에 주둔하고 있던 沃沮道軍을 포

---

99 『孫子兵法』, 行軍 ; 『吳子兵法』, 應變.

100 『六韜』, 犬韜, 武鋒 ; 『孫子兵法』, 行軍 ; 『吳子兵法』, 應變.

101 薩水전투에 대해 고구려군이 살수 상류에 임시 제방을 축조하여 강물을 저수한 후 隋軍이 강을 통과할 때 그 제방을 무너뜨려 강물에 휩쓸리게 함으로써 승리를 거두었다고 보는 견해가 있는데(서인한, 앞의 책, 1991, 93쪽), 위 견해가 참고하였을 사료(『新增東國輿地勝覽』 卷52, 安州牧 七佛寺)가 후대 전승이고, 당시 급박한 상황에서 고구려가 대규모 제방 축조공사를 진행하기 어려웠다고 여겨지므로(임용한, 『전쟁과 역사 – 삼국편』, 혜안, 2001, 168~169쪽 ; 김성남, 『전쟁으로 보는 한국사』, 2005, 수막새, 67쪽), 받아들이기 어렵다.

위하였는데, 이에 옥저도군을 이끌었던 薛世雄은 파리한 군사로 방진을 이루면서 굳센 기병 200명을 뽑아 고구려군에게 반격하며 탈출을 모색하였다. 옥저도군의 거센 저항에 고구려군은 잠시 위축되었고, 이 틈에 옥저도군이 거세게 고구려군을 몰아붙임으로써 탈출에 성공할 수 있었다.[102] 고구려군은 백석산에서 패배하였지만 살수에서 살아남은 수 별동대에 대한 추격을 계속하였다. 이에 수 별동대는 또 다시 위기를 맞았지만, 楊屯과 王仁恭 등이 후군을 맡아 고구려군을 막아내면서[103] 요동성에 이를 수 있었다. 수 별동대로 참전한 군사 30만 5,000명 가운데 살아서 요동성으로 귀환한 군사는 2,700명뿐이었다.[104] 그리고 수군은 철군할 때 공격 무기를 고구려군에게 넘겨주지 않기 위해 불태워버림으로써 엄청난 손해를 입기도 하였다.[105]

한편 고구려군과 수 별동대 간 전투 외에 평양성 근처에서 고구려군과 수 水軍 사이에 전투가 벌어졌다. 고구려는 중앙의 5부병, 지방의 諸城兵, 임시 징발병 등 병력을 총동원하여 평양성을 지키고 있었는데,[106] 일부 군사가 성에서 나와 평양성에서 60리 떨어진 지점에 주둔하고 있던 수 水軍과 전투를 벌였다. 수 水軍은 동래에서 출발하여 浿水(대동강)로 진입한 후 평양성으로 진군하였던 것으로 보이는데, 전투 수행과 더불어 평양성에서 육군에게 군량을 보급하는 임무를 맡고 있었다.[107] 수 水軍에 맞서 고구려

---

102 『隋書』 卷65, 列傳30, 薛世雄.

103 『冊府元龜』 卷395下, 將帥部56, 勇敢2下, 楊屯 ;『隋書』 卷65, 列傳30, 王仁恭.

104 『冊府元龜』 卷135, 帝王部135, 好邊功 ;『資治通鑑』 卷181, 隋紀5, 煬帝 大業 8
년 ;『三國史記』 卷20, 高句麗本紀8, 嬰陽王 23년 7월. 반면 『隋書』 卷4, 帝紀4,
煬帝 下 ;『北史』 卷12, 隋本紀下12, 煬皇帝 ;『冊府元龜』 卷117, 帝王部117, 親
征2에는 2,000여 騎,『太平寰宇記』 卷173, 四夷2, 東夷2, 高勾驪國에는 1,000명
이라고 기록되어 있다.

105 『冊府元龜』 卷395下, 將帥部56, 勇敢2下, 楊屯.

106 이정빈, 앞의 책, 2018, 208쪽.

군은 水軍으로 맞서지 않았는데, 이는 육군에 비해 水軍의 전력이 상대적으로 떨어졌기 때문으로 추정된다. 위의 전투에서는 수 水軍이 승리를 거두었는데, 승리에 고무된 水軍 최고 지휘관 來護兒는 육군이 도착하기를 기다렸다가 함께 평양성으로 진격하자는 周法尙의 의견을 무시하고, 정예 군사 4만을 선발하여 평양성 나곽 안에까지 진입하였다.

수 水軍이 평양성 나곽 안까지 진입한 상황에서 고구려는 水軍을 더 깊숙이 끌어들일 전술을 폈는데, 高建武가 결사대를 조직하고 빈 사찰에 매복하며 거짓으로 패배하면서 수 水軍을 성 안으로 들어오게 하였다.[108] 그리고 수 水軍이 성 안을 약탈하면서 대오가 흐트러졌을 때 기습 공격하여 그들을 대파하였다. 이후 결사대와 합세한 고구려군이 퇴각하는 내호아의 군대를 쫓아 그들의 본진까지 이르렀으나, 주법상이 진영을 정돈하여 고구려군을 맞이하면서 퇴각할 수밖에 없었다. 고구려군에 패배하면서 어려운 상황에 처해 있던 수 水軍은 7월에 별동대가 패배하였다는 소식을 듣고 철군하였다.[109]

성곽전에서의 고전, 평양성으로 직접 진군하려 했던 별동대와 水軍의 대패 등으로 인해 수군은 철군할 수밖에 없었다. 요수를 오가는 나루터를 관장하는 城堡였던[110] 요수 서쪽의 무려라를 차지하고 遼東郡과 通定鎭을 설치했을 뿐, 막대한 피해만 입고 돌아온 것이다.

······················

107 『隋書』 卷24, 志19, 食貨, 大業 7년.

108 결사대의 병력에 대해 『隋書』 卷64, 列傳29, 來護兒에는 500명, 『北史』 卷76, 列傳64, 來護兒에는 수백 인으로 기록되어 있다.

109 고구려군과 隋 水軍 사이의 전투 상황은 『隋書』 卷64, 列傳29, 來護兒 ; 『北史』 卷76, 列傳64, 來護兒 ; 『資治通鑑』 卷181, 隋紀5, 煬帝 大業 8년 6~8월 등을 참고하기 바란다. 한편 전투 후에 수 水軍 병력이 남아 있었다면 대동강 근처에서 별동대와 조우했을 거라면서, 수 水軍이 철군한 것이 아닌 전멸하였다고 보는 견해가 있다(김성남, 앞의 책, 2005, 68쪽).

110 이성제, 앞의 논문, 2013, 5쪽.

V. 맺음말

상기 내용을 요약하면 다음과 같다.

수는 고구려 원정을 위한 제반 준비를 하면서, 한편으로는 고구려와의 접경공간이었던 요서 동부에서 고구려군과 전투를 벌여 승리하였다. 이로써 요서 동부에 영향력을 행사하며 유리한 국면을 조성한 수는 612년에 113만 3,800명의 병력을 동원하여 고구려 원정에 나섰다. 육군 40개 군과 水軍 1개 군으로 편성된 수군은 1월에 탁군을 출발하여 임유관을 지나 노하진 혹은 회원진에서 군수 물자를 보급 받고 3월에 요수에 이르렀는데, 고구려군의 강력한 저항에 부딪치면서 4월에서야 요수를 건널 수 있었다.

4월에 수군이 요수를 건넌 후부터는 성곽전이 전개되었다. 당시 수군 지휘부는 전투에 대한 모든 상황을 수 양제에게 보고하고 지시를 따라야만 했는데, 4월부터 6월까지 수 양제는 임해돈에 머물고 있었다. 이와 같은 공간적 거리의 형성으로 야기된 전투 지휘부와 수 양제 간 보고·지시의 신속성 결여, 수 양제가 수항사자를 통해 전투 지휘부의 보고를 받음에 따른 정확한 전황 파악의 실패, 그리고 쇠뇌 등 우수한 원사무기를 활용한 고구려의 뛰어난 성곽 방어술 등으로 인해 수군은 요동성을 포함한 성곽전에서 고전하게 된다.

이에 수 양제는 별동대를 편성하여 점령하지 못한 고구려 성들을 후방에 남겨둔 채 직접 평양성으로 진군하고자 하였다. 노하진이나 회원진에서 출발하여 각기 다른 경로를 통해 고구려로 진군하는 도중 갑작스럽게 별동대 임무를 부여 받은 12개 군은 압록수 서쪽에서 만나 함께 평양성으로 진군하였다. 식량이 부족한 악조건 속에서 무리하게 평양성으로 진군하였던 수 별동대에 대해 고구려군은 압록강-평양 사이의 성 방어체계를 유지하고 있는 상황에서 청야 전술, 후퇴유도 전술, 매복 전술 등을 구사하며 살수에서 대파하였다. 그리고 평양성으로 진입한 수 水軍에 대해서도 매복 전술을 펴며 격파함으로써, 고구려는 결국 전쟁에서 승리할 수 있었다.

고구려와 중원왕조 사이에서 벌어진 최초의 본격적인 충돌이었던 612년 고구려-수 전쟁은 위와 같이 고구려의 승리로 끝이 났다. 이후 연이어진 613년, 614년 전쟁에서도 고구려는 수의 공격을 막아냈다. 이로써 고구려는 일원적인 천하질서를 구축하고자 했던 수로부터 독자적인 세력을 유지하는 데 성공하였고, 6세기 중반부터 흔들렸던 국제적 위상도 회복할 수 있었다.

고구려-수 전쟁은 양국의 인력과 물자가 총동원된 전쟁이었다. 그런 만큼 양국에 미친 영향은 매우 컸다. 고구려는 독자적인 세력을 유지하는 데 성공하였지만, 연이은 전쟁 여파로 많은 군사가 죽고 피로에 시달리면서 군사력에 타격을 받았다. 그리고 고구려 강역의 상당 부분이 전쟁터가 되어 황무지로 변모하면서 재건하는 데 많은 시간과 노력을 기울여야만 했다. 또한 전쟁으로 인해 많은 민이 생산 활동에 종사하지 못함에 따라 경제적으로도 타격을 받았다. 이와 같은 군사적·경제적 쇠퇴는 이후 당에게 멸망되는 한 요인이 되었다고 볼 수 있다.

수 또한 연이은 전쟁 수행으로 많은 군사가 죽으면서 군사적 타격을 받았다. 그리고 전투 수행 혹은 병참 보급품 운송을 위해 민과 가축을 징발하는 과정에서 이에 반발한 많은 민이 봉기를 일으키고 참여함에 따라 국내적 혼란에 시달렸는데, 결국 수가 멸망하는 한 요인이 되었다. 수가 멸망한 후에는 동북아의 국제 정세가 또 다시 변화했다. 다원적인 국제 질서가 형성되었고, 새로운 왕조로 唐이 등장하였다. 그리고 한반도에서는 고구려의 영향력이 약해지는 가운데 삼국 간 다툼이 보다 치열해졌다.

한편 고구려-수 전쟁에서는 군사사적으로 새로운 전술 변화의 움직임이 감지된다. 수는 5胡 16國시기부터 유행하였던 중장기병을 활용한 전술을 구사하고자 하였지만, 별다른 효과를 보지 못하였다. 고구려가 쇠뇌를 이용한 전술로 적극적으로 방어하였기 때문이다. 고구려-수 전쟁에서 쇠뇌가 대거 활용되고 부각됨에 따라, 7세기 이후 동아시아 국가들은 대체로 중장기병보다는 쇠뇌를 활용하는 전술을 채택하였을 것으로 추정된다. 그리고 기병 및 중장기병을 활용한 전술이 쇠퇴함에 따라 상대적으로 보병의 비중이 늘어났을 것으로 여겨진다. 즉, 고구려-수 전쟁은 기병 및 중장기병 중심 전술에서 쇠뇌와 보병 중심 전술로의 변화를 추동질했던 것이다.

6~7세기 신라 병부의 조직 정비와 병마행정의 변화

정 덕 기 ｜ 서울대학교 기초교육원 강사

Ⅰ. 머리말

신라사의 6~7세기 전반은 智證王(500~514)~眞德王(647~654)의 治世로, 다방면에서 많은 발전이 나타났다. 신라는 약 1세기 반 동안 國禮·國制 등 국가체제를 단계적으로 재정비하였다. 이 시기의 국가체제 재정비는 中代 初에 수정·보완되어 통일기의 국가체제로 전환되었고, 7세기 신라인이 '一統三韓'[1]·'三韓一家'를[2] 자처한 동력으로 작용하였다.

6세기 초부터 신라의 국가체제 재정비가 본격화되었던 원인의 하나로, 영역의 팽창에 기초한 세계관의 변화를 생각할 수 있다. 마립간시기 신라의 영역은 비약적으로 팽창하였다. 영역 팽창은 인적·물적 기반의 증대와 함께 한발 앞서 고대집권국가로 발전한 고구려·백제와의 직접적인 접촉·항쟁이 시작됨을 의미하였다. 동이세계의 상대적 후발주자인 신라가[3] 삼

---

1 『三國史記』 권8, 新羅本紀8, 神文王 12년(692) 春. "然念先王春秋, 頗有賢德, 況生前得良臣金庾信, 同心爲政, 一統三韓, 其爲功業, 不爲不多."

2 『三國史記』 권43, 列傳3, 金庾信 下, 文武王 13년(咸寧 4년 癸酉, 673) 夏 6월. "庾信對曰. " …… 三韓爲一家, 百姓無二心, 雖未至太平, 亦可謂小康.""

3 金哲埈, 「韓國文化에 나타난 後進性에 對하여」 『東亞文化』 5, 1966.

국 간 체제경쟁에서 생존하고 통일을 전망하려면, 국가체제의 질적 발전을 도모해야만 하였다. 이것은 당시 신라가 自國의 天下를 구축하면서 동이를 포함한 동아시아 세계에서 보편성을 획득하는 과정, 즉 세계화의 진행과정을 겪고 있었음을 의미한다.

이 시기 신라의 세계화 방식은 지증왕 4년(503)의 尊號改正에서 단초가 보인다. 존호개정은 자국 전통을 근본으로 타국 사례를 참용하며 진행되었고, 존호개정을 통해 '新羅國王'은 '聖賢이자, 位를 표지(標)하는 자'라는 함의를 지니게 되었다.4 따라서 503년 이후의 활발한 제도정비는 당연하다. 신라국왕의 통치행위는 본질적으로 標位였고, 표위는 정령·제도에 기초한 設官分職으로 구현될 것이기 때문이다. 나아가 존호개정의 진행방식을 고려하면, 이 시기 설관분직의 방향은 상고기 행정의 재편이었다. 법흥왕 7년(520) 제정한 公服이 고유 복제에 기초했다는 것은5 지증왕대의 정책적 기조가 법흥왕에게 계승되었음을 의미한다. 직접적인 대중교류가 활발히 전개된 뒤인 진덕왕대에도 별도의 신라 紀年을 세웠던 이유가 명료하게 남았다는 점에서,6 자국 전통에 기초한 국가체제의 재정비란 이념은 중고 전 시기에 통용된 것이었다. 즉 중고기의 체제정비는 국가규모의 팽창·세계관의 변화에 따른 시대적 과제였고, 과제의 풀이방식은 상고기의 국례·국제를 재편하는 것이었다.

이상에서 兵部의 조직정비와 병마행정의 변화상은 주목된다. 병부는 말자인 '部'로 보아 六典의 部와 연관되며, '內外兵馬事'란 중요 國事를 담당하였다. 또 율령반포에 앞서 정비가 시작되어 현전 직관 上에 수록된 4部

---

4 정덕기, 「6세기 초 신라의 尊號改正論과 稱王」 『歷史學報』 236, 2017(b).

5 정덕기, 「신라 중고기 公服制와 服色尊卑」 『新羅史學報』 39, 2017(a).

6 『三國史記』 권5, 新羅本紀5, 眞德王 2년(648) 冬. "使邯帙許朝唐. 太宗勅御史問, "新羅臣事大朝, 何以別稱年號?" 帙許言. "曾是天朝, 未頒正朔. 是故, 先祖法興王以來, 私有紀年. 若大朝有命, 小國又何敢焉." 太宗然之."

중 가장 긴 시간동안 조직이 정비되었다. 따라서 병부의 조직정비와 병마행정의 변화상은 6세기 초부터 활발해지는 중앙행정의 재정비과정과 그 함의를 압축적으로 드러낼만한 것이다.

유관 선행연구는 병부의 성립원인·제도적 기원·위상이나, 장관인 兵部 令에 대한 이해를 중심으로 이루어졌다. 병부의 성립원인으로 신라의 팽창에 기인한 군사 수요의 증가,[7] 병권의 분산성을 극복해 왕권에 통속시키면서 軍令權·軍政權을 분화시킬 필요성,[8] 국가차원에서 군사행정을 통일적으로 처리할 필요성 등이 지적되었다.[9]

병부의 제도적 기원으로 이전 시기 정복지의 확장·통치를 위해 설치한 軍主나,[10] '部'라는 명칭 상 後魏 제도의 영향을 주목하기도 하였다.[11] 또 중국에서 육전 하의 병부는 隋代에 처음 보이므로, 신라 병부는 육전하 병부와 무관한 신라 고유 관청으로 이해하기도 한다.[12] 한편 병부는 직관 上의 44관청 중 最上의 관청이며, 병부 官員의 관질이 다른 관청의 職制에 영향을 주었다는 점이 강조된다.[13]

더하여 주목된 것이 병부령이었다. 병부령은 定員이 3인이었고 宰相·私

7 신형식은 백제·고구려와의 빈번한 충돌 및 점령지가 확대되면서 군사제도의 획일적 지배가 필요해졌다고 하였다. 이 목표는 지역적 성격을 가진 軍主로는 실현이 어려웠으므로, 군사권을 전담한 병부가 성립했다고 하였다(申瀅植, 「新羅兵部令考」『歷史學報』61, 1974 : 申瀅植, 「新羅의 國家的 成長과 兵部令」『韓國古代史의 新研究』, 一潮閣, 1984, 152~153쪽).

8 盧重國, 「法興王代의 國家體制强化」『統一期의 新羅社會研究』, 慶尙北道·東國大學校新羅文化研究所, 1987, 49~52쪽.

9 李文基, 『新羅兵制史研究』, 一潮閣, 1997, 316쪽.

10 申瀅植, 위의 책, 1984, 155~158쪽.

11 李仁哲, 『新羅政治制度史研究』, 一志社, 1993, 30쪽.

12 권영국, 「고려 초기 兵部의 기능과 지위」『史學研究』88, 2007, 479~480쪽.

13 申瀅植, 위의 책, 1984, 162쪽.

臣을 겸할 수 있었다. 병부령이 3인인 이유로 귀족합의제의 전통이 장관 직의 복수제로 계승된다거나,[14] 병부령 간 상호견제를 위한 조치,[15] 王京・地方・전국의 병권을 分掌하는 조치 등이 지적된다.[16] 겸직규정을 통해 병 부령의 강대한 실권이 설명되고, 왕은 병부를 통해 병권을 장악하며 왕권 을 강화했다고 이해되었다.[17] 또 병부령은 상고기 大輔의 기능 중 兵馬權 관계 업무가 분화한 것이므로, 왕권과 밀착된 존재로 상정되었다. 이로 인 해 처음 설치할 때는 軍令權도 관장하며 上大等과 겸직하기도 하나, 진평왕 대 이후 상대등과 완전히 구별되고 전시에만 將軍으로 군사를 지휘한다고 이해되었다.[18] 한편 병부령이 병부보다 1년 앞서 설치된 것과 신라 관직 의 초기 분화과정에서 나타난 '謀大等'도 주목되었다. 516년 훗날의 병부 령이 되는 謀大等이 설치되었고, 이를 주축으로 병부가 성립하자 병부령이 된다는 것이다.[19] 또 병부령의 설치는 귀족대표들에게 분장된 병권이 군 주권력으로 회수된 것을 의미하므로, 고대국가로의 성장을 완료했다는 함

14 井上秀雄,「新羅政治體制の變遷過程」『古代史講座』4, 東京, 學生社, 1962, 201쪽.
15 金哲埈,『韓國古代史研究』, 서울대학교 출판부, 1990, 70쪽.
16 544년 령 1인의 증치를 1차 증치로, 659년 령 1인의 증치를 2차 증치로 명명하 겠다. 井上秀雄은 1차 증치가 지방의 군사력을 신라왕실에 결합하는 조치이며, 2차 증치는 백제・고구려 정복을 위해 통일적 조직 관리를 위한 조치라 하였다 (井上秀雄,「三國史記にあわれた新羅の中央行政官制について」『新羅史基礎研 究』, 東京, 東出版株式會社, 1974, 265~267쪽). 신형식은 1차 증치가 지방 軍主 와 大幢 등 軍制 상에서 국가적 통일지배를 위한 조치이며, 2차 증치는 백제 토 벌 및 唐軍과의 연합전에 대비한 것이라 하였다(앞의 책, 1984, 155쪽・159쪽). 이문기는 1차 증치가 군역의무자로 구성된 大幢과 召募兵으로 구성된 三千幢의 설치로 인한 병부령의 업무증가에 기인하며, 2차 증치는 고구려・백제 정복을 위한 군사동원과정에서 군사관계 업무의 폭증이 원인이라 하였다(앞의 책, 1997, 316쪽・320쪽).
17 金哲埈, 위의 책, 1990, 59~60쪽.
18 申瀅植, 위의 책, 1984, 151~152쪽.
19 李文基, 위의 책, 1997, 314~315쪽.

의가 있다고 지적되었다.[20]

병부령에 대한 이해가 심화되면서 관장업무인 '掌內外兵馬事'의 실체에 대한 논의도 이루어졌다. 병권은 군정권·군령권으로 대별되므로, 병부령의 군령권 장악에 대한 문제가 관심사로 부상한 것이다. 이에 병부령은 大幢將軍을 겸직하였고,[21] 병부령은 국왕 측근에서 보임되었다는 점에서 병부령의 군령권 장악이 설명되었다.[22] 반면 병부령은 군정권만 장악했다는 반론이 제기되었고,[23] '내외병마사'란 무관선발·병력충원·무기 및 무구의 생산과 관리를 의미한다고 정리되었다.[24]

병부에 관한 선행연구는 병부의 제도적 기원이나 병부령에 대한 이해를 중심으로 진행되었지만, 병부 조직의 정비와 그에 따른 병마행정의 변화는 상대적으로 소홀하였다. 그러나 병부의 담당업무는 국초부터 존재한 내외병마사를 계승·재편한 것이며, 전근대국가의 주요 목표 중 하나가 足食足兵이란 점에서 담당업무의 중요성이 인정된다. 또 병부는 6~7세기에

20 金翰奎는 병부령이 內外兵馬權을 장악하면서, 이벌찬·이찬 등 귀족대표들에 의해 분장된 병권이 군주권력으로 회수되었다고 보았다. 따라서 신라 중대 군주는 병부령을 통해 병권을 직접 장악해 장군을 중앙 직속 군단으로 편제할 수 있다는 점에서 병부령 설치의 함의를 지적하였다(『古代東亞細亞幕府體制研究』, 一潮閣, 1997, 352~353쪽).

21 朱甫暾, 「新羅 中古期 6停에 대한 몇 가지 問題」 『新羅文化』 3·4, 1987, 33~39쪽. 다만 이 견해에서 병부령의 군령권 장악은 병부령이 자체의 권한이 아니라, 병부령이 大幢將軍을 일종의 당연직처럼 겸직하면서 나타난다는 것이므로 약간 주의할 필요가 있다.

22 盧瑾錫, 「新羅 中古期의 軍事組織과 指揮體系」 『韓國古代史研究』 5, 1992, 267~268쪽.

23 李明植, 「新羅 統一期의 軍事組織」 『韓國古代史研究』 1, 1988, 90쪽 : 李明植, 『新羅政治史研究』, 螢雪出版社, 1992, 237쪽 ; 李文基, 앞의 책, 1997, 308~311쪽. 이 문기는 평시에 군정기구의 장관인 병부령이 군을 관리하며, 전시에 장군단을 편성해 필요 인물에게 군령권을 위임했다고 하였다.

24 李文基, 위의 책, 1997, 322~327쪽.

본격화되는 중앙행정제도의 재편과정에서 가장 먼저 설치된 部로, 4部·10府 중 가장 긴 시간 동안 정비되었다. 아울러 大監系 卿의 활용·주요 6관직의 相當位를 고려하면, 병부의 조직은 중앙행정관청 조직의 모범이기도 하다.[25] 따라서 병부의 조직정비·병마행정의 변화상을 구체적으로 살필 필요가 있다.

본고의 진행은 다음과 같다. 2장에서는 상고기 병마행정방식의 변화를 장군의 제도화로 제시하고, 병부의 성립원인을 해명하겠다. 3장에서는 병부의 조직정비 상황을 4시기로 구분하고, 시기별 병마행정의 변화상을 규명하겠다.

II. 將軍의 制度化와 병부의 성립

병부는 법흥왕 4년(517)~興德王 3년(827)까지 존재한 4개의 部 중 가장 먼저 설치되었고, 兵馬行政을 담당하였다. 병마행정은 상고기 신라에도 존재하였고, 업무의 성격은 國事의 범주에 포함된다. 따라서 병부의 설치는 일차적으로 상고기 병마행정의 재편을 의미한다.

그러면 상고기 병마행정이 중고기 이후 형태로 변화한 원인은 무엇일까? 이 문제의 해답이 병부성립의 원인이겠다. 따라서 상고기 병마행정방식의 변화를 먼저 정리하기로 한다.

『삼국사기』 직관 상은 병부의 담당업무를 전하지 않지만, 신라본기(이하 '본기')는 첫 병부령에 제수된 異斯夫가 內·外 兵馬의 일을 담당했다고 설명하였다.[26] 이로 미루어 병부의 담당업무도 內·外 兵馬의 일로 이해

---

25 丁德氣, 「신라 중앙행정관직의 재검토」, 『新羅史學報』 21, 2011, 77~80쪽.
26 『三國史記』 권4, 新羅本紀4, 眞興王 2년(541) 春 3월. "拜異斯夫爲兵部令, 掌內外

된다. 해당 업무는 상고기, 특히 이사금시기 본기에 비교적 빈번히 등장하는데 정리하면 <표 1>과 같다.

<표 1> 상고기 軍事·內外兵馬事·兵馬事를 담당한 관인 일람

No.	취임연월	인명	관위	업무(委)	업무(兼知)	비고
①	남해 7년(10) 秋 7월	脫解	未詳	委以軍國政事		大輔·駙馬
②	일성 3년(136) 春 정월	雄宣	伊湌		兼知內外兵馬事	
③	일성 18년(151) 春 2월	大宣	伊湌		兼知內外兵馬事	
④	아달라 1년(154) 3월	繼元	伊湌	委軍國政事		
⑤	나해 12년(207) 春 정월	利音	伊伐湌		兼知內外兵馬事	王子
⑥	나해 25년(220) 春 3월	忠萱	伊伐湌		兼知兵馬事	이음의 후임
⑦	나해 27년(222) 冬 10월	連珍	伊伐湌		兼知兵馬事	충훤의 후임
⑧	조분 1년(230)	連忠	伊湌	委軍國事		
⑨	조분 15년(245) 春 정월	于老	舒弗邯		兼知兵馬事	
⑩	미추 2년(263) 春 정월	良夫	舒弗邯		兼知內外兵馬事	
⑪	기림 2년(299) 春 정월	長昕	伊湌		兼知內外兵馬事	
⑫	홀해 2년(311) 春 정월	急利	阿湌	委以政要	兼知內外兵馬事	
⑬	실성 2년(403) 春 정월	未斯品	舒弗邯	委以軍國之事		

※ 출전 : 『三國史記』 권1, 新羅本紀1~『三國史記』 권3, 新羅本紀3.

<표 1>은 이사금시기 본기에서 軍事·內外兵馬事·兵馬事를 담당한 관인을 정리한 것이다. <표 1>에서 ①~⑪ 및 ⑬의 관인은 '委(以)軍國政事'·'委軍國事'·'委以軍國之事'나 '兼知內外兵馬事'·'兼知兵馬事' 등의 담당업무를 지녔고, ⑫의 급리는 '委以政要·兼知內外兵馬事'를 담당하였다. 담당업무의 표현방식은 다소 차이가 있지만, 軍事·(內外)兵馬事는 모두 병마행정에 관계된다. 즉 이사금시기의 軍事·(內外)兵馬事는 병마행정이란 측면에서 중고기 병부의 업무와 유사한 성격을 지닌 업무이다.

따라서 <표 1>을 분석하면 이사금시기의 병마행정방식을 모색할 수 있다. <표 1>에서 가장 많이 보이는 유형은 (내외)병마사를 겸하여 담당

....

兵馬事."

한(兼知) 것으로, ②·③·⑤·⑥·⑦·⑨·⑩·⑪·⑫의 9건이다. 다음이 군국의 일을 위임받은(委) 것으로, ①·④·⑫·⑬의 4건이다. 두 유형 중 兼知內外兵馬事는 해당 관인이 특정 업무를 담당하다가, 사료의 등장시점에서 (내외)병마사를 기존 업무에 추가해 담당했다는 표현이다. '본래 담당한 특정 업무'는 자료적으로 찾기 어렵지만, ⑫의 사례에서 政要 등 중요 國事로 이해된다. 따라서 兼知內外兵馬事는 중요 국사를 담당한 관인에게 軍事를 더한 형태를 말한다.

委軍國事의 용례에서 주목할 것은 軍事와 國事의 순서이다. <표 1>에 보이는 委軍國事는 군사·국사가 동시에 위임됨을 의미한다. 그런데 군사·국사가 동시에 위임된 용례는 모두 군사가 먼저 출전되고, 국사가 나중에 출전된다. 순서의 차가 중요도를 반영한다면, 이사금시기에는 상대적으로 국사보다 군사가 우선하였다. 兼知內外兵馬事의 사례가 조금 더 많으므로, 정요·국사 등을 일정기간 담당한 후 내외병마사를 담당했다고 생각된다.

이 점에서 군사·국사는 이사금시기부터도 분리될 수 있는 업무이나, 두 가지 업무 중에서 상대적으로 중요도가 높은 업무는 군사로 판단된다. 중고기 국가체제 재정비의 과정에서 국사를 총괄해 담당한(摠知國事) 상대등이[27] 병부·병부령보다 약 40년이나 늦게 설치된 것도 이러한 개념이 반영된 현상이겠다.

<표 1>에서 병마업무를 담당한 관인은 이벌찬(서불한)·이찬 등 高官이다. ⑫의 급리는 아찬이지만, 편년 상 대아찬 분화 이전의 아찬이다. 이 점에서 이사금시기 병마행정의 기본적인 틀은 고관이 이사금으로부터 군사·국사를 위임받아 집행하거나, 국사를 담당하던 고관이 군사를 추가적으로 담당하면서 집행되었다.

....

27 『三國史記』권4, 新羅本紀4, 眞興王 18년(557) 夏 4월. "拜伊湌哲夫爲上大等, 摠知國事. 上大等官, 始於此, 如今之宰相."

그러면 6세기 초 병부의 성립이 지닌 의미는 무엇일까? <표 1>의 분석 결과와 이사부의 사례를 종합하면, 양자의 차는 관청의 유무이다. 즉 이사 금시기에는 병마업무의 주체가 고관 개인이나, 이사부는 관청의 장관이었다. 물론 이사금시기 병마업무를 담당한 고관도 일정한 인력을 동원해 병마행정을 집행했을 것이다. 그러나 중고기 이후부터는 병마업무를 전담하는 상설관청이 마련되고, 병부령 휘하 屬官이 제도적으로 정원을 갖추어 배치되었다.

이사금시기에 고관이 담당하였던 병마업무가 중고기에 병부의 담당업무로 재편된 까닭은 무엇일까? 여러 이유가 있겠지만, 상고기 본기에서 주목할 것은 대외전쟁의 실질적인 수행자가 갖는 직함의 변화이다. 먼저 이사금시기 대외전쟁 중 敎遣型 전쟁이면서,[28] 구체적인 직함과 인명이 드러난 사례를 <표 2>로 정리하였다.

〈표 2〉 이사금시기 대외전쟁의 수행자 일람

No.	연대	관위	관직	인명	交戰國	성격	戰場	戰況	비고
①	탈해 17년(73)	角干	·	羽烏	왜	防	木出島	敗	羽烏전사
②	탈해 21년(77) 秋 8월	阿湌	·	吉門	가야	防	黃山津	勝	吉門승진 (파진찬)
③	파사 15년(94) 春 2월	阿湌	·	吉元	가야	防	馬頭城	勝	
④	파사 17년(96) 9월	·	加城主	長世	가야	防	南鄙	勝	
⑤	파사 27년(106) 秋 8월	·	馬頭城主	·	가야	攻	·	·	
⑥	지마 5년(116)	·	將	·	가야	攻	·	敗	

....

28 이문기는 군령권의 집행방식을 기준으로 대외전쟁의 유형을 親率型과 敎遣型으로 구분하였다. 친솔형이란 국왕이 친히 군대를 지휘하여 전쟁을 치르는 경우이며, 교견형이란 국왕이 예하 신료에게 명을 내려 전쟁을 치르는 경우이다(앞의 책, 1997, 280쪽). 본고도 이 개념을 따른다.

No.	연대	관위	관직	인명	交戰國	성격	戰場	戰況	비고
	秋 8월								
⑦	아달라 14년 (167) 8월	一吉湌	·	興宣	백제	攻	·	勝	
⑧	벌휴 2년(185) 2월	波珍湌	左軍主	仇道	소문국	攻	·	勝	
⑨	벌휴 2년(185) 2월	一吉湌	右軍主	仇須兮	소문국	攻	·	勝	
⑩	벌휴 5년(188) 春 2월	波珍湌	[左軍主]	仇道	백제	防	母山城	勝	
⑪	벌휴 6년(189) 秋 7월	[波珍湌]	[左軍主]	仇道	백제	攻	狗壤城	勝	
⑫	벌휴 7년(190) 秋 8월	[波珍湌]	[左軍主]	仇道	백제	防	圓山鄉 缶谷城 蛙山	未詳 未詳 敗	仇道좌천 (缶谷城主) 후임 좌군주로 薛支 보임
⑬	나해 13년(208) 夏 4월	伊伐湌	·	利音	왜	防	境	勝	
⑭	나해 14년(209) 秋 7월	未詳	·	于老	蒲上八國	攻	未詳	勝	太子于老
⑮	나해 14년(209) 秋 7월	伊伐湌	·	利音	蒲上八國	攻	未詳	勝	
⑯	나해 19년(214) 秋 7월	·	腰車城主	薛夫	백제	防	腰車城	敗	薛夫전사
⑰	나해 19년(214) 秋 7월	伊伐湌	·	利音*	백제	攻	沙峴城	勝	
⑱	나해 27년(222) 冬 10월	伊伐湌	·	忠萱*	백제	防	牛頭州 熊谷	未詳 大敗	單騎而返 忠萱좌천 (鎭主)
⑲	나해 29년(224) 秋 7월	伊伐湌	·	連珍*	백제	防	烽山下	勝	
⑳	조분 2년(231) 秋 7월	伊湌	大將軍	于老	감문국	攻	·	勝	
㉑	조분 4년(233) 秋 7월	伊湌	[大將軍]	于老	왜	防	東邊 沙道	勝	
㉒	조분 16년(245) 冬 10월	[伊伐湌]	[大將軍]	于老*	고구려	防	北變 馬頭柵	不克	조분 15년(244) 伊伐湌이었음

No.	연대	관위	관직	인명	交戰國	성격	戰場	戰況	비고
㉓	첨해 9년(255) 秋 9월	一伐湌	·	翊宗	백제	防	槐谷西	敗	翊宗전사
㉔	미추 5년(266) 秋 8월	·	烽山城主	直宣	백제	防	烽山城	勝	直宣승진 (일길찬)
㉕	미추 17년(278) 冬 10월	波珍湌	·	正源	백제	防	槐谷城	勝	
㉖	미추 22년(283) 冬 10월	一吉湌	·	良質	백제	防	槐谷城	勝	
㉗	유례 9년(292) 夏 6월	一吉湌	·	大谷	왜	防	沙道城	勝	
㉘	흘해 37년(346)	伊伐湌	·	康世	왜	防	風島 金城	勝	

※ ① 성격 : 신라 입장에서 공격·방어를 표기. ② 전황 : 신라가 출병의 목적을 달성하면 勝, 달성치 못하면 敗. 방어전은 방어에 성공하면 勝으로 표기. ③ '[]' : 필자보충. ④ 인명 중 굵게 하고 '*' 부기한 것 : <표 1>과 중복.

※ 출전 : 『三國史記』 권1, 新羅本紀1~『三國史記』 권2, 新羅本紀2.

<표 2>는 이사금시기 대외전쟁의 수행자와 활동을 연대순으로 정리한 것이다. <표 2>의 대외전쟁 수행자는 관위만 소지한 경우가 14건(①·②·③·⑦·⑬·⑮·⑰·⑱·⑲·㉓·㉕·㉖·㉗·㉘), 관직만 소지한 경우가 5건(④·⑤·⑥·⑯·㉔), 관위·관직을 모두 소지한 경우가 8건(⑧·⑨·⑩·⑪·⑫·⑳·㉑·㉒)이다. ⑭于老는 太子로 나타나나, 단일사례이므로 유형화하기 어렵다. 따라서 이사금시기 대외전쟁의 수행유형은 3가지로 정리된다. 3개 유형 중 일부 인명·관직은 중복이 있으므로, 유형·인명을 중심으로 재분류하면 <표 3>과 같다.

<표 3> 이사금시기 대외전쟁의 수행자 유형

No.	尼師今	인명 사례의 유형		
		(ㄱ)관위만 소지	(ㄴ)관직만 소지	(ㄷ)관위·관직 모두 소지
①	(4)탈해	角干 羽烏(①) 阿湌 吉門(②)		
②	(5)파사	阿湌 吉元(③)	加城主 長世(④) 馬頭城主(⑤)	

No.	尼師今	인명 사례의 유형		
		(ㄱ)관위만 소지	(ㄴ)관직만 소지	(ㄷ)관위·관직 모두 소지
③	(6)지마		將(⑥)	
④	(8)아달라	一吉飡 興宣(⑦)		
⑤	(9)벌휴			波珍飡 左軍主 仇道(⑧·⑩·⑪·⑫) 一吉飡 右軍主 仇須兮(⑨)
⑥	(10)나해	伊伐飡 利音(⑬·⑮·⑰*) 伊伐飡 忠萱(⑱*) 伊伐飡 連珍(⑲*)	腰車城主 薛夫(⑯)	
⑦	(11)조분			伊飡 大將軍 于老(⑳·㉑) 伊伐飡 大將軍 于老(㉒*)
⑧	(12)첨해	一伐飡 翊宗(㉓)		
⑨	(13)미추	波珍飡 正源(㉕) 一吉飡 良質(㉖)	烽山城主 直宣(㉔)	
⑩	(14)유례	一吉飡 大谷(㉗)		
⑪	(16)흘해	伊伐飡 康世(㉘)		
유형별 합계		12명	5명	3명

※ ① 尼師今의 괄호문자 : 代數. ② 인명사례 원문자 : <표 2>의 사례번호. ③ 인명사례의 원문자 중 굵게 하고, '*'을 부기한 것 : <표 1·2>의 중복 사례.
※ 출전 : 『三國史記』 권1, 新羅本紀1~『三國史記』 권2, 新羅本紀2.

<표 3>처럼, 이사금시기의 대외전쟁 수행자는 (ㄱ)관위만 소지한 유형이 12명, (ㄴ)관직만 소지한 유형이 5명, (ㄷ)관위·관직을 모두 소지한 유형이 3명이다. (ㄱ)의 관위를 세분하면 이벌찬 6명·파진찬 1명·아찬 2명·일길찬 3명이다. (ㄴ)의 직함은 將을 제외하면 모두 □□城主이다. (ㄷ)은 파진찬 左軍主·일길찬 右軍主·이찬 大將軍 등이 나타난다. 이상에서 이사금시기의 대외전쟁 수행자는 관위만 소지하는 것이 일반적이었고, 城主 등 관직만 소지한 자도 있었으며, 희소하지만 관위를 소지하면서 軍主·大將軍을 받았던 자도 있었다.

<표 3>에 나타난 대외전쟁의 실질적인 수행자 중 <표 1>에서 정리한 군사·(내외)병마사를 담당한 관인과 중복되는 것은 나해이사금대의 利音·忠萱·連珍과 조분이사금대의 우로뿐이다. 이 중 우로는 조분 15년(245)에야 병마사를 겸하여 담당하였다(兼知兵馬事). 따라서 군사·(내외)병마사의

담당자가 대외전쟁의 수행자로 나타나는 것은 나해~조분이사금대에 국한
된 상황으로 보인다. 해당 시기를 제외하면, 이사금시기 군사·(내외)병마
사를 담당한 사람과 대외전쟁의 실질적인 수행자들은 대부분 중복되지
않기 때문이다. 즉 이사금시기에는 이사금으로부터 군사·(내외)병마사를
위임받은 고관이 평시에 전반적인 병마업무를 집행하고, 전시에는 관위소
지자·성주 등이 대외전쟁을 수행하였다. 전시에 군사·(내외)병마사를 위
임받은 고관은 대외전쟁 수행자의 인선 및 대외전쟁 지원을 비롯한 각종
병마업무를 진행하고, 이사금의 판단을 보좌하였다. 따라서 이사금시기에
도 군정권·군령권은 분리될 수 있었으며, 대체로 군정권·군령권 담당자
를 분리하면서 병마업무가 집행되었다.

그런데 마립간시기~병부성립 이전까지는 군사·(내외)병마사를 위임받
은 고관을 볼 수 없고, 대외전쟁의 실질적인 수행자가 지닌 직함도 將軍으
로 변화하였다. A를 보자.

> A-①. 고구려 변경의 장수가 悉直의 뜰에서 사냥하였는데, 何瑟羅城
> 主 三直이 출병하여 막고 그를 죽였다.[29]
>
> A-②. 왜인이 삽량성에 침입했는데, 이기지 못하고 돌아갔다. 왕이
> 벌지·덕지에게 군사를 거느리고 중도에 숨어서 기다리다가
> 공격할 것을 命해 크게 처부수었다.[30]
>
> A-③. 아찬 벌지·급찬 덕지를 左將軍·右將軍으로 삼았다.[31]
>
> A-④. 왜인이 동쪽 경계를 침범하였다. 왕이 將軍 덕지에게 命해 왜

---

29 『三國史記』 권3, 新羅本紀3, 訥祇麻立干 34년(450) 秋 7월. "高句麗邊將獵於悉直
之原, 何瑟羅城主 三直出兵掩殺之."

30 『三國史記』 권3, 新羅本紀3, 慈悲麻立干 6년(463) 春 2월. "倭人侵欲歃良城, 不克
而去, 王命伐智·德智, 領兵伏候於路, 要擊大敗之."

31 『三國史記』 권3, 新羅本紀3, 慈悲麻立干 16년(473) 春 正月. "以阿湌 伐智·級湌
德智爲左·右將軍."

인을 쳐서 패퇴시키니, 죽이고 사로잡은 것이 200여인이었다.[32]

A-⑤. 이찬 실죽을 제수해 將軍으로 삼고, 일선군 경계의 정부 3천을 징발하여 三年山城·屈山城의 두 성을 고쳐 쌓았다.[33]

A-⑥. 將軍 실죽 등이 고구려와 더불어 살수의 벌판에서 싸웠는데 이기지 못하였다.[34]

A-⑦. 고구려가 백제의 치양성을 포위하였다. 백제가 [신라에] 구원을 청하였다. 왕이 將軍 덕지에게 命해 병사를 이끌고 구원하게 하였다.[35]

A-⑧. 고구려가 와서 우산성을 공격하자, 將軍 실죽이 泥河의 가로 출격해 그것을 깨트렸다.[36]

A-⑨. 우산국이 귀복하였다. …… 이찬 이사부가 하슬라주 軍主가 되어 "우산국 사람은 어리석고 사나워 威勢로서 와서 항복하게 하기는 어려우나, 계교를 써서 항복받을 수는 있다"고 일러 말하였다. …… [우산]국인이 두려워하며 곧 항복하였다.[37]

A는 마립간시기~병부성립 이전의 대외전쟁 수행자를 정리한 것이다.

....

32 『三國史記』권3, 新羅本紀3, 慈悲麻立干 19년(476) 夏 6월. "倭人侵東邊, 王命將軍 德智擊敗之, 殺虜二百餘人."

33 『三國史記』권3, 新羅本紀3, 炤知麻立干 8년(486) 春 正月. "拜伊湌 實竹爲將軍, 徵一善界丁夫三千, 改築三年·屈山二城."

34 『三國史記』권3, 新羅本紀3, 炤知麻立干 16년(494) 秋 7월. "將軍 實竹等與高句麗, 戰薩水之原, 不克."

35 『三國史記』권3, 新羅本紀3, 炤知麻立干 17년(495) 秋 8월. "高句麗圍百濟雉壤城. 百濟請救. 王命將軍 德智率兵以救之."

36 『三國史記』권3, 新羅本紀3, 炤知麻立干 18년(496) 秋 7월. "高句麗來攻牛山城, 將軍 實竹出擊泥河上破之."

37 『三國史記』권4, 新羅本紀4, 智證麻立干 13년(512) 夏 6월. "于山國歸服 …… 伊湌 異斯夫爲何瑟羅州軍主, 謂"于山人愚悍, 難以威來, 可以計服." …… 國人恐懼, 則降."

A-①에는 이사금시기처럼 하슬라성주 삼직이 나타나는데, 이사금시기의 遺制로 판단된다. A-②는 벌지·덕지가 왜인을 격퇴한 사례인데, 관위·관직이 모두 나타나지 않는다. 그러나 A-②의 10년 뒤 기사인 A-③에서 아찬 벌지는 좌장군·급찬 덕지는 우장군이 되었다. A-④~⑧은 좌장군 벌지·우장군 덕지·장군 실죽 등이 등장하였고, 대외전쟁이나(A-④ 및 A-⑥~⑧) 성의 改築을 지휘하였다(A-⑤). A-⑨는 軍主인 이사부가 대외전쟁을 수행했다는 것을 보여준다.[38]

A-②~⑧ 중 A-③은 좌·우장군 등 구체적인 관직명을 전하며, 관위소지자가 관직으로 장군을 받았다. A-④·⑦은 우장군 덕지를 장군으로 약칭하였고, 덕지는 백제본기의 같은 기사에서도 장군으로 약칭되었다.[39] A-⑤도 이찬 실죽이 장군에 제수된 기사이다. 또 A-⑥은 '將軍實竹等'처럼 전시에 복수의 장군이 있음을 표현하였다. A-③~⑧이 가진 사료의 시차상 덕지·실죽은 평시에도 장군으로 활동하였고, 실죽은 평시업무로 삼년산성·굴산성의 개축을 지휘하였다.

장군은 <표 2>의 이찬 대장군 우로처럼 이사금시기에도 확인되나, A-③처럼 자비마립간 16년(473)부터 집중적으로 나타난다. 상기 용례분석과 평시에 복수로 존재한 장군의 존재를 고려하면, 마립간시기에 대외전쟁을 수행한 자는 장군이었다. 따라서 장군은 늦어도 자비마립간대부터 제도적인 상설 관직으로 등장하였다.[40]

....

38 군주의 기원은 자료적 혼란이 있다. 군주의 기원을 구도·구수혜가 받은 좌·우군주나(『三國史記』 권2, 新羅本紀2, 伐休尼師今 2년(185) 2월), 이사부가 받은 실직주 군주로 지목하기 때문이다(『三國史記』 권4, 新羅本紀4, 智證麻立干 6년(505) 春 2월). 이 문제는 상고기 병마행정·무관의 인사나 시기별 차이·원전의 출처 등과 함께 검토되어야 하므로 차후 과제이다.

39 『三國史記』 권26, 百濟本紀4, 東城王 17년(496) 秋 8월.

40 김한규는 이사금시기의 장군이 찬자의 자의적 표현일 수 있으므로, 장군이 제도

장군이 제도적인 상설 관직으로 등장한 원인은 여러 가지가 있겠지만, 가장 주요한 원인은 대외정세의 변화이다. 마립간시기는 고구려·백제와 직접적인 항쟁상태로 진입하였다.[41] 이로 인해 마립간시기 병마행정의 중요도는 이사금시기보다 현저히 증가하였다. 삼국 간 항쟁이 더욱 치열해지는 시기가 중고기이므로, 병마행정의 중요도 증대란 추세는 중고기에도 지속되었다.[42]

이것은 병마행정에 포함되는 정책을 통해 볼 수 있다. 이사금시기에도 閱兵[43]·군사시설 혹 물자점검이나[44] 戍卒의 위로[45]·장수의 자질을 지닌 인

....

화된 시기는 좌·우장군이 등장하는 5세기 초로 보는 것이 안전하다고 하였다 (앞의 책, 1997, 352쪽). 정경숙은 斯盧國의 將帥(將軍)가 상고시대 중국처럼 상설관직이 아닌 임시직이라 하였다. 김씨 왕위세습·5세기 후반 적극적인 대외정책의 수행·왕권신장에 따른 군국정사 구분의 필요성에서, 자비·소지마립간대 군사권을 전담하는 장군이 대두했다고 파악하였다(「新羅時代 將軍의 成立과 變遷」『韓國史研究』48, 1985, 3~4쪽).

41 金瑛河, 『韓國古代社會의 軍事와 政治』, 高麗大學校 民族文化研究院, 2002, 112~124쪽.

42 李基東, 『新羅骨品制社會와 花郎徒』, 一潮閣, 1984, 355쪽.

43 『三國史記』권1, 新羅本紀1, 婆娑尼師今 15년(94) 秋 8월. "閱兵於閼川." ; 『三國史記』권1, 新羅本紀1, 逸聖尼師今 5년(138) 秋 8월. "大閱閼川西." ; 『三國史記』권2, 新羅本紀2, 奈解尼師今 5년(200). "大閱於閼川." ; 『三國史記』권2, 新羅本紀2, 味鄒尼師今 20년(281) 秋 9월. "大閱楊山西." ; 『三國史記』권3, 新羅本紀3, 實聖尼師今 14년(415) 秋 7월. "大閱於穴城原, 又御金城南門觀射."

44 『三國史記』권1, 新羅本紀1, 婆娑尼師今 3년(82) 春 正月. "下令曰, 今倉廩空匱, 戎器頑鈍, 儻有水旱之災邊鄙之警, 其何以禦之, 宜令有司, 勸農桑練兵革, 以備不虞." ; 『三國史記』권1, 新羅本紀1, 婆娑尼師今 8년(87) 秋 7월. "下令曰, 朕以不德有此國家, 西隣百濟, 南接加耶, 德不能綏, 威不足畏, 宜繕葺城壘, 以待侵軼." ; 『三國史記』권2, 新羅本紀2, 儒禮尼師今 6년(289) 夏 5월. "聞倭兵至, 理舟楫, 繕甲兵."

45 『三國史記』권2, 新羅本紀2, 阿達羅尼師今 4년(157) 3월. "巡幸長嶺鎭, 勞戍卒, 各賜征袍." ; 『三國史記』권2, 新羅本紀2, 阿達羅尼師今 9년(162). "巡幸沙道城, 勞戍卒."

재를 충원하라는 下令[46]·축성[47] 등이 보이므로, 병마행정에 대한 관심은 지대하였다. 상기 관심은 마립간시기에 더욱 증가하였다. 열병[48]·수졸의 위로[49] 등은 여전하였고, 鎭이 설치되었다.[50] 특히 마립간시기에는 지속적으로 많은 축성이 이루어졌다.

상고기의 축성기사를 찾아보면, 건국~이사금시기까지는 왕성인 금성과 월성 외 신축성이 3개(加召城·馬頭城·達伐城)이고, 개축성이 1개이다(沙道城). 즉 왕성을 포함하면, 신축성은 5개, 개축성 1개이다. 초기 기록의 영세성이 있겠지만, 475년이라는 긴 시간 동안 축성기사는 6건에 불과하다. 반면 눌지마립간부터 칭왕 이전까지의 87년간 신축된 성이 13개이고, 개축된 성이 5개였다. 또 칭왕 직후 병부성립 이전까지 12개의 성이 신축되었다. 마립간시기 성의 신축·개축은 자비마립간 6년(463)부터 활발히 이루어졌다.

---

46 『三國史記』 권1, 新羅本紀1, 逸聖尼師今 14년(154) 秋 7월. "命臣寮各擧智勇堪爲將帥者."

47 『三國史記』 권1, 新羅本紀1, 婆娑尼師今 8년(87) 秋 7월 是月. "築加召·馬頭 二城." ;『三國史記』 권1, 新羅本紀1, 婆娑尼師今 22년(101). "春 二月, 築城名月城. 秋 七月, 王移居月城." ;『三國史記』 권2, 新羅本紀2, 沾解尼師今 15년(261) 春 2월. "築達伐城, 以奈麻克宗爲城主." ;『三國史記』 권2, 新羅本紀2, 儒禮尼師今 10년(293) 春 2월. "改築沙道城, 移沙伐州豪民八十餘家."

48 『三國史記』 권3, 新羅本紀3, 慈悲麻立干 6년(463) 秋 7월. "大閱."

49 『三國史記』 권3, 新羅本紀3, 炤知麻立干 3년(481) 春 2월. "幸比列城, 存撫軍士, 賜征袍."

50 『三國史記』 권3, 新羅本紀3, 炤知麻立干 15년(493) 秋 7월. "置臨海·長嶺二鎭, 以備倭賊."

<표 4> 마립간시기~병부성립 이전 신라본기의 축성기사 일람

No.	연대	신축성		개축성	
		성 이름	합계	성 이름	합계
①	자비 6년(463) 春 2월	緣邊의 2城	2	·	·
②	자비 11년(468) 秋 9월	泥河에 1城	1	·	·
③	자비 13년(470)	三年山城	1	·	·
④	자비 14년(471) 春 2월	芼老城	1	·	·
⑤	자비 16년(473) 秋 7월	·	·	明活城(葺, 왕성)	1
⑥	자비 17년(474)	一牟城·沙尸城·廣石城·沓達城·仇禮城·坐羅城	6	·	·
⑦	소지 7년(485) 春 2월	仇伐城	1	·	·
⑧	소지 8년(486) 春 정월	·	·	三年山城·屈山城(改築)	2
⑨	소지 9년(487) 秋 9월	·	·	月城(葺, 왕성)	1
⑩	소지 10년(488) 秋 7월	刀那城	1	·	·
⑪	소지 12년(490) 春 2월	·	·	鄙羅城(重築)	1
⑫	지증 5년(504) 秋 9월	波里·彌實·珍德·骨火等十二城	12	·	·
합계		·	25	·	5

※ 출전 : 『三國史記』 권3, 新羅本紀3~『三國史記』 권4, 新羅本紀4.

<표 4>는 마립간시기~병부성립 이전의 축성기록을 정리한 것이다. 자비마립간 6년(463)부터 지증마립간 5년(504)까지의 41년 동안 신축된 성이 25개, 개축된 성이 5개이다. 개축된 성 중 명활성·월성은 당시 왕성이므로, 왕성 외 3개의 성이 개축되었다. 즉 41년 동안 왕성을 제외하고도 28개의 성이 신축·개축되었다.

마립간시기 축성기사의 현저한 증가는 두 가지를 의미한다. 첫째, 고대국가 간 항쟁이 시작되면서 군사시설과 방어선의 확충이 요청되었다.[51]

----

51 장창은은 자비~소지 대의 축성을 통해 계립령·죽령이북으로 고구려세력을 축출할 수 있었으며, 지증왕대 12성의 축성은 동해안로에 집중된다는 점을 주목하였다. 이로 인해 지증왕대 대고구려 방어체계가 완성되고, 하슬라와 실직 이남이 신라 영역으로 경영된다고 하였다(『신라 상고기 정치변동과 고구려 관계』, 신서원, 2008, 188쪽·230~236쪽).

둘째 활발한 정복사업의 과정에서 국력이 신장되었다. <표 4>처럼 빈번한 축성을 진행할 정도로 재화·인력이 충당되었음을 알 수 있기 때문이다. 단적인 예로, 삼년산성은 공역기간만 3년이었고,[52] 국가는 공역기간 동안 재화·인력을 계속 투입하였다. 이상 마립간시기 병마행정은 이사금시기보다 國事에서의 중요도가 높아졌고, 축성 등 평시업무도 증가하면서 규모도 커져 있었다.

장군이 제도적인 상설관직으로 등장한 이유 중 하나도 이와 결부된다. 늦어도 자비마립간 이후부터는 군사전문가를 상설 관직인 장군으로 대우해 병마행정의 전문성·효율성을 고양하고, 상시 관리체계를 구축하려 하였다. 이 과정의 변화가 병부의 성립원인이겠다.

그렇다면 어떤 변화가 일어났을까? 이와 관련해 주목할 것은 마립간시기부터 위군국사·겸지(내외)병마사의 담당자를 볼 수 없고, 복수의 장군이 평시에도 활동했다는 것이다. A-③~⑧에 해당하는 473~496년에 아찬 좌장군 벌지·급찬 우장군 덕지·장군 이찬 실죽 등 최소 3인 이상의 장군이 존재하였다. 또 A-③과 A-⑤는 평시에 장군이 임명된 사례이며, 특히 A-⑤는 벌지·덕지 등의 장군이 있었음에도 실죽이 장군으로 임명된 사례이다.

A-⑤의 실죽처럼, 평시에 임명된 장군은 병마행정을 담당하였다. 실죽이 장군에 임명되어 담당한 첫 업무는 일선군 경계에서 역부 3,000명을 징발하는 것과 징발한 역부를 동원해 삼년산성·굴산성의 개축을 감독·지휘하는 것이었다.

좌·우장군과 장군이란 직함의 차이는 있지만, 장군 실죽이 군정권을 행사했으므로, 덕지·벌지 등도 유사한 권한을 가졌다고 볼 수 있다. 따라서 마립간시기의 병마행정은 복수의 장군이 담당하였으며, 후대 병부가

----

52 『三國史記』 권3, 新羅本紀3, 慈悲麻立干 13년(470). "築三年山城【三年者, 自興役始終三年訖功, 故名之.】"

관장한 군정권의 일부를 分掌하였다.

실제로 군정권은 장군의 권한 중 하나였다. 신라 장군의 군정권에 대한 자료는 많지 않지만, 중국사에 등장한 장군을 통해 생각할 수 있다. 중국사에서 장군은 본래 관직명이 아니고, '軍을 지휘한다(將)'는 행위를 말하였다. 春秋 이후 族 질서가 붕괴되면서 영역적 國이 형성되었고, 國의 형성과정에서 君-卿-大夫의 수직적 위계가 정립되었다. 이 중 卿은 軍職으로 진출하면 軍將이었으므로, 卿大夫 자체에 후대 장군의 성격이 내포되었다. 卿이 軍을 지휘하는 행위를 將軍·將□軍으로 일컬으면서, 戰國 이후 관명으로 정착되었다.[53] 다만 전국시기 장군은 전시에만 임명된 임시직이었고, 전한 이후 大將軍·車騎將軍·衛將軍이나 행군편성에서 유래한 前·后·左·右將軍 등이 설치되면서 상설 관직으로 정착하였다.[54]

장군은 군주에게 군령권의 상징인 斧鉞을 賜與받아 專殺權·褒賞權 등 독립적인 상벌권을 위임받았고, 장군의 전시명령은 예하 병사에게 詔書보다 우선되었다.[55] 더하여 장군은 인사·군법집행·부대재정의 운용이란[56] 軍政

---

53 閔厚基,『古代 中國에서의 爵制의 形成과 展開』, 연세대학교 대학원 사학과 박사학위논문, 2004, 133~148쪽. 특히 147쪽의 '<표 4-4>『周禮』, 夏官 大司馬의 軍爵表'가 좋은 참고가 된다.

54 李文基, 앞의 책, 1997, 298~299쪽 ; 賀旭志·賀世慶 編著,『中國歷代職官辭典』, 北京, 中國社會出版社, 2003, 183쪽 ; 정동준,『동아시아 속의 백제 정치제도』, 일지사, 2013, 79~80쪽. 다만 정동준은 전한시기의 장군은 임시직에 더 가까웠다고 파악하였다.

55 정동준, 위의 책, 2013, 79쪽.

56 장군의 재정운용권은 李牧·馮唐이 거둔 軍市租의 사례를 통해 생각할 수 있다 (『史記』권81, 列傳21, 廉頗藺相如列傳. "李牧者, 趙之北邊良將也. 常居代鴈門, 備匈奴, 以便宜置吏, 市租, 皆輸入莫府, 爲士卒費." ;『史記』권110, 列傳42, 張釋之馮唐列傳. "馮唐者, 其大父趙人 …… 臣大父言, 李牧爲趙將, 居邊, 軍市之租, 皆自用饗士."). 군시조란 軍中의 市에서 징수된 稅租로, 장군의 군대가 재정적 독립성을 유지하는 장치였다(金翰奎, 앞의 책, 1997, 32쪽).

權을 가졌고, 장군의 활동을 보조하기 위해 幕府의 개설권한인 開府權과 막료의 인사권을 가졌다.[57] 또 장군은 전시의 便宜從事權과 상황에 따라 군례에 입각한 행위가 허용되었다.

요컨대 중국의 장군은 군주에게 군령권·군정권에 대한 일체의 권한을 위임받았고, 상기 권한의 원활한 운용을 위해 개부권을 가졌다. 개부한 장군은 막료의 인사권을 소지함으로써 막부를 장악하고, 막료를 통해 군령권·군정권을 행사하였다.

장군의 권한 중 군례에 입각한 행위·편의종사권·부월사여 등은 신라의 장군에게도 단편적으로 확인되므로,[58] 신라의 장군도 중국의 장군이 가졌던 권한을 일정정도 지녔다. 중국의 장군이 상설관직으로 전환된 시점을 생각하면, 마립간시기에 제도화된 장군도 군령권·군정권을 모두 가졌다. 실제 실죽은 A-⑤에서 삼년산성·굴산성 改築의 책임자였고, A-⑥·⑧에서는 군사지휘자이므로, 군령권·군정권을 모두 가진 사례이다. 따라서 마립간시기의 병마행정은 복수의 장군이 군령권·군정권을 분장하였다.

이와 관련해 대두할 문제는 군령권·군정권과 독자적 경제기반을 갖춘 장군이 평시에도 복수로 존재한다는 것이다. 이로 인해 국가차원에서 장군의 소재와 활동을 파악하고, 장군 사이의 권한·지위를 조정할 필요가 발생한다. 더하여 장군에 보임된 자의 평시·전시 업무수행결과를 파악하고, 복수의 장군(將軍團)이 전쟁을 수행하는 상황에서 장군별 기여도를 정리하는 업무도 필요하다. 또 장군의 定員유지 및 장군을 비롯한 무관후보

---

57 막부는 장군의 군 사무소가 설치된 특수한 幕舍로, 기능 상 막료는 非戰鬪的·行政的 실무를 담당하는 文法吏·刀筆吏 등으로 구성되었다. 전한 말 輔政將軍이 성립하면서 막부의 기능이 복잡·다양해지고, 막부는 보정장군의 정권과 국가권력을 보존하는 역할을 하였다. 이로 인해 막료는 文法吏·刀筆吏에서 장군의 두뇌역할이 가능한 文學之士로 대체되었다(金翰奎, 앞의 책, 1997, 20~53쪽).

58 李文基, 앞의 책, 1997, 299~302쪽.

자의 관리를 통하여 제도운영의 안정성을 증대시켜야 하였다.

장군의 제도화는 보임·포폄·감찰·출척 등 현직 장군의 인사 업무와 결원에 대비한 예비자의 관리가 국가차원에서 관리할 문제로 대두함을 의미하였다. 해당 업무는 이사금시기에도 있었겠지만, 장군이 제도화·상설화되는 과정에서 상기 업무의 양과 중요성은 급격히 증가했을 것이다. 이로 인해 이미 개인이 담당할 수 있는 수준을 넘고 있었다. 뿐만 아니라 재화·인력이 유한한 이상, 효율성을 전제로 복수의 장군이 분장하던 병마행정권이 일원적으로 처리될 필요성도 제기될 것이다. 즉 국가 입장에서 한정된 자원을 효율적으로 운영·분배하고, 이를 감독할 수 있는 제도적 장치가 필요해졌다.

따라서 6세기 초의 신라는 장군의 군정권을 일정 부분 회수하여 병부에 귀속시키고자 하였다. 장군의 군정권 보장은 부대의 운영과 장군의 활동에 대한 자율성을 보장하기 위한 수단이므로, 장군의 군정권 일체를 박탈할 수는 없었다. 그러나 효율성을 전제로 일원적인 재화·인력의 분배를 실현하려면, 장군들이 분장한 군정권을 회수하는 것은 필수적인 문제였다. 이로 인해 신라는 몇 개의 관직을 관위에 따라 계서적으로 배열하고, 행정전담인력을 배치해 국가차원에서 군정을 관할하였다. 즉 병부의 성립은 병마행정을 체계적·일원적·효율적·상시적으로 관리하려는 의도 아래 이루어졌다.

Ⅲ. 병부의 정비와 兵馬行政의 변화

전 장은 병부의 성립원인을 마립간시기 장군의 제도화를 중심으로 정리하였다. 장군의 제도화는 장군 및 무관후보자의 인사·관리와 병마행정의 효율성 제고를 위한 제반업무가 국가적 문제로 대두함을 의미하였다. 이로 인해 군정전담관청인 병부가 성립하였다.

그런데 사안의 중요성에도 불구하고, 병부를 중심으로 한 새 병마행정체계의 구축은 160여년이라는 긴 시간 동안 완만히 정비되었다. '部'가 육전을 비롯한 중국문물의 수용과 연관성이 있다는 점을 고려하면, 신라 병부의 정비는 타국의 유사관청에서 모범답안을 구할 수도 있었다. 그럼에도 정비에 긴 시간이 소요된 것은 상고기의 전통적 병마행정방식을 재편하는 문제가 내포되었기 때문이다. 따라서 본 장은 병부의 조직정비과정과 운영상황을 4시기로 구분하고, 병마행정의 변화상을 추적하기로 한다. 먼저 B를 보자.

> B-①. 처음(始)으로 병부를 두었다.[59]
> B-②. 異斯夫를 兵部令으로 삼아 內·外 兵馬의 일을 담당하게 하였다.[60]
> B-③. 兵部. 令 1인은 법흥왕 3년(516) 처음(始) 두었다. 진흥왕 5년(544) 1인을 더했다. 태종왕 6년(659) 또 1인을 더했다. 位는 대아찬에서 태대각간으로 하였다. 또 宰相·私臣을 겸할 수 있었다. 大監은 2인은 진평왕 45년(623) 처음(初) 두었다. 문무왕 15년(675) 1인을 더했다. 경덕왕이 고쳐 侍郎으로 하였는데, 혜공왕이 다시 大監을 칭했다. 位는 급찬에서 아찬으로 하였다. 弟監 2인은 진평왕 11년(589)에 두었다. 태종왕 5년(658)에 고쳐 大舍로 하였다. 경덕왕이 고쳐 郎中으로 하였는데, 혜공왕이 다시 大舍를 칭했다. 位는 사지에서 나마로 하였다. 弩舍知 1인은 문무왕 12년(672)에 처음(始) 두었다. 경덕왕이 고쳐 司兵으로 하였는데, 혜공왕이 다시 弩舍知를 칭했

---

59 『三國史記』 권4, 新羅本紀4, 法興王 4년(517) 夏 4월. "始置兵部."
60 『三國史記』4, 新羅本紀 4, 眞興王 2년(541) 春 3월. "拜異斯夫爲兵部令, 掌內外兵馬事."

다. 位는 사지에서 대사로 하였다. 史는 12인이었다. 문무왕 11년(671) 2인을 더했다. [문무왕] 12년(672) 3인을 더했다. 位는 선저지에서 대사로 하였다. 弩幢 1인은 문무왕 11년(671)에 두었다. 경덕왕이 고쳐 小司兵으로 하였는데, 혜공왕이 다시 옛 것으로 하였다. 位는 史와 더불어 같다.[61]

B-①·②는 병부의 설치 및 첫 병부령의 임명을, B-③은 병부의 조직 정비를 나타낸다. B-③을 통해 문무왕 15년(675) 이후 병부는 6職 27人이 배속되어 운영됨을 알 수 있다. B-③에 서술된 6職의 연혁은 상세하나, B-③은 관청의 성립시점을 전하지 않는다. 병부의 성립시점은 B-①로 보완된다. B를 통해 병부의 조직정비를 살펴보자.

B-①은 법흥왕 4년(517) 병부가 설치되었고, B-③은 장관인 령의 설치가 관청 설치보다 1년 앞선다고 하였다. 한편 B-②는 령을 설치한지 25년 뒤에 첫 병부령을 임용하여 내외병마사를 관장했다고 한다.[62]

B-③에서 령·대감·제감·노사지·노당의 5職은 始(初)置의 편년을 전하나, 사 12인은 이를 찾을 수 없다. 몇몇 이유에서 사 12인은 병부가 설치된

----

61 『三國史記』 권38, 雜志7, 職官 上. "兵部. 令, 一人, 法興王 三年, 始置. 眞興王 五年, 加一人. 太宗王 六年, 又加一人. 位自大阿湌至太大角干爲之. 又兼宰相·私臣. 大監, 二人, 眞平王 四十五年, 初置. 文武王 十五年, 加一人. 景德王改爲侍郎, 惠恭王復稱大監. 位自級湌至至阿湌爲之. 弟監, 二人, 眞平王 十一年, 置. 太宗王 五年, 改爲大舍. 景德王改爲郎中, 惠恭王復稱大舍. 位自舍知至奈麻爲之. 弩舍知, 一人, 文武王 十二年, 始置. 景德王改爲司兵, 惠恭王復稱弩舍知. 位自舍知至大舍爲之. 史, 十二人. 文武王 十一年 加二人. 十二年 加三人. 位自先沮知至大舍爲之. 弩幢, 一人, 文武王 十一年, 置. 景德王改爲小司兵, 惠恭王復故, 位與史同."

62 신형식은 B-②를 이사부가 병부령으로 상대등을 겸했다고 이해하였다(앞의 책, 1984, 153~154쪽). 이사부의 군사 활동·왕실과의 혈연관계를 고려하고, 『日本書紀』에서 '上臣 伊叱夫禮智'(『日本書紀』17, 繼體天皇 23년(529) 春 3월. "由是 新羅, 遣其上臣, 伊叱夫禮智 干岐【新羅以大臣爲上臣.】")를 찾았기 때문이었다. 그러나 사료 순서로 보면, 이사부는 상대등으로 병부령을 겸한 것이다.

517년에 둔 것이다. 첫째, 517년에 사 12인이 설치되지 않았다면, 517년의 병부는 령 1인으로만 구성된다. 이는 고관이 (내외)병마사를 관장한 이사금 시기 병마행정과 형식상 큰 차이가 없다. 둘째, 장관과 관청설치의 편년이 명확히 분리된다. 셋째, 장군이 제도화되는 과정에서 인사권을 비롯한 병마행정업무의 양·중요성이 급증하였고, 이것이 병부 성립의 원인이었다. 병부 성립 직전의 병마행정업무는 양·중요도에서 고관 개인이 담당할 수 있는 범위를 초월하였으므로, 령 1인을 보좌하는 행정실무자가 필요하였다.

진흥왕 5년(544) 령 1인이 증치되었고, 진평왕 11년(589) 제감 2인이, 진평왕 45년(623) 대감 2인이 설치되었다. 623년 이후의 변화는 태종무열왕 5년(658) 및 6년(659)에 시작되므로, 중고기 병부는 령 2인-대감 2인-제감 2인-사 12인의 4職 18人으로 운영되었다.

태종무열왕·문무왕대의 병부는 기존 체계의 보완 차원에서 부분적으로 정비되었다. 태종무열왕 5년(658) 제감이 대사로 개칭되었고, 6년(659) 령 1인이 증치되었다. 문무왕 11년(671) 사 2인이 증치되고, 노당 1인이 신설되었다. 문무왕 12년(672) 사 3인이 증치되고, 노사지 1인이 신설되었으며, 문무왕 15년(675) 대감 1인이 증치되었다. 따라서 중대의 병부는 령 3인-대감 3인-대사 2인-노사지 1인-사 17인-노당 1인의 6職 27人으로 운영되었다. 이상에서 병부는 책임자·중간관리자·실무자 등이 지속적으로 충원되었다.

문무왕 15년(675) 병부의 조직을 갖춘 후 관직의 신설·정원의 변동은 찾을 수 없다. 다만 B-③은 경덕왕대에 대감·대사·노사지·노당의 4직에 대한 관호를 각각 시랑·낭중·사병·소사병으로 고쳤고, 혜공왕대에 모두 復稱·復故했음을 전한다. 또 본기는 경덕왕 18년(757) 정월·2월에 (대)감·대사·노사지의 관호를 고쳤다고 한다.[63] 따라서 노당도 757년 정월~2월 사이에 개칭되었으며, 노당은 대감·대사가 개칭된 정월보다는 노사지가 개칭된 2월에 함께 개칭되었을 것이다. 대감·대사는 시랑·낭중 등 당 상서병부에서 쓰는 관직명과 유사하게 변경되었고, 노사지·노당은 司兵·小司兵 등 직무를 드러낸 관직명으로 변경되었다.[64] 경덕왕대의 관호변경 당시 권한·업무의 조정이 이루어졌는지는 상세치 않지만, 이 조치는 혜공왕 12년(776) 정월의 下敎로 復舊되었다.[65] 경덕왕대 개칭된 관호는 약 19년간 사용되었으므로, 문무왕 15년(675) 이후 병부 운영에서 큰 변화는 없었다. 따라서 병부의 조직정비는 문무왕 15년을 기점으로 종료되었고, 병부의 조직으로 보아 운영상황은 4시기로 구분된다. <표 5>를 보자.

〈표 5〉 병부의 정비과정과 시기별 운영

중고·중대	중고기							중대						
期數 구분	I (법흥4~진평10)				II (진평11~태종4)			III (태종5~문무10)			IV (문무11~경순19)			
운영 기간	517~588, 71년				589~657, 68년			658~670, 12년			671~936, 265년			
No. 관직	516	517	544	합계	589	623	합계	658	659	합계	671	672	675	합계
① 令	1	·	+1	2	·	·	2	·	+1	3	·	·	·	3
② 大監	×	×	×	×	×	2	2	·	·	2	·	·	+1	3
③ 弟監	×	×	×	×	2	·	2	大舍	·	2	·	·	·	2
④ 弩舍知	×	×	×	×	×	×	×	×	×	×	·	1	·	1
⑤ 史	×	12	×	12	·	·	12	·	·	12	+2	+3	·	17
⑥ 弩幢	×	×	×	×	×	×	×	×	×	×	1	·	·	1
시기별 조직운영	令-史 (2職14人)				令-大監-弟監-史 (4職18人)			令-大監-大舍-史 (4職19人)			令-大監-大舍-弩舍知-史-弩幢(6職27人)			

※ ① 숫자 : 초치정원. ② '+숫자' : 증치정원. ③ '×' : 미설치. ④ '·' : 변화 없음.
※ 출전 : 『三國史記』 권38, 雜志7, 職官 上, 兵部.

---

63 『三國史記』 권9, 新羅本紀9, 景德王 18년(757) 春 正月. "改兵部·倉部 卿·監爲侍郎, 大舍爲郎中." ; 『三國史記』 권9, 新羅本紀9, 景德王 18년(757) 2월. "兵部弩舍知爲司兵."

64 丁德氣, 앞의 논문, 2011, 83쪽.

65 『三國史記』 권9, 新羅本紀9, 惠恭王 12년(776) 春 正月. "下敎. "百官之號盡合復舊.""

<표 5>는 병부의 정비과정과 시기별 운영을 도식화한 것이다. 병부의 조직정비에 기준하면, 병부의 운영상황은 4시기로 구분된다. Ⅰ기는 517~588년의 71년간이며, 2職14人으로 운영된다. Ⅱ기는 589~657년의 68년간이며, 4職18人으로 운영된다. Ⅲ기는 658~670년의 12년간이며, 4職19人으로 운영된다. Ⅱ기에서 Ⅲ기의 변화는 제감의 대사 개칭·령 1인의 증치이므로, Ⅱ~Ⅲ기의 80년간 큰 변화는 없었다. Ⅳ기는 671년~936년까지의 265년간이며, 6職27人으로 운영된다.

　　Ⅰ기 병부는 544년에 완성되었고, 령 2인이 사 12인을 관리하며 병마행정을 담당하였다. Ⅰ기의 조직·정원으로 보아, Ⅳ기 병부가 관할한 모든 업무를 유사한 형태로 담당하지는 않았다.

　　Ⅰ기 병부의 운영과 함께 생각할 것이 법흥왕 7년(520) 율령의 반포와 진흥왕 2년(541) 첫 병부령의 임명이다. 양자를 고려하면 Ⅰ기 병부는 무관의 인사권 관장 절차를 율령에 맞게 정비하고, 병마행정권의 장악과 집행을 위한 기초 작업을 주로 담당하였다. 복수의 장군이 가졌던 병마행정권은 개별 장군에게는 특권·기득권으로 인식되었을 것이고, 병마행정권의 회수과정은 기존 장군들에게 상당한 반발을 초래할 것이기 때문이다. 병부령 설치 후 첫 병부령이 25년 뒤에나 보임되었던 것도 이와 관련될 것이다.

　　이상은 Ⅰ기 병부의 조직으로 방증된다. 령은 중앙행정에서 최고의 행정장관이며, 율령반포와 긴밀히 연관될 것이다. 공복제정과정에서 중국적 요소를 일부 참작하였으므로, 율령·슈도 비슷한 성격이 있을 것이다. 중국사의 령은 秦·漢代 주요 관청의 수장이었다.[66] 따라서 령은 율령체계 하새 행정질서의 수행자로서, 병부 등 중요관서의 장관으로 전용되었다.

66　賀旭志·賀世慶 編著, 앞의 책, 2003, 233쪽.

반면 사는 행정에 필요한 장부·문서를 관리하는 말단 관직이며, 중앙 행정체계에서 가장 광범위하게 활용되었다. 사는 직관 上에 기술된 각 관청 조직의 설명에서 가장 마지막에 출전되는 것이 일반적이고, 기원한 의미도 記事者이다. 따라서 사는 대부분의 관청에 필요한 장부·문서를 담당하는 행정실무자를 말한다.[67]

Ⅰ기 병부는 병부에 관계된 율령을 관장하는 령과 말단실무 및 기초 장부를 담당한 사로만 구성되었다. 따라서 Ⅰ기 병부는 Ⅱ기 이후 병부 업무의 일부를 담당하면서, 병부의 설치로 인해 변형된 병마관계 업무의 조정을 중심으로 병마행정을 집행하였다.

Ⅱ기 병부는 623년에 완성되었고,[68] 대감·제감 각 2인이 신설되었다. Ⅱ기 조직은 중고기에 완성되므로, 중고기 병부의 체계라 할 수 있다. 또 Ⅱ기 조직은 Ⅲ기에도 큰 변동이 없으므로, 중고기 병부의 체계는 중대 초까지 영향을 미쳤다. 따라서 Ⅱ~Ⅲ기 병부의 4職체계는 병부 조직의 근간이며, Ⅱ~Ⅲ기 병부 조직을 중심으로 신라는 삼국통일전쟁을 수행하였다.

Ⅱ~Ⅲ기 병부의 운영은 Ⅳ기 병부와 비교하여 찾을 수 있다. Ⅳ기 병

....

67 李基白, 『新羅政治社會史硏究』, 一潮閣, 1974, 161쪽 ; 李佑成, 「高麗朝의 吏에 對하여」 『歷史學報』 23, 1964 ; 金光洙, 「高麗時代의 胥吏職」 『韓國史硏究』 4, 1969, 8쪽. 이기백은 사가 말단실무를 담당하며, 후대 吏職에 해당하여 정책결정에 발언권이 없다고 보았다. 또 고려 여러 관부의 吏屬에 史·令史·書令史·計史 등 史가 붙는 관직이 많은 것도 신라의 사와 관계된다고 하였다. 김광수는 史의 字意는 記事者·刀筆의 任을 띤 者(刀筆吏)이며, 掌務도 記事·刀筆의 類라고 하였다.

68 이인철은 船府署의 대감·제감이 진평왕 5년(583)에, 6정의 大官大監·弟監이 진흥왕 10년(549)·23년(562)에 설치되므로, 병부는 진평왕 3년(581)부터 령-대감-제감-사로 운영되었다고 하였다(앞의 책, 1993, 30쪽). 그러나 大官大監·弟監은 군령권 집행에 관계된 조직이므로, 군정권 집행기관의 중간관리자 설치와 지닌 관련성이 모호하다. 병부대감·제감의 설치는 직관 上의 편년이 명료하므로, 본고는 이를 중심으로 설명한다.

부에서 주목할 변화는 弩를 접두어로 한 사지·당의 신설과 령·대감·사의 증원이다. Ⅱ~Ⅲ기 병부와 Ⅳ기 병부의 조직 상 차이는 弩 관련 업무 담당자의 유무이므로, Ⅱ~Ⅲ기 병부는 Ⅳ기 병부보다 弩 관련 업무를 전문적으로 담당하지는 않았다. 다만 弩의 개발·배치시점이 558년임을 고려하면, Ⅰ~Ⅲ기 병부도 弩 관련 업무 자체는 담당하였다. 따라서 후대 노사지·노당의 상당위를 포괄할 수 있는 사 중의 일부가 노 관련 업무를 담당하였다.

이상에서 늦어도 Ⅱ기 병부부터는 Ⅳ기 병부의 기능을 대부분 발휘하였다. 다만 Ⅲ기 병부는 Ⅱ기 병부와 달리 령이 증원되었고, 제감이 대사로 개칭되었다는 차이가 있다. 제감은 대부분 무관에 쓰이며, 3등관인 대사는 사보다 상위의 장부·문서를 관장하였다.[69] 따라서 Ⅲ기 병부는 병마행정 관리기구로서의 성격이 강화되었다.

Ⅱ~Ⅲ기와 Ⅳ기 병부의 차이를 고민할 때 더 생각할 것은 두 가지로, 水軍·船舶에 관한 업무와 弩 관련 업무의 담당여부이다. 첫째, Ⅱ~Ⅲ기 병부는 水軍·공사선박의 수리·수로교통도 관장했으며, Ⅳ기 병부는 해당 업무가 별도 부서로 이관되었다. C를 보자.

C-①. 倭兵이 온다고 들었으므로, 舟楫을 수리하고 甲兵을 修善하였다.[70]
C-②. 有司에 命하여, 戰艦을 修理하게 하였다.[71]
C-③. 또 舟楫의 이로움에 대한 制를 내렸다.[72]

---

69 丁德氣, 앞의 논문, 2011, 82~84쪽.
70 『三國史記』 권2, 新羅本紀2, 儒禮尼師今 6년(289) 夏 5월. "聞倭兵至, 理舟楫·繕甲兵."
71 『三國史記』 권3, 新羅本紀3, 慈悲麻立干 10년(467) 春. "命有司修理戰艦."
72 『三國史記』 권4, 新羅本紀4, 智證麻立干 6년(505) 冬 11월. "又制舟楫之利."

C-④. 처음으로 船府署에 대감·제감을 각 1員씩 두었다.[73]

C-⑤. 船府令 1員을 두어 船楫의 일을 관장하게 하였다.[74]

C-⑥. 선부. 옛날(舊)에 병부의 대감·제감으로 舟楫의 일을 관장하였다(掌舟楫之事). 문무왕 18년(678)에 따로 두었다(別置). 경덕왕이 고쳐 利濟府라 하였으나, 혜공왕이 옛 것으로 회복하였다.[75]

　C는 선부의 관장업무와 관청의 연혁에 관한 기사를 인용한 것이다. C-①·②·③은 선부의 기원에 관계된 업무로, C-①·③에 舟楫, C-②에 戰艦이 보인다. 주즙은 일반명사일 수 있지만, 전함을 위주로 지칭한 것이다. C-①의 '理舟楫'은 '繕甲兵'과 동시성을 지닌 조치이며, 해당 조치의 원인이 '聞倭兵至'이기 때문이다. C-③의 주즙도 마찬가지다. 512년 우산국 정벌과정에 戰船이 활용되기 때문이다.[76] 따라서 전함을 비롯한 수군 및 선박 관련 업무는 이른 시기부터 있었고, 해당 업무를 담당하는 관청도 운영되었다. 이것이 중고기에는 '掌舟楫之事'를 담당하는 船府署의 업무로 재편되었다. 그리고 C-④~⑥처럼, 진평왕 5년(583)에 船府署에 대감·제감 각 1員이 설치되었고, 선부서는 Ⅱ~Ⅲ기를 비롯한 중고 전 시기에 걸쳐 병부의 속사였다.[77] 이후 문무왕 18년(678) 令이 설치되면서 船府로 別置되므로,[78] Ⅳ기 병부는 678년 이후 '掌舟楫之事'를 담당하지 않았다. 역으로

---

73 『三國史記』 권4, 新羅本紀4, 眞平王 5년(583) 春 正月. "始置船府署 大監·弟監各一員."

74 『三國史記』 권7, 新羅本紀7, 文武王 18년(678) 春 正月. "置船府令一員, 掌船楫事."

75 『三國史記』38, 雜志 7, 職官 上. "船府. 舊, 以兵部大監·弟監, 掌舟楫之事. 文武王十八年, 別置. 景德王改爲利濟府, 惠恭王復故."

76 『三國史記』 권4, 新羅本紀4, 智證麻立干 13년(512) 夏 6월. "于山國歸服. …… 乃多造木偶師子, 分載戰船. 抵其國海岸."

77 李仁哲, 앞의 책, 2003, 42쪽.

78 선부의 업무를 김철준은 水軍담당(앞의 책, 1990, 60쪽), 이기동은 선박·항해(앞

Ⅱ~Ⅲ기 병부의 업무에는 선부 업무가 포함되었다. 또 전함·수군에 관한 업무가 이른 시기부터 있었으므로, Ⅰ기 병부에서도 관련 업무를 담당했을 것이다.[79]

둘째, Ⅱ~Ⅲ기와 Ⅳ기 병부의 직제로 보아, Ⅳ기 병부는 弩 관련 업무가 전문화되었다. 671·672년에 노당 1인·노사지 1인이 신설되기 때문이다. D를 보자.

> D-①. 나마 身得이 砲·弩를 만들어 올리니(上奏), 그것을 城 위에 두었다.[80]
>
> D-②. 고구려 장군 惱音信이 말갈 장군 生偕와 군사를 합하여 와서 述川城을 공격하였으나 이기지 못하였다. 옮겨 北漢山城을 공격하였다. 포차를 벌여 돌을 날리니, 맞는 陴·屋마다 무너졌다. [북한산]城主 대사 冬陀川은 사람을 시켜서 성 바깥에 鐵蒺藜를 던지게 하여 人馬가 다닐 수 없게 하였다. 또 안양사의 廩廥를 헐고, 그 자재를 운반하여 성이 무너진 곳마다 즉시 樓櫓를 얽고 絙網을 엮어 마소의 가죽과 솜옷을 매달고, 안에 砲·弩를 설치하여 막았다.[81]

....
의 책, 1984, 122쪽), 이인철은 公私의 船楫과 水軍의 장악(앞의 책, 1993, 37쪽), 한정훈은 수군·선박업무와 津·橋 등 수상교통이용에 필요한 시설물 관리업무라 하였다(「6·7세기 新羅 交通機構의 정비와 그 성격」, 『역사와 경계』 58, 2006, 152~155쪽).

79 선부의 대감·제감이 두어진 해가 583년이고, 선부 업무가 상고기의 업무를 재편한 것임을 고려하면, Ⅰ기 병부에서도 선부의 업무를 담당할 수 있다. 다만 이 문제는 主司-屬司의 기원·체계를 비롯하여 상당한 문제가 해명되어야 하므로, 차후 과제이다.

80 『三國史記』 권4, 新羅本紀4, 眞興王 19년(558) 春 2월. "奈麻身得作砲弩上之, 置之城上."

81 『三國史記』 권5, 新羅本紀5, 太宗武烈王, 8년(661) 5월 9일【어떤 곳에는 11일】. "高句麗 將軍 惱音信, 與靺鞨 將軍 生偕, 合軍, 來攻述川城, 不克. 移攻北漢山城,

D-③. 당의 사신이 도착해 詔를 전하고, 弩師 仇珍川 沙湌과 함께 [당으로] 돌아갔다. [당 고종이 구진천에게] 나무로 된 弩(木弩)를 만들게 명했는데, 살을 놓으니 30步가 나아갔다. [당]帝가 [구진천에게] 물었다. "듣기로 너희 나라에서 노를 만들어 쏘면 1,000보를 나간다고 하는데, 지금 [나간 것이] 겨우 30步이다. 어찌된 일인가?" [구진천이] 답하였다. "자재가 불량합니다. 만약 본국의 자재를 취하여 그것(木弩)을 만든다면 가능할 것입니다." 천자가 사신을 내려 보내어 그것(자재)을 구하였다. 곧 福漢 대나마를 보내어 나무를 바쳤다. 이에 고쳐 만들 것을 명했는데, 쏘았더니 [나간 것이] 60보였다. [당 고종이] 그 까닭을 물었다. [구진천이] 답하여 말하였다. "臣도 그렇게 된 이유를 알지 못하겠습니다. 아마 나무가 바다를 건너면서 습기가 침범하여 그런가 합니다." 천자는 그가 고의로 하지 않은 것을 의심하고 무거운 죄로써 그를 겁박하였으나, 끝내 그 능력을 다 펼치지 않았다.[82]

D-④. 백관에게 命하여, 的門에서 모여 수레쇠뇌(車弩)를 쏘는 것을 관람하게 하였다.[83]

D-⑤. 大臣 貞宗·思仁에게 命하여, 弩兵을 사열하게 하였다.[84]

D는 본기에서 弩 관련 기사를 인용한 것이다. D-①은 신라에서 砲·弩

列抛車 飛石, 所當陣·屋輒壞. 城主 大舍 冬陁川, 使人擲鐵蒺藜於城外, 人馬不能行. 又破安養寺廩廥, 輸其材, 隨城壞處, 卽構爲樓櫓, 結絙網, 懸牛馬皮綿衣, 內設弩砲以守."

82 『三國史記』 권6, 新羅本紀6, 文武王 9년(669) 冬. "唐使到傳詔, 與弩師 仇珍川 沙湌廻. 命造木弩, 放箭三十步. 帝問曰. "聞在爾國, 造弩射一千步, 今纔三十步, 何也?" 對曰. "材不良也. 若取材本國, 則可以作之." 天子降使求之. 卽遣福漢 大奈麻, 獻木. 乃命改造, 射至六十步. 問其故. 答曰. "臣亦不能知其所以然. 殆木過海, 爲濕氣所侵者歟." 天子疑其故不爲, 刦之以重罪, 而終不盡呈其能."

83 『三國史記』 권8, 新羅本紀8, 聖德王 30년(731) 秋 9월. "命百官會的門, 觀射車弩."

84 『三國史記』8, 新羅本紀 8, 孝成王 5년(741)夏 4월. "命大臣 貞宗·思仁, 閱弩兵."

가 개발·배치된 것이 늦어도 진흥왕 19년(558)이었음을 알려준다. 포·노는 D-②의 활용사례처럼 삼국통일전쟁 과정에서도 활용되었으며, 문무왕 2년(662)에도 노가 사용되었다.[85]

신라 노의 활용규모에 대한 구체적인 자료는 찾기 어렵지만, 『太平廣記』新羅條의 長人기사에서 '항상 弓弩 수천을 사용하였다(常使弓弩數千)'고 한 것이나, 『신당서』新羅傳·『삼국사기』지리지에서 '弩士 수천을 항상 주둔시켰다(常屯弩士數千)'고 한 것을 고려할 수 있다. 이 기사는 『太平廣記』新羅條의 내용이 『신당서』新羅傳에 서술된 것이며, 『삼국사기』지리지 편찬 당시 傳聞懸說의 하나로 수록되었다.[86] 기사의 원전이 연구되면서, 743년 魏曜의 견문이나,[87] 764년 韓朝彩의 견문[88] 혹 768년 顧愔의 『新羅國記』에[89] 기초했다고 알려졌다. 長人의 실체는 6세기 이전부터 빈출하는 왜병, 특히 蝦夷의 반영으로 보거나,[90] 7세기 중엽의 말갈로 파악하기도 한다.[91] 그러나 대개 8세기 중엽의 기사로 알려졌고, 장인의 실체로 발해[92]·신라 북방

85 『三國史記』권42, 列傳2, 金庾信 中. "麗人知之來追, 庾信使萬弩俱發, 麗軍且退."

86 『三國史記』권34, 雜志3, 地理1. "『新書』又云, "東距長人. …… 新羅常屯弩士數千, 守之", 此皆傳聞懸說, 非實錄也." ; 『新唐書』권220, 列傳145, 東夷, 新羅. "長人者, …… 其國連山數十里, 有峽, 固以鐵圍, 號關門, 新羅常屯弩士數千, 守之." ; 『太平廣記』권481, 新羅. "東與長人國接, …… 其境限以連山數千里, 中有山峽, 固以鐵門, 謂之鐵關, 常使弓弩數千, 守之. 由是不過."

87 李成市, 「八世紀 新羅·渤海關係の一視覺-「新唐書」新羅伝長人記事の再檢討」『國學院雜誌』92, 東京, 1991, 22~23쪽.

88 赤羽目 匡由 著·이유진 옮김, 「新羅東北境에서의 新羅와 渤海의 交涉에 대하여」『고구려발해연구』31, 2008, 266~267쪽.

89 方善柱, 「新唐書 新羅傳所載 長人記事에 對하여」『史叢』8, 1963, 483쪽.

90 方善柱, 위의 논문, 1963, 483~486쪽.

91 조이옥, 「『新唐書』新羅傳長人記事의 長人國-新羅의 靺鞨認識과 관련하여」『지역과 역사』19, 2006, 45~46쪽.

92 李成市, 위의 논문, 1991, 30~31쪽.

을 포함한 주변세력(울릉도, 蝦夷, 말갈 등)[93]·신라 주변의 해적이나 일본[94]·북부말갈제족[95] 등이 지적되었다.

'常使弓弩數千'·'常屯弩士數千'에 등장한 弓弩·弩士의 규모를 그대로 인정하기는 어렵다. 상기 지적된 견문들에 기초했더라도 해당 시기 신라가 당 사신에게 弓弩·弩士의 규모를 알려주거나 쉽게 보여주지 않을 것이기 때문이다. 弓弩·弩士 수천의 상시 주둔이 기록된 것은 7세기 이후 나당연합·나당전쟁 등 당과 군사적 접촉이 있던 신라에서 노를 대규모로 광범위하게 활용한 정황이 당 측에 전달되었기 때문이다. 신라에서 대규모로 노를 활용한다는 것은 당 사신의 사전정보로 기능하였을 것이다. 당 사신은 이러한 사전정보를 숙지한 상태에서 경유지에 나타난 노의 광범위한 활용을 보고 '常屯弩士數千'을 운운한 것이다.

D-③의 사건처럼, 병부에 노사지·노당이 설치된 것은 신라의 노 제작기술·운용상황에 대한 정보가 당에 유입된 것에 대한 신라의 대응과 관계된다. 포·노 등은 무기이므로, D-③의 弩師 등 노 제작기술자의 인명이나 현황, 노의 수량·노사(병)의 현황 등의 관리는 병부의 업무이다. 상기 업무는 늦어도 진흥왕 19년(558)부터 있었으므로, I기 병부에서도 사가 담당하였다. 그러나 노사지·노당은 671·672년 이후의 IV기 병부부터 신설되었다. 노사지의 신설을 '당제의 수용'과 관련해 해석하기도 한다.[96] 그러나 노사지·노당은 비슷한 시점에 신설되었고, 두 관직은 경덕왕대 司兵·小司兵으로 개칭되었다. 따라서 노사지·노당 등 노 관련 관직의 신설

93 金恩國, 「新羅道를 통해 본 渤海와 新羅 관계」 『白山學報』 52, 1999, 758쪽.
94 李美子, 「『新唐書』 新羅傳·『太平廣記』 新羅條의 "長人國"기사에 관한 고찰」 『白山學報』 92, 2003, 91쪽.
95 赤羽目 匡由 著·이유진 옮김, 앞의 논문, 2008, 267~269쪽.
96 李基東, 앞의 책, 1984, 122~124쪽.

원인은 해당 시기 병마행정 상의 필요성에서 찾는 것이 타당하다. Ⅳ기 병부에 두 개 관직을 신설한 원인은 고구려·백제 부흥운동의 진행이나, 나당전쟁을 목전에 둔 시대적 상황과 관련이 있겠고, 직접적으로는 D-③과 긴밀히 관계된다. 즉 弩 제작 등 군사기술의 유출을 막고자 국가 차원에서 弩師·弩兵·弩 등을 관리하려는 조치이다.

D-③은 7세기 신라의 木弩 제작 기술이 우수하다고 당에 알려져 있었으며, 신라의 노 기술자 관리가 철저하였음을 나타낸다. D-③에서 당 고종은 신라 목노의 사정거리를 1,000步로 보고 받았고, 기사의 말미에서 1,000步를 날아가는 목노를 볼 수 없자 일부러 감춘다고 의심하였다. 따라서 당 고종에게는 신라 노의 우수성에 대한 확정적 정보가 있었다. 해당 정보를 획득한 계기는 나당연합과 삼국통일전쟁과정에 있을 것이다. 이에 나당관계가 험악해지고, 나당전쟁을 목전에 둔 상황에서 신라의 군사기밀을 파악하고자 弩師 仇珍川을 당에 소환해 목노의 제작을 요구하였다.

D-③의 문맥 상 신라에서는 목노의 제작이 실패해도 당 고종이 납득할만한 기술자를 보냈을 것이다. 따라서 구진천은 신라의 노 기술자 중에서도 상당한 위치의 사람일 것이다. 실제로 弩師 구진천은 沙飡이었다. D-③의 1,000步는 약 1.44km인데,[97] 당 고종이 운운한 1,000步가 신라 목노의 유효사거리인지, 최대사거리인지는 정확히 알 수 없다. 그런데 당에서 구진천이 만든 목노의 사거리는 0.0432km(43.2m, 30步)·0.0864km(86.4m, 60步)로, 100m에도 미치지 못하였다. 당 고종은 重罪 등으로 구진천을 협박하였으나, 구진천은 현격히 떨어진 사거리의 사유를 자재의 불량과 변

---

97 당 이전에는 周尺(약 24cm) 기준으로 6척이 1보였다. 당 이후에는 唐尺(약 30cm) 기준으로 5척이 1보였다. 따라서 1步는 周尺 144cm이고, 唐尺 150cm이며, 1,000步는 1.44km(周尺)~1.5km(唐尺)이다. 신라는 삼국통일 이후 唐尺이 아닌 周尺을 사용했다고 하므로(李宇泰, 「韓國古代의 尺度」『泰東古典研究』1, 1984, 14~17쪽), 1,000步는 약 1.44km 정도이다.

형으로 추정하며 목노의 제작 기술을 끝내 함구하였다. 목노의 제작 기술을 함구한 구진천에게 당이 어떤 조치를 했는지는 알기 어렵다.

구진천이 당 고종의 협박에도 弩 제작에 관한 기술을 함구한 것은 두 가지 측면에서 생각할 수 있다. 하나는 구진천 개인이 지닌 弩師로서의 책임감 문제다. 그러나 해당 사유는 설득력이 떨어진다. 구진천은 沙湌이었지만, 衣冠子孫으로 기록된 설계두는 신라사회에 불만을 품고 당에서 벼슬할 생각을 했었다.[98] 문면 상 당 고종은 구진천에게 협박만 가했다고 나타나나, 사료의 이면에는 당으로의 회유도 동시에 시도했을 것이다. 그럼에도 구진천은 끝내 능력을 다 펼치지 않았다. 다른 하나는 구진천이 노 기술을 당에 유출할 경우 신라에서 구진천이나 구진천의 가족을 포함한 관련자에게 가할 일련의 조치와 처벌에 대한 문제이다. 이상의 조치나 처벌이 실질적인 이유이다.

이처럼 노 기술의 보안 문제로, 병부의 노사지·노당이 설치되었다. 실제 노사지·노당의 설치는 구진천 사건 이후 2~3년 정도 이후의 일이다. 즉 노 등 군사기술의 유출을 막기 위한 관리의 필요성이 이전 시기보다 증대되었던 것이다. 따라서 병부 내에 노 관련 기술의 관리를 위한 전담 관직을 둠으로써, 행정의 전문화를 도모하였다.

노사지·노당의 업무를 노병·노 제작으로 보기도 하나,[99] 弩師·弩兵의 명부나 弩의 수량이 기록된 장부의 관리로 보는 것이 타당하다. 노사지·노당의 정원은 각 1인이며, 사지는 구체성·전문성·특수성을 지닌 장부를 담당하는 관직이란 점에서도[100] 이해할 수 있다.

이상 Ⅳ기 병부는 Ⅲ기까지의 병부에 비해 노 관련 업무가 전문화된

....

98 『三國史記』 권47, 列傳7, 薛罽頭.
99 李仁哲, 앞의 책, 1993, 31쪽.
100 丁德氣, 앞의 논문, 2011, 82~83쪽.

조직으로 운영되었다. 이후 D-④의 수레쇠뇌 관람·D-⑤의 弩兵열병 등이 나타나고, 장인기사에 보이듯 8세기 중엽에도 노가 광범위하게 사용되었음이 감지되므로, 노의 관리는 지속적으로 중시되었다. 중고기 이후 잘 이루어지지 않던 열병이 노병에 한해 나타나므로, 노 관련 업무의 국가적 관심사를 알 수 있기 때문이다.[101]

IV. 맺음말

신라사의 6~7세기는 상고기의 국례·국제, 즉 자국의 전통적 행정운영 경험을 기초로 국체를 재편한 시기로 평가된다. 상기 흐름 속에서 병부는 상고기의 중요 國事 중 하나인 '내외병마사'를 재편하여 성립하였다. 6~7세기까지의 신라에서 병마업무의 중요성과 양은 지속적으로 증대되었고, 병부는 '部'라는 명칭 상 타국의 모범사례를 수용할 수 있었던 관청이었다. 그러나 담당업무의 중요성과 타국의 사례를 참고할 수 있었음에도 불구하고, 병부의 조직은 약 160여년이란 긴 시간에 걸쳐 완만하게 정비되었다. 이 점에서 병부의 조직정비와 병마행정의 변화상은 6~7세기 신라 중앙행정의 재정비과정과 함의를 압축하는 사례이다. 따라서 본고는 상고기 병마행정의 변화와 재편과정에서 병부의 성립원인을 지적하고, 병부의 조직정비를 통하여 병마행정의 변화상을 추적하였다.

....

101 상고기 빈번한 열병의 사유로 군사통수권의 확인이나 전후대책 및 정책의 확인 등이 지적된다. 또 중고기 이후 열병 감소는 열병을 통한 군사통수 필요성의 상대적 감소를 말하며(金瑛河, 앞의 책, 2002, 63~70쪽), 왕권강화로 인한 상징적 의식의 필요성 감소 및 군령체계의 제도적 정착이 지적된다(李文基, 앞의 책, 1997, 41~50쪽). 중대의 열병기사가 드물지만, 741년 노병에 한해 열병이 나타나므로 이처럼 볼 수 있다.

병부의 담당업무인 내외병마사는 이사금시기의 고관이 담임한 兼知(內外)兵馬事·委軍國事에서 기원하였다. 겸지(내외)병마사는 政要 등 중요 국사를 담임한 고관이 내외병마사를 추가해 담당했다는 표현이다. 또 군사·국사가 동시에 등장하는 용례에서 모두 군사가 먼저 출전된다. 따라서 군사·국사는 이사금시기부터 분리 가능한 업무였고, 양자 중 상대적으로 높은 중요도를 지닌 업무는 군사였다.

이사금시기에는 고관이 군사를 담당하였고, 관위소지자나 城主 등이 대외전쟁을 수행하였다. 군사의 담당자와 대외전쟁의 실질적 수행자가 대개 분리됨을 고려하면, 이사금시기부터 군정권·군령권은 분리되는 것이 일반적이었다. 따라서 군사를 담당한 고관은 평시에 전반적인 병마업무를 수행하고, 전시에 대외전쟁 수행자의 인선·대외전쟁의 지원·이사금의 판단 보좌 등의 업무를 수행하였다.

마립간시기는 활발한 축성을 통해 병마업무의 중요도가 지속적으로 증대함을 알 수 있는 시기이다. 그러나 군사를 담당한 고관이 보이지 않으며, 제도화·상설화된 장군이 활동하였다. 장군의 제도화·상설화는 병마업무의 효율성·전문성을 제고하는 조치였다. 장군은 평시에 복수로 존재하며 군정권을 행사하였다. 즉 마립간시기의 장군은 군령권과 더불어 군정권을 소지하였다. 즉 장군은 이사금시기 고관이 관장한 군정권을 分掌하였다.

군정권·군령권을 지닌 장군이 평시에 복수로 존재한다는 것은 보임·포폄·감찰·출척 등 현직 장군의 인사업무와 결원에 대비한 예비자의 관리업무가 국가차원의 과제로 대두함을 의미한다. 유사한 업무는 이사금시기에도 있었겠지만, 마립간시기에는 장군의 제도화·상설화로 인해 고관 개인이 담당 가능한 수준을 초월하였다. 또 재화·인력은 유한하므로, 병마행정을 일원적으로 처리하는 제도적 장치가 필요해졌다. 따라서 신라는 장군의 군정권을 일정정도 환수하고, 국가차원에서 병마행정을 체계적·일원적·효율적·상시적으로 관리해야 하였다. 이것이 군정전담관청인 병부의 성립 원인이다.

병부의 조직정비를 고려하면, 병부의 운영양상은 4시기로 구분된다. Ⅰ기 병부는 슈 2인-史 12인으로 구성되었다. 장관과 말단실무자만이 설치되었으므로, Ⅱ기 이후의 병부가 관장한 병마행정을 일정정도 담당하였다. 특히 Ⅰ기 병부의 주요 업무는 변화된 병마행정체계를 적용하기 위한 기초 작업이었다. 장군이 분장한 병마행정권의 회수는 장군 개인에게 특권·기득권의 회수로 인식될만한 것이다. 따라서 Ⅰ기 병부는 병부의 성립으로 인해 발생할 것으로 예상되는 장군의 반발을 축소시킬 조치를 강구하고, 율령에 맞도록 병마행정체계를 재편하는 작업을 중심으로 운영되었다.

Ⅱ기 병부는 슈 2인-大監 2인-弟監 2인-史 12인으로 구성되었다. Ⅱ기 병부의 4職 체계는 중고기에 완성된 중고기 병부의 체계이며, 신라는 Ⅱ기 병부를 중심으로 삼국통일전쟁을 수행하였다. 또 Ⅲ기 병부는 Ⅱ기 병부의 체계에서 령 1인이 증치되고 제감이 대사로 개칭된 것이므로, 관리기구로서의 성격이 Ⅱ기 병부보다 강화되었다. Ⅱ기 병부와 Ⅲ기 병부의 조직은 큰 차이가 없으며, Ⅱ기 병부의 조직은 신라 병부 조직의 근간이 되었다. 따라서 Ⅱ기 병부부터는 Ⅳ기 이후 병부의 기능을 대부분 담당하였다. 실제로 Ⅱ기 병부부터는 속사로 선부서를 지녔으므로, 후대 선부에서 관장한 전함·수군관계 업무와 공사의 선박 및 수로교통 업무를 관장하고 있었다.

Ⅳ기 병부의 조직정비가 완료된 후 선부서는 선부로 독립하였으므로, Ⅳ기 병부는 전함·수군관계 업무와 공사 선박 및 수로교통 업무를 관장하지 않았다. Ⅳ기 병부의 조직체계 상 특징은 弩 관련 업무의 전문화이

다. Ⅱ·Ⅲ기 병부와 달리 Ⅳ기 병부는 노사지·노당 각 1인을 별도로 두었다. 신라에서 弩의 배치와 운용이 시작된 것은 6세기 중반이었고, 삼국통일전쟁과정에도 활용되었다. 또 7세기의 신라는 우수한 노 제작기술을 보유했었고, 대규모로 광범위하게 사용하였다. 노의 개발시점을 고려하면, Ⅰ~Ⅲ기 병부에서도 후대 노사지·노당과 유사한 직급의 관직에서 노 관련 업무를 담당하였다.

7세기 중반 나당전쟁을 목전에 둔 신라에서 노 관련 관리업무의 중요성은 국가차원에서 증대되었다. 이에 신라는 弩師·弩兵 등의 명부나 노의 총량을 관리하는 전담관직으로서 노사지·노당을 병부에 신설하여 행정의 전문화를 도모하였다.

신라 중고기 軍役의 형태와 운영 양상

신 범 규 | 국방부 군사편찬연구소 연구원

Ⅰ. 머리말

신라는 6~7세기 수많은 전쟁을 치르면서 전쟁의 수단으로서 상당한 규모와 조직력을 갖춘 집단이 필요했으며, 그 집단은 바로 군사조직이었다. 군사조직은 지휘체계로서의 군관조직과 기본적 군사력으로서의 일반 병사집단을 그 인적 구성분자로 하고 있다.[1] 인적자원은 군사조직 뿐만 아니라 軍事와 관련된 모든 업무를 수행하기 필수불가결한 요인이다. 따라서 이러한 인적자원을 통제하는 役制의 운영은 가장 중요하고 빼놓을 수 없는 부분 중의 하나였다.

고대의 役중에 軍事와 관련된 役을 軍役이라고 지칭한다. 일반적으로 군역은 國役體系 중 하나로 이해된다. 이런 분류는 군역에 대한 최근의 연구들이 기존의 국역과 군역의 구분이 모호하다는 기존의 시각[2]을 비판적으로 보면서 나름의 범주를 구획한 것이다.[3] 그런데 『三國史記』에서는 군

1 李文基, 『新羅兵制史研究』, 一潮閣, 1997, 13쪽.
2 金錫亨, 「삼국시대의 양인농민」, 『朝鮮封建時代 農民의 階級構成』, 과학원출판사, 1957: 『朝鮮封建時代 農民의 階級構成』, 신서원, 1993, 4쪽.
3 김기흥, 『삼국 및 통일신라 세제의 연구』, 역사비평사, 1991, 79~80쪽; 李文基, 앞의 책, 1997, 229쪽; 이정빈, 「신라 중고기의 부방(赴防)과 군역」, 『역사와현실』 97, 2015, 100~101쪽.

역의 용례가 전혀 확인되지 않는다. 우리나라 문헌상에서 군역이란 용례가 사용되는 가장 이른 예는 『高麗史』이다. 주지하듯이 『고려사』는 조선에 이르러서 편찬된 것으로 고려의 자료를 바탕으로 조선 당시의 인식이 반영된 기록이다. 그렇다면 『삼국사기』 편찬 당시에는 軍事와 관련된 役을 지칭하는 용어가 뚜렷하지 않았다고 볼 수 있다. 이러한 점은 군역의 범주를 모호하게 만드는 요인이 되었을 것이다. 그럼에도 지금까지 연구들에서는 고대 군사와 관련된 役을 모두 군역이라고 칭하고 있다. 이는 『고려사』 및 중국사서에서 사용되어진 군역이란 용어가 나름 그 성격을 잘 대변해주기 때문으로 여겨진다. 본고에서도 당시의 군사와 관련된 役을 군역이라 지칭하는 데는 이견이 없다.

다만 여전히 군역 자체의 범주에 대해서 상당부분 모호한 면이 존재한다. 어디까지를 군역으로 보아야 하는지에 대한 문제이다. 기왕의 군역 관련 연구들에서는 대체적으로 '廣義로서의 군역'과 '狹義로서의 군역'이 혼용되어 왔다.4 따라서 이런 일부 혼란을 방지하기 위해서라도 군역에 대한 범주를 살필 필요가 있다. 군역(광의)은 수행하는 역할에 따라 다양한 형태로 존재를 했으며, 각각이 구별되었다. '협의로서의 군역' 역시 그 형태 중 하나인 것이다. 이를 구분하여 검토한다면 당시 신라가 어떤 방식으로 군역체제를 운영해 나갔는지 또 다른 시각에서 파악해볼 여지가 있을 것으로 생각된다.

당시 군역과 관련한 사례들을 살펴보면 수행하는 역할이 다양하다는 것을 쉽게 알 수 있다. 이는 군역 안에서도 다양한 형태의 役으로 구분되어 있다는 것을 의미한다. 따라서 이를 세분화해서 살펴볼 필요가 있다.

....

4 '광의로서의 군역'은 軍事를 행하는 모든 役이 포괄하는데 반해 '협의로서의 군역'은 전투부대에 배치된 일반병사가 행하는 役만을 말한다. 이와 관련하여 자세한 설명은 본문에서 후술하겠다.

본고에서는 이러한 고민을 가지고 『隋書』 신라전을 비롯한 여러 사료들을 다시금 검토해보고자 한다. 이와 함께 몇 가지 신라의 군역 사례 안에서 확인되는 군역의 형태를 구분하고, 이를 토대로 군역이 어떠한 방식으로 운영되었는지 그 일부분이나마 밝혀보고자 한다.

II. 『隋書』 신라전에서 확인되는 신라의 군역

『隋書』 신라전에는 신라의 군역과 관련한 사료가 존재한다. 이는 6~7세기 신라의 군역을 고찰하는데 항상 주목을 받아 왔다. 기왕의 연구들에서는 이 문장을 큰 이견 없이 끊어 읽고 해석해 왔다. 우선 기존의 방식으로 해당 문장을 살펴보면 다음과 같다.

> A-1 選人壯健者悉入軍 烽戍邏俱有屯管部伍[5]

A-1은 그간 해석하는데 있어서 대체로 '軍'을 軍隊 또는 軍籍 정도로 이해하여 군역(광의)으로 파악하였다. 그리고 이러한 인식을 바탕으로 '건장한 남자는 모두 뽑아 군대에 편입시켜 烽燧, 邊戍, 巡邏로 삼았으며, 屯營마다 部伍가 조직되어 있다'고 해석[6]하거나, '장건한 사람을 뽑아 모두 입군(入軍)시켰다. 봉(烽)·수(戍)·라(邏)는 모두 둔영과 조직이 있다.'라고 해석[7]하였다. 이와 함께 烽·戍·邏의 경우 해당 군역을 수행하는 병사를 지칭하는 것으로 보거나,[8] 군인으로 선발된 뒤에 분속되는 兵種으로 이해하

------

5 『隋書』, 卷81, 列傳46, 東夷, 新羅.
6 國史編纂委員會, 『國譯 中國正史 朝鮮傳』, 國史編纂委員會, 1986, 155쪽.
7 이정빈, 앞의 논문, 2015, 106쪽.

신라 중고기 軍役의 형태와 운영 양상   175

였다.[9] 최근에는 기존과는 달리 군사시설을 지칭한다고 분석하기도 하였다.[10]

이와 같은 해석들은 막연하게 문장에서 확인되는 軍이 軍役이라는 생각에서 비롯된 감이 없지 않다. 그러나 이 구절에서 확인되는 軍을 다르게 이해한다면 새롭게 해석해볼 여지가 있지 않을까 한다. 이러한 시도는 『수서』 신라전이 비교적 구체적으로 당시 신라와 관련된 정보를 제공하기 때문에 가능하다. 『수서』는 주지하다시피 당태종의 칙명을 받은 위징과 장손무기에 의해 629년~636년에 걸쳐 찬술된 정사와 656년에 이르러 완성된 志가 합본되어 모두 85권으로 편찬된 관찬사서이다. 비슷한 시기에 편찬된 사서로는 『梁書』, 『南史』, 『北史』가 있는데, 이때부터 중국 정사에 본격적으로 신라전이 수록되었다.[11]

그런데 『수서』의 신라전은 『수서』를 참고한 『북사』를 제외하고 동시기 다른 사서와는 다른 독자적인 내용을 수록하고 있다. 이는 편찬자가 여타 사서와는 다른 종류의 자료를 전거로 사용했을 가능성을 제공한다. 그중 전거자료로서 가장 높은 가능성이 신라 사신으로부터 얻은 당시 최신 자료이다. 이를 확인하기 위해 『수서』와 『양서』에서 신라의 제도적인 측면을 다룬 구절을 발췌하면 다음과 같다.

A-2 其俗呼城曰健牟羅 其邑在內曰啄評 在外曰邑勒 亦中國之言郡縣也 國

....

8 白南雲, 1933, 『朝鮮社會經濟史』, 改造社, 336쪽; 김기홍, 앞의 책, 1991, 82쪽.
9 李文基, 앞의 책, 1997, 236쪽.
10 이정빈, 앞의 논문, 2015, 106쪽.
11 『남사』 신라전은 『양서』 신라전을, 『북사』 신라전은 『수서』 신라전을 참조하여 집필되었다. 『양서』, 『수서』, 『남사』, 『북사』 신라전의 보다 자세한 비교분석은 李鎔賢, 「《梁書》·《隋書》·《南史》·《北史》의 新羅傳 비교 검토 - 통일이전 신라 서술 중국 사료의 성격」, 『新羅史學報』 8, 2006을 참조.

有六啄評 五十二邑勒 土地肥美 宜植五穀多桑麻 作縑布 服牛乘馬 男
女有別 其官名 有子賁旱支齊旱支謁旱支壹告支奇貝旱支 其冠曰遺子
禮 襦曰尉解 袴曰柯半 靴曰洗 其拜及行與高驪相類 無文字 刻木爲信
語言待百濟而後通焉[12]

A-3　其官有十七等 其一曰伊罰幹 貴如相國 次伊尺幹 次迎幹 次破彌幹 次
大阿尺幹 次阿尺幹 次乙吉幹 次沙咄幹 次及伏幹 次大奈摩幹 次奈摩
次大舍 次小舍 次吉士 次大烏 次小烏 次造位 外有郡縣 其文字甲兵
同於中國 選人壯健者 悉入軍烽戍邏 俱有屯管部伍 … 大業以來 歲遣
朝貢 新羅地多山險 雖與百濟構隙 百濟亦不能圖之[13]

　　A-2사료는『양서』, A-3사료는『수서』에서 신라의 정보를 각각 기록한
것이다.『양서』에서는 신라에 문자가 없으며, 백제를 통해서만이 소통이
가능하다고 전한다. 그런데『수서』에서는 문자와 갑병이 중국과 같다고
하였으며,『양서』에서는 간략하게만 전하는 신라의 관제를 구체적으로
기록하였다. 이와 더불어 그간 확인할 수 없었던 신라 군역에 대한 정보
까지 제공되고 있다. 동시기에 편찬되었음에도 이러한 정보의 차이가 나
는 이유는『수서』신라전의 마지막 문장에서 확인이 가능하다. 대업 연간
이래 신라가 여러 차례에 걸쳐 사신을 보냈다고 하였는데, 그들을 통해
『수서』신라전에 보다 새로운 내용을 담을 수 있었던 것이다.[14]

　　이처럼 17관등 전체를 기록할 수 있을 정도로 구체적인 정보를 입수한
당시 상황이었다면, 신라의 군역에 대한 기록 역시 당시 모습이 잘 전달
된 것이 아닐까 생각된다. 그런데 군역에 대한 기록이라면 군역의 형태
중 가장 기본이라 할 수 있는 전투부대에 관한 내용이 빠지지 않을 수가
없다. 그렇다면 A-1에서 확인되는 軍은 군역(광의)보다는 전투부대에 배

. . . .
12 『梁書』, 卷54, 列傳48, 東夷, 新羅.
13 『隋書』, 卷81, 列傳46, 東夷, 新羅.
14 李鎔賢, 앞의 논문, 2006, 30~31쪽.

치되는 형태의 군역(협의)을 지칭하는 것일 개연성이 있다.

신라는 6세기에 들어서면서 영역 쟁탈전이 본격화되고 척경지역의 통제를 강화하기 시작하였다.[15] 따라서 점차 전쟁이 잦아지고, 그 규모가 커져가면서 군사조직 체계가 확대되었다. 이런 시대적 배경으로 말미암아 군역의 형태는 다양화되고 그 징집대상이 왕경인 뿐만 아니라 지방인까지 공통적으로 부과되기 시작했다.[16] A-1은 이러한 당시 신라의 모습을 반영한 결과라 할 수 있겠다. 결국 '장건한 사람을 뽑는 것(選人壯健者)' 자체가 일반민에게 役을 부과하는 것이며, 이들을 軍, 烽, 戍, 邏에 각각 들임으로써 나누어 군역(광의)을 수행하게 하는 것이다.

이러한 시각에서 다시 A-1을 보면 기존과는 다르게 끊어 읽어볼 수도 있지 않을까 한다. 이를 제시하면 다음과 같다.

A-4 選人壯健者 悉入軍烽戍邏 俱有屯管部伍[17]

즉 軍, 烽, 戍, 邏를 묶어보아 '悉入軍烽戍邏'와 '俱有屯管部伍'가 대구를 이루고 '選人壯健者'가 주어 성분으로서 전체를 포괄하는 문장 구조로 이해하는 것이다. 이를 토대로 새롭게 해석해보면 '장건한 사람을 뽑아 모두 軍·烽·戍·邏에 들였는데, 모두 둔영과 부오가 있다.' 정도가 된다. 이러

---

15 蕫鳳龍, 「三國 및 統一新羅 軍事參與層의 擴大와 軍役制」, 『百濟研究』32, 2000, 185쪽.

16 그중에서도 일반민에게만 해당됐을 것인데, 그 이유는 진골·육두품·오두품·사두품의 경우 일정 연령이 된 이후에 관직 진출이 가능하기 때문이었다. 관직 진출이 가능한 진골·육두품·오두품·사두품은 실제 군인이 일반병사 신분으로 兵役을 지는 경우는 드물었을 것이며, 실제 군인으로 징발되는 등 실질적인 병역 의무 대상자는 평인 또는 백성층이었다고 볼 수 있다(李文基, 앞의 책, 1997, 231쪽; 이정빈, 앞의 논문, 2015, 120쪽).

17 『隋書』, 卷81, 列傳46, 東夷, 新羅.

한 해석이 가능하다면, 당시 신라 군역에는 軍, 烽, 戍, 邏 등 적어도 네 가지 형태가 존재했으며, 각 형태 별로 둔영과 부오가 있었음을 알 수 있다. 그리고 이것이 중국으로 알려져 『수서』 신라전에 입전했다고 여겨진다.

III. 신라 군역의 제형태 양상

앞서 『수서』 신라전의 신라 군역과 관련한 부분을 새롭게 끊어 읽어 보았다. 그리고 이를 통해 신라의 군역 안에는 여러 형태가 있었음을 확인했다. 그렇다면 『수서』에 전해졌던 軍, 烽, 戍, 邏는 구체적으로 각각 어떤 형태의 군역이었을까. 『삼국사기』에는 앞서 언급했듯이 기본적으로 군역이라는 용례가 확인되지 않지만, 대신에 각 형태별로 그 사례들이 확인이 되므로 이를 토대로 살펴보겠다.

첫째로 軍은 앞서 살폈듯이 전투부대에 배치되어 군역을 수행하는 형태이다.[18] 신라의 군역 중에서 가장 대표적이고 일반적인 형태라 할 수 있다. 이 형태의 주된 역할은 전쟁을 수행하는 것으로 이 군역을 수행하는 이들을 『삼국사기』에서는 兵이라 지칭하였다.[19] 즉 兵은 무기를 들고

---

18 『說文解字』에서는 軍을 수레를 둘러싸는 것이라 하였으며, 『周禮』에서는 五師를 軍이라 하여 전투 부대단위라 하였다. 이를 통해 軍은 한명을 지칭하는 것이 아닌 부대 또는 조직을 지칭함을 알 수 있다. 이와 더불어 『玉篇』에서도 역시 軍을 무리(衆)로 풀이를 했다. 즉 중국에서는 軍을 부대 또는 조직으로 이해하고 지칭했던 것으로 풀이된다.

19 『世本』에 따르면 무기 또는 무기를 사용하는 사람을 兵이라 한다고 하였다(『康熙字典』 子集下 八部 兵 '世本 蚩尤以金作兵 兵有五 一弓二殳三矛四戈五戟 又執兵器從戎者曰兵'). 『세본』은 중국의 삼황오제시대부터 춘추시대에 이르는 제왕, 제후, 경, 대부들의 씨성·계보·거소·시호 등을 기록한 서적이다. 唐代에는 태종의 휘를 피하기 위해 『系本』이라고 부르기도 하였다. 완질본은 멸실되어 여러

전쟁에서 직접 전투를 수행하는 일반병사로 이해된다.[20] 이러한 인식은『삼국사기』에서도 투영된 것으로 보인다.

> B-1　秋八月　高句麗侵北漢山城　王親率兵一萬　以拒之[21]
> B-2　秋七月　唐將高保率兵一萬　李謹行率兵三萬　一時至平壤　作八營留屯[22]

『삼국사기』에는 兵과 관련하여 수많은 예가 확인되는데, B사료는 그 중에서도 신라본기의 사례 중 일부이다. B-1과 B-2에서 보이는 '率兵'은 일반적으로 '병사를 이끌다' 정도로 해석이 된다. 그리고 이와 같은 용례에는 그 구체적인 숫자가 함께 기록되는 경우가 많다. 이 숫자는 전투를

....

　　사서에 인용되어 일부만이 전해지고 있다(平凡社 編,『アジア歷史事典5』, 東京: 平凡社, 1959).

20　일반적으로 '兵'을 막연하게 '軍'과 같은 뜻으로 파악하는 경우가 많다. 이로 인해 軍役(광의)과 兵役을 동의어로 사용하는 오류가 많이 발생한다(井上秀雄, 앞의 논문, 1954: 앞의 책, 1974, 175쪽; 金錫亨,『朝鮮封建時代 農民의 階級構成』, 과학원출판사, 1957: 앞의 책, 1993, 244쪽; 朱甫暾,「新羅 中古期 6停 에 대한 몇 가지 問題」,『新羅文化』3·4, 1987, 26쪽; 李文基, 앞의 책, 1997, 230쪽; 서영교,「「薛氏女傳」嘉實 '防秋'의 時空間」,『韓國古代史探究』8, 2011, 6~8쪽). 그러나 '軍'과 '兵'은 엄밀하게 보았을 때 그 뜻을 구분해야 한다. 병역은 무기를 소지한 일반병사(兵)가 수행하는 役으로 이른바 흔히 말하는 '협의로서의 군역' 말한다. 따라서 병역은 군역(광의)과는 구분해서 사용해야 한다. '광의로서의 군역'은 일반병사 이외에도 군량미를 수송하는 수송대, 군수품 창고를 지키고 관리하는 倉職과 같이 軍事를 행하는 모든 役을 포함한 것을 말한다. 이와 관련하여 병역을 넓은 의미의 군역에 포함하여 구분하여 보는 견해가 있어 주목된다(김기흥, 앞의 책, 1991, 83쪽). 이 연구에서는 군역과 병역을 동의어로서 혼용하지 않고 구분을 하여 병역을 군역에 포함되는 개념으로 이해하였다. 다만 병역에 속하는 범주가 어디까지인지 정확하게 제시하지 않았다. 본고에서는 兵과 軍을 구분하여 보고자 한다.

21　『三國史記』, 卷4, 新羅本紀4, 眞平王 25年.

22　『三國史記』, 卷7, 新羅本紀7, 文武王 12年.

수행하는 일반병사의 수를 말함은 자명하다. 즉, 兵은 보통 일반병사를 지칭할 때 사용되었다고 이해할 수 있겠다. 정리하자면 軍은 '選人壯健者'가 일반병사(兵)로서 전투부대에 배치되어 전쟁을 수행하는 군역의 한 형태라 할 수 있다.

둘째로 烽은 용어 자체에서도 알 수 있듯이 烽燧에 배치되어 역을 수행하는 형태이다. 烽과 관련해서는 그 사례가 그리 많지는 않다. 다만『삼국유사』에서 신라가 봉수를 사용했던 것으로 보이는 내용이 전해진다.

> C-1 歌日 舊理東屍汀叱㫉達婆矣遊烏隱城叱肹良望良古 倭理叱軍置來叱多
>   烽燒邪隱邊也藪耶 三花矣嶽音見賜烏屍聞古 月置八切爾數於將來屍波
>   衣 道屍掃屍星利望良古 彗星也白反也人是有叱多 後句達阿羅浮去伊叱
>   等邪 此也友物比所音叱彗叱只有叱故[23]
> C-2 三月 伴跛築城於子呑·帶沙 而連滿奚 置烽候邸閣 以備日本[24]
> C-3 四月戊戌朔 李勣師自通定濟遼水 至玄菟 所經烽戍皆下之 高麗大駭
>   城邑各閉門不敢出[25]

C-1은 진평왕대 만들어진 노래로 생각되는 「혜성가」를 전하고 있다. 이를 보면 왜가 공격을 해오자 봉수를 올렸던 모습을 확인할 수 있다. 이를 통해 신라에서도 이미 변경 또는 각 군사 요충지에 봉수가 설치되어 있었음을 알 수 있으며, '選人壯健者'들이 각 지역의 봉수로 배치되어 군역을 수행했었음을 짐작할 수 있다.[26] 이러한 봉수체계는 6~7세기에는 이미

---

23 『三國遺事』卷5, 感通7, 融天師彗星歌 眞平王代.
24 『日本書紀』, 卷17, 男大迹天皇, 繼體天皇 8年.
25 『冊府元龜』, 卷117, 帝王部, 親征, 唐太宗 貞觀 19年.
26 봉수에 배치되어 군역을 수행하는 이들은 봉수를 올리는 것 이외에도 봉수가 무너졌을 때 수리하는 역할도 함께 했을 것으로 보인다. 이와 관련하여 『養老令』, 第17, 軍防令69 "其烽須修理 皆役烽子"가 참조된다.

널리 활용되어졌었음은 C-2와 C-3을 통해서 알 수 있다.

C-2는 伴跛가 일본의 공격을 대비하여 성을 쌓고 봉수를 설치했다는 내용을 담고 있다. 이는 방어의 측면에서 성곽과 함께 봉수가 활용되어졌음을 보여준다. 이와 더불어 C-3은 고구려의 사례이지만, 봉수가 교통로를 따라 설치 운용됐었다는 사실을 알려준다. 이에 따르면 645년 李世勣은 군사를 이끌고 통정진에서 요하를 건너 현도성에 이를 때까지 그 경로상에 있던 봉수들을 모두 제거했다고 하였다. 이러한 사실에서 고구려가 요하선에서 일어날 비상 상황에 대비하여 교통로를 따라 봉수를 배치했다는 점과 이들 봉수가 요하 방어선의 유기적 대응에 필수적인 통신체계로서 요하 방어체계에서 가장 말단을 이루는 구성 요소였음을 알 수 있다.[27]

신라의 경우 변경의 정세를 빠르게 전달 가능한 군사통신수단인 봉수가 군역에서 차지하는 정도는 한강유역을 차지한 이후 급격하게 늘어났을 것으로 보인다. 고구려나 백제에 비해 신라는 방어위주의 전쟁을 벌였는데,[28] 관방시설에서도 이러한 전쟁의 방식이 반영되었기 때문이다. 이에 한강유역을 차지한 이후에 신라는 주로 교통로를 따라서 새롭게 산성을 축조하거나 대대적으로 수개축을 진행하였다.[29] 이러한 당시 배경 속에서 신라는 봉수를 적극 활용했을 것이고, 이를 운영하기 위해 군역의 형태 중에서도 큰 비중을 차지하게 되어 중국으로 알려지게 된 것이다.

한편 또 다른 군역의 형태인 戍는 변경을 수비하는 防戍에 배치되는 군역을 말한다. 방수는 신라 전 시기에 걸쳐 관련한 기록이 남아있는데, 그

27 이성제, 「최근 조사자료를 통해 본 중국 소재 고구려 성곽의 운용양상-이해의 한계와 새로운 접근의 가능성을 중심으로-」, 『동북아역사논총』53, 2016, 67~68쪽.
28 金瑛河, 『韓國古代社會의 軍事와 政治』, 高麗大學校 民族文化硏究所, 2002, 100~101쪽.
29 윤성호, 『新羅의 漢江流域 領域化 過程 硏究』, 고려대학교 박사학위논문, 2018, 273쪽.

중 가장 대표적인 것은 바로 「설씨녀전」에서 등장하는 가실의 사례이다.

D-1 薛氏女 栗裏民家女子也 雖寒門單族 而顏色端正 志行脩整 見者無不
歆艶 而不敢犯 眞平王時 其父季老 番當防秋於正穀 女以父衰病 不忍
遠別 又恨女身不得待行 徒自愁悶 沙梁部少季嘉實 雖貧且窶 而其養
志貞男子也 嘗悅美薛氏 而不敢言 聞薛氏憂父老而從軍 遂請薛氏曰
僕雖一懦夫 而嘗以志氣自許 願以不肖之身 代嚴君之役 薛氏甚喜 入
告於父 父引見曰 聞公欲代老人之行 不勝喜懼 思所以報之 若公不以
愚陋見棄 願薦幼女子 以奉箕箒 嘉實再拜曰 非敢望也 是所願焉 於是
嘉實退而請期 薛氏曰 婚姻人之大倫 不可以倉猝 妾旣以心許 有死無
易 願君赴防 交代而歸 然後蔔日成禮 未晚也 乃取鏡分半 各執一片雲
此所以爲信 後日當合之 嘉實有一馬 謂薛氏曰 此天下良馬 後必有用
今我徒行 無人爲養 請留之 以爲用耳 遂辭而行會國有故 不使人交代
淹六季未還 父謂女曰 始以三季爲期 今旣踰矣 可歸於他族矣 薛氏曰
向以安親 故强與嘉實約 嘉實信之 故從軍累季 飢寒辛苦 況迫賊境 手
不釋兵 如近虎口 恒恐見呑 而棄信食言 豈人情乎 終不敢從父之命 請
無復言 其父老且耄 以其女壯而無伉儷 欲强嫁之 潛約婚於裏人 旣定
日引其人 薛氏固拒 密圖遁去而未果 至廐見嘉實所留馬 大息流淚[30]
D-2 三月 巡幸長嶺鎭 勞戍卒 各賜征袍[31]
D-3 巡幸沙道城 勞戍卒[32]
D-4 初太宗王滅百濟 罷戍兵 至是復置[33]

D-1은 가실이 설씨를 대신하여 防戍라는 형태의 군역을 수행한다는 내
용을 담고 있다. 그런데 여기서 방수를 지칭하는 용례로 防秋가 사용되었

. . . .

30 『三國史記』, 卷48, 列傳8, 薛氏女.
31 『三國史記』, 卷2, 新羅本紀2, 阿達羅尼師今 4年.
32 『三國史記』, 卷2, 新羅本紀2, 阿達羅尼師今 9年.
33 『三國史記』, 卷7, 新羅本紀7, 文武王 13年.

다. 방추는 唐代부터 사용되어진 단어로 토번이 침입할 무렵이면 그들을 막기 위해 파견하는 병사를 防秋兵이라 불렀다. 중국에서는 본래 이민족의 침입을 막기 위해 변경 지방으로 파견하는 병사들을 鎭兵·戍卒·戍兵·防人 등으로 불렀다. 즉 방추는 중국에서 토번 등 이민족과 관련하여 특정 시기에 특수한 목적을 가진 방수 중 하나인 것이다. 따라서 이 단어를 그대로 신라의 방수를 지칭하기에는 맞지 않은 부분도 존재한다. 이러한 점에서 가실의 사례에서 확인되는 赴防이란 용례를 새롭게 해석한 견해가 주목된다.[34] 이 견해에 따르면 부방이 고려시기 이후 방추와 동일한 의미를 갖는 하나의 단어로 사용되었으며, 한국사 고유의 단어로 중국에서는 사용되지 않으므로 당시 변경지대의 수자리를 부방이라고 표현하는 것이 적절하다고 하였다.

신라의 戍의 사례는 이른 시기부터 통일기에 이르기까지 여러 차례 확인된다. D-2부터 D-4 역시 신라의 방수, 즉 부방의 사례들이다. 신라는 초기부터 부방에 배치되어 役을 수행하는 병사들을 戍卒 또는 戍兵이라고 하였는데, 모두 戍가 공통적으로 확인된다. 戍는 신라 군역의 대표적인 한 형태로서 국경을 수비하는데 중요한 역할을 했던 것으로 보인다.[35]

다음으로 邏의 형태는 앞서 다른 군역들과는 달리 『수서』에서 확인되는 것 이외에는 그 직접적인 사례가 확인되지 않는다. 따라서 한자 자체의 의미나 비슷한 용례를 통해 추정될 뿐이다. 일반적으로 邏는 巡邏 또는 巡察을 수행하는 것으로 이해된다.[36] 신라의 邏 역시 글자 의미 그대로 돌

---

34 이정빈, 앞의 논문, 2015, 102~103쪽.

35 『고려사』 兵志에는 戍役이란 용례가 확인되어 고려시대에도 戍가 군역의 한 형태였음을 알 수 있다. 『高麗史』, 卷81, 志35, 兵. "(恭愍王)十二年五月 下敎 陣亡軍戶 蠲雜役 優加存恤 州縣之吏 發兵防戍 免富差貧 以逞其欲 所在官司 痛行禁理 七十以上 與免戍役 庚寅以來 防戍有功者 存撫按廉體察 申聞錄用"

36 이와 관련하여 최근 고구려의 武厲邏와 연결 지어 일종의 군사시설로 봐야한다

아다니는 것을 임무로 하여 순라 또는 순찰을 담당했던 役으로 생각된다. 즉 어떠한 한 지역에서 머무는 것이 아닌 일정 지역 안에서 정기적으로 순찰을 하는 것이다. 그러한 측면에서 「南山新城碑」와 「明活山城碑」에서 확인되는 邏頭가 주목된다.

나두는 국내외 문헌에서는 그 용례가 전혀 확인되지 않으며, 오로지 6세기 신라 금석문에서만 등장하는 신라 고유의 것이라고 이해된다.[37] 나두는 그간의 연구들을 통해서 신라의 지방통치와 관련된 지방관의 성격을 가지고 있다고 견해가 모아진다.[38] 그런데 이 나두와 邏가 관련이 있다

는 견해가 제출되었다(이정빈, 「6세기 후반~7세기 초반 고구려의 서방 변경지대와 그 변화 - 요서 지역 고구려의 라(邏)와 수의 진(鎭)·수(戍)를 중심으로」, 『역사와 현실』82, 2011, 110~111쪽; 이정빈, 앞의 논문, 2015, 106쪽). 이에 따르면 武厲邏의 경우 武厲城 내지 武列城이라고도 표현되어 성곽시설을 갖춘 군사시설이자 변경통치의 단위로 이해되므로, 신라의 邏 역시 기본적으로는 군사시설이며, 그 중 일부는 변경지대의 통치단위로 기능했다고 보았다. 그러나 오히려 고구려의 邏는 변경에 배치되는 신라의 赴防과 같은 성격의 것으로 이해된다. 실제 『삼국사기』를 비롯한 각종 사료에서는 고구려의 경우 신라와 달리 변경에서 활동하는 병사가 언급될 때 防戍 또는 赴防 대신 邏가 확인된다. 이는 『삼국사기』에서 확인되는 '武厲邏'(『三國史記』, 卷20, 高句麗本紀8, 嬰陽王 23年)와 '邏兵'(『三國史記』, 卷5, 新羅本紀5, 眞德王 2年), 『資治通鑑』에서 확인되는 '고구려 邏에 대한 설명'(『資治通鑑』, 卷181, 隋紀5, 煬皇帝) 등에서 알 수 있다.

37 지금까지 나두는 「남산신성비」 1비와 4비에 총 2번, 「명활산성비」에 1번 나두가 확인되는데, 모두 관리자로서 해당 구간의 책임자와 같은 성격으로 등장한다. 그런데 2비와 9비의 존재로 보면 축성 당시 반드시 나두가 파견된 것은 아닌 것으로 보인다. 즉 나두가 모든 지역에 파견된 것은 아니다.

38 村에 파견된 경찰관계업무를 주로 한 지방관(李鍾旭, 「南山新城碑를 통하여 본 新羅의 地方統治體制」, 『歷史學報』64, 1974, 40쪽), 倭의 세력에 대비한 巡邏兵의 長(浜田耕策, 「新羅の城·村設置と州郡制の旅行」, 『朝鮮學報』84, 1977, 21쪽), 郡의 행정관(朱甫暾, 「新羅中古의 地方統治組織에 대하여」, 『韓國史研究』23, 1979, 30쪽), 軍官(李仁哲, 「新羅中古期의 地方統治體制」, 『韓國學報』56, 1989, 40쪽), 왕경인 출신 지방관(李文基, 앞의 책, 1997, 241쪽), 戍兵의 우두머리로서 변경수비·경계임무와 축성공사 감독하는 지방관(薑在光, 「新羅中古期 邏頭·道使의

고 생각된다. 즉 나두가 邏의 관리직 또는 長인 것이다.

「남산신성비」 1비에는 阿良村·奴含村·營𡊠村·柒吐村으로 4개의 촌이 등장하는데 지금의 경남 함안·의령 지역으로 비정된다.[39] 그중 아량촌에만 나두가 확인되는데, 이는 당시 邏 형태의 군역을 수행하던 이들이 아량촌을 중심으로 인근 지역을 순라하였고, 그 둔영이 아량촌에 있었던 것으로 보인다. 다만 「남산신성비」의 축성에 나두가 파견된 것은 이 지역의 邏役을 수행하고 있던 인원들이 어떠한 사유로 축성에 동원된 것이 아닐까한다. 이와 관련하여 다음의 사례가 주목된다.

E 秋七月 國西大水 漂沒人戶三萬三百六十 死者二百餘人 王發使賑恤之[40]

E는 남산신성을 축성하기 2년 전 나라 서쪽에 큰 홍수로 인한 피해를 전하고 있다. 그런데 이 지역에는 「남산신성비」 1비에 등장하는 아량촌을 비롯한 4개 촌이 속해 있던 지역이 아닐까 생각된다. 당시에는 재난이 일어났을 경우 해당 지역에게 조세나 공물 또는 役을 면제해주는 경우가 종종 있었다. 따라서 해당 지역의 주민들을 대신하여 순라가 중심 임무인 邏役을 수행하던 인원 중 일부가 대신하여 축성에 동원되었던 것이다.[41]

....

城·村支配와 6部人의 地方民 認識」, 『史學硏究』79, 2005, 27쪽), 순라병의 장의 성격을 지닌 행정촌의 지방관(전덕재, 「중고기 신라의 지방행정체계와 郡의 성격」, 『한국고대사연구』48, 2007a, 109~110쪽), 신라로 새로 편입된 지역에 파견된 왕경인 지방관(橋本繁, 「中古期 新羅 築城碑 연구」, 『동국사학』55, 2013, 142~143쪽) 등 성격은 조금씩 다르지만 군사관련 업무도 함께 담당한 지방관이라는 것에는 대체적으로 동의되고 있다.

39 李鍾旭, 앞의 논문, 1974, 11쪽.

40 『三國史記』, 卷4, 新羅本紀4, 眞平王 11年.

41 이러한 代役의 사례는 「설씨녀전」의 가실의 사례에서도 알 수 있듯이 중고기 때는 문제가 되지 않았던 것으로 여겨진다.

이로 보아 邏役은 해당 지역에 변고가 생겼을 때 代役을 하는 예비적 역할도 맡고 있었지 않았을까 추정된다.

그런데 신라 군역에는 『수서』에서 언급된 것 이외의 형태도 존재한다. 바로 軍倉을 지키는 倉職과 군량이나 군수품을 수송하는 수송대이다. 이들은 앞서 언급했듯이 軍事를 수행하는 役이기 때문에 군역(광의)의 한 형태라 할 수 있다. 먼저 창직에 대해서 살펴보면 다음의 사례가 대표적이다.

> F 第三十二孝昭王代 竹曼郎之徒有得烏[一雲穀]級幹 隷名扵風流黃卷追日仕進 隔旬日不見 郎喚其母問爾子何在 每日 幢典车梁益宣阿幹以我子差<u>富山城倉直</u> 馳去行急未暇告辭扵郎 郎曰 汝子若私事適彼則不湏尋訪 今以公事進去湏歸享矣 乃以舌餠一合酒一缸卒左人 鄕雲皆叱知 言奴僕也而行 郎徒百三十七人亦具儀侍從[42]

F는 신라 군역의 대표적인 사례로 많은 연구에서 주목해왔던 得烏와 관련된 내용이다. 득오가 수행하고 있는 창직은 기왕의 연구들에서 고찰했듯이 군역의 하나로 이해된다. 그런데 당시 신라의 창고에는 곡식을 저장하는 倉[43]과 병기·보물·제사용품 등 여러 물품들을 저장하는 庫[44]의 형태로 나누어져 있었다. 『三國史記』에는 보통 농사나 진휼과 관련하여 곡식에 관한 내용을 다룰 때는 倉으로 기록하였으며, 병기·얼음·소금 등 그 외의 여러 물품에 관한 내용을 다룰 때는 庫로 각각 구분하여 기록하였다. 642년 백제가 신라의 대야성을 공격하는 과정에서 검일과 모척이 전투

---

42 『三國遺事』, 卷2, 紀異2, 孝昭王代竹旨郎.

43 『說文解字』, 卷5, 倉部. "穀藏也 倉黃取而藏之 故謂之倉 從食省 口象倉形 凡倉之屬皆從倉 仺 奇字倉 七岡切"

44 『康熙字典』, 寅集下, 廣部, 庫. "蔡邕章句 一曰車庫 二曰兵庫 三曰祭庫 四曰樂庫 五曰宴庫"

중에 성 안의 창고를 불태운 기록[45]에서 倉과 庫를 모두 언급한 것은 신라의 창고가 저장물에 따라 그 이름이 달랐음을 시사한다. 따라서 이와 같은 사례를 바탕으로 보면 득오가 담당한 창고는 군량을 보관하는 軍倉으로 볼 수 있겠다.[46] 이 사례를 통해서 보면 당시 신라의 군역에는 軍事와 관련한 물품을 보관하는 창고를 담당하는 형태의 役도 존재했음을 알 수 있다.

다음은 수송대이다. 군량 및 군자 수송은 軍事의 일종이므로 이를 수행하는 것은 군역을 수행한다고 보는 것이라 볼 수 있다.

> G-1 十二月十日 與副將軍仁問眞服良圖等九將軍 率兵載糧 入高句麗之界 (…)
> 遂與壯士仇近等十五人 詣平壤 見蘇將軍曰 庾信等領兵致資糧 已達近境
> 定方喜 以書謝之[47]
>
> G-2 又古記云 總章元年戊辰 若總章戊辰則李勣之事而下文蘇定方誤矣 若
> 定方則年號當龍朔二年壬戌來圍平壤之時也 國人之所請唐兵屯於平壤
> 郊而通書曰 急輸軍資 王會群臣問曰 入於敵國至唐兵屯所其勢危矣 所
> 請王師糧匱而不輸其料亦不宜也如何 庾信奏曰 臣等能輸其軍資 請大
> 王無慮 於是庾信仁問等率數萬人 入句麗境輸料二萬斛乃還 王大喜[48]

· · · · · · · · · · · · · · · · · · · ·

45 『三國史記』, 卷5, 新羅本紀5, 善德王 11年; 『三國史記』, 卷47, 列傳, 竹竹.

46 최근 연구 중에 최상기, 「6~7세기 신라 六停의 戰時 운용」, 2013, 『韓國史論』59 가 참고 된다. 이 연구에서는 부산성이 군사적 요충지라고 파악하고, 국가 창고 에 수납하는 물품에는 제사용품, 조세 수취물, 병기 등이 있어 제사 용품이나 수취물 중 일반 물품은 서형산성에 보관했다는 견해(김창석, 『삼국과 통일신라의 유통체계 연구』, 일조각, 2004, 116~117쪽)를 바탕으로 하여 부산성의 창고 는 군량, 병기 등의 군수품을 수납하는 兵庫였을 것이라고 추정하였다. 다만 倉으로 기록한 것을 보면 군수품이 아닌 군량을 저장한 창고라고 생각된다.

47 『三國史記』, 卷42, 列傳2, 金庾信 中.

48 『三國遺事』, 卷1, 紀異1, 太宗春秋公.

위 사료는 모두 662년 평양으로의 군량 수송에 관련한 내용을 담고
있다. 唐의 요청으로 겨울임에도 불구하고 신라는 김유신을 비롯한 9명의
장군을 보내어 평양까지 군량을 수송하였다. 이때 군량 수송에 참여한 일
반병사는 약 15,000명 이상으로 추정된다. 이 작전의 경우 부대 편성의
목적이 전투가 아닌 수송 목적이었으므로, 전투병보다는 수송대가 상당
부분을 차지했을 것으로 보인다.[49] 그렇다면 이때 동원된 사람의 수는 훨
씬 더 많은 것으로 보인다. G-3에 따르면 김유신과 김인문이 수만 명을
거느리고 군량 수송을 했다고 한다. 이를 토대로 살펴보면 15,000명으로
추정되는 일반병사들은 전투병사에 국한 된 것으로 G-1과 G-2에서 확인
되는 兵을 말한다. 이들은 가장 먼저 살펴보았던 軍의 형태를 수행한 것이
며, 兵을 제외한 나머지 수송을 담당한 수송대를 수행한 사람들은 또 다른
형태의 군역을 수행한 것이라 할 수 있겠다.[50] 이들과 관련한 또 다른 사
례들이 주목된다.

G-3 庚信等休兵 待後命 含資道揚管劉德敏至 傳勅旨 輸平壤軍糧[51]

G-4 大王問羣臣 如之何而可 皆言 深入敵境輸糧 勢不得達矣 大王患之咨
嗟 庚信前對曰 臣過叨恩遇 忝辱重寄 國家之事 雖死不避 今日是老臣

---

49 전투의 성격에 따라 다르겠지만, 당시 신라의 경우 하급장군이 1,000명, 중급장
  군이 1,500명, 상급장군이 2,000명 가량을 거느렸던 것으로 추정된다면(이상훈,
  『나당전쟁 연구』, 주류성, 2012, 297~299쪽), 당시 9명의 장군이 참여했으므로
  약 15,000명 내외였던 것으로 이해할 수 있다(이상훈, 「662년 김유신의 군량 수
  송작전」, 『국방연구』55-3, 2012, 101쪽).

50 『삼국사기』 고구려본기에는 612년 隋가 고구려를 공격할 때 부대 편성에서는
  전투병 이외에 군량을 수송하는 자가 2배라고 전해진다. 병사의 수로 보아 과장
  된 점이 있다 하더라도 군량을 수송하는 역할을 담당한 사람이 별도로 편성되
  었음을 상정할 수 있겠다. 이러한 편성 양상은 신라 역시 크게 다르지 않았을
  것으로 보인다.(『三國史記』, 卷20, 高句麗本紀8, 嬰陽王 23年)

51 『三國史記』, 卷6, 新羅本紀6, 文武王 元年.

盡節之日也　當向敵國　以副蘇將軍之意[52]

G-5　仁問與留鎭劉仁願　率兵兼輸米四千石租二萬餘斛　赴之[53]

G-6　文武王元年　唐皇帝遣蘇定方　討高句麗　圍平壤城　含資道惣管劉德敏
　　　傳宣國王　送軍資平壤　王命大角干金庾信　輸米四千石租二萬二千二百
　　　五十石　到獐塞　風雪沍寒　人馬多凍死　麗人知兵疲　欲要擊之　距唐營三
　　　萬餘步　而不能前　欲移書而難其人[54]

G-7　冬　以一善居列二州民　輸軍資於河西州[55]

G-8　凡一百十三萬三千八百人　號二百萬　其餽輸者倍之[56]

G-9　秋七月　帝將出兵　勅洪饒江三州　造舡四百艘　以載軍糧　遣營州都督張
　　　儉等　帥幽營二都督兵及契丹奚靺鞨　先擊遼東　以觀其勢　以大理鄕韋挺
　　　爲餽輸使　自河北諸州　皆受挺節度　聽以便宜從事　又命少卿蕭銳　轉河
　　　南諸州糧入海[57]

G-10　冬十月　平壤雪色赤　帝欲自將討之　召長安耆老勞曰 … 於是　北輸粟
　　　營州　東儲粟古大人[58]

　　G-3부터 10까지 사료는 군량 또는 군자를 옮기는 내용을 담고 있다.
G-3부터 G-6까지는 모두 앞서 살펴보았던 661년 평양으로의 군량 수송과
관련한 내용이다. G-7은 일선주와 거열주의 州民에게 하서주로 군자를 수
송하게 했다는 내용이다. 그리고 G-8부터 G-9는 고구려본기의 기록인데,
隋와 唐이 고구려를 공격할 때 군량 수송과 관련한 내용이다. 이들은 수송
과 관련하여 모두 '輸'를 사용하여 표현되어 있다. 『說文解字』에 따르면

. . . .

52 『三國史記』, 卷42, 列傳2, 金庾信 中.
53 『三國史記』, 卷44, 列傳4, 金仁問.
54 『三國史記』, 卷47, 列傳7, 裂起.
55 『三國史記』, 卷6, 新羅本紀6, 文武王 5年.
56 『三國史記』, 卷20, 高句麗本紀8, 嬰陽王 23年.
57 『三國史記』, 卷21, 高句麗本紀9, 寶藏王 3年.
58 『三國史記』, 卷21, 高句麗本紀9, 寶藏王 3年.

'수송을 맡긴다(委輸)'는 뜻으로 풀이된다. 그리고『說文解字注』에서는 '수송을 맡은 사람', 그리고 '이를 따른 사람을 이른다'고 해석하였다. 이러한 글자 자체의 뜻을 염두에 둔다면 당시 군량 또는 군자를 수송하는 군역은 '輸役'[59]이라고 표현이 가능하지 않을까 한다. 輸役은 신라 때 하나의 단어로 사용된 사례는 전무하다. 그러나 고려시대에는 하나의 단어로 사용된 사례[60]가 있는 만큼 군역의 한 형태로서 군량 수송을 수행하는 役을 輸役이라고 지칭해도 큰 무리는 없을 것으로 생각된다.

이처럼 6~7세기 신라의 군역은『수서』에서 확인되는 軍, 烽, 戍, 邏 이외에도 倉職, 輸役까지 실로 다양한 형태로 구분되어 부과되었다. 그렇다면 이러한 다양한 군역들이 당시에 어떻게 운영되었는지 장을 달리하여 살펴보겠다.

IV. 중고기 군역의 운영과 율령체제

신라는 6세기에 들어서면서 임시적이거나 일정치 않았던 운영 양상이 점차 정형화 되어갔다. 兵部의 설치[61]와 律令의 반포[62]는 그러한 변화를 보여주는 대표적인 제도적 정비였다. 신라는 병부를 설치함으로써 이전에는 없었던 제도적 장치가 마련되어 군정업무를 체계적으로 담당할 수 있었

----

59 성산산성 목간과 관련하여 수취 물품을 운반하는데 동원된 주민들이 수행하는 役을 輸役이라 표현한 연구가 있다(전덕재,「함안 성산산성 목간의 내용과 중고기 신라의 수취체계」,『역사와 현실』65, 2007b, 245쪽).
60『高麗史』, 卷80, 志34, 食貨3. "(毅宗)二十一年九月 王自南京還 蠲南京廣州今年稅租輸役 其餘州縣 牛之"
61『三國史記』, 卷4, 新羅本紀4, 法興王 4年.
62『三國史記』, 卷4, 新羅本紀4, 法興王 7年.

다. 그리고 군정기구 설치를 통한 군정업무처리의 개편은 기존의 임시적인 군역의 운영을 정비할 수 있는 계기가 되었다. 또한 율령반포가 맞물리면서 정비된 법체제는 軍事와 관련된 사항에도 적용되어 군역과 관련한 조문들이 마련되었을 것이다.63

앞서 살펴봤던 『수서』 신라전에서 확인되는 '選人壯健者'는 군역을 수행할 일반민을 선발하는 모습을 보여주는데, 이 업무를 담당한 관사는 병부로 이해된다.64 병부는 군역과 관련하여 법조문으로 마련된 일련의 조건을 바탕으로 당시 군역을 수행할 일반민을 선발하였을 것이다. 군역 수행자는 병부에 의해 선발된 이후 각각의 해당 役으로 배치되는데, 이러한 역할은 병부를 통해 수행된다. 이를 위해 군역을 부과 받은 왕경인과 지방인 모두 왕경의 병부를 거쳐 가야 하는 것으로 보인다. 이와 관련하여 다음의 사료들을 살펴보겠다.

> H-1 大宗大王時 百濟來伐助川城 大王興師出戰 未決 於是 道玉語其徒曰
> 吾聞爲僧者 上則精術業 以復性 次則起道用 以益他 我形似桑門而已
> 無一善可取 不如從軍 殺身以報國 脫法衣 著戎服 攺名曰驟徒 意謂馳
> 驟而爲徒也 乃詣兵部 請屬三千幢 遂隨軍赴敵場 及旗皷相當 枝槍劍
> 突陣力鬪 殺賊數人而死65
>
> H-2 甄萱 尙州加恩縣人也 本姓李 後以甄爲氏 父阿慈介 以農自活 後起家
> 爲將軍 … 及壯體貌雄奇 志氣倜儻不凡 從軍入王京 赴西南海防戍 枕
> 戈待敵 其勇氣恒爲士卒先 以勞爲裨將66

63 李文基, 앞의 책, 1997, 233~234쪽; 申範圭, 「6~7세기 新羅 軍律의 운용과 그 양상」, 『韓國古代史研究』78, 2015, 242쪽.

64 李文基, 위의 책, 1997, 325~326쪽.

65 『三國史記』, 卷47, 列傳7, 驟徒.

66 『三國史記』, 卷50, 列傳10, 甄萱.

H-1은 655년 백제가 조천성을 공격해오자 취도가 병부에 가서 삼천당의 병사가 되기를 청하고 전투에 참전한 내용이다. 이는 군역의 부과가 기본적으로 병부의 담당임을 보여줌과 동시에 반드시 병부를 거친 후 해당 군역에 배치되었음을 보여주는 사례이다. 이러한 양상은 하대의 사료이지만 H-2에서도 확인된다. 견훤은 부방으로 군역을 나가기 전에 왕경으로 들어가는 내용이 확인된다. 이 사례는 신라의 경우 군역을 수행하기 위해 선발이 되거나 자원을 할 때 기본적으로 왕경으로 들어와 병부를 거친 후 각각의 해당 役에 배치되었고, 이러한 절차는 신라 말기까지도 유지되었음을 보여준다. 그렇다면 당시 선발하던 군역 징집 대상자의 조건과 그 규정은 무엇이었을까.

『수서』에서 확인되는 신라 군역 징집 대상의 조건은 '壯健者'이다. 즉 신체 건강한 사람은 모두 대상자라고 이해할 수 있으며, 軍·烽·戍·邏·倉職·輸役 모두 동일한 조건 속에서 배치가 이루어졌다고 생각한다. 그런데 「설씨녀전」에 확인되는 일반인 설씨의 사례(D-1)로 볼 때 '壯健'이 필수조건에 해당되는 것은 아닌 듯하다. 「설씨녀전」에서 묘사되는 설씨는 '季老'·'衰病'하다고 하여 군역 대상자의 조건인 '壯健'과는 괴리가 있다. 그러나 설화적인 요소가 가미되어 그 안에서 딸인 설씨녀의 주관적인 걱정이 과장되어 표현된 부분도 존재한다고 생각된다. 그렇다면 부방의 番이 돌아왔다는 점만은 사실 그대로 받아들여 적어도 설씨는 진평왕 당시 규정되어 있던 군역 징집 대상 조건에 부합했다고 생각할 수 있다. 당시 신라 군역 대상자 연령조건에 관하여 정확한 사료가 확인되지 않지만, 중국의 사례를 참조하면 어느 정도 유추가 가능하다.

I-1 晉武帝平吳後 有司奏 男女年十六以上至六十爲正丁 十五以下至十三 六十一以上至六十五爲次丁 十二以下六十六以上爲老小 不事 宋文帝元嘉

中 王弘上言 舊制 人年十三半役 十六全役 當以十三以上能自營私及公
故以充役 考之見事 猶或未盡 體有彊弱 不皆稱年 循吏恤隱 可無甚患
庸愚守宰 必有勤劇 況值苛政 豈可稱言 至令逃竄求免 胎孕不育 乃避
罪憲 實亦由茲 今皇化惟新 四方無事 役名之宜 應存消息 十五至十六
宜爲半丁 十七爲全丁 帝從之[67]

　I-1은 진무제 때와 南朝 宋文帝 때 役의 연령 기준이다. 율령반포 이후
신라의 戶口체계가 중국의 것을 그대로 따랐는지에 대해서는 명확하게 알
수는 없지만, 적어도 晉의 泰始律令을 비롯하여 가까운 시기 南朝의 율령을
참고했을 것으로 생각된다. 이를 염두에 두고 먼저 중국의 예를 살펴보면
晉의 경우 16세~60세를 正丁으로 하여 役의 대상자로 분류하고 13~15세·
61~65세는 次丁이라 하여 예비자원으로 분류하였다. 또한 宋의 경우 규제
를 완화하여 17세 이상을 全丁으로 하여 役의 대상자로 분류하고, 15~16
세는 半丁이라고 하여 예비자원으로 분류하였다. 이와 더불어 후대의 사
례이지만 고려는 16세 이상부터 丁으로 삼아 國役에 복무케 한다고 규정
하고 있다.[68] 이를 통해 고려의 경우에는 예비적 자원의 존재가 있었는지
확인할 수는 없으나 役의 대상자가 16세부터였음을 알 수 있다.
　기왕의 연구에서는 신라 군역 대상자의 연령조건은 15~60세[69], 15~59
세[70] 또는 18~60세[71]정도로 파악해 왔다. 적어도 군역 대상자의 연령 상
한은 59~60세로 이해되어 큰 이견은 없다. 그러나 하한은 15~18세까지
다소 편차가 존재한다. 그런데 앞서 살핀 宋의 호구체제와 함께 다음의

....

67 『通典』, 卷7, 食貨7, 丁中.
68 『高麗史』, 卷79, 食貨2, 戶口. "國制 民年十六爲丁始服國役 六十爲老而免役 州郡
　　每歲計口籍民貢於戶部 凡徵兵調役以戶籍抄定"
69 김기홍, 앞의 책, 1991, 83~93쪽.
70 李文基, 앞의 책, 1997, 234~235쪽.
71 이정빈, 앞의 논문, 2015, 121쪽.

사료가 주목된다.

> I-2 斯多含 系出眞骨 (…) 眞興王命伊異斯夫 襲加羅一作加耶 國 時斯多
> 含年十五六 請從軍 王以幼少不許 其請勤而志確 遂命爲貴幢裨將 其徒
> 從之者亦衆[72]

I-2는 사다함의 군역 요청 사례이다.[73] 사다함은 당시 15~16세였는데, 從軍하기를 청하자 진흥왕이 幼少하다고 하여 불허하였으나 거듭된 청으로 종군을 허락한 내용이다. 그런데 여기서 진흥왕의 불허에도 사다함이 거듭 청할 수 있었던 데에는 15~16세가 幼少하다는 인식이 있음에도 법적으로는 군역을 수행할 수 있는 연령이 되었기 때문으로 생각된다. 5세기 때의 宋 역시 15~16세는 半丁으로 분류하여 비록 예비적 자원이지만 이미 役을 수행할 수 있다고 규정하였다. 이는 6세기 때 신라의 군역이 적어도 15세부터는 예비자원으로 분류하여 지원을 했을 경우에 한하여 군역을 수행할 수 있도록 규정했을 가능성을 보여준다.[74]

이와 같은 예비자원의 존재를 염두에 둔다면 가실의 경우도 사다함과 마찬가지였던 것으로 생각된다. D-1에는 가실을 '少季'으로 표현하고 있

----

72 『三國史記』, 卷44, 列傳4, 斯多含.

73 사다함은 진골 출신으로 일반민과 조건이 다를 수도 있을 가능성은 존재한다. 다만 진골은 군역 대신 職役을 선택할 수 있는 선택권이 있었을 뿐 적어도 당시 군역이 공통적으로 부과되었다고 여겨지기 때문에 참고가 된다고 생각한다. 사다함이 받은 裨將 역시 정식 군관직이 아니므로 사다함은 귀당에 속하여 직역이 아닌 군역을 수행했을 것으로 보인다.

74 율령 반포 이전 자비마립간 11년에 성을 쌓기 위해 15세 이상을 징발했던 사례가 있었지만, 이 규정이 율령 반포 이후에도 이어졌다면 사다함이 전쟁에 나가는 것을 진흥왕이 문제 삼지 않았을 것으로 생각된다. 즉 율령이 반포되면서 비슷한 시기의 중국의 사례가 영향을 미쳤을 것이고 이로 인해 15세는 예비적 자원으로 분류됐을 가능성 있는 것이다.

다. 물론 글자 그대로 어리다는 표현일 가능성도 있지만, 사다함과 마찬가지로 15~16세에 해당되는 나이로 볼 수 있다. 따라서 예비자원으로서 군역을 수행할 수 있었고, 代役을 지원했던 것이다.

　이렇게 수행하는 군역은 일반적으로 복무 기간이 3년으로 이해된다. 「설씨녀전」의 가실의 사례를 통해 신라의 군역이 3년 1기로 부과된다는 점은 대부분의 연구자들이 동의하는 바이다. 그리고 의무기간이 길기 때문에 그 안에 적어도 2회 이상 군역을 수행했을 것으로 파악된다. 가실의 경우 戍役을 수행한지 6년이 넘었기 때문에 이 기간을 주목하여 가실 본인의 군역까지 수행하고 온 것으로 이해하기도 한다.[75] 그러나 番의 교대가 반드시 3년 주기로 이루어지는 것은 아닌 듯하다. 가실은 '淹六季未還'이라 하여 戍役을 수행한지 6년이 넘었는데도 돌아오지 못하였다. 그러다 어느 시점에 교대되어 돌아왔는데, 다시 3년을 더해 9년을 채운 것으로 보이진 않는다. 즉 전쟁을 비롯한 어떠한 사정이 생겨 교대가 이루어지지 않았을 경우에는 3년 이후의 군역 수행은 정해진 것이 아니라는 점이다. 이로 보아 가실이 자신의 군역까지 수행하고 왔다고 보기에는 어렵다고 생각된다. 단지 나라의 변고가 6년이 조금 넘어가는 시점에 끝나게 됐고, 그때서야 교대가 이루어진 것이다.

　한편 신라의 군역은 군역을 수행하고 있는 중에도 사사로이 일을 하는 것이 가능하였다. 이는 군역과 관련한 규정을 통해 금지하지 않았음을 의미한다. 관련하여 다음의 사료들이 주목된다.

　　J-1 法師眞定羅人也 白衣時隷名卒伍 而家貧不娶 部役之餘傭作受粟以養孀母 家中計産唯折脚一鐺而已[76]

....

75 李文基, 앞의 책, 1997, 236~237쪽.
76 『三國遺事』, 卷5, 孝善9, 眞定師孝善雙美.

J-2 第三十二孝昭王代 竹曼郎之徒有得烏[一雲穀]級干 隷名扵風流黃卷追
日仕進 隔旬日不見 郎喚其母問爾子何在 母曰 幢典牟梁益宣阿干以我
子差富山城倉直 馳去行急未暇告辭扵郎 郎曰 汝子若私事適彼則不湏
尋訪 今以公事進湏歸享矣 乃以舌餅 一合酒一缸卒左人 鄕雲皆叱知
言奴僕也而行 郎徒百三十七人亦具儀侍從 到富山城問閽人得烏失奚在
人曰 今在益宣田隨例赴役 郎歸田以所將酒餅饗之 請暇扵益宣將欲偕
還 益宣固禁不許77

　위의 J-1은 진정법사가 출가하기 전 병역을 수행하는 동안에 남는 시
간을 이용해 품팔이를 했음 알려준다. 이는 당시 병역을 복무하는 동안에
사사로이 일을 하는 것이 허락되었음을 보여준다. 그리고 이것이 가능했
던 이유는 병역 복무기간 동안에도 番이 있어 교대가 이루어지기 때문으
로 생각된다.

　J-2는 앞서 살펴봤던 득오의 사례이다. 득오는 군역에 징집되어 부산
성의 창직으로 배치되었다. 그런데 담당 관리로 보이는 당전 익선의 밭에
서 예에 따라 사사로이 역(赴役)을 한다는 내용이 전해진다. 이러한 부역
이 허락될 수 있었던 것은 창고직 역시 본래의 역할을 수행하는 것에 일
련의 番이 정해져 있었기 때문으로 생각된다. 본래 창고직의 역할은 앞서
살펴봤듯이 창고의 경비와 출납 관리 등에 있다. 다만 이는 함께 役을 수
행하는 이들과 돌아가며 했을 것이다. 형태는 다르지만 고대 일본에서도
烽燧에 배치되어 군역을 수행하는 烽子의 경우 교대로 근무한다78고 하는
것으로 보아 대체로 당시의 군역은 공통적으로 복무기간 동안에도 해당
군역마다 각각 자체적으로 番을 두어 교대로 수행했음을 알 수 있다.

　이처럼 신라의 군역은 대체적으로 일괄된 규정에 따라 선발 및 부과가

----

77 『三國遺事』, 卷2, 紀異2, 孝昭王代竹旨郎.
78 『養老令』, 第17, 軍防令69. "通用散位勳位分番上下 三年一替"

되고 운영이 이루어졌다. 그런데 모든 군역이 동일하게 운영되었다고 생각되진 않는다. 일부 형태별로 운영 양상이 다른 점들이 확인되는 것이다. 먼저 지방 자체적인 군역의 경우가 주목된다. 군역의 경우 일반적으로 중앙에서 징집·부과하지만, 지방에는 州兵 또는 城兵 등 해당 지역에서 자체적으로 군역을 수행하는 일반병사집단을 징집하기도 한다. 이들은 자신의 지역에서 선발되어 군사조직에 배치되고 군역을 수행한다. 이로 보아 軍의 형태에 해당하는 군역이라 할 수 있겠지만, 조금 다르게 운영되는 부분도 있는 듯하다. 관련하여 다음의 사료들을 살펴보겠다.

> K-1 時庾信爲押梁州軍主 若無意於軍事 飲酒作樂 屢經旬月 州人以庾信爲
> 庸將 譏謗之曰衆人安居日久 力有餘 可以一戰 而將軍慵惰 如之何 庾
> 信聞之 知民可用 告大王曰 今觀民心 可以有事 請伐百濟 以報大梁州
> 之役 王曰 以小觸大 危將奈何 對曰 兵之勝否 不在大小 顧其人心何
> 如耳 故紂有億兆人 離心離德 不如周家十亂同心同德 今吾人一意 可
> 與同死生 彼百濟者 不足畏也 王乃許之 遂簡練州兵赴敵 至大梁城外
> 百濟逆拒之[79]
>
> K-2 冬十月 百濟兵來圍我速含櫻岑歧岑烽岑旗縣穴柵等六城 於是 三城或
> 沒或降 級湌訥催合烽岑櫻岑旗縣三城兵堅守 不克死之[80]

K-1은 김유신이 압량주 군주로 있을 당시 州兵을 선발하여 백제를 공격한 내용을 담고 있다. 압량주는 下州의 주치로 여기서 확인되는 州兵은 州治停의 일반병사로 이해된다.[81] 이를 보면 지방의 州兵이나 城兵은 자체

....

79 『三國史記』, 卷41, 列傳1, 金庾信 上.
80 『三國史記』, 卷4, 新羅本紀4, 眞平王 46年.
81 주치정의 주병이란 주치의 주민을 징발한 것이며, 광역정의 주병이란 주치를 포함하는 광역주 내의 주민을 대상으로 징발한 것을 말한다(李文基, 앞의 책, 1997, 209쪽).

적인 선발을 통해 군역을 부과했음을 알 수 있다. 이와 함께 왕에게 보고가 이루어진 후 징집이 이루어지는 것으로 보아 지방 자체적인 군역 역시 병부에 보고가 되었다고 생각된다.[82] 그런데 K-1의 경우는 전쟁을 앞두고 징집이 이루어졌으므로 평시 常備軍을 그대로 보여주는지 확실하지 않다. 평시 상비군의 존재는 K-2를 통해서 확인할 수 있다. K-2는 백제가 병사를 이끌고 6성을 공격했는데, 눌최가 城兵들을 이끌고 방어한 내용을 담고 있다. 백제의 공격에 바로 방어를 할 수 있는 병사가 있다는 것은 평상시 상비군이 존재했음을 보여준다. 즉 평시 지방의 군역은 자체적인 선발을 통해 수행되었으며, 이는 모두 병부에 보고가 되었음을 알 수 있다.

군량과 군자를 수송하는 輸役 역시 다른 군역과는 다른 특징적인 운영 양상을 보인다. 군량 수송이 이루어지는 경우는 앞서 언급했듯이 대체적으로 전시 상황의 경우가 많다. 따라서 다른 군역에 비해 비정기적이고, 단발성으로 징집·부과가 됐을 것이다. 이로 인해 신라의 군역에서 기본적으로 규정하고 있는 복무기간, '3년 1기'에는 구애받지 않았다고 생각된다. 대신 輸役의 경우 番으로 부과되었을 것이다. 그리고 이러한 番의 부과가 각 지역의 지방관에 의해 이루어져 병부에 제출될 것이다. 또한 輸役은 전투부대에 배치되는 군역(軍)과 함께 운용되는 경우가 많다. 군량 및 군자의 중요성으로 말미암아 장거리의 이동시 호위가 필수적이기 때문이다.

L-1 (文武王 元年)至十二月 熊津糧盡 先運熊津 恐違勅旨 若送平壤 卽恐
　　熊津絶糧 所以差遣老弱 運送熊津 强健精兵 擬向平壤 熊津送糧 路上

---

82 『養老令』, 第17, 軍防令14. "凡兵士以上 皆造曆名簿 二通 並顯征防遠使處所 仍注
　貧富上中下三等 一通留國 一通每年附朝集使送兵部"
　고대 일본의 경우 兵士 이상은 모두 역명부 2통을 작성하여 하나는 國에 두고
　하나는 매년 병부로 보낸다. 이를 볼 때 신라 역시 지역별로 자체적인 군역을
　실시할 때 병부에 보고가 이루어졌을 것이다.

逢雪 人馬死盡 百不一歸[83]

L-2 冬 以一善居列二州民 輸軍資於河西州[84]

L-1은 「答薛仁貴書」 중 웅진과 평양으로 군량을 보내는 내용이다. 이 사례는 두가지 형태의 군역이 함께 운용되는 것을 잘 보여준다. 기왕에는 군량 수송에 동원된 老弱을 전투병이 아닌, L-2에서 하서주로 軍資를 옮기는 州民과 같은 성격의 존재로 이해하였다.[85] 그런데 L-1의 老弱이 반드시 輪役에 동원되는 대상만을 지칭한다고 볼 수는 없다. 당시 상황을 보면 평양 쪽은 웅진에 비해 수송로가 위험하고 고구려와의 전투가 예상된 지역이었다. 따라서 동시에 수송이 이루어져야 한다면, 평양행 수송대에 더 강한 병사를 배치한 것은 자명하다. 즉, 老弱은 强健精兵에 대비되는 표현일 뿐이다. 동일하게 전투병(軍)과 수송대(輪役)가 함께 조직을 이루되 평양행 수송대에 비해 다소 약한 전투병이 배치된 것이다. 이는 輪役만의 특징적인 운영 양상이라고 할 수 있다.

한편 지금까지 살펴본 바로 신라의 군역은 일부 형태에 따라 특징을 가진 것을 제외하면, 대체적으로 그 운영 양상이 동일하며, 모두 병부의 관할 하에 이루어졌다. 이러한 운영이 이루어질 수 있었던 데는 율령이 중요한 역할을 했던 것으로 보인다. 그렇다면 과연 당시 신라의 율령은 군역체제 안에서 어떻게 활용되었을까.

주지하다시피 신라는 법흥왕 7년(520) 율령을 반포하면서 제도적인 정비가 이루어졌다. 초기 임시적이고 단행법적인 법체계가 일괄적으로 정리가 된 것이다. 이는 군역과 관련해서도 마찬가지였다. 이러한 정비는 지금

---

83 『三國史記』, 卷7, 新羅本紀7, 文武王 11年.
84 『三國史記』, 卷6, 新羅本紀6, 文武王 5年.
85 李文基, 앞의 책, 1997, 215쪽.

까지 살펴보았던 군역 역시 운영의 기준이 되어 효율성을 극대화 시켰을 것이다. 그러나 신라의 율령과 관련한 자료는 남아 있지 않아 군역이 어떻게 규정되었는지 확인하는데 어려움이 따른다.

그런데 이와 관련하여 최근 공개된 성산산성 4면목간이 주목된다.[86] 이 목간은 아직 연구자 간에 견해가 완전히 일치되지는 않았지만 '代法'[87] 이라는 당시 역역과 관련한 규정의 존재를 알려준다.

M. (1면) 三月中眞乃滅村主憹怖白
　　(2면) □城在彌卽等智大舍下智前去白之
　　(3면) 卽白先節六十日代法稚然
　　(4면) 伊他罹及伐尺寀言□法卅代告今卅日食去白之

목간에는 진내멸촌의 촌주가 어떠한 사안이 발생하자 이에 대한 잘못

---

86 목간의 판독은 발표기관인 국립가야문화재연구소의 판독안을 따랐다.
　최장미, 「함안 성산산성 제17차 발굴조사 출토 목간 자료 검토」, 『목간과문자』 18, 2017.

87 '代法'와 관련하여 '(力役에) 해당하는 법' 또는 '(力役의) 代價에 관한 법'으로 보거나(金昌錫, 「鹹安 城山山城 17차 발굴조사 출토 四面木簡(23번)에 관한 試考」, 『韓國史研究』177, 2017), '(법대로 하지 않고) 대신한 (임의적인) 법'으로 보기도 하고(박남수, 「신라 법흥왕대 '及伐尺'과 성산산성 출토 목간의 '役法'」, 『新羅史學報』40, 2017), '代'를 '벼 한 묶음을 수확할 수 있는 토지면적 또는 벼 한 묶음의 수확량'으로 이해하거나(전덕재, 「중고기 신라의 대(代)와 대법(代法)에 대한 고찰」, 『역사와현실』105, 2017), '일수'(날짜)로 해석하여 '~일'로 보아 뒤의 '法'을 따로 해석하기도 한다(이수훈, 「함안 성산산성 출토 4면 목간의 '代'」, 『역사와경계』105, 2017) 한편 최근에는 『고려사』와 『당률소의』, 漢代 목간 등을 토대로 '代'를 교대의 의미로 파악한 연구도 있다(강나리, 「신라 중고기의 '代法'과 역역동원체계」, 『한국고대사연구』 93, 2019). 아직 그 뜻이 일치하지 않지만, 적어도 일련의 法을 인지하고 작성된 목간이라는 점은 대체로 동의되고 있다.

을 시인하고 보고하는 내용을 담고 있다. 보고를 받는 대상은 문면에 정확하게 드러나지는 않으나 성산산성 안에서 목간이 발견된 점으로 보아 당시 진내멸촌이 성산산성과 관계를 맺고 있었고, 해당 사안에 대하여 진내멸촌 측에서 성산산성에 보고한 것으로 보인다.

그런데 여기서 확인되는 '六十日代法'을 60일 동안의 力役 동원에 관한 규정으로 이해한 견해가 있어 주목된다.[88] 이에 따르면 이 목간의 내용은 60일의 기간을 예정으로 한 인력 동원이 있었으나 3월 이전에 이 계획에 차질이 생겨 상부에 보고가 이루어진 것이다. 이러한 해석이 허락된다면 신라에는 60일 혹은 30일을 기준으로 하는 역역 동원에 대한 규정이 마련되어 있었을 것이다.

이는 당시 신라의 군역에 대한 법체계가 전국적으로 전파되었을 가능성을 시사한다. 신라는 율령반포를 전후하여 『삼국사기』와 여러 금석문을 통해 고유의 법체계로 '某某法'을 사용했음을 확인할 수 있었다. 그런데 이 목간을 통해 왕의 영향력이 크게 미치지 않은 지방행정상에서도 '法'이라는 용례가 사용되어 당시 지방에까지 정리된 율령이 전파됐을 가능성을 확인한 것이다. 그렇다면 군역과 관련한 조문 역시 법전화가 되어 지방에까지 영향을 미쳤을 것으로 생각된다. 이러한 상황을 염두에 둔다면 앞서 살펴보았던 군역과 관련한 다양한 사례들 역시 법으로서 규정이 되어 이에 따라 운영이 되었다고 이해할 수 있겠다.

한편 당과 일본은 신라와는 달리 지금까지 율령 자료들이 남아 있어 당시의 운영 양상을 고찰하는데 많은 도움이 되고 있다. 그중 「軍防令」이 주목된다. 「군방령」은 隋 『開皇令』에서 처음으로 그 편목이 나오며, 이후 唐令에 계승되었다. 이는 일본에도 계수되어 일본의 『大寶令』에서 처음으

---

88 박남수, 앞의 논문, 2017.

로 등장하여 『養老令』으로 이어졌다. 「군방령」은 총 76개조로 軍團·衛士·防人·征討軍·城柵·關峰·倉庫 등 군사제도 전반에 걸친 내용을 싣고 있다.[89] 신라는 7세기에 들어서면서 唐과의 외교를 통해 여러 제도들을 받아들였다. 이 과정에서 당의 율령 역시 신라로 유입되었을 것으로 보이는데, 이로 인해 어느 시점부터는 군사와 관련된 부분에 있어서도 영향을 받았다고 여겨진다.

다만 이처럼 군사 관련 제도의 수용에 적합한 환경이었음에도 불구하고 일정 부분 고유한 체제가 유지되었다. 이는 7세기 통일전쟁 당시 운용되었던 군율에서 확인할 수 있다. 당시 신라의 군율은 관련한 자료가 전해지지 않지만, ① 전쟁에서 패배하거나 도망 또는 퇴각했을 때의 규정, ② 군사 기일 관련 규정, ③ 군역 수행 기준 및 의무 규정, ④ 전쟁 준비 시 책임 규정, ⑤ 포상 및 속형 규정 등이 있었던 것으로 보인다. 이러한 규정들 중 일부는 당의 것과 달라 고유한 체제가 유지, 운영되었던 것으로 이해된다. 또한 군율을 어겼을 때 형벌체계로는 사형의 경우 지해형과 참수형으로 두 개의 등급이 있었으며, 免職과 貶遷이 확인된다. 그중 폄천은 신라 고유한 형벌이었던 것으로 보인다.[90]

이러한 양상은 전쟁이 마무리된 이후 조금씩 변화를 보였던 것으로 보인다. 그 사례가 신라의 代役에 관한 운영이다. 앞서 가실의 사례에서도 확인되었듯이 6~7세기 신라의 군역은 당과는 달리 다른 사람을 대신하여 役을 수행하는 것이 가능했다. 이런 차이는 府兵制를 바탕으로 하는 唐과 군역체제가 다름에서 기인한다고 생각된다. 당은 군역의 반대급부로서 토지를 지급하는 균전법을 시행하였다. 그런데 8세기 성덕왕대에 丁田을 지

---

89 李貞姬, 「日·唐 軍防令의 比較 硏究」, 『大邱曉星가톨릭大學校 硏究論文集』 53, 1996, 105~106쪽.
90 申範圭, 앞의 논문, 2015, 271쪽.

급하면서 새로이 군역과 관련된 법이 마련되었을 것으로 보인다. 정전 지급에 관해서는 그 해석이 다양한데[91], 그중 屯田적 성격에 주목한 견해가 있어 참고 된다.[92] 성덕왕대에는 계속되는 자연재해와 함께 대외적으로는 渤海와의 긴장관계가 계속 이어지고 있었다. 이러한 상황에서 성덕왕 21년 정전을 지급하였다.[93] 다만 이 시기에 지급된 정전은 당시 여건상 전국적으로 시행된 것으로 보이진 않는다. 즉 일정한 지역을 우선적 대상으로 한 지역적 토지 분급인 것이다. 그리고 그 대상은 북방 경계지역일 것으로 여겨진다. 관련하여 다음 사료를 살펴보자.

　　　　N-1 十二月 大赦 築開城[94]
　　　　N-2 築漢山州都督管內諸城[95]
　　　　N-3 秋七月 徵何瑟羅道丁夫二千 築長城於北境[96]

　　N은 성덕왕대에 들어 북쪽 경계 일대에 축성을 하고 발해의 위협에 대응하기 위한 조치였다. 성덕왕은 이를 바탕으로 발해와의 긴장관계에

....

91 정전 지급에 대한 견해는 다양한데, 크게 본래 소유하던 토지를 국가가 인정해 주는 것이라 보는 견해(李基白, 「統一新羅의 統治組織」, 『韓國史講座』1 古代編, 一潮閣, 1982; 董晉哲, 『韓國中世土地所有研究』, 一潮閣, 1989)와 ②국가에서 토지를 분급해주는 것으로 보는 견해(白南雲, 『朝鮮社會經濟史』, 改造社, 1933; 金容燮, 「前近代의 土地制度」, 『韓國學入門』, 學術院, 1983; 金基興, 『삼국 및 통일신라 세제의 연구』, 역사비평사, 1991; 樸時亨, 『朝鮮土地制度史』 上, 신서원, 1994)로 나눌 수 있다. 정전은 지급 대상과 시간적·공간적 범위에 따라 더욱 세분화된다.

92 樸贊興, 『新羅 中·下代 土地制度 研究』, 高麗大學校 博士學位論文, 2001.

93 『三國史記』, 卷8, 新羅本紀8, 聖德王 21年.

94 『三國史記』, 卷8, 新羅本紀8, 聖德王 12年.

95 『三國史記』, 卷8, 新羅本紀8, 聖德王 17年.

96 『三國史記』, 卷8, 新羅本紀8, 聖德王 20年.

대한 대비와 함께 패강유역의 지배를 공고히 하고자 하였다. 이와 더불어 패강유역이 평야지대라는 지리적 특징에 주목하여 농업 생산력을 증진시키는 목적이 내포되어 있었던 듯하다.[97] 정전의 지급은 이러한 일련의 조치와 맞물려 시행된 것이다.

국가의 입장에서 煙戶가 아닌 丁夫를 기준으로 지급했던 이유는 분명치 않다. 다만 丁夫는 役을 담당하는 가장 중심적인 존재라는 점에서 군역과 관련이 있다. 발해와의 군사적인 대립 때문에 屯田적인 성격의 정전이 군역 부과와 관련되어 지급되었을 가능성이 있는 것이다.[98] 군역을 행하면 토지가 지급되므로 다른 사람이 대역을 하는 것은 시행할 수 없었을 것이다. 당의 경우에는 균전제에 입각한 부병제가 시행되었으므로 군역에 관한 조문이 많은 비중을 차지했다. 이러한 양상은 신라도 마찬가지였을 것으로 보인다. 물론 당시 신라의 정전 지급이 당의 균전제를 그대로 따랐다고 보긴 어렵다. 그러나 이처럼 신라 역시 성덕왕대에 이르러서 정전 지급과 함께 군역 관련 조문에 변화가 있었을 것으로 여겨진다. 그리고 이를 기준으로 군역을 운영해나갔을 것이다.

Ⅴ. 맺음말

지금까지 6~7세기 신라 군역의 형태와 당시 운영이 됐던 모습을 몇 가지 사료를 통해 살펴보았다. 고대사회에서 인적자원의 효율적인 운용은 가장 중요한 쟁점 중 하나였기 때문에 군역에 대한 고찰은 당시 신라의

---

97 한준수, 「신라 성덕왕대 균전적(均田的) 토지제의 시행과 체제정비」, 『한국학논총』35, 2011, 29~30쪽.
98 樸贊興, 앞의 논문, 2001, 79~80쪽.

일면을 살피는데 필요한 과정이라 할 수 있다. 따라서 관련하여 많은 연구가 발표되었고, 그 실체가 드러나게 되었다. 그러나 이러한 과정에서 신라의 군역은 용어의 사용에 있어서 혼동이 발생하게 되었다. '廣義로서의 군역'과 '狹義로서의 군역'이 혼용되는 경우가 있었기 때문이다. 이에 신라 군역의 범위와 형태를 살펴 각각을 구분하고 재검토할 필요가 있다.

신라의 일반민이 수행하는 군역은 그 역할에 따라 다양하게 구분되었는데, 이와 관련하여『수서』신라전에 軍·烽·戌·邏의 형태가 전해진다. 이를 바탕으로 신라 군역 사례를 함께 검토하면, 먼저 군사조직에 배치되어 전투병사로서의 역할을 수행하는 軍과 군사 물자를 수송하는 輸役이 있다. 이들은 대체로 전시상황에 운용되는 경우가 많은데, 특성상 연계되어 함께 행해졌다. 고대 군사 통신시설이었던 봉수는 진평왕대에는 이미 군사 요충지에 설치가 되어 군역의 한 형태로서 운영되었다. 戌는 신라의 변경에 있는 趨防에 배치되는 役으로 변경을 수비하는 역할을 담당하였다. 邏는 각 지방에 일정한 지역마다 배치되던 군역으로 巡邏를 기본으로 하는 군역이다. 이들은 담당 지역에 변고가 생길 경우 해당 지역에 배당된 役을 대신하는 예비적 역할도 맡았다. 이외에도 군사 창고를 담당하는 군역도 존재하였다. 이는 각 지역에 설치된 군사 창고에 배치되어 군자의 경비와 출납을 담당하였다.

이처럼 다양한 신라의 군역들은 병부의 설치와 율령반포를 거치면서 정형화된 운영 양상을 보였다. 군역 대상자들은 징집이 될 경우 반드시 병부를 거쳐 해당 군역을 수행하여야 하며, 그 대상자들의 복무기간은 3년 1기였다. 다만 15~16세에는 예비자원으로서 자원할 경우 군역을 수행할 수 있었다. 중고기 신라의 군역은 중국과 일본과는 달리 代役이 가능했으며, 役을 수행하고 있는 중에도 개인적인 일을 할 수가 있었다. 이러한 운영 양상은 군역 전체에 공통적으로 해당되는 사항이었다.

그러나 형태별로 특징적인 운영 양상을 보이기도 한다. 軍형태 중 지방에서 자체적으로 운영되는 경우이다. 이들은 州兵·城兵으로 불리었으며, 상비군으로서 자체 운영되었다. 다만 이 역시 병부에 보고가 이루어졌다. 輪役의 경우도 그 역할의 특수함으로 인해 특징적인 운영 양상을 보인다. 輪役은 대체적으로 다른 군역에 비해 비정기적이고, 단발성으로 징집·부과가 된다. 따라서 신라 군역의 기본 복무기간인 3년 1기에는 구애받지 않는다. 대신 番으로 부과가 되어 그 차례는 각 지역의 지방관에 의해 조사되어 병부에 제출되었다.

이러한 여러 군역들은 일부 형태에 따라 특징이 있기는 하지만, 대체적으로 운영 양상이 동일하다. 신라의 군역은 율령이 반포된 이후 법전화되었다. 당시의 군역과 관련된 조문은 6~7세기 단계에는 전국적으로 전파가 이루어져 이를 바탕으로 운영이 이루어졌다. 그런데 본래 고유한 체제를 유지하던 군역도 중국의 군사 관련 율령이 유입되면서 점차 변화가 이루어졌다. 그리고 성덕왕대에 이르러서는 丁田의 배포로 기존처럼 대역을 하는 것은 규정의 변화로 시행할 수 없게 된 것으로 보인다.

7세기 고구려의 장군과 군사 운용
-「천남생 묘지」를 중심으로-

이 정 빈 ┃ 충북대학교 역사교육과 조교수

I. 머리말

「천남생 묘지」는 1920년대 전반에 출토·소개되었는데, 그로부터 지금
까지 동아시아 여러 나라 연구자의 관심을 모았다.[1] 6~7세기 고구려와 동
아시아의 역사를 연구하는 데 중요한 단서를 제공하고 있기 때문이다. 그
의 묘지에는 기존의 문헌사료에서는 찾아볼 수 없는 고구려 멸망기의 정
황이 담겨 있으며,[2] 연남산·연헌성·연비와 같은 형제·자손의 묘지와 함
께 연개소문의 일족의 가계와 활동을 전하고 있다.

본고에서는 「천남생 묘지」에 보이는 관직, 그 중에서도 將軍에 주목해
보고자 한다. 묘지에 따르면 남생은 장군·삼군대장군을 역임하였다고 한
다. 그는 말단 관등부터 시작해 최고위 집권자의 지위까지 승진했다. 그가
역임한 관등과 관직은 최고위 집권자의 지위까지 오르는 데 필수적인 요

---

1 「泉男生墓誌銘」의 소개와 연구동향은 윤용구, 「중국 출토 고구려 백제·유민 묘
  지명 연구동향」『한국고대사연구』75, 2014, 64~68쪽 및 김영관·조범환, 2016
  「고구려 泉男生 墓誌銘에 대한 소개와 연구 현황」『韓國古代史探究』22 참조.
2 이와 관련한 최근의 본격적인 연구로 다음이 참고된다. 李文基, 「高句麗 滅亡期
  政治運營의 變化와 滅亡의 內因」『한국고대사연구』50, 2008 ; 정원주, 「男生의
  失脚 배경과 그의 行步」『한국고대사연구』75, 2014.

직이었다. 고구려의 관제에서 장군의 지위와 비중은 상당하였다고 파악된다.

장군은 고조선 위만정권에서부터 찾아볼 수 있다.[3] 『삼국사기』를 비롯한 한국 고대의 각종 문헌사료와 금석문에도 여러 장군 명칭이 등장한다. 이로 보아 한국 고대의 여러 나라에서도 장군 관제가 운용되었고, 7세기 고구려의 장군도 그와 같은 官制史上에 위치한다고 생각된다.

그런데 지금까지 장군에 대한 연구는 주로 신라사 방면에서 진행되었고,[4] 고구려의 장군에 관한 본격적인 연구는 드문 형편이었다. 그럼에도 불구하고 7세기 고구려의 군사 운용 속에서 장군의 기능을 헤아림으로써 이미 어느 정도의 이해를 얻을 수 있었다.[5] 또한 최근 들어 「천남생 묘지」에 대한 완성도 높은 원문과 번역문이 제시되었고,[6] 그 외에도 여러 유민의 묘지가 보고되며 한층 진전된 연구 기반이 마련되었다.

본고에서는 이러한 선행 연구에 기초하여 기왕의 논의를 점검하고, 7세기 장군의 의미와 기능을 고구려의 군사운용과 관련하여 생각해 보고자 한다. 「천남생 묘지」와 7세기 고구려 군사사에 대한 보다 체계적인 연구를 진행하는 데 일조할 수 있기를 기대한다.

---

3 『사기』 권115, 조선열전55. "朝鮮相路人·相韓陰·尼谿相參·將軍王唊 相與謀曰 (중략) 陰·唊·路人皆亡降漢" 위만정권의 장군에 관해서는 노태돈, 「위만조선의 정치구조」, 노태돈 편, 『단군과 고조선사 연구』, 사계절, 2000, 104~105쪽.

4 專論으로 다음을 제시할 수 있다. 鄭敬淑, 「新羅時代의 '將軍'의 成立과 變遷」 『韓國史研究』 48, 1985 ; 최상기, 「6~7세기 신라 장군의 역할과 운용」 『역사와 현실』 97, 2015.

5 이문기, 「7세기 高句麗의 軍事編制와 運用」 『고구려발해연구』 27, 2007.

6 이우태, 「泉男生 墓誌」 『韓國金石文集成(2)-高句麗2 高句麗 및 高句麗 關係 金石文 (解說篇)』, 韓國國學振興院, 2014.

II. 「천남생 묘지」에 보이는 장군의 의미

「천남생 묘지」에 보이는 장군과 관련한 대목은 다음과 같다.

A-1. 公의 姓은 泉이고, 諱는 男生이며, 字는 元德으로 遼東郡 平壤城 人이다. (중략) ㉠ 증조부는 子遊이고, 조부는 太祚로, 모두 莫離支를 역임하였다. 부친은 蓋金으로 太大對盧를 맡았다. 조부 와 부친은 가업을 계승(良冶良弓)하여 병권과 정권을 전부 책임 졌다. 桂婁의 성대한 공업은 凌替(下凌上替)의 바탕에도 빛났고, 蓬萊山의 높은 데서 내려다봄은 伊尹·霍光이 보여준 중신의 임 무보다 확고하였다. ㉡ 공은 선조로부터 전해온 경사를 이어받 았으니, 벼슬(弁幘)은 곧 王公의 자손이었고, 연이은 영화를 이 어받았으니, 沛·鄒와 같은 작은 고을에서 荀令君 荀彧의 자손이 나온 셈이었다. 髫年의 유년기에도 희롱함이 없었고, 20세부터 는 남보다 비범하였다(不羣). 衛玠가 아름다운 모습으로 수레를 타듯이 길에서 옥의 아름다움이 빛났고, 陶謙이 비단을 꿰어 놓았듯 뛰어났으니 마을에서 진주의 아름다움이 빛났다. 호방 한 포부를 품고 광대한 뜻을 표시하니, 뭇사람으로부터 평판이 널리 높고 흠결이 없었으며, 시세를 널리 분명하고 막힘이 없 었다. 문무를 겸비하여 모두 오묘하였고, 거문고와 바둑에 둘 다 능통하여 함께 심취하였다. 仁을 체득하여 勇을 이루었으니, 誕據보다 큰 천둥을 고요히 하는 데 능하였고, 信을 품은 데서 정성이 나왔으니, 禹 임금이 龍門을 뚫어서 治水한 것보다 성난 파도를 잘 다스렸다. 천륜에 모자람이 없었으니, 교화에 백성 이 쫓았고, 王道에 사심이 없었으니, 忠으로 아름다운 德을 이 루었다. 만 경의 맑은 못에서 헤엄쳐도 그 깊이를 헤아릴 수 없고, 아홉 길의 두른 담장에서 이야기하여도 그 정원을 엿볼 수 없다. ㉢ 나이 9세(642)가 되자 곧 先人을 받았다. 父任으로 郎이 되었다. 올바름을 드러내듯 조정에 들어가 말하였고, 뛰어

난 재주로 대를 이어 빛나는 앞날이 다가오는 듯 관직이 빠르게 승진하였다. 나이 15세(648)에 中裏小兄을 받았고, 18세(651)에 中裏大兄을 받았으며, 나이 23세(656)에 中裏位頭大兄으로 고쳐 임명되었고, 24세(657)에 將軍을 겸하여 받되 나머지 관직은 이전과 같았다. 나이 28세(661)에 莫離支에 임명되었고, 三軍大將軍을 겸하여 받았다. 32세(665)에 太莫離支를 더하여 軍國의 업무를 총괄하였으니, 대신의 으뜸이었다. 선조의 업을 계승하여 선비들은 사모하는 마음을 품었고, 위태로운 나라의 권력을 잡으니 사람마다 어긋난 의견이 없었다.[7]

A-2. 泉男生의 字는 元德으로 고구려 蓋蘇文의 아들이다. 9세(642)에 父任으로 先人이 되었다. 中裏小兄으로 전직하였는데, [중리소형은] 당의 謁者와 같다. 다시 中裏大兄이 되어 國政을 맡았고, 모든 辭令은 모두 男生이 주관하였다. 中裏位頭大兄으로 승진하였다. 오래지나 莫離支가 되었고, 三軍大將軍을 겸하였다. 大莫離支를 더하였다.[8]

....

7 「천남생묘지」, "公姓泉 諱男生 字元德 遼東郡平壤城人也 (중략) 曾祖子遊 祖太祚 並任莫離支 父蓋金 任太大對盧 乃祖乃父 良冶良弓 並執兵鈐 咸專國柄 桂婁盛業 赫然淩替之資 蓬山高視 碓乎伊·霍之任 公貽厥傳慶 弁幘乃王公之孫 宴翼聯華 沛·鄒爲筍令之子 在鬓無弄 處卅不羣 乘衛玠之車 塗光玉粹 綴陶謙之帛 里暎珠韜 襟抱散朗 標置宏博 廣峻不疵於物議 通分無滯於時機 書劍雙傳 提庖与截蒲俱妙 琴碁兩翫 雁行与鶴列同傾 體仁成勇 靜迅雷於誕據 抱信由衷 亂驚波於禹鑿 天經不貳 敎乃由生 王道無私 忠爲令德 澄陂万頃 游者不測其淺深 繚垣九仞 談者未窺其庭宇 年始九歲 卽授先人 父任爲郎 正吐入椽之辯 天工其代 方昇結艾之榮 年十五 授中裏小兄 十八 授中裏大兄 年廿三 改任中裏位頭大兄 廿四 兼授將軍 餘官如故 廿八 任莫離支 兼授三軍大將軍 卅二 加太莫離支 摠錄軍國 阿衡元首 紹先疇之業 士識歸心 執危邦之權 人無駁議" 원문과 번역은 內藤虎次郎, 「近獲の二三史料: 四. 泉男生泉男産墓誌」 『內藤湖南全集』 7, 筑摩書房, 1970, 563~ 566쪽 ; 陳忠凱, 「唐三蕃將墓志銘文之硏究」 『碑林集刊』 1998, 75~76쪽 ; 국립중앙박물관 편저, 「천남생묘지명」 『금석문자료 1-삼국시대』, 예맥, 2010, 148~157쪽 ; 이우태, 앞의 글, 앞의 책, 2014, 38~51쪽 참조 번역은 이우태 2014를 바탕으로 약간 수정하였다(괄호 표시).

8 『신당서』 권10, 열전35, 제이번장 천남생, "泉男生字元德 高麗蓋蘇文子也 九歲 以

위 사료는 「천남생 묘지」(A-1)과 『신당서』 천남생전(A-2) 중 그의 관력과 관련한 것이다. 두 사료는 모두 연남생의 行狀을 전거자료로 하였다고 이해된다.[9] 따라서 상호보완적인 이해가 가능하다. 사료 A-1에서 장군은 ㉢에 보인다. 연남생은 중리위두대형의 직위에서 장군을 겸하였고, 막리지로서 삼군대장군을 겸하였다고 한다. 사료 A-2에서도 막리지가 되어 삼군대장군을 겸하였다고 하였다. 연남생은 장군·삼군대장군을 겸하였던 것이다. 이와 관련하여 다음의 묘지가 참고된다.

B-1. 증조부 前은 本蕃의 三品 位頭大兄이고, 조부 式은 二品 莫離支로, 홀로 국정과 병마의 일을 맡았다. 부친 量은 三品 柵城都督·位頭大兄으로 大相을 겸하였다. (중략) 번에 있을 때 3품 位頭大兄에 임명되었고, 大將軍을 겸하였다.[10]

B-2. 증조부 式은 本蕃에서 二品 莫離支에 임명되어 홀로 國政을 맡았다. 지위가 매우 중요하였고, 직책이 機權의 모범이었으니, 나라의 저울이었고, 존귀함이 드러난 것이 비견할 자 없었다. 부친 量은 本蕃에서 三品 柵城都督·位頭大兄에 임명되었고, 大相을 겸하였다. 어려서부터 가업을 계승하였고, 장성하여 基構를 이어받아 方鎭의 영수가 되었으니, 실로 屬城의 모범이었다. 부친 文(高質·高性文)은 本蕃 三品 位頭大兄에 임명되었고, 將軍을 겸하였다.[11]

....

父任爲先人 遷中裏小兄 猶唐謁者也 又爲中裏大兄 知國政 凡辭令 皆男生主之 進中裏位頭大兄 久之 爲莫離支 兼三軍大將軍 加大莫離支"

9 李成制, 「高句麗·百濟遺民 墓誌의 出自 기록과 그 의미」 『한국고대사연구』 75, 2014, 149~152쪽.

10 「고질 묘지」, "曾祖前 本蕃三品位頭大兄 祖式 二品莫離支 獨知國政及兵馬事 父量 三品柵城都督·位頭大兄兼大相 在藩任三品位頭大兄兼大將軍" (閔庚三, 2007 「신출토 高句麗 遺民 高質 墓誌」 『新羅史學報』 9, 351쪽)

11 「고자 묘지」, "曾祖式 本蕃任二品莫離支 獨知國政 位極樞要 職典機權 邦國是均 尊顯莫二 祖量 本蕃任三品柵城都督·位頭大兄 兼大相 少稟弓冶 長承基構 爲方鎭

위 사료는 고자와 일족의 가계 및 관력을 전하는데, 일족 중 고질(고문)이 위두대형으로 대장군(B-1) 혹은 장군(B-2)을 겸하였다고 한다. 아래의 <표 1-5>에 나오듯 중리위두대형은 조의두대형, 또 위두대형과 같은 제5 관등이었다.[12] 그런데 연남생이 중리위대두형·장군에서 막리지·삼군대장군으로 승진한 사실로 보면, 장군·대장군은 위계의 차이가 있었다고 판단된다. 고질은 위두대형이었다. 그러므로 그가 겸한 것은 장군이었다고 생각된다. 천남생·고질이 겸한 장군·삼군대장군은 어떠한 관직이었을까.

이제까지 크게 두 가지 견해가 있었다. 첫째 평시의 상설적인 무관으로 본 견해가 있었고,[13] 둘째 전시의 임시적인 군사지휘관으로 본 견해가 있었다.[14] 장군 명칭은 중국 춘추시기에 출현하였다. 이때 장군은 제후국의 卿이 軍을 통솔한 데서 비롯된 군사지휘관의 범칭이었다. 그러다 전국시기부터 무관의 관명으로 정착되었고, 진·한대부터 수·당대까지 평시의 상설적인 무관 관명과 전시의 임시적인 군사지휘관 명칭으로 분화·운용되었다.[15] 비교적 자료가 풍부한 신라에서도 두 가지의 용례가 모두 확인된다.[16] 그러므로 「천남생 묘지」에 보이는 장군·대장군의 의미는 구체적

之領袖 實屬城之准的 父文本蕃任三品位頭大兄 兼將軍" (이우태, 「高慈 墓誌」 앞의 책, 2014, 53~54쪽)

12 위두대형은 다음의 사료를 통해서도 확인된다. 『삼국사기』 권40, 잡지9, 외관. "級湌本位頭大兄 從大相"

13 노태돈, 「귀족연립정권의 성립」 『고구려사 연구』, 사계절, 1999, 475~480쪽.

14 李文基, 「高句麗 莫離支의 官制의 性格과 機能」 『白山學報』 55, 2000, 108~109쪽 ; 앞의 논문, 2007, 172쪽.

15 이상 중원왕조의 장군 호칭 출현과 변화에 대해서는 孫繼民, 「行軍制度之前的出征制度」 『唐代行軍制度研究』, 文津出版社, 1995, 31~41쪽 ; 李文基, 「中古期의 軍令體系」 『新羅兵制史研究』, 一潮閣, 1997, 297쪽 ; 정동준, 「백제에서의 장군호 수용과 막부제」 『역사와 현실』 97, 2015, 36~40쪽 참조.

16 李文基, 「中古基의 軍令體系」 위의 책, 303~305쪽.

인 정황을 통해 헤아려 볼 필요가 있다. 다음의 사료가 참고된다.

C-1. 용삭 원년(661)에 다시 遼東道 行軍大總管이 되었다. 9월에 鴨綠水에 도착하였다. 그 지역은 곧 고구려의 험한 요충지였다. 막리지 남생이 정병 수만으로 그곳을 지켰으므로 군대가 [압록수를] 건널 수 없었다. 글필하력이 비로소 도착하였는데, 마침 두꺼운 얼음이 크게 합쳐지자 재빨리 군대를 건너도록 하였다. 북을 치며 진격하니, 적은 마침내 크게 무너졌다. 추격한 것이 수십 리였고, 참수한 것이 3만 급이었다. 남은 무리는 모두 항복하였고, 남생은 간신히 자신만 모면하였다. 이때 班師의 조사가 있어서 이에 돌아왔다.[17]

C-2. 용삭(661~664) 초에 다시 요동도 행군대총관에 임명되어 諸蕃 35軍을 이끌고 진격해 토벌하였고, 황제도 몸소 군대를 이끌고 그를 뒤따르고자 하였다. 압록수에 도착하였는데, 개소문이 남생을 보내 정병 수만으로 험지를 막았으므로, 군대가 감히 건널 수 없었다. 마침 얼음이 합쳐지자 글필하력은 군대를 이끌고 북을 치면서 건넜다. 적이 놀라서 마침내 무너졌다. 추격하여 3만 급을 참수하였다. 남은 무리가 항복하고, 남생은 몸만 빼어 도망쳤다. 반사의 조서가 있었다.[18]

C-3. 용삭 원년(661) 9월. 고구려 연개소문이 그 아들 남생을 보내 정병 수만으로 압록수를 지켰으므로 諸軍이 건너지 못하였다. 글필하력이 도착하였다. 얼음이 크게 합쳐졌으므로, 글필하력

---

17 『구당서』권109, 열전59, 글필하력, "龍朔元年 又爲遼東道行軍大總管 九月 次于鴨綠水 其地卽高麗之險阻 莫離支男生以精兵數萬守之 衆莫能濟 何力始至 會層冰大合 趣卽渡兵 鼓譟而進 賊遂大潰 追奔數十里 斬首三萬級 餘衆盡降 男生僅以身免 會有詔班師 乃還"

18 『신당서』권110, 열전35, 제이번장 글필하력, "龍朔初 復拜遼東道行軍大總管 率諸蕃三十五軍進討 帝欲自率師繼之 次鴨綠水 蓋蘇文遣男生以精兵數萬拒險 衆莫敢濟 會冰合 何力引兵譟而濟 賊驚 遂潰 追奔 斬首三萬級 餘衆降 男生脫身走 有詔班師"

은 군대를 이끌고 얼음을 타고 [압록]수를 건넜다. 북을 치며 진격하니, 고구려는 크게 무너졌다. 추격한 것이 수십 리였고, 참수한 것이 3만 급이었다. 남은 무리는 항복하고, 남생은 간신히 자신만 모면하였다. 이때 반사의 조서가 있어서 이에 돌아왔다.[19]

위 사료는 압록수에서 전개된 연남생과 글필하력[20]의 전투를 전하고 있다(압록수 전투).[21] 660년 백제를 멸망시킨 당은 곧바로 고구려 공격을 추진하였다.[22] 이듬해인 661년 1월에 여러 州에서 4만 4천의 군대를 모집해 파병하였고, 回紇을 비롯한 諸蕃의 군사를 동원해 참전하도록 하였다.[23] 당 4월에 공격을 개시했다.[24] 위 사료에 보이듯 그에 맞서 싸운 것이 연남

---

19 『자치통감』권200, 당기16, 고종 용삭 원년(661) 9월, "高麗蓋蘇文遣其子男生以精兵數萬守鴨綠水 諸軍不得渡 契苾何力至 值冰大合 何力引衆乘冰渡水 鼓譟而進 高麗大潰 追奔數十里 斬首三萬級 餘衆悉降 男生僅以身免 會有詔班師 乃還"

20 契苾何力의 음은 다음의 주를 참조. 『자치통감』권197, 당기13, 태종 정관 19년(645) 3月 乙未(28일). "將軍契苾何力以勁騎八百擊之<契 欺訖翻 苾 毗必翻>" 글필하력은 鐵勒 출신(『구당서』권109, 열전59 글필하력 ; 『신당서』권110, 열전35, 제이번장 글필하력)으로 글필은 部名이었다.

21 「契苾嵩墓誌」(정호섭 외, 『한국 고대사 관련 동아시아 사료의 연대기적 집성 中(원문)』, 주류성, 2018, 191쪽), 「焦海智墓誌」(單敏, 「唐人對唐朝東征高句麗起因的認識及態度 − 由西安新出「焦海智墓志」所見」 『哈爾濱學院學報』 41-2, 2020, 96쪽) 등이 참고된다.

22 『신당서』권3, 본기3, 고종 顯慶 5年(660) 12月 壬午(16日) "左驍衛大將軍契苾何力爲浿江道行軍大總管 蘇定方爲遼東道行軍大總管 左驍衛將軍劉伯英爲平壤道行軍大總管 以伐高麗" ; 『자치통감』권200, 당기16, 고종 顯慶 5年(660) 12月 壬午(16日). "以左驍衛大將軍契苾何力爲浿江道行軍大總管左武衛大將軍蘇定方爲遼東道行軍大總管 左驍衛將軍劉伯英爲平壤道行軍大總管 蒲州刺史程名振爲鏤方道總管 將兵分道擊高麗 青州刺史劉仁軌坐督海運覆船 以白衣從軍自效"

23 『자치통감』권200, 당기16, 고종, 龍朔 元年(661) 春正月 乙卯(19일). "募河南·北·淮南六十七州兵 得四萬四千餘人 詣平壤·鏤方行營 戊午(22일) 以鴻臚卿蕭嗣業爲扶餘道行軍總管 帥回紇等諸部兵詣平壤"

생이었다. 그는 사료 C-1·3에 기술된 것처럼 글필하력의 군사가 압록수에 도착하기에 앞서 이미 당의 諸軍과 대치하고 있었다. 연남생이 당 제군의 도하를 막고 있는 가운데 661년 9월에 글필하력의 군대가 도착한 것이다

사료 C-1에서 연남생은 막리지였다고 하였다. 사료 A-1-ⓒ에 보이듯 그가 막리지에 임명된 것은 661년이었다. 전쟁이 본격적으로 시작되기에 앞서 막리지로 승진하였던 것이다. 삼군대장군을 평시의 상설적인 무관 관명으로 보는 견해에서는 그 취임 자격이 막리지로, 막리지는 태대형 관등이었다고 파악하였다.[25] 연남생이 막리지로 승진한 직후 참전한 사실은 막리지의 관제적 성격을 이해하는 데 하나의 참고가 될 수 있다.

사료 A-1-ⓐ에서 연남생의 증조부 연자유와 조부 연태조는 모두 막리지를 역임하였다고 하였다. 부친 연개소문도 642년 정변을 통해 집권한 직후 막리지에 취임하였다.[26] 이와 같이 볼 때 사료 A-1-ⓐ에서 그의 조부와 부친이 가업을 계승하여 병권을 책임졌다고 한 사실은 막리지가 군사권과 밀접하였음을 말해준다.[27] 하지만 막리지와 삼군대장군을 각각 관등과 관직으로 이분해 볼 수 있을지는 의문이다.

일찍부터 여러 연구자가 지적한 것처럼 막리지는 태대형과 동일한 관등으로 단정하기 어려운 점이 있다.[28] 가령 642년 연개소문이 막지리에

....

24 『신당서』권3, 본기3, 고종, 龍朔 元年(661) 4月 庚辰(16일) ; 『자치통감』권200, 당기16, 고종, 龍朔 元年(661) 4月 庚辰(16일) ; 『당회요』권95, 고구려, 龍朔 元年(661) 4月 16日.

25 노태돈, 「귀족연립정권의 성립」 앞의 책, 1999, 477~478쪽.

26 『구당서』권199상 열전149상, 동이 고려. "自立爲莫離支 猶中國兵部尙書兼中書 令職也" ; 『신당서』권220, 열전145, 동이 고려. "自爲莫離支 專國 猶唐兵部尙 書·中書令職云" ; 『자치통감』권196, 당기12, 태종 정관 16년(642) 11월 丁巳(5 일). "自爲莫離支 其官如中國史部兼兵部尙書也"

27 임기환, 「6~7세기 정치 세력의 동향과 귀족 연립 체제」『고구려 정치사 연구』, 한나래, 2004, 295쪽.

취임한 것을 두고, 당 측에서는 자국의 '병부상서·중서령' 혹은 '이부상서·병부상서'와 같다고 하였다.[29] 막리지를 관직처럼 여겼던 것이다. 이와 관련하여 사료 A·B에서 장군·대장군이 겸직으로 나온다는 사실이 주목된다.[30]

사료 A-1-ⓒ에서 연남생은 657년에 장군을 겸하여 받았는데, 나머지 관직은 이전과 같았다고 하였다. 그는 바로 전해인 656년에 중리위두대형으로 승진하였다. 657년 연남생은 중리위두대형으로서 장군을 겸하였던 것이다.[31] 중리 관청 관제 연구를 통해 밝혀진 것처럼 중리위두대형은 제5 관등 조의두대형(위두대형)과 같은 관등으로 중리직 즉 국왕 근시직의 하나였다.[32] 관등이었지만 관직의 기능도 갖고 있었던 것이다. 이로 보아 연남생은 중리위두대형은 본직으로 하면서, 장군을 겸하였다고 생각된다. 그러므로 막리지와 삼군대장군도 직능이 구분되었다고 짐작된다.

여기서 압록수 전투를 전후한 전황이 참고된다. 이때 고구려는 압록수

28 막리지에 대한 諸說은 李文基, 앞의 논문, 2000, 61~72쪽 ; 임기환, 「고구려 정치사 연구의 동향」 앞의 책, 2004, 42~43쪽 참조.
29 『구당서』 권199상, 열전149상, 동이, 고려. "自立爲莫離支 猶中國兵部尙書兼中書令職也" ; 『신당서』 권220, 열전145, 동이 고려. "自爲莫離支 專國 猶唐兵部尙書·中書令職云" ; 『자치통감』 권196, 당기12, 태종 정관 16년(642) 11월 丁巳(5일). "自爲莫離支 其官如中國史部兼兵部尙書也"
30 겸직과 관련하여 다음의 연구가 참고된다. 李文基, 「新羅時代의 兼職制」 『大丘史學』 26 1985.
31 사료 B에서 고량은 柵城都督 位頭大兄으로 大相을 겸하였다고 하였다. 현재로서 大相의 실체는 불분명하지만, 대부분 관등의 일종으로 간주하였다. 그런데 책성도독과 위대두형이 각각 관직·관등이었고, 대상은 겸직이었다. 이로 보아 대상은 적어도 책성도독과 그 직능이 구분되었고, 관직의 성격도 있지 않았을까 싶다. 이와 관련하여 최근 보고된 「고을덕 묘지」에 보이는 太相이 주목된다. 향후 보다 많은 사례를 확보해 면밀히 검토할 필요성이 있다.
32 李文基, 위의 논문, 2000, 68쪽의 주34 및 82쪽 ; 「高句麗 中裏制의 構造와 그 變化」 『大丘史學』 71, 2003, 29~32쪽.

만 아니라 그 남쪽에서도 신라-당 연합군과 전투하고 있었다. 8월 무렵에
는 남쪽의 패수-마읍산-평양 일대에서도 전투가 전개되었다.33 압록수 전
투는 북쪽 전선에 속하였던 것이다. 이로 미루어 보아 연남생은 고구려의
모든 군대가 아닌 일부의 군대를 지휘하였다고 생각된다. 그는 661년 전
쟁(war)에서 하나의 戰役(campaign)을 맡았던 것이다. 이는 삼군대장군의
三軍의 의미와 통한다. 삼군은 周代 諸侯 大國의 전시의 군사편제에서 비롯
되었다고 하는데,34 이후 중군·상군·후군 혹은 중군·좌군·우군으로 구성
된 전시 군사편제를 의미하였다. 나아가 반드시 3개의 군사편제가 아닌
군대의 통칭으로 사용되기도 하였지만, 이 경우에도 군사지휘권을 위임받
은 야전군을 지칭하는 사례가 적지 않았다.35

. . . .

33 『신당서』 권111, 열전36, 소정방. "未幾 定方爲遼東道行軍大總管 俄徙平壤道 破
高麗之衆於浿江 奪馬邑山爲營 遂圍平壤" ; 『신당서』 권220, 열전145, 동이, 고려.
"龍朔元年(661) (중략) 八月 定方破虜兵於浿江 奪馬邑山 遂圍平壤" ; 『책부원귀』
권986, 외신부31, 정토5, 당고종 용삭 원년(661) 8월.

34 『주례주소』 권28, 하관사마. "凡制軍 萬有二千五百人爲軍 王六軍 大國三軍 次國
二軍 小國一軍 軍將皆命卿 二千有五百人爲師 師帥皆中大夫 五百人爲旅 旅帥皆下
大夫 百人爲卒 卒長皆上士 二十五人爲兩 兩司馬皆中士 五人爲伍 伍皆有長"

35 『자치통감』 권201, 당기17, 고종 총장 원년(668) 2월. "侍御史洛陽賈言忠奉使自
遼東還 上問以軍事 (중략) 上又問 遼東諸將孰賢 對曰 薛仁貴勇冠三軍 龐同善雖
不善鬪 而持軍嚴整 高侃勤儉自處 忠果有謀 契苾何力沈毅能斷 雖頗忌前 而有統御
之才 然夙夜小心 忘身憂國 皆莫及李勣也 上深然其言" ; 『삼국사기』 권5, 신라본
기5, 태종무열왕 7년(660) 추7월 7일. "左將軍品日 喚子官狀<一云官昌> 立於馬
前 指諸將曰 吾兒年纔十六 志氣頗勇 今日之役 能爲三軍標的乎 (중략) 品日執其
首 流血濕袂 曰 "吾兒面目如生 能死於王事 幸矣" 三軍見之 慷慨有死志 鼓噪進擊
百濟衆大敗 堦伯死之 虜佐平忠常·常永等二十餘人" ; 『삼국사기』 권10, 신라본기
10 헌덕왕 14년(822) 3월 18일. "然後出師 一吉湌張雄先發 迊湌衛恭·波珍湌悌凌
繼之 伊湌均貞·迊湌雄元·大阿湌祐徵等 掌三軍徂征" ; 『삼국사기』 권42, 열전2
김유신中. "[太和] 二年(648) 秋八月 百濟將軍殷相 來攻石吐等七城 王命庾信及竹
旨·陳春·天存等將軍 出禦之 分三軍爲五道 擊之" ; 『삼국사기』 권50, 열전10 견
훤. "[天福 元年(936)] 秋九月 太祖率三軍 至天安 合兵進次一善 神劍以兵逆之"

이상과 같이 볼 때 압록수 전투에서 연남생은 막리지가 아닌 삼군대장군의 자격으로 참전하였다고 생각된다. 그리고 둘째의 견해처럼 삼군대장군은 평시의 무관이 아닌 전시의 임시적인 군사지휘관이었다고 이해된다. 이전에 그가 겸직한 장군도 마찬가지의 의미를 가졌을 것이다. 그러면 대장군·장군은 어떻게 운용되었을까. 전시 야전군의 편성과 대장군·장군의 기능이 궁금하다.

Ⅲ. 장군의 운용과 전시의 군사편성

대장군·장군의 운용과 관련하여 우선 다음의 사례가 참고된다.

> D-1. 이듬해(659)에 다시 梁建方·契苾何力과 함께 遼東에서 함께 하였다. 고구려의 大將 溫沙門과 橫山에서 전투하였다. 설인귀는 단기필마로 먼저 공격해 들어갔는데, [그의] 활에 맞아 쓰러지지 않는 이가 없었다. 고구려에 활을 잘 쏘는 자가 있었는데, 石城의 아래에서 쏘아 죽인 자가 십여 인이었다. 설인귀는 단기필마로 곧장 달려가서 그를 향하여 갔다. 그 적은 활과 화살을 모두 버리고 손에 들지조차 못하였으니, 즉시 그를 사로잡았다.[36]
>
> D-2. 이듬해(659)에 양건방·글필하력과 함께 高麗 大將 溫沙多門과 조우하여 橫山에서 전투하였다. 설인귀는 홀로 달려 들어가 활을 쏜바 모두 맞아 쓰러졌다. 또 石城에서 전투하였는데, [고구려] 활을 잘 쏘는 자가 있어 관군 십여 인을 죽였다. 설인귀

---

36 『구당서』 권83, 열전33, 설인귀, "明年 又與梁建方·契苾何力於遼東共 高麗大將溫沙門戰於橫山 仁貴匹馬先入 莫不應弦而倒 高麗有善射者 於石城下射殺十餘人 仁貴單騎直往衝之 其賊弓矢俱失 手不能擧 便生擒之"

가 노하여 單騎로 돌격하였으니, 적은 활과 화살을 모두 버리고, 마침내 그를 사로잡았다.[37]

위 사료는 설인귀 열전의 일부로, 고구려와 橫山에서 전투한 사실을 전하고 있다(횡산 전투). 횡산 전투는 659년 11월의 일로 나오는데,[38] 횡산은 요동지역의 橫山城으로 추정된다.[39] 이때 설인귀는 양건방·글필하력의 副將으로 참전하였던 것으로 보인다. 그와 전투한 고구려의 장수는 온사문(온사다문)이었다.

위 사료에서 온사문은 大將이었다고 하였다. 대장은 막연히 고위 군사 지휘관을 지칭하기도 한다.[40] 또 『자치통감』에 온사문은 단순히 將으로 나오기도 한다. 따라서 온사문이 연남생이 맡은 삼군대장군과 같은, 전시의 야전군 사령관으로서 대장군을 맡고 있었다고 단언하기 어렵다.

여기서 사료 D-2에서 당의 군사가 온사문과 조우(遇)하였다고 한 사실이 주목된다. '遇'는 의도치 않게 마주쳤다는 의미를 담고 있다. 이로 보아 당은 온사문의 출전을 예상치 못하였다고 짐작된다. 온사문의 출전은 즉각적이었던 것이다. 그리고 보면, 그는 횡산성 내지 그 일대의 지방관이었

----

37 『신당서』 권111, 열전36, 설인귀, "明年 與梁建方·契苾何力遇高麗大將溫沙多門 戰橫山 仁貴獨馳入 所射皆應弦仆 又戰石城 有善射者 殺官軍十餘人 仁貴怒 單騎 突擊 賊弓矢俱廢 遂生禽之"

38 『자치통감』 권200, 당기16, 고종 顯慶 4年(659) 11月 戊午(16일). "右領軍中郎將 薛仁貴等與高麗將溫沙門戰於橫山 破之"

39 『자치통감』 권198, 당기14, 태종 정관 19년(645) 10월. "凡征高麗, 拔玄菟·橫山· 蓋牟·磨米·遼東·白巖·卑沙·麥谷·銀山·後黃十城" ; 『전당문』 권7, 太宗皇帝 「班 師詔」. "剋其元菟·橫山·蓋牟·磨米·遼東·白巖·卑沙·麥谷·銀山·後黃等合一十城 凡 獲戶六萬 口十有八萬" 나열된 10城은 모두 요동지역에 소재하였다고 파악된다.

40 예컨대 다음의 사료에서 연남생을 大將이라고 한 것은 구체적인 직임으로서의 大將軍이 아닌 고구려의 고위 군사지휘관을 의미한다고 생각된다. 『구당서』 권 83, 열전33, 설인귀. "乾封(666~667)初 高麗大將泉男生率衆內附"

을 수 있다. 다만 守城하지 않고 야전에서 전투한 점으로 보면, 평시의 담당 구역에서 행군해 온 것으로 여겨진다. 그렇다고 한다면 온사문은 중앙의 명을 받았을 가능성이 높다. 전시 야전군 사령관의 자격으로 출전하였다고 생각되는 것이다. 따라서 사료 D-1·2에서 대장은 전시의 야전군 사령관 대장군을 의미한다고 해석된다. 다음의 사례도 참고된다.

E-1. 태종무열왕 8년(661) 여름 5월 9일<혹은 11일이라고 한다>에 고구려 장군 惱音信이 말갈 장군 生偕와 더불어 군사를 합쳐 述川城을 공격해 왔지만, 이기지 못하였다. 北漢山城으로 옮기어 공격하였다. (중략)[41]

E-2. 보장왕 20년(661) 여름 5월에 왕이 장군 뇌음신을 보내 말갈의 군사를 이끌고 신라의 북한산성을 포위하였다.[42]

위 사료는 661년 고구려의 신라 북한산성 공격과 관련한 것이다. E-2보다 사료 E-1이 자세하며 몇 가지 차이점이 보이지만,[43] 모두 공격을 주도한 것은 장군 뇌음신이었다고 하였다. 비록 사료 E-1에서는 말갈 장군

---

41 『삼국사기』 권5, 신라본기5, 태종무열왕 8년 5월, “九日<一云十一日> 高句麗將軍惱音信與靺鞨將軍生偕合軍 來攻述川城 不克 移攻北漢山城 (중략)”

42 『삼국사기』 권22, 고구려본기10, 보장왕 20년 5월, “王遺將軍惱音信 領靺鞨衆 圍新羅北漢山城”

43 사료 E-1에는 월만 아니라 일까지 나오며, 이와 다른 월일의 기록이 있음도 주석으로 남겼다. 또 말갈의 장군 이름이 보인다. 술천성을 공격하였다가 이기지 못하자 북한산성으로 옮기어 공격하였다는 사실도 기술하였다. 한층 구체적인 것이다. 이로 보아 사료 E-1이 E-2보다 원전자료에 충실하였다고 생각할 수 있다. 다만 사료 E-2에는 뇌음신의 공격이 국왕의 명이었다는 점이 명시되어 있고, 뇌음신이 말갈의 군사를 이끌었다고 하여, 말갈의 군사만을 지휘한 것처럼 서술되었다. 따라서 사료 E-2는 사료 E-1과 다른 계통의 전거자료를 참고하였을 가능성이 있다. 사료 E-1에서 다른 계통의 전거자료가 있었음을 전한 대목도 이 점에서 유의된다.

생해가 보이지만 두 군사를 합하였다고 하였고, 사료 E-2에 보이듯 총사령관은 뇌음신이었다고 파악되는 것이다.

사료 E-2에 기술된 것처럼 뇌음신의 공격은 왕명에 의한 것이었다. 이로 보아 뇌음신이 이끈 고구려의 군사도 왕명으로 편성되었을 가능성이 높다. 이와 비교해 말갈의 군사는 諸部의 군사를 동원한 것으로 짐작되는데, 고구려의 군사와 합하였다고 한 점으로 보아 기존의 諸部 조직 그대로는 아니었을 것이다. 전투를 수행하기 위하여 일부 새롭게 편성하였을 가능성이 높다. 그렇다고 한다면 위 사료에서 뇌음신 또한 전시의 야전군 사령관이었다고 생각할 수 있다. 전시의 야전군 사령관으로 장군의 직함을 띠고 있었던 것이다.

이처럼 온사문·뇌음신은 각각 대장군과 장군으로 전시의 야전군 사령관이었다. 연남생·고질에 이어 추가적인 사례를 확보한 셈이다. 이 중에서 온사문은 영역 안에서 방어를 맡았고, 뇌음신은 영역 밖에서 공격을 책임졌는데, 모두 평시 군사조직의 담당 구역을 넘어선 임무였다고 생각된다. 대장군·장군은 특정한 군사적 목표를 달성하기 위하여 임명되었던 것이다. 그러면 장군이 이끈 전시의 야전군은 어떻게 편성되었을까. 이와 관련하여 다음의 사료가 주목된다.

> F-1. 遼東의 戰役(고구려-수 전쟁)에서 내호아를 평양도 행군총관으로 삼고, 檢校 동래군태수를 겸하도록 하였다. 누선을 이끌고 창해로 나아가 패수에서부터 진입하여 평양에서 60리 떨어진 곳까지 갔다. 고구려의 군주 高元은 境內의 병사를 쓸어서 그에 맞섰는데, 군진을 벌인 것이 수십 리였다. [수나라의] 諸將이 모두 두려워하였다. (중략) 高元의 아우 高建은 날쌔고 용감한 것이 매우 뛰어났는데, 결사대 수백 인을 이끌고 와서 도전하였다.[44]

F-2. 황제께서 다시 금일 중에 그 안시성을 공격하였다. 거듭 포위한 것이 4겹이었으니, 형세가 작은 돛단배(三板)처럼 위태로웠고, 縣의 생명은 짧은 새벽과 같았으니, 그 守城의 곡소리가 애처로웠다. 고구려의 僞主는 그 경내를 쓸어 날쌘 정예 병사를 다하여 모두 징발해 종군하도록 하였다. 이에 평양에서부터 멀리서 달려와 [안시성을] 돕고자 하였다. 무리가 15만이었고, 기치가 이어진 것이 30리였다. 연기가 하늘에 닿았으니, 마치 黃蛇가 안개를 토하는 것과 같았고, 활 쏘고 말 타며 벌판을 누비었으니, 붉은 개미가 떼 지어 가는 것과 같았다. (중략) 그 兵將 大耨薩 延壽·惠眞은 그 남은 무리를 이끌고 一心으로 정성을 바쳤다. 단지 고구려국의 조정(政本)은 2人에게 지금 僞軍을 모두 위임하였지만, 수레 한 척도 돌려보내지 않았다. 경사가 모두 모였고 더욱 공경하고 두려워하게 되었다. 아름다운 太廟(淸廟)로 돌아가 큰 공로를 고할만하다. 만방에 반포하고, 3일 동안 연회를 하사한다.[45]

위 사료는 612년 고구려-수 전쟁과 645년 고구려-당 전쟁의 일부로, 각각 평양성과 六山(주필산)[46] 부근에서 전개된 전투를 전하고 있다.

사료 F-1은 『북사』내호아전의 일부이다. 고구려-수 전쟁과 관련한

- - - - - - - - - -

44 『북사』권76, 열전64, 내호아, "遼東之役 以護兒爲平壤道行軍總管 兼檢校東萊郡太守 率樓船指滄海 入自浿水 去平壤六十里 高麗主高元掃境內兵以拒之 列陣數十里 諸將咸懼 (중략) 高元弟建驍勇絶倫 率敢死數百人來致師"

45 『전당문』권7, 태종황제「破高麗賜酺詔」, "上復以今日中 攻其安市城 重圍四布 勢同三板之危 縣命短晨 哀其守陣之哭 高麗僞主 掃其境內 罄玆驍銳 咸發從軍 爰自平壤 長驅影援 有徒十五萬 連旗三十里 烟火楷天 若黃蛇之吐霧 彀騎橫野 邁赤蟻之爲羣 (중략) 其兵將大耨薩延壽·惠眞, 率其餘衆 一心輸款 但高麗國政本 二人今總委僞軍 隻輪不返 大慶允集 益深祇懼 可歸美淸廟 昭告懋功 頒示萬邦 賜酺三日"

46 일반적으로 '주필산 전투'라고 부르는데, 주필산의 본래의 명칭은 六山이었다고 한다(『구당서』권189상, 열전139상, 유학上 敬播. "太宗之破高麗 名所戰六山爲駐蹕").

『북사』기록의 대부분은『수서』를 전재·축약한 것이다. 그런데 사료 F-1
의 경우『수서』를 비롯한 여타의 사서와 다른 대목이 적지 않다. 예컨대
내호아의 패전 사실이 보이지 않는다. 이와 같은『북사』의 기술은 찬자의
지적대로 내호아의 家傳에서 비롯되었고, 그렇기 때문에 그의 패전을 은
폐하였을 가능성이 높다.47 그럼에도 불구하고 몇몇 구절은 보다 자세한
전황을 전해주므로 주의가 요청된다.

사료 F-1에서 내호아의 군대에 맞서 고구려 국왕 高元(영양왕, 재위:
590~618)이 '境內의 병사를 쓸어서(掃境內兵) 대치하였다'고 하였고, "군진
을 벌인 것이 수십 리였다"고 한 대목이 주목된다. 이와 비교되는 것이
사료 F-2이다. 이는『전당문』에 수록된「破高麗賜酺詔」, 즉 전투에서 승리
한 당 태종이 내린 조서의 일부이다. 여기서도 고구려의 僞主(보장왕, 재
위: 642~668)가 '그 경내를 쓸어서(掃其境內) 정예 병사를 모두 종군'시켰
다고 하였고, 무리가 15만이었다고 하였다.

물론 이와 같은 수·당 측의 기술은 업적을 강조하기 위해 고구려의
군세를 과장한 면이 있었을 것이다. 그럼에도 불구하고 평양성·육산 전투
에서 고구려가 대규모 군사를 동원한 사실만큼은 부정하기 어렵다. 645년
육산 전투에 앞서 강하왕 도종도 고구려가 나라를 기울여 당의 군사에 저
항하고 있다고 하였다.48 이 점에서 '掃境內兵·掃其境內'와 같은 표현은 고
구려가 동원 가능한 군사를 전부 동원한 사실을 말해준다고 생각한다. 군
세의 과장이라기보다 오히려 동원의 실상을 전해준다고 판단된다. 어떠한
군사를 동원하였을까.

. . . .

47 『북사』권76, 열전64, 내호아. "高麗晝閉城門 不敢出<高元弟建驍勇至閉城門不敢
出 隋書敍此戰役 言來護兒先破高麗軍 嗣以軍紀不整 因而敗退 北史諱敗爲勝 當是
採自來氏家傳 又高建隋書作建武至唐初爲高麗王 未嘗被殺>"

48 『자치통감』권197, 당기13, 태종 정관 19년(645) 6월. "江夏王道宗曰 高麗傾國以
拒王師 平壤之守必弱 願假臣精卒五千 覆其本根 則數十萬之衆可不戰而降 上不應"

일단 상비군이 생각된다. 661년 압록수 전투에서 연남생은 연개소문이 파견하였다. 이로 보아 그가 이끈 군사 중에는 중앙군이 포함되어 있었다고 생각된다.[49] 또 연남생의 군사는 정병이었다고 하였는데, 정병이란 표현을 통해 짐작되듯 다수의 상비군을 포함하였다고 보인다. 중앙의 상비군이 중추를 이루었을 가능성이 높다. 사료 F-1의 경우 왕제 高建(영류왕, 재위: 618~642)이 이끈 결사대 수백 인이 중앙의 상비군에 속하였을 것이다. 사료 F-2의 전투에서도 상비군의 존재를 상정해 볼 수 있다. 육산 전투에서 당이 포로로 잡은 36,800명 중 武散官을 주고 內地로 옮긴 3,500명이 그와 같은 존재였다고 추정된다.[50]

하지만 고구려에서 육산 전투에 동원한 15만 여의 대규모 군사가 모두 중앙의 상비군은 아니었을 것이다. 가령 645년 전쟁에서 고구려는 요동성을 구원하기 위해 국내성·신성의 보병·기병 4만 명을 동원하였는데,[51] 육산 전투에 참전한 군사 중에는 그들과 같은 지방군이 포함되었다고 생각

....

49 이문기, 앞의 논문, 2007, 171쪽에서는 정병 수만을 중앙군으로 파악하였다.
50 『자치통감』 권197, 당기13, 태종 정관 19년(645) 6월 己未(23일). "延壽·惠眞帥其衆三萬六千八百人請降 (중략) 上簡耨薩以下酋長三千五百人 授以戎秩 遷之內地 餘皆縱之 使還平壤 皆雙擧手以額頓地 歡呼聞數十里外 收靺鞨三千三百人 悉阬之 獲馬五萬匹 牛五萬頭 鐵甲萬領 他器械稱是" 3,500명은 酋長이었다고 한 점, 무산관을 받은 점으로 보아 일반 병졸집단은 아니었을 것이다. 넓은 의미에서 지배층에 속하였다고 보인다. 그런데 투항자 수에 비추어 무산관을 준 자의 비율이 1:10에 가까울 만큼 많은 점은 주의를 요한다. 그들 모두 고구려의 무관이었다고 단정하기는 어려운 것이다. 관등을 소지한 무관이었다기보다 평시에도 군사를 전업으로 한 전문적인 군인집단(武士層)이 아니었을까 한다. 그렇다고 할 때 그들은 상비군이었다고 생각할 수 있다. 전문적인 군인집단에 대해서는 문병우, 「고구려군사제도의 특징」 『력사과학』 제1호, 1988, 30쪽 ; 金鍾洙, 「고구려의 軍制와 그 承繼」 『歷史教育』 96, 2005, 113~116쪽 ; 이정빈, 「고구려 局堂의 설립과 의의」 『한국고대사연구』 67, 2012, 360~361쪽 참조.
51 『구당서』 권199상, 열전149상, 동이 고려. "國內及新城步騎四萬來援遼東 江夏王道宗率騎四千逆擊 大破之 斬首千餘級"

된다. 이 중에서 기병은 대부분 지방의 상비군이었을 가능성이 높다. 그러나 보병의 경우 모두 상비군이었다고 보기 어렵다. 가령 육산 전투를 마치고 당의 장손무기는 건안성·신성에 고구려의 군사 10여 만이 더 있다고 하였는데,[52] 평시에도 그와 같은 대규모 군사력이 유지되었다고 생각하기는 힘든 것이다.[53]

이러한 관점에서 사료 F-1·2에서 '掃境內兵·掃其境內'라고 한 사실이 주목된다. 이와 같은 표현은 전시 군사 동원 실상, 즉 임시 징발한 사정을 반영한다고 해석되기 때문이다. 따라서 전시에 동원된 대규모의 군사 중 상당수는 전시를 맞아 임시적으로 징발·편성된 것으로 생각한다.[54] 이미 지적된 것처럼 사료 F-2의 15만 군사도 임시적인 징발병이 상당수였다고 이해된다.[55]

이처럼 전시의 야전군은 중앙과 지방의 상비군에 임시적인 징발병을

----

52 『자치통감』 권198, 당기14, 태종 정관 19년(645) 9월. "獨長孫無忌以爲 天子親征 異於諸將 不可乘危徼幸 今建安·新城之虜 衆猶十萬 若向烏骨 皆躡吾後 不如先破 安市 取建安 然後長驅而進 此萬全之策也 上乃止"

53 흔히 다음과 같은 기술(『구당서』 권199하, 열전149하, 북적 발해말갈. "昔高麗全 盛之時 强兵三十餘萬")도 고구려의 군사규모를 가늠하는 데 종종 인용되지만, 이것이 평시의 상비군이었다고 보기는 어렵다. 문맥상 고구려의 전성기를 과장 하였다고 보이며, 과장이 아니었다고 해도 전시에 최대한 동원한 군사규모가 그 정도였음을 말해준다고 생각한다.

54 수·당의 경우에도 전시에는 평시의 상비군인 府兵 이외에 변병과 함께 임시적 인 징발병을 동원하였는데, 이를 兵募·征人·募人이라고 하였다. 菊池英夫, 「唐 代兵募の性格とについて名稱」 『史淵』 67, 1956 ; 孫繼民, 「唐代行軍の兵員構成」 앞의 책, 102~111쪽 ; 기꾸찌 히데오(菊池英夫), 「부병제도의 전개」, 임대희 외 옮김, 『세미나 수당오대사』, 서경, 2005, 244~245쪽. 비록 백제의 사례이지만, 다음의 사료도 참고된다. 『삼국사기』 권25, 백제본기3, 아신왕 8년(399) 가을 8 월. "王欲侵高句麗 大徵兵馬 民苦於役 多奔新羅 戶口衰減" 이 사료는 아신왕이 고구려를 공격하기 위하여 일반 민호를 징발하였음을 말해준다.

55 이문기, 앞의 논문, 2007, 169~171쪽.

더하여 편성되었다. 여기서 대장군·장군은 어떠한 역할을 하였을까. 다음의 사료가 참고된다.

G-1. ㉠ 고구려에서는 매년 봄 3월 3일에 낙랑의 언덕에서 모여 사냥하고 잡은 돼지와 사슴으로 하늘과 산천의 신에 제사를 지냈다. 그 날이 되어 왕이 사냥을 나가자 群臣과 五部兵士가 모두 [왕을] 쫓았다. 이에 온달도 기른 말을 가지고 수행하였는데, 그 말을 타고 달리는 것이 언제나 앞섰고 잡은 짐승도 또한 많아서 그와 같은 자가 없었다. 왕이 불러 그 성명을 물어보고 놀라며 또한 이상히 여겼다. ㉡ 이때 後周의 武帝가 군사를 내어 遼東(고구려)을 공격하였다. 왕이 군사를 이끌고 肄山의 들판에서 맞서 싸웠다. 온달은 先鋒이 되었는데, 전력을 다해 싸워 참수한 것이 수십 급이었다. 諸軍이 이긴 틈을 타고 분발해 공격하였으니 크게 이겼다. 전공을 논할 때 온달을 제1로 삼아야 한다고 생각하지 않는 이가 없었다. 왕이 훌륭히 생각하고 칭찬하며 말하였다. "나의 사위임을 인정하노라." 예를 갖추어 그를 맞이하였고, 작위를 주어 大兄으로 삼았다. 이로 말미암아 은총과 영애가 더욱 두터워졌고, 위세와 권력이 날로 성하였다. ㉢ 陽岡王이 즉위하자 온달이 아뢰었다. "생각건대 신라가 우리 漢北의 지역을 빼앗아 군현으로 삼으니, 백성이 통한으로 여기며 부모의 나라를 잊은 적이 없습니다. 원컨대 대왕께서 저를 불초하다고 생각지 마시고 군사를 주시면 한번 가서 우리의 땅을 반드시 되찾아오겠습니다." 왕이 허락하였다. [온달이] 행군에 임하여 맹서하며 말하였다. "鷄立峴·竹嶺 이서를 우리에게 돌아오게 하지 못한다면 돌아오지 않을 것이다."[56]

....

56 『삼국사기』 권45, 열전5, 온달, "高句麗常以春三月三日 會獵樂浪之丘 以所獲猪鹿
祭天及山川神 至其日 王出獵 羣臣及五部兵士皆從 於是溫達以所養之馬隨行 其馳
騁常在前 所獲亦多 他無若者 王召來 問姓名 驚且異之 時 後周武帝出師伐遼東 王
領軍逆戰於肄山之野 溫達爲先鋒 疾鬪斬數十餘級 諸軍乘勝奮擊 大克 及論功 無不

G-2. 대업 8年(612) 6월. 고구려에서 大臣 乙支文德을 보내 그 군영에 나아가 거짓으로 항복하도록 하였는데, 실은 [수의] 허실을 관찰하기 위해서였다. 于仲文이 그보다 먼저 밀지를 받았는데, '만약 高元과 文德이 와 조우한다면, 반드시 그를 사로잡아라.'고 하였다. 우중문이 장차 그를 잡고자 하였다. 尙書右丞 劉士龍이 慰撫使였는데, 굳게 기를 제지하였다.[57]

위 사료는 전시 출전의 절차 및 장군의 지휘권과 관련한 것이다. 사료 G-1은 온달전이다. 인용된 내용은 『古記』를 바탕으로 한 만큼,[58] 사료적 가치가 높다고 평가된다.[59] 내용상 ㉠~㉢으로 구분하였는데, 먼저 ㉢이 주목된다.

여기서 온달은 신라에게 빼앗긴 漢北의 지역을 되찾아야 한다고 상주하였고, 이에 국왕으로부터 출전을 허락받았다. 병력과 지휘권을 요청하였던 것이다. 사료 C-2·3에서 보이듯 삼군대장군 연남생은 연개소문이 파견하였다. 또한 사료 C·D·E를 통해 살펴본 것처럼 전시의 야전군은 중앙의 명으로 편성되었다. 특히 사료 E를 통해 보건대 7세기 중반 이후 비록 연개소문과 같은 귀족이 실권을 행사하였을지언정, 중앙의 명은 왕명의

....

以溫達爲第一 王嘉歎之曰 是吾女壻也 備禮迎之 賜爵爲大兄 由此寵榮尤渥 威權日盛 及陽岡王卽位 溫達奏曰 惟新羅割我漢北之地爲郡縣 百姓痛恨 未嘗忘父母之國 願大王不以愚不肖 授之以兵 一往必還吾地 王許焉 臨行誓曰 鷄立峴竹嶺已西不歸於我 則不返也"

57 『자치통감』 권181, 수기5, 대업 8年(612) 6월, "高麗遣大臣乙支文德詣其營詐降 實欲觀虛實 于仲文先奉密旨 若遇高元及文德來者 必擒之 仲文將執之 尙書右丞劉士龍爲慰撫使 固止之"

58 『삼국사기』 권32, 잡지1, 제사. "古記云 (중략) 又云 高句麗 常以三月三日 會獵樂浪之丘 獲猪鹿 祭天及山川"

59 李基白, 「溫達傳의 검토-高句麗 貴族社會의 身分秩序에 대한 瞥見-」 『韓國古代政治社會史研究』, 一潮閣, 1996, 104~109쪽.

형식을 갖추었다고 생각된다. 사료 F-2에서 고구려의 조정이 고연수·고혜
진에게 '僞軍을 모두 위임(總委)'하였다고 한 사실도 눈길을 끈다.[60] 이 또
한 전시의 야전군 사령관이 왕명에 의하여 군사권의 일부를 위임하였음
을 뒷받침해 주기 때문이다. 이때 '總委'란 '便宜從事'와 같은 권한이 아니
었을까 한다.

　　이와 관련하여 사료 G-2에 보이는 을지문덕이 관심을 끈다. 『수서』 우
중문전에는 이와 동일한 내용을 전하며 을지문덕을 '將'이라고 표현하였
는데,[61] 비단 이와 같은 표현만 아니라 을지문덕의 군사 활동으로 보아
그를 전시의 야전군 사령관으로 보는 데 큰 어려움을 없을 것이다. 이와
같은 관점에서 사료 G-2에 보이는 수 양제의 밀지가 흥미롭다. 양제는 우
중문·우문술에게 국왕과 을지문덕이 찾아온다면 반드시 그들을 사로잡으
라고 지시하였다.[62] 국왕과 함께 을지문덕을 나란히 언급한 것이다. 이는
수에서 을지문덕을 국왕에 버금가는 인물로 인식하였음을 말해준다.

　　사료 G-1-㉠에 보이듯 평원왕(재위: 559~590)은 평시에도 5부병을 통
솔하였고, G-1-㉡처럼 직접 군사를 이끌고 참전하기도 하였다.[63] 영양왕

----

60 단, 고연수·고혜진 2인이 15만 야전군의 총사령관이었는지에 대해서는 의문의
　　여지가 있다. 당 태종의 전과를 과장하기 위하여 고연수·고혜진이 고위의 지휘
　　관이었다고 적었을 수 있기 때문이다. 이러한 관점에서 <표 2-1>에서 고연수·
　　고혜진을 別將 즉 主將이 아닌 副將으로 서술한 점이 유의된다. 그럼에도 불구
　　하고 사료 F-2를 부정할 다른 사료가 발견되지 않으므로, 일단 사령관으로 보고
　　자 한다.
61 『수서』 권60, 열전25, 우중문. "至鴨綠水 高麗將乙支文德詐降 來入其營 仲文先奉
　　密旨 若遇高元及文德者 必擒之 至是 文德來 仲文將執之 時尙書右丞劉士龍爲慰撫
　　使 固止之"
62 다음의 사료를 통해 확인되듯 밀지는 우중문만 아니라 우문술도 받았다. 『수서』
　　권60, 열전26, 우문술. "會乙支文德來詣其營 述先與于仲文俱奉密旨"
63 고구려와 후주(북주)의 肆山 전투에 관해서는 이정빈, 「570년대 후반~580년대
　　전반 요서지역의 情勢와 고구려의 대외관계」 『동북아역사논총』 44, 2014, 참조

(재위: 590~618)도 598년 요서총관부 공격을 주도하였다.[64] 6세기 중반~7세기 전반 군사권의 최고 권한은 국왕이 행사하였던 것이다. 이로 보아 을지문덕의 군사권은 왕권의 위임을 받아 행사되었다고 생각된다. 을지문덕은 사료 G-2는 물론이고 이후에도 국왕을 대신하여 거짓으로 항복하면서 강화의 조건을 제시하였는데,[65] 이 또한 왕권의 위임을 받은 것으로, 전시를 맞아 부여된 권한이었다고 생각된다.

물론 전시의 모든 야전군 지휘관이 을지문덕 혹은 고연수·고혜진과 같은 군사권을 행사하였다고 보이진 않는다. 전시의 사정에 따라, 군사의 규모와 중요성에 따라 차이가 있었을 것임은 어렵지 않게 예상할 수 있다. 여기서 대장군과 장군의 차이가 궁금하다.

첫째, 관등이 고려된다. 앞서도 장군은 제5 관등(조의두대형·위두대형) 이상이 맡았고, 대장군보다 위계가 낮았다고 하였다. 대장군 내지 삼군대장군은 연남생처럼 막리지 즉 제2 관등(태대형) 이상에게 맡기는 것이 원칙으로 여겨진다.[66] 위 사료 G-2에서 을지문덕은 大臣이라고 하였고, 『통전』에서는 國相이었다고 하였다.[67] 이를 통해 그의 정확한 관직은 알

----

64 구체적인 검토는 李成制, 「高句麗의 遼西 攻擊과 對隋戰爭의 開始」 『高句麗의 西方政策 研究』, 국학자료원, 2005, 참조.

65 『자치통감』 권181, 수기5, 대업 8년(612) 6월. "文德復遣使詐降 請於述曰 若旋師者 當奉高元朝行在所 述見士卒疲弊 不可復戰 又平壤城險固 度難猝拔 遂因其詐而還"

66 황병선, 「고구려 무관직의 등급과 임무」 『력사과학』 3호, 1983, 42쪽에서도 2품 또는 그 이상에 해당한다고 하였다. 비록 보덕국의 사례이지만, 그의 대장군 高延武는 태대형이었다고 하였다. 『삼국사기』 권6, 신라본기6, 문무왕 10년(670) 봄 3월. "沙湌薛烏儒與高句麗太大兄高延武 各率精兵一萬 (중략)" ; 『삼국사기』 권7, 신라본기7, 문무왕 20년(680) 여름 5월. "高句麗王使大將軍延武等上表曰 (중략)"

67 『통전』 권155, 兵8, 敵飢以持久弊之. "會高麗國相乙支文德來詣其營 都將宇文述不能執 文德逃歸" 단 『통전』의 이 기사가 별도의 전거자료가 있었다고 판단되진 않는다. 우문술을 都將으로 서술한 점으로 미루어 보아 찬자 나름의 이해였다고 생각된다.

수 없지만, 대략적이나마 막리지 이상의 지위에 있었다고 짐작된다. 그러므로 대장군이었다고 생각된다. 그런데 사료 F-2의 고연수·고혜진은 후술하듯이 위두대형 이하의 관등이었지만, 15만 야전군의 사령관이었다. 따라서 관등은 원칙 또는 관례였고, 예외적인 사례가 없었다고 단정할 수는 없을 것이다.

둘째, 편성된 군사의 규모에 차이가 있었다고 보인다. 압록강 방어전에 참전한 연남생은 적어도 수만 이상의 군사를 지휘하였고, 이에 그 부대를 삼군으로 편성하였다고 짐작된다. 최소 3개의 부대를 총괄하였다고 여겨진다. 사료 F-2와 같이 15만 여의 대군인 경우에는 五軍(전군·후군·좌군·우군·중군) 내지 그 이상의 수로 부대 편성이 이루어졌을 수 있다. 이때 전군의 총사령관은 대장군이 맡고, 각 군(부대)의 지휘관은 장군이 맡지 않았을까 한다. 이와 달리 군사의 규모가 비교적 작았다면, 단일한 부대로 편성되었고 대장군이 아닌 장군이 지휘를 책임졌다고 추정된다. 가령 사료 E의 뇌음신과 사료 G-1의 온달은 신라의 일정 지역을 공략하는 데 목표를 두고 있었는데, 이로 미루어 보아 그 군사의 규모는 압록수 전투 내지 육산 전투보다 작았고, 따라서 대장군이 아닌 장군이 사령관을 맡았다고 추측된다.

한편 전시의 야전군 편성과 관련하여 사료 G-1-ⓒ에서 온달은 출전에 앞서 맹서한 사실도 주의된다. 비록 3세기 중반 이전의 사실이지만, 『위략』의 일문에서 고구려는 전쟁이 있을 때 祭天한다고 하였다.[68] 고려시기의 경우 출전 의례가 규정되어 있었는데,[69] 출전에 앞서 사직과 종묘에서 제사하였고, 이후 국왕의 행군원수·부원수 임명식이 진행되었다. 6~7세

<hr />

68 『태평어람』 권783, 사이부4, 동이4 고구려. "魏略曰 (중략) 有軍事亦祭天 殺牛觀蹄 以占吉凶"
69 『고려사』 권64, 지18, 예6 군례 遣將出征儀.

기 신라에서도 군례가 운용되었고, 이에 입각한 출전 의례가 거행되었다.[70] 이로 보아 고구려에서도 일찍이 출전에 앞서 제의가 있었고, 6~7세기에는 보다 체계적인 출전 의례가 정비되었을 것으로 생각된다. 온달의 맹서는 바로 이러한 출전 의례의 일부가 아니었을까 한다. 출전 의례는 전시를 맞아 장군에게 군사권의 일부를 위임한다는 의미를 담고 있었다. 이 점에서 온달이, "鷄立峴·竹嶺 이서를 우리에게 돌아오게 하지 못한다면 돌아오지 않을 것이다."고 맹서한 것은 한편으로 전시에 그가 행사한 군사권, 즉 進退의 권한을 말해준다고 해석된다.

이상을 통해 전시의 야전군은 중앙과 지방의 상비군을 바탕으로 임시적인 징발병을 더하여 편성하였으며, 대장군·장군은 국왕으로부터 군사권의 일부를 위임받았다고 하였다. 또 대장군과 장군은 관등 내지 군사 규모에 따라 달리 임명되었는데, 대장군이 총사령관으로 복수의 부대를 지휘한 경우 각 부대의 지휘관이 장군의 직함을 부여받았다고 하였다. 이와 같은 7세기 고구려 장군의 운용 모습은 중고기 신라의 장군과 유사하다.[71] 이 점에서 신라처럼 평시에도 장군이 운용되었을지 궁금하다. 이제 평시의 군사지휘관과 장군의 관계를 살펴보자.

IV. 대모달·욕살과 장군의 관계

평시 군사지휘관에 관해서는 다음의 사료가 주목된다.

---

70 李文基, 앞의 책, 1997, 299쪽 ; 채미하, 「신라의 軍禮 수용과 王權」『韓國史硏究』 149, 2010, 119~120쪽.
71 정경숙, 앞의 논문, 1985, 10~20쪽 ; 李文基, 「中古期의 軍令體系」 앞의 책, 1997, 297~305쪽 ; 최상기, 앞의 논문, 2015 참조.

H-1. 官은 九等을 숭상한다<『高麗記』에 전한다. (중략) 그 武官은 大模達이라고 하는데, [당의] 衛將軍에 비견된다. 一名 莫何邏繡支라고 하고, 一名 大幢主라고 하는데, 皂衣頭大兄 이상으로 그를 삼는다. 다음은 末若으로 [당의] 中郎將에 비견된다. 一名 郡頭라고 하는데, 大兄 이상으로 그를 삼는데, 그는 千人을 거느린다. 이하 각기 [무관의] 등급이 있다.>.[72]

H-2. 그 나라에서는 官을 세웠는데 9등이 있었다. (중략) 그 무관은 대모달이라고 하는데, [당의] 위장군에 비견된다. 皂衣頭大兄 이상으로 그를 삼는다. 다음은 末客으로 [당의] 중랑장에 비견된다. 大兄 이상으로 그를 삼는다. 그 다음은 領千人이다. 이하 각기 차등이 있다.[73]

위 사료는 고구려 무관의 관명을 전한다. 사료 H-1은 『고려기』를 인용한 것으로, 사료 H-2를 비롯한 이와 관련한 여러 사료와 비교된다.[74] 일단 몇몇 표현에서 차이를 보이므로 주의가 필요한데, 末若·末客의 표현이 다른 점, '領千人' 관련 서술에서 次가 빠진 점이 대표적이다. 현전 『한원』은 필사본으로 필사의 과정에서 오탈자가 적지 않다고 지적된다. 그럼에도 불구하고 단순한 필사가 아닌 影寫인 만큼 교감에는 신중을 기할 필요가 있다.[75] 더욱이 대모달·말약의 다양한 이칭은 다른 사료에서는

....

72 『한원』 권30, 번이부30, 고려, "官崇九等<高麗記曰 (중략) 其武官曰大模達 比衛將軍 一名莫何邏繡支 一名大幢主 以皂衣頭大兄以上爲之 次末若 比中郎將 一名郡頭 以大兄以上爲之 其領千人 以下各有等級>" (동북아역사재단 한국고중세사연구소 편, 『역주 한원』, 동북아역사재단, 2018, 210~211쪽)

73 『통전』 권186, 변방2, 동이하 고구려, "其國建官有九等 (중략) 其武官曰大模達 比衛將軍 以皂衣頭大兄以上爲之 次末客 比中郎將 以大兄以上爲之 其次領千人 以下各有差等"

74 『태평환우기』 권173, 사이2, 동이2 고구려국. 다음의 사료도 참고된다. 『신당서』 권220, 열전145, 고려. "有大模達 比衛將軍 末客 比中郎將"

75 관련 연구동향은 윤용구, 「『翰苑』 蕃夷部의 注文構成에 대하여」, 『백제문화』 45,

찾아볼 수 없는 것이다. 따라서 일단 사료 H-1의 사료적 가치를 존중해야 한다고 생각한다. 그 주요 내용과 『고려기』에 기술된 관등체계를 아래의 표와 같이 정리하였다.[76]

〈표 1〉 『고려기』에 보이는 고구려의 무관과 관등·관직

구분	무관	이칭	취임 관등	당의 무관
가	大模達	莫何邏繡支·大幢主	皂衣頭大兄(5)	衛將軍
나	末若	郡頭	大兄(7)	中郞將

구분	관등	이칭	당의 관품	무관	기타 관직
1	吐捽	大對盧(舊名)	1품	대모달·막하라 수지·대당주	
2	太大兄	莫何何羅支	2품		
3	鬱折	主簿(華言)	종2품		
4	大夫使者	謁奢	정3품		拔古鄒大加
5	皂衣頭大兄	中裏皂衣頭大兄	종3품		
6	大使者	大奢	정4품	말약·군두	
7	大兄加	纈支	정5품		
8	拔位使者	儒奢	종5품		國子博士·大學士·舍人·通事·典容
9	上位使者	契達奢使者·乙奢	정6품		
10	小兄	失支	정7품		
11	諸兄	翳屬·伊紹·河紹還	종7품		
12	過節		정8품		
13	不節		종8품		
14	先人	失元·庶人	정9품		

<표 1-가·나>에서 볼 수 있듯이 대모달과 말약은 각각 당의 위장군·중랑장에 비견되었다. 이 중에서 당의 위장군은 중앙군인 12衛의 무관 관

공주대학교 백제문화연구소, 2011 참조.
76 『한원』권30, 번이부30, 고려. 武田幸男, 「高句麗官位制の史的展開」 『高句麗史と東アジア-「廣開土王碑」研究序說-』, 岩波書店, 1989와 임기환, 「4~7세기 관등제의 전개와 운영」 앞의 책, 2004를 비롯해 여러 연구자가 『고려기』에 전하는 관등과 다른 여러 사서를 비교해 7세기 관등체계의 복원을 시도하였지만, 본고에서는 일단 사료에 전하는 그대로 표로 제시하였다. 단 판독은 武田幸男과 임기환의 연구를 수용하였다.

명이었다.[77] 위장군은 왕궁·왕도를 숙위하고 중앙의 중랑장부와 지방의 절충부를 통괄하였다. 따라서 이를 그대로 받아들인다면, 대모달은 중앙군의 무관이었다고 생각할 수 있다.[78] 고구려의 중앙군은 사료 G-1-㉠에 보이는 5부병이었다.[79] 다음의 사료가 참고된다.

> I. 정관 16년(642) 11월 丁巳(5일). 영주도독 張儉이 아뢰기를 고구려 東部 大人 연개소문(泉蓋蘇文)이 그 국왕 武를 시해하였다고 하였다. 연개소문은 흉학하고 포악하며 법도를 어기는 것이 많았으므로, 그 왕과 大臣이 그를 주살하고자 모의하였다. 연개소문이 이를 몰래 알고, 部兵을 모두 모으고, 校閱하는 것과 같이 하고 그와 함께 성의 남쪽에 술과 음식을 성대히 차렸다. 諸大臣에게 함께 참석해 보자고 부르고, 군사를 이끌고 그들을 전부 살해하였으니, 죽은 자가 100여 인이었다.[80]

위 사료는 연개소문의 정변을 전하는 것이다.[81] 연개소문은 부병을 소집해 사열한다고 하고, 이를 기회 삼아 諸大臣을 제거하였다. 나아가 왕궁으로 가 국왕마저 살해하였다. 부병을 동원해 정변을 일으킨 것이다. 이는 부병에 대한 연개소문의 장악력이 확고하였기에 가능한 일이었을 것이다.[82] 물론 연개소문처럼 부병을 확고히 장악한 것은 예외적일 수 있다.

....

77 『당육전』 권24, 제위부 참조.

78 황병선, 앞의 논문, 1983 43쪽.

79 이문기, 앞의 논문, 2007 162~170쪽 ; 임기환, 「고구려의 군사제도와 방어체계」, 육군군사연구소 기획·주간, 『한국군사사1-고대Ⅰ-』, 육군본부, 2012, 258~264쪽.

80 『자치통감』 권196, 당기12, 정관 16년(642) 1월 丁巳(5일), "營州都督張儉奏 高麗 東部大人泉蓋蘇文弑其王武 蓋蘇文凶暴多不法 其王及大臣議誅之 蓋蘇文密知之 悉集部兵若校閱者 幷盛陳酒饌於城南 召諸大臣共臨視 勒兵盡殺之 死者百餘人"

81 『구당서』와 『신당서』에도 연개소문의 정변이 전하는데, 『자치통감』이 가장 자세하다.

다만 연개소문의 부병의 소집과 사열은 제대신의 의심을 사지 않았다. 그러므로 부병의 소집과 사열은 대인의 일반적인 권한에 속하였다고 생각된다. 이 점에서 각 부의 대인은 부병의 지휘관이었다고 이해된다. 왕도의 5부의 장관은 욕살이었다.[83] 따라서 보통 동부 대인은 동부의 장관 즉 욕살을 가리킨다고 본다. 본고에서도 이와 같이 생각한다. 그러면 대모달과 욕살은 어떠한 관계였을까.

이에 대해 대모달을 5부병의 최고지휘관으로 본 견해가 있었다.[84] 대모달 아래에 각 부의 욕살이 있었다고 본 것이다. 또 이 견해에서는 대모달의 이칭인 막하라수지와 제2관등 태대형의 이칭 莫何何羅支의 음이 유사하다는 점에서, 대모달이 곧 막리지였다고 하였다. 그런데 <표 1-가>에 나오듯 대모달의 취임 자격은 제5관등 조위두대형(위두대형)이었다. 그러므로 음의 유사성을 갖고 대모달과 막리지를 동일한 관으로 보는 데는 동의하기 어렵다. 대모달을 5부병만의 지휘관으로 본 점도 재고가 요청된다.

이와 관련하여 신라말 朴直胤이 大毛達을 칭한 사실이 주목된다.[85] 박직윤은 평산 지역의 호족이었는데, 大毛達은 고구려의 大模達에서 비롯된 것으로, 신라말·고려초 호족이 널리 자칭하였던 장군·성주와 같은 뜻이었다고 이해된다.[86] 평산은 고구려의 大谷郡이었는데, 668년에 한성군을 비

---

82 그의 부친도 동대부인 내지 서부대인이었다고 전한다. 연개소문이 攝職한 것도 동부대인 내지 서부대인이었다고 보인다. 부자가 그 직위를 세습한 만큼 부병과 연개소문 가문의 유대관계는 더욱 강하였을 것이다.

83 욕살에 관한 諸說과 해석은 김현숙, 「6~7세기의 영역 지배 방식」『고구려의 영역 지배 방식 연구』, 모시는 사람들, 2005, 356~359쪽 참조.

84 노태돈, 「귀족연립정권의 성립」 앞의 책, 1999, 479~480쪽.

85 「朴景山 墓誌」. "新羅之季 其孫察山侯積古之子 直胤大毛達 徙居平州 管八心戶爲邑長 故自直胤而下爲平州人"(한국금석문 종합영상정보시스템)

86 鄭淸株, 「新羅末·高麗初 豪族의 形成과 變化에 대한 一考察-平山朴氏의 一家門의 實例 檢討-」『歷史學報』118, 1988, 9~10쪽.

롯한 12城과 함께 웅진도독부를 통해 신라에 귀순하였고,[87] 이후 고구려 부흥군이 활동한 주요 무대 중의 하나였다.[88] 그런 만큼 신라의 영역이 된 다음에도 고구려 문화가 비교적 풍부히 남아 있었다고 짐작된다. 박직윤이 대모달을 칭한 것도 고구려 계승의식을 표방함으로써 지역민의 호응을 얻기 위해서였을 것이다.[89] 그러므로 신라말 大毛達은 고구려로부터 이어져 온 大模達가 어의가 담겨져 있을 가능성이 높다.

이처럼 고구려의 大模達이 신라말·고려초의 장군과 같은 뜻이었다고 보면, 반드시 5부병의 지휘관이었다고 단언키는 어렵다. 더욱이 대모달의 취임 자격인 조의두대형 이상은 국가의 機密을 장악하고 政事를 모의하며 徵兵하였고, 官爵을 뽑아 준다고 하였다.[90] 이른바 귀족회의의 구성원으로 정치와 군사의 핵심적인 권력을 차지하고 있었던 것이다. 이로 보아 조의두대형 이상의 관등을 소지한 자는 소수에 지나지 않았다고 짐작된다.

그런데 정치권력과 군사권이 서로 무관하지 않은 만큼 소수의 귀족이 이를 철저히 분점하지는 않았을 것이다. 따라서 조의두대형으로 무관의 임무만 부여받은 자는 희소하였다고 생각된다. 이 점에서 대모달은 전문적인 무관의 관명이라기보다 조의두대형 관등 이상으로 무관의 임무를 수행한 자를 널리 지칭하지 않았을까 한다. 따라서 조의두대형 관등 이상이 임명되었던 전시의 장군은 대모달이라고 칭하여졌다고 생각한다. 욕살은 어떠할까.

....

87 『삼국사기』 권6, 신라본기6, 문무왕 8年(661) 여름 6월 22일. "府城劉仁願遣貴于未肹 告高句麗大谷·漢城等二郡·十二城歸服"
88 임기환, 「고구려 유민의 활동과 보덕국」 앞의 책, 2004, 326~336쪽 ; 이정빈, 「고연무의 고구려 부흥군과 부흥운동의 전개」 『역사와 현실』 72, 2009, 144~145쪽.
89 鄭淸株, 앞의 논문, 1988, 10쪽.
90 『한원』 권30, 번이부30, 고려. "高麗記曰 (중략) 以前五官 掌機密謀改事 徵發兵 選授官爵" 여기서 改事는 政事일 것이다.

여기서 645년 육산 전투의 사령관이었던 고연수·고혜진이 상기된다. 그들의 관등·관직은 사료마다 약간씩 차이를 보이는데, 이를 다음과 같이 정리하였다.

〈표 2〉 645년 고연수·고혜진의 관등·관직

구분	고연수	고혜진	전거
1	別將	-	『구당서』 권3, 본기3
2	將	-	『구당서』 권83, 열전33 설인귀
3	北部 傉薩	南部 傉薩	『신당서』 권220, 열전145 고려
4	北部 耨薩	-	『자치통감』 권197, 당기13
5	北部 耨薩	南部	『당회요』 권95, 고구려
6	位頭大兄 理大夫 後部 軍主	大兄 前部 軍主	『전당문』 권7, 授高延壽高惠眞官爵詔

<표 2-3·4·5>에 서술된 것처럼 고연수·고혜진은 각각 북부와 남부의 욕살(녹살·누살)이었다. 다만 그들이 중앙 5부의 욕살이었는지,[91] 아니면 지방 5부의 욕살이었는지[92]에 대해선 이견이 있다. 그런데 645년 전쟁에서 지방 諸城에 대한 연개소문의 통제력이 확고하지 않았다고 보면,[93] 고연수·고혜진은 지방이 아닌 왕도 5부의 욕살이었을 가능성이 보다 크지 않을까 한다. 평시의 5부병의 지휘관이 전시 야전군 사령관으로 임명되었던 것이다.[94] 지방 대성의 욕살은 어떠할까.

....

91 노태돈, 「귀족연립정권의 성립」 앞의 책, 1999, 477쪽 ; 김현숙, 앞의 책, 2005, 360쪽.

92 池內宏, 「高句麗の五族及び五部」 『滿鮮史硏究』 上世 第1冊, 吉川弘文館, 1951, 339쪽 ; 임기환, 「고구려의 군사제도와 방어체계」, 앞의 책, 2012, 263쪽.

93 『자치통감』 권198, 당기14, 태종 정관 19년(645) 9월. "謂李世勣曰 吾聞安市城險而兵精 其城主材勇 莫離支之亂 城守不服 莫離支擊之不能下 因而與之 建安兵弱而糧少 若出其不意 攻之必克 公可先攻建安 建安下 則安市在吾腹中 此兵法所謂 城有所不攻者也"

욕살은 당의 도독에 비견되었다.[94] 이에 따라 사료 B-1·2에서 고량이 재임한 책성 도독은 욕살로 보는 것이 일반적이다. 당의 도독이 전·평시 변경지대의 군사권을 책임졌음은 잘 알려진 바와 같다. 고구려 대성의 욕살도 전시에는 방어를 책임졌고,[96] 만여 명 이상의 군사를 보유하였다.[97] 전시에 군사지휘관으로 활동하였던 것이다. 이에 일찍부터 욕살은 군사적인 성격이 강하다고 지적되었다.[98] 근래 보고된 「이타인 묘지」도 참고된다.

이타인은 柵州 도독으로 總兵馬를 겸하였고, 고구려의 12주와 말갈의 37부를 統管하였다고 하였다.[99] 이로 보아 그는 책성 욕살로서 평시에도 책성의 군사지휘관이었을 뿐 아니라 그 일대 諸城과 말갈 諸部 군사권의 일부까지 맡았다고 생각된다. 따라서 이타인의 사례를 통해 보건대 지방의 욕살은 전시는 물론이고 평시에도 諸城兵의 지휘관이었다고 이해된다. 중앙과 지방의 욕살은 모두 무관의 기능을 갖고 있었던 것이다.[100] 이상과

94 노태돈, 「지방제도의 형성과 그 변천」, 앞의 책, 1999, 259쪽.

95 『구당서』 권199상, 열전149상, 동이 고려. "外置州縣六十餘城 大城置傉薩一 比都督"; 『신당서』 권200, 열전145, 동이 고려. "大城置傉薩一 比都督"; 『한원』 권30, 번이부30, 고려. "高麗記曰 (중략) 又其諸大城置傉薩 比都督"

96 『신당서』 권200, 열전145, 동이 고려. "延壽·惠眞謀曰 烏骨城傉薩已耄 朝攻而夕可下 烏骨拔 則平壤擧矣"

97 『자치통감』 권197, 당기13, 태종 정관 19년(645) 3월 乙未(27일). "烏骨城遣兵萬餘爲白巖聲援"

98 山尾幸久, 「朝鮮三國の軍區組織」 『古代日本と朝鮮』, 中央公論社, 1974, 159쪽; 末松保和, 「朝鮮三國·高麗の軍事組織」 『高句麗と朝鮮古代史』, 吉川弘文館, 1996, 68쪽. 가령 山尾幸久는 욕살이 大模達의 이칭인 大幢主의 幢과 그 음이 통한다고 하였다.

99 「이타인 묘지」 "于時受公柵城都督兼總兵馬 管一十二州 統三十七部靺鞨" (尹龍九, 「중국출토 韓國古代 遺民資料 몇 가지」 『韓國古代史研究』 32, 2003, 309쪽; 안정준, 「「李他仁墓誌銘」에 나타난 李他仁의 生涯와 族源-高句麗에서 활동했던 柵城지역 靺鞨人의 사례-」 『목간과 문자』 11, 2013, 199쪽)

100 <표 2-6>에서 고연수가 理大夫였고, 고연수·고혜진은 각각 後部 軍主와 前部

같이 이해하고 보면 욕살은 무관의 하나였다고 보아 좋을 것이다. 다만 대모달과 욕살의 관계를 생각하는 데 관등이 문제시될 수 있다.

<표 2-6>에서 고연수·고혜진은 각각 위두대형·대형 관등으로 나온다. 고량의 경우 위두대형 즉 제5 관등 조의두대형으로 책성 도독(욕살)에 재임하였다. 이와 달리 최근 보고된 「고을덕 묘지」에서 고을덕은 대형 관등으로 海谷府 都督에 취임하였다.[101] 따라서 지금까지 알려진 사료상 욕살은 대형 이상이 맡았다고 할 수 있다. 이와 같은 욕살의 취임 관등은 <표 1-가·나>의 대모달만 아니라 말약에도 해당한다. 그럼에도 불구하고 욕살이 당의 도독에 비견된 사실을 간과하기는 어렵다고 생각한다.

당의 도독은 대도독 종2품·중도독 정3품·하도독 종3품이었고,[102] <표 1-5·7>처럼 고구려의 조의두대형·대형은 각각 종3품·정5품에 비견되었다. 이로 보아 욕살은 종3품에 비견된 위두대형 이상이 취임하는 것이 보다 보편적이었다고 보인다. 고연수·고혜진이 당에 항복한 이후 鴻臚卿·司

軍主였다고 한다. 이와 같은 사실은 『책부원귀』 권170, 제왕부, 來遠 태종 정관 19년(645) 7월에서도 확인된다. 현재 이대부의 정확한 의미는 알기 어렵지만, 후부·전부 군주에 대해서는 추정이 가능하다. 후부·전부는 각각 북부와 남부를 의미하였으므로, 군주는 욕살과 대응된다고 볼 수 있는 것이다. 따라서 군주는 욕살의 이칭이었다고 파악된다(노태돈, 「지방제도의 형성과 그 변천」 앞의 책, 1999, 261쪽). 신라 중고기의 군주는 지방의 州를 무대로 활동하였는데, 구체적인 직능에 대해서는 논란의 여지가 있지만, 군사적인 성격이 강하였다는 데는 대부분이 동의한다. 구체적인 연구사는 姜鳳龍, 「지방통치조직과 군사제도」, 한국역사연구회 엮음, 『한국역사입문』 1, 풀빛, 1995, 158~160쪽 ; 최경선, 「6세기 신라의 州의 형태와 軍主」, 연세대학교 석사학위논문, 2008, 2~3쪽 참조. 고구려 욕살의 이칭이 군주인 사실도 군사적인 성격과 무관치 않을 것이다.

101 「高乙德墓誌銘」, "遷陟大兄 任海谷府都督" (葛繼勇, 「신출토 入唐 고구려인 「高乙德墓誌」와 고구려 말기의 내정 및 외교」 『한국고대사연구』 79, 2015, 309쪽 및 315~316쪽 ; 이성제, 「어느 고구려 무장의 가계와 일대기-새로 발견된 「高乙德墓誌」에 대한 譯註와 분석-」 『중국고중세사연구』 38, 2015.

102 『당육전』 권30, 三府督護州縣官吏.

農卿에 제수된 사실도 참고된다.[103] 홍려경·사농경은 모두 당의 종3품 관직이었다. 고혜진은 대형 관등이었지만, 그 지위는 고연수와 같이 당의 종3품 관직에 견주어졌던 것이다. 이 점에서 욕살은 조의두대형 이상 맡은 것이 원칙이었고, 예외적으로 대형 관등 소지자가 그에 취임하지 않았을까 한다. 즉 다수의 욕살은 조의두대형 이상이었다고 생각된다. 그러므로 일반적으로 욕살이 무관의 임무를 수행하였을 때, 그를 대모달이라고 칭하여졌을 수 있을 것이다.

이와 같은 생각에서 다음의 사료가 주목된다.

> J. 公의 諱는 元貞이다. 그 선조는 東平 憲王의 후손에서 나왔다. 8대 조 軒은 馮燕에서 벼슬하여 博士郎中을 역임하다가 卒하였고, 子孫 은 燕을 쫓아 요동으로 옮겨왔다. 조부 婁는 遼東에 기탁하여 耨薩 이 되었으니, [누살은] 중국의 將軍에 견주어진다(視中之將軍也). 乾封(666~668)에 요동이 평정(東平)되자 황실을 도울 수 있었다.[104]

위 사료는 「유원정 묘지」의 일부로, 그의 가계에 관한 내용을 담고 있다. 유원정의 조부 유루가 주목된다. 그는 요동 즉 고구려에서 耨薩(욕살)이 되었다고 하였다. 그렇다고 할 때 묘지의 찬자가 이를 중국의 장군에 비견한 점이 흥미롭다.[105]

....

103 『자치통감』 권197, 당기13, 태종 정관 19년(645) 가을 7월 戊子(22일). "以高延 壽爲鴻臚卿 高惠眞爲司農卿"

104 「劉元貞 墓誌」, "公諱元貞 其先出自東平憲王後 八代祖軒 仕馮燕爲博士郎中 卒 子孫從燕遷于遼 祖婁 寄遼爲耨薩 視中之將軍也 乾封東平 得甫天室" 원문과 번 역은 안정준, 「劉元貞 墓誌銘」의 譯註와 묘주 가문 계통의 검토의 譯註와 묘주 가문 계통의 검토」, 한국고대문자자료모임 9월 정기발표회, 2015 참조. 번역 수정사항은 괄호 안에 표시하였다.

105 視中의 해석과 관련하여 다음의 용례를 참고하였다(한국고전DB). 『東還封事』 先上八條疏 內外庶官. "臣竊惟東方人才之盛 視中夏不滿二十分之一" ; 『해동역

당의 장군은 크게 보아 전시의 야전군 사령관과 평시의 衛將軍, 두 가지의 용례로 사용되었다. 고구려의 욕살은 평시의 관직이었다. 따라서 묘지의 찬자가 비견한 장군은 위장군이었다고 생각된다. 물론 고구려의 욕살이 당의 위장군과 동일하지는 않았다. 욕살은 민정과 군정을 총괄하였지만, 위장군은 전문적인 무관직이었다.[106] 그럼에도 불구하고 「유원정묘지」의 찬자가 고구려의 욕살을 당의 무관 관명인 위장군에 견주어 본 것은 그가 무관처럼 인식되었기 때문일 것이다. 또 욕살의 위계가 당의 위장군과 비슷했기 때문이라고 생각한다. 당의 위장군은 대장군은 정3품, 장군은 종3품이었다.[107]

이처럼 고구려의 욕살은 중앙의 5부·지방 대성의 장관으로 전·평시의 군사지휘관으로 기능하였다. 그 취임 관등은 대형 이상으로 확인되지만, 제5 관등 조의두대형 이상을 임명하는 것이 보다 일반적이었다. 이에 당에서 욕살은 위장군에 비견되었다. 똑같이 당의 위장군에 비견된 대모달과 통하는 면이 있는 것이다. 그러므로 욕살도 무관 임무를 수행할 때는 대모달이라고 칭하졌고, 그들 중에서 전시의 장군이 임명되는 사례가 빈번하였다고 생각된다.

V. 맺음말

「천남생 묘지」에는 장군·삼군대장군이 보이는데, 이는 평시의 무관이

사』권58, 예문지17, 「高麗海道日錄」. "此皆自箕子而流其風韻 而亦視中國爲之則傚也"

106 『당육전』권24, 제위부. "至隋 十二大將軍直爲武職"

107 『당육전』권24, 제위부.

아닌 전시의 임시적인 군사지휘관을 의미하였다. 이를 테면 전시의 야전군 사령관이었다고 하였다. 다른 유민의 묘지와 문헌사료 속에서도 전시 야전군 사령관으로 대장군·장군으로 칭한 사례가 확인되는데, 전시의 야전군은 중앙과 지방의 상비군을 바탕으로 임시적인 징발병을 더하여 편성하였다고 파악되었다. 「천남생 묘지」의 대장군·장군은 국왕으로부터 그에 대한 군사권을 위임받으면서 부여받은 직함이었던 것이다. 전시의 대장군·장군은 관등 내지 군사 규모에 따라 달리 임명되었는데, 대장군이 총사령관으로 복수의 부대를 지휘한 경우 각 부대의 지휘관이 장군이 된다고 하였다.

대장군은 태대형 이상으로, 장군은 조위두대형 이상으로 삼는 것이 원칙이었다. 고구려의 무관 대모달도 조의두대형 이상이 취임하였는데, 그와 같은 직급의 무관에 대한 범칭이었다고 하였다. 따라서 전시의 장군도 대모달이라고 지칭하였을 것으로 생각하였다. 한편 욕살은 중앙의 5부·지방 대성의 장관으로 전·평시의 군사지휘관으로 기능하였는데, 그 취임 관등도 조의두대형 이상인 것이 일반적이었다. 또 욕살은 당의 위장군에 비견되기도 하였다. 대모달과 욕살은 취임 관등이나 직능에서 통하는 면이 있었던 것이다. 이 점에서 욕살도 무관 임무를 수행할 때는 대모달이라고 칭하졌을 것으로 판단하였고, 그들이 전시의 장군을 맡는 사례가 빈번하였다고 이해하였다.

이처럼 7세기 고구려에서는 평시의 군사조직을 바탕으로 전시에 동원된 군사를 통합하여 야전군을 편성하였는데, 그 사령관인 장군은 평시의 관등·관직에 기초하여 운용되었다. 이로써 평시와 전시의 군사조직이 호환성을 갖추었던 것이다. 이와 같은 모습은 3~4세기 이후 군사규모의 확대와 이를 위한 군사조직의 정비에서 출현하였다고 짐작되는데, 그에 대해서는 후고를 기약하고자 한다.

648년 당태종의 '평양이남 백제토지' 발언의 해석과 효력 재검토
-'신라의 백제통합론'과 '삼한일통의식 9세기 성립설'에 대한 비판을 중심으로-

윤 진 석 ㅣ 계명대학교 강사

I. 문제의 제기

나당전쟁이 한창이던 671년 7월 26일 唐의 계림도행군총관 설인귀는 문무왕에게 편지를 보내면서, 648년 김춘추가 입당하여 唐태종 이세민을 만난 일을 거론했다. 이에 문무왕은 답신(「답설인귀서」)에서, 당시 당태종이 "내가 (고구려·백제) 양국을 평정하면 '평양이남 백제토지'는 아울러 너희 신라에게 주어 길이 편안케 하려 한다."고 말한 사실을 상기시켰다.

우리학계는 당태종의 위 발언이 고구려와 백제를 멸한 후의 영토분할 약속이며, 당이 이를 지키지 않아 나당전쟁이 일어났다고 이해한다. 반면 일본학계와 중국학계는 위 발언을 염두에 두지 않은 채 신라의 욕심 때문에 나당전쟁이 일어났다고 주장하거나, 위 발언내용이 실제 사실이 아니라 신라측이 꾸며낸 것이라 주장한다.[1] 이처럼 당태종의 발언은 한국고대사 및 7세기 동아시아 국제관계사의 중요 쟁점인데, 최근 우리학계에서

두 명의 연구자가 위 발언 가운데 '평양이남 백제토지' 문구의 해석을 종래와 달리하고 이를 토대로 7세기 한반도를 무대로 펼쳐졌던 전쟁의 성격을 각자 독창적으로 규정하여 격렬한 논쟁이 오가고 있다.

'평양이남 백제토지'는 종래 별다른 의심 없이 '평양이남과 백제토지'로 해석했고,[2] 따라서 당시 약정한 나당간의 경계는 대동강으로 이해되어 왔다. 그런데 일각에서는 '평양이남의 백제토지'로 해석하여, 당태종이 평양이남 가운데 임진강 이남의 백제토지만을 지칭했다고 주장하고, 또 다른 일각에서는 대동강 이남이 모두 역사적 관념상 백제의 영역에 해당하는 것으로 이해하여, '평양이남=백제토지'로 해석하여야 한다고 주장한다. 전자는 이른바 '신라의 백제통합론'(이하 '백제통합론'으로 약칭)[3]이

---

2 李丙燾, 『國譯 三國史記』, 을유문화사, 1977.
3 金瑛河, 「신라의 삼국통일을 보는 시각」, 『韓國古代史論』, 한길사, 1988 ; 「후기신라와 발해의 성립」, 『북한의 한국사인식 I』, 한길사, 1990 ; 「신라의 삼국통일론은 타당한가」, 『역사비평』 20, 1993 ; 「韓末·日帝時期의 新羅·渤海認識」, 『泰東古典研究』 10, 1993 ; 「삼국과 남북국의 사회성격」, 『한국사 3: 고대사회에서 중세사회로 1』, 한길사, 1994 ; 「新羅 百濟統合戰爭과 體制變化－7세기 동아시아의 國際戰과 사회변동의 一環－」, 『韓國古代史研究』 16, 1999 ; 「高句麗 內紛의 국제적 배경－唐의 단계적 戰略變化와 관련하여－」, 『韓國史研究』 110, 2000a ; 「[사실, 이렇게 본다] 통일신라론에서 남북국론으로」, 『내일을 여는 역사』 1(창간호), 2000b ; 「新羅 中代王權의 기반과 지향」, 『韓國史學報』 16, 2004 ; 「新羅 中代의 儒學受容과 支配倫理」, 『韓國古代史研究』 40, 2005 ; 「신라통일론과 남북국성립론」 『한국고대사입문』 3, 신서원, 2006: 『新羅中代社會研究』, 一志社, 2007, 일지사 ; 「7세기 후반 한국사의 인식문제－신라의 백제통합론과 삼국통일론을 중심으로－」, 『韓國史研究』 146, 2009 ; 「一統三韓의 실상과 의식」, 『한국고대사연구』 59, 2010 ; 「新羅統一論의 궤적과 함의」, 『韓國史研究』 153, 2011 ; 『한국고대사의 인식과 논리』, 2012, 성균관대 출판부: 「신라의 '통일'영역 문제－교과서 내용의 시정을 위한 제언－」, 『韓國史學報』 56, 2014 ; 「7세기 동아시아의 정세와 전쟁－신라의 백제 통합과 관련하여－」, 『新羅史學報』 38, 2016 ; 「신라의 '백제통합'과 '일통삼한' 재론－최근의 사료 비판과 해석을 중심으로－」, 『韓國古代史研究』 89, 2018 ; 「신라의 '백제통합'과 '일통삼한' 재론2－핵심 사료의 쟁점과 해석을

고 후자는 이른바 '삼한일통의식 9세기 성립설'(이하 해당 논자의 자칭에 따라 '9세기설'로 명명)[4]인데, 이 주제와 관련하여 현재까지 각각 20편에 가까운 논고를 제출했다.

  백제통합론은 1988년에 처음 제기된 것으로, 신라가 삼국을 통일한 것이 아니라 처음부터 백제만 병합하려고 했고 전쟁의 결과도 그에 부합하며, '삼한일통의식'은 종전 후 "경주 중심의 골품귀족에 의해 형성된 실제와 다른 결과에 대한 일종의 허위의식"이라는 것이 핵심 주장이다.[5] 논자

중심으로-」『韓國古代史硏究』89, 2019a ; 「신라의 '삼국통일론'은 타당한가」『역사비평』129, 2019b.

4 윤경진, 「삼국사기 지리지 수록 군현의 三國 分屬」『한국사학보』47, 2012 ; 「「청주운천동사적비」의 건립 시기에 대한 재검토」『사림』45, 2013a ; 「新羅 太宗(武烈王) 諡號 논변에 대한 자료적 검토-原典에 대한 이해를 중심으로」『歷史와 實學』51, 2013b ; 「新羅 中代 太宗(武烈王) 諡號의 追上과 재해석」『韓國史學報』53, 2013c ; 「신라 통일기 금석문에 나타난 天下觀과 歷史意識 : 三韓一統意識의 성립」『사림』49, 2014a ; 「三韓 인식의 연원과 통일전쟁기 新羅의 天下觀」『동방학지』167, 2014b ; 「신라 興德王代 체제 정비와 金庾信 追封-三韓一統意識 출현의 일 배경-」『사림』52, 2015a ; 「신라 神武-文聖王代의 정치 변동과 三韓一統意識의 출현」『신라문화』46, 2015b ; 「신라 景文王의 통합 정책과 皇龍寺九層木塔의 改建-9세기 三韓一統意識의 확립과 관련하여-」『韓國史學報』61, 2015c ; 「671년 「答薛仁貴書」의 '平壤已南 百濟土地'에 대한 재해석 : 백제의 영토의식과 浿河의 새로운 이해」『역사문화연구』60, 2016a ; 「三韓一統意識의 성립 시기에 대한 재론-근거 자료에 대한 검토를 중심으로-」『韓國史研究』175, 2016b ; 「중국·일본의 '三韓' 인식에 대한 재검토-신라 三韓一統意識의 성립 시기와 관련하여-」『木簡과 文字』17, 2016c ; 「買肖城 전투와 羅唐戰爭의 종결-『三國史記』신라본기 675년 2월 기사의 분석-」『사림』60, 2017 ; 「신라의 영토의식과 삼한일통의식」『역사비평』126, 2019a ; 「三韓一統意識은 7세기의 이념인가 : 백제병합론의 반론에 대한 재론」『한국고대사연구』93, 2019b ; 「「壬申誓記石」의 제작 시기와 신라 중고기의 儒學 이해에 대한 재검토」『木簡과 文字』22, 2019c ; 「「청주운천동사적비」의 건립 시기와 건립 배경-최근 비판에 대한 반론과 추가 판독-」『韓國史研究』186, 2019d ; 「신라 '삼국통일' 논쟁의 논점과 방향」『역사비평』129, 2019e.

스스로 밝힌 입론 취지에 따르면, 1988년 당시의 "현재적 상황과 맞물린 역사가의 사회적 조건"에서, "기왕의 한국사를 다양하게 재인식할 수 있는 기초"를 놓기 위하여, "신라삼국통일의 이해에 새로운 시각"을 제시한 것이다. 입론 당시에는 위 '평양이남 백제토지'를 종래의 시각과 같이 '대동강 이남'으로 명기했고[6] 추후에도 '대동강 이남'이라 서술한 바 있는데,[7] 논의가 심화된 이후에는 '신라의 백제통합'이라는 자설에 부합하게 '대동강'을 '임진강'으로 수정하여 확정했다.[8]

그런데 2010년대에 들어 한 연구자가 위 백제통합론을 면밀히 분석·비판하면서, '삼한일통의식'이 종전 직후부터 형성된 것이 아니라 9세기에 비로소 성립되었다는 견해를 제출하였다(9세기설). 이 연구 또한, 신라가 백제만 통합했다는 것이 기본 시각이므로, 백제통합론의 아류라 할 수 있는데, 세부 논지에서는 백제통합론에서 제시한 근거 대다수를 부정하였고, 당태종 발언의 '평양이남 백제토지'를 '평양이남이 곧 백제토지(평양이남=백제토지)'라고 해석하여 양자간 논쟁이 촉발되었다.

엄밀히 말하면 이처럼 새롭게 해석하는 연구자는 소수에 불과하므로 논란이라고 할 것도 없지만, 위 두 논자가 각기 같은 논지의 논고를 거듭 발표하였고, 여타 연구자의 연구사정리에서도 통설과 병렬적으로 정리한 까닭에 이 새로운 해석들의 연구사적 위상이 낮지는 않다. 이런 해석의 문제점을 지적한 연구가 다수 나왔으나,[9] 두 연구자는 전혀 수긍하지 않

5 金瑛河, 앞의 논문, 1988.

6 金瑛河, 위의 논문, 1988 : 金瑛河, 앞의 책, 2007, 260쪽.

7 김영하, 앞의 논문, 2006, 20쪽 및 33쪽.

8 金瑛河, 앞의 논문, 1999 : 金瑛河, 위의 책, 2007, 143~144쪽.

9 李昊榮, 「'統一新羅' 號稱 問題」『白山學報』52, 1999 ; 이영호, 「'신라삼국통일론'에서 '남북국론'으로 : 「新羅中代社會研究」, 김영하 저 <書評>『韓國古代史研究』52, 2008 ; 盧泰敦, 『삼국통일전쟁사』, 서울대학교출판부, 2009 ; 「7세기 전쟁의

고 있고, 근자에는 두 연구자간 논박이 과열되어 '백제토지'가 핵심이라는 시각이 나름 근거가 있는 것으로 착시하게 한다.

그러나 '평양이남 백제토지' 문구의 자의적 해석을 바탕으로 '신라의 백제통합'이라고 규정하는 것은 설득력이 없다. 후술하듯이 양자 모두 사료를 오독하거나 확대해석하여 자설의 근거로 삼은 점이 많기 때문이다. 물론 이 연구들에서 거듭 강조하고 있는, 삼국통일의 불완전성 및 삼한일통의식이 통일 후에 성립되었다는 점 등은 타당하다. 그러나 이는 두 연구자의 주장 전에 이미 숱하게 지적되었고 대다수가 동의하고 있는 시각이다.

이처럼 "새로운 시각을 얻기 위해" '백제통합'이라고 불러야 한다는 결론을 내린 후 이를 보강하기 위해 사료를 특이하게 해석하거나(백제통합론), 타 연구자의 기본논지에 동의하면서 나름의 독창성을 확보하기 위해 제3의 해석을 하는 것(9세기설)은 지양되어야 할 연구방식이다. 물론 그것이 잘못된 해석임을 학계 전반이 인지한다면 크게 문제 삼을 필요가 없다. 하지만 실상은 그렇지 못하고 오히려 폐해가 적지 않다.

근대 이후의 삼국통일론이 하야시 다이스케(林泰輔)로부터 시작되었다는 백제통합론의 지적을 참조하여, 통일신라론이 식민사학 또는 근대사학의 '발명'이며 '상상'이라는 주장이 나오기도 했고,[10] 근자에는 저명한 학

성격을 둘러싼 논의」,『한국사연구』154, 2011 ; 「삼한일통의식의 형성 시기에 대한 고찰 – 일본서기 '삼한' 기사의 분석을 중심으로」,『목간과 문자』16, 2016 ; 金壽泰, 「현재적 관점에서 새롭게 서술된 한국 고대사의 흐름 – 김영하,『한국 고대사의 인식과 논리』, 성균관대학교출판부, 2012」『한국고대사연구』70, 2014a ; 「신라의 천하관과 삼국통일론」,『신라사학보』32, 2014b ; 장원섭,『신라 삼국통일연구』, 학연문화사, 2018 ; 기경량, 「'일통삼한 의식'과 표상으로서의 '삼한'」,『역사비평』128. 2019 ; 전덕재, 「신라는 삼국을 통일하려고 하였을까」,『역사비평』128, 2019.

10 윤선태, 「'통일신라'의 발명과 근대역사학의 성립」『신라문화』29, 2007: 「'신라

술지에서 '삼국통일과 통일신라의 재조명'을 특집으로 기획하여,11 두 설을 대표논문으로 수록하기도 했다.12 더불어 위 특집기획에서는, 일제가 사용한 '내선일체'라는 이름을 우리가 받아들일 필요가 없듯이 전근대 왕조에서 삼국통일이나 삼한통일이라 불렀다고 해서 따라 부를 필요가 없고, '삼국통일'이나 '신라의 백제통합'은 전쟁의 중요 당사자인 당을 배제·소외시키는 것이라는 시각에서 이 전쟁을 '7세기 중·후반 동북아시아 전쟁'으로 부르자는 제안까지 나왔으므로,13 논란을 촉발한 두 견해의 타당성 여부를 재검토할 필요가 있다.

따라서 본 연구에서는 백제통합론과 9세기설의 주장과 문제점들을 살펴보고(Ⅱ~Ⅲ장), 나아가 '평양이남 백제토지'의 해석과 효력을 재검토하고자 한다(Ⅳ장). 기실 당태종의 발언은 개전 당시의 실효성 여부부터 검

....

통일론'을 다시 말한다, 『창작과 비평』 146, 2009: 「통일에 대한 역사적 평가」 『신라의 삼국통일(신라 천년의 역사와 문화 연구 총서』 04, 2016.

윤선태의 주장(윤선태, 앞의 논문, 2007)에 대해 국문학자인 김흥규의 비판이 나온 바 있는데(김흥규, 「신라통일 담론은 식민사학(植民史學)의 발명인가」 『창작과 비평』 145, 2007), 윤선태는 이 비판이 무지와 오독의 소산이라 평가했다(윤선태, 위의 논문, 2009). 하지만 김흥규가 논평 말미에서 '발명'이란 단어의 경박함을 지적한 점 등은 깊이 음미해 볼 필요가 있다. 윤선태는 나당전쟁의 승리가 삼국통일의 완성이라 이해하면서도, 나당전쟁을 포함한 삼국통일론이 근대의 '발명' 또는 '상상'이라 표현했다. 윤선태의 논지상 하야시의 연구에는 그러한 표현을 할 수 있더라도, 구한말 이후 우리학계의 삼국통일론에는 적절치 못한 표현이다. 나당전쟁의 의의를 새롭게 인식한 우리학계의 삼국통일론이 설령 하야시 연구의 영향을 받아 자각한 것이라 하더라도 그것은 '발명'이나 '상상'이 아니라 새롭게 '발견'한 것이기 때문이다.

11 『역사비평』, 126(봄호)·127(여름호)·128(가을호)·129(겨울호)

12 위 4번의 간행에서 현재까지 11편의 논고가 발표되었는데, 9세기설이 2편, 백제통합론이 1편이고, 추후 백제통합론의 논자가 추가재론을 준비하고 있다고 한다.

13 이재환, 「7세기 중·후반 동북아시아의 전쟁을 어떻게 부를 것인가?」 『역사비평』 126, 2019.

토할 필요가 있다. '평양이남 백제토지'의 새로운 해석에 집착하는 연구에서는 648년 당태종과 김춘추의 만남이 나당동맹으로 이어졌고, 이 발언이 전후처리 약정이라 이해하지만, 실상 신라가 패강(대동강) 이남을 온전히 차지한 것은 성덕왕 34년(735) 발해의 등주공격 시 참전한 데서 비롯된 것이기 때문이다.

중국학계 일각에서는 이 점에 주목하여, 당태종의 발언이 신라가 꾸며낸 허구라 주장하고, 백제통합론에서는 '평양이남 백제토지'가 대동강 이남이 아니라 임진강 이남의 백제토지에 국한된다고 주장한다. 하지만 근본적인 원인은 후술하듯이 발언 당사자인 당태종이 649년에 돌아간 후 각국의 내정과 국제정세의 변화로 660년의 개전 당시 발언의 효력이 불분명했고, 신라와 당의 국력이 큰 차이가 있었던 데 있었다. 이 점들을 주목한다면, 위 백제통합론과 9세기설에서 야기한 불필요한 논의를 걷어내고, 편협한 당위의식이 아닌 실제역사에 좀 더 가까이 다가갈 수 있을 것이다.

II. '신라의 백제통합론' 비판

7세기 후반 한반도를 무대로 벌어진 전쟁의 결과 신라가 '삼한일통' 또는 '삼국통일'하였다는 것은 전근대부터의 일반적 시각이었다. 조선후기 역사·지리학자들이 발해사를 재인식하고 '삼국통일'의 타당성을 문제제기하기도 했으나, 여전히 '삼국통일'이라는 시각이 우세했다. '삼국통일'에 대한 본격적인 비판은 신채호의 『조선상고사』에서 비롯되었는데, 북한학계는 고조선 – 고구려 – 발해를 정통으로 하는 체계를 세우면서 이를 계승하여 위 전쟁 이후의 한국사를 '발해 및 후기신라'로 명명했다. 반면 우리학계는 삼국통일의 불완전성을 지적하기는 했으나 근본적으로 부정하지는 않았고, 더불어 발해사도 한국사라는 시각에서 전쟁 이후를 대체로 '통일신라와 발해'로 명명했다. 이에 대한 연구사는 백제통합론에서 상세히 정리한 바 있으므로,14 본고에서는 '삼국통일'을 부정하는 '백제통합론'과 '9세기설'의 견해를 중심으로 검토하겠다.

백제통합론은 "사실의 실증과 해석"을 표방하였으나 앞서 언급했듯이 실제로는 1988년 당시의 "현재적 상황과 맞물린 역사가의 사회적 조건"에 치중하여 스스로 현재적 상황에 적합하다고 여기는 "새로운 시각을 얻기 위해" 제시한 것이었다. 관련 논점에 대한 검토를 충분히 거친 후, 그에 반대하는 견해와의 치열한 토론과 조정을 통해 이론적 완성도를 갖춘 연구라기보다는, 가설로 먼저 제시한 후 추후 자설에 부합한다고 스스로 여기는 논지들을 부각시켜 보강한 연역적 방식(두괄식)의 연구이다.

물론 학문연구에서 연역적 방식을 택하면 안 된다는 법은 없다. 그러나 연역적 연구방식은 대개 선행연구가 없거나 미약할 때 주로 사용하는 것이며, 가설의 전제들이 보편적이라야 비로소 설득력이 있다. 백제통합론은 논자 스스로 밝혔듯이, 기왕의 삼국통일론에 반하여 "한국사를 다양하게 재인식할 수 있는 기초"를 놓기 위해 "신라삼국통일의 이해에 새로운 시각"을 제시한 것이다. 따라서 백제통합론의 입론이 설득력을 가지려면 '삼국통일론'에서 제시한 논점에 대한 문제점들을 귀납적으로 밝혀내

....

14 金瑛河, 앞의 책, 2007의 각 단락 및 해당 연구자의 논문들(위 註3 참조) 참조한편, 필자는 근자에 발표한 「서평 : 삼국통일의 역사적 의의를 재인식하다 — 장원섭, 『신라 삼국통일 연구』(학연문화사, 2018) — 」『韓國古代史硏究』 95, 2019, 410~411쪽에서, 김정호의 『大東地志』에서 고려 최초통일론이 처음으로 나왔다는 것을 해당도서에서 처음으로 지적한 것이 아닌가 하고 소개한 바 있다. 이는 백제통합론에서 일찍부터 수차례 강조한 것인데, 필자의 과문함으로 인해 잘못 소개했으므로 본고에서 바로잡는다.

는 것이 필요하다. 백제통합론은 '평양이남 백제토지'의 상한이 '임진강'이라 주장하는데, 실상 입론 당시에는 그 상한을 삼국통일론과 같이 '대동강'으로 이해했으므로 삼국통일론의 문제점을 제시하거나 새로운 가설을 세워야 할 까닭을 제시하지 못했다. 혹여 단순 실수와 그에 대한 수정이라 항변할 수도 있겠지만, 입론의 핵심논점이고 추후에도 '대동강 이남'이라 명기한 사실이 확인되는 바 이는 "새로운 시각을 얻기 위해" 성급하게 이론부터 제시한 데서 비롯된 것으로 여겨진다.

한 연구자가 지적했듯이, "역사는 당위의 세계가 아니라 실제의 세계"[15]이다. 백제통합론에서는, 역사학이 해석의 학문일 수 있으며, 그 해석의 기준은 항상 현재일 수밖에 없다고 강조하는데, 이러한 '현실의 당위'를 우선하는 역사인식은 자의적 해석으로 기울 수 있다. "현재적 상황과 맞물린 역사가의 사회적 조건"[16]에 대한 판단은 논자마다 제각각일 수 있기 때문이다. 또한 백제통합론은 1988년 입론 후 지금까지 '대동강'에서 '임진강'으로 수정한 것 외에는 대체로 일관된 논지를 유지했는데, 급변하는 현대사회에서 '현재'에 대한 인식이 30여 년 동안 부동한 점도 다소 의문스럽다.

논자의 역사인식은 단재 신채호의 역사인식에서 큰 영향을 받은 것으로 여겨지는데, 과연 지금이 신채호가 살았던 시대와 같은 조건인지 의문스러운 면도 있다. 신채호의 민족주의사관은 남북과 좌우를 막론하고 우리나라 역사학계 대다수가 계승하였지만, 그 세부적 주장 다수는 민족주의사학의 자기극복 과정에서 폐기된 상태이다. 또한 2000년대 들어 포스트모더니즘적 시각과 국가중심주의적 시각에서 민족주의역사학을 전면적으로 비판한 연구들도 많이 제출되었던 바, 백제통합론이 설득력을 가지

....

15 盧泰敦, 앞의 논문, 2011.
16 金瑛河, 앞의 논문, 1988.

려면 이를 면밀히 검토하여 비판할 필요가 있는데도 아무런 언급이 없었다.[17]

또한 백제통합론의 논자는 일제식민사학의 잔영 극복과 중국의 동북공정에 대한 대처를 위해서라도 '삼국통일'을 부정해야 한다고 역설하는 등 자설의 공감대 형성을 위해 독자들의 애국심에 호소했다. 특히 근대 이후의 삼국통일론이 식민사학자인 하야시 다이스케에 의해 처음으로 나왔다는 점, 滿鮮史觀에 입각한 일본인 연구자들이 발해를 한국사에서 분리하기 위해 신라의 삼국통일을 강조했다는 점 등을 거듭 지적하면서, 해방 후 교과서들이 비록 통일신라와 발해가 병존하는 남북국시대로 서술하고 있지만 만선사관의 잔영은 여전히 남았다고 주장했다.

그런데 한국고대사에 대한 대중의 시각은 전문연구자의 인식과 부합하지 않는 점이 적지 않으므로, '식민사학'이나 '동북공정'을 지나치게 강조하는 것은 논자의 선의와는 전혀 다르게 비학문적으로 악용될 우려가 있다. 신채호 이래 백제통합론에 이르기까지, 신라의 삼국통일을 부정한 견해 대다수는 고구려와 발해의 역사를 소중히 여긴 데서 비롯되었지만, 실상 독자층의 다수를 구성하고 있는 대중과 청소년들은 그러한 견해를 통해 唐을 끌어들여 전쟁을 촉발한 신라인들에게 원망을 쌓았다. 특히 국수주의를 신봉하는 유사역사가들은 고조선·고구려의 영토가 광활하였다는 막연한 상상을 철석같이 믿으면서, 고구려 멸망의 원인을 제공한 신라인들이 그 영토를 상실한 원흉이라 굳게 믿고 있다. 이러한 현실에서, 신라가 고구려를 통합할 의지가 없었으며 오로지 백제만 병합할 의지만 있었다고 한다면, 신라 폄훼에 혈안이 되어 있는 유사역사가들의 먹잇감으

---

17 신채호의 역사인식에 대한 민족주의역사학의 자기극복 및 근자의 탈민족주의 역사학의 주장 등에 대해서는 강종훈, 「최근 한국사 연구에 있어서 탈민족주의 경향에 대한 비판적 검토」『韓國古代史研究』 52, 2008 참조.

로 악용될 수도 있다.[18]

물론 백제통합론에서는 근자에 이르기까지 삼국통일과 나당전쟁의 승리 등 7세기 신라인들의 업적을 과도하게 폄하하기는 했으나,[19] 고구려 멸망의 책임을 신라와 신라인에게 지운 바 없으므로 독자들의 애국심에 호소한 바 없다고 항변할 수도 있겠다. 오히려 백제와 고구려 멸망 이후의 한국사를 남북국시대로 이해하면 신라가 고구려 고토 상실의 책임에서 자유로울 수 있게 된다고 언급하는 등 신라의 변호를 위해서라도 통일신라시대가 아니라 남북국시대로 불러야 한다고 역설하기도 했다.

그런데 최근 들어 백제통합론의 논자는 그동안 조심스럽게 거론하는데 그쳤던 논점을 선명히 드러냈다. 자설을 삼국통일론의 입장에서 반론한 논고들[20]에 대해 "일제 식민사학이 만선사관의 일환으로 재구축한 신라통일론임에도 불구하고, 해방과 분단을 거치면서 불식되지 않은 채 신라의 삼국통일론으로 전화시켜 집착하는 심상은 어떠한지 참으로 궁금하

---

18 일례로 '7세기 중·후반 동북아시아 전쟁'으로 부르자는 견해(이재환, 앞의 논문, 2019)가 언론에 소개되자 1개 언론에만 하루만에 4000여 개의 댓글이 붙었는데(「"백제·고구려 멸망 야기한 전쟁 명칭서 '통일' 빼야"」, 『연합뉴스』, 2019년 3월 9일), 대다수가 이런 시각을 드러내며 신라와 신라인에 대해 모욕적인 언사를 쏟아냈다.

19 백제통합론에서는 660년의 백제멸망 전쟁에 대해 "백제공략의 주체는 당으로서 신라는 응원하는 존재일 따름"이라고 해석하고(金瑛河, 앞의 논문, 1999: 앞의 책, 2007, 135쪽), 나당전쟁의 발생에 대해서는 "형식논리상 신라의 삼국통일과 당 세력의 축출은 사건의 목적과 전개과정이 엄연히 다른 별개의 범주"라고 하면서 "(나당전쟁은) 당의 제국주의적 속성을 파악하지 못한 상태에서 백제 통합만을 추진한 신라의 외교가 자초한 결과"(위의 논문, 1999 : 위의 책, 2007, 123~137쪽)라고 평가한 후 당의 입장을 변호하는 데 주력했다. 또한 신라와 웅진도독부의 회맹에 대해서도, "(신라가 백제를 병합하고자 하면서도) 도리어 웅진도독부와 화친하는 자가당착에 빠졌다."(金瑛河, 앞의 논문, 1988 : 위의 책, 2007, 261쪽)고 비판하기도 했다.

20 기경량, 앞의 논문, 2019 ; 전덕재, 앞의 논문, 2019.

다.”[21]고 질타했다. 즉 종래에 만선사관의 '잔영'이란 표현했던 데서 한걸음 더 나아가 만선사관에의 '집착'이라며 수위를 높였다. 필자는 이것이 정녕 삼국통일론을 따르는 후학들의 우매함에 대한 안타까움의 표출인지, 아니면 30여 년 전 백제통합론을 처음 제기할 때부터의 본심이었는지 참으로 궁금하다.

그러므로 논의는 '실제의 세계'로 돌아와야 한다. 언급했듯이 이 설의 핵심 주장은 신라가 삼국을 통일한 것이 아니라 처음부터 백제만 통합하려고 했고 전쟁의 결과도 그에 부합하다는 것이다. 그런데 이러한 주장이 성립하기 위해서는 문헌사료 및 금석문에 빈번히 보이는 '삼한일통'과 '삼국통일'에 대한 재해석이 필요하다. 이에 대해 논자는 '삼한일통의식'은 종전 후 "경주 중심의 지배층인 골품귀족에 의해 형성된 실제와 다른 결과에 대한 일종의 허위의식"이라 해석하고, 그 근거로 궁예와 견훤이 건국하면서, 신라가 당을 끌어들여 고구려와 백제를 멸망시킨 것을 성토한 점을 들었다.

그러나 궁예와 견훤의 성토는 '삼한일통의식'이 경주 중심의 골품귀족만의 허위의식이라는 가설의 근거가 아니라, 오히려 '삼한일통의식'이 광범위한 공감대가 형성된 근거이며, 나아가 신라가 백제는 물론이고 고구려도 (일부) 병합한 근거이다. 일례로 궁예의 성토는 나당연합의 부당성 지적이 핵심이었지, 신라가 고구려를 격파한 것을 부정한 것이 아니었고, 당시 (통일)신라의 영역 내에, 구체적으로는 궁예가 건국한 지역에 고구려의 후예거나 고구려의 후예를 자처하는 이들이 상당수 존재했던 사실을 입증하기 때문이다. 즉 궁예는 "옛날에 신라가 당에 청병하여 고구려를 깨뜨렸기 때문에 평양 옛 서울이 황폐하여 풀만 무성하니 내가 반드시

---

21 김영하, 앞의 논문, 2019b, 219~220쪽.

그 원수를 갚으리라."고 말한 바, 고구려를 멸망시킨 신라를 원수로 여기며 궁예의 성토에 공감한 이들이 고구려의 후예거나 고구려의 후예를 자처하는 이가 아니라면 무엇이란 말인가.

이처럼 백제통합론은 한 연구자가 홀로 20편에 가까운 논고로 재론한 것이지만, 7세기 한반도를 무대로 펼쳐졌던 전쟁에 대한 역사적 평가의 흐름을 면밀히 검토하여 학계에 기여한 것을 제외하면 새로울 것이 거의 없다. 살펴보았듯이 '평양이남 백제토지'를 당초에는 '대동강 이남'으로 보았다가 추후 자설에 부합하도록 '임진강 이남'으로 수정한 점, '삼국통일'이란 용어를 부정하기 위하여 삼국통일론이 식민사학과 관련이 있다고 주장한 점, 궁예의 발언취지를 정반대로 해석하여 자설의 핵심근거로 사용한 점 등에서 논지의 박약함과 오류 등을 확인할 수 있다. 물론 백제통합론의 논고에서도 설득력 있는 지적들이 많이 있지만, 그 대다수는 전근대 역사가들의 저작과 다른 연구자의 선행연구에서 이미 지적한 것들이었다. 그런데도 논자는 "통일신라론의 정체는 (신라 골품귀족의 허위의식이며 중세사학과 만선사학의) 이데올로기"라 폄하하고 "남북국론은 비판정신의 소산"이라고 자평하고 있다.[22]

백제통합론에서는 7세기 중반 당시 신라인들에게는 백제만을 통합하는 것이 현실적인 통일의식이었고 정책상의 목표였으므로 이 전쟁을 '백제통합전쟁'으로 불러야 한다고 주장한다. 이러한 견해를 낼 당초에는 '삼국통일론'이 결과론적 입장이라 해석하고, 원인론적 입장에서 백제통합이라는 관점에서도 접근할 필요성을 피력했는데,[23] 추후로는 백제통합론만이 올바른 역사이해라고 주장하고 있다. 그러나 삼국통일론은 전쟁의 결과만을 고려하는 것이 아니라 원인과 결과를 함께 고려한 연구결과이

---

22 김영하, 앞의 논문, 2000b.
23 金瑛河, 앞의 논문, 1988: 앞의 책, 2007, 257쪽.

다. 삼국통일론의 입장인 연구자 대다수도 김춘추가 청병 외교에 나서게
된 계기가 백제에 대한 원한 때문이었음을 중시하여, 신라의 당초 목표는
백제멸망이었음을 인정하고 있기 때문이다. 일례로 "당시 신라인들에게
는 백제만을 통합하는 것이 현실적인 통일의식이었고 정책상의 목표였
다."는 주장은 백제통합론에 앞서 삼국통일론의 입장인 연구자가 먼저 언
급한 것[24]이었다.

　오히려 백제통합론처럼 전쟁의 시작 시에 가졌던 의도가 어떠하다고
해서 결과를 무시하고 의도만을 바탕으로 새로운 명칭을 제안하는 것이
합리적인지 의문이다. 역사는 인간 활동을 바탕으로 진행되는 것인 바, 인
간사에서 '꿈'은 시작과 끝이 항상 합치되는 것이 아니라 움직이기도 하
는 것이기 때문이다. 한 가지 꿈을 이루면 새로운 꿈을 꾸고 다시 그것을
이루기 위해 정신과 육체를 가다듬는 것이 모범적 인간의 자세가 아니던
가. 가령 대제국을 건설한 영웅들의 역사를 살펴보면, 대다수가 처음에는
소박한 꿈을 꾸다가 성공이 거듭되면서 새로운 꿈을 꾸고 마침내 대제국
을 이룬 경우가 많다. 설령 처음부터 대제국 건설의 원대한 꿈이 있었다
하더라도 그것은 속내로만 그칠 뿐 겉으로 내보일 수 있는 것이 아니었다.

　그러므로 '백제통합'만이 신라의 시종 일관된 목표였다고 판단하는 것
은 인간본성을 고려치 않은 도식적인 해석에 불과하다. 백제통합론에서는
신라의 고구려병합을 부정하기 위하여 김춘추가 고구려에 먼저 청병한
사실을 강조한다. 그러나 김춘추가 고구려로 떠날 때 김유신에게 "나와
공은 일심동체로 나라의 고굉이 되었다. 내가 만일 저곳에 들어가 해를
당한다면 공은 무심할 것인가?" 하니 김유신이 "공이 만일 가서 돌아오지
못한다면 나의 말발굽이 반드시 고구려·백제 두 임금의 뜰을 짓밟을 것

24　李昊榮, 『新羅의 三國統合過程硏究』, 경희대학교 박사학위논문, 1985, 5~6쪽(장
　원섭, 앞의 책, 2018 참조).

이다. 정말 그렇게 하지 못한다면 장차 무슨 면목으로 국인을 대할 것인가?"라고 한 사실[25]을 미루어 보면, 김춘추의 고구려행은 고구려를 우호적인 나라로 인식했던 데서 비롯된 것이 아니라, 국망 위기에 몰린 자국의 생존과 불구대천의 원수를 갚기 위하여 벼랑 끝에 몰린 심정으로 목숨을 걸고 청병을 시도한 것에 불과하다. 즉 처음에는 생존을 위하여 고구려의 힘을 빌려 백제를 병탄코자 하였으나, 출발 당시에도 청병 실패 가능성이 높다고 보았고, 결국 한동안 억류되기만 했을 뿐 별다른 소득을 얻지 못하고 고구려가 적대국이라는 사실만 확인하고 돌아왔다는 점이 더 중요하다. 또한 백제통합론에서는 신라가 나당전쟁의 결과 당군을 축출한 이후에도 한동안 임진강 이남만을 경영한 점을 강조하는데, 그것은 신라가 약소국이라 당을 자극하지 않기 위해 택한 것일 뿐이고, 그보다는 오랜 외교적 노력을 통해 마침내 성덕왕 34년(735)에 이르러 당으로부터 대동강 이남의 영유권을 승인받았다는 사실이 오히려 더 중요하다.

III. '삼한일통의식 9세기성립설' 비판

백제통합론이 개별 연구에 앞서 연역적 가설로 먼저 제시된 데 반해, 9세기설은 본격적인 입론 전에 관련 논점들을 차례차례 개별 논문으로 발표하여 추후 제시한 자설의 토대를 다진 특징이 있다. 이 논의와 관련한 최초의 논고는 2012년에 발표한 「삼국사기 지리지 수록 군현의 三國 分屬」을 꼽을 수 있는데, 이듬해 「청주운천동사적비」의 건립시기, 태종무열왕의 시호논변 기사와 관련한 문제들을 연이어 검토했다. 대다수가 한국고

---

25 『三國史記』 卷41, 列傳1, 金庾信 上.

대사의 통설과는 다소 거리가 있는 설이었는데, 이때까지만 하더라도 논자가 구상했던 포괄적 연구계획이 구체적으로 드러나지 않아 학계에서는 학문다양성을 독려하는 입장에서 각각 개별 논점에 대한 신설의 제기 정도로만 이해했다.

각 논문의 주제가 백제통합론에서 제시한 주장들에 대한 반론인데, 백제통합론의 입론자는 9세기설의 본격적인 입론이 나오기 전까지는 구체적인 재반론을 하지 않았다. 아마도 기본적 시각에 있어서는 '백제병합'이라는 표현 등 자설에 일단 동의[26]하고 있음에 주목하고 다만 세부적 견해차이 정도로 여긴 것이 아닌가 싶다. 그런데 9세기설 논자가 2014년 이후부터 삼한일통의식의 성립시기, 삼한 인식의 연원, 김유신 유언(헌의)의 사실여부, 「황룡사찰주본기」에 보이는 일통의식의 성립시기 등과 관련한 논고를 연이어 발표하면서, 삼한일통의식의 성립시기는 9세기로 보아야 한다는 것을 분명히 하고, '평양이남 백제토지'의 문구도 '평양이남=백제토지'라고 해석하면서 백제통합론과 양립할 수 없음을 밝혔다. 이에 백제통합론 입론자의 반론[27]이 나왔고, 이에 9세기설 논자는 2019년 2월과 3월에 『역사비평』 126집과 『한국고대사연구』 93집에 제출한 논고 2편을 통해 백제통합론의 반론에 재반론하는 동시에 자설의 시각을 일목요연하게 정리하여 설명했다. 이후 백제통합론 논자가 다시 재반론[28]하는 한편, 삼국통일론의 시각에서도 9세기설에 대한 비판이 나왔고,[29] 그에 대해 9세기설 논자가 재반론하여 격렬한 논박이 진행되고 있다.[30]

....

26 "후자(9세기설)는 사실 파악에서는 '통일'의 제한적 사용과 신라의 백제병합 같은 표현을 통해서 신라의 백제통합론에 일단 동의했다."(김영하, 앞의 논문, 2018, 244쪽.)

27 김영하, 위의 논문, 2018.

28 김영하, 앞의 논문, 2019a.

29 기경량, 앞의 논문, 2019 ; 전덕재, 앞의 논문, 2019.

9세기설의 논자 스스로 정리한 것을 참조하면, 주요 논점은 ① 「청주운천동사적비」의 건립시기 ② 「황룡사찰주본기」에 보이는 삼한일통의식의 성립시기 ③ 김유신 유언(헌의)의 사실성 여부 ④ 태종시호논변 기사의 사실성 여부 ⑤ '평양이남 백제토지'의 상한 등 다섯 가지 정도로 요약할 수 있다. 그밖에 '삼한'과 '삼국'의 연관성 문제, '고구려 남경' 문제 등을 논점으로 논박이 이루어졌으나 위 5가지 논점에 포함된다고 할 수 있다.

먼저 ① 「청주운천동사적비」에 대해서는 종래 7세기에 작성된 것으로 이해하고 종전 직후 신라에서 삼한일통의식을 형성한 것을 확인시켜 주는 금석문으로 꼽았는데, 논자는 이를 9세기에 작성된 것으로 해석했다. 이에 대해 위 비문이 7세기에 작성된 것이라는 시각의 반론이 두세 차례 나왔고,[31] 9세기설 논자의 재반론으로 이어졌다.[32] 논박의 가부를 가리기 위해서는 비문 자체의 면밀한 재검토가 필요하므로 별고를 기약하기로 하고 본고에서는 논외로 하겠다. 다음으로 ② 「황룡사찰주본기」에 보이는 삼한일통의식에 대해서는 해당 유물이 경문왕대 황룡사 9층탑의 중수 과정에서 작성된 점에 주목해야 한다는 9세기설 논자의 지적이 일견 설득력이 있다.

다음으로 ③ 김유신 유언, 즉 김유신이 돌아갈 때(673년) "삼한이 한 집안이 되고 백성이 두 마음을 갖지 않게 되었다(三韓爲一家 百姓無二心)."고 한 기록[33]은 삼한일통의식이 고구려 멸망 직후에 이미 형성되었다는

· · · · · · · · · · · · · · · · · · · ·

30 이상 9세기설의 논고들은 위 註4 참조.

31 전진국, 「「청주운천동신라사적비」의 제작 연대 검토 - 서체와 주변 환경을 중심으로 -」 『韓國史研究』 184, 2019 ; 기경량, 앞의 논문, 2019.

32 윤경진, 앞의 논문, 2019d.

33 『三國史記』 卷43, 列傳3, 金庾信 下.

근거이므로 가벼이 볼 수 없는 기록이다. 이에 대해 9세기설에서는 김유신 유언 서두의 '任之勿貳'가 위징 遺表의 '任賢勿貳'와 유사한 점을 들어 김유신이 돌아갈 때 실제로 한 말이 아니라고 주장한다. 당태종과 위징의 관계는 唐현종 때『정관정요』가 만들어지면서 일반화되고 위징의 유표는 後晉 개운 2년(945)에 편찬된『구당서』위징전에 처음으로 수록된 것이므로, 위 기록은 역사적 사실이 아니고 후대의 역사서술에서 당태종과 위징의 관계가 무열왕과 김유신의 관계로 투영된 것이라는 주장이다. 이에 대해서는 백제통합론에서, 위징의 유표는『구당서』에 처음 실린 것이 아니라 왕침(미상~702)의『위정공간록』에 이미 수록되어 있었다는 점을 들어 반론했는데, 설득력이 있다.34

다음으로 ④ 태종시호논변 기사는 국내사료인『삼국사기』와『삼국유사』에만 나타나고, 양 사료 간에도 일부 차이가 있는데, 9세기설에서는 이를 근거로 역사적 사실이 아닐 것이라고 주장한다. 즉 이 또한 신라인들이 가공했다고 이해하는 것이다. 이에 대해서는 사료상의 차이도 있으므로 자세히 살펴볼 필요가 있다.

> 가-1. (신문왕) 12년(692) 唐중종이 (신라에) 사신을 보내 口勅으로
> (전하여) 말하기를 "우리 태종문황제는 그 신공성덕이 천고에
> 뛰어났다. 그러므로 붕어하던 날 묘호를 태종이라 한 것이다.

---

34 김영하, 앞의 논문, 2019a, 385~395쪽.
한편, 註4의 9세기설 논고 가운데 「임신서기석」의 작성연대를 792년 또는 852년으로 추정한 논문(윤경진, 앞의 논문, 2019c)은 본 논의와 무관한 것 같지만, 실상은 백제통합론의 반론에 재반론하기 위한 것이다. 김유신 유언의 사실여부 논쟁에서 백제통합론 입론자가 위징이 유표에서 언급한 '任賢勿貳'가 『서경』의 문구라는 점을 지적하며, 화랑 출신의 김유신도 『서경』을 습득했을 가능성이 크다고 보면서 그 근거로 신라 중고기에 작성된 「임신서기석」을 들었기 때문(김영하, 앞의 논문, 2018, 257~258쪽)이다.

그대 나라의 선왕 김춘추가 이와 묘호를 같이 한 것은 매우 참
람한 일이니, 급히 고치라."고 하였다. 왕은 群臣과 의논한 후
이에 답하기를, "小國의 선왕 춘추의 시호가 우연히 聖祖의 묘
호와 서로 부딪치게 되어 칙명으로 그것을 고치라고 하니, 어
찌 감히 명을 좇지 아니하랴? 그러나 생각하면 선왕 춘추도
자못 현덕이 있었고, 더구나 생전에 김유신이란 良臣을 얻어
정치에 동심육덕하여 一統三韓하였으니, 그의 공업이 많지 않
다고 할 수 없다. 그리하여 별세하던 때에 일국의 신민이 애모
에 견디지 못하여 그 추존한 호가 성조의 그것과 저촉됨을 깨
닫지 못하겠소. 사신이 궐정에 복명하여 이대로 아뢰기를 바
라오." 라고 하였다. 그 후에 다시 別勅이 없었다.[35]

가-2. 신문왕 때에 唐고종이 신라에 사신을 보내 말하였다. "짐의 聖
考께서는 賢臣 위징과 이순풍을 얻어 마음을 합치고 덕을 같이
하여 천하를 통일하였기 때문에 태종황제라 하였지만, 너희 신
라는 해외의 작은 나라인데도 태종이란 칭호가 있어 천자의
이름을 참람되게 하는 것은 그 뜻이 불충한 데 있으니 속히 그
칭호를 고치라."고 하였다. 신라왕이 表를 올려 말하기를 "신
라가 비록 작은 나라이기는 하나 聖臣 김유신을 얻어 一統三國
하였으므로 태종으로 봉한 것입니다."고 하였다. 황제가 표를
보고 곧 자신이 태자로 있을 때 하늘에서 이르기를 "33天 가운
데 한 사람이 신라에 내려와 김유신이 되었다."고 하던 것을
글로 적어 둔 것이 생각나서 꺼내보고 놀라고 두려워하지 않
을 수 없어 다시 사신을 보내어 태종이란 칭호를 고치지 않는
것을 허락하였다.[36]

가-1의『삼국사기』기사와 가-2『삼국유사』기사는 태종무열왕의 시

35『三國史記』卷8, 新羅本紀8, 神文王 12年.
36『三國遺事』卷1, 紀異1, 太宗春秋公.

호를 문제 삼은 황제가 각 중종과 고종으로 차이가 있고, 내용상으로는 『삼국유사』가 좀 더 자세하다. 9세기설에서는 이를 토대로 설화성이 짙은 『삼국유사』의 기사가 원전에 가깝고, 『삼국사기』의 기사는 『삼국유사』가 저본으로 삼았던 원전에 있던 '신문왕 때'라는 언급을 감안하여 신문왕 사망기사 앞에 삽입한 것이라 주장한다. 즉 『삼국사기』의 기사는 독자적 사료가치가 없고, 『삼국유사』는 설화적 색채가 짙으므로 믿을 수 없다는 것이다.

이에 대해 백제통합론에서는 『삼국사기』의 편년인 신문왕 12년(692)이 측천 황제의 재위기였음을 들어, 남존여비의 논리로 선덕여왕을 폄하한 김부식이 춘추필법으로 '측천'을 '중종'으로 바꾸었을 것이라 반론했다.[37] 그러자 9세기설에서는 같은 해 신문왕이 돌아가자 당에서 조문사신을 보냈는데, '측천'이 명기된 점[38]을 들어 반론이 설득력이 없다고 하였다.[39]

그러나 필자가 보기에, 9세기설 논자의 재반론이 오히려 설득력이 없다. 김부식이 측천의 치세를 인정하지 않아 '측천'을 '중종'으로 바꾸었다면, 뒤이은 효소왕 원년조 조문기사의 '측천'도 당연히 바꾸었을 것이므로 그런 일은 없었을 것이라는 논리인데, 이 주장에는 김부식의 꼼꼼함 또는 『삼국사기』의 일관성이 전제되어 있다. 하지만 그렇다면 측천황제의 치세인 신문왕 12년조에 가-1 기사를 배치하면서 '중종'이라 지칭한 이유는 어떻게 설명할 것인지 궁금하다. 9세기설 논자가 이 기사의 원전에 가깝다고 여기는 가-2 『삼국유사』 기사에서는 '중종'이 아니라 '고종'으로 지칭되어 있기 때문이다. 논자의 주장대로라면 오히려 가-1 기사의

....

37 김영하, 앞의 논문, 2018, 261~262쪽.
38 『三國史記』 卷8, 新羅本紀8, 孝昭王 元年.
39 윤경진, 앞의 논문, 2019a, 288쪽.

황제를 '측천'으로 고쳐 적어야 하지 않을까? 따라서 가-1 기사의 '중종'은 『삼국사기』 편자 또는 그 이전의 전거자료 작성자의 수정이 가해진 것이고, 신문왕 조문기사의 '측천'은 사실 그대로 전제된 것으로 보는 것이 합리적이다.

무엇보다 주목할 것은 가-2 『삼국유사』 기사에 당태종의 賢臣으로 위징과 이순풍 2인이 언급되었다는 점이다. 당태종은 643년 2월에 조서를 내려 공신 24명의 畫像을 능연각에 그리도록 했는데, 이 24명은 장손무기, 이효공, 두여회, 위징, 방현령, 고사렴, 위지경덕, 이정, 소우, 단지현, 유홍기, 굴돌통, 은개산, 시소, 장손순덕, 장량, 후군집, 장공근, 정지절, 우세남, 유정회, 당검, 이(세)적, 진숙달이다.[40] 이순풍은 당태종이 직접 지목한 24명에 들지도 않았는데 이 기사에는 위징과 짝하여 최고의 현신으로 언급되었다는 점이 중요하다.

이순풍은 천문학·수학·명리학에 정통한 인물로, 당태종대에 활동하다가 당고종대인 670년에 돌아갔다. 나름 족적을 크게 남긴 인물이기는 하나 위의 사실에서 확인되듯이 당태종 본인이 중요 공신으로 꼽지 않았음은 물론이고, 忠諫으로 이름을 남긴 위징을 추앙하는 역사가 가운데 그를 위징과 짝하여 당태종의 현신으로 꼽을 이도 거의 없었다.

9세기설 논자는 이 점을 의식하여 김유신의 손자인 김윤중의 庶孫(김유신의 庶玄孫) 김암의 행적을 거론했다. 김암이 方術을 배우기를 좋아했고 당에 들어가 숙위할 때 음양가의 술법을 배웠다는 것을 상기시키면서 위 기사에서 이순풍이 등장하는 것은 김암의 시각이 반영된 것이라고 추론했다. 그러면서 『삼국사기』 김유신 열전 편찬 시 김유신의 현손인 김창청이 지은 『김유신행록』을 저본으로 삼되 그 가운데 만들어 넣은 말(釀辭)

---

40 『資治通鑑』 卷196, 唐紀 12, 太宗 貞觀 17年 2月 戊申 참조.

이 많아 기록할만한 것만 취했다는 것을 상기시키며, 신라본기와 『삼국유사』의 김유신 관련 기록 역시 『김유신행록』을 취한 것이라고 하면서, 김장청이 바로 김암이라는 대담한 추론을 하였다.[41] 그런데 9세기설 논자는 김유신 유언 또한 『김유신행록』에 수록되었던 것으로, 유교적 관점이 충실하게 투영되어 만들어진 것으로 이해한다. 그렇다면 김암=김장청이 방술을 배우기를 좋아하면서 유교적 관점에 충실한 이가 되는 셈이다.

김암이 곧 김장청이라는 추론은 『삼국사기』 김유신 열전의 구조를 전혀 고려치 않고 자신의 논지를 보강하기 위해 주장한 것에 불과하다. 김유신 열전에 양자가 별개의 인물로 소개되어 있기 때문이다. 또한 김유신 열전의 김유신 사망기사 이후의 서술을 살펴보면, 김유신의 아내와 자녀에 대한 소개, 지소부인의 행적, 홍무대왕 추봉 사실, 원술의 행적, 적손 윤중의 행적, 윤중의 서손인 김암의 행적, 『삼국유사』 미추왕·죽엽군조와 짝하는 기사, 현손 김장청이 행록을 지었는데 그 일부를 취하여 열전을 삼는다는 명기, 『삼국사기』 찬자의 논찬 순으로 구성되어 있다. 미추왕·죽엽군조와 짝하는 기사까지가 『김유신행록』 등에서 취한 것이고 김장청 소개부터는 『삼국사기』 찬자의 서술이다. 9세기설의 주장이 옳다면, 김장청이 『김유신행록』에 자신을 '윤중의 서손 김암'으로 소개하고 자신의 행적을 서술한 셈이 된다. 그렇다면 『삼국사기』 김유신 열전의 '장청'이란 이름은 도대체 어디서 취한 것일까?[42]

그러므로 김암이 김장청과 동일인이라든가, 그가 이순풍을 당태종 휘하의 최고 현신으로 꼽았을 가능성은 거의 없다. 그러면 가-2 기사에서 이순풍이 언급된 것은 무슨 까닭일까? 이순풍이 측천의 황제 즉위를 예언

....

41 윤경진, 앞의 논문, 2013c, 238~244쪽.
42 논자는 이를 의식했는지, "설사 동일인이 아니라 하더라도 김암이 행록에 깊이 관여했음은 분명하다."(윤경진, 위의 논문, 2013c, 241쪽)고 했는데, 설득력이 없다.

했고, 이를 들은 당태종이 측천을 賜死하려 하자 간언하여 측천의 목숨을 구해주었고, 말년에는 당고종과 측천의 합장묘 자리를 점지한 것을 상기하면, 이순풍을 위징과 더불어 당태종의 양대 현신으로 꼽을 이는 오로지 측천황제 밖에 없지 않을까 싶다. 즉 이순풍은 당태종의 현신이 아니라, 측천이 황후책봉을 받고 정치에 깊이 관여하기 시작한 후부터 당고종과 측천의 총애를 깊게 받은 '현신'인데, 측천의 관념 속에서 태종의 현신으로도 확장되었을 가능성이 높다. 이처럼 이순풍이 당태종의 최고 현신 가운데 하나로 언급된 점만 보더라도 위 시호논변은 측천의 치세인 신문왕대에 일어난 것이 역사적 사실일 가능성이 높다 하겠다.[43]

다음으로 ⑤ '평양이남 백제토지'의 상한에 대한 9세기설의 주장을 살펴보면 이 설의 입론이 사상누각임을 확인할 수 있다. 앞서 살펴보았듯이 백제통합론에서는 신라가 당을 축출한 후에도 한동안 임진강 이북으로 진출하지 않은 점을 들어 '평양이남 가운데 백제토지'로 이해했다. 그런데 9세기설에서는 '평양이남이 곧 백제토지(평양이남=백제토지)'라 해석하는데, 그 근거로 제시한 것은 백제가 온조왕대와 근초고왕대에 대동강 이남을 국토로 인식하는 영역의식을 가졌다는 점이었다. 이에 백제통합론에서는 근초고왕대의 백제는 예성강 상류의 수곡성까지를 북방 경계로 인식하고 있었다고 반론했는데, 9세기설에서는 '수곡성'이 아니라 '수곡성 서북'이라는 점을 지적하면서, 자설을 재천명했다.

그러나 '평양이남 백제토지'가 거론된 위 발언은 당태종이 김춘추에게 한 것이므로, 백제의 고토 여부는 전혀 고려할 필요가 없었다. 백제통합론

43 또한 9세기설에서는 "事大의 명분과 관련된 문제를 문서가 아니라 口勅으로 제기했다는 것도 이해하기 어려운 내용이다." 라고 지적하지만, 당사자가 중종이 아니라 측천이라는 데서 그리 이해하지 못할 바도 아니다. 애초에 측천은 신라에서 태종 시호를 쓰는 것에 크게 분개하지 않았고 다만 외교술로 활용코자 한 것이 아닐까 싶다.

과 9세기설 논자의 시각처럼 이 발언이 나당동맹 시의 전후처리약정이라면, 동맹 시 또는 개전 시의 국경선이 중요할 뿐 각국의 고토의식은 고려할 필요조차 없었을 것이다. 혹여 당과 신라 양국의 고토의식을 고려했을 가능성이 있을지는 모르지만, 백제의 고토의식을 고려했다는 것은 터무니없는 주장이다. 기실 「황초령신라진흥왕순수비」와 「마운령신라진흥왕순수비」의 건립지를 상기하면 신라의 고토의식도 반영되지 않았음을 확인할 수 있으므로, 백제의 고토의식 운운은 설득력이 전혀 없는 것이라 하겠다. 또한 당시 대동강 이남과 접한 것은 고구려토지였고, 고구려토지의 이남에 접한 것은 백제토지가 아니라 신라토지였다. 즉 당시 백제의 영토는 북쪽 경계가 평양과 맞닿아 있는 것이 아니라 평양에서 대동강을 건너 고구려 영토와 신라 영토를 거쳐 안성천 남쪽 직산부근에서 비로소 시작된다는 점[44]이 중요하다.[45]

최근에, 필자의 위 지적과 동일한 시각에서, "7세기 전반에 백제인들이 한강 유역을 신라에게 빼앗긴 고토라고 생각하였음은 분명하지만, 대방의 옛 땅을 수복해야 할 영토라고 생각하였는지는 단언하기 어렵고, 게다가 고구려가 한강 유역을 신라에게 빼앗긴 영토라고 주장하는 상황에서, 648년에 당태종과 김춘추, 671년에 문무왕이 평양이남의 고구려 영토를 본래 백제의 영토라고 인식하였다고 보는 것은 지나친 논리적 비약이라고 보지 않을 수 없다."[46]고 지적한 견해가 나왔다. 이에 대해 9세기설

<hr />

44 김영관, 「660년 신라와 백제의 국경선에 대한 고찰」 『신라사학보』 20, 2010.
45 백제통합설 논자의 '수곡성' 거론은 9세기설의 논지를 반박하면서 나온 것이지만, 한편으로는 이를 통해 백제통합설 논자마저도 '평양이남 백제토지'의 해석이 백제의 고토의식과 무관하지 않다고 여긴다는 것을 미루어 짐작할 수 있다. 백제의 영토는 직산 부근에서 비로소 시작되므로 백제의 고토의식을 염두에 두지 않았다면 거론할 필요도 없었을 것이기 때문이다.
46 전덕재, 앞의 논문, 2019, 191쪽.

논자는 「답설인귀서」에 보이는 비열성의 귀속문제를 통해서 자설이 입증된다는 주장을 재론했다.[47] 그러나 신라의 비열성 문제 거론을 자설의 근거로 제시한 것은 명백한 왜곡이거나 오독이다. 확인을 위하여 해당 부분을 제시한다.

> 나. … 또 비열성은 본시 신라의 땅인데, 고구려가 빼앗아 30여 년이 되었으나, 신라가 도로 이 城을 얻어 백성을 옮기고 관리를 두어 수비하였는데, (唐이) 또 이 성을 빼앗아 도로 고구려에 주었소. 신라가 백제를 평정한 때로부터 고구려를 평정하기까지 충성을 다하고 힘을 바쳐 國家(唐)를 저버린 일이 없었는데, 무슨 죄로 하루아침에 버림을 받았는지 알 수 없소. (우리는) 비록 이러한 억울함이 있으나 끝내 배반할 의사는 없었던 것이오. …[48]

9세기설은 위 사료를 바탕으로 전후 영토분할이 "신라는 '본래 누구의 것이었는가'에 의해 판단했다. 반면 당은 전쟁 당시 점유 상황을 기준으로 인식했고, 이에 임진강 이북을 고구려 영토로 간주했다."[49]고 하면서, "「답설인귀서」에 보이는 '평양이남 백제토지'와 비열성의 귀속 문제는 신라의 전쟁 목적과 성과를 그대로 반영한다. 다만 백제와 고구려 영토의 범위를 설정하는 데 있어 신라는 역사적 귀속을, 당은 전쟁 당시의 점유 상황을 준거로 삼아 갈등을 빚었다."[50]고 해석했다.

....

전덕재의 위 논고는 2019년 8월말에 게재된 것이다. 본고는 한국연구재단의 '2019년 시간강사연구지원'에 선정된 것으로 6월초에 연구계획서가 제출된 것인 바, 지원 시 위 논지의 대부분이 포함되어 있었다. 공교롭게도 같은 논지가 따로따로 준비된 셈인데, 이는 상식적으로 너무도 당연한 판단이기 때문이라 하겠다.

47 윤경진, 앞의 논문, 2019e.
48 『三國史記』 卷7, 新羅本紀7, 文武王 11年, 「答薛仁貴書」.
49 윤경진, 앞의 논문, 2019a, 16쪽.

그러나 전쟁 당시의 점유 상황을 주장한 것은 唐이 아니라 오히려 신라였다. 수차례 거듭 재론하였으므로 이는 단순 착오가 아니라 매우 중대한 왜곡 또는 오독이다. 9세기설 논자는 "비열성은 본시 신라의 땅인데 고구려가 빼앗아 30년이 되었으나" 라는 문구에만 주목하는데, 실상 핵심 사안은 "신라가 도로 이 성을 얻어 백성을 옮기고 관리를 두어 수비하였다."는 것이다. 즉 「답설인귀서」에서 신라가 주장하는 것은 개전 직전에 비열성이 신라의 땅인데 그것을 안동도호부에 편입시키는 것은 부당한 처사이며, 비록 고구려가 30여 년 동안 차지한 적이 있었지만 그 이전에는 본시 신라 땅이었다는 것이다. 따라서 「답설인귀서」에서 거론한 비열성 문제는 9세기설의 '평양이남=백제토지'를 입증하는 것이 아니라, 이 해석이 억지임을 입증하는 것이라 하겠다.

그런데 이처럼 신라가 개전 당시 영유권을 거론하는 것은 '평양이남 백제토지'를 '평양이남과 백제토지'로 해석하는 것과 부합하지 않는다. 오히려 백제통합론의 '평양이남의 백제토지' 또는 9세기설의 '평양이남=백제토지' 해석처럼 당태종이 백제토지만 주겠다고 약속했다는 주장의 근거가 될 수도 있다.

그러나 「답설인귀서」를 면밀히 살펴보면 당시 신라는 백제토지가 모두 신라의 권리라고 주장하지 못한 점을 확인할 수 있다. 당태종의 '평양이남 백제토지' 운운 약속은 나당전쟁 당시의 명분 다툼에서 밀리지 않기 위해 거론한 것이고, 실상은 웅진도독부의 존재를 인정할 수밖에 없었으며 백제의 자립까지도 우려하는 상황이었다. 비열성이 개전 당시 신라의 땅이라는 것을 주장한 것은, 648년 김춘추의 입당 당시 고구려의 토지는 당이 갖는다는 전후처리 약속대로 개전 직전 신라 영토의 상한이었던 비

50 윤경진, 앞의 논문, 2019a, 33쪽.

열성까지만 영유권을 주장하겠다는 취지가 아니라, 당이 백제와 고구려 땅에 웅진도독부와 안동도호부를 세우고도 모자라 원래 신라의 땅이었던 비열성까지도 편취하여 안동도호부에 편입한 사실을 성토하고, "이러한 억울함이 있으나 끝내 배반할 의사는 없었다."고 밝힌 것에 불과하다.

이처럼 백제통합론과 9세기설에서는 '평양이남 백제토지'의 독창적 해석을 바탕으로 한 자설을 거듭 재론하고 있다. 하지만 실상 중요한 것은 위 문구의 해석이 아니라 당태종의 발언이 어떠한 배경에서 나온 것이며, 실제 역사에서 어떠한 영향을 끼쳤는가 하는 점이다. 이는 660년 대백제전 개전 시 및 668년 대고구려전 종전 후에 당태종 발언이 효력이 있었는가의 여부 및 671년 「답설인귀서」를 보낼 당시 신라가 처한 입장 등과 직결되는데, 단락을 바꾸어 살펴보겠다.

IV. 당태종 발언의 배경과 효력

1. 발언의 진위와 함의

앞서 언급했듯이 당태종의 '평양이남 백제토지' 운운 발언은 진위여부부터 논란이 있다. 논란의 발단은 중국학계 일각에서, 신라측이 사실을 과장하거나 변명한 데 지나지 않는다고 주장한 데서 불거졌다. 물론 외교문서에 준하는 「답설인귀서」에 등장하는 것이므로 사실 굳이 반론할 필요도 없지만, 「답설인귀서」가 국내사료에만 등장한다는 점,[51] 백제와 고구

<hr />

51 靑 광서 연간에 편찬된 『唐文拾遺』에도 「답설인귀서」가 「報薛仁貴書」라는 제목으로 수록되어 있으므로, 엄밀히 말하면 중국측 사료에도 등장한다. 다만 이는 중국에서 전래된 자료를 수록한 것인지, 『삼국사기』나 『동문선』의 기록을 저본

려의 멸망 후 당이 그 고지를 직접지배 혹은 기미지배한 점, 신라가 오히려 당에 사죄사를 보내고, 웅진도독부와의 굴욕적 회맹도 감내하는 등 수세로 일관한 점 등에서 중국학계의 주장을 마냥 무시할 수도 없었다. 따라서 우리 학계에서 몇 차례 반론이 나왔는데, 당시 또는 후대의 정황을 미루어 추론하는 데 그쳤을 뿐 중국학계의 주장을 정면으로 논박하는 데에 이르지는 못했다.

그러던 중 근자에 "도침이 유인궤에게 보낸 사행을 통해 늦어도 661년 무렵에는 신라와 당이 밀약을 맺었던 것으로 인식하였음이 분명하다."는 견해가 나왔다.[52] 이 견해에서 주목한 것은 백제부흥운동 당시 도침이 유인궤에게 사람을 보내어 이르기를 "들자하니 大唐이 신라와 맹세하기를 백제의 노소를 불문하고 모두 죽인 뒤에 나라를 신라에게 준다고 하였다. 죽음을 받아들이는 것이 어찌 싸워서 죽는 것만 같겠는가! 이런 까닭에 무리를 모아 지킬 뿐이다." 라고 한 『구당서』 백제전의 문구이다.

그런데 이는 유인궤의 회유에 대해 도침이 당시 나돌던 전언을 거론하며 회유를 거부하고 결사항전의 의지를 표명한 것일 뿐 648년의 당태종 발언과는 무관할 가능성이 높다.[53] 기실 위 연구와 같은 해석은 선행연구에서 이미 나온 바 있는데,[54] 선행연구의 해석처럼 그동안 주목하지 않았던 점을 상기시킨 정도는 연구사적 의의가 있으나, 위 연구처럼 도침의

으로 작성한 것인지 불분명한데 종합 검토가 필요하다.

52 김진한, 앞의 논문, 2014.

53 「답설인귀서」에서 "국가(당)가 선함을 수리함은 밖으로 왜국을 친다고 핑계하고 실상은 신라를 치려하였으므로 백성들이 듣고 놀라고 두려워하였는데" 라고 당에 대한 불신을 드러낸 점을 참조하면, 도침의 발언에서 나온 이야기도 그와 같은 소문이었고 도침이 그를 언급한 것은 당을 믿지 못하겠다는 의사표명이었을 가능성이 높다.

54 김현구, 『백제는 일본의 기원인가』, 창작과 비평사, 2002, 162~163쪽.

발언에 전적으로 기대어 중국학계의 시각을 논파했다고 선언하는 것은 무리가 있다. 선언의 강도만큼 오히려 중국학계의 주장에 힘을 실어 줄 우려도 있다.

　기실 당태종이 '평양이남 백제토지'를 신라에게 주겠다고 발언한 사실의 진위 및 그 문구의 해석 논란이 과열된 것은 이 발언이 660년 대백제전 개전 시 및 668년 대고구려전 종전 후에 효력이 있었다고 확신한 데 있었다.[55] 그러나 신라가 「답설인귀서」 서두에서 당태종의 발언을 상기시킨 것 외에는 그 약속이행을 강력히 요구하지는 못했다는 점, 신라가 대동강 이남을 차지한 것은 나당전쟁을 승리하고 발해의 등주공격 시 참전한 대가라는 점 등에서 그렇게 보기 어렵다. 따라서 그와 같은 논박에 치중하기보다는 당태종이 이와 같은 발언을 한 배경이 무엇이었는지, 개전 시 및 종전 후에도 효력이 있었는지, 신라가 위 발언을 상기시킨 목적이 무엇이었는지 등에 대해 살펴볼 필요가 있다.

　　다. 대왕이 답서하여 이르기를, "선왕이 정관 22년(648)에 당에 입조하고 태종문황제의 은혜로운 조칙을 면전에서 받들었을 때 (태종문황제께서) 이르기를 "짐이 지금 고려(고구려)를 치는 것은 다른 까닭이 아니라 너희 신라가 양국에 핍박되어 매양 그 침해를 입어 편안할 때가 없음을 애달피 여김이다. 산천과 토지는 내가 탐하는 바가 아니며, 옥백과 자녀도 내가 가지고 있는 것이다. 내가 양국을 평정하면 '평양이남 백제토지'는 아울러 너희 신라에게 주어 길이 편안케 하려 한다."하고 계획을 지시하고 군사동원 기일을 정하여 주시었소. 신라의 백성은 은칙을 듣고 사

55 백제통합론에서는 648년 당시 "신라의 백제 통합과 당의 고구려 점령이라는 쌍방의 전략적 이해가 일치한 가운데 전후 점령지 귀속문제까지 타결됨으로써 나당연합이 결성될 수 있는 기반을 닦았다."고 강조한다(金瑛河, 앞의 논문, 1999 : 앞의 책, 2007, 133쪽).

람사람이 힘을 기르고 부림을 기다리고 있었는데, 대사가 끝나기도 전에 문제(태종문황제)가 먼저 돌아가시고 금상(당고종)이 즉위하시어 다시 은혜를 전함이 계속하니 지난날보다 더욱 자주 은덕을 입었소. …"라고 하였다.[56]

다수의 선행연구에서는 위 당태종의 발언 가운데 "내가 양국을 평정하면 '평양이남 백제토지'는 아울러 너희 신라에게 주어 길이 편안케 하려 한다."는 문구에만 주로 주목했다. 그러나 그에 앞서, 전쟁의 목적이 신라를 위해서라고 운운하고 자신은 산천·토지와 옥백·자녀에 욕심이 없음을 늘어놓은 점에 먼저 주목할 필요가 있다. 황제의 조칙으로는 구차한 면이 있기 때문이다.

이에 대해 "두 사람이 대화하는 가운데 그와 같은 발언을 유발할 만한 내용이 비쳐졌고 이를 무마하기 위한 변명처럼 보인다. 태종의 언질 속에 벌써 신라에게 의심을 받을 만한 내용이 포함되어 있었음을 포함되어 있었음을 짐작케 한다. 그런 양상은 공동 군사작전 초기부터 나타났다. 660년 나당연합군이 사비성에서 합류하기로 한 期日을 신라가 맞추지 못하자 당과 김유신 사이에서 벌어진 긴장 상황은 그 일례라고 하겠다."는 해석이 나온 바 있다.[57]

그런데 『정관정요』를 비롯한 여러 사료에 보이는 당태종의 발언을 살펴보면, 위와 같은 어법은 당태종 특유의 어법 가운데 하나였다는 것을 확인할 수 있다. 당태종은 현무문의 정변으로 집권한 후부터 성군들의 덕치를 흉내 냈다. 신하들로 하여금 자신의 통치행위에 준엄히 간언할 것을 종용했고, 설득력 있는 간언이 있을 때는 수락하고 자신의 욕구를 억제하

---

57 朱甫暾, 「羅唐同盟의 始末」『大丘史學』 126, 2017: 『김춘추와 사람들』, 지식산업사, 2018, 144쪽.

는 경우가 적지 않았다. 문제는 간언이 설득력 있음에도 자신의 욕구를 기어코 실현하고자 한 경우인데, 그럴 때도 무작정 무시하거나 간언자를 겁박하는 방법을 쓰지는 않았다. "경의 말이 진실로 옳다."고 한 후, 그렇지만 그 일이 자신의 욕망을 위해서가 아니라 인민과 사직을 위한 일이므로 부득이하게 할 수밖에 없다는 식의 구차한 궤변을 늘어놓으며 설득했다. 그럴 때마다 당태종은 그 간언을 한 이에게 금덩이 같은 재물을 하사하는 것으로 무마했다.

일례로 645년 고구려 침공 시 백암성의 항복 수락 문제를 두고 장군 이적과 나눈 대화를 들 수 있다. 백암성이 항복과 항복철회를 거듭하자 당태종은 당초 그 반복에 격노하여 성을 함락한 후 약탈물로 장졸에게 포상하겠다고 선언했다. 그러다가 백암성이 다시 항복을 청하자 이내 성군 흉내로 되돌아와 항복을 수락코자 했다. 그러자 이(세)적이 항의했다. "사졸이 다투어 화살과 돌을 무릅쓰고 죽음을 돌보지 않는 것은 노획을 탐하기 때문"이라고 상기시키며 항복수락반대 입장을 표명했다. 그러자 당태종은 말에서 내려 사과하고 "장군의 말이 옳다. 그러나 군사를 놓아 사람을 죽이고 그 처자를 사로잡는 것은 내가 차마 못할 바이다. 장군 휘하에 공이 있는 자는 내가 창고의 물건으로 상을 줄 것이니 장군은 이 한 성을 속죄해 주기 바란다."고 답했다.[58]

또한 당태종이 즉위 말기에 이르러 태자에게 『帝範』을 내리면서 "내가 자리에 앉은 이래로 잘하지 못한 것이 많지만 비단에 수놓은 것과 주옥이 앞에서 끊이지 않았으며, 궁실과 臺와 정자는 자꾸 지었고, 개와 말 그리고 매가 멀어서 가져오지 않은 것이 없으며, 사방을 돌아다닐 때에 번거롭고 수고롭게 공급하게 하였는데, 이것이 모두 나의 깊은 허물이니, 이것

....

58 『三國史記』 卷21, 高句麗本紀9, 寶藏王 4年.

을 옳다고 여겨 본받지 마라. … 공로가 크고 허물이 적었으므로 업적이 떨어지지 않았지만 이를 善을 다하고 美를 다함(盡善盡美)에 비한다면 진실로 많이 부끄럽다."[59] 라고 운운한 점도 주목할 필요가 있다. 내용이 위 「답설인귀서」에 보이는 발언에서, 산천·토지와 옥백·자녀에 욕심이 없다고 한 점과 유사한데, 이『제범』을 내린 해가 바로 김춘추가 입당한 648년이었던 것이다.

또한 당태종은 648년 편찬한『晉書』에 논찬을 하는 등 집필에 관여했는데, 여러 번에 걸쳐 晉 왕조의 사치와 나태를 지적하고 왕희지 같은 이에게는 盡善盡美하다고 찬양했다. 이로 보아 당태종은 648년 당시 스스로 절제와 검약을 추구하는 진선진미한 제왕이라는 자아도취에 빠진 것으로 여겨진다. 이처럼 당태종이 평소 자신의 욕망을 실현하고자 성군 흉내를 내며 신하들을 설득하는 어법을 구사했고, 648년 당시에는 재물에 욕심을 냈던 자신을 스스로 책망하고 무욕과 '진선진미' 추구를 천명한 점을 미루어 보면 위 '평양이남 백제토지' 운운 발언의 사실성을 의심키 어렵다. 그 어떤 명문장가라 하더라도 신라인이 탁상에서 당태종의 어법과 당시의 심리까지 정확히 간파하고 꾸며내기는 쉽지 않기 때문이다.

나아가 당태종이 언급한 공격대상이 '고려(고구려)'라는 점,[60] 전쟁의 목적을 "신라가 양국에 핍박되어 매양 그 침해를 입어 편안할 때가 없음을 애달피 여기기 때문"이라 전제한 점, "산천과 토지는 내가 탐하는 바

....

59 『資治通鑑』卷198, 唐紀14, 太宗 貞觀 22年 正月 8日.

60 과거의 연구들에서는 실제 전쟁이 백제공격으로 시작되었다는 점에서, 당시부터 백제를 먼저 치기로 계획한 것으로 이해했으나, 공격 대상을 '고려'로 명시한 점에 주목할 필요가 있다. 당태종이 신라를 위해 전쟁을 하려는 것이라고 운운하고 산천·토지와 옥백·자녀에 욕심이 없다고 운운한 것은, 아마도 백제 선공을 주장하는 김춘추를 설득하고 고구려부터 선공하고자 하는 자신의 의지를 관철시킬 목적이었을 것이다(朱甫暾, 앞의 논문, 2017 : 앞의 책, 2018, 121~127쪽 참조).

가 아니며, 옥백과 자녀도 내가 가지고 있는 것이다."고 언급한 점을 음미
하면 '평양이남 백제토지'의 의미도 어렵지 않게 유추할 수 있다. 즉 '평
양이남 백제토지'의 핵심은 백제통합론이나 9세기설의 시각처럼 '백제토
지'에 있는 것이 아니라 고구려의 수도인 '평양'에 있는 바, 당태종 발언
의 전체 취지는, 심적으로는 고구려토지와 백제토지 전부를 너희에게 주
고 싶지만 고구려 왕성인 평양은 양보하기 어려우므로, 그 이하는 너희
신라에게 모두(아울러) 주겠다는 뜻으로 해석하는 것이 합리적이다.[61]

또한 앞서 언급했듯이, 당시 백제의 북쪽 경계가 평양과 맞닿아 있는
것이 아니라 평양에서 대동강을 건너 고구려토지와 신라토지를 거쳐 안
성천 남쪽 직산부근에서 비로소 시작된다는 점[62]에서도 '평양이남 백제토
지'를 '평양이남 가운데 백제토지'나 '평양이남이 곧 백제토지'로 보기 어
렵다. 9세기설에서는 문법적 해석을 강조하는데, 설령 문법적으로는 그런
해석이 가능하다 하더라도 그것은 실제 사실을 무시한 해석에 불과하다.

2. 발언의 효력과 신라의 대응

다음으로, 대백제전 개전 및 대고구려전 종전 시 당태종의 발언이 효
력이 있었는가 하는 문제를 살펴볼 필요가 있다. 앞서 언급했듯이 백제통
합론과 9세기설 및 다수의 연구에서는 효력이 당연히 있다고 여기고 있으
나 648년 당태종과 김춘추의 만남과 660년 개전 시기 사이 각국의 내정과

....

61 노태돈은 "당과 동맹을 맺어 고구려를 공격하려 함에서 최종 목적지가 평양성
　　이었던 만큼 남에서 진격하는 신라군의 작전 범위는 자연스럽게 평양이남 지역
　　이고 당군의 작전 범위는 그 이북 지역이 될 것이니, 그런 면을 논의하는 가운
　　데 김춘추와 이세민 사이에 평양이남 지역을 신라 몫으로 한다는 약속이 나왔
　　던 것으로 여겨진다."고 해석한 바 있다(盧泰敦, 앞의 책, 1999, 32쪽.).
62 김영관, 앞의 논문, 2010 ; 전덕재, 앞의 논문, 2019.

국제정세 변동을 살펴보면 그렇게 보기 어려운 면이 있다. 당태종은 김춘추의 입당 이듬해인 649년에 돌아가기 직전에 고구려 공격을 일단 중지할 것을 유언으로 남겼다. 이에 당 조정은 실권을 잡은 장손무기, 저수량 등의 주도하에 내정안정에 주력했다. 당태종의 약속이 유야무야된 셈이었다. 그러던 것이 655년경 무측천의 황후책봉 문제로 장손무기 등이 실각하고, 무측천과 허경종이 새롭게 실권을 잡았다. 바로 이 시기에 백제는 총신 성충과 흥수가 실각하는 정치변동을 겪으면서 내분의 조짐을 보였다. 이후 658년과 659년에 이르러 신라는 백제와의 전쟁에서 가시적인 성과를 거두고, 이 사실을 당에 알리면서 원병을 구했다. 즉 실제로 가동된 나당군사동맹은 659년의 청병에서 비롯된 것이므로, 개전 시점에는 당태종 발언의 효력여부가 명확하지 않았던 것이 아닐까 싶다.[63]

신라가 당에 원병을 청한 것은 659년 4월이었는데, 10월에 이르도록 회보가 없었다. 이에 무열왕 김춘추는 노심초사하면서 이전에 전사한 장춘랑과 파랑이 꿈에 나타나 청병이 성공할 것을 알려주었다는 소리까지 했다. 이처럼 절박한 상황의 청병이었으니 당측에 당태종의 약속을 재차 확인받을 수는 없었던 것으로 여겨진다. 당의 입장에서도 굳이 상기할 필요가 없었을 것이다. 하지만 신라조정은 국왕인 김춘추가, 당태종으로부터 전후처리 약속을 받았다고 직접 공포한 당사자이므로 내정에서는 약정이 여전히 굳건하다고 표명할 수밖에 없었을 것이다. 이러한 양국의 동상이몽이 나당전쟁의 발발을 필연적으로 배태하고 있었던 것이다.

이처럼 648년 당태종의 약속은 659년 개전이 준비될 당시에 효력여부를 가늠키 어려웠던 것으로 여겨진다. 신라는 여·제의 멸망이 당면과제라

---

63 최현화, 「7세기 중엽 당(唐)의 한반도(韓半島) 지배전략(支配戰略)」 『역사와 현실』 61, 2006 ; 朱甫暾, 「7世紀 羅唐關係의 始末」 『嶺南學』 20, 2011 : 앞의 책, 2018 참조.

그것을 상기시킬 입장이 아니었을 것이며, 당의 입장에서도 선황의 말이므로 무효라 할 수는 없었겠지만, 그동안 인적구성과 정세가 크게 변화했고 실제 군사동맹은 재차 청병에서 비롯된 것이므로 10여 년 전의 약속을 모르는 척 했을 가능성이 높다.[64]

그러면 이 약속이 다시 수면 위로 부상한 계기는 무엇일까? 일반적으로는 「답설인귀서」에서 상기한 것으로 이해하지만, 실제로는 그에 앞서 설인귀의 편지에서 당태종과 김춘추의 만남을 상기한 데서 비롯되었다. 양자의 만남을 설인귀가 거론한 사실만 주목하면, 당이 나당동맹의 근거를 648년 김춘추의 입당 시로 보는 것으로 해석할 수도 있겠지만, 실상 설인귀가 당태종과 김춘추의 만남을 거론한 목적은 다른 데 있었다. 설인귀의 편지는 문무왕의 잘못을 질책하기 위한 것이었는데, 거병 자체의 문제와 고구려 부흥군을 받아들인 것 외에는 문무왕의 잘못을 나열할 것이 많지 않으므로, 문무왕을 불효자로 몰아세우기 위해 거론한 것이었다.

라. "(그대 문무왕의) 선왕이 나이가 이순에 가까워 유경이 날로 더하였을 때 항해의 위험을 불구하고 멀리 양후의 험을 도섭하여 마음을 중화의 역에 기울이고 이마를 천자의 문전에 두드리며 그 고충을 갖추어 말하여 (백제와 고구려의) 침략을 상세히 논하니, (우리 태종문황제의) 정다운 마음이 발로하여 듣기에 슬픔을 이기지 못하게 한 것입니다. 우리 태종문황제는 그릇이 천하에 으뜸이요, 그 전신이 우주에 왕성하여 반고의 구변과 같고 거령의 일장과 같았으며 기우는 자를 붙들고 약한 자를 구함에 날로 겨를이 없었습니다. (그리하여 태종문황제는) 선군(태종무열왕)을 애닯피 여기고 그 청하는 바를 긍청하여 경거·준마와 미의·

64 朱甫暾, 앞의 논문, 2011 : 앞의 논문, 2017 : 앞의 책, 2018, 51~55쪽 및 128~129쪽 참조.

상약으로 하루 동안에도 자주 특별히 대우하였습니다. … 선왕이 살아계실 적에 일찍부터 천자의 은혜를 입고도 속으로 험피한 마음을 품어 거짓 정성을 나타내는 예로 하여 자기의 사욕을 좇아 천자의 공을 탐하고, 먼저 은혜를 빌어 후에 배역을 도모한 것이라면 이는 선군의 잘못일 것입니다. (그러나 아니다) 반드시 그 맹세는 河水를 衣帶같이 하고 義憤은 秋霜같았을 것입니다. 임금의 명을 어기는 것은 충이 아니고 아비의 마음을 배반하는 것은 효가 아닌데, (그대 문무왕은) 한 몸에 두 이름을 겸하였으니 어찌 스스로 안녕하겠습니까? …"[65]

설인귀는 편지의 서두에서 은유적인 질책을 한 후, 문무왕의 선왕인 김춘추가 당태종을 찾아온 사실을 상기시키고, 당태종에 대한 찬양과 김춘추의 궁박했던 사정을 나열했다. 그런 뒤 설인귀는 김춘추가 음험하고 바르지 못한 마음을 품고 당태종을 찾아온 것이 아닌가 하는 의심을 늘어놓은 뒤, 이내 그럴 리가 없고 김춘추의 맹세는 황하가 허리띠처럼 좁아질 때까지 영원하고 정의로운 분노가 서릿발처럼 확고한 것임을 믿는다고 한다. 그렇다면 지금 문무왕이 불효를 하고 있는 셈이니 어찌 편안할 수 있겠는가 하고 비아냥거린다. 말장난이기는 하지만, 나름 기발한 논법이라 하겠다.

이에 문무왕은 답서에서 더욱 뛰어난 논법으로 응수했다. 설인귀가 김춘추와 당태종의 만남을 거론하자, 그렇다면 당시 당태종이 '평양이남 백제토지'를 주겠다고 약속한 것은 어찌할 것인가 맞받았다. 설인귀의 말장난을 놓치지 않고 그동안 쉽사리 거론할 수 없었던 당태종의 전후처리 약속을 기민하게 드러냈던 것이다.[66] 이로써 '평양이남 백제토지'는 신라의

65 『三國史記』 卷7, 新羅本紀7, 文武王 11年.
66 아마도 강수의 문장으로 여겨지는데, 이 편지와 답서가 오간 2년 후 문무왕이 "고구려·백제를 평정한 것이 바로 무공이라고 하지만, 또한 문장의 도움도 있

것이라는 주장이 수면 위로 부상했고, 성덕왕 34년(735) 당이 대동강 이남을 신라토지로 승인하는 근거로 작용했다.

이처럼 당태종이 돌아간 649년 이후부터 각국의 내정과 국제정세가 큰 변화를 겪었다는 점, 백제와 고구려 멸망 후 당이 양국 고지에 웅진도독부와 안동도호부를 세워 직접 지배 혹은 기미지배하려 한 점 등을 상기하면, 설인귀가 신라에 편지를 보낸 671년 7월 26일까지는 "내가 양국을 평정하면 '평양이남 백제토지'는 아울러 너희 신라에게 주어 길이 편안케 하려 한다."는 당태종의 발언은 개전 시와 고구려 멸망 직후에는 실제 효력이 없었던 것으로 여겨진다. 따라서 백제통합론과 9세기설 양자가 '평양이남 백제토지'의 해석을 두고 거듭 논박한 것은 필요이상으로 논쟁이 과열된 것이라 아니할 수 없다. 강대국인 당이 백제와 고구려의 고토를 독점하여 지배하려 했고, 최근의 한 연구에서 소개된 바와 같이, 개전을 준비하던 659년 당시 신라까지 삼키려 한 정황까지 확인되는 바,[67] 강대국인 당의 야욕이 그러한데 '평양이남 백제토지'가 '평양이남의 백제토지'든 '평양이남=백제토지'든 무슨 큰 의미가 있다는 말인가.

논란을 촉발한 백제통합론의 논자는, 신라가 삼국을 통일했을 뿐만 아니라 발해도 한국사라는 이중선의 추구는 논리에 맞지 않는 형용모순이라고 강하게 지적한다. 물론 형식논리학상으로는 옳은 지적이다. 그러나 백제통합론의 논자는 이처럼 너무도 당연한 모순적 용어를 수많은 연구자가 쓸 수밖에 없었던 까닭에 대해서는 깊이 고려치 않은 것이 아닌가 싶다.

....

었으니, 강수의 공을 어찌 소홀히 생각할까 보냐." 하고 강수를 사찬으로 삼고 해마다 벼 200석을 준 점, 신문왕대에 강수가 돌아간 후 국가가 그 아내의 생계 문제를 논의한 점 등이 이러한 외교적 공로를 높이 산 데 있었던 것으로 여겨진다.

67 이민수, 「백제 멸망기 당의 신라 침공 계획」『한국고대사탐구』 33, 2019.

백제통합론에서는 전쟁직후 신라가 경영한 영토가 임진강 이남이었으므로 전쟁의 결과도 백제통합에 불과했다고 주장하고 있으나, 성덕왕 34년(735) 이후에는 대동강 이남이 모두 신라의 영토가 되었음이 확실하며, 고구려의 인적·물적 유산도 발해가 독점한 것이 아니라 발해와 신라 두 방면으로 흘러 들어갔다. 백제통합론의 논자처럼 발해사를 중시하는 이들은 발해가 고구려 유민들에 의해 건국한 나라라는 것을 강조하지만, 고구려의 유산이 발해를 통해 우리 역사에 어떻게 계승되었는지에 대해 뚜렷이 밝히기는 쉽지 않다.68 고구려의 역사·문화는 오히려 (통일)신라를 통하여 이후의 한국사에 계승된 점이 더 많았던 것이다. 즉 '통일신라와 발해'는 이러한 역사상을 깊이 고려한 데서 나온 용어인 바, 단순히 형용모순만을 강조하며 배척할 수 있는 것이 아니라 할 것이다.

또한 앞서 언급했듯이 '백제통합론'의 논자는 역사서술 시 "현재적 상황과 맞물린 역사가의 사회적 조건"을 고려하고 "바람직한 미래의 역사발전"에 기여할 필요성을 강조한다. 그런데 20편의 논고를 제출하는 동안 진실로 "현재적 상황과 맞물린 사회적 조건"과 "바람직한 미래의 역사발전"에 필요한 것이 무엇인가에 대해서 학계의 여타 연구자와 더불어 고민한 흔적은 잘 드러나지 않는다. 다만 구한말과 일제강점기 민족주의역사학자들의 문제의식을 답습했을 따름이다.

필자가 생각건대, "현재적 상황과 맞물린 역사가의 사회적 조건"을 고려하고 "바람직한 미래의 역사발전"에 기여할 필요성과 관련하여, 7세기 한반도를 무대로 펼쳐진 전쟁을 겪었던 선조들에게 우리가 진정으로 배

---

68 '남북국론'의 입장인 백제통합론에서도 발해사의 실상 및 발해의 역사가 우리 역사에 어떻게 계승되었는지에 대해서는 깊은 검토가 없다. 한 연구자의 지적처럼 발해가 고구려 유민인 대조영에 의해 건국되고 고구려의 계승자라는 지적 외에는 한국사인 당위성을 밝힌 부분이 없는 것이다(이영호, 앞의 논문, 2009, 478쪽).

워야 할 교훈은, '통일신라와 발해'냐 '남북국'이냐 하는 논란이 아니라 신라인들의 국난대처와 국체보존 노력 및 외교적 대처 등을 먼저 꼽아야 한다. 한 연구자의 지적처럼, 신라인들의 노력이 없었다면 발해의 흥기도 쉽지 않았을 것이며, 나아가 현재 우리가 통일신라인가 남북국인가 논의 하는 것 자체가 불가능한 일이 되었을지도 모르는 일이며,[69] 현실적으로 는 북한문제와 주변 강대국들의 압박에 당면한 상황이기 때문이다.

Ⅴ. 맺음말

이상에서 검토한 바를 요약하는 것으로 맺음말을 갈음하겠다. 백제통 합론은 입론 당시 "사실의 실증과 해석"을 표방하였으나 실제로는 1988 년 당시의 "현재적 상황과 맞물린 역사가의 사회적 조건"에 치중하여 스 스로 현재적 상황에 적합하다고 여기는 "새로운 시각을 얻기 위해" 제시 한 가설에 불과한 것이었다. 관련 논점에 대한 검토를 충분히 거친 후, 그에 반대하는 견해와의 치열한 토론과 조정을 통해 이론적 완성도를 갖 춘 연구라기보다는, 연역적 가설(두괄식)로 먼저 제시한 후 추후 자설에 부합한다고 스스로 여기는 논지들을 부각시켜 보강한 연역적 방식의 연 구이다.

때문에 '평양이남 백제토지'를 당초에는 '대동강 이남'이라고 명기하 였다가 추후 '임진강 이남'으로 수정하기도 했고, 자설의 공감대 형성을 위해 '식민사학'의 잔영극복과 '동북공정'에 대한 대처 필요성을 강조하 며 독자들의 애국심에 호소했다. 더불어 백제통합론에서는 백제와 고구려

---

69 이상훈, 『나당전쟁연구』, 주류성, 2013, 313쪽.

의 멸망 직후부터 문헌사료 및 금석문에 보이는 '삼한일통'과 '삼국통일' 이 자설에 부합하지 않는다는 점을 인식하고, 그것을 "경주 중심의 지배 층인 골품귀족에 의해 형성된 실제와 다른 결과에 대한 일종의 허위의식" 이라 해석하고, 그 근거로 궁예와 견훤이 건국하면서, 신라가 당을 끌어들 여 고구려와 백제를 멸망시킨 것을 성토한 점을 들었다. 그러나 궁예와 견훤의 성토는 '삼한일통의식'이 경주 중심의 골품귀족만의 허위의식인 근거가 아니라, 오히려 '삼한일통의식'이 광범위한 공감대가 형성된 근거 이며, 나아가 신라가 백제는 물론이고 고구려도 (일부) 병합한 근거이다.

또한 백제통합론에서는 신라가 전쟁의 시작 시에 가졌던 의도가 백제 멸망이라는 점과 전쟁직후 한동안 임진강 이남만 경영한 점을 들어 7세기 한반도를 무대로 펼쳐진 전쟁을 '백제통합전쟁'이라 명명해야 한다고 주 장한다. 그러나 김춘추의 대고구려 청병의 실패로 신라의 목표는 백제와 고구려 멸망으로 수정되었고, 전쟁 후 한동안 임진강 이남만을 경영한 것 은 신라가 약소국이었던 까닭에 당을 자극하지 않기 위해 택한 것에 불과 하다. 그보다는 오랜 외교적 노력을 통해 마침내 성덕왕 34년(735)에 이 르러 당으로부터 대동강 이남의 영유권을 승인받았다는 사실이 오히려 더 중요하다.

백제통합론이 개별 연구에 앞서 연역적 가설로 먼저 제시된 데 반해, 9세기설은 본격적인 입론 전에 관련 논점들을 차례차례 개별 논문으로 발 표하여 추후 제시한 자설의 토대를 다진 특징이 있다. 그러나 실제 연구 과정을 살펴보면 이 견해 역시 개별논점에 대한 실증적 검토를 쌓은 후 그 성과를 토대로 입론한 것이 아니라, 백제통합론의 시각에 기본적으로 동의하면서도 그 논파를 목적으로 삼고 백제통합론에서 제시한 개별논점 을 순차적으로 비판한 후 제3의 설을 제시한 것에 불과하다.

9세기설에서 제시한 주요 논점은 ① 「청주운천동사적비」의 건립시기

② 「황룡사찰주본기」에 보이는 삼한일통의식의 성립시기 ③ 김유신 유언의 사실성 여부 ④ 태종시호논변 기사의 사실 여부 ⑤ '평양이남 백제토지'의 상한 등 다섯 가지 정도로 요약할 수 있는데, 대다수가 사실성을 의심하거나 선행연구의 해석을 부정한 특성이 있다. 이 가운데 ① 「청주운천동사적비」의 건립시기 문제와 ② 「황룡사찰주본기」에 보이는 삼한일통의식의 성립시기 문제는 9세기설의 해석이 일견 설득력이 있다. 그러나 나머지 3가지는 논자 혼자만의 독단일 뿐이다.

③ 김유신 유언의 사실여부 문제는 백제통합론의 입론자가 적절히 비판한 바 있으며, ④ 태종시호논변 기사의 사실 여부 문제는 자설의 걸림돌이 되는, 이순풍이 당태종의 현신으로 언급된 점을 해명하기 위해 김유신의 손자인 김윤중의 庶孫(김유신의 庶玄孫) 김암이 『김유신행록』을 지은 김장청(김유신의 현손)과 동일인이라는 대담한 주장을 했으므로 설득력이 부족하다. 또한 ⑤ '평양이남 백제토지'의 해석은 '평양이남=백제토지'이며, 따라서 상한은 대동강이라는 주장을 입증하기 위해 백제의 고토의식과 비열성 문제를 거론했는데, 이는 너무도 대담한 추론 및 사료의 왜곡 또는 오독에서 비롯된 것이므로 설득력이 없다.

당태종의 '평양이남 백제토지' 운운 발언은 진위여부부터 논란이 있다. 그런데 당태종이 평소 자신의 욕망을 실현하고자 성군 흉내를 내며 신하들을 설득하는 어법을 구사했고, 648년 당시에는 재물에 욕심을 냈던 과거의 자신을 책망하고 무욕과 '진선진미' 추구를 천명한 점을 미루어 보면 발언의 사실성을 의심키 어렵다.

나아가 당태종이 언급한 공격대상이 '고려'라는 점, 전쟁의 목적을 "신라가 양국에 핍박되어 매양 그 침해를 입어 편안할 때가 없음을 애달피 여기기 때문"이라 전제한 점, "산천과 토지는 내가 탐하는 바가 아니며, 옥백과 자녀도 내가 가지고 있는 것이다."고 언급한 점을 음미하면 '평양이남 백제토지'의 의미도 어렵지 않게 유추할 수 있다. 즉 '평양이남 백제토지'의 핵심은 백제통합론이나 9세기설의 시각처럼 '백제토지'에 있는 것이 아니라 고구려의 수도인 '평양'에 있는 바, 당태종 발언의 전체 취지는, 심적으로는 고구려토지와 백제토지 전부를 너희에게 주고 싶지만 고구려 왕성인 평양은 양보하기 어려우므로, 그 이하는 너희 신라에게 모두 (아울러) 주겠다는 뜻으로 해석하는 것이 합리적이다.

백제통합론과 9세기설 및 다수의 연구에서는 660년 백제멸망전쟁 개전과 669년 고구려멸망전쟁 이후에 당태종 발언의 효력이 당연히 있었다고 여기고 있으나, 648년 당태종과 김춘추의 만남과 660년 개전 시기 사이 각국의 내정과 국제정세 변동을 살펴보면 그렇게 보기 어렵다. 659년 재차 청병할 당시 신라는 그것을 상기시킬 입장이 아니었을 것이며, 당은 10여 년 전 선황의 약속이므로 모르는 척 했을 가능성이 높다.

이처럼 효력 여부를 가늠하기 어려웠던 당태종의 약속이 재부상한 계기는 설인귀의 편지였다. 설인귀는 나당전쟁에 투입된 당의 총관으로서 문무왕을 불효자로 몰아 질책할 목적으로 당태종과 김춘추의 만남을 거론했는데, 신라가 이를 놓치지 않고 기민하게 당시 당태종이 약속한 바를 거론한 것이다. 이로써 '평양이남 백제토지'는 신라의 것이라는 주장이 수면 위로 부상했고, 성덕왕 34년 당이 대동강 이남을 신라토지로 승인하는 근거로 작용했다.

이처럼 당태종이 돌아간 649년 이후부터 각국의 내정과 국제정세가 큰 변화를 겪었다는 점, 백제와 고구려 멸망 후 당이 양국 고지에 웅진도독부와 안동도호부를 세워 직접 지배 혹은 기미지배하려 한 점 등을 상기하면, 설인귀가 신라에 편지를 보낸 671년 7월 26일까지는 "내가 양국을 평정하면 '평양이남 백제토지'는 아울러 너희 신라에게 주어 길이 편안케 하려 한다."는 당태종의 발언은 개전 시와 고구려 멸망 직후에는 실제 효력이 없었던 것으로 여겨진다. 따라서 백제통합론과 9세기설에서 '평양이남 백제토지'의 해석을 두고 거듭 논박한 것은 필요이상으로 논쟁이 과열된 것이라 아니할 수 없다. 강대국인 당이 '평양이남 백제토지'를 주지 않고 직접 지배하려 했고, 이에 신라가 국운을 걸고 나당전쟁을 감행하고 외교적 노력도 겸하여 비로소 대동강 이남을 쟁취한 것이므로 '평양이남의 백제토지'든 '평양이남=백제토지'든 큰 의미가 없다 하겠다.

백제 멸망기 당의 신라 침공 계획

이 민 수 ｜ 한국전통문화대학교 문화유산학과 역사유산전공 석사

Ⅰ. 머리말

新羅-唐 전쟁의 動因에 대한 일반적인 시각은 百濟故地 통치 문제에서 비롯된 갈등으로 이해된다. 한국 학계의 주된 견해는 「答薛仁貴書」에 전하는 648년 金春秋가 당에 사신으로 갔을 때 太宗과 맺었던 高句麗·百濟의 영토 분할 밀약을 긍정하고 있다. 즉 신라-당 전쟁의 주원인은 당이 648년의 약속을 이행하지 않고, 고구려·백제는 물론 신라까지 지배하고자 하는 야욕을 드러내면서 양국의 전쟁이 발발했다는 것이다.[1]

반면에 중국 학계의 주된 견해는 「답설인귀서」에 전하는 648년 신라

---

1 임병태, 「新羅의 三國統一」 『한국사2』, 국사편찬위원회, 1977, 525~526쪽 ; 閔德植, 「羅·唐戰爭에 관한 考察－買肖城 전투를 중심으로－」 『史學研究』 40, 1989. 146~156쪽 ; 徐仁漢, 『羅唐戰爭史』, 國防軍史編纂研究所, 1999, 80~107쪽 ; 박현숙, 「「답설인귀서」, 나당전쟁기 신라 외교의 표상」 『내일을 여는 역사』 10, 2002, 241~242쪽 ; 이기동, 「신라의 대당對唐 군사동맹과 삼국통일」 『한국사 시민강좌』 36, 일조각, 2005, 20~21쪽 ; 李昊榮, 「新羅의 對唐戰爭 原因과 그 全開」 『月山 李昊榮의 韓國史學 遍歷』, 서경문화사, 2007, 112~126쪽 ; 노태돈, 『삼국통일전쟁사』, 서울대학교출판부, 2009, 245쪽 ; 이상훈, 『나당전쟁 연구』, 주류성, 2012 ; 김진한, 「「답설인귀서」(答薛仁貴書)에 보이는 신라·당 밀약 기사의 사료적 검토」 『인문논총』 71-1, 2014 ; 朱甫暾, 「羅唐同盟의 始末」 『大丘史學』 126, 2017, 4~10쪽.

와 당의 밀약은 백제의 영토를 차지하기 위한 신라의 일방적인 주장일 뿐이라는 것이다.[2] 이에 신라-당 전쟁의 주된 원인을 신라가 百濟故地를 차지하기 위해 熊津都督府를 공격하고, 멸망한 고구려 유민을 수용하면서 당을 자극한 것으로 파악하였다.[3] 일본 학계에서도 백제고지 점령을 665년의 誓盟을 어긴 것으로 보면서 신라-당 전쟁의 원인을 신라 쪽에서 구하고 있다.[4]

이렇듯 신라-당 전쟁의 원인에 대해서는 「답설인귀서」의 해석이 상반되나, 멸망한 백제고지 통치 문제라는 합의점이 있다. 그러나 『三國史記』 김유신전에 의하면 당은 660년에 신라까지 멸망시키려고 하였으나, 이를 간파한 김유신 등의 대비로 인해 좌절된 것으로 기재되어 있다. 이러한 김유신전의 내용을 긍정하는 견해[5]와 부정하는 견해[6]가 있다.

660년 당의 신라 침공 계획은 오직 김유신전에만 전하기 때문에 이를

----

2 黃約瑟, 『薛仁貴』, 西北大學出版社, 1995, 140~144쪽 ; 拜根興·姜文皓, 「新羅 文武王代의 對唐外交」『新羅文化』 16, 1999, 86~88쪽 ; 韓昇, 「당과 백제의 전쟁 : 배경과 성격」『백제 부흥운동사 연구』, 서경, 2004, 68~70쪽.

3 拜根興·姜文皓, 위의 논문, 1999, 83쪽 ; 宋毅, 『那時英雄 隋唐戰史』, 陝西人民出版社, 2009, 224쪽.

4 「답설인귀서」에 대한 일본 학계의 제반 논의는 김진한의 논문(김진한, 앞의 논문, 2014, 255쪽 각주 3·4 참조)을 참조.

5 李道學, 「羅唐同盟의 性格과 蘇定方被殺說」『新羅文化』 2, 1985, 29~30쪽 ; 서영교, 『羅唐戰爭史 研究』, 아세아문화사, 2006, 94~95쪽 ; 전경효, 「7세기 후반 나당관계와 김유신」『대구사학』 115, 2014, 6~8쪽 ; 송영대, 「6~7세기 신라의 전략·전술 입안과 활용」『韓國史研究』 169, 2015, 59~60쪽.

6 拜根興은 660년 당시 당의 최종 목적은 고구려였고, 백제 멸망 직후 신라를 공격할 무력이 없었다면서 당의 신라 공격은 당의 궁극적인 이익에 부합하지 않는다고 지적하였다.(拜根興·姜文皓, 위의 논문, 1999, 73쪽 주8) 그리고 劉矩·姜維東은 신라의 여러 장교들이 당군을 습격하고자 만들어낸 유언비어로 파악한 견해도 있다(劉矩·姜維東, 『唐征高句麗史』, 吉林人民出版社(東北史地研究叢書), 2006 ; 김봉숙 외 譯, 『당의 고구려 정벌사』, 동북아역사재단 내부자료-번역18, 243~144쪽).

긍정하는 견해에서도 뚜렷한 근거를 제시하지 않은 실정이다. 이와 관련하여 「馮師訓墓誌銘」의 내용이 주목된다. 「馮師訓墓誌銘」은 1984년 중국 陝西省 漢中市 馬家湾鄕에서 출토되었고,[7] 2005년 국내에 고구려연구재단에 의해 소개되었으며,[8] 2015년 양은경에 의해 일부 내용이 번역되었다.[9] 이 묘지명에는 659년에 당이 신라를 침공하기 위한 계림도행군을 편성한 내용을 전하고 있는데, 지금까지 크게 주목되지 않았다.

이에 II장에서는 659년의 신라-당의 정황을 살펴본 후 김유신전에 기재된 660년 당의 신라 침공 계획의 신뢰 여부를 논하고자 한다. 그리고 III장에서는 「풍사훈묘지명」의 659년 소정방이 계림도대총관에 제수되었다는 기록을 분석하여 계림도가 당의 신라 정복 의지가 반영된 행군명임을 규명하고자 한다. 마지막 IV장에서는 당의 신라 침공 계획 배경과 신라의 대응에 대해 알아보고자 한다.

II. 660년 前後 당의 신라 침공 정황

신라는 659년 4월에 백제 공격을 위해 당에 청병사를 보냈다.[10] 김인문전에 의하면 당시 병사는 김인문으로 그가 도착했을 시점에 이미 당은 소정방을 중심으로 백제 침공군을 편성 중이었다.[11] 그렇다면 당과 함께

7 趙輝, 「整合文物資源 傳承高陵文脉」『西安地方志』 240, 2016, 16쪽.
8 고구려연구재단 편, 『중국 소재 고구려 관련 금석문 자료집』, 고구려연구재단, 2005, 388~389쪽.
9 곽승훈·권덕영·권은주·박찬홍·변인석·신종원·양은경·이석현 역주, 『중국 소재 한국 고대 금석문』, 한국학중앙연구원출판부, 2015, 627~628쪽.
10 『三國史記』 卷5, 新羅本紀5, 太宗 武烈王 6년 여름 4월.
11 『三國史記』 卷44, 列傳4, 金仁問, "新羅屢爲百濟所侵, 願得唐兵爲援助, 以雪着恥.

백제를 공격할 신라도 당으로부터 이러한 계획을 접했다고 보는 것이 자연스럽겠으나, 실상은 전혀 그렇지 않았다. 이와 관련하여 다음의 사료를 살펴보자.

A. (659년) 겨울 10월에 왕이 조정에 앉아 있는데, 唐에 군사를 요청하였으나 회보가 없었으므로 근심하는 빛이 드러나 있었다. 홀연히 어떤 사람이 왕의 앞에 나타났는데, 마치 앞서 죽은 신하인 長春과 罷郎 같았다. 그들이 말하기를 "臣은 비록 백골이 되었으나 아직도 나라에 보답할 마음이 있어서 어제 당에 갔었는데, 황제가 大將軍 蘇定方 등에게 명하여 군사를 거느리고 내년 5월에 백제를 치러 오게 한 것을 알았습니다. 대왕께서 이처럼 너무 애

擬論宿衛仁問乞師. 會高宗以蘇定方爲神丘道大揚管, 率師討百濟. 帝徵仁問, 問道路險易, 去就便宜, 仁問應對尤詳. 帝悅制授神丘道副大揚管, 勅赴軍中." 당의 백제 침공은 650년대 중반 정계의 변화에 따른 대외팽창 정책과 신라의 청병이 부합한 결과라는 견해가 있으나(최현화,「7세기 중엽 당(唐)의 한반도(韓半島) 지배전략(支配戰略)」『역사와 현실』61, 2006, 155~157쪽), 김인문전에 의하면 신라가 청병사를 보낸 것과 무관하게 당은 이미 백제 침공을 준비 중이었음을 알 수 있다. 이는 당이 신라의 의도와는 다른 의도를 갖고 있었음을 시사한다. 이와 달리『舊唐書』본기에서는 당의 백제 침공군 편성 시점을 659년 11월 21일로 기재하였다.(『舊唐書』卷4, 高宗上 顯慶 4년 11월, "癸亥, 以邢國公蘇定方爲神丘道總管, 劉伯英爲嵎夷道總管.") 그러나 상술했다시피 백제 침공군은 이미 659년 4월 이전부터 편성 중이었다. 게다가『資治通鑑』에 의하면 659년 11월 21일은 백제가 아닌 鐵勒의 일파인 思結을 토벌하기 위해 고종이 소정방에게 按撫大使직을 제수한 시점이다.(『資治通鑑』卷200, 唐紀 16 高宗 顯慶 4년 11월, "思結俟斤都曼帥疏勒·硃俱波·謁般陀三國反, 擊破於闐. 癸亥, 以左驍衛大將軍蘇定方爲安撫大使以討之.") 따라서『舊唐書』의 659년 11월 21일 백제 침공군 편성 기사는 오기로 파악하는 것이 합리적이다. 그리고『唐實錄』을 따른『資治通鑑』 등에는 백제 침공군 편성 시점이 현경 5년으로 되어있는데, 이는 660년에 백제 침공군 편성이 최종적으로 마무리되었기 때문인 것으로 여겨진다. 후술하겠지만, 신라본기와 김인문전 외에도「馮師訓墓誌銘」과『日本書紀』에 의하면 이미 660년 이전부터 백제 침공군 편성이 진행 중이었다.

태우며 기다리시는 까닭에 이렇게 알려드립니다."라 하고 말을
끝내자 사라졌다. 왕이 매우 놀랍고 이상하게 여겨서 두 집안의
자손에게 후한 상을 주고, 해당 관청에 명하여 漢山州에 莊義寺를
세워서 명복을 빌게 하였다.[12]

A는 사후에도 무열왕의 꿈에 나타나 충성을 한 장춘과 파랑에 대한
기사이다.[13] A는 일반적으로 무열왕의 불안한 심리를 대변해주는 것으로
이해되고 있다. 그러나 A를 자세히 살펴보면 신라와 당은 연합군이라는
말이 무색할 정도로 군사 정보 공유가 전혀 이행되지 않았음을 알 수 있
다.[14] 무열왕이 亡者에 의해 당의 백제 침공 계획을 접했다는 것은 신라에
비공식적인 외교 경로가 있었음을 의미한다.[15]

이때 신라가 접한 당의 백제 침공 계획은 1급 군사 기밀인 출병 시기
까지 거론되었다.[16] 당시 당의 군부에서 신라 조정에 군사 기밀을 유출할

....

12 『三國史記』 卷5, 新羅本紀5, 太宗 武烈王 6년 10월.
13 한편, 『三國史記』와 달리 『三國遺事』에서는 長春郎과 罷郎이 등장한 시점을 장
   춘랑과 파랑이 황산 전투에서 전사하였으며, 소정방의 위세에 눌렸다고 함으로
   써 660년 7월의 황산 전투 이후로 기재하였다(『三國遺事』 卷1 紀異1 長春郎罷
   郎一作飈). 이에 대해서 박찬흥은 『삼국유사』의 기사가 『삼국사기』의 기사를
   토대로 불교적으로 윤색된 설화로 파악하였으며(박찬흥, 「莊義寺의 창건 배경
   과 장춘랑파랑설화」, 『서울과 역사』 96, 2017), 박남수도 전후 사건의 추이로 보
   아 『삼국사기』의 기사가 『삼국유사』보다 설득력이 있어 보인다고 하였다(박남
   수, 「『三國遺事』 紀異篇 「長春郎罷郎」・「孝昭王代竹旨朗」・「48景文大王」조의 검
   토」 『신라문화제학술논문집』 39, 2018).
14 당의 이러한 태도는 고구려 공격 과정에서도 드러난다(이상훈, 앞의 책, 2012,
   71~72쪽).
15 이는 역으로 신라가 당의 공식적인 외교노선에 대해 전적으로 의존하거나, 신뢰
   하지 않고 있음을 보여준다. 이를 통해 당시 신라는 당의 회보를 일방적으로 기
   다린 것이 아니라 대당외교에 있어 비공식적인 경로를 개척할 정도로 주도면밀
   하게 대응하고 있었음을 알 수 있다.
16 장춘과 파랑이 전한 정보는 매우 구체적이고 정확한 정보였다. 당의 누가 군대

정도의 인물은 이미 659년에 당 고종으로부터 신구도행군부대총관에 제수된 김인문 외에 상정하기 어렵다.

같은 해 당은 백제와 친밀했던 倭의 사신을 백제 침공 계획에 대한 보안상의 이유로 長安에 감금하였다고 한다.[17] 당시 당이 왜의 사신을 감금한 것은 이해할 수 있는 처사이나, 군사동맹의 축인 신라에게까지 백제 침공 계획에 대해 알리지 않은 것은 이해하기 어렵다. 이 점에서 당의 백제 침공 계획에 다른 목적도 존재하였다는 의문을 들게 한다. 이와 관련하여『삼국사기』김유신전을 살펴보자.

> B. (660년) 唐人들은 이미 百濟를 멸망시키고 泗沘城의 언덕에 진영을 설치하여 新羅를 침략하려고 은밀하게 계획을 세웠다. 우리 왕이 이를 알고서 군신들을 불러 대책을 물으니, 多美公이 나아가 "우리 백성들로 하여금 거짓으로 백제인인 척 하게 하여 그들의 옷을 입히고 마치 적의 무리인양 행동하도록 한다면 당인들은 반드시 그들을 공격할 것입니다. 이로 인하여 그들과 싸운다면 뜻을 이룰 수 있을 것입니다." 라고 말하자 (金)庾信이 "이 말은 취할 만하니 청컨대 이를 따르소서." 라고 말하였다. 왕이 "당군은 우리를 위해 적을 섬멸하는데 도리어 그들과 싸운다면 하늘이 우리를 도와주겠는가?" 라고 말하자 (김)유신은 "개는 그 주인을 두려워하지만 주인이 그 다리를 밟으면 무는 법입니다. 어찌 어려움을 만났는데 스스로 구할 방법을 찾지 않겠습니까? 청컨대 대왕께서는 이를 허락하소서." 라고 말하였다. 당인들이 우리가 대비하고 있음을 염탐을 통해 알고는 백제왕과 신료 93명, 병졸2만 명을 붙잡아 9월 3일 사비에서 배를 띄워 돌아갔고, 郎將 劉仁願 등을 남겨 그곳을 지키게 하였다. (蘇)定方이 이윽고 포로를

를 이끌고, 언제 백제를 공격한다는 내용을 담고 있기 때문이다(박찬홍, 앞의 논문, 2017, 19쪽).

17『日本書紀』卷26, 齊明天皇 5년 12월.

바치니 천자가 그를 위로하면서 "어찌하여 신라는 정벌하지 않은 것인가?" 라고 하자 (소)정방은 "신라는 그 임금이 어질고 백성을 사랑하며, 그 신하는 충성으로 나라를 섬기고 아랫사람이 그 윗사람을 섬기기를 마치 아버지나 형을 섬기듯 하니, 비록 작지만 도모할 수가 없었습니다." 라고 말하였다.[18]

B에 의하면 당은 660년 사비성 함락 직후 사비성에 진영을 설치하여 은밀히 신라를 침공할 계획을 세웠다. 이에 태종 무열왕(이하 무열왕)은 당의 이러한 움직임을 포착하여 다미·김유신과 방책을 논의하였다고 한다. 이러한 내용은 오직 김유신전에서만 전해지기 때문에 그 신빙성을 파악하기 매우 어렵다.[19] 그러나 『삼국사기』 편찬진은 김유신을 기술할 때 과장된 것으로 판단된 부분을 제외하였다고 분명히 언급하였다.[20]

또한 김유신전에만 기재되어 있는 B 직전에 기술된 648년에 백제로부터 대량성을 회복하고, 역공에 성공하여 21개의 성을 함락하는 성과를 거둔 것,[21] 649년 도살성 전투의 승리,[22] 655년 도비천성 전투의 승전 및 租

....

18 『三國史記』 卷42, 列傳2, 金庾信 中.
19 김유신전을 세밀하게 검토하면 김유신을 후대에 의도적으로 높이려는 흔적이 곳곳에서 발견된다. 열전도 본기처럼 연대기적 방식으로 서술하고 있으므로 양자를 대비하면 그 차이점이 곧장 드러난다. 특히 열전의 경우 개인의 傳記이므로 사료 이용에는 각별한 신경을 쏟아야 한다. 그것은 열전이라는 항목이 지닌 기본적 屬性 때문이라 하겠다(朱甫暾, 「金庾信의 政治志向 - 연구의 活性化를 기대하며 - 」『新羅史學報』 11, 2007, 7~10쪽).
20 『三國史記』 卷43, 列傳3, 金庾信 下, "庾信玄孫新羅執事郞長淸, 作行錄十卷, 行於世, 頗多釀辭. 故刪落之, 取其可書者, 爲之傳." 이는 아마 지나치게 설화적이어서 신빙성에서 가장 의문이 될 만한 것들은 전혀 채택되지 않았던 것으로 보인다. 그 가운데에는 『삼국유사』를 비롯한 뒷날의 사서들에 수집된 내용들이 바로 그 속에 포함되지 않았을까 추정된다(朱甫暾, 위의 논문, 2007, 11~12쪽).
21 『三國史記』 卷41, 列傳1, 金庾信 上.
22 『三國史記』 卷42, 列傳2, 金庾信 中.

未岬[23]을 통한 백제 좌평 임자 포섭 기사[24]는 신빙성 있는 것으로 여겨지고 있다.[25] 그리고 B 이후에 기술된 661년에 벌어진 고구려·말갈의 북한산성 침공 기사[26] 역시 북한산성 전투를 재구성할 수 있는 사료로서 인용되고 있다.[27]

그 이유는 첫째, 본기에는 기재되지 않고 김유신전에만 기재된 648·649년 신라의 다대한 대백제전 성과는 650년에 견당사를 보내 당에게 승전 사실을 알렸던 사실[28]에서도 방증을 얻을 수 있다.[29] 둘째, 역시 본기

....

23 租未岬의 한자는 押으로 기술한 북한 『삼국사기』(조선 민주주의 인민 공화국 과학원 고전 연구실 編, 『三國史記』下, 과학원 출판사, 1959)를 제외한 모든 판본에는 '土'에 '甲'으로 되어 있다. 岬은 현재 자전에 없는 글자로 간주되어 논자에 따라 岬·坤·押으로 보았다. 그러나 997년 遼의 승려 行均이 지은 한자 자전인 『龍龕手鏡』을 남송대에 다시 새긴 『용감수감(龍龕手鑑)』에 의하면 '岬'의 음은 '甲'이며, 흙의 뜻을 갖고 있다(『龍龕手鑑』卷2, "岬音甲土岬也."). 1778년에 편찬된 『燕行記事』의 저자인 李岬의 岬을 '갑'으로 읽는 것도 이 때문인 것으로 여겨진다. 따라서 租未岬의 岬은 '갑'이라고 읽는 게 타당하다고 여겨지므로 본고에서는 조미갑이라고 한다.
24 『三國史記』卷42, 列傳2, 金庾信 中.
25 신라는 이 648·649년 두 번의 대승을 통해 신라의 조야는 이제 신라가 백제보다 국력이나 군사력에서 우위에 있다는 자신감을 갖게 되었으며, 이 사실을 당에 알려 구두 약속에 불과했던 나당군사동맹을 실제로 가동할 수 있게 하는 계기를 만들었다. 한편 백제 내부에서는 非勢를 예감한 일부 신료들이 친신라화하여 고급 정보를 신라로 유출하는 내통 세력으로 활동하는 등 백제 멸망 전략을 가속화하는 계기가 되기도 했다(李文基, 「648·649년 신라의 對百濟戰 승리와 그 의미」 『신라문화』 47, 2016).
26 『三國史記』卷42, 列傳2, 金庾信 中.
27 이상훈, 「661년 북한산성 전투와 김유신의 대응」 『국학연구』 31, 2016, 333~337쪽 ; 장창은, 「660~662년 고구려와 신라·당의 전쟁」 『新羅史學報』 38, 2016, 77~80쪽.
28 『舊唐書』卷199上, 列傳149上, 東夷 新羅, "永徽 元年, 眞德大破百濟之衆, 遣其弟法敏以聞." ; 『三國史記』卷5, 新羅本紀5, 眞德王 4년 여름 6월, "遣使大唐, 告破百濟之衆."

에는 기재되지 않은 655년 도비천성 전투 승전도 김유신전 외에 金欽運傳과 驟徒傳에도 기재되어 있으므로,[30] 김유신전의 신빙성을 높여준다. 또한 656년에 신라가 당에게 승전 사실을 알렸던 것[31]에서도 방증이 가능하다.[32]

　백제 좌평 임자와 신라의 첩자 조미갑과 관련된 내용은 오직 김유신전에서만 전하고 있다. 김유신전에 의하면 조미갑이 백제의 포로가 된 시점은 도비천성 전투이전 즉 655년 9월 이전이다. 655년 9월 이전과 근접한 시기에 백제가 신라를 침공한 시기는 고구려·말갈과 함께 신라 북변의 33개성을 공취한 655년 초로 여겨진다.[33] 655년 이전에 조미갑이 포로가 되었다는 내용은 655년 초에 신라가 패전한 사실에서 방증할 수 있으므로 임자와 조미갑에 대한 내용도 신뢰할 수 있다고 여겨진다. 셋째, 661년 고구려·말갈의 북한산성 공격 역시 신라 본기[34]와 『三國遺事』에 기재되어 있다.[35]

　이처럼 김유신전에 기재된 648·649·655·661년에 발발한 전투의 승전과 관련 내용들은 다른 사료에서도 교차검증이 가능하다. 따라서 중간에 기재된 B만 유독 신뢰하기 어렵다는 것은 선뜻 납득하기 어렵다. 즉 660년 당의 신라 침공 계획은 『삼국사기』 편찬진이 신뢰할 수 있는 것으로

29　李文基, 앞의 논문, 2016, 230~231쪽.

30　『三國史記』 卷47, 列傳7, 金欽運.

31　『冊府元龜』 卷995, 交侵, "顯慶 元年 三月, 先是, 百濟發兵, 伐新羅, 新羅拒戰, 破之, 殺三千餘人. 至是, 新羅王金春秋遣使, 來告捷."

32　李文基, 위의 논문, 2016, 233쪽.

33　『冊府元龜』 卷995, 交侵, "永徽 六年 二月乙丑, 遣營州都督程元振·左衛中郎將蘇定方等, 發兵以討高麗, 以侵掠新羅故也. 時新羅王金春秋表言, 高麗與百濟·靺鞨相連, 侵其北境, 已奪三十三城, 乞兵救援, 故遣元振等經略之."

34　『三國史記』 卷5, 新羅本紀5, 太宗 武烈王 8年 夏5월.

35　『三國遺事』 卷1, 紀異1, 太宗春秋公.

판단하였기에 온전히 전해진 것이다.

Ⅲ. 659년 '雞林道大總管' 검토

이와 관련하여 앞서 간단히 언급한 「馮師訓墓誌銘」의 내용을 살펴보자.

> C. 과거에 扶餘의 나라가 辰韓의 궁벽한 곳(地僻)에 있었는데, 큰 바다(鯨海)에 의지하여 복종하지 않고, 鰲山에 의지하여 공물을 바치지 않았다. 顯慶 4년(659) 雞林道大總管 蘇定方은 專征하라는 制를 받아 부족하나마 이를 좇아 오랑캐를 치게 되었다. (소정방은) 公(馮師訓)의 계략이 뛰어나고 무리보다 뛰어난 것을 알고, (당 고종에게) 함께 정벌할 것을 奏請하였다. (馮師訓이) 적을 겪고 흉측한 무리를 깨뜨리니, 과연 필적할 수 없었다. (당 고종이) 冊勳하여 상을 명하니 (馮師訓의) 공로가 가장 많았다. (顯慶) 5년(660), (馮師訓은) 游擊將軍, 守左武候輔賢府左果毅都尉에 제수되었고, 勳官 上柱國을 더하고, 休寧縣開國公에 봉해지고, 식읍 1천호를 받았다.[36]

....

36 「馮師訓墓誌銘」, "頃以扶餘之國, 地僻辰韓. 據鯨海而不賓, 恃鰲山而闕貢. 顯慶四年, 雞林道大總管蘇定方受制專征, 聊由薄伐. 知公英略冠衆, 奏請同征. 挫敵摧兇, 果無與匹. 冊勳命賞, 功最居多. 五年, 除游擊將軍, 守左武候輔賢府左果毅都尉, 尋加勳官上柱國, 封休寧縣開國公, 食邑一千戶." 「풍사훈묘지명」의 번역은 양은경에 의해 일부 번역이 되었으나(곽승훈·권덕영·권은주·박찬홍·변인석·신종원·양은경·이석현 역주, 앞의 책, 2015, 627~628쪽), 전쟁의 결과인 顯慶 5년 조는 번역이 되지 않았다. 또한 「풍사훈묘지명」이 백제편에 수록되었음에도 불구하고, 원문에는 기재되지 않은 정벌의 대상을 백제가 아닌 고구려로 기입하는 등 의역이 적지 않은 한계가 있다. 이에 필자는 『全唐文新編』에 수록된 것(周紹良, 『全唐文新編』 第4冊 卷188, 吉林文史出版社, 1999, 2168~2171쪽)을 토대로 최대한 의역을 하지 않고, 현경 5년 조도 함께 번역하였음을 밝힌다.

C에 의하면 고종은 659년에 소정방을 계림도대총관에 제수하였고, 풍사훈은 소정방의 휘하에서 백제와의 전쟁을 수행하였다. 그리고 그 결과 풍사훈은 공로를 인정받아 660년 游擊將軍 守左武候輔賢府左果毅都尉에 제수되었고, 勳官上柱國을 더하고, 休寧縣開國公에 봉해지고, 식읍 1천호를 받았다고 한다.[37] 그러나 당의 백제 침공은 660년으로 659년과는 1년의 차이가 있는데, 이는 당대 묘지명 서술의 특징으로부터 기인한 것으로 여겨진다.

唐代 묘지명에서 묘주의 행적을 서술할 때 세 가지의 유형이 있다. 첫째, 특정 사건에 관련된 직책을 부여받은 연도와 사건의 발발 연도가 다를 경우 이를 분명히 구분하여 서술하는 유형이 있다.[38] 둘째, 특정 사건에 관련된 직책을 생략하고, 특정 사건이 본격적으로 발발한 연도만 서술하는 유형이 있다.[39] 셋째, 특정 사건의 본격적인 발발 시점을 기준으로 서술하는 것이 아니라 특정 사건에 관련된 직책을 부여받는 시점을 기준으로 사건을 나열하여 서술하는 유형이 있다.[40]

---

37 풍사훈은 618년에 태어난 인물로 字는 邦基이고 그 선조는 長樂郡人으로 689년에 左武威衛將軍에까지 올라 692년에 75세의 나이로 사망하였다.(「馮師訓墓誌銘」, "君諱師訓, 字邦基, 其先長樂郡人也, …永昌 元年, 轉左武威衛將軍, 並勳封如故. …享壽七十有五 以大周如意元年四月卄五日 薨於里第.")

38 이하 묘지명 사료들은 '곽승훈·권덕영·권은주·박찬홍·변인석·신종원·양은경·이석현 역주, 『중국 소재 한국 고대 금석문』, 한국학중앙연구원출판부, 2015'를 참조하였다. 「張士貴墓誌銘」, "(貞觀)十八年, …勅爲遼東道行軍總管, 授金紫光祿大夫, 洛州刺史. (貞觀)十九年, 率師渡遼, 破玄菟等數城大陣, 勳賞居多, 拜冠軍大將軍, 行左屯衛將軍."

39 「安附國墓誌銘」, "(貞觀)十九年, 太宗揚鑾蹔撫淸海俗於三韓, 駐蹕聊廳, 駭天聲於六漢, 侯功參末將 績預元戎, 詔論功授上柱國, 封驪虞縣開國男食邑三百戶. 永徽元年拜右領軍將軍 餘如故."; 「乙速孤神慶墓誌銘」, "(貞觀)十九年, 馬邑▩▩職, 無蹈於驪山之義, 龍顔憑怒, 有事於遼水之陽, 鷔雷輕於碣石, 洗天兵於海島."; 「任素墓誌銘」, "(貞觀)十九年, 駕幸遼左, 君乃髮起衝冠, 投募從戎, 施功展効, 以君庶績尤甚, 蒙加勳官一轉."; 「張羊墓誌銘」, "(貞觀)十九年, 駕幸遼左, 君乃髮起衝冠, 投募從戎, 施功展効,. 以君遠過滄海, 詔授勳官一轉."

「풍사훈묘지명」이 과연 어떤 유형으로 서술되었는지 검토할 필요가 있다. 「풍사훈묘지명」에 의하면 풍사훈은 666년 고구려 공격에 참전하면서 적리도총관에 제수되어 수군을 이끌어 고구려 멸망에 크게 기여하였으며, 그 공로로 668년에 張掖郡開國公으로 옮겨 봉해지고, 식읍 2천호를 받았다고 한다.41 그러나 『신당서』 고려전과 『자치통감』에 의하면 당이 적리도행군 편성 조서를 발표한 시점은 666년 12월 18일이다.

전쟁을 운용할 수 있는 실질적인 군대의 편성과 군수 물자 제조 그리고 이동 시간을 감안하면 666년에 고구려를 공격하고 멸망시키는 것은 물리적으로 불가능하다.42 즉 666년은 풍사훈이 적리도행군총관에 제수된

---

40 이러한 서술 방식은 다음의 645년 고구려-당 전쟁에 참전한 인사들의 묘지명에서도 쉽게 확인할 수 있다. 「吳廣墓誌銘」, "(貞觀)十八年, 授遼東道右一軍總管. 抗雲梯於鶴表, 金湯失固, 啓月陣於兎城 戈鋋衍戜." ; 「于秀墓誌銘」, "(貞觀)十八年內, 從討遼陰檢校右武候大將軍, 總督巡警.…駐蹕之時 率先告捷. 大風□□ 巨鱗斯絓. ; 「李思摩墓誌銘」, "(貞觀)十八年, … 從駕東行, 在道蒙授右衛將軍, 仍領蕃兵度遼. 攻白崖城, 爲流矢所中, 主上親觀傳藥, 恩越等夷. ; 「王敬墓誌銘」, "(貞觀)十八年, 島夷潛□, 龍驂問罪. 帝詢輿訟, 公獻六奇. 轅門效節, 暗符三略." 주지하듯이 고구려와 당의 본격적인 발발 시점은 정관 19년(645)이며, 편성 시점은 정관 18년(644)이다. 그러나 상술한 묘지명들은 고구려-당 전쟁을 명확한 구분 없이 정관 18년을 기준으로 사건을 나열하면서 서술했기 때문에 전쟁이 644년에 발발한 것처럼 오해할 여지가 있는 것이다.

41 「馮師訓墓誌銘」, "乾封 元年, 制爲積利道總管, 統彼舟軍. 旣而盪沴標功, 乘波展效, 克彰懿績, 進級增茅. 總章 元年, 遷封張掖郡開國公, 食邑二千戶."

42 『新唐書』 卷220, 列傳145, 東夷 高麗, "又以李勣爲遼東道行軍大總管兼安撫大使, 與契苾何力·龐同善幷力. 詔獨孤卿雲由鴨淥道, 郭待封積利道, 劉仁願畢列道, 金待問海谷道, 並爲行軍總管, 受勣節度, 轉燕·趙食廥遼東." ; 『資治通鑑』 卷201, 唐紀17, 高宗 乾封 元年 12월 己酉, "以李勣爲遼東道行軍大總管, 以司列少常伯安陸郝處俊副之, 以擊高麗. 龐同善·契苾何力並爲遼東道行軍副大總管兼安撫大使如故, 其水陸諸軍總管幷運糧使竇義積·獨孤卿雲·郭待封等, 並受勣處分. 河北諸州租賦悉詣遼東給軍用. 待封, 孝恪之子也." 당시 고구려와 당의 본격적인 개전 시점은 667년 초이며, 멸망은 668년 그리고 전후의 논공행상은 668년 12월 7일에 이행되

시점이고, 668년은 전쟁의 결과로 인해 풍사훈이 그에 따른 공로로서 식읍 2천호를 받은 시점일 뿐 666년 한 해에 풍사훈이 고구려와 전투를 벌이고 고구려 멸망에 일조한 것이 아니다.

이와 마찬가지로 659년은 소정방이 계림도대총관에 제수되면서 풍사훈도 이에 동행하는 것이 결정된 시점일 뿐이고, 660년은 백제와의 전쟁이 끝난 직후 그 공로로 유격장군에 제수된 시점인 것이다. 즉 「풍사훈묘지명」은 세 번째 유형에 해당되는 것임을 알 수 있다. 이는 묘지명이라는 한정된 공간에 묘주의 행적을 축약하여 서술하는 과정에서 기인한 것으로 찬자가 고의적으로 1년의 오차를 낸 것이 아니다.

당의 백제 침공 당시 소정방의 직책은 문헌사료에 따라 우이도행군대총관 혹은 신구도행군대총관으로 기재되어 있다. 그러나 당대의 금석문인 「大唐平百濟國碑銘」에 의하면 당시 소정방은 神丘·嵎夷·馬韓·熊津 등 14개 도의 大摠管이었다.[43] 즉 신구·우이·마한·웅진도 외에도 10개의 행군대총관을 겸한 것으로 나머지 10개 행군에 계림도행군이 포함되어 있음을 알 수 있다.

C에 계림도행군만 명시되어 있는 것으로 보아 풍사훈은 14개 행군 중 계림도행군에 소속되어 활약한 것으로 볼 수 있다.[44] 660년 당의 백제 침

었다(이민수, 「李他仁의 唐 投降과 扶餘城의 高句麗 復國運動 鎭壓에 대한 分析」 『역사와 경계』 106, 경남사학회, 2018a, 6~23쪽).

43 「大唐平百濟國碑」, "使持節神丘嵎夷馬韓熊津等一十四道大總管左武衛大將軍上柱國邢國公蘇定方."

44 물론 659년의 편성이 660년에도 그대로 이어진다는 보장은 없지만, 행군명이 변경되었다면 변경된 행군명으로 기재되었을 것이다. 그러나 C에서는 '계림도'를 대표 행군명으로 명시하였다. 이는 659년의 행군명이 변경 없이 유지되었다는 것을 의미한다. 또한 중국은 위진남북조 이후 각 왕조들은 비문 작성과 묘비 건립에 적극적으로 개입하였다. 唐代의 墓誌銘은 官에서 주도적으로 작성한 官撰과 사적인 면이 강한 私撰이 있는데, 私撰에서조차 정부의 간섭을 어느 정도

공군의 행군명을 살펴보면 신구·우이·마한·웅진·가림은 백제의 지명임이 확인된다.[45] 반면에 계림은 백제 관련 지명이 아니라 신라의 異稱임과 동시에 신라의 수도를 의미하는 칭호로도 쓰였다.[46] 이때 계림도라는 행

받았다. 이는 역사서의 사찬을 금지하던 당시의 풍조와 내용상 거짓이 들어가 개인을 미화하고 허위를 조장하는 것을 방비하기 위한 이유도 있었다(李東勳, 「高句麗·百濟遺民 誌文構成과 撰書者」『한국고대사연구』76, 2014, 279~281쪽). 이러한 시대적 분위기를 고려한다면 659년 계림도행군 편성을 더욱 신뢰할 수 있다고 여겨진다. 660년에는 계림도 계림도행군 외에도 「唐柴將軍精舍草堂碑」에 의하면 加林道行軍摠管에 柴哲威가 임명되었다는 내용이 있다(閔德植, 「唐柴將軍精舍草堂碑에 대한 檢討」『百濟文化』31, 2002). 이를 고려한다면 현재까지 당의 백제 침공군의 14개 행군명 중 6개 행군명이 파악된 것으로 볼 수 있다.

45 神丘는 西王母가 사는 崑崙山을 비유한 지명이며, 嵎夷는 『書經』에 의하면 해가 뜨는 동쪽 끝의 땅이라는 뜻으로 사비성을 중심으로 한 백제의 천하관이 반영된 지명이다(윤선태, 『목간이 들려주는 백제 이야기』, 주류성, 2007, 205~212쪽). 다만, 이것이 백제의 행정명인지 백제 멸망 이후 당이 설치한 행정구역의 흔적인지는 아직 명확하지 않다. 그리고 加林城은 지금의 충남 부여군에 소재한 聖興山城이다(閔德植, 위의 논문, 2002, 165쪽, 각주 50 참조).

46 『宋高僧傳』卷4, 唐新羅國 義湘傳, "釋義湘, 俗姓朴, 雞林府人也.";『新修科分六學僧傳』卷4 慧學 傳宗科 唐義湘, "唐義湘, 新羅國鷄林府人也." ; 『九華山志』卷8, 志餘門11, 雜記, "新羅國, …, 女主善德, 表請改章服, 從唐, 故稱爲君子之國. 國有雞林州, 賈人市香山詩, 卽其都也. 唐費冠卿化城寺記, 稱金地藏, 爲新羅國王子, 金氏近屬, 貞元十年, 壽九十九歲. 冠卿與地藏同爲貞元人, 此實錄也." 이상 사료들은 채미하의 논문을 참조하였다(채미하, 「신라 국호의 양상과 계림」『신라사학보』37, 2016, 14~15쪽). 674년 유인궤가 제수된 雞林道大總管 역시 신라의 왕도를 의미한다고 볼 수 있다.(『舊唐書』卷5, 本紀5, 高宗下 咸亨 5년 봄2월 壬午, "遣太子左庶子·同中書門下三品劉仁軌爲雞林道大總管, 以討新羅.") 고구려·백제·신라뿐만 아니라 당의 돌궐·고창·설연타 등의 사례에서도 알 수 있듯이 행군명은 국호가 아닌 관련 지명에서 명명하는 것이 일반적이다.(『舊唐書』卷194上, 列傳144上, 突厥上, "詔兵部尚書李靖·代州都督張公謹出定襄道, 幷州都督李勣·右武衛將軍丘行恭出通漢道, 左武衛大將軍柴紹出金河道, 衛孝節出恆安道, 薛萬徹出暢武道, 並受靖節度以討之." ;『舊唐書』卷3, 本紀3, 太宗下 貞觀 13년 12월 丁丑, "吏部尚書 陳國公侯君集爲交河道行軍大總管, 帥師伐高昌." ;『舊唐書』卷3, 本紀3, 太宗下 貞觀 15년 11월 癸酉, "薛延陀以同羅·僕骨·迴紇·鞨鞨·霫之衆

군명이 침투 경로인지 정복 의지를 반영한 것인지는 불분명하다. 만일 침투 경로를 의미한다면 당이 신라와 연합하여 군사작전을 펼치는 것을 감안하여 신라군이 경주로부터 북상하는 것을 상정한 행군명일 수도 있다.

그러나 행군명이 정복 의지를 반영한 것이라면 이는 당이 신라까지 정벌하려는 의지가 담긴 행군명으로 보아야 한다. 따라서 계림도가 침투 경로인지 정복 의지를 반영한 목적 대상인지에 대해 검토해볼 필요가 있다. 이와 관련하여 수·당이 고구려를 침공할 당시에 편성한 행군명을 살펴보자.

612년 당시 수의 고구려 침공군의 행군명 중 부여도군을 거느렸던 우문술은 부여 방면으로 진격한 적이 없으며 오히려 수양제와 함께 요동에 있다가 별동대로 평양으로 진격하였다. 옥저도군을 거느렸던 설세웅도 우문술과 노선을 함께 하였다.[47] 숙신도를 거느렸던 양의신은 압록수에 이르렀다는 기사로 보아[48] 요동에서부터 살수까지 갔던 것으로 보인다. 그렇다면 양의신 역시 숙신 방면으로 진격한 적이 없는 것이다. 다음으로 645년 당의 고구려 침공군 행군 편성을 살펴보자.

현재까지 확인된 친정군을 제외한 645년 당의 고구려 침공군 행군명은 수와 달리 개별적인 명칭을 부여하지 않고, 육군은 요동도행군, 수군은 평양도행군으로 나누었을 뿐이다. 이 중 수군인 평양도행군은 평양으로 진격했어야 할 명칭이지만, 오히려 활동 범위가 요동 남부와 압록수 일

度漠, 屯于白道川. 命營州都督張儉統所部兵壓其東境, 兵部尙書李勣爲**朔方**行軍總管, 右衛大將軍李大亮爲**靈州道**行軍總管, 涼州都督李襲譽爲**涼州道**行軍總管, 分道以禦之.")

47 『資治通鑑』卷181, 隋紀5, 煬皇帝 大業 8년 5월 壬午, "左翊衛大將軍**宇文述出扶餘道**, …, 右翊衛將軍薛世雄出沃沮道, …, 皆會於鴨綠水西. 述等兵自瀘河·懷遠二鎭, 人馬皆給百日糧, 又給排甲·槍矟矟, 并衣資·戎具·火幕, 人別三石已上, 重莫能勝致. 下令軍中 士卒有 遺棄米粟者斬 軍士皆於幕下掘坑埋之, 纔行及中路, 糧已將盡."

48 『北史』卷73, 列傳61, 楊義臣, "遼東, 以軍將指蕭愼道. 至鴨綠水, 與乙支文德戰, 每爲先鋒, 一日七捷. 後與諸軍俱敗, 竟坐免. 俄而復位."

대[49]에 국한되었다.

다음으로 661~662년 당의 고구려 침공군 행군 편성을 살펴보자. 661년 당의 고구려 침공군은 총 35개 행군으로 구성되어 있다. 이 가운데 방효태의 옥저도행군은 612년 옥저도군이 육로로 진군하여 요동에서 전투를 벌였던 것과 달리 해로로 진격하여 평양성 일대인 사수에서 전투를 벌였다.[50] 그리고 아사나충의 장잠도행군은 낙랑군에서 유래된 것으로 평양 방면으로 진격하는 것이 타당하나, 오히려 요서에서 고구려에 가담한 거란과 전투를 벌였다.[51] 이는 옥저도행군과 장잠도행군의 진격로와 전장이 행군명과 부합하지 않는 것을 의미한다.

정명진의 누방도행군의 전장은 어디인지 알 수 없다. 누방도 역시 낙랑에서 유래된 행군명으로 행군명만 보았을 때는 평양 방면으로 진격한 것으로 이해할 수 있을 것이다. 그러나 장잠도행군과 옥저도행군처럼 행군명과 전장이 불일치하는 경우가 있기 때문에 누방도 역시 평양 일대의 전장이 아니었을 가능성도 고려해야 한다.[52]

....

49 『冊府元龜』 卷117, 帝王部117, 親征2, "張亮亞將程名振拔卑沙城. … 分遣總管丘孝忠, 古神感耀兵於鴨綠水."

50 『冊府元龜』 卷373, 忠4, "龐孝泰, 爲左驍衛將軍. 高宗遣將征高麗, 孝泰爲沃沮道總管. 時孝泰率令南水戰之士, 軍於蛇水之上, 高麗蓋蘇文益兵擊之, 孝泰大敗."

51 「阿史那忠墓誌銘」, "屬興師遼碣, 以公爲使持節長岑道行軍大摠管. 元戎長驅, 天威遐暢, 三山因之而波蕩, 九種以之而震驚. 契丹在白狼之東, 居黃龍之右, 近侵世服, 外結烏夷. 公迴師誅翦, 應機殄滅, 虜獲萬計. 三軍無私, 蒙賞縑帛, 仍於羽林軍檢校."

52 정명진은 655년·657년·658년 당의 동방 진출 거점인 영주도독으로서 고구려와 요동 일대에서 숱한 전투를 벌였다.(『冊府元龜』 卷986, 征討5, "顯慶 三年 六月, 營州都督兼東夷都護程名振·右領軍郎將薛仁貴, 率兵, 攻高麗之衆烽鎭, 卽拔之, 斬首四百餘級, 生擒首領以下百餘人. 俄而高麗遣其大將, 立方婁率衆三萬人, 來拒官軍. 名振率契丹兵, 逆擊大破之, 逐北二十餘里, 斬首二千五百級.") 그렇다면 누방도행군 역시 행군명과는 별개로 아사나충의 장잠도행군처럼 요동 일대에서 전투를 벌였을 가능성을 배제할 수 없다.

마지막으로 666~668년 당의 고구려 침공군 행군 편성을 살펴보자. 사료상 이적은 요동도행군대총관 혹은 패강도행군대총관으로 기재되어 있다.[53] 이와 관련하여 패강도행군이 주목된다. 666년에 편성된 패강도행군은 661년과 달리 육로로 진격한 것으로 이해된다. 왜냐하면 요동도행군대총관 겸 패강대행군대총관인 이적의 행로는 시종 육로였기 때문이다.[54] 또한 유인궤가 요동도행군부대총관과 패강도행군총관을 겸한 것으로 보아[55] 요동도행군과 패강도행군은 실질적으로 행군명에 관계없이 함께 육로로 진격한 것으로 보인다.

지금까지 수·당의 고구려 침공 행군명을 검토한 결과 행군명, 공격로, 전장이 반드시 일치하지 않음을 밝혔다. 즉 수·당의 행군명은 구체적인 침투 경로를 고려하여 명명된 것이 아니라 전쟁 대상에 대한 정복 의지를 내포한 것으로 이해된다. 이로 볼 때 행군명은 당시 행군의 실제 목표지점을 지칭하는 것이 아니라, 각 군을 표시하기 위한 이름이었다고 볼 수 있다.[56]

....

53 『舊唐書』卷199上, 列傳149上, 東夷 高麗, "乾封 元年, … 十一月, 命司空·英國公李勣爲遼東道行軍大總管." ;『舊唐書』卷84 列傳34, 郝處俊, "乾封 二年, …屬高麗反叛, 詔司空李勣爲浿江道大總管," 이는 660년 소정방의 경우처럼 이적도 복수 행군의 대총관을 겸한 것으로 볼 수 있을 것이다. 실제로 압록도행군총관인 독고경운과 적리도행군총관인 곽대봉이 이적의 지휘를 받기로 되어있던 것으로 보아 이적은 압록도와 적리도의 대총관도 겸했을 것이다. 적리도행군은 수군으로 군량미를 조달하거나, 압록수 일대에서 군사 활동을 한 것이 확인된다.(『資治通鑑』卷201, 唐紀17, 高宗 乾封 2년, "郭待封以水軍自別道趣平壤, 勣遣別將馮師本載糧仗以資之. … 萬頃作檄高麗文曰 不知守鴨綠之險. 泉男建報曰 謹聞命矣. 卽移兵據鴨綠津, 唐兵不得渡. 上聞之, 流萬頃於嶺南.")

54 이민수, 앞의 논문, 2018a, 6쪽 <표 1> 참조.

55 『新唐書』卷3, 本紀3, 高宗 總章 원년 정월 壬子, "爲劉仁軌副大總管兼安撫大使·浿江道行軍總管."

56 정동민, 앞의 논문, 2017, 51쪽.

수·당의 고구려 침공시 편성된 행군명은 모두 고구려의 당대의 영역이거나 영향권과 관련된 명칭으로 고구려 정복의 의지가 반영된 것이다. 현재까지 파악된 당의 백제 침공군의 행군명도 계림을 제외하면 모두 백제와 관련된 명칭으로 백제 정복의 의지가 반영된 것이다. 따라서 659년에 편성된 계림도행군은 신라 관련 명칭으로 신라 정복의 의지가 반영된 행군명으로 보아야 한다. 659년에 고종이 소정방을 계림도대총관으로 제수했다는 것은 당이 백제는 물론 신라까지 침공할 의도를 명확하게 드러낸 것으로 볼 수 있다.

이처럼 당은 659년에 백제와 함께 신라를 침공할 계획을 진행하고 있었기 때문에 왜는 물론 주요 군사동맹 당사국인 신라에게까지 보안을 유지한 것으로 볼 수 있다. 당은 표면적으로 신라를 구원한다는 명분으로 출병한다고 하였으나, 그 실상은 신라까지 도모하려는 것으로 철저하게 기만한 것이나 다름없던 것이다.[57]

660년 당의 백제 침공군 병력은 12만 2천7백11명에 1,900척[58]으로 13만 명으로 지칭되었다.[59] 645년에 당이 고구려를 침공하면서 7만 명의 수군과 약 1,400척의 대규모 선단을 동원한 것을 고려한다면[60] 약 13만 명

. . . .

57 이와 관련하여 다음의 사례가 참고 된다. 5세기경 고구려는 왜로부터 신라를 지켜준다는 명분으로 신라에 군대를 주둔하였으나, 그 실상은 신라 병합이 목적이었다.(『日本書紀』卷14, 雄略天皇 8년 2월, "高麗王, 遣精兵一百人守新羅. 有頃, 高麗軍士一人, 取假歸國. 時以新羅人爲典馬, 而顧謂之日, 汝國爲吾國所破非久矣."

58 『三國遺事』卷1, 紀異1, 太宗春秋公.

59 『三國史記』卷5, 新羅本紀5, 太宗 武烈王 7년 3월.

60 644년 당이 고구려 침공군을 편성할 때 처음 수군의 규모는 4만 명에 전함 500척(『資治通鑑』卷197, 唐紀13, 太宗 貞觀 18년 10월 甲午, "以刑部尙書張亮爲平壤道行軍大總管, 帥江·淮·嶺·峽兵四萬, 長安·洛陽募士三千, 戰艦五百艘, 自萊州泛海趨平壤."), 군량선 4백 척(『資治通鑑』卷197, 唐紀13, 太宗 貞觀 18년 7월 辛卯, "勅將作大監閻立德等詣洪·饒·江三州, 造船四百艘以載軍糧.")으로 도합 900

의 병력과 1,900척은 실상에 부합하는 수치라고 할 수 있다.[61]

척이었다. 그러나 당시 당의 수군은 최종적으로 7만 명으로 증원되었으며(이민수, 「645년 唐의 高句麗 원정군 규모 推算」 『한국상고사학보』 100, 2018b, 145~150쪽), 이에 따라 군량선도 400척에서 200척이 증가된 600척이었다.(『資治通鑑』 卷197, 唐紀13, 太宗 貞觀 19년 정월, "韋挺坐不先行視漕渠, **運米六百餘**艘至盧思台側, 淺塞不能進, 械送洛陽 丁酉, 除名, 以將作少監李道裕代之.") 수군 7만 명 편성 당시의 전함 규모에 대해서는 전해지지 않지만, 4만 명 편성 당시 전함이 5백 척이라는 것을 참고한다면 대략 900척으로 볼 수 있을 것이다. 필자는 『新唐書』 高麗傳의 水軍 7만 명과 『冊府元龜』에서 추가된 平壤道行軍摠管 2명(丘孝忠, 古神感)을 주목하여 645년 당의 수군이 4만 명에서 7만 명으로 증원되었다고 주장하였다(이민수, 위의 논문, 2018b, 145~150쪽). 이에 이 글에서 당의 戰艦과 軍糧船이 900척에서 1,400척으로 증가된 사안에 대해 고찰한 것을 토대로 이전의 주장에 대해 보완하고자 한다.

61 통상적으로 당시 백제와 신라의 가용병력은 각각 6, 7만 명으로 이해된다. 전쟁 시 공격 측과 방어 측의 비율은 3대 1로 보는 것이 일반적이므로 당이 동원한 13만 명의 병력은 백제와 신라 양국을 도모하기에는 부족한 규모이다. 그러나 이러한 비율이 무조건적으로 적용되지 않는다. 공격 측의 공격 대상에 대한 인식이나 방어 측의 상황에 따라 달라질 수 있으며, 전쟁의 양상에 따라 가용병력과 실제 동원병력은 다르기 때문이다. 그리고 612년 수양제는 통상적으로 30만 가량의 군대를 보유한 것으로 이해되는 고구려를 공격할 때 113만 명 이상의 군대를 동원하였으나, 613년에는 전해의 절반도 되지 않는 30만 명으로 고구려를 공격하였다. 이는 수양제가 612년의 패전을 교훈삼아 30만 명이면 고구려를 무너뜨릴 수 있다고 판단한 결과로 이해된다. 당태종의 경우도 645년 패전 이후 지속적인 소모전을 통해 고구려가 약해졌다고 판단을 했기 때문에 30만 명이면 고구려를 무너뜨릴 수 있다고 호언장담을 한 바 있다. 당태종은 643년에 백제를 공격할 선단의 규모를 수십백선으로 표현하였는데, 이는 백제 내부의 혼란을 전제한 것이다.(『冊府元龜』 卷991, 備禦4, "百濟國負海之險, 不修兵械, 男女分雜, 好相宴聚, 我以數十百船, 載以甲卒, 銜枚汎海, 直襲其地.") 게다가 당시 당은 김인문으로부터 백제의 지리에 대해 매우 상세한 정보를 접한 상태였다. 당은 이러한 백제보다 신라가 더욱 약하다고 판단했기 때문에 양국을 13만 명의 병력으로도 충분히 무너뜨릴 수 있다고 판단한 것으로 보인다.

IV. 당의 신라 침공 계획 배경과 신라의 대응

당은 어째서 당의 우방 역할에 충실했던 신라까지 공격하려는 계획을 세웠을까? 물론 현존하는 사료에서는 기록의 미비로 인하여 충분히 수긍할 만한 당이 신라를 침공할 의도를 갖게 된 배경이나 명분은 전하지 않는다. 당이 신라를 침공하려는 배경에 대해서는 당의 대내외적인 상황을 통해 추측해보고자 한다.

우선 대내적으로 650년대 중반에 측천무후의 옹립과정에서 기존의 장손무기 일파가 실각하고, 허경종을 중심으로 하는 새로운 세력이 정계의 전면에 급부상하였다. 허경종 일파의 기본 정책은 내부적으로 황제권을 강화하고 그 힘을 대외적으로 팽창시키는 것이었다. 이러한 성향의 세력이 집권하자 그 파장은 한반도 지배전략에도 미치게 되었다.[62]

대외적으로는 640년 安西都護府가 설치된 이래 燕然都護府(647), 單于·瀚海都護府(649), 蒙池·崑陵都護府(657)의 설치가 차례로 이어져 대한반도 전쟁 이전에 이미 도호부의 설치도 거의 마무리되고 있었다. 이처럼 주변민족에 대해 기미부주의 설치가 일반화되고 있었고, 당 고종대에도 이의 연장선상에 있었기 때문에 이러한 구상 하에서 백제·신라에 대한 기미지배의 적용이 진행되었을 가능성은 충분하다.[63]

실제로 643년 태종은 구원을 청하러 당에 갔던 신라 사신에게 세 가지 계책을 알려주었는데,[64] 이 중에서 당 종실이 신라 왕실을 대신하는 계책

....

62 임대희, 「唐高宗 統治後期의 政治와 人物」『中國學報』 47, 2003, 532~536쪽.
63 최현화, 앞의 논문, 2006, 165~166쪽.
64 『三國史記』 卷5, 新羅本紀5, 善德王 12년 9월, "(前略)…爾國以婦人爲主, 爲鄰國輕侮, 失主延寇, 靡歲休寧. 我遣一宗支, 與爲爾國主, 而自不可獨王, 當遣兵營護, 待爾國安, 任爾自守. 此爲三策."

은 의문의 여지없이 신라의 독립성을 직접적으로 제거하는 것이다.[65] 이는 다분히 신라의 지배까지 고려한 발언이다.[66] 이와 관련하여 당이 신라를 동맹국으로서 어떻게 인식하고 있었는지 파악할 필요가 있다.

640년대 후반에 신라가 대백제전선에서 선전하기는 했으나, 무열왕이 즉위한 이후에는 신라가 군사적으로 두드러지는 역량을 발휘했다고 보기 어렵다. 655년에 신라는 고구려·백제·말갈에 의해 북변의 33개성이 함락되자, 당에게 구원을 요청하였다.[67] 또한 659년에도 백제가 신라의 독산성·동잠성을 공격하자, 신라는 당에 청병사를 보내야 했다.[68] 이는 당으로 하여금 신라가 과연 군사 동맹국으로서의 역할을 제대로 수행할 수 있는지에 대한 의문을 가지게 함은 물론 신라를 더욱 과소평가하게 되는 계기를 가져왔을 수도 있다.[69]

---

65 拜根興·姜文皓는 이에 대해 이는 당태종 이래 주변 정권에 대한 일관적인 羈縻州 體系 정책일 뿐 야심을 드러낸 것이 아니라고 하였다.(拜根興·姜文皓, 앞의 논문, 1999, 80쪽 각주 26) 그러나 이러한 羈縻州 體系 자체가 다른 정권의 주권을 명백히 침해하는 것으로 다른 정권에 대한 자주권을 침해하는 것이기 때문에 지배욕구가 전제된 것이나 다름없다(曺凌, 『唐新羅戰爭史 硏究』동국대학교 박사학위 청구논문, 2019, 34쪽).

66 朱甫暾, 앞의 논문, 2017, 26쪽.

67 『資治通鑑』卷199, 唐紀15, 高宗 永徽 6년 정월, "高麗與百濟·靺鞨連兵, 侵新羅北境, 取三十三城, 新羅王春秋遣使救援. 使, 疏吏翻."

68 『三國史記』卷28, 百濟本紀5, 義慈王 19년 여름 4월.

69 물론 당시에 당태종이 일부러 신라를 저평가하여 발언한 것도 있겠으나, 여기에는 신라가 여자를 왕으로 세울 정도로 별 볼일 없다는 인식이 저변에 깔려 있었다. 이 뿐만이 아니라 당태종은 백제 또한 수십백선을 동원하면 멸망시킬 수 있다고 호언장담하면서 과소평가 하고 있었다. 당의 입장에서는 신라가 그런 백제에게조차 수세에 몰려서 청병사를 보내는 모습이 신라의 군사적인 능력을 더욱 과소평가하게 된 주요한 요인으로 작용했을 것이다. 무엇보다도 당의 입장에서는 백제를 멸망시킨 이후 신라가 고구려와의 전쟁에서 순순히 군사를 지원해줄지도 의문이었을 것이다. 실질적인 동맹의 지원에 있어서 신라가 의도적

따라서 당이 백제를 공격할 때 신라의 허실을 파악하여 차선책으로서 신라까지 假道滅虢해버리려는 심산이 있었을 것이다.[70] 그렇다면 신라는 이러한 당의 침공 의도를 어느 시점에 어떻게 간파했을까? 이를 알아보기에 앞서 황산 전투 직후 소정방이 신라군이 군기를 어겼다는 이유로 신라의 김문영을 처벌하려 하자, 김유신이 소정방에게 전면전을 불사할 정도의 강경대응을 한 것이 주목된다.[71]

신라는 수십 년 동안 외교적인 노력을 통해 당과의 군사동맹을 성사시키고, 숙적 백제의 멸망을 목전에 둔 상황이었다. 객관적으로 김문영의 목숨이 당과의 군사 동맹을 파탄 낼 정도의 가치를 지녔다고 보기 어렵다.

....

으로 미적거릴 공산을 배제할 수 없었을 것이다. 또한 만약에 신라가 고구려와 손잡고 남쪽에 그나마 교두보로 잡아놓은 백제고토를 공격한다면 당의 입장에서는 군사적인 소모만 있었을 뿐 실익은 없던 것이나 다름없던 것이었다. 물론 신라가 그렇게까지 하지 않는다고 하더라도 당의 입장에서는 경기만에서 직접적으로 접경해서 고구려를 양면으로 공격하는 게 보다 수월했을 것이다.

70 당시 신라군은 사비 진군에 앞서 경기도 이천까지 북상한 적이 있으며, 이는 서해를 건너 덕물도로 오는 당군의 움직임에 대응하기 위한 행동이었다. 하지만 당의 소정방은 신라와 당이 경기도 일대에서 합류하지 말고, 각자 수로와 육로를 이용해 기벌포와 탄현으로 공격하자고 하였다. 결국 신라군 주력은 경기도 이천까지 북상했다가 다시 남하하여 탄현을 지나 황산벌로 진입한 셈이다. 이에 대해 이상훈은 이 과정에서 신라군의 행군 피로나 보급 문제 등도 발생하였을 것임을 감안하여 혹시 당군이 오히려 신라군을 어느 정도 지치게 하려는 전략을 가지고 있었던 것은 아닌지 의심스럽다고 한 바 있다(이상훈, 「「660년 당의 신라 침동 시도」에 대한 토론문」 『韓國古代史探究學會－제78차 월례발표회－』, 2019, 21쪽). 당군의 이러한 의심스러운 행보는 혹시 전개될 수도 있는 신라 침공을 위한 것으로 볼 여지도 있다.

71 『三國史記』 卷5, 新羅本紀5, 太宗 武烈王 7년 7월. 물론 이러한 김유신의 태도를 대해 표면적인 대항이라고 본 견해도 있다(정재민, 「蘇定方 이야기에 나타난 다층적 인식세계」 『韓日軍事文化研究』 10, 2010, 240쪽). 그러나 이러한 김유신의 언행은 부하 한 명을 살리고자 당과의 동맹을 파탄내고 전면전을 벌여 신라를 위기에 몰아넣을 수 있었음은 부인하기 어렵다.

김유신이 이처럼 전면전을 선언할 정도로 당에게 극단적으로 강경하게 대응한 배경은 이미 당을 적성국가로 확실히 인지한 상황으로 보는 것이 정황에 부합할 것으로 여겨진다.

즉 이러한 배경의 원인은 이 시점에 김유신이 당의 침공 계획을 간파한 것이 아닐까 생각된다. 그렇다면 김유신 나름의 승산의 계책이 있었을 것으로 보이나, 이에 대한 내용은 전하지 않는다. 다만, 신라와 당이 각기 처한 상황으로 짐작해볼 수 있을 뿐이다. 당시 당의 백제 침공 보급로는 많은 변수와 위험이 예상되는 해상을 통한 보급로가 유일하였는데, 결국 풍랑으로 인해 보급에 실패하였다.[72]

김유신은 당군의 이러한 정황을 간파하여 소정방에게 당당하고 강경하게 대응할 수 있던 것으로 여겨진다. 당시 당의 백제 침공군에는 신라인 출신으로 김인문과 金良圖가 있었다.[73] 특히 김인문은 당의 백제 침공군 부대총관에 있던 핵심 인물이었다. 김유신은 이들로부터 당의 신라 침공 계획을 접했을 것으로 여겨진다.[74] 이와 관련하여 김유신전을 살펴보자.

----

72 『資治通鑑』 卷201, 唐紀17, 高宗 麟德 2년 "初, 仁軌爲給事中, 按畢正義事, 李義府怨之, 出爲靑州刺史. 會討百濟, 仁軌當浮海運糧, 時未可行, 義府督之, 遭風失船, 丁夫溺死甚衆, 命監察御史袁異式往鞫之." 당의 입장에서 지리 및 사물 숙지가 어려운 적진에서 보급이 끊긴 것은 매우 치명적이었을 것이다. 이러한 상황에서 신라를 도모했을 경우 그 틈을 탄 고구려군의 개입 가능성도 배제할 수 없었다. 즉 현실적으로도 당의 신라 공격은 득보다 실이 많아질 상황이 전개된 것이다.

73 「大唐平百濟國碑銘」, "副大摠管, 左領軍將軍, 金仁問…右武衛中郞將, 金良圖."

74 이와 관련하여 태자 김법민이 6월 21일 덕물도에서 소정방을 맞았을 당시에 김인문과 김양도가 몰래 김법민에게 당의 신라 공격 계획을 전달했다는 견해도 있다(李道學, 앞의 논문, 1985, 29쪽). 이는 사료상 백제 멸망 이전에 유일하게 전해지는 김유신과 김인문·김양도의 회합이었으므로 일견 타당성이 있다. 그러나 『삼국사기』에 의하면 6월 21일 이후 태자 김법민이 무열왕에게 소정방이 거느린 당군의 군세가 매우 성대함을 알려줬을 때 무열왕이 기쁨을 이기지 못하

D. 장군 소정방과 김인문 등은 바다를 따라 伎伐浦에 들어왔으나 해
   안의 진창에 빠져 움직이지 못하자 이에 버드나무로 엮은 자리를
   펴 군사들을 나오게 하였다.[75]

 D는 소정방과 김인문이 이끄는 당군이 7월 9일 기벌포에 상륙한 상황
을 전하고 있다.[76] 김유신전을 면밀히 살펴보면 전반적으로 열전의 주체
인 김유신은 물론 그의 행동반경에 있는 주변 인물들의 행적과 동선이 시
간 순서에 따라 기재되어 있다.[77] 그러나 D에서는 황산에 있던 김유신의
행동반경과 동떨어진 소정방과 김인문이 처한 상황을 전하고 있다.

 이는 김유신전의 특성상 다소 예외적이라는 느낌을 준다. 심지어 소정
방과 김인문이 상륙전에 성공하여 백제군을 격파한 상황까지 전하는 것
이 아니라 그들이 난관을 타개하는 과정만 전하는 것이다. 김유신전에 당
군의 상황이 전해진 원인은 김인문과 김유신의 접촉이 있었던 것으로 볼
수 있을 것이다.

 이때 김인문이 당의 신라 침공 계획을 김유신에게 전달한 것으로 여겨
진다.[78] 이를 통해 김유신은 당에게 전면전 불사라는 강경대응을 하게 되

....

였다고 한다.(『三國史記』卷5, 新羅本紀5 太宗 武烈王 7년 6월, "法敏至, 言定方
軍勢甚盛, 王喜不自勝.") 무열왕이 이러한 반응을 보인 것은 신라가 6월 21일에
도 당의 야욕을 전혀 인지하지 못했다는 것을 의미하기 때문에 위의 견해는 취
신하기 어렵다.
75 『三國史記』卷42, 列傳2, 金庾信 中, "將軍蘇定方·金仁問等, 沿海入伎伐浦, 海岸
泥濘, 陷不可行, 乃布柳席, 以出師."
76 『三國史記』卷5, 新羅本紀5, 太宗 武烈王 7년 7월 9일.
77 金春秋·租未坤·裂起·仇近·金仁問·金良圖의 경우를 예시로 들 수 있을 것이다.
78 이와 관련하여 『삼국유사』에 의하면 고구려 멸망 직후 당에 있던 김인문이 비
밀리에 義湘을 통하여 당의 신라 침공 계획을 알렸다는 유사한 정황이 있어 주
목된다.(『三國遺事』卷4, 義解5, 義湘傳敎, "旣而本國承相金欽純一作仁問, 良圖等
往囚於唐, 高宗將大擧東征. 欽純等密遣湘誘而先之.") 물론 당시 김양도와 함께

어 소정방으로 하여금 일시적으로나마 후퇴하게 함은 물론 신라를 과소
평가할 수 없게 만드는 효과도 거두었다.[79] 이에 대해 아래의 『삼국사기』
김유신전의 기사를 살펴보자.

> E. 당과 신라가 합하여 백제를 공격하여 멸망시켰다. 이 싸움에서
> (김)유신의 공이 많았다. 이에 당의 황제가 그것을 듣고는 사신을
> 보내 그를 포상하고 칭찬하였다. 장군 (소)정방은 (김)유신·(김)
> 인문·(김)良圖 세 사람에게 "나는 편의에 따라 일을 처리하라는
> 명을 받았소. 지금 백제의 땅을 얻었으니 공들에게 나누어 주어
> 食邑으로 삼게 하여 그 공에 보답코자 하니 어떻소?" 라고 말하
> 였다. (김)유신은 대답하였다. "대장군께서 황제의 군사를 거느리
> 고 와서 저희 임금의 기대에 부응해 우리나라의 원수를 갚아주셨
> 으니 저희 임금과 온 나라의 신하와 백성들은 기뻐서 손뼉 치느
> 라 다른 겨를이 없거늘 저희들만 유독 내려주시는 것을 받아 스
> 스로를 이롭게 한다면 그것이 어찌 의리라 하겠습니까?" 끝내 받
> 지 않았다.[80]

E에 의하면 고종은 소정방을 통해 김유신의 전공에 대해 접하고, 사신
을 보내 김유신을 포상하고 칭찬했다고 한다. 그러나 B에 의하면 소정방
이 물러선 것은 일시적인 후퇴였다. 그렇다면 E에서 고종이 김유신을 호

───

당에 있던 인물은 김흠순이었기 때문에(『三國史記』卷6, 新羅本紀6, 文武王 9년
5월). 의상에게 당의 신라 침공 계획을 알린 인물이 김흠순이라는 기사도 있으
므로 김인문으로 단정할 수는 없다. 그럼에도 불구하고 이 기사들에 김인문이
거론된 원인은 최소한 그가 이와 유사한 행적을 보였기 때문인 것으로 볼 수
있을 것이다.

79 이러한 김유신의 대응에 본 김문영과 신라 장수들은 김유신에 대한 신뢰와 충
성을 가슴깊이 새겼음에 분명하다.(이상훈, 「삼국통일기 화랑정신과 김유신의
리더십」 『국학연구론총』 17, 2016, 48쪽).
80 『三國史記』卷42, 列傳2 金庾信 中.

의적으로 대한 사안도 문장 그대로 해석하기에는 무리가 있으며,[81] 오히려 김유신의 방심을 유도하려는 의도에서 한 행위로 여겨진다.

소정방은 편의종사 권한으로 김유신·김인문·김양도에게 백제고지를 그들에게 식읍으로 주려고 하였다. 이는 당이 신라의 유력한 귀족 몇 사람에게 이를 나누어준다는 뜻으로 신라에 대한 충성심을 약화시켜 친당파로 만들고 신라의 왕권과 대립시키고자 하는 의도에서 비롯된 것이다. 이것은 소정방의 분명한 신라 분열 정책이었다고 할 수 있다.[82]

B에 의하면 당군이 은밀히 신라까지 공격하려 하자, 이를 간파한 신라는 당군을 습격하려는 논의가 진행되었다. 이 계획의 실행여부는 모호하게 기술되어 있지만, 무열왕이 당과의 군사적인 마찰을 매우 기피하고 있던 것으로 보아 실행하지 않은 것으로 보인다. 한편, 당도 중대한 군사 기밀이 유출되었으므로 일단 철군을 결정한 것으로 보인다.[83]

....

81 648년 태종도 김유신의 명성을 접하였던 만큼(『三國史記』 卷41, 列傳1 金庾信 上.) 고종도 김유신에 대해 충분히 숙지하고 있었을 것이다. 소정방이 고종에게 전달한 김유신에 대한 보고에는 김유신의 실질적인 전공은 물론 전면전을 불사했던 그의 강경대응도 포함됐을 가능성이 있다.

82 김수태, 「[인물 바로 보기 1] 침공군(侵功軍) 사령관 소정방의 좌절」『내일을 여는 역사』 17, 2004, 97~98쪽. 이보다 후대 이기는 하나 박도유의 모반 사건(김수미, 「朴都儒 모반사건으로 본 웅진도독부와 신라의 갈등」『百濟文化』 44, 공주대학교 백제문화연구소, 2011)과 신라를 배반하려고 모의한 藪世와 大吐같은 친당파를 매개로 분란을 일으킨 것(김영하, 『한국고대사의 인식과 논리』, 성균관대출판부 2012, 193쪽) 당이 신라 지배층을 포섭하려는 작전의 일환이었다.

83 당군은 신라를 백제의 경우처럼 은밀하게 기습 하려는 의도를 가졌기 때문에 보안을 철저히 한 것으로 보인다. 이는 신라가 미처 대비할 수 있는 시간적인 여유를 주지 않고, 전쟁을 단기전으로 전개함에 따라 당군의 피해를 최소화하고 보급 문제도 일정 부분 해결할 수 효과를 가져 올 수 있었다. 그러나 신라가 이를 간파하고 대비를 하면서 수포로 돌아갈 수밖에 없었다. 게다가 백제의 사비성을 함락시켰다고는 하나, 백제 복국운동이 전개된 상황이었으며, 고구려가 백제 복국운동을 지원하게 될지도 미지수였다.

고종은 소정방이 당에 귀국하자, 신라를 공격하지 못한 이유를 물었는데, 소정방은 신라의 내부 결속이 철저한 것을 이유로 들었다. 이는 소정방이 김유신과 첨예한 대립을 하면서 신라와 전면전 발발직전까지 갔던 경험에서 비롯된 것으로 여겨진다. 당시 소정방은 신라에 대해 적극적인 군사 행동을 하지 않았고, 고종도 이러한 그를 별도로 질책하지 않았다.

이로 보아 당의 신라 침공 의도는 소정방이 고종으로부터 부여받은 편의종사 권한에 의해 여건이 형성되면 시도해볼 수 있는 수준의 것으로 반드시 신라를 공격해야 할 당위성은 없던 것으로 여겨진다. 당은 상기한 요인들로 인해 신라를 존속시켜서 고구려 공격에 동원하는 것이 이익에 부합할 것이라는 판단 하에 신라 침공을 잠정 중단한 것으로 여겨진다.

한편, 신라는 당과의 전쟁을 피할 수 있었지만, 그것은 일시적인 것이었으며, 당군의 일부는 철수하지 않고, 백제고지에 웅진도독부를 설치하였다. 이로 인해 신라는 더 이상 당을 신뢰할 수 없게 되었으며, 향후 전개될 수도 있는 당과의 전쟁에 대비하여 자구책을 마련해야 하는 상황에 직면한 것이다.[84]

무열왕은 왕위에 오르기 전인 648년에 직접 당에 사신으로 가 태종으로부터 청병외교를 성사시킨 장본인이었다. 그리고 659년에는 당으로부터 아무런 소식이 없자, 노심초사하였으며, 660년 소정방의 대군이 도착

----

84 신라 입장으로서는 아직 고구려가 건재했기 때문에 당장은 당군의 예봉에서 벗어날 수 있었지만, 그것은 보장된 평화가 아니었으며, 건국 이래 최대의 위기였음이 분명하다. 문무왕이 '답설인귀서'에서 언급했던 당이 겉으로는 왜를 치려고 하나 실은 신라를 치려고 한다는 풍문(『三國史記』 卷7, 新羅本紀7, 文武王 11년 7월), 표면적으로나마 당과의 군사 동맹이 유지되던 시점에도 불구하고, 신라의 우수한 노(弩) 제작기술자였던 구진천이 당에게 제작 기술을 함구한 원인도(정덕기, 「6~7세기 신라 병부의 조직정비와 병마행정의 변화」, 『한국고대사탐구』 30, 2018, 70~76쪽) 이러한 맥락에서 이해할 수 있을 것이다.

했다는 소식을 듣고 매우 기뻐하였다. 이는 무열왕이 대당외교에 거는 기대가 얼마나 절실했는지 보여주는 대목이지만,[85] 반대로 무열왕이 당의 야욕을 전혀 간파하지 못했다는 것을 알려주는 대목이기도 하다.[86]

신라본기에 660년경 당의 신라 공격 의도가 누락된 원인은 고의성이 있는 것으로 보인다. 이는 무열왕을 비롯한 왕실이 개입시킨 당군이 신라까지 공격하려했다는 것은 신라 왕실의 권위를 실추시킬 우려가 있기 때문에 고의적으로 침묵한 것으로 생각된다.

중국 측 사료에서 당의 신라 침공 계획이 전하지 않는 원인은 보안이 철저했던 백제 멸망 작전의 연장이었던 점을 고려한다면 백제와 유사한 것으로 이해할 수 있을 것이다. 기실 중국 측 사료에서는 659년 당의 백제 침공 행군 편성 과정이나 김인문의 청병도 전하지 않는다. 660년 편성에서도 우이도·신구도 외에는 전혀 언급이 없으며, 마한도·웅진도·가림도는 당대의 금석문에서만 확인이 되며, 계림도도 마찬가지이다.

....

85 주지하듯이 신라의 당을 향한 백제 멸망을 기도한 대당 청병 외교는 왕실의 주도 하에 진행된 것으로 선덕왕·진덕왕은 물론 특히 무열왕이 상당히 깊숙하게 개입되어 있었다. 이제 막 성립한 중대 무열왕권은 여전히 구귀족세력의 도전을 받고 있었다. 무열왕실이 중심이 되어 추진하고 있던 백제와의 전쟁을 신하들은 신라 국가 전체의 전쟁이 아니라 중대 무열왕실이 추진하는 전쟁(王事)으로 인식되고 있었다(박찬홍, 앞의 논문, 2017, 25~29쪽).

86 현재 무열왕은 대당외교의 결과로 인해 뛰어난 외교력을 가진 인물로 평가받는 것이 지배적이나(朱甫暾, 앞의 논문, 2017, 148~160쪽), 결과가 좋았다고 해서 과정까지 긍정적으로 평가할 수는 없다. 물론 무열왕이 당의 신라 공격 계획에 대해 파악할 길이 없었을 것이다. 또한 김춘추의 대당외교를 두고 현대의 기준으로 비난할 수 없다는 것과 멸망의 기로에서 생존을 모색해야 했던 신라의 외교노선은 대당외교가 유일하다는 지적은 타당하다. 그러나 무열왕은 백제와의 전쟁에 당을 개입시키는 과정에서 당의 신라 공격 가능성을 고려하지 않고 대비책을 마련하지 않았다. 그의 이러한 신라를 멸망의 위기에 빠뜨릴 뻔한 외교는 지적을 피하기 어렵다. 따라서 이를 감안한다면 무열왕을 뛰어난 외교력을 가진 인물로 과한 칭송을 하는 것은 재고의 여지가 있다고 여겨진다.

이는 당의 고구려 침공 행군 편성 과정이 어느 정도 전해지는 것과는 매우 다른 양상이라고 할 수 있다. 당시 당의 백제 침공 진행 과정은『삼국사기』와『일본서기』에서만이 그나마 편린을 알 수 있을 정도로 보안이 철저하였다. 이러한 분위기 때문에 백제 침공의 연장이었던 신라 침공 계획에 대한 기록도 존재하지 않는 것으로 보인다.

그리고 결과적으로 신라와 당이 전쟁 이후 화해국면에 들어서면서 공식적으로 신라 공격 계획을 누락했을 가능성도 있다. 그렇다면 당의 官에서 작성한「풍사훈묘지명」에서 계림도행군이 기재된 것이 의문이 들 수도 있을 것이다. 이에 신라와 당이 670년대에 전개된 전쟁 이후 700년까지 사실상 대립관계가 지속되었다는 점이 주목된다.[87] 이를 고려한다면 694년에 작성된「풍사훈묘지명」에 계림도행군이 기재된 것은 무리가 아니다.

요컨대 659년 당은 신라를 백제로부터 구원하는 척하면서 은밀하게 신라 침공 의도를 갖고 신라를 철저하게 기만하였다. 당의 이러한 신라 정복 야욕이야말로 670년대에 전개된 신라-당 전쟁의 근본적인 원인이었던 것이다.[88] 즉 당의 신라 침공 계획은 천하통일의 완성과 중원 중심의 국제질서 확립이라는 팽창야욕에서 비롯된 것으로 볼 수 있다.

....

87 노태돈, 앞의 책, 2009, 276~279쪽.
88 659년에 편성된 계림도행군이 670년대에 전개된 신라-당 전쟁의 대표적인 행군명으로 재등장한 것이 이를 방증한다고 할 수 있다(『新唐書』卷3, 本紀3, 高宗 上元 원년 2월 壬午, "劉仁軌爲雞林道行軍大總管, 以伐新羅"). 그렇다면 신라가 668년 평양성 전투 이전에 적극적인 움직임을 취하지 않다가 고구려의 멸망이 기정사실화 되어서야 움직인 원인도 당과의 전쟁에 대비하여 국력을 아끼려는 전략적인 의도에서 비롯된 것으로 여겨진다. 고구려 멸망 직후인 669년에 신라가 당의 움직임에 대해 기민하게 대응을 할 수 있던 원인도 660년부터 당을 경계한 것으로부터 비롯된 것으로 볼 수 있다.

V. 맺음말

670년대에 전개된 신라-당 전쟁은 신라가 삼국을 통일하는 과정에서 발발된 전쟁이라는 점에서 적지 않은 주목을 받아왔다. 종래에는 전쟁의 원인에 대해 신라와 당이 옛 백제의 영토를 두고 이해관계가 상충되면서 발발한 전쟁으로 이해하였다. 그러나 1984년 출토된 「풍사훈묘지명」에 의하면 659년에 당 고종이 소정방에게 계림도대총관을 제수했다고 한다. 주지하듯이 계림도대총관은 신라를 공격하는 군대를 의미한다. 이는 659년에 당이 신라를 침공하려는 계획이 실재하였음을 알려준다.

이에 본고에서는 「풍사훈묘지명」을 주목하여 『삼국사기』 김유신전 등을 재검토하면서 660년 사비성 함락 직후 당군이 신라를 공격하려 했다는 내용을 신뢰할 수 있다는 결론을 도출할 수 있었다. 당이 신라를 공격하려고 한 원인에 대해서는 기록의 미비로 인해 알 수 없지만, 복합적인 요인이 적용된 것으로 여겨진다. 650년대 당은 대외팽창 정책이 강화되고, 주변국을 기미주화하여 천하를 통일하고자 하였다. 당의 신라 공격 의도는 이러한 분위기에 의해 이루어진 것으로 여겨진다.

주지하듯이 당의 동방정책의 궁극적인 목적은 고구려 멸망이었다. 당은 이를 위해 신라와 동맹을 맺었지만, 신라의 군사적 능력을 온전히 신뢰할 수 없었으며, 오히려 신라는 물론 신라를 수세에 몰아넣은 백제의 국력도 과소평가하였다. 당은 자국의 군사력을 과신하여 백제를 멸망시키는 과정에서 신라 멸망까지 기도한 것으로 여겨진다. 요컨대 당은 신라를 백제로부터 구원하는 척하면서 은밀하게 신라 공격 계획까지 진행하여 강대국의 논리로 신라를 철저하게 기만하였다. 즉 당의 신라 침공 계획은 천하통일의 완성과 중원 중심의 국제질서 확립이라는 팽창야욕에서 비롯된 것이다.

백제 부흥전쟁 시 주류성과 백강의 위치

이 재 준 | 건양대학교 겸임교수

I. 머리말

삼국통일전쟁은 한국 역사상 민족통일이라는 중요한 의미를 갖는 전쟁이었다.[1] 통일전쟁의 서막에는 백제 멸망과 부흥전쟁이 있다. 백제 부흥전쟁에 대한 종합적인 저서는 2003년과[2] 2005년에[3] 출간되었다. 그 중 김영관은 다수의 백제유민 묘지명 연구를[4] 지속하여 부흥전쟁의 이해를 도왔다. 한편 김수태는 663년 이후 웅진도독부의 백제부흥운동 검토와 더불어 왕족의 동향이나 국제역학관계 등 새로운 관점을 제시하고 있다.[5]

그런데도 불구하고 백제 부흥전쟁의 중심 거점이었던 주류성과 동아시아의 최초 국제해전이었던 백강구 전투 위치에 대한 논의는 아직도 진행형이다. 한 예로 2018년 부안군이 주체한 '동아시아적 관점의 백제부흥

---

1 노태돈, 『삼국통일전쟁사』, 서울대학교출판부, 2008, iii쪽.

2 노중국, 『백제부흥운동사』, 일조각, 2003.

3 金榮官, 『百濟復興運動研究』, 서경문화사, 2005.

4 김영관의 대표적인 묘지명 연구는 「百濟義慈王 曾孫女 太妃 扶餘氏 墓誌」(2010), 「中國 發見 百濟 遺民 祢氏 家族 墓誌銘 檢討」(2012), 「百濟 義慈王 外孫 李濟 墓誌銘에 대한 연구」(2013), 「百濟 遺民 陳法子 墓誌銘 硏究」(2014), 「부여융(扶餘隆) 墓誌銘의 새로운 判讀과 飜譯」(2017)등이 있다.

5 김수태, 「예산지역 백제부흥운동」 『百濟文化』 58 :「웅진도독부의 백제부흥운동 재론」 『百濟學報』 25, 2018.

전쟁과 주류성'이라는 학술대회가 개최되었으며, 충남도서관 대강당에서는 2018년에 이어 2019년 '홍주 주류성 국제학술세미나'가 열렸다. 이들은 주류성과 백강의 위치가 명확하게 밝혀지지 않은데 기인하고 있다.

이러한 이유는 백제가 직접 기록을 남기지 못했기 때문이다. 그리고 당시 전쟁 상황을 기록한 한·중·일의 사료가 상이한 부분이 있고 같은 사료 안에서도 동일한 사건을 다르게 기술하고 있기 때문일 것이다. 또한 1,300여년이 지나며 지형이 변화됨은 물론 각국의 지명표기 방식이 서로 다른데다 지명 자체도 수차례 변화를 겪어온 사실 등이 더욱 혼란스럽게 하고 있는 것으로 판단된다.

위치비정에 논란이 되고 있는 주류성과 백강은 인접하여 있으며 함께 연구하여야 할 대상이다. 지금까지 주류성이라고 제기된 지역은 크게 금강 이북과 금강 이남으로 구분된다. 백강에 대해서는 크게 금강설과 비금강설로 구분된다. 백강과 주류성을 함께 묶어 연구 성과를 정리하면 다음과 같다.6

먼저 백강이 금강과 동일하다는 연구자는 津田左右吉(1913)·池內宏(1934)·輕部慈恩(1971)·鈴木治(1972)·이병도(1977)·심정보(1983)·김수태(1993)·노중국(2003)·김영관(2007) 등이다. 이들 중 노중국·김수태·김영관 등은 주류성을 금강이남 부안으로 보고 있으며, 나머지는 금강이북 서천으로 보았다.

백강을 동진강으로 보는 연구자는 小田省五(1927)·전영래(1976)·이도학(1997·2017)·서정석(2002)·이종학(2003) 등이다. 이들 중 小田省五·전영래·이종학·이도학 등은 기벌포(백강)가 계화도라고 하며 주류성은 부안으로 보고 있고, 서정석은 주류성을 정읍으로 보고 있다.

....

6 상세한 연구 성과는 이재준, 『백제멸망과 부흥전쟁사』, 경인문화사, 2017, 5~16쪽 참조.

今西龍(1934)은 기벌포를 부여군 관내 고다진으로 보고, 660년 백강은 부여 관내를 지나는 백마강이며 663년 백강은 줄포 내포라 하여 두 개의 백강으로 보았다. 노도양(1979·1980)은 백강·기벌포·백강구는 모두 금강의 하류이지만 『일본서기』의 백촌 및 백촌강은 부안 위금암산성에 이르기 쉬운 두포천이라고 하였다. 이들 역시 주류성을 부안으로 보고 있다.

　　이외에 김재붕(1980·1999)은 백강을 안성천에 위치한 백석포로 보며 주류성은 연기에 비정하였고, 박성흥(1994·1999)은 백강을 아산만으로 보고 주류성은 홍성에 비정하였다. 최근에는 김만수(2017)가 백강구는 안성천과 삽교천이 함께 아산만에 유입되는 지경으로 보고 주류성을 천안 성거산 위례성으로 비정하였다.

　　이러한 모든 학설은 나름대로 문헌에 기초하여 설득력이 있다고 할 수 있다. 하지만 사료 적용에 편향된 면이 없지 않으며 대부분 음운학적인 방법론에 근거하고 있다. 그리고 추가하여 "왕도 서쪽을 흐르는 강을 백강이라고 불렀다."고[7] 하거나 "수도인 왕도의 옆을 흐르는 강을 ᄉᆡ비강이라 하였는데 왕도였던 주류성을 따라 지명이 이동했다."고 하는 지명 이동설[8]까지 등장하였다. 이와 같이 다양한 방법론이 나온 것은 백강과 주류성에 대한 깊은 연구의 결과로 해석된다.

　　그럼에도 불구하고 연구결과들은 전술적으로는 타당하지 않은 면들이 보인다. 물론 전쟁이라는 특수한 분야의 역사적 사실을 규명하는 일은 결코 쉬운 일이 아니다. 사료가 혼란스럽고 승자만의 기록밖에 없는 경우여서 사실을 규명하기가 더욱 어려울 수 있다. 또한 고대사는 문헌사료에 의존할 수밖에 없는데다 사료의 영성함 때문에 다양한 견해가 있을 수 있다. 더구나 역사적 사실은 많고 다양해서 정반대의 논리도 동시에 합리화

7　서정석, 「백제 白江의 위치」『白山學報』69, 2004, 226쪽.

8　이도학, 「白江戰鬪의 位置 확인에 대한 接近」『韓國古代史探究』25, 2017, 400쪽.

가 가능하다.[9]

　하지만 부흥운동이 부흥전쟁이었음을 감안하면 당시의 전장환경과 전략·전술 등에도 부합되어야 한다. 따라서 본고는 객관적 상황을 염두에 두고, 전략·전술적인 면을 검토하고자 한다. 문헌사료는 생략된 부분이나 표현방식의 차이로 인한 오기·왜곡이 있을 수 있는 부분에 유의해야 한다. 고대로 올라갈수록 문헌의 오류에 빠질 확률이 높기 때문이다. 또한 전략·전술적인 검토는 부대출동의 목적·군량조달·행군거리 등이 현실적으로 가능한지를 검증해보는 것이다. 군사적 관점의 검증도 당시의 실정과 부대의 편제 또는 병력 수 등을 정확히 이해하지 못해 잘못될 수 있다. 이에 보다 객관적인 상황과 현실적인 가능성 검토를 병행하여 오류를 최소화하면서 주류성과 백강의 위치를 비정해보고자 한다.

II. 부흥전쟁의 근거지 주류성

1. 부안 주류성설의 한계

　근자에 상당수 연구자들이 부안 위금암산성을 주류성이라고 한다. 부안 위금암산성은 『일본서기』에 "험준한 곳에 있어 방어에 아주 적합하고, 산이 험준하고 계곡이 좁으니 지키기 쉽고 공격하기 어렵다."고 한 주류성의 지형적 특성에 부합되는 측면이 있다. 또한 주류성설의 주요 근거로 삼는 『삼국사기』「답설인귀서」의 '南方已征'과 '왜의 접근성' 그리고 『일

9　DAVID H. FISCHER, 『Historians' Fallacies』, Printed in the U.S.A-N.Y. Harper &Row, 1970, 223~224쪽.

본서기』의 '避城' 등을 들고 있는 면도 충분히 인정이 된다. 하지만 다음 몇 가지 측면에서 재검토 해봐야 한다.

먼저 '남방이정'에 대한 검토이다. 문무왕의 「답설인귀서」의 "주류성이 항복하였다. 남쪽이 이미 평정되자 군사를 돌려 북쪽을 정벌하였는데 임존성 하나만 헛되이 고집을 부리고 항복하지 않았다."를 근거로 하여 임존성은 북방거점이며 주류성은 남방거점으로 금강 이남이었다고 한다.[10] 이는 백제 부흥군의 전력이 충분하여 백제 전역 즉 북방과 남방에 거점을 두고 부흥전쟁을 전개했던 것으로 추정하고 있는 듯하다. 그러나 부흥군은 661년 웅진강구 전투에서 1만여 명, 옹산성에서 수천 명이 죽는 등 전력이 약해진 상태였다. 전력이 부족한 부흥군의 근거지가 남과 북으로 나뉘어 있었다고 보기 어렵다. 또한 마지막까지 존재했던 강력한 거점이었던 임존성과의 협조관계 등을 볼 때 가까이 있거나 연락이 용이한 곳에 있었을 것이다. 주류성이 금강 이남이어서 남방거점이라기보다 임존성의 남방에 위치하였기 때문에 '남방이정'이라고 표현한 것으로 볼 수도 있다. 사료를 통해 구체적으로 검토해보자.

A. 적장이 8월 17일 그 왕성을 에워쌌다. … 9월 7일에 백제의 주유성이 마침내 당에 항복하였다.[11]

B. 홀로 지수신만이 임존성에 웅거하여 항복하지 않았다. 겨울 10월 21일부터 이를 치기 시작하여 이기지 못했다(自冬十月二十一日攻之 不克). 11월 4일 군대를 돌려 설리정에 왔다.[12]

C. 8월 13일 豆率城에 이르렀다. 백제와 왜군이 모두 항복하였다. … 각자 가고 싶은 곳으로 가도록 하였다. … 군대를 나누어 여러

....

10 金榮官, 「白江口 戰鬪와 周留城」『軍史』 65, 2007, 124쪽.
11 『日本書紀』 卷27, 天智天皇 2年.
12 『三國史記』 卷6, 新羅本紀, 文武王3年.

성을 공격하여 항복시켰으나 임존성만 지세가 험하고 게다가 식량이 많아 30일을 공격하여도 함락시키지 못했다(是以攻之三旬 不能下). … 겨울 11월 20일에 경주에 와서 김유신에게 토지 500결을 내려주고 다른 장병에게 상을 차등이 있게 내려주었다.[13]

위 사료를 종합하면 나당군은 8월 13일 주류성[두솔성]에 도착하였고 8월 17일 성을 포위하여 9월 7일 함락시킨 후, 10월 21일부터 임존성을 공격하였다. 주류성 함락 후 임존성 공격까지 44일 걸렸다. 이 기간은 주류성 함락 후 여러 성을 공격한 뒤에 임존성까지 이동한 시간이다. 그런데 사료 C에서 30일간 공격해도 이기지 못하자 군대를 돌려 11월 20일 경주에 도착하였다고 하였다. 10월 21일부터 한 달간 공격하였으면 11월 21일이다. 앞뒤가 맞지 않는다.

따라서 사료 B의 '10월 21일부터(自冬十月二十一日)'를 '10월 21일까지(至冬十月二十一日)'로 바꾸어야 경주 도착일정에 맞다.[14] 그러면 9월 7일 주류성 함락 후 12일 뒤인 9월 21일부터 임존성을 공격한 것이다. 12일 동안에 사료 C와 같이 백제 유민들을 풀어주고,[15] 여러 성도 공격하였다. 이러한 일정은 최소한도 3~4일은 걸렸을 것이다. 그리고 이동 후 임존성 공격준비를 하였을 것이다. 사료 A·C를 보면 주류성 포위하여 공격준비를 하는데 4일 걸렸다. 따라서 주류성 포로방면·여러 성 공격·임존성 공격준비 등 최소한 7~8일은 소요된다. 그러면 12일의 日程 중 주류성에서

....

13 『三國史記』 卷42, 列傳2, 金庾信 中.

14 「김유신 열전」의 '三旬'과 「신라본기」 문무왕 3년 조의 '10월 21일부터 공격했다'는 기사를 비교 검토하여 '自'를 '至'로 바꾸어야 한다는 것이 조심스러울 수 있다. 하지만 둘 다 『삼국사기』의 내용이며, 같은 사건을 다루고 있으므로 일정을 검토 조정하였다.

15 주류성 함락 후 문무왕의 백제유민들 방면은 무장해제·포로신문·당측과 협의·포로방면·전장정리 등 최소한 2일 이상 소요되었을 것이다.

임존성까지 행군일정은 4~5일이 된다.

부안 위금암산성에서 예산 임존성까지 약 120km가 된다. 도중에 동진강·만경강·금강을 건너야 한다.[16] 도하 가능한 상류로 이동했을 것이라고 가정하면[17] 거리는 160여km가 넘는다. 부안에서 예산 임존성까지 4~5일 안에 이동할 수 있는 거리가 아니다. '남방이정'이 반드시 금강 이북과 금강 이남으로 구분되어 질 수 없다고 본다.

다음은 왜의 접근성 측면 검토다. 백제 부흥군은 왜로부터 지속적으로 보급을 받고 있었고, 663년 8월 백강구 전투이전까지 왜군과 당군과의 충돌이 전혀 없었던 점은 주류성이 금강 이남에 위치하여 당 수군의 제해권 밖에 있었기 때문이라고 한다.[18] 즉 당 수군의 영향권 밖인 금강 이남에 주류성이 위치했다는 것이다.

하지만 왜로부터 보급이 지속적으로 이루어졌다고 볼 수 없다. 왜와 주류성의 교류는 661년 9월 풍장의 귀국·662년 1월 및 3월 군수지원·662년 5월 풍왕 작위수여 등 4회로 파악된다. 이러한 활동들을 함에 있어 주류성이 당 수군의 제해권 밖인 금강 이남에 있었기 때문에 그동안 충돌이 없었다고 한다. 그런데 제해권이라 함은 적 항공기가 전혀 활동을 못하게 하는 제공권과는 차이가 있다. 배의 속도 때문이다. 당 수군의 배는 65~80명이 타는 몽충·누선 등 대형으로 배 밑면이 평평하고 수면위로 드러나

---

16 3개의 강을 선박으로 도하할 경우, 신라군만 해도 문무왕과 김유신 등 장군 28명(혹은 30명) 약 4만5천명(이상훈, 『나당전쟁 연구』, 주류성, 2012, 300쪽)이 되므로 군량을 실은 당 전선 170척이나 별도의 선박을 이용한 도하는 제한되었을 것이다.

17 육군이 금강을 도하하려면 강의 상류로 이동해야한다. 무열왕이 660년 11월 5일 강을 건넜다는 계탄은 부여 북쪽 공주시 탄천면 대학리 일대의 수심이 얕은 곳으로 추정된다(이강우, 『百濟史記의 비밀과 유적』, 맑은샘, 2018, 247~250쪽).

18 이도학, 앞의 논문, 2017, 401쪽.

는 선체부분이 높아[19] 충격에는 강하지만 속도가 느리다. 반면 고대 왜 수군의 배는 25명 내외가 타는 소형으로 앞부분이 높고 밑바닥이 뾰족하여[20] 방향선회가 용이하고 속도가 빠른 것이 특징이다. 당 수군이 발견했다 하더라도 추격하기가 쉽지 않다는 것을 짐작할 수 있다.

또한 고구려를 공격하기 위해 곧바로 철수한 소정방이 웅진도독부에 많은 양의 전선을 남겨놓았다고 볼 수가 없다. 본국과의 연락선 정도였을 것이다. 더구나 웅진도독부는 백제 부흥군의 공격과 운량로 차단 등으로 고립된 채 연일 신라에 양곡을 요청하는 상태였다. 사비성 안에 고립된 상태에서 금강하구까지 전선을 띄워 초계항해를 했다고 보기 어렵다. 한편 복신은 그가 거병했던 예산 임존성에서 660년 9월 사미 각종을 왜에 파견하고, 10월 당 포로 100명을 왜에 보냈다. 이는 바닷길의 접근성 면에서 금강 이남과 이북에 큰 차이가 없다는 것이다. 당 수군의 제해권 때문에 주류성이 금강 이남에 위치하였다는 것은 재고되어야 한다.

그리고 백제 부흥군 근거지로서의 주류성에 대한 검토이다. 주류성은 왕성이자 백제 부흥전쟁을 지도한 전쟁지도본부였다. 그리고 부흥전쟁이라는 특성상 일종의 게릴라 베이스(G.B)로[21] 보아야 한다. 전쟁지도본부는 안전성이 우선 고려되어야 한다. 게릴라 베이스로서는 전투지역에서 목표까지의 공격이 쉬워야 하며, 전투지역에서 도피 및 탈출이 용이해야 한다.

백제 부흥전쟁은 사비성에 대한 1·2차 포위공격과 662년 8월까지 이어진 운량로 차단작전 등이 대부분이다. 주요 전투가 대부분 사비성과 강

19 張鐵牛·高曉星, 『中國古代海軍史』, 解放軍出版社, 2006, 84~90쪽.
20 「日本文化廳」, 『發掘された日本列島2000-2004』, 凸版印刷株式會社, 2002, 63쪽 ; 국립경주박물관, 『일본의 고훈문화』, 반디컴피앤씨, 2015, 127쪽.
21 G.B는 전투부대와 지휘본부 및 각종 지원시설이 위치하는 장소로서 전투부대가 생존을 영위하면서 작전을 준비하고 지원하는 지역이다(합동참고교범, 『합동·연합작전 군사용어사전』, 합동참모본부, 2010, 247쪽).

동쪽에서 이루어졌다. 후술하겠지만 1만 명의 피해를 입은 도침의 웅진강 구 전투도 서천·군산 일대가 아닌 소정방이 상륙했던 부여 입구 석성천 과 강경포구 일대였다. 따라서 사비성 인근의 전투지역을 수시로 오가면 전투를 지휘하거나, 유사시 도피할 경우를 상정해봐야 한다. 부안 위금암 산성은 사비성으로부터 100km가 넘는다. 도피할 경우 논산천·산북천·만 경강·동진강 등을 그것도 수심이 깊은 하류에서 도하하여야 한다. 도중에 적의 추격을 따돌리고 은폐할만한 산악지대도 없다. 위금암산성은 평야지 대에 홑 산으로 노출되어있다. G.B로서 부적절하다.

반면 예산 임존성은 무열왕이 도하했던 금강 상류의 계탄에서 도하하 여 사비성까지 약 50km가 안 된다. 강을 건넌 후에는 차령산맥이 지나는 산악으로 적의 추격을 회피하기도 용이하다. 임존성은 흑치상지와 사타상 여가 지켰던 막강한 전투력을 가진 부흥군의 예하 전투부대다. 주류성은 강력한 전투부대 거점이었던 임존성과 함께 있거나 가까운 곳에 위치하 여야 안전을 보장받을 수 있다. 주류성도 전투지역으로부터 도피 및 탈출 이 용이한 차령산맥 지역에 위치했다고 보는 것이 타당하다.

2. 김제 피성설의 재검토

D. 겨울 12월 1일. 백제왕 풍장과 그 신하 좌평 복신 등이 … "이 州柔는 농지(田畝)와 멀리 떨어져 있고 토지가 척박하다. 농사짓 고 누에칠 땅이 아니라 방어하고 싸울 장소이다. 여기에 오래 있 으면 백성들이 굶주릴 것이다. 이제 避城으로 옮기자. 피성은 서 북쪽에는 고련단경의 물이 흐르고(西北帶以古連旦涇之水), 동남쪽 에는 심니거언이 막고 있어 방어하기에 좋다(東南據深泥巨堰之 防). 또한 사방에 밭(田)이 있고 도랑이 파여 있으며 비가 잘 내 린다. 꽃이 피고 열매가 맺는 것이 삼한 중에 기름진 곳이다. 衣

食의 근원이 천지에 감춰져 있는 땅이다. 비록 低地이지만 어찌 옮기지 않겠는가."라고 하였다. 이에 박시전래진이 홀로 나아가 "피성은 적이 있는 곳에서 하룻밤에 갈 수 있습니다((避城與敵所在之間 一夜可行). 너무 가깝습니다(相近玆甚). 만약 뜻밖의 일이 생긴다면 뉘우쳐도 소용없을 것입니다. 굶주림은 후의 일이지만 망하는 것은 먼저입니다. 지금 적이 함부로 오지 않는 까닭은 주유가 험준한 곳에 있어서 방어하기에 적합하고 산이 험준하고 계곡이 좁으니 지키기 쉽고 공격하기 어렵기 때문입니다. 만약에 낮은 곳에 있었다면, 어찌 견고히 지킬 수 있으며 동요 없이 지금까지 왔겠습니까."라고 간하였다. 그러나 결국 간언을 듣지 않고 피성으로 도읍을 옮겼다.[22]

부안 주류성을 주장하는 연구자들은 김제 피성설을 따르고 있다. 피성 김제설은 1913년 쓰다소키치(津田左右吉)가 주장한 이래 1930년대 아유카이 후사노신(鮎貝房之進)이 논증하였다. 그는 "李勣의 奏狀에 '피성본벽골(避城本碧骨)'이므로 古名이 '碧骨'인 김제라고 하였다." 그러나 이적의 주장은 『삼국사기』 지리지 4에 '辟城縣本辟骨'로 되어 있다. 아유카이 후사노신의 '피성본벽골'은 오류이거나 비약이다. 벽성현은 피성현이 될 수 없다. 그리고 "『일본서기』의 '巨堰之防'이라는 표현은 碧骨池를 나타낸 것이다."라고 하였다.[23] 하지만 벽골지는 『삼국사기』에 "신라 訖解王 21년 (330)에 처음 축조되었다."고 하였으며, 『동국여지승람』 권19, 면천조에도 벽골지 기록이 있다.[24] 물론 330년에 신라가 백제영역이었던 김제에 벽골지를 축조했다는 기사는 잘못이며, 거언지방을 반드시 벽골지라고 단정하기도 어렵다.

....

22 『日本書紀』卷27, 天智天皇 元年(662).
23 鮎貝房之進, 『朝鮮地名攷』 7輯上, 1989, 199~202쪽.
24 『新增東國輿地勝覽』卷19, 沔川郡, 山川條 "碧骨池 在郡東."

이에 대해 김주성은 "벽골제가 초축 당시부터 고려 후기에 이르기까지는 방조제로서 기능하였다가 고려 후기에는 저수지로 기능이 변화하였다."[25]고 보았다. 노중국은 "백제가 농업생산력을 증대시키는 것이 필요하여 대규모 저수지를 만들었으며, 그 대표적인 사례가 김제 벽골제이다."라고 하였다.[26] 이상훈은 "둘 다 단정 짓기는 어렵지만 해수면이 상승하던 초축 당시는 방조제 성격이 강조되다가 해수면이 하강하면서 점차 저수지적 성격으로 변모했다고 보는 것이 합리적이다."[27]라고 하였다. 필자도 사료 D를 동남방에 방어하기 좋은 큰 둑으로 해석하여 방조제로 보고자한다.

그런데도 흔히 『삼국사기』지리지 3의 "김제군은 원래 백제의 벽골현(碧骨縣)인데 경덕왕이 개명했다."는 기록과 함께 辟·碧은 避로 읽을 수 있다며, 避城을 김제로 보고 있는데 이의가 없는 듯하다. 물론 辟·碧·避는 同音借字로 볼 수 있으며 중국발음은 모두 bi이다. 字典에도 '辟 과 避는 同'이라고 되어 있다. 충분히 이해가 간다.

하지만 홍사준은 "碧骨은 稻鄕이라는 벼골이다. 한국에서 유일한 最古池沼이며 역사적 유적으로 碧骨堤라면 김제를 연상하게 되었던 것이다. 벽골은 곧 미곡생산지를 代名하던 백제시대의 언사인 동시에 그 관개저수지를 김제 벽골제와 합덕 벽골지 등에서 쉽사리 찾을 수 있다."[28]고 하였다. 즉 벽골을 수 개로 보고 있는 것이다. 이를 따른다면 김제가 피성이라고 단정 지을 수 없다. 또한 벽골이라고 기록되지 않은 곳에도 피성이 있을 가

25 김주성, 「벽골제의 기능」『百濟文化』 58, 2018, 113쪽.

26 노중국, 「백제의 水利시설과 김제 벽골제」『百濟學報』 4, 2010, 27쪽.

27 이상훈, 『전략전술의 한국사』, 푸른역사, 2014, 45쪽.

28 洪思俊, 「三國時代의 灌漑用池에 對하여-碧骨堤(金堤)와 碧骨池(唐津郡)」『미술사학연구』 1978.3, 19~20쪽.

능성도 염두에 두어야 한다.

부안 위금암산성에서 김제 피성까지는 27km이다. 김제에서 적이 있다는 부여까지는 65km이다. 65km라는 거리는 사료 D에서 박시전래진이 '적이 있는 곳에서 하루 저녁에 갈 수 있는 거리(避城與敵所在之間 一夜可行)'와 '너무 가까운 거리(相近玆甚)'라며 반대한 이유에 부합되지 않는다. 그리고 위금암산성 앞 동진강 주변에 평야가 있는데도 27km 거리에 있는 김제로의 천도가 의미가 있었을까 하는 의문이 든다. 진리처럼 받아들여지고 있는 김제 피성설, 즉 음운학적인 방법으로 비정한 피성의 위치는 재검토할 필요가 있다.

피성을 찾기 위해서는 먼저 적과의 거리를 생각해야 한다. 662년 12월 천도당시 적이 있었다고 추정되는 곳은 부여 사비성·662년 7월에 함락된 진잠의 진현성·8월에 함락된 유성의 내사지성 등이 있다. 당연히 이들을 기점으로 하여 박시전래진이 말한 '하루 밤 행군거리'에서 찾아야한다.

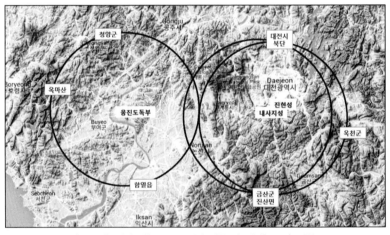

〈요도 1〉 적이 있는 곳으로부터 하루 밤 거리(25km) 범위

고대군대는 하루에 1舍 즉 12.7km를 간다고 했다. 그러나 도량형의 차이가 있을 수 있고 대군이 아닌 소부대는 더 많은 거리를 갈 수 있다. 따라서 약 두 배에 해당하는 25km[29] 범위를 요도에 그려보면 다음과 같다. 요도에서 볼 때 피성의 위치가 가능한 범위로, 서쪽은 보령시 외곽 옥마산, 동쪽은 옥천군이 되며, 북쪽은 청양군과 대전시 북단을 연결하는 선이고, 남쪽은 함열읍과 금산군 진산면을 연결하는 선이 된다. 이 범위 안에서 북서방향으로 古連旦涇水가 띠를 두르고 있고 동남방에 深埿巨堰이 있으며, 주변에 밭으로 에워싸인 지점을 찾아야 한다.

다음 요도는 1918년 조선총독부에서 발행된 지도로 공주시 우성면 玉城里 부근이다. 이 지역의 북서방향에는 고도 479m의 천방산에서 발원하는 유구천이 굽이굽이 돌아 금천 등 8개의 지류와 합류하며 옥성리에서 금강으로 유입되는 큰 하천이 있다.[30] 동남방에는 금강변에 방죽이 형성되어 있다. 그 안에 옥성리, 大城里, 上城里 등이 있으며 사료 D와 같이 밭(田) 위주의 농지로 둘러싸여있다.

아래 요도에서 유의해서 볼 부분은 심니거언의 방향이다. 사료 D에서 "동남쪽에는 심니거언이 막고 있어 방어하기에 좋다(東南據深泥巨堰之防)."는 내용은 동남방의 부여에 있는 적이 공격해 오는 것을 방어하기 좋다는 것으로 해석되어진다. 반면 김제설의 경우 동남방에는 적이 있었다고 상정하기 어려우므로 김제 피성설은 재고되어야 한다. 반면에 공주시 우성

---

29 『左傳』, 僖公二十五年, "晋候圍原 命三日之糧 原不降 命去之退一舍而原降." : 僖公二十八年, "退三舍辟之 晋 杜預 註 : 一舍三十里.", 1902(광무6)년의 도량형규칙의 1리는 423.9m이므로 30×0.4239=12.717km이다. 그러나 이 행군거리로 단정할 수 없으며, 6.25 한국전쟁 때 북한군은 11km/일로 남하하였고 국군은 25km/일로 북진한 기록을 참고하면 하룻밤에 25km를 갈 수 있다고 가정하였다.

30 8개의 하천은 금천·덕곡천·명곡천·고현천·대룡천·마곡천·계실천 등이다(국토해양부 국토정보지리원, 『한국지명유래집』 충청편, 2010, 405쪽).

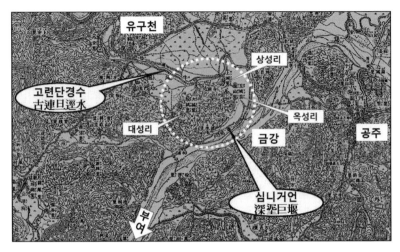

〈요도 2〉 피성 추정위치 - 공주시 유구읍 우성면 옥성리

면 지역은 공주까지 6km, 부여까지는 23km, 진잠까지 약 30km로써 사료 D에서 박시전래진이 말한 '적이 있는 곳과 하룻밤 행군거리(一夜可行)'와 '너무 가까운 거리(相近玆甚)'에 부합된다. 사비 부여에서 김제는 65km로 최대 3일 밤 행군거리가 되어 피성으로 보기 어려운 면이 있다.

한편 1918년 조선총독부 발행한 지도에서 부여까지 벌 즉 泥地가 도식되어 있음을 알 수 있다. 7세기 서해안의 해수면의 높이가 현재보다 1m 높았다고[31] 추정하므로 당시에는 부여 인근에 위치한 공주지역까지 深埋 즉 깊은 진흙 또는 벌이 형성되었을 가능성은 충분하다. 현재도 옥성리 지역의 금강변 방죽은 지면보다 높다. 물론 금강변의 방죽이 당시에 축조된 巨堰이었는지, 아니면 자연 그대로 충적지인지를 고증하는 검증작업이 추가적으로 필요하다.

. . . .

31 신동혁, 「한국서해안 가로림만 조간대 퇴적환경과 홀로세 해수면변동」, 인하대학교 박사학위 논문, 1998, 159쪽.

3. 주류성의 방위 위치

백제 부흥군은 임존성과 주류성에 근거하여 부흥전쟁을 이끌었다. 이 주류성의 개략적인 위치를 안다면 위치비정에 큰 도움이 될 것이다. 먼저 주류성의 방위를 가늠할 수 있는 사료들의 검토이다.

> E. 백제의 승려 道琛과 옛 장수 福信이 무리를 이끌고 주류성에 의거하여 반란을 일으켰다. 사신을 왜국에 보내서 옛 왕자 부여풍을 맞이하여 왕으로 옹립하니, 그 西部와 北部의 성들이 함께 변하여 호응하였다.[32]
>
> F. 扶餘璋의 조카 복신이 일찍이 병사들을 거느리고 있다가 승려 도침과 함께 주류성에 의거하여 반란을 일으켰다. 옛 왕자 부여풍을 왜로부터 맞아들여 왕으로 추대하니, 西部가 모두 호응하여 군사를 이끌고 유인원을 포위하였다.[33]
>
> G. 무왕의 조카 복신이 일찍이 군사를 거느리고 있었는데, 이때 중 도침과 함께 주류성에 웅거하여 배반하고 옛 왕자로서 일찍이 왜국에 볼모로 가있던(嘗質於倭國者) 부여풍을 맞다가 세워서 왕을 삼으니 西北部에서 모두 호응하매 군사를 이끌고 도성에 있는 유인원을 에워쌌다.[34]
>
> H. 이달에 唐人과 신라인이 고구려를 쳤다. 고구려가 우리나라에 구원을 요청하여 장군을 보내 疏留城에 진을 쳤다. 이로 말미암아 당인들이 그 남쪽 경계를 침략할 수 없었다. 신라는 서쪽 보루를 빼앗을 수 없었다.[35]

----

32 『舊唐書』 卷199上, 列傳149, 百濟.
33 『新唐書』 卷220, 列傳145, 百濟.
34 『三國史記』 卷28, 百濟本紀, 義慈王20年.
35 『日本書紀』 卷26, 天智天皇 元年(662年).

사료 E·F는 주류성의 방위를 서부·북부로 암시하고 있다. 그러나 일부는 사비성의 유인원을 포위한 것은 660년과 661년인데, 풍왕이 즉위한 시기는『일본서기』에 662년 5월이므로 앞뒤가 맞지 않아 신뢰할 수가 없다며 이들 사료를 외면하고 있다. 하지만 도침과 복신이 함께 등장하는 기록에 주목해야한다. 도침은 2차 사비성 포위공격이 끝난 661년 3월 이후 어느 시점에 복신에게 살해되었다. 즉 주류성은 도침이 살아있을 때 이미 존재하고 있었다. 또한 이들 사료는 왜곡이 있을 수 있는 개인전기가 아닌 백제열전이다.

사료 G 역시『신당서』를 필사했다하여 신뢰하지 않고 있다. 하지만 자세히 살펴보면 그대로 필사한 것이 아니다. 오히려 볼모(嘗質於倭國者)·西北部 등 그 내용을 구체화하고 있다. 설령『삼국사기』찬자가 중국 측 사료를 필사했다 하더라도 방위를 서북부로 수정하고 있어『구당서』까지 참고하였거나, 다른 자료를 활용하였을 가능성이 있다.

한편 사료 H의 소류성을 주류성[주유성]으로 보는 견해가 있다.[36] 또한 이 시기에 왜에서 파견한 군장은 풍장의 호송군뿐이므로 고구려 구원 군장은 풍장의 호송군이며, 백제 부흥전쟁 말기의 본거지인 주유성이라고 한다.[37] 하지만 같은 사료 안에서 동일한 지명을 다르게 기록할 리가 없다며 소류성과 주유성은 다른 성이라고도 한다. 여하튼 소류성을 주류성으로 보는 견해를 따르면『일본서기』도 주류성의 위치를 서쪽으로 보고 있는 것이다.

이와 같이 한·중·일 사료는 모두 주류성의 방향을 서쪽이나 북쪽으로 적시하고 있다. 이 방위는 당연히 백제의 수도 사비 부여를 기점으로 하

36 연민수외,『역주 일본서기』3권, 동북아역사재단, 2013, 326쪽.
37 충청남도역사문화연구원,『百濟史資料譯註集』韓國篇Ⅰ, 도서출판아다람, 2008, 184쪽.

고 있으며, 금강 이북을 지목하고 있다. 다음은 간접적으로 주류성이 금강 이북인지 이남인지를 알 수 있는 사료이다.

> I. 제장회의에서 누군가가 말하였다. "加林城은 수륙의 요충이니 그 곳을 먼저 공격합시다." 유인궤가 말하였다. "가림성은 험하고 견고하오. 급하게 공격하면 전사를 손상하게 되고 지킨다면 세월만 보내게 되니 주류성을 먼저 공격하느니만 못하오. 주류성은 적의 소굴이자 흉악한 자들이 모여 있는 곳이니⋯주류성만 함락하면 뭇 성들은 저절로 떨어질 것이오."[38]
>
> J. 제장회의에서 공격방향을 토의하는데(諸將議所向) 누군가가 말하였다. 가림성은 수륙의 요충이니 어찌 먼저 공격하지 않겠는가? 인궤가 말하였다. "병법에 피실격허(兵法避實擊虛)라 가림성은 험하고 견고하니 ⋯"[39]

사료 I·J는 663년 총 공세에 나선 나당연합군이[40] 주류성을 공격하기 전 웅진도독부에서 회의하고 있는 상황이다. 회의에서 거론된 加林城은 동성왕 23년에 가림군에 축조된 성이다. 백제시대 가림군은 고려시대에도 가림군이었으며 오늘날 부여군 임천면이다. 가림성은『신증동국여지승람』과『대동지지』에 성흥산성으로 기록되어있으며 해발 260m에 성벽이 3m 내외이며 둘레는 약 800m이고 동문지 배수로 남쪽의 다짐층에서 생토면까지 백제 토기만 나오는 백제시대의 성으로 확인되었다.[41] 지리적으로는 금

---

38 『舊唐書』 卷84, 列傳34 劉仁軌.

39 『新唐書』 卷108, 列傳33 劉仁軌.

40 나당연합군은 문무왕, 김유신 등 약 4만 5천명과 당에서 투입된 170척의 전함과 손인사외 7천명, 그리고 웅진도독부의 유인원 유인궤의 당군 1만여 명, 신라군 7천여 명의 절반을 고려하면 6만여 명이 된다.

41 안승주·서정석,『성흥산성 : 문지발굴조사보고서』, 충남발전연구원·충청남도, 1996, 110~118쪽.

강 이북에 해당되며, 부여에서 남방으로 약 9km에 위치하고 금강으로부터는 약 6km 이격 되어있다.

회의에서 누군가가 가림성을 먼저 공격하자고 하였다. 금강 북쪽 주류성을 공격하기 위하여 어렵게 금강을 건너갔는데 당연히 강 건너에 있는 가림성을 먼저 공격하자는 것이다. 만약에 주류성이 금강 남쪽에 있다면 금강을 도하하여 가림성을 공격한 뒤에 다시 금강을 넘어와야 하므로 말이 안 된다. 번거롭게 두 번씩 강을 건너며 가림성을 공격하자고 건의할 수 없었을 것이다. 노태돈도 "주류성을 향한 공격로에 가림성이 있다. 부안의 위금암산성이 주류성이라면 가림성은 논의 대상이 되지 않는다."[42]고 하였다. 이 회의내용은 주류성이 금강 이북에 위치했음을 단적으로 나타내고 있다.

또한 사료 J의 '피실격허'라는 용어에도 주목해야 한다. 이는 가림성이 주류성보다 實하며, 주류성은 가림성보다 虛하다는 말이다. 많은 학자들이 주류성이라고 주장하는 부안의 위금암산성은 가림성보다 훨씬 험하고 견고하다. 성벽의 높이는 3m로 유사하다. 하지만 해발고도는 329m로 가림성의 1.3배, 성 둘레는 3,960m로 가림성의 5배나 된다.[43] 직접 현지를 답사한 결과도 부안 위금암산성은 경사가 급하고 험하므로 가림성과 비교하여 '피실격허'라는 용어해석에 부합되지 않는다. 주류성은 금강 이북에 있으며, 가림성보다 공격하기 쉽고 지세가 약한 곳으로 추정된다.

종합하면 주류성은 문헌적으로 부여의 서·북쪽이며 금강 이북이었다. 부흥전쟁 특성상 근거지인 G.B로서도 금강 이북 차령산맥지역으로 추정된다. 금강 이북에 있으면서도 왜국과의 왕래에 당 수군의 제약을 받지 않았으며, 피성도 김제로 보기가 어려웠다. 주류성은 금강 이북에 위치하

---

42 노태돈, 앞의 책, 2008, 181쪽.
43 노중국, 앞의 책, 2003년, 196쪽.

어야 타당한 것으로 보인다.

III. 백강과 백강구 전투

1. 소정방의 상륙지점과 백강

주류성과 함께 연구되며 논란이 되고 있는 것이 백강이다. 백강의 위치를 알아보기 위해서는 먼저 660년 소정방의 상륙지점 확인이 필요하다. 소정방의 상륙지점은 『삼국사기』에는 기벌포, 『구당서』에는 웅진강구, 『신당서』에는 웅진구로 기록되어 있다. 이들은 모두 백강과 연관되어 있다.

> K. 성충이 옥중에서 글을 올렸다. "… 무릇 군사를 쓸 때에는 반드시 장소를 가려야 하는 바, [강의] 상류에 자리 잡고 적을 끌어들어(處上流以延敵) [대적해야만] 군사를 보전할 수 있습니다. 만일 다른 나라 군사가 오거든 육로로는 沈峴을 통과하지 못하게 하며, 수군은 伎伐浦 언덕에 오르지 못하게 하며 그 험난하고 좁은 길에 의거하여 적을 막은 뒤에야 보전할 수 있습니다."[44]
>
> L-1. 흥수가 말하였다. "백강<혹은 기벌포라고도 한다.>과 炭峴<혹은 침현이라고도 한다.>은 우리나라 요로(我國之要路也)여서 한 명의 군사와 한 자루의 창으로 막아도 1만 명이 당해낼 수 없을 것입니다. 마땅히 용감한 군사를 뽑아서 지키게 하여 당나라 군사가 백강에 들어오지 못하게 하고 신라 군사가 탄현을 넘지 못하게 하며…"[45]
>
> L-2. 또 당나라와 신라의 군사가 이미 백강과 탄현을 지났다(已過白

44 『三國史記』 卷28, 百濟本紀, 義慈王16年.
45 『三國史記』 卷28, 百濟本紀, 義慈王20年.

江炭峴)는 말을 듣고 장군 계백을 보내 결사대 5천명을 거느리
고 황산에 나아가 신라 군사와 싸우게 하였다. 네 번을 싸워 이
겼으나 …[46].

M. 가을 7월 9일 유신 등이 황산 벌판으로 진군하니, 백제 장군 계
백이 군사를 거느리고 와서 먼저 험한 곳을 차지하여 세 군데 진
영을 설치하고 기다리고 있었다. … 계백은 죽고 … 이날(是日)
정방은 부총관 김인문 등과 함께 기벌포에 도착하여 백제 군사
를 만나 역으로 공격하여 크게 이기고(逆擊大敗之)[47]

N. 장군 소정방과 김인문 등은 바닷가를 따라 기벌포(沿海入伐浦)
로 들어갔는데, 해안이 진흙이어서(海岸泥瀯) 빠져 나갈 수가 없
었으므로 이에 버들로 자리를 깔고 군사를 진군시켜 …[48]

O. [당군이] 熊津口에 이르니, 적군이 강가에 군사를 배치하고 있었
다. 이와 싸워 이기고 승세를 타서 그 도성에 들어가 멸하였다.[49]

P. 소정방이 성산으로부터 바다를 건너 熊津江口에 이르자 적이 강에
의거하여 지키고 있었다(賊屯兵據江). 소정방은 동쪽 언덕으로 올
라서 산에 진을 치고(東岸乘山而陣) 적군과 대전을 벌였다. 돛을
올린 전선들이 바다를 덮고(揚帆蓋海) 잇따라 도착하였다. 적군은
패전을 거듭하여 죽은 자가 수천 명이고 나머지는 흩어져 달아났
다. 조수가 밀려들어 올라가자 전선이 꼬리를 물고 강으로 들어갔
다. 소정방은 언덕 위에서 진을 지키다가(岸上擁陣) 수로와 육로
로 나란히 진격하여(水陸齊進) 나는 듯이 노를 저으며 북을 치고
소리를 지르면서 곧장 진도[사비성]로 나아갔다(直趣眞都). 성으로
부터 20여리 떨어진 곳에서 …[50]

Q. [소정방]이 성산으로부터 바다를 건너 熊津口에 이르자 적들은 강
가에 진을 치고 있었다(賊瀕江屯兵). 정방이 좌측 물가로 나아가

46 『三國史記』 卷28, 百濟本紀, 義慈王20年.
47 『三國史記』 卷5, 新羅本紀, 武烈王7年.
48 『三國史記』 卷42, 列傳, 金庚信 中.
49 『三國史記』 卷44, 列傳, 金仁問.
50 『舊唐書』 卷83, 列傳, 蘇定方.

산에 올라 진을 치고(出左涯乘山而陣) 싸워 이기니 죽은 자가 수
천이었다. 왕의 군대는 조류를 타고 위로 올라가니 전선들이 꼬
리를 물고 북을 치며 진격하였다. 정방이 보병과 기병 장군들을
좌우에 끼고 인솔하여(將步騎夾引) 곧장 진도성으로 달려갔다(直
趣眞都城).51

R. 소정방이 성산에서 바다를 건너자 백제는 웅진강구에 의거하여
항거하였다. 정방이 진격하여 격파하니 죽은 자가 수천이었다. 나
머지는 궤멸되어 달아났다. 정방이 수로와 육로로 함께 진격하여
(水陸齊進) 곧장 그 도성을 향해 나아갔다(直趣其都城). 도성에서
20여리도 채 떨어지지 않은 곳(未至二十餘里)에 이르자...52

　　지금까지 660년 백제 침공 시 당나라 소정방의 상륙지점인 기벌포를
바닷가인 서천일대로 보아왔다. 이는 사료 N의 '바닷가를 따라 기벌포로
들어갔는데 해안이 진흙이어서'와 중국 측 사료인 P·R의 '웅진강구'라는
표현으로 보아 타당해 보인다. 또한 『삼국유사』의 장암·손량·기벌포를
서천 일대로 비정하는데도 이의가 없었다.

　　그러나 사료 K의 '상류에 자리 잡고'나 L-1의 '나라의 요로'라는 표현
과 O·Q의 '웅진구' 등은 소정방의 상륙지점을 금강의 하구인 서천일대로
보기 어렵게 한다. 중국 측 사료에 웅진은 사비를 뜻하므로53 부여 입구로
추정된다. 그러면 소정방의 상륙지점으로 금강 하구와 부여 입구 중 현실
적으로 어디가 타당한지 검증해보자.

　　『삼국사기』 권5 신라본기 무열왕 7년 조에 의하면 소정방은 6월 21일
덕물도에서 신라의 태자 김법민에게 '7월 10일 백제의 도성 남쪽'에서 만

51 『新唐書』 卷111, 列傳, 蘇定方.
52 『資治通鑑』 卷200, 唐紀16, 顯慶5年.
53 중국 측 사료에 기록된 웅진도독부의 지리적 위치는 웅진이 아닌 사비에 있었
　　으며, 사비를 웅진으로 기록하고 있다(이재준, 앞의 책, 2017, 207~216쪽).

나자고 하였다. 그리고 사료 M과 같이 계백이 김유신과 접전을 벌였던 '이날(是日)'인 7월 9일 상륙했다. 그리고 당군은 상륙 후 하루 만에 약속 장소인 백제 도성남쪽에 도착하였다.

일반적으로 소정방이 상륙했다는 서천·군산에서 부여 입구까지 금강 수로는 56km이다. 사료 P·Q·R에 의하면 소정방은 수륙병진으로 곧장 약속장소에 도착하였다. 56km의 수로는 곧장 도착할 수 있는 거리다. 그러나 하선한 소정방이 다시 승선한 기록이 없고, 보병과 기병을 좌우에 끼고 수군과 육군이 함께 진격하였으므로 육군의 행군속도를 고려하여야 한다.

고대군대는 하루에 1舍를 간다고 했다. 1사는 오늘날 12.7km에 해당된다. 이 거리가 타당하지 않다 하더라도 금강 하구에서 부여까지 하루 만에 갈 수가 없다. 더구나 서천에서 부여까지는 약 50여km로 단거리이지만 도중에 금강을 다시 도하해야 하는 문제가 있다. 혹자는 군산으로 상륙했다고 한다.54 군산에서 부여까지는 약 60여km이다. 도중에 송천·산북천·강경천·논산천·석성천 등을 도하하여야 하므로 이 또한 곧장 갔다고 볼 수가 없다.

육군이 곧바로 백제의 도성까지 진격하려면 하천 등이 없어야 한다. 그러한 지점은 부여 남방 10km에 위치한 석성천이 해당된다. 금강에서 석성천 방향으로 진입하여 좌측으로 상륙하면 파진산이다. 파진산은 해발 186m로 정상에 넓은 공터가 있어 소정방이 백제를 칠 때 1만 군사를 숨겨 놓았기 때문에 藏軍洞55이라고 한다. 부여까지 도하해야 하는 하천도

----

54 김영관, 「나당연합군의 백제공격로와 금강」 『백제와 금강』, 서경문화사, 2007, 248쪽.
55 『新增東國輿地勝覽』 권18, 石城縣 山川條, "其內極廣闊藏萬餘兵世 傳 唐將蘇定方 伐百濟時 藏兵 于此故因以爲號."

없다. 또한 석성천 지역은 1918년 조선 총독부에서 제작된「朝鮮半島全圖」에 泥地가 도식되어 있다. 사료 N의 泥濘이어서 버들자리를 깔아야 하는 곳으로 볼 수 있다.

그런데 백제군은 이보다 약 4km 남쪽인 강경포구 일대에 배치되어 있었다. 황산벌에서 백제가 패하고 군사를 모아 급히 막을 수 있는 곳이기도 하다. 하지만 소정방은 백제군이 배치된 지역을 지나쳐 뒤에 있는 석성천 일대로 상륙한 뒤에 목표방향과 반대인 강경포구 일대로 공격한 것으로 추정된다.[56] 이를 사료 M에서 '逆擊'이라고 표현하고 있다. 통상 逆 자를 '맞이하다'·'마주하다'로 보아 맞서 싸운 것으로 해석하고 있으나, '반대 또는 거꾸로'의 뜻인 군사용어로써 주 공격방향과 반대로 공격하는 '역격'으로 보아야 합리적이다. 또한 이 지역은 부흥전쟁 시 도침이 유인궤와 신라의 품일을 막고자 했던 웅진강구와 동일한 장소이다.[57]

이와 같이 소정방의 상륙지점인 웅진강구·웅진구는 부여입구이며 석성천과 강경포구 일대로 추정된다. 한편 안정복이『동사강목』에서 '기벌포는 부여현 西 5리'[58]라고 하여 상륙지점을 부여 가까이 비정한 기록을 상기해볼 필요가 있다.[59] 따라서 성충과 흥수가 막으라고 한 사료 K와

---

56 이재준,「660년 소정방의 백제 공격로에 대한 군사학적 연구」『軍史』98, 2016, 29쪽.

57 사비성을 포위했던 도침이 당군과 신라군을 막으려 한 웅진강구의 양책은 서천·군산의 넓은 바다에 설치할 수가 없고, 사비성을 포위하고 있으면서 서천·군산까지 가서 막았다고 볼 수가 없으므로 가까운 강경포구 일대로 보았으며, 소정방의 상륙지점과 동일하였다(이재준,「백제 부흥군의 백제부성 포위공격과 웅진강구 전투」『軍史研究』142, 2016, 26~31쪽).

58 『東史綱目』第4 上, 丙辰年(義慈王16年), "伎伐浦一名白馬江今扶餘縣西五里."

59 기벌포의 위치비정은 금강하구설(津田左右吉·지내굉·李丙燾·沈正輔 등), 古多津설(今西龍), 동진강하구설(小田省五), 동진반도설(全榮來), 안성천하구설(金在鵬) 등이 있으며, 대체로 학계는 금강하구로 비정하고 있다. 필자도 기벌포를 금강

L-1의 백강은 부여군 천정대로부터 반조원리까지를 가리키는 백마강일 가능성이 크다.

2. 당군의 이동상황과 백강

사료 L-2에서 당군과 신라군이 이미 백강과 탄현을 지났다는 말을 듣고 출동한 계백장군은 사료 M과 같이 7월 9일 황산벌에 먼저 도착해 삼영을 설치하고 신라군을 기다리고 있었다. 황산벌은 논산시 연산면 일대로 사비성으로부터는 약 26km의 거리이다. 촌각을 다투는 시간이므로 급속행군을 했다면 하루 만에 도착할 수 있는 거리이다. 그래도 당군과 신라군이 백강과 탄현을 지난 사실이 보고되는 시간, 계백의 출동준비 및 이동, 황산벌에서의 삼영 설치시간 등은 최소로 잡아도 2~3일은 소요된다. 그러면 당군과 신라군은 7월 6~7일경에 백강과 탄현을 지났을 것이라고 추정이 가능하다.

당군은 6월 18일 산동반도를 출발하여 6월 21일 덕물도에 도착하였다. 그리고 7월 9일 웅진구에 상륙하였고, 약속대로 7월 10일 백제 도성남쪽 20여리 지점에 도착하였다. 산동반도에서 덕물도까지 310km를 3일 만에 항해하였다. 덕물도에서 사비성까지 205km를 20일 동안 항해하였다. 2일이면 충분한 거리를 20일 동안 어디서 무엇을 했는지 기록이 없다.

당나라 군대는 13만 명, 전선 1,900척이다.[60] 당나라가 645년 래주로부

....

하구로 비정한(이재준, 앞의 책, 2017, 107~108쪽) 적이 있으나, 고고학적 증거 등이 나오기 전에는 사료 정밀분석 등 추가적인 연구가 필요한 부분이다.

60 『舊唐書』·『資治通鑑』에는 수륙 10만 명, 『三國史記』는 13만 명, 『三國遺事』에는 12만 2천7백11명 배는 1,900척으로 기록되어 있어 13만 명과 1,900척으로 보았다.

터 고구려 비사성(요동반도 남쪽)을 공격할 때 4.3만의 병력은 500척의 전함에, 군량은 400척에 실었다[61]고 한다. 이 비율로 계산하면 당군 13만 명은 전함 1,512척이, 군량은 1,209척이 소요된다. 병력 승선 전함 수를 줄일 수 없으므로, 군량선은 388척이 되며 821척이 부족하게 된다. 부족한 식량은 손자병법에 나온 대로 적지에서 현지 조달하였을 것이다.[62]

『증보문헌비고』에 의하면, 당진 면천 석두성에 백제 수군창고가 있었는데 顯慶 중에 당군이 바다를 건너와 난리로 창고를 폐지하였다는 기록이 있다.[63] 현경은 660년부터 665년이므로 이때 바다를 건너온 당군은 소정방의 군대뿐이다. 당군의 현지 식량 조달작전은 약 10일 정도 소요된 것으로 추정된다.[64]

한편 고대는 나침반이 없었으므로 태양이나 야간의 북극성을 기준으로 하는 정방향의 대양항해술과 육지와 섬을 기준으로 하는 시인거리 연안항해술을 이용하였다.[65] 배가 항해하려면 군량뿐만 아니라 식수도 문제가 된다. 1인 1일 생명유지 수분섭취량은 2.1~3.2 ℓ 이므로[66] 13만 명이면 1일 273~416톤의 식수가 필요하다. 고대에는 식수를 통합적재하기도 쉽지 않으며 오늘날 수통과 같은 개인용기도 불비하였으므로 2~3일 안에는 재보급을 하여야 한다. 따라서 당군은 덕물도까지 3일간은 대양항해를 하

---

61 『三國史記』 卷21, 高句麗本紀, 寶藏王3年.
62 『孫子兵法』 2篇, "取用於國 因糧於敵." ; "故智將務食於敵."
63 『增補文獻備考』 卷33, 輿地考21, 唐津, "洒州圖經記 郡在三國時 平壤與百濟相攻 取 倉於石頭 今加里渚東積栗爲水軍之 唐 顯慶中 唐兵渡海因亂 倉廢 新羅平 此界 復置倉於石頭."
64 이재준, 「나·당연합군의 침공전략과 백제의 대응」『韓國軍事學論集』 72, 2016, 92쪽.
65 윤일영, 「고대선박의 항해속도 연구-고려도경을 중심으로-」『군사학연구』 7, 2009, 157쪽.
66 미국 국가연구심의회 권장량, National Research Council : NRC, 1989.

였으나, 덕물도에서부터는 식수 획득을 위해서도 수시로 육지에 상륙할 수 있는 연안항해를 하였을 것이다.

『일본서기』에 "7월 10일 당 소정방이 수군을 거느리고 尾資津에 진을 쳤다. 춘추지가 병마를 거느리고 怒受利山에 주둔하였다. 노수리산은 백제의 동쪽 경계라고 한다."[67]라는 기록이 있다. 미자진은 인천의 彌鄒津설과 충남 보령의 彌造浦라는 설이 있는데 문맥상 보령의 미조포일 가능성이 크다.[68] 미조포는 「대동여지도」에서 충남 보령의 남단 부사방조제 안쪽에 도식되어 있다. 서천~군산 앞 바다까지는 약 35km로 당시의 평균항해 속도 6.29km/h[69]를 고려하면 약 6시간 항해거리다. 그러면 7월 6~7일경에 당군이 지난 백강은 충남 보령의 미조포 위쪽에 위치한다고 추정된다.

그러나 일부에서 백강이 동진강이라고 한다. 하지만 소정방의 본대가 금강에 진입하려면 금강 입구인 좌우측 즉 서천과 군산지역을 확보하여 안전을 보장받는 견부확보작전을 하여야 한다. 불필요하게 기도를 노출시키며 남쪽으로 내려갔다 다시 올라오는 역 항해를 했다고 보기 어렵다. 또한 백강이 금강 하구라고 하는 주장이 있다. 7월 6~7일경 금강 하구인 백강을 지났다면 소정방의 웅진강구 상륙일자는 7월 9일이 아닌 7~8일이 되어 이 논리도 성립하기 어렵다. 사료 L-2에서 당군이 이미 지난 백강은 금강입구의 북쪽, 보령의 미조포의 북쪽에 위치하여야 할 것으로 추정된다.

3. 663년 백강구 전투와 백강

중국 측 사료에서 660년 백제 침공상황은 모두 웅진강으로 기록하고

---

67 『日本書紀』卷26, 齊明天皇6年 9月條.
68 충청남도역사문화연구원, 『百濟史資料譯註集』日本篇, 도서출판아디람, 2008, 177쪽.
69 1123년 서긍의 평균 항해속도는 6.29km/h였다(윤일영, 앞의 논문, 2009, 224쪽).

있다. 백강은 663년 기록에만 나타난다. 『삼국사기』에는 白沙로 기록되어 있고 『일본서기』에는 백촌(白村), 백촌강으로 기록되어 있다.

S. 손인사와 유인원 및 신라왕 김법민은 육군을 거느리고 진격하였다. 유인궤는 별도로 杜爽과 부여융을 인솔하여 수군과 군량선을 이끌고 웅진강에서 백강으로 나아가(自熊津江往白江), 육군과 만나 함께 주류성으로 진격하였다(會陸軍同趣周留城). 유인궤는 백강구에서 왜병을 만나(仁軌遇倭兵白江之口) 네 차례나 싸워 승리하고 저들의 배 400척을 불태우니 화염과 연기가 하늘로 치솟고 바닷물이 붉게 물들었다. 적의 무리는 크게 궤멸되었다. 부여풍은 몸만 빠져 달아나고 그가 찼던 보검을 획득하였다.[70]

T. 웅진에서 백강으로 들어가(自熊津入白江) 육군과 만나 함께 주류성으로 진격하였다. 백강구에서 왜병을 만나(遇倭兵於白江口) 네 번을 싸워 모두 승리하고 400척을 불태우니 화염이 하늘에 가득찼고 바닷물이 붉게 물들었다. 백제왕 풍장은 몸만 빼어 고구려로 달아났다.[71]

U. 백제의 여러 성이 몰래 나라의 부흥을 꾀하여 그 장수들이 豆率城에 웅거하며 왜에 군사를 청하여 원조를 받으니 대왕이 친히 유신·인문·천존·죽지 등 장군을 인솔하고 7월 17일 정벌에 나서 웅진주에 이르렀다. 웅진에 주둔하고 있던 유인원과 군사를 합세하여 8월 13일 두율성에 이르렀다. 백제 군사와 왜 군사가 함께 출전하므로 힘껏 싸워 크게 깨뜨리니 백제와 왜군이 모조리 항복하였다.[72]

V. 용삭 3년(663년)에 이르러 총관 손인사가 군사를 거느리고 府城을 구하러 왔을 때 신라 군사 또한 나아가 함께 정벌하여 주류성 아래에 이르게 되었습니다. 이때 왜의 수군이 백제를 도우러 와,

70 『舊唐書』卷84, 列傳34, 劉仁軌.
71 『資治通鑑』卷201, 唐紀17, 龍朔3年.
72 『三國史記』卷42, 列傳2, 金庾信 中.

왜의 배 1천척은 白沙에 정박해 있고(倭船千艘 停在白沙) 백제의 정예기병이 언덕 위에서 배를 지키고 있었습니다(百濟精騎 岸上守船). 신라의 용맹한 기병들이 중국 군사의 선봉이 되어 먼저 언덕의 진지를 깨뜨리니 …73

W. 가을 8월 13일, 백제왕이 자기의 훌륭한 장수를 죽였으므로, 신라는 곧바로 백제로 쳐들어가 먼저 州柔를 빼앗으려고 하였다. 그러자 백제왕이 적의 계략을 알고 장군들에게 "지금 듣건대 대일본국의 구원군 장수 盧原君臣이 건아 1만여 명을 거느리고 바다를 건너오고 있다. 장군들은 미리 준비하도록 하라. 나는 직접 白村에 가서 기다리고 있다가 접대하리라(我欲自往待饗白村)."고 하였다. 17일 적장이 주유에 이르러 그 왕성을 포위하였다. 대당의 장군이 전선 170척을 이끌고 白村江에 진을 쳤다. 27일 일본의 수군 중 처음 도착한 배들이 대당의 수군과 싸웠다. 일본이 저서 물러났다. 대당은 진열을 굳게 지켰다. 28일 일본의 장군들과 백제왕이 기상을 살피지 않고 "우리가 먼저 공격하면 저들은 스스로 물러날 것이다."라 하였다. 다시 일본은 대오가 흔들린 중군의 군졸들을 이끌고 진격하여 굳게 진치고 있는 당의 군대를 쳤다. 대당은 곧 좌우에서 배를 협공하여 에워싸고 싸웠다. 눈 깜짝할 사이에 관군이 패배하였다. 이때 물에 빠져 죽는 자가 많았고 배의 앞뒤를 돌릴 수 없었다. 박시전래진은 하늘을 우러러 맹세하고 이를 갈며 분노하면서 수십 명을 죽이고 전사했다. 이때 백제왕 풍장은 몇 사람과 배를 타고 고구려로 도망갔다.74

이상은 백강구 전투상황을 전하는 사료들이다. 전쟁에서 중요한 지점을 누가 먼저 선점하느냐는 전쟁의 승패에 크게 영향을 미친다. 사료 S·T·V는 당 수군보다 왜군이 백강구에 먼저 도착한 것으로 착각하게 한다. 하지만 전쟁 종료 후 57년이 지나 720년에 편찬된 『일본서기』인 사료 W

....

73 『三國史記』 卷7, 新羅本紀, 文武王11年.
74 『日本書紀』 卷27, 天智天皇2年 8月.

는, 전투상황을 일자별로 구체적으로 기록하고 있다. 나당군이 주류성[두율성]에 도착한 것은 8월 13일이며, 이날 풍왕은 주류성을 나왔다. 8월 17일 주류성이 포위되었고, 당 수군을 인솔한 유인궤가 먼저 백강구에 진을 쳤다. 그리고 8월 27~28일에 왜의 지원군이 도착하여 백강구 전투가 벌어진 것이다.

풍왕은 왜 수군이 도착하기 14일전에 주류성을 나왔다. 또한 백촌에 가서 기다리다 향연을 베푼다고(我欲自往待饗白村)고 하였다. 이는 주류성과 백촌이 상당한 거리가 이격되어 있다는 것이다. 그리고 풍왕은 사료 V의 白沙에서 왜 수군과 접선하였으며, 그 후 백강구 전투가 벌어졌다. 따라서 백사는 백강구 밖에 위치했을 것으로 추정된다.

백사를 지명으로 보기도 한다. 하지만 1천척의 왜선이 정박[停在白沙]하려면 갯벌이 아닌 상당히 큰 백사장이어야 한다. 갯벌에 배를 정박할 경우 간조가 되면 배를 띄울 수 없기 때문이다. 그런데 신라군이 백사에 정박한 왜 수군의 배를 지키던 백제군을 공격하였다. 그래서 서둘러 배를 띄운 왜 수군은 대오가 흐트러진 상태로 당 수군을 향해 공격했던 것으로 추정된다.

사료 S·T는 당 수군이 백강으로 들어가서 상류에서 육군의 군량을 하역해주고, 다시 백강구로 나와 주류성으로 가는 강 입구를 차단한 것으로 보아야 한다. 백강구는 왜선 400척과 당군 170척 등 600여척이 전개할 수 있는 넓은 공간이어야 한다. 왜선이 뱃머리를 돌리지 못했다고 하면 물살이 급한 곳일 것이다. 바닷물이 붉게 물들었다고 하였으니 바다였다. 왜선이 정박한 백사가 인근에 있었을 것이다. 그리고 풍왕이 고구려로 도망가기 쉬운 금강 이북이었을 것이다.

금강 이북, 그리고 소정방이 진을 쳤다는 미자진이 있던 보령의 웅천 북쪽에서 위와 같은 조건에 부합되는 장소로는 대천을 꼽을 수 있다. 미자진이 위치한 웅천과는 20km 떨어져 있다. 대천의 상류에 해당하는 청라저수지 일대는 고려 말에 수십 척의 왜구 선박이 격멸된 곳이다.[75] 대천의 입구인 대천만은 폭과 넓이가 5~6km 규모로 600여척의 선박이 전개하기에 충분한 바다이다. 1천척이 정박할 수 있는 길이 4km의 대천 해수욕장 백사장에서 대천 어항을 돌아가면 대천만이다. 대천만의 입구는 천수만의 영향으로 물살이 매우 급한 곳이다. 풍왕이 천수만을 끼고 고구려로 도망갈 수 있는 곳이기도 하다.

〈요도 3〉 백강구 전투가 벌어진 대천만과 대천, 백사(해수욕장)

한편 보령의 웅천은 "이 일대를 흐르는 산줄기의 모양이 풍수지리에 비추어 보면 곰의 형국이라는 데에서 유래하였다. 또는 웅천을 상징하는

. . . .

75 이재준, 「高麗 末 金成雨 부대의 왜구토벌에 관한 군사학적인 연구」『軍史』80, 2011, 54~58쪽.

웅천천이 '곰내→한내→대천'이라 변천되는 과정에서 웅천이 유래되었다."[76]고 한다. 웅천이 곰을 상징하는 흰색인 백강으로 변화한 것은 아닐까? 문헌에는 보령의 백제 때 이름이 新村縣 또는 沙村縣[77]이다. 백은 우리말 '흰'인데 '흰'의 고음은 '△ㅓㄴ→쉰→신'이므로[78] 신촌은 백촌이 될수 있다. 또한 沙村의 '沙'가 흰 모래여서 백촌으로 표기했을 가능성도 있다. 따라서 사료 M에서 풍왕이 지원군을 맞이하러 간 白村은 백제 당시지명이 신촌이었던 보령지역을 뜻한다고 볼 수 있다.

IV. 홍주 주류성 검토

1. 주류성과 임존성과의 관계

부안 주류성은 제한사항이 있으며, 백강을 대천으로 비정하였다. 그러면 대천 백강과 지리적으로 연결될 수 있는 주류성을 찾아봐야 한다. 『구당서』등 열전에 의하면 "흑치상지가 의자왕의 항복례에 참석하였다가 도망하여 임존산에서 거병하니 10일 안되어 3만 명이 모였다."고 한다. 『일본서기』권26, 제명천황 6년조에는 "西部 은솔 귀실복신이 격분하여 임사기산에서 거병하였다."고 하였다. 『자치통감』권201, 당기17, 용삭3년조에는 "흑치상지와 사타상여가 각각 거병하여 복신에게 호응하였다."

76 국토해양부 국토정보지리원, 앞의 책, 2010, 413쪽.
77 『三國史記』卷36, 雜志5 地理3 "新邑縣 本百濟 新村縣 景德王改名 今保寧縣" ; 『高麗史』卷56, 志10, 地理1, 保寧縣 "本百濟新村縣(*一雲沙村縣) 新羅景德王 改名新邑 爲潔城郡領縣 高麗初 更今名."
78 전영래, 「삼국통일전쟁과 백제부흥운동」, 『軍史』4, 1982, 26쪽.

고 하였다.

이들을 종합해 보면 복신이 최초 거병했다고 추정된다. 흑치상지가 거병했다고 알려진 이유는 그가 중국에 들어가 전공을 세워 각종 사료의 열전에 수록되었기 때문일 것이다. 또한 복신을 주체로 볼 수 있는 당대의 사료로는 663년에 건립된 「당유인원기공비」에 "도침과 복신이 임존에 성채를 쌓고 웅거하여 벌떼처럼 모였고, 고슴도치처럼 일어나서 산곡에 가득 차있다."라는 내용이 있다. 이들을 종합해 볼 때 복신이 최초 거병한 것으로 보인다.

임존성에서의 3만 명 주둔여건을 살펴보자. 부흥군은 660년 9월 23일부터 11월 7일까지 사비성을 포위 공격하였다. 이 때 무열왕은 보은 삼년산성→이례성[79]→사비남령→사비성 해위전투→계탄도하→왕흥사잠성 순으로 공격하였다. 동쪽에서 서쪽으로 공격하였으며, 계탄에서 강을 건너 역시 서쪽 왕흥사잠성으로 공격하였다. 부흥군은 서쪽 임존성으로 피신할 수밖에 없었다. 부흥군은 임존성에서 다음해 661년 사비성에 대한 2차 공격 때까지 임존성에서 동계를 보내야 했다.

임존성에는 20개의 건물지가 있다.[80] 건물지의 총 면적은 17,028㎡로 약 5,160坪이다. 건물지 5,160평에 15,480명이 누울 수 있다고 계산이 된다.[81] 나머지 약 절반에 해당하는 14,520명은 경사가 급한 법면에 누워야

---

79 현재 충남 논산시 연산면에 있던 성으로 추정된다(이병도, 『역주 삼국사기』, 을유문화사, 1977, 87쪽).

80 예산군·충남발전연구원, 『예산임존성』, 삼성기획디자인, 2000, 151~176쪽.

81 건물지는 (1지:170×20, 2지:60×15, 3지:33×16, 4지:66×15, 5지:35×25, 6지: 25×20 =500, 7지:87×20, 8지:34×20, 9지:27, 10지:90×20, 11지:34×13, 12지: 22×12, 13 지:47×20, 14지:32×13, 15지:14×13, 16지:30×18, 17지:26×13, 18지: 33×14, 19 지:30×11, 20지:54×19-단위:m)로서 총 넓이의 합(∑)은 17,028㎡이 된다. 17,028 ㎡÷3.3=약 5,160평이 되고, 5,160평×3(평당 최대소요인(人)수)=15,480명이 된다.

하므로, 임존성에 3만 명 주둔은 곤란하다. 더구나 임존성에는 우물이 3 개소밖에 없다. 동계가 닥치는데 식수문제[82] 등 당장 병력을 나누어 주둔할 수밖에 없었을 것이다.

하지만 부흥군의 최고사령관은 도침이 되었다. 승려였던 그가 어떻게 최고사령관이 되었는지는 기록이 없다. 복신은 무왕의 조카로 왕족이었다. 서부출신이다. 『삼국사기』 「답설인귀서」에서도 "적신 복신이 江西에서 일어나 남은 무리를 모아서 웅진부성을 에워싸고 핍박하였다."고 하고 있다. 이는 복신의 출신지 및 근거지가 서부이자 강 서쪽이라는 뜻이다. 즉 최초 임존산에서 거병한 것은 복신이었으나, 최고사령관 도침에게 임존성을 내주고 인근에 있는 산성으로 병력을 나누어 주둔했던 것으로 추정된다.

임존성의 둘레는 2,450m이다. 남방 12~15km 지점에 임존성의 절반 크기에 해당하는 산성들이 4개소가 1~2km 간격으로 모여 있는 곳이 있다. 홍성군 장곡면 지역의 산성들이다. 이들 가까운 지역으로 병력을 나누어 주둔하였을 것이다. 이렇게 추정할 수 있는 것은 임존성에서 3만여 명의 주둔이 불가하였으며, 도침이 최고사령관이 되었기 때문이다. 또한 복신이 자신의 근거지이자 최초 거병한 장소를 떠나 멀리 이동했다고 보기 어렵기 때문이기도 하다.

이후 661년 3월 2차 사비성 포위공격 시 도침은 웅진강구에서 1만여 명의 피해를 입고 다시 임존성으로 피신하였다. 반면 복신은 『삼국사기』 지리지에 청양의 정산이라고 한 두량윤성에서 품일의 공격을 1달 엿새간 이겨내고 이어 강 동쪽을 점령하였다.[83] 그리고 재차 출동한 신라 김흠의

---

82 1인 1일 생명유지 수분섭취량은 2.1~3.2 ℓ (김은영, 「청소년의 음용수 섭취와 식생활 습관 및 ADHD와의 관련성 연구」, 경희대학교 교육대학원 석사논문, 2015 ; 미국 국가연구심의회(NRC) 권장량, 1989)이므로 3만 명이면 1일 63~96㎘의 식수가 필요한데 임존성의 우물은 3개소로 극히 제한된다.

83 김병남 등 연구자들 일부는 두량윤성을 완주 이서로 보고(「백제 부흥전쟁기 고

군대를 고사에서 격퇴하였다. 그리고 얼마 안 있다가 복신은 도침을 살해하였다. 『구당서』 권84 유인궤 전에는 "도침 등은 유인원의 포위를 풀고 임존성으로 퇴각하여 수비하였다. 곧 이어 복신이 도침을 죽여 그 병마를 합치고 반란한 자들을 끌어들여 그 세력이 더욱 커졌다."고 하였다.

복신이 도침을 죽인 이유에 대해서는 여러 가지 설이 있다. 아마도 복신은 자신이 거병을 주도한 출신지이자 근거지였던 임존성에서 도침이 최고사령관 행세를 하고, 웅진강구에서 1만 명의 부흥군을 죽게 했으며, 당나라 사신을 돌려보내는 등 과도하게 행동하자 갈등이 생겼던 것으로 추정된다. 이러한 내분이 일어날 수 있었던 것은 둘이 함께 가까이 있었기 때문이라고 본다. 즉 복신이 거처한 주류성이 부안같이 멀리 있었다면 내분이 일어날 소지가 적다. 더욱이 『구당서』에서 "병마를 합치고 그 세가 더욱 커졌다."고 한 사실에서도 둘이 가까이 있었음을 추정할 수 있다.

충남 예산의 봉수산에서 '任存官'이라는 名文瓦가 발굴되어 봉수산성을 임존성이라고 한다. 하지만 발굴조사 결과 성곽이 통일신라시대의 것으로 현재의 봉수산을 부흥군의 거점인 임존성이란 단위 성곽이라고 보기 어렵다[84]고도 한다. 그러나 부흥군이 최후까지 저항할 수 있었던 요새지라는 측면은 봉수산성이 임존성일 가능성을 충분하게 한다.

임존성의 둘레 2,450m의 규모에 1만 5천여 명만 주둔 가능하다고 판

....

사비성 전투의 의미」 『정신문화연구』 35, 2012) 있으나, 고사비성 밖에서 한 달 엿새간 두량윤성을 공격했다는데 고사비성을 비워놓고 성 밖에 주둔했다는 점이 의아하고, 주류성을 부안 위금암 산성이라고 하므로 뒤에 적을 놔두고 두량윤성을 공격한 것이 되어 전술적으로 타당하지 않다. 또한 두량윤성 전투에 이어 복신이 강 동쪽을 점령한 사실 등을 볼 때 청양 정산이 두량윤성으로 추정된다. 자세한 내용은 이재준, 앞의 책, 2017, 249~256쪽 참조

84 이남석, 「백제 부흥운동과 임존성에 대한 토론」, 『백제 부흥운동의 재조명』, 2002, 105쪽.

단되므로, 당시 부흥군의 수를 고려하면 추가적인 산성이 필요하다. 남방 12~15km 지점에 임존성의 절반 크기의 산성들이 4개가 모여 있다. 가장 북쪽에는 해발 250m·둘레 1,400m의 천태리산성(소구니산성)이 있고, 해발 193m·둘레 187m의 태봉산성, 해발 212m·둘레 1,156m의 鶴城, 맨 아래에는 해발 256m·둘레 1,353m의 장곡산성(석성) 등이다. 이들은 1.5~2km 간격으로 남북으로 연결되어 있다.

복신이 거처했던 주류성은 임존성과 멀지 않은 곳이어야 한다. 병력을 나누어 주둔해야 했다면 가까운 임존성 남방 홍성지역이 유력하다. 군사지리적으로 보면 무한천변에 연해 있으며, 상류에서 청양을 거처 부여까지 38km로써 사비성 공격에 유리하다. 무한천을 통하여 아산만으로 연결되며 북쪽에는 임존성이 지키고 있다. 이들 중 장곡산성은 발굴조사 결과 '沙良官'·'沙尸良'·'沙羅凡草' 등의 통일신라 명문와가 발견되어 백제 때 沙尸良縣의 지명을 그대로 사용하고 있었다.[85] 이러한 정황으로 보아 백제 말기에도 장곡산성이 군사적으로 활용되었을 가능성은 충분하다.

장곡산성으로부터 북으로 1.5km 이격된 곳에 학성이 있다. 5개의 산봉을 에워싸고 있으며 南高北低형이다. 성벽의 높이는 3m 정도이며 서북쪽은 잘 무너지지 않는 협축식으로 구축되었는데도, 성벽이 자연적인 붕괴라기보다 인위적으로 파괴된 것처럼 파괴되어 돌무더기가 수북이 쌓여있다.[86] 4개 산성군의 중간에 위치하여 보호를 받고 있다는 느낌이 든다. 주변 전망은 산성들로 둘러싸여있어 좋지 않다. 무한천 옆에 있으면서도 무한천에서 산성이 보이지 않는다. 이렇게 외부에서 관측이 되지 않기 때문에 지휘소로 활용되었을 가능성이 있다고 추정된다.

....

85 상명여자대학교 박물관·홍성군청, 『홍성군 장곡면 일대 산성 지표조사보고서』, 1995, 48쪽.
86 서정석, 「홍성지역의 산성과 백제의 郡縣」 『百濟文化』 47, 2012, 55~56쪽.

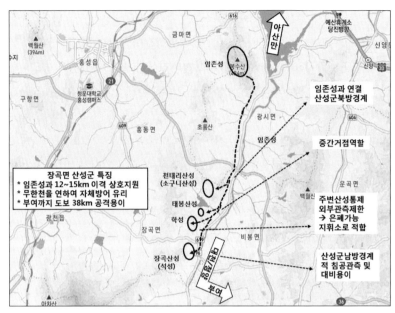

〈요도 4〉임존성에서 병력을 나눈 장곡면 산성군의 군사지리적 특성

한편 鶴을 일본어로 '츠루'라고 발음하며, 우리말로는 '두루미'라고 발음하는 사실도 주류성과 연관 지을 수 있다. 『한원』 백제조에 "나라 서쪽 350리에 力光城[87]이 있는데 사방이 200보이며, 서방성이다."[88]라고 하였다. 아직까지 서방성의 위치는 확인된 바가 없다. 서정석은 "사료의 기록대로 도성에서 서쪽으로 350리는 바다가 된다. 그러나 서방성 둘레 200보라는 기록은 1,140m로 학성산성의 1,156m[89]와 거의 일치하므로, 학성이 부흥군이 거병한 서방성으로서의 임존성일 가능성이 있다."[90]고 하였다.

....

87 『北史』등에는 刀先城으로 기록되어 있다.
88 『翰苑』 卷30, 蕃夷部, 百濟 "括地志曰 百濟王城方一里半 … 國西三百五十里 有力光城 方二百步 此其西□也."
89 공주대학교 백제문화연구소·홍성군, 『홍성지역 산성의 지표조사』, 2012, 2쪽.

물론 대천으로부터 학성까지는 수로로 연결되지 않는다. 하지만 대천의 상류 1km 옆에 무한천 상류가 있다. 대천으로 접근하면 하선하여 육로행군을 하여야 한다. 육로는 무한천을 따라 양호한 평지로 약 10km 남짓이다. 통상 주류성 앞에 백강이 흐른다고 생각한다. 그러나 이 지역은 적입장에서는 사비에서 수로로 백강을 통하여 접근할 경우 육로 이동이라는 불리점을 극복해야 한다. 반면에 부흥군 입장에서는 양호한 장애물이되어 방어에 유리한 지형이기도 하다. 그런 곳이기에 부흥군이 3년 4개월이라는 기간을 버틴 것은 아닌지 한다.

2. 홍주 주류성과 침복기성

홍주 주류성은 1864년 김정호가 밝힌 내용이다. 그는 『대동지지』沿革조에서[91] "본래 백제의 주류성인데 당이 支潯州로 바꿨다."고 하였다. 김영관은 "웅진도독부 휘하에 설치한 7주 중에 지심주가 홍성과 그 주변지역이었다는 것은 분명하며, 홍성지역이 서방성일 가능성이 있고, 1960년 중국 하남성에서 출토된 難元慶의 묘지명에서 그의 부친이 지심주 諸軍事와刺史를 지냈으므로 홍성지역을 기반으로 한 세력이었을 가능성이 있다."[92]고 하였다.

그러나 연구자들은 『대동지지』城池조의[93] 홍주 읍성이 『일본서기』의주류성 설명과 너무 다르고, 典故조[94] 역시 신뢰할 수 없는 내용이어서 이

90 徐程錫, 「百濟 5方城의 位置에 대한 試考」 『湖西考古學』 3, 2000, 58~71쪽.
91 『大東地志』卷5, 洪州, 沿革 "本百濟周留城 唐改支潯州 …."
92 김영관, 「백제 부흥운동기 홍성에 대한 연구」 『百濟文化』 47, 2012, 99쪽.
93 『大東地志』卷5, 洪州, 城池 "邑城 古之周留城 周五千八百五十尺 …."
94 『大東地志』卷5, 洪州, 典故, "新羅武烈王七年 太子法敏 文武王 見蘇定方來告于王率將士行至沙羅之停 驪陽 文武王 二年 百濟宗室福信與僧道琛 迎立故王子扶餘

설을 믿지 않는다. 김영관도 "홍성이 바로 주류성이었다고 보기는 어렵다." 하지만 "홍성지역은 상대적으로 고고학적 조사가 덜 된 곳으로 어떤 유적과 유물이 찾아지길 기대한다."[95]고 하였다. 그의 말대로 직접적인 유물은 아니지만 관련된 유물을 검토해보자.

> X. 9월 7일에 백제의 주유성[주류성]이 마침내 당에 항복하였다. 이때 국인들이 "주유가 항복하였다. 사태가 어찌할 수 없게 되었다. 백제의 이름은 오늘로 끊어졌다. 이제 조상의 분묘가 있는 곳을 어떻게 갈 수 있겠는가? 테레성에 가서 일본 장군들과 만나 무엇을 어떻게 해야 할지 의논하자."고 말하였다. 그리고 먼저 枕服岐城에 있던 처와 아이들에게 나라를 떠나가려 한다는 마음을 알렸다. [9월] 11일에 모테(牟弖)를 출발하였다. [9월] 13일에 테례(弖禮)에 도착하였다. [9월] 24일에 일본의 수군 및 좌평 여자신·달솔 목소귀자·곡나진수·억례복류와 국민들이 테례성(弖禮城)에 이르렀다. 이튿날에 배가 출항하여 일본으로 향하였다.[96]

사료 X의 침복기성은 주류성에서 싸우던 부흥군 간부들의 처자들이 있던 곳이다. 침복기성은 부흥군들이 수시로 연락이 가능하며 가족들의 의식주를 돌볼 수 있는 곳이어야 한다. 적의 공격방향 반대 방면에 있으면서 유사시 바다를 통하여 도피할 있는 곳으로 주류성에서 멀지 않은 곳이어야 한다.

참고로 주류성을 부안으로 보는 전영래는 침복기성을 강진에 비정하고[97] 있다. 강진은 부안 주류성으로부터 120여 km나 된다. 전투에 참전하

豐爲主 百濟餘衆皆應之 後豊殺福信 乞師倭國 以拒唐羅兵 三年 唐孫仁師與新羅兵 攻拔周留城 扶餘豊脫身奔高句麗."
95 김영관, 앞의 논문, 2012, 101쪽.
96 『日本書紀』 卷27, 天智天皇 2年(663).

고 있는 주류성의 장군이나 간부들이 유사시 가족들을 보호할 수도 없고, 연락하기도 어려운 멀리 떨어진 곳에 놓아둘 리 없다.[98] 다음 사료는 침복기성과 관련이 있어 보이는 『진서』와 『일본서기』이다.

> Y. 동이마한 新彌諸國은 산을 두른 바다에 의지하고 있으며, 주와의 거리가 4천여 리였는데, 역대로 귀부하지 않던 20여 국이 함께 사신을 보내어 조공하였다.[99]
>
> Z-1. 7국을 평정하였다. 그리고 군사를 옮겨 서쪽으로 돌아서 고계진에 이르러 남만·忱彌多禮를 무찌르고 백제에 주었다. 이에 백제왕 肖古와 왕자 貴須 또한 군대를 이끌고 와서 만났다.[100]
>
> Z-2. 백제기에서 말하기를 "阿花王이 즉위하여 귀국[일본]에게 무례하였다. 그래서 우리의 枕彌多禮·峴南·支侵·谷那의 東韓의 땅을 빼앗았다. 이에 왕자 直支를 천조에 보내 선왕의 우호를 닦도록 하였다."고 한다.[101]

사료 Y의 진나라는 265년 건국하여 317년에 멸망하였다가 사마예가 재건하여 420년 송나라에 멸망당하였다. 이를 구분하여 앞선 나라를 서진, 사마예가 세운 나라를 동진이라 한다. 신미국은 『삼국지』위지동이전의 마한 54개국에는 기록이 없다. 하지만 '마한신미제국'이라고 하였으므

----

97 전영래, 앞의 논문, 1982, 33쪽.
98 참고로 오늘날 한국군은 '군인가족 보호계획'이, 미군은 'NEO(비전투원 호송작전)'이 별도로 계획되어 있어 군인들이 가족걱정하지 않고 전투에 임하도록 하고 있다.
99 『晉書』卷36, 列傳6, 張華傳 "東夷馬韓 新彌諸國依山帶海 去州四千餘里 歷世未附者 二十餘國 並遣使朝獻."
100 『日本書紀』卷9, 神功皇后 49年(369;정정) "因以平定 … 加羅七國 仍移兵西廻至古系津 屠南蠻 忱彌多禮 以賜百濟 其王肖古及王子貴須 亦領軍來會."
101 『日本書紀』卷10, 應神天皇 8年(397;정정) "百濟記云 阿花王立无禮於貴國 故奪我枕彌多禮及峴南 支侵 谷那 東韓之地 是以遣王子直支于天祖 以脩先王之好也."

로 마한지역에 있었던 소국일 것으로 추정된다. 이에 대해 이병도는 산을 두른 바다에 의지(依山帶海)하고 있고 주와의 거리가 4천여 리이므로 반도 중부 이남 서해안 지대에 분포한 것으로 보았다.[102] 하지만 노중국은 사료 Z-1의 신공황후기에서 忱彌多禮의 忱을 심으로 읽을 수 있어 Y의 신미국을 침미다례로 보며, 그 지역은 서남해안으로 추정하여 영산강 유역으로 보고 있다.[103] 침미다례를 영산강 유역으로 보는 이유는 침미다례 공략이 백제 근초고왕의 전라도 마한지역 평정기사와 같기 때문이라고 하였다.

사료 Z-2의 응신천황기의 아화왕은 백제의 阿莘王이다. 아신왕이 무례하여 왜국이 백제의 枕彌多禮 등 4개 지역을 다시 빼앗았다는 기사이다. 이들 중 支侵은 『삼국지』 위지동이전의 지침국과 같은 지명이며, 『삼국사기』 지리지의 '支潯州'로 보고 지심주를 충남 홍성[104]이라고 하거나 충남 대홍의 옛 이름인 임존성[105]으로 보기도 한다.[106] 사료 Z-2에서 지침이 홍성이나 예산이라면 다시 빼앗았다는 枕彌多禮 역시 그 인근지역으로 홍성과 예산 관내에 있거나 가까운 곳이어야 한다.

그런데 '89년'·'90년'·'92년 등 3차에 거쳐 홍성 신금성에서 백제의 삼족토기와 중국의 錢文陶器片이 다량 출토되었다. 백제 삼족토기는 백제초기부터 말기까지 사용되었던 주요토기이자 백제전기 즉 한성기를 대표하고 있다. 삼족토기의 출토는 몽촌토성과 풍납토성이 있는 서울·경기지역이 가장 많고, 공주·부여 등 내륙지역, 그리고 중부서해안인 홍성지역 순이다.[107] 출토 양으로 볼 때 106점이나 되는 중부서해안 지역에 비해 남부

102 이병도, 『한국고대사연구』, 박영사, 1985, 481쪽.
103 노중국, 『百濟政治史研究』, 一潮閣, 1988, 119~120쪽.
104 點貝房之進, 「日本書記朝鮮地名攷」, 『雜攷』 7, 1931.
105 末松保和, 『任那興亡史』, 吉川弘文館, 1949, 70~76쪽.
106 충남역사문화연구원, 『百濟史資料譯註集』日本篇, 도서출판 아디람, 2008, 43쪽.
107 지역별 삼족토기 출토현황은 풍납토성 65점, 몽촌토성 248점 등 서울지역이

해안지역은 6점으로 5% 수준이다. 중부서해안 8개소 중 홍성 신금성은 67점이 출토되어 가장 많다. 출토되는 유물의 하한선은 홍성이며 남해안 지역은 5군데 6점뿐이다.

한편 전문도기는 중국 서진(265~314)에서 유행한 오수전문[108]이 찍혀 있는 도기로 몽촌토성과 풍납토성 등에서만 출토된 것이다. 이 도기편이 신금성에서 출토되었다[109]는 사실은 홍성의 재지세력이 백제의 중앙과 교류가 있었거나 서진 등과 직접 교류가 있었음을 말해준다. 서진과 4세기까지 교류하였다면 3세기 경 백제가 마한지역을 병합한 후에도 홍성 지역의 신미국은 한동안 존속했거나 재지세력으로서 독자적인 교류를 했던 것으로 추론된다.

이는 사료 Y의 신미국을 영산강 유역으로 추정하지만, 고고학적으로는 중부서해안 지역일 수 있으며 신미국은 마한지역 평정 후에도 그 지명은 상당기간 존속했음을 시사한다. 또한 근초고왕의 마한지역 영역확대는 평면확대가 아니라 주요거점 확보방식이었다는 것을 추론할 수 있다.[110] 다시 말해 신미국은 고고학적으로 출토된 유물로 보면 중부서해안인 홍성 지역일 가능성이 매우 높다.

324점이며, 공산성 51점 부소산성 13점 등 공주·부여지역은 209점이고, 미륵사지 5점 등 논산·익산지역은 73점이다. 남서부 2점 남동부 4점 등 남해안은 4점인데 반해 홍성 신금성 67점 등 중부서해안지역은 106점이나 된다(姜元杓, 「百濟 三足土器의 擴散 消滅 過程에 대한 一考察」, 『湖西考古學』 10, 2004, 86~90쪽 <표 1>).

108 五銖錢文은 우리나라 초기 철기시대 및 백제유적에서 출토한 중국 한무제 때 처음으로 주조한 화폐문양.

109 충남대학교 박물관, 『신금성』, 현대옵 인쇄사, 1994, 166쪽 ; 홍성군, 『홍성군지』 1, 미림칼라, 2016, 523쪽.

110 성정용, 「한성백제기 중서부지역 백제토기의 양상과 그 성격 ─ 홍성 신금성 출토품을 중심으로 ─」, 서울대학교 대학원 석사학위 논문, 1993, 69쪽.

종합해보면 사료 Z-1에서 忱彌多禮의 忱을 심으로 읽을 수 있으며, 다례는 國邑을 뜻하므로 사료 Y의 新彌국이라 할 수 있다.[111] 또한 사료 Z-2의 枕彌多禮와 표기상 유사하므로 枕服岐城은 枕彌국의 치소성이다.[112] 그런데 홍성군 결성면의 신금성에서 서진과 교류한 오수전문이 찍힌 전문도기편이 출토되었으므로, 신금성이 신미국이며 침미다례로서 그 치소성을 枕服岐城으로 볼 수 있다. 신금성이 소재한 홍성군 결성면은 주류성으로 추정한 홍성군 장곡면 일대로부터 약 18~20여km 떨어져 있어, 주류성에서 전투에 임하고 있던 부흥군의 가족들이 거주했을 침복기성일 가능성이 있다.

다음 사료 X의 모테와 테례성의 위치 검토이다. "백제 부흥군은 9월 7일 주류성이 항복하고 침복기성의 가족들에게 알린 후 11일 모테에서 출발하여 테례에 13일 도착하였다. 그리고 24일에 좌평 여자신 등 국민들이 테례성에 도착했다. 그 다음날 일본을 향해 출발하였다."고 하였다.

이에 대해 전영래는 '弖(호)'를 '氐(저)'의 다른 자로 보아 '데'라는 음으로 읽어 이와 유사한 지명을 내륙인 전남 남평에, 테례성은 남해안의 광양에 비정하였다.[113] 하지만 '弖(호)'는 일본어의 근간으로 조사 4개 중의 하나이며, 첫머리 글자로 올 때는 한국어로 '데'로 읽고 뒤에 올 때는 'テ'로서 '테'로 읽는다고도 한다.[114] 이는 우리말 '뭍'-'무티'와 유사하여 무테는 해안지방일 가능성이 높다.

그리고 테례성에서 일본으로 향하였다고 한 것은 백제지역을 벗어남을

....

111 노중국, 앞의 책, 1988, 119~120쪽.
112 광진문화원, 「주류성의 위치에 대한 검토」 『위례와 주류성』, 대양문화원, 2017, 271쪽.
113 전영래, 앞의 논문, 1982, 12쪽.
114 전 고려대 츠치다 준코 교수(광진문화원, 앞의 책, 2017, 269쪽 각주 재인용).

뜻하므로, 남부해안일 가능성이 있다. 전영래의 논리를 따른다면 9월 11일 모테를 출발한 부흥군이 부안으로부터 육상으로 120여 km인 강진 침복기성이나, 130여 km인 광양의 테레성에 9월 13일까지 도착하기 어렵다.[115] 모테에서 테레성까지는 2일이 걸렸으므로 바다로 이동한 것이 타당하다.

모테는 부흥군이 침복기성의 가족들을 데리고 테레성으로 출발한 항·포구로 보아야 한다. 홍성군 결성면 신금성 인근의 항·포구로는『신증동국여지승람』결성현 산천 조에 기록된 4개의 포구[116]를 고려할 수 있다. 이들은 모두 태안반도와 천수만으로부터 보호받고 있는 천혜의 포구들이다. 다음 요도의 점선 안에 해당하는 부분이다.

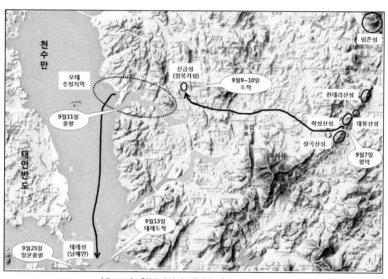

〈요도 5〉 침복기성과 백제유민의 일본 망명로

115 전영래는 부안 주류성의 부흥군과 강진 침복기성의 부흥군 처자들이 별도로 광양의 테레성으로 모인 것으로 도식하고 있으나(전영래, 앞의 논문, 1982, 12쪽), 이동일정상 타당하지 않으며 부흥군이 처자들을 대동하지 않았다고 볼 수 없다.
116『新增東國輿地勝覽』卷20, 結城縣, 山川條 "東山浦, 母山堂浦, 長浦, 石串浦 等."

위 요도를 통해 일본 망명과정을 종합해보면 다음과 같다. 9월 7일 주류성 함락 후 무장해제, 신분확인 및 조사, 당군과 협의·방면결정까지 최소 2일은 걸렸을 것이다. 이후 문무왕에 의해 방면된 부흥군은 9월 9~10일 사이에 주류성에서 20km 떨어진 홍성군 결성면 신금성(침복기성)에 도착했을 것이다. 그리고 가족들을 데리고 인근에 있는 모테포구로 이동하여 9월 11일 모테를 출발하였다. 이후 2일 간의 항해로 남부해안 테레에 9월 13일 도착하였다. 그리고 주류성이 아닌 여타지역에서 작전하던 좌평 여자신 등과 다른 지역의 국민들이 육로를 이용 9월 24일 테례성에 도착하여 그 이튿날 일본으로 출항하였던 것으로 추정된다.

학계에서는 홍주 주류성설을 주목하지 않는다. 최초 제기한 고산자 김정호의 『대동지지』 내용에 신뢰할 수 없는 부분이 많아 더욱 그렇다. 하지만 최초 3만 여명의 부흥군이 임존성에 주둔하기 어려웠던 점과 상호협력해야 했던 점, 지휘소로서 군사 지리적 요건 측면, 대천과의 지리적 연관성 등에서는 어느 정도 타당하다고 추정된다. 또한 주류성 함락 후 일본으로 망명해가는 유민들이 거친 침복기성과 모테 등의 위치비정을 보아도 홍주 주류성설은 검토되어야 할 여지가 있다고 본다. 물론 학성 등에 대한 추가적인 발굴조사 등을 통해서 좀 더 구체적인 유적이나 유물이 나오기를 기대한다.

V. 맺음말

백제 부흥전쟁에서 주류성과 백강의 위치에 대한 논란은 아직까지도 해결되지 않고 있다. 그 중 주류성의 여러 위치 중 부안설이 학계의 대세 같이 여겨지고 있다. 하지만 부안설은 나름대로 한계가 많다.

우선 백제 부흥군은 북방에 임존성, 남방에 부안 위금암산성 등 두 지점에 거점을 두고 사비성을 공격할 만한 전력을 갖추지 못하였다. 통상사료에 적시된 '남방이정'의 기준이 금강이라고 단정하여, 주류성 금강이남 부안설을 주장하고 있으나 남방이정의 기준이 금강이라고 보기 어렵다. 부안 위금암산성은 평야지대에 위치하여 게릴라전이나 다름없는 부흥전쟁의 특성상 근거지로 타당하지도 않다.

부안 주류성설과 함께 피성이 김제라는 설을 대부분 인정하는 듯하다. 하지만 『일본서기』를 자세히 살펴보면 부안이 주류성일 경우 피성은 결코 김제가 될 수 없다. 피성의 위치는 천도회의 시 박시전래진이 반대한 적과의 하루 밤 거리를 고려하여 공주시 우성면 일대로 추정된다. 『일본서기』의 동남방에 큰 둑이 있어 방어하기에 좋은 사료내용에도 부합되는 곳으로 최적지로 볼 수 있다.

실제 사료에서는 주류성을 부여의 서쪽이거나 북쪽, 또는 서북쪽에 위치하고 있음을 적시하고 있다. 주류성이 금강이남 부안방면이 될 수 없다. 663년 나당군이 웅진도독부에 모여 주류성을 공격하기 위한 제장회의 내용을 분석 해봐도 주류성은 금강 이북에 위치함이 타당하다.

한편 백강은 660년 백강과 663년의 백강을 다른 강으로 추정하였다. 소정방의 상륙지점과 당군의 이동상황을 볼 때 당군이 이미 지났다고 한 백강은 군사적으로 금강이 아닌 대천이 타당하다고 보았다. 663년 백강구 전투는 대천해수욕장과 대천만에서 이루어졌음을 문헌과 군사 지리적 검토로서 분석하였다.

주류성 홍주설은 김정호의 『대동지지』의 내용을 근거로 1980년대 박성홍이 주장한 적이 있다.[117] 하지만 『대동지지』내용과 백강을 아산만으

---

117 朴性興, 『洪州周留城考』, 조양인쇄사, 1994.

로 비정한 박성홍의 홍주설을 주목하는 사람은 거의 없다. 그렇다하더라도 주류성으로 임존성 남방 홍성군 장곡면 산성군들 중 학성이 주목되며, 백강은 보령 대천으로 비정된다.

홍주 주류성설은 임존성에서 병력을 나누어 주둔해야 했던 점, 상호 협력을 했어야 했던 점, 산성군들의 군사 지리적 특성, 유민들이 망명해가는 침복기성과의 관계 등을 살펴 보건대 타당한 것으로 분석된다.

대천은 당시 서해안에서 왜 선박 1천척이 정박할 수 있는 유일한 곳이며, 보령의 백제 때 지명인 신촌의 음훈변화 과정이나 주류성에서 이동했던 풍왕의 일정 등을 살펴볼 때 663년의 백강으로 추정된다.

고구려 영류산의 위치와 나당연합군의 진군로

이 상 훈 | 육군사관학교 군사사학과 교수

Ⅰ. 머리말

나당연합군의 공격에 의해 660년 백제가 멸망하고 668년 고구려가 멸망했다. 수당제국의 끊임없는 공격을 막아낸 고구려가 결국 무너지고 말았다. 고구려의 멸망은 한국고대사의 획기로서 삼국시대가 저물고 통일신라시대로 나아가는 계기가 되었다. 고구려의 멸망은 한국사는 물론 동북아 역사상 아주 중요한 의미를 지니고 있다.

이러한 고구려 멸망의 원인에 대해서 국내적·국외적·외교적 맥락 등 다각도로 조망되었다.[1] 국가의 멸망 요인은 여러 가지를 상정해 볼 수 있지만, 고구려의 경우 나당연합군의 물리적 공격이 가장 직접적인 원인이 되었다. 하지만 당시 나당연합군의 진군로와 공격 양상에 대해서는 잘 알려져 있지 않다. 고구려라는 국가의 멸망 원인과 결과에 대한 관심이 워낙 컸기 때문에, 멸망 과정에 대한 관심은 상대적으로 크게 두어지지 않았던 것이다.

당시 당군은 요동을 거쳐 한반도로 남하하여 평양성을 포위했다. 『삼

---

[1] 고구려의 멸망 요인에 관한 전반적인 연구 성과는 이문기, 「고구려 멸망기 정치운영의 변화와 멸망의 내인」, 『한국고대사연구』 50, 2008 참조.

국사기』에 따르면 당군은 鴨綠柵을 지나 辱夷城을 거쳐 嬰留山에 주둔한 것으로 되어 있다.[2] 이 때 신라군 선발대는 먼저 당군과 합류하여[3] 평양 북쪽의 영류산 일대에 주둔하였다. 나당연합군이 주둔했던 영류산 일대가 바로 평양성 공격의 핵심거점이었다고 할 수 있다.

일제시기 일본학자 이케우치 히로시(池內宏)가 영류산을 大城山으로 비정한 이후,[4] 현재까지 별다른 의심없이 학계에 수용되고 있다.[5] 그가 영류산을 대성산으로 비정하는 뚜렷한 근거는 제시하지 않았지만,『삼국사기』에 "영류산은 평양의 북쪽 20리에 있다"고 되어 있는 점과 조선시대 기록들에 "대성산은 平壤府의 북쪽 20리에 있다"고 되어 있는 점이 일치하고 있다. 이에 이케우치의 견해는 상당히 설득력을 가지는 것처럼 인식되고 있다.

나당연합군의 평양 공격 양상을 이해하기 위해서는 영류산의 위치를 제대로 인식하는 것이 관건이다. 영류산의 위치에 따라 당군과 신라군 본대의 합류지점도 다르게 설정될 수밖에 없기 때문이다.[6] 따라서 여기에서는 영류산을 대성산으로 비정하는 것이 과연 적절한 지를 먼저 살펴보고, 나당연합군의 남하 경로와 실제 주둔지를 추정해 보고자 한다. 이를 통해 고구려의 멸망과정에 대한 이해가 조금이나마 넓어지기를 기대한다.

....

2 『삼국사기』권6, 신라본기6, 문무왕 8년 ;『삼국사기』권22, 고구려본기10, 보장왕 27년.

3 이상훈, 「668년 신라군 선발대의 진군로와 그 의미」『대구사학』133, 2018.

4 池內宏, 「唐の高宗の高句麗討滅の役と卑列道・多谷道・海谷道の稱」『東洋學報』17, 1928, 107쪽.

5 이병도,『국역 삼국사기』, 을유문화사, 1977, 99쪽 ; 정구복 외,『역주 삼국사기4 -주석편(하)-』, 한국학중앙연구원, 1997, 411쪽.

6 신라군 본대의 진군로에 관해서는 별고를 준비중이므로 여기에서는 생략하도록 한다.

II. 대성산과 영류산의 관계

大城山은 해발 274m로 평양의 동북쪽에 위치하고 있다. 대성산에는 둘레 7km가 넘는 대성산성이 있는데,[7] 주변에 안학궁과 청암리토성 등이 자리잡고 있어 수도 방어에서 거점 역할을 할 수 있다.[8] 대성산성은 유사시 지근거리의 청암리토성보다 규모나 위치로 볼 때 장기 농성에 유리하다.[9] 또한 대성산성 주위로 많은 보루와 고분들이 남아 있는데,[10] 이를 중심으로 적지 않은 고구려군이 주둔하고 있었을 것으로 추정된다.

평양성을 중심으로 한 대동강유역은 신라와 백제에 대한 군사행동 수행을 위한 거점일 뿐만 아니라, 고구려 전체의 군사행동을 지휘·통제하는 중추 전략거점이었다고 평가된다.[11] 고구려의 성들은 주로 군사방어를 위

---

7 대성산성은 을지봉, 장수봉, 북장대, 국사봉, 주작봉, 소문봉 등 6개의 봉우리를 연결하여, 산의 중허리를 둘러싼 包谷形 石城이다. 성의 규모는 동서 2,300m, 남북 1,700m이며, 성의 둘레는 7,076m이다(민덕식, 「고구려 평양성의 도시형태와 설계」, 『고구려연구』 15, 2003, 110~111쪽).

8 고구려 후기의 방어체계와 관련된 대표적인 연구는 다음과 같다. 박경철, 「고구려군사전략고찰을 위한 일시론-평양천도이후 고구려군사전략의 지향점을 중심으로-」, 『사학연구』 40, 1989 ; 여호규, 「고구려 후기의 군사방어체계와 군사전략」, 『한국군사사연구』 3, 1999 ; 여호규, 「고구려의 성과 방어 체계」, 『고구려의 문화와 사상』, 동북아역사재단, 2007 ; 신광철, 「황해도 일대의 고구려 관방체계와 남부전선의 변화」, 『선사와 고대』 35, 2011 ; 이성제, 「용강 황룡산성과 황해~대동강 연안로-고구려 후기 왕도 방어체제의 일례-」, 『고구려발해연구』 41, 2011 ; 양시은, 「평양도읍기 고구려의 성곽방어체계」, 『고고학』 12-3, 2013.

9 김병곤, 「661~662년 당 수군의 평양 직공책의 전략과 한계」, 『한국사학보』 50, 2013, 68쪽.

10 김희찬, 「북한의 고구려 유적 발굴과 그 성과」, 『고구려연구』 12, 2001, 438~447쪽 참조.

11 박경철, 위의 논문, 1989, 19쪽.

해 축조되었기 때문에 주요 교통로를 통제할 수 있는 요충지에 자리잡고 있었다.[12] 특히 안학궁을 중심으로 북쪽에는 대성산성, 서쪽에는 청암리토성, 동쪽에는 고방산성, 남쪽에는 청호동토성이 위치하여 교통로를 차단하는 요새로서 기능했다고 한다.[13] 또한 청암리토성이 있는 평양시 대성구역의 동문 근처에는 작은 運河가 있어 성안으로 배를 끌어들일 수도 있었다고 한다.[14]

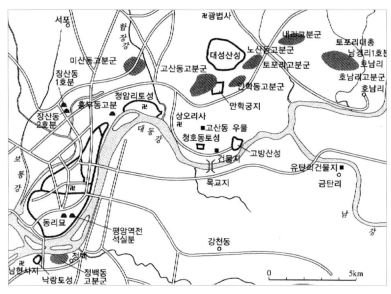

[그림 1] 대성산성의 위치[15]

....

12 여호규,『고구려 성 Ⅰ』, 국방군사연구소, 1998, 16~17쪽 ; 나동욱,「6~7세기 고구려 지방군사운용체계」『사학연구』 95, 2009, 24쪽.

13 한인호,「안학궁부근의 고구려 수도 도시 면모에 대한 복원」『조선고고연구』 2, 1998, 17쪽 ; 민덕식, 앞의 논문, 2003, 112쪽 재인용.

14 윤명철,「고구려 수도의 海陸的 성격 검토-江海都市論을 중심으로-」『백산학보』 80, 2008, 90쪽.

이에 따라 668년 당군과 신라 선발대가 합류하여 주둔한 '영류산'을 군사 거점이었던 대성산 일대로 비정하는 것은 자연스러운 결과일 지도 모른다. 김부식이 『삼국사기』에 "영류산은 지금 서경의 북쪽 20리에 있다 (嬰留山在今西京北二十里)"[16]라고 註를 붙여놓아, 이러한 가능성을 더욱 높혀 주고 있다.

이와 관련하여 대성산을 기록하고 있는 조선시대 기록들을 다시 살펴보자.

『대동지지』에는 "구룡산은 『문헌통고』에 이르길 평양성의 동북쪽 노양산에 있는데 지금 대성산으로 부르는 곳이며 부에서 20리 거리에 있다"라고 되어 있다. 『평양지』에는 "구룡산은 부의 북쪽 20리에 있는데 혹 대성산이라고 한다. 『문헌통고』에 이르길 평양성의 동북쪽에 노양산이 있는데 바로 이 곳을 말하는 것이다"라고 되어 있다. 『신증동국여지승람』에는 "구룡산은 부의 북쪽 20리에 있는데 혹 대성산이라 하고 혹 노양산이라 한다"라고 되어 있다. 『고려사』에는 "대성산이 있는데 혹 구룡산이라 하고 혹 노양산이라 한다. 『문헌통고』에 이르길 평양성의 동북쪽에 노양산이 있다"라고 되어 있다.

15~19세기 조선시대 지리지에 언급된 대성산에 관한 내용을 정리하면 다음과 같다. 첫째, 대성산·구룡산·노양산은 모두 같은 산임을 알 수 있다.[17] 둘째, 대성산은 평양의 북쪽 20리에 위치함을 알 수 있다. 셋째, 이들 기록은 『문헌통고』의 기록을 참조하였음을 알 수 있다. 다시 말해 '대성산은 평양 북쪽 20리에 위치하는 산으로 구룡산이나 노양산으로 불렸다'고 할 수 있다.

....

15 김병곤, 앞의 논문, 2013, 67쪽.
16 『삼국사기』권6, 신라본기6, 문무왕 8년.
17 김수진, 「보덕의 주석처와 백제 이주 검토」『한국학논총』51, 2019, 46쪽.

<表 1> 대성산의 이칭과 위치

전 거	이칭과 위치 서술	시 기
『대동지지』[18]	九龍山 文獻通考云 平壤城東北有魯陽山者 是今稱大城山 距府二十里	1861~1866
『평양지』[19]	九龍山 在府北二十里 或云大城山 文獻通考云 平壤城東北有魯陽山 卽謂此也	1590
『신증동국여지승람』[20]	九龍山 在府北二十里 或云大城山 或云魯陽山	1531
『세종실록』[21]	大城山 在府北 一云九龍山 一云魯陽山	1454
『고려사』[22]	有大城山 一云九龍山 一云魯陽山 文獻通考云 平壤城東北有魯陽山	1451

<表 2> 노양산의 위치

전 거	위치 서술	시 기
『문헌통고』[23]	又平壤城東北有魯陽山 魯城在其上	1319
『태평환우기』[24]	平壤城東北有魯陽山 魯城在其上	979
『통전』[25]	又平壤城東北有魯陽山 魯城在其上	801

　　『문헌통고』, 『태평환우기』, 『통전』에는 모두 동일하게 "평양성의 동북쪽에 노양산이 있는데 노성은 그 위에 있다"라고 기록되어 있다. 즉 14세기의 『문헌통고』와 10세기의 『태평환우기』는 9세기의 『통전』 기록을 그대로 답습했던 것이다.[26] 기준이 되는 『통전』의 경우 고구려를 멸망시킨 당나라의 기록이기 때문에 중시할 수밖에 없다.

---

18 『大東地志』 卷21, 平安道上 平壤.
19 『平壤志』 卷1, 山川.
20 『新增東國輿地勝覽』 卷51, 平安道 平壤府.
21 『世宗實錄』 卷154, 地理志, 平安道 平壤府.
22 『高麗史』 卷58, 地理志12, 西京留守官 平壤府.
23 『文獻通考』 卷325, 四裔考 高句麗.
24 『太平寰宇記』 卷173, 四夷2, 高勾驪國.
25 『通典』 卷186, 邊防2, 東夷下 高句麗.
26 김수진, 앞의 논문, 2019, 45쪽.

여기에서 우리측 기록과 중국측 기록 사이에 미묘하게 차이나는 부분이 있다. 우리측 기록에는 대체로 '평양의 북쪽 20리에 대성산이 있다'고 되어 있지만, 중국측 기록은 '평양의 동북쪽에 대성산이 있다'고 되어 있다. 실제 평양의 '동북쪽'에 위치한 대성산을 우리측 기록에서는 단순히 '북쪽'이라고 표현하고 있는 것이다. 물론 서북이나 동북이나 모두 북쪽이라고 표현할 수 있다. 하지만 대성산과 노양산이 동일한 실체이므로 엄밀히 말해 대성산은 평양의 '동북쪽 20리'에 있다고 해야 정확하다.

여기에서 주목해야 할 점이 하나있다. 12세기『삼국사기』의 찬자 김부식은 '영류산이 평양의 북쪽 20리에 있다'고 주를 달면서도, 한편으로는 '영류산의 위치를 모른다'고 기록하였다. 김부식은 영류산을 '三國有名未詳地分'으로 분류해 두었던 것이다.[27] 만약 영류산이 대성산이라고 한다면, 당시 김부식이 이를 인식하지 못했다는 것은 받아들이기 어렵다. 김부식은 누구보다 평양의 주요 지명과 지리에 대해 관심이 많았을 가능성이 크다. 왜냐하면 김부식은 1135년 서경에서 발생한 묘청의 난을 직접 진두지휘하며 진압한 인물이기 때문이다.[28] 대성산과 대성산성은 9세기『통전』에 노양산과 노성으로 정확히 '동북쪽'에 있다고 기록될 정도로 고구려 수도 방어체계에서 중요한 위치를 차지하고 있었다.

그렇다면 두 가지 가능성을 상정해 볼 수 있다. 첫째, 대성산과 영류산

....

27 『삼국사기』 권37, 잡지6, 지리4, 삼국유명미상지분. 한편 "영류산은 지금 서경의 북쪽 20리에 있다"는 세주는 평양 지역에 대한 지리적 지식이 풍부한 김부식이 해당 내용을 검토하다가 직접 추가한 정보일 가능성도 배제할 수 없다. "三國有名未詳地分에 영류산 지명이 포함되어 있는 것은 지리지 서술을 담당한 편사관이 해당 지리 정보를 알지 못한 상태에서 해당 목록을 작성하였고, 총책임자인 김부식이 이를 미처 체크하지 못한 것으로 이해하는 게 타당할 것이다."라는 논문심사자의 견해도 앞으로 숙고해 볼 필요가 있다.

28 묘청의 난과 김부식의 진압과정에 관해서는 이정신, 「고려의 대외관계와 묘청의 난」『사총』45, 1996 참조.

은 동일한 산이 아니라 별개의 산이라는 점이다. 대성산(노양산)은 『통전』의 기록대로 평양의 '동북쪽' 20리에 위치한 산이며, 영류산은 『삼국사기』의 기록대로 평양의 '북쪽' 20리에 위치한 산이라는 말이다. 둘째, 영류산은 김부식이 인식할 수 없을 정도로 상징성이나 인지도가 큰 산이 아니라는 점이다. 김부식은 나당연합군이 평양의 북쪽 20리에 주둔한 것은 분명히 인지했지만, 정확한 위치는 몰랐다는 말이다. 정리하면 나당연합군이 주둔한 영류산은 대성산이 아니라, 실제 평양의 북쪽 20리에 위치한 그리 크지 않은 산이었을 가능성이 크다고 할 수 있다.

영류산이 대성산이 아니라고 한다면 새롭게 위치를 비정해야 한다. 고구려 멸망 당시 당군의 남하 경로와 교통로 그리고 지형 등을 감안할 필요가 있다.

III. 당군의 남하와 욕이성의 위치

668년 고구려 멸망 당시 당군은 육로를 통해 요동을 거쳐 한반도로 남하했다. 당시 당군의 남하 경로는 다음의 사료가 참조된다.

① (668년) 9월에 李勣이 평양을 함락하였다. 이적이 大行城을 이기니 다른 道로 온 여러 군사들이 모두 이적과 합세하여 나아가 鴨綠柵에 이르렀다. 우리 군사가 맞서 싸웠으나 이적 등이 이를 깨뜨리고 200여 리를 쫓아와서 辱夷城을 함락하니, 여러 성에서 도망하고 항복하는 자가 연이었다.[29]
② 29일에 여러 道의 摠管이 모두 길을 떠났는데, 왕은 유신이 風病

....

29 『삼국사기』 권22, 고구려본기10, 보장왕 27년(668).

을 앓기 때문에 서울에 머물게 하였다. 인문 등이 英公과 만나 嬰留山(지금 西京 북쪽 20리에 있다) 아래로 진군하였다. 7월 16일에 왕이 한성주에 이르러 여러 도의 총관에게 교서를 내려 大軍과 회합하라 했다.30

이적은 요동을 지나 압록강을 건넌 후 남하하여 평양성에 이르렀다. 이적의 행군 경로는 대행성-압록책-욕이성-평양성 순이었다. 이적이 요동에서 대행성까지 이동한 구체적인 행로는 전해지지 않지만, 대체로 신성-요동성-오골성-대행성 루트였던 것으로 짐작된다.31 이적의 당군은 압록강 하구에 위치한 대행성을 거쳐 육로를 통해 남쪽으로 이동하였다. 이적은 압록책을 깨뜨리고 200여 리를 남하하여 욕이성을 점령했다.32

압록강과 평양 사이에 있던 욕이성의 위치는 구체적인 논증없이 막연히 安州나 청천강 북쪽으로 추정하는 견해가 나와 있다.33 압록책에서 남쪽으로 200여 리 떨어진 곳으로 보아 안주 일대나 청천강 북안으로 추정한 듯하다. 사료 ①에서 보듯이 욕이성이 당군에게 함락당하자, 諸城에서 달아나고 항복하는 자가 줄을 이었다고 한다. 다시 말해 욕이성은 주변 여러 성에 영향을 주는 상징적 위치에 있었음을 짐작할 수 있다.

고구려는 주요 교통로상의 大城을 중심으로 그 아래 中·下급의 城들이 상호 연결되어 방어체계를 구축하고 있었다.34 667년 新城이 함락당하자

....

30 『삼국사기』 권6, 신라본기6, 문무왕 8년(668).

31 노태돈, 『삼국통일전쟁사』, 서울대학교 출판부, 2009, 215쪽.

32 욕이성의 위치 비정에 관해서는 이상훈, 앞의 논문, 2018을 상당 부분 참조했음을 미리 밝혀둔다.

33 池內宏, 「高句麗討滅の役に於ける唐軍の行動」『滿鮮地理歷史報告』 16, 1941 ; 이병도, 『국역 삼국사기』, 을유문화사, 2004(초판 1983), 506쪽.

34 고구려의 성들은 주로 군사 방어를 위해 축조되었기 때문에 주요 교통로를 통제할 수 있는 요충지에 자리잡고 있었다(여호규, 앞의 책, 1998, 16~17쪽 ; 나동

주변 16성이 몰락했고, 668년 扶餘城이 함락당하자 주변 40여 성이 항복했다. 당시 고구려의 지방 통치체제는 大城-諸城-諸小城으로 조직되었고 각 단계의 지방관들도 상하 통속관계에 있었던 것으로 파악된다.[35] 욕이성은 신성이나 부여성과 마찬가지로 주변 여러 성들을 관할하던 大城,[36] 즉 거점성이었을 가능성이 크다.[37]

압록강 이남에서 평양 이북 지역은 현재 대체로 평안도에 해당한다. 욕이성과 관련하여 평안북도 일대 고구려 성의 현황을 확인해 보자.

〈표 3〉에 보이는 성들은 모두 중대형 포곡식 산성이며, 붉은색 기와를 비롯한 고구려 시기 유물이 출토되고 있어 고구려가 축조한 것임을 알 수 있다.[38] 청천강 이북에는 백마산성, 걸망성, 용골산성, 통주성, 능한산성, 농오리산성, 철옹성이 위치하고, 청천강 이남에는 안주성, 청룡산성, 흘골산성 등이 위치한다.

〈표 3〉 평양 이북 지역 고구려 성 현황[39]

명 칭	분류1	분류2	재 료	둘 레	고구려	기 타
백마산성	산 성	포곡식	석 축	1.4km	고 성	고려 개축
걸망성	산 성	포곡식	석 축	2.8km	·	고려 개축
용골산성	산 성	포곡식	석 축	0.6km	내 성	조선 개축

. . . .

욱, 앞의 논문, 2009, 24쪽).

35 김현숙, 「고구려 중·후기 중앙집권적 지방통치체제의 발전과정」『한국고대사연구』 11, 1997, 61쪽. 7세기 고구려 지방통치의 실질적 주체는 褥薩이었으며, 욕살은 大城에 주재하며 주변 諸城에 대한 統領權을 아울렀던 것으로 추정된다(방용철, 「연남생 형제의 내분과 지방세력 동향」『신라사학보』 39, 2017, 115쪽).

36 다만 645년 대당전쟁과 비교해 보면, 당시 고구려 군민의 항전의지가 크게 약화되었음을 부인하기는 어렵다(이문기, 앞의 논문, 2008, 88쪽).

37 정황상 거점성이었을 가능성이 크지만, 현재까지 욕살이 파견되었다는 구체적인 증거는 없다. 따라서 이와 관련하여 보다 진전된 연구가 필요해 보인다.

38 양시은, 앞의 논문, 2013, 135쪽.

39 양시은, 위의 논문, 2013, 135쪽.

명 칭	분류1	분류2	재 료	둘 레	고구려	기 타
통주성	평산성	포곡식	석 축	4km	·	고려 개축
능한산성	산 성	포곡식	석 축	2.8km	·	고려 개축
농오리산성	산 성	포곡식	석 축	2km	·	·
철옹성	산 성	산정식	석 축	1km	약산성	조선 개축
		포곡식	석 축	14km	본 성	조선 개축
안주성	평산성	포곡식	석 축	2.2km	내 성	고려 개축
청룡산성	산 성	포곡식	석 축	5.3km	내 성	고려 개축
흘골산성	산 성	포곡식	석 축	1.3km	·	고려 개축

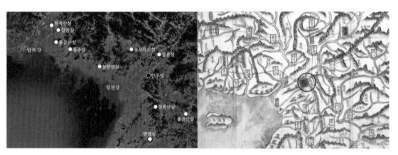

[그림 2] 평양 이북 지역의 고구려 성　　　[그림 3] 조선후기 팔도지도(八道地圖)

평안북도 지역에는 서해안을 따라 이동하는 교통로와 내륙을 따라 이동하는 교통로가 있다. 서해안 교통로는 의주-용천-선천-정주-안주-숙천-평양으로 이어지며, 내륙 교통로는 강계-전천-회천-영변-개천-순천-평성-평양으로 이어진다. 서해안 교통로와 내륙 교통로는 모두 안주성을 거쳐 다시 평양 외곽의 청룡산성으로 연결된다는 특징이 있다.[40] 다시 말해 안주성이 압록강 이남과 평양 이북 사이의 교통 결절지였음을 알 수 있다.

안주성은 안주읍 동쪽 가두산을 배경으로 하고 청천강을 자연 해자로 하여 안주읍내를 둘러막은 평산성이다. 고구려 시기부터 줄곧 청천강 일

----

40 고구려는 접근이 어려운 내륙 교통로보다 많은 병력이 이동할 수 있는 서해안 교통로에 방어력을 집중하였다고 볼 수 있다(양시은, 앞의 논문, 2013, 134~136쪽).

대를 수비하는 서북지역 중심성의 하나로 기능해왔다. 북쪽으로 의주를 거쳐 요동으로 통하고, 동쪽으로 개천·순천을 거쳐 함경남도와 강원도로 통하며, 남쪽으로 평양을 거쳐 황해도로 통하고, 서쪽으로 청천강을 거쳐 서해로 통한다. 주변에 안주벌, 박천벌, 열두삼천벌 등 기름진 평야가 있어 그 이점을 취할 수 있는 유리한 위치에 있는 성이었다.[41] 고려시대 안주성은 북방 이민족이 침입해 오는 길목이었으며, 조선시대에도 서북지방 여러 성들의 군사를 통솔하는 거점성으로서 기능했다.

> (667년) 8월에 왕이 대각간 김유신 등 30명의 장군을 거느리고 서울을 출발하여, 9월에 漢城停에 이르러 英公의 來壞을 기다렸다. 10월 2일에 영공이 평양성 북쪽 200리 되는 곳에 이르러, 이동혜촌주 대나마 江深을 시켜 거란의 기병 80여 명을 영솔하고 阿珍含城을 지나 한성에 이르러 편지로 출병일을 독촉하였다.[42]

나당연합군은 667년에도 평양성을 공격하기 위해 각각 행군했다. 667년 10월 이적은 평양성에서 북쪽으로 200리되는 지점에 주둔했다. 평양성에서 북쪽으로 200리(약 80km)되는 지점은 청천강 이남의 안주성 혹은 청천강 이북에서 멀지 않은 어느 지역이라 할 수 있다.[43] 667년 이적은 안주 혹은 청천강 일대에 도착한 후 강심을 보내 신라에 연락을 취했던 것이다.

667년 이적이 평양 이북 200리에서 연락책으로 강심을 파견한 장소와

----

41 서일범, 「북한 내의 고구려 성 분포와 연구현황」, 『고구려발해연구』 8, 1999, 125~126쪽.
42 『삼국사기』 권6, 신라본기6, 문무왕 7년(667).
43 안주성에서 평양성까지 직선거리는 약 70km 내외인데, 교통로를 감안하면 약 80km 정도로 볼 수 있다.

668년 이적이 압록책을 지나 200여리 남하한 지점을 상기해 보자. '평양 이북 200리'는 평양에서 북쪽으로 약 80km 떨어진 곳을 의미하고 있다. 직선거리로 80km 위치는 청천강 북안의 박천군 일대에 해당한다. 당시 교통로를 감안할 때 청천강 남안의 안주일 가능성을 배제할 수 없으며, 안주가 아니라 하더라도 청천강 일대임은 분명하다. '압록책 이남 200여리'라는 표현은 300리 이하였기 때문에 200여리라고 서술했음에 분명하다.[44] 따라서 200여리는 80km 이상 120km 미만이라고 보는 것이 합리적이다.[45]

압록강에서 청천강까지의 직선거리가 약 100km이다. 평양 이북 200리와 압록책 이남 200여리는 모두 청천강 일대를 나타내고 있으며, 〈표 3〉과 [그림 2]를 참고해 볼 때 이 일대의 고구려 거점성은 안주성밖에 없음을 알 수 있다. 즉 이적의 당군은 667년과 668년 모두 압록강에서 청천강 일대까지 남하하였고, 안주성에 주둔하였을 가능성이 크다. 그렇다고 한다면 668년 이적이 주둔한 욕이성은 안주성이라고 할 수 있다.

IV. 안주-평양 교통로와 나당연합군의 남하

안주-평양 간 교통로는 조선시대 義州路의 일부이다. 의주로는 서울에

....

44 300리를 초과하거나 300리에 가까웠다면 200여리가 아니라 300리로 표현했을 것이다.

45 "1리의 거리는 시대와 나라마다 다르다. 1리=4km는 근대 일본에서의 길이 단위이다. 수·당대의 1리는 약 530~550m 정도이다. 이를 기준으로 200리를 계산해 보면 106~110km 정도가 된다. 그러면 압록강에서 청천강 안주까지의 실제 거리와 거의 근사하다." 논문 심사자의 견해를 그대로 수용하여 반영하였음을 밝혀둔다.

서 출발하여 개성, 평산, 황주, 평양, 안주, 정주를 거쳐 의주에 이르는 경로이다. 의주로는 중국 使行路 및 국방상의 중요성 등으로 인해 조선에서 가장 중요한 도로라고 할 수 있다.[46] 고려시대에는 興化道라고 하여 강동 6주의 하나인 홍화진으로 연결되는 군사도로였다.[47] 이러한 의주로의 성립은 삼국시대 고구려에서 국내성과 평양 사이에 17驛을 설치한 것이 그 시초이다.[48]

총장 2년(669) 英國公 李勣이 칙명을 받들어, 고구려의 여러 城에 都督府와 州縣을 설치하였다. 目錄에 이르기를 압록 이북의 이미 항복한 성이 11성인데, 그 중 하나가 국내성이다. 평양에서 여기(국내)까지는 17驛이다.[49]

『삼국사기』에는 고구려 멸망을 전후하여 당의 장수 이적이 고구려 성들을 편제했던 기록이 남아 있다. '目錄'[50]에 따르면 국내성에서 평양까지 17역이 있다고 되어 있다. 사료에 나타난 역은 당에 의해 설치되었다고 볼 수도 있지만, 고구려 멸망 전후의 상황이기 때문에 이는 고구려 시기 이래의 역로로 보는 것이 자연스럽다.[51] 이러한 역로체계는 후대에도 유

....

46 류명환, 「의주로 道程 기록 계통 연구」, 『한국고지도연구』 6-1, 2014, p.38. 조선 시대의 6大路 체제는 19세기 후반에 이르러 10大路 체제로 변화하는데(신춘호, 「고지도를 통해 본 의주대로 원형 복원 일고」, 『한국고지도연구』 6-1, 2014, 11쪽), 그 가운데 1大路는 역시 의주로였다.

47 한정훈, 「고려 전기 兩界의 교통로와 운송권역」, 『한국사연구』 141, 2008, 132쪽.

48 이혜은, 「조선시대의 교통로에 대한 역사지리적 연구」, 이화여자대학교 석사학위논문, 1976, 23쪽.

49 『삼국사기』 권37, 잡지6, 지리4, 고구려.

50 이적의 '目錄'에 관해서는 다양한 견해가 제시되어 있지만, 이적이 이끄는 당군이 667년 무렵의 개전 초기에 작성한 일종의 戰況表라고 이해하는 것이 일반적이다(노태돈, 『고구려사 연구』, 사계절, 1999, 222~225쪽).

지 계승되었을 가능성이 크다.[52]

조선시대 평양-만포 간의 교통로를 살펴보면, 15개의 역참이 확인되는데, 역간 거리를 감안해 보면 누락된 역참 2~3개를 추가 상정해 볼 수 있다. 이는 고구려시기의 郵驛제도가 큰 변화없이 조선시대까지 유지 계승되어 활용되었을 가능성이 매우 높다는 것을 의미한다.[53] 여기에서 주목할 것은 평양에서 만포로 이어지는 교통로와 평양에서 의주로 이어지는 교통로 모두 안주에서 분기한다는 점이다. 안주에서 동북 방향으로 나아가면 만포가 나오고, 서북 방향으로 나아가면 의주가 나온다. 반대로 말해 북방에서 내려오는 주요 교통로는 청천강 하류의 안주에서 수렴된다는 점이다.

평양에서 청천강 방면으로 나아가는 길은 크게 두 가지이다. 첫째, 평양-순안-숙천-안주로 이어지는 교통로이다. 둘째, 평양-평성-순천-개천으로 이어지는 교통로이다. 반대로 청천강 방면에서 평양으로 남하하는 교통로는 역순이다.[54] 고구려 멸망 당시 한반도로 진입한 당군은 주로 평안도 서해안을 따라 남하하여 안주 일대에 주둔했다. 따라서 이들이 두 교통로 가운데 어느 쪽으로 이동하는 것이 더 유리했는지 살펴볼 필요가 있다.

첫째, 안주-숙천-순안-평양이다. 대부분 평야지대를 관통하여 빠르게 남하할 수 있는 교통로로서 이동시간이 짧다. 당의 대규모 원정군은 장기 주둔하며 조금씩 영토화를 진행할 상황이 아니었다. 이들은 빠르게 남하

----

51 조병로, 『한국역제사』, 한국마사회 마사박물관, 2002, 62~63쪽.

52 조법종, 「고구려의 우역제와 교통로」 『한국고대사연구』 63, 2011, 53쪽.

53 조법종, 위의 논문, 2011, 54~55쪽.

54 압록강 남안의 의주에서 용천-염주-곽산-정주-안주-숙천-평양으로 이어지는 교통로를 沿海通路, 의주에서 구성-태천-영변-개천-순천-평성-평양으로 이어지는 교통로를 內陸通路라고 부르기도 한다(남일용, 『중세 우리나라 서북지방의 성 방어체계』, 김일성종합대학출판사, 1995 ; 서일범, 앞의 논문, 1999, 118쪽 재인용).

하여 고구려의 수도 평양을 함락시키는 것이 목표였다. 협로가 많은 산악지대나 하천 도하가 많은 교통로는 매복과 기습에 취약하기 때문에 피하는 것이 유리하다.

[그림 4] 안주-평양 교통로

둘째, 안주-개천-순천-평양이다. 안주에서 개천을 경유할 경우 시간 소모가 크므로 개천과 순천 사이의 지름길을 이용할 수도 있다. 하지만 안전이 보장되지 않는 산악지대를 통과해야 하는 위험부담을 가지고 있다. 또한 무사히 평성까지 남하했다고 하더라도 또 다시 산악지대를 통과해야 평양 일대로 나올 수 있다. 특히 평성과 평양에 이르는 길목에 인접해 고구려의 방어시설들이 밀집해 있어 위험부담은 더욱 가중된다. 물론 당군의 목표가 고구려군 주력의 섬멸이라면 위험을 무릅쓰고 의도적으로 진군할 수도 있다. 문제는 퇴로의 확보다. 장기 주둔할 목적이 아니라면 진군할 때에는 철수를 고려하여 진군로를 선택해야 한다. 자칫 퇴로가 차단될 경우 적지에서 전멸할 우려가 있기 때문이다.

고구려 멸망 당시 안주에 도착한 당군이 개천-순천-평성을 경유하여 평양으로 진군할 가능성은 희박하다. 물론 일부 견제부대나 조공부대는 진출시킬 수 있지만, 주력부대를 투입시켜야 할 군사적 유리함은 거의 없다고 보아도 무방하다.[55] 따라서 병력의 투입과 철수가 유리하고 보급이 용이하며 시간 소모가 적은 안주-숙천-순안-평양 교통로를 선택하는 것은 당연한 수순이라 할 수 있다. 요동 지역을 통과한 수·당의 군대가 평양으로 진격하기 위해서 의주-선천-정주-안주-숙천-순안-평양으로 이어지는 교통로를 이용하는 것이 가장 효율적이었던 것이다.

1929년 일제시기에 작성된 「안주군세일람도」에는 당시 안주의 도로 상황이 표기되어 있다. 도로는 1등도로(굵은 실선), 2등도로(이중 실선), 3등도로(이중 점선), 주요도로(가는 실선) 4가지로 구분되어 있다. 가장 중요한 1등도로는 안주에서 남쪽 숙천으로 이어지는 도로이고, 다음 2등도로는 안주에서 동쪽 개천으로 이어지는 도로이다. 「안주군세일람도」를 통해 보더라도 안주에서 평양으로 가는 가장 중요한 도로는 숙천과 순안을 경유하는 노선이었음을 확인할 수 있다.

．．．．．．．．．．．．．．．．．．．．

55 이와 관련하여 평양성 공격을 준비하는 당군이 대성산 일대에 주둔하는 것이 자연스럽다고 보는 견해도 있다(김병곤, 「668년 고구려 멸망시 사천원전의 재구성 및 의의」 『고구려발해연구』 46, 2013, 127쪽). 즉 평양성에 있는 고구려 지휘부가 대성산성으로 피신하는 것을 방지하며 평양성-청암리토성-대성산성으로 연결된 일련의 방어체계를 무력화시킬 수 있다는 것이다. 하지만 668년 당군이 한반도로 남하하는 과정에서 오히려 이 일대의 방어는 이미 상당히 강화되어 있었을 가능성이 크다.

[그림 5] 安州郡勢一覽圖

　　드디어 동쪽으로 나아가 薩水를 건너 평양성에서 30리 떨어진 곳에 산을 의지하여 진영을 베풀었다. 을지문덕이 다시 사람을 보내 거짓 항복하며 우문술에게 청하여 말하길 "만약 군사를 돌린다면 왕을 받들고 행재소에 가서 조건하겠다"고 하였다. 우문술은 사졸이 피로하여 다시 싸울 수 없음을 보고, 또 평양성이 險固하여 갑자기 함락시키기 어려움을 짐작하고, 드디어 그 거짓 항복을 빌미로 돌아갔다. 우문술 등이 方陣을 만들어 행군하니 우리 군사가 四面에서 鈔擊하였다.[56]

　　위의 사료는 612년 수의 고구려 공격 상황을 전하고 있다.[57] 우문술이

----

56 『삼국사기』 권20, 고구려본기8, 영양왕 23년.
57 고구려와 수의 전쟁에 관한 최근 연구로는 정동민, 『고구려와 수 전쟁 연구』, 한국외국어대학교 박사학위논문, 2017과 이정빈, 『고구려-수 전쟁』, 주류성,

30만 별동대를 거느리고 살수(청천강)을 건너 평양성 인근까지 남하한 상황이다. 우문술이 북쪽에서 남쪽으로 이동했기 때문에 '평양성에서 30리 떨어진 곳(去平壤城三十里)'은 당연히 평양성 북쪽 30리임에 틀림없다. 우문술은 그 곳에서 '산을 의지하여 진영을 설치했다(因山爲營)'고 한다. 또한 우문술이 철수할 때는 '방진을 만들어 행군하였는데(方陣而行)', 이를 '고구려군이 사방에서 공격했다(我軍四面鈔擊)'고 한다.

대규모 진영을 설치하기 위해서는 적의 기습이나 야간 공격을 충분히 방어할 수 있는 지형이 있어야 한다. 612년 우문술의 별동대는 평양 북쪽 30리 지점의 어느 고지에 의지하여 대규모 진영을 편성하였다가 철수하였다.[58] 이 고지는 주변을 감제하는 동시에 방어거점 역할을 할 수 있는 고지였음에 분명하다. 668년 이적의 당군이 평양 북쪽 20리 지점까지 남하할 때에도 이 고지 일대는 분명 주요한 거점 역할을 했을 것이다.[59]

우문술이 이끄는 수군이 살수를 건넌 곳은 청천강 하류의 안주 일대가 유력하다.[60] 또한 수군이 남하한 진군로는 안주-숙천-순안-평양 교통로였

2018 등이 참조가 된다. 다만 두 연구에서도 수나라 군대가 어디까지 남하했는지에 대한 언급은 없는 실정이다.

58 중국세력이 대동강 수로를 이용하는 水軍이 아니라, 육로를 이용하여 고구려의 수도인 평양까지 공격하는 것은 용이하지 않았다. 고구려 영토로 들어와서도 요동지방 여러 성들의 저항이 있었고, 그곳을 통과했다고 하더라도 압록강과 청천강을 도하해야만 했기 때문이다(田中俊明 저, 김희찬 역, 「성곽시설로 본 고구려의 방어체계 – 왕도 및 대중국 방어를 중심으로 –」 『고구려연구』 8, 1999, 225쪽).

59 고대의 기록상으로 볼 때 20리나 30리나 시기별 서술 경향에 따라 차이가 발생할 수 있다. 어쩌면 두 지점은 동일한 고지를 언급하고 있을 지도 모른다. 다만 본고에서는 살수대첩이 아니라 고구려 멸망 당시의 상황을 서술하는 관계로, 이에 대한 자세한 언급은 생략한다.

60 1847년(헌종 13) 안주지역에 「乙支文德碑」가 건립되었는데, 한동안 잊혀졌다가 1910년 평안남도 안주군 龍塘峴에서 발견되었다(이정빈, 「1847년 평안도 안주지역의 을지문덕비 건립과 의미 – 조선후기 을지문덕 숭앙과 평안도인의 지역

을 가능성이 크다. 우문술이 철수할 때 '方陣'을 쳤는데, 방진은 은폐·엄폐할 장애물이 없는 개활지에서 이동할 때 선택하는 진형이다. 또한 고구려군이 '四面'에서 초략했다는 점에서도 매복 공격을 했던 것이 아님을 알 수 있다. 만약 우문술이 개천-순천-평성-평양 교통로를 이용하였다면, 협로가 많아 방진을 치며 행군하기도 어렵고 또한 고구려군도 사방에서 초략이 아니라 매복 공격을 했을 것이다. 다시 말해 우문술은 안주-숙천-순안-평양에 이르는 평야지대 교통로를 따라 남하했다가 다시 철수했던 것으로 볼 수 있다.

V. 평양 이북 교통로와 영류산의 위치

앞서 안주에서 평양에 이르는 교통로를 살펴보았다. 여기에서는 평양 인근의 교통로와 지형을 감안해서 영류산의 위치를 비정해보고자 한다.

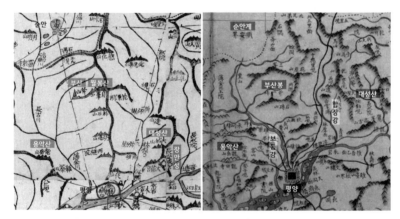

[그림 6] 대동여지도(大東輿地圖)　　[그림 7] 팔도군현지도(八道郡縣地圖)

....

사 재인식-」『역사와 실학』52, 2013, 158쪽).

조선후기에 제작된 「대동여지도」와 「팔도군현지도」를 살펴보면, 평양 서북에 龍岳山이 있고 동북에 大城山이 있다. 그리고 평양에서 순안에 이르는 길목에 斧山이 있는데, 모두 烽燧 표시가 되어 있다. 두 지도에는 평양에서 북쪽으로 향하는 교통로가 잘 묘사되어 있다. 평양에서 순안에 이르는 길은 용악산 안쪽의 보통강을 따라 형성되어 있으며, 평양에서 평성에 이르는 길은 대성산 안쪽의 합장강을 따라 형성되어 있음을 알 수 있다. 즉 평양에서 북쪽으로 향하는 두 교통로는 보통강과 합장강을 이용하고 있는 것이다.

일반적으로 하천은 지형을 따라 발달하기 때문에 자연히 교통상 유리한 조건을 가지고 있다. 특히 대규모 군사들의 이동에는 식수 공급이 절대적으로 중요한 고려사항 중의 하나이다.[61] 음용이나 취사를 위해서 식수 공급이 용이한 하천을 따라 이동하는 것이 편리할 수밖에 없다. 따라서 고대부터 평양에서 북쪽으로 이동할 때에는 주로 보통강 교통로와 합장강 교통로를 이용하였다고 보아도 무방할 것이다.

평양에서 안주로 향하는 교통로는 크게 두 가지다. 문제는 평양에서 순안으로 북상하는 길과 평성으로 북상하는 길 가운데 어느 쪽이 더 편리하느냐하는 것이다. 평양에서 보통강을 따라 북상하는 길은 대부분 평야지대이며,[62] 반대로 합장강을 따라 북상하는 길은 대부분 산악이나 구릉지대이다. 당연히 보통강 쪽으로 형성된 교통로가 인원이나 물자의 이동이 유리할 수밖에 없다. 이에 『신증동국여지승람』이나 『대동지지』는 모

---

61 현재 한국군 장병 1인당 1일 식수 소요량은 4L가 기준인데(육군본부, 『기술 및 군사제원 야전교범』 4-0-1, 육군인쇄창, 2006, 7~12쪽), 고대의 경우 식수를 아껴쓴다고 하더라도 1인당 3L는 필요했을 것이다(이재준, 『백제멸망과 부흥전쟁사』, 경인문화사, 2017, 46쪽 참조).

62 이중환의 『擇里志』卜居總論 山水에는 "(평양) 서북쪽은 좋은 밭과 평평한 두렁이 지평선까지 펼쳐졌으니, 이것은 하나의 별천지이다"라고 되어 있다.

두 평양에서 안주에 이르는 길을 평양-순안-숙천-안주로 기록하고 있다.[63]

교통로와 지형을 고려할 때 평양에서 순안 사이에 위치한 斧山과 月峯山의 존재가 주목된다. 부산과 월봉산은 烽燧山과 인접한 산으로 평양 북쪽에 위치하고 있다.

 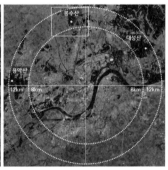

[그림 8] 평양 인근의 지형   [그림 9] 봉수산의 위치

영류산은 평양에서 북쪽으로 20리(8km) 떨어진 지점에 있다. 거리, 지형, 교통로 등을 고려하여 찾아야 할 것이다. 기본적으로 대동강이 위치한 남쪽을 제외하고 서북·북·동북쪽의 산을 살펴볼 필요가 있다. 측정 기준점을 평양의 어디로 설정하느냐와 당시 지형과 교통로에 따라 거리의 가감이 있을 수 있다. 『신증동국여지승람』에는 대성산이 북쪽으로 20리(8km) 떨어져 있고, 용악산이 서쪽으로 28리(11km) 떨어져 있다고 되어 있다.[64] 이를 고려하여 평양을 중심으로 20리(8km)와 30리(12km) 거리를 점선으로 표시한 것이 [그림 9]이다.

영류산은 대체로 이중 점선으로 된 상단의 반원 안쪽에 위치했을 것으

63 『新增東國輿地勝覽』 卷51, 平安道 ; 『大東地志』 卷27, 程里考.
64 『新增東國輿地勝覽』 卷51, 平安道 平壤府.

로 추정된다. 이 구역에 위치한 주요 산으로는 서북쪽의 용악산(292m), 북쪽의 봉수산(165m), 동북쪽의 대성산(274m) 정도밖에 없다. 이 가운데 용악산은『신증동국여지승람』에 서술된 것처럼, 실제로는 서북쪽이라고 보기 어렵고 '서쪽'이라고 하는 것이 자연스럽다.65 또한 앞서 언급했듯이 대성산은 '동북쪽'에 위치하고 있으므로 '북쪽'이라고 하기 어렵다. 그렇 다면 평양의 북쪽 20리에 위치한 산으로는 봉수산만 남게 된다.

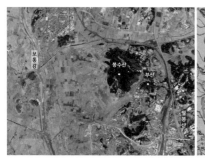 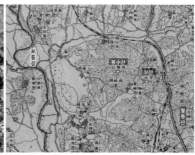

[그림 10] 현재 봉수산의 지형   [그림 11] 일제시기 봉수산의 지형

　　[그림 10]은 현재의 봉수산 일대를 나타낸 것이며, [그림 11]은 1930년 일제시기의 봉수산 일대를 보여주고 있다. 봉수산(165m)을 중심으로 볼 때 왼쪽으로 보통강으로 흐르고 있고, 오른쪽 아래에 부산(114m)이 있으 며, 더 아래로 가면 월봉산(71m)이 위치하고 있다. 보통강의 경우 일제시 기에 비해 현재 유로의 직선화가 상당히 진행되었음을 알 수 있다. 하지 만 교통로는 주변 지형에 따라 일제시기나 지금이나 큰 차이없이 거의 그 대로 유지되고 있음을 알 수 있다.

　　『신증동국여지승람』에는 봉수산 자체에 대한 기록은 남아있지 않다.

65『新增東國輿地勝覽』卷51, 平安道 平壤府, "龍岳山 在府西二十八里 一名弄鶴山."

그런데 봉수산에 연접한 부산에 대해서는 다음과 같이 기록하고 있다. "부산은 부의 북쪽 30리에 있다. 속전에 한 용맹한 장수가 도끼를 가지고 여기에서 적을 무찔렀다고 하여 이름하였다."[66] 전근대시기 최고 통치권자인 국왕이 장수에게 軍令權을 위임하는 경우[67] 대개 지휘권의 상징으로서 도끼[斧鉞]를 수여한다. 부산에서 장수 1명이 홀로 주무기로 도끼를 사용했을 수도 있다. 하지만 '장수가 도끼로써 적을 무찔렀다'는 의미에서 볼 때 군령권을 행사하여 집단 활동으로 적을 무찔렀다고 보는 것이 자연스럽다. 왜냐하면 큰 전투가 있었기에 그러한 얘기가 후대에 전해졌을 가능성이 크기 때문이다.

또한 『신증동국여지승람』에는 부산의 烽燧에 대해 언급되어 있다. "부산 봉수는 북쪽으로 順安縣 獨子山에 응하고, 남쪽으로 作藥山에 응한다."[68] 부산의 봉수는 북쪽 순안에서 내려오는 연락을 이어받아 남쪽 평양으로 전달하는 역할을 했음을 알 수 있다. 고대부터 대략 수십 리의 거리마다 서로 바라보고 살피기 좋은 요지의 산꼭대기에 봉수를 두어 연락을 취했다. 조선시대의 봉수제는 그 이전 고려시대와 삼국시대의 봉수제를 기반으로 성립하였다.[69] 따라서 고구려의 수도 평양에 인접한 봉수산의 봉수는 삼국시대부터 존재했을 가능성이 있다.

[그림 10·11]에서 확인되듯이 부산과 봉수산은 동서로 연접해 있기 때문에, 하나의 산으로 인식해도 크게 무리가 없다. 따라서 부산과 봉수산은 서로 혼용되어 사용되었을 가능성을 배제할 수 없다. 다만 봉수산(165m)이 부산

---

66 『新增東國輿地勝覽』卷51, 平安道 平壤府, "斧山 在府北三十里 諺傳 有一勇將以 斧克敵於此 故名之."

67 이문기, 『신라병제사연구』, 일조각, 1997, 274쪽.

68 『新增東國輿地勝覽』卷51, 平安道 平壤府, "斧山烽燧 北準順安縣獨子山 南準作藥山."

69 김주홍, 「조선시대의 봉수제-경기지역을 중심으로-」『역사와 실학』19·20, 2001, 181쪽.

(114m)보다 높기 때문에 봉수산에 봉수대가 설치되었던 것으로 여겨진다. 봉수산에는 봉수대가 설치되었고, 부산에는 장수 전설이 전해지고 있다. 두 산 모두 군사활동과 연관된 지명이다. 다시 말해 봉수산 및 부산 일대에서 대규모 전투나 부대 주둔이 이루어졌을 가능성이 제기되는 것이다.

이와 관련하여 일제시기 이전에 작성된 일본 군부의 지도들이 참고된다.[70]

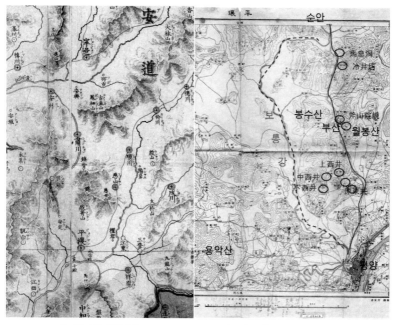

[그림 12] 朝鮮全圖   [그림 13] 韓國五萬分一圖

[그림 12]는 일본 육군성 參謀局에서 1875년 제작한 「조선전도(1/1,00

....

70 [그림 12·13]의 일본 군부가 작성한 지도는 해군사관학교 박준형 박물관장이 제 공한 것으로서 이 자리를 빌려 감사의 말씀을 전한다.

0,000)」의 일부이다. 이 지도에서도 마찬가지로 전근대시기 평양에서 안주로 이어지는 교통로는 순안과 숙천을 경유하고 있었음을 알 수 있다. [그림 13]은 일본 육군성 육지측량부(임시측도부)에서 1895년에 測圖하고 1898년에 製版한 「韓國五萬分一圖」의 平壤 제6호 부분이다. 이 지도에는 평양에서 순안을 거쳐 의주로 가는 주요 도로가 보통강이 아니라 평양에서 바로 북쪽의 봉수산 방향으로 이어져 있다. 북쪽으로 향하는 주요 도로가 봉수산과 부산 사이를 관통하고 있음을 알 수 있다.

[그림 13]을 참조해 보면, 이 지역에는 斧山面, 斧山下沙洞, 斧山七里 등 부산과 관련된 지명이 많이 남아있다. 또한 부산 인근에 斧山院峴이라는 지명이 남아 있어, 이 지점에 譯院이 있었음을 충분히 짐작해 볼 수 있다. 아울러 馬息洞이라는 지명과 상당수의 井이 포함된 지명이 남아 있어, 이 일대가 대규모 군대가 주둔하기 용이한 곳이었음을 알 수 있다.[71]

봉수산과 부산은 평양에서 북쪽으로 9~10km 정도 떨어져 있으며, 대성산이나 용악산과 달리 거의 정북쪽에 위치하고 있다. 따라서 나당연합군이 욕이성(안주)에서 보통강 교통로를 따라 남하하여 평양 북쪽 20리에 주둔한 영류산은 봉수산(부산) 일대인 것으로 추정해 볼 수 있다. 물론 당대의 기록이 부족하고 전근대의 자료가 대부분이라서, 영류산을 봉수산(부산)이라고 단정할 수는 없다. 하지만 이 일대가 대성산보다 영류산으로서 가능성은 훨씬 높다고 하겠다. 앞으로 관련 자료가 더 발굴되기를 기대해 본다.

....

71 박준형, 「'고구려 영류산의 위치와 나당연합군의 진군로'에 대한 토론문」,『국방부 군사편찬연구소·한국고대사탐구학회 공동 학술대회 발표집 - 한국 고대 군사사와 동아시아 - 』, 2020, 160쪽.

VI. 맺음말

668년 고구려 멸망 당시 신라와 당은 연합군을 형성하여 평양을 함락했다. 당군은 요동을 거쳐 한반도로 남하했고, 신라군은 이에 호응하여 북상했다. 신라군 본대가 출발하기 앞서 선발대가 먼저 해로를 이용해 북상하여 당군과 합류했다. 당군과 신라군 선발대는 안주 일대에서 합류한 후 남하하여 영류산에 주둔했다. 나당연합군의 평양 공격 거점이 바로 영류산이었던 것이다.

영류산은『삼국사기』에 따르면 평양 북쪽의 20리 지점이 있다고 되어 있다. 일제시기 일본학자가 평양 동북쪽의 20리 지점에 위치한 대성산을 영류산으로 비정한 이후, 별다른 의심없이 학계에 수용되어 왔다. 하지만 대성산은 노양산이라고도 불리었으며, 중국 사서들에 분명히 평양 동북쪽에 위치한다고 되어 있다. 따라서 대성산은 평양 북쪽에 위치한 영류산과 별개의 산으로 추정된다.

안주에서 남하한 나당연합군은 안주-숙천-순안-평양으로 이어지는 교통로를 이용한 것으로 판단된다. 개천-순천-평성-평양 교통로에 비해 평야지대라서 군사적 이점이 많았다. 영류산은 바로 이 교통로상에 위치한 것으로 볼 수 있다. 평양 북쪽의 주요 산 가운데 서북쪽에 용악산, 동북쪽에 대성산이 자리잡고 있지만, 나당연합군의 남하경로와는 거리가 멀다.

교통로와 지형을 감안할 때 평양 북쪽에 위치한 봉수산이 주목된다. 봉수산 인근에는 부산과 월봉산 등이 있는데, 부산은 봉수산과 연접해 있다. 봉수산과 부산은 평양에서 북쪽으로 20~30리 거리에 있으며, 봉수산에는 전근대시기 주요 통신수단이었던 봉수대가 위치했고, 부산에는 장수가 도끼로 적을 무찔렀다는 전설이 남아있다. 이러한 맥락에서 볼 때 평양 북쪽 20리에 위치했던 영류산은 봉수산(부산) 일대를 가리키는 것으로 여겨진다.

매소성 戰役 및 나당전쟁의 종료 始點에 대한 재검토

김 병 희 ㅣ 경기대학교 강사

Ⅰ. 머리말

羅唐戰爭은 7세기 중후반에 한반도를 중심으로 전개된 동북아시아 각국의 갈등이 마무리되면서 당시의 국제 질서가 새롭게 재편되는 계기로 주목되어 왔다. 이에 따라 나당전쟁에 대한 학계의 연구 역시 다양한 주제로 상당한 성과가 축적되었다.[1] 그리고 나당전쟁과 관련된 여러 주제

---

1 2016년까지의 羅唐戰爭에 대한 기존의 연구 성과와 諸 논의는 이상훈, 「나당전쟁 연구동향과 전망」, 『軍史』100, 2016 및 최진열, 「唐 前·後期 羅唐戰爭 서술과 인식-『唐會要』와 『通典』의 분석을 중심으로」, 『동북아역사논총』56, 2017, 137~139쪽 참조. 2017년부터 현재(2020년 3월)까지 羅唐戰爭을 주제로 한 연구 성과는 다음과 같다. 權昶赫, 「7세기 후반 新羅의 對唐戰爭과 북방정책」, 고려대학교 석사학위논문, 2017 ; 「나당전쟁 시기 매소성 전투와 신라의 북방전선」, 『韓國古代史研究』95, 2019 ; 김병희, 「伐伐浦 戰鬪와 羅唐戰爭의 終了」, 『新羅史學報』46, 2019 ; 金正珉, 「669년 신라의 사죄사 파견과 나당전쟁」, 동국대 석사학위논문, 2017 ; 김정민, 「669년 신라의 사죄사 파견과 나당전쟁의 발발배경」, 『韓國史研究』178, 2017 ; 윤경진, 「買肖城 전투와 羅唐戰爭의 종결 -『三國史記』 신라본기 675년 2월 기사의 분석」, 『史林』60, 2017-a ; 「羅唐戰爭 終戰期 전황의 새로운 이해」, 『軍史』104, 2017-b ; 曹凌, 「從高句麗滅亡到羅唐戰爭的爆發(고구려의 멸망에서 나당전쟁 발발로)」, 『中國古中世史研究』44, 2017 ; 「唐新戰爭前期唐的韓半島戰略及戰爭的趨移(당신전쟁 전기 당의 한반도 전략과 전쟁의 추이)」, 『中國史研究』

중에서도 특히 전쟁이 종료될 무렵에 해당되는 675년의 전황은 최근까지도 주된 관심의 대상이 되고 있다.[2]

675년의 나당전쟁 전황이 현재에도 조명을 받는 이유는 중요성이 높은 泉城·買肖城 전투 등에 대해 학자마다 보는 시각 및 해석의 차이가 존재하기 때문이다. 이는 동일한 사건으로 여겨지는 내용에 대해 한·중 사서의 기록이 서로 다른 것에 그 원인이 있다. 그리고 해당 기록 중 어디에 신빙성을 부여하느냐에 따라 전체적인 시각 역시 달라질 수밖에 없다. 이에 본고에서는 관련 기록들에 대한 재검토를 통해 675년의 나당전쟁 전황을 새롭게 재구성해보고자 한다.

우선 Ⅱ장에서는 675년 2월 기사를 한·중의 각 사서들이 어떻게 기록하였는지 제시할 것이다. 그리고 이에 대한 분석을 통해 서로 차이가 나는 기록이나 한쪽에만 등장하는 기록을 최대한 합리적으로 해석해보려고 한다.

다음으로 Ⅲ장에서는 670년대 당의 한반도 전선에서 활동한 장수 설인귀의 행적에 대해 고찰해볼 것이다. 국내 학계는 『三國史記』를 근거로 675~676년에 설인귀가 한반도 전선에 참전한 것으로 보는 반면, 국외 학계는 『舊唐書』를 근거로 설인귀가 유배 중이었기 때문에 참전할 수 없다고 보아 대체로 675년 2월 이후의 전투 기사 자체에 의문을 제기하고 있다. 설인귀의 행적 문제가 해결되지 않는 한 학계의 견해는 계속 평행선을 달릴 것이다.

Ⅳ장에서는 Ⅱ·Ⅲ장의 내용을 토대로 675년의 전황이 어떻게 전개되었는지를 살펴보도록 하겠다. 아울러 필자는 이전에 매소성 전투에 대한 2편의 拙稿[3]를 발표하였는데, 본고를 집필하는 과정에서 수정·보완해야

....

115, 2018 ; 최진열, 앞의 논문, 2017.

2 權昶赫, 앞의 논문들, 2017-a 및 2017-b.

될 사항이 생겼다. 이를 IV장에서 언급하고자 한다. 나아가 나당전쟁 종료의 始發點, 즉 종료 분위기 형성의 계기에 대해 확인할 것이다. 그리고 이를 통해 675년의 나당전쟁에 대한 역사적 의미를 되짚어보고자 한다.

II. 한·중 사서의 675년 2월 기사 재검토

675년 이후의 나당전쟁 관련 기사를 재확인하기에 앞서 한·중 사서에 대한 필자의 입장을 먼저 밝히고자 한다. 필자는 이전에『資治通鑑』과『삼국사기』의 675년 기사를 비교해본 결과 신라와 당 양측이 매소성 전투를 모두 자신들의 승리로 기록하였는데, 이는 서로 時點이 다르며 자신들의 패배에 대해서는 의도적으로 축소하거나 누락시킨 것으로 보았다.[4] 이는 지금도 마찬가지이며, 각 사서의 편찬자 입장에 따라 고의적인 누락·은폐·축소·과장 등의 왜곡이 기사마다 상황에 따라 일부라도 존재할 수 있다고 본 것에 기인한다.

일본 학계에서는 이와 방법론적 측면에서 유사한 견해가 池內宏(이케우치 히로시)에 의해 거의 1세기 전부터 제시되었다.[5] 그리고 나당전쟁에 대해 대체로 국내 학계에서는 미국인 학자 Jamieson의 지적[6] 이후『삼국

---

3 김병희,「羅唐 戰爭期의 買肖城 戰鬪 研究 : 位置 比定과 675年의 戰況 復原을 中心으로」, 경기대 석사학위논문, 2011 ;「매소성 전투의 위치와 실상에 대한 고찰」,『軍史』91, 2014.

4 김병희, 위의 석사학위논문, 2011, 45~52쪽 ; 위의 논문, 2014, 215~219쪽.

5 池內宏, 정병준 역,「고구려 멸망 후 유민의 반란 및 당과 신라의 관계」,『고구려발해연구』48, 2014, 253~295쪽(原載 : 池內宏,「高句麗滅亡後の遺民の叛亂及び唐と新羅との關係」,『滿鮮地理歷史研究報告』11, 1929 ;『滿鮮史研究』上世 第2冊, 東京 : 吉川弘文館, 1960, 281~293쪽). 池內宏은 675년의 나당전쟁 기사 해석에 있어 필자와 상당한 차이가 있다.

사기』를 중국 측의 기록 보다 신뢰해온 편이다. 한편, 중국 학계에서는 이에 대해 비판을 가하거나[7] 중국 측의 사료에 비중을 두면서 논지를 전개한 경우가 있었다.[8] 최근에는 국내 학계에서도 이와 유사한 논리로 『삼국사기』에 실린 675년 9월의 매소성 전투 기록 자체를 인정하지 않으면서 675년 2월의 전투 결과에 따라 나당전쟁은 당의 승리 및 신라의 謝罪使 파견과 文武王의 관작 복구로 마무리되었다는 견해가 등장하였다.[9] 이들 연구는 주로 『新唐書』와 『자치통감』의 서술에 신빙성을 부여하면서 『삼국사기』의 기사에 문제가 있음을 지적하고 있다는 공통점이 보인다.

이에 필자는 나당전쟁의 종료를 675년 2월로 보는 것이 합리적인지 그리고 나당전쟁의 결과가 당의 승리 및 신라의 사죄사 파견과 문무왕의 관작 복구로 종결된 것이 확실한지부터 파악해보고자 한다. 이를 위해 우선 675년 2월 이후 당 조정의 신라 인식이 어떠하였는지부터 살펴보도록 하겠다. 다음의 사료가 주목된다.

A. 황상(당 고종)이 장차 군대를 일으켜 신라를 토벌하려고 하니, 侍中 張文瓘이 병들어 집에 누워 있다가 가마를 타고 들어와 謁見하며 諫하여 말하기를 "지금 토번이 노략질을 하여 바야흐로 군대

---

6 John Charles Jamieson(존·씨·재미슨), 「羅唐同盟의 瓦解 - 韓中記事 取捨의 比較」, 『歷史學報』44, 1969. Jamieson은 '『三國史記』가 中國과 韓國間의 關係를 硏究함에 있어서 失望을 주는 바가 적지 않으나, 羅唐戰爭 당시 韓半島 전선에 투입된 唐將 6명을 고찰해본 결과 唐側의 기록은 不完全하고 不正確하다는 것을 밝히면서 결국 唐太宗과 唐高宗의 중요한 期間만은 『三國史記』가 貢獻한 바 크다'고 하였다. 필자도 이러한 연구 관점에 큰 영향을 받았다.

7 拜根興, 「"羅唐戰爭" 硏究 中의 몇 가지 問題」, 『中國學報』, 2002 ; 「七世紀 中葉 羅唐關係 硏究」, 경북대 박사학위논문, 2002 ; 『七世紀中叶唐与新羅關系硏究』, 北京 : 中國社會科學出版社, 2003.

8 孫炜冉, 「淺談唐羅戰爭中的"買肖城之戰"」, 『東北史地』, 2010年 第2期.

9 윤경진, 앞의 논문들, 2017-a 및 2017-b.

를 일으켜 서쪽을 토벌하는데, 신라가 비록 멀어서 不順하더라도 일찍이 변경을 침범하지는 아니하였으니, 만약에 또 동쪽을 정벌한다면 신은 公·私가 그 폐단을 견디지 못할까 두렵습니다.”라고 하였다. 황상(당 고종)이 이에 그쳤다. 癸亥(9)일에 (張)文瓘이 죽었다.[10]

A는『자치통감』에 실린 기사로, 당의 시중 장문관이 와병 중임에도 황제 당 고종을 직접 알현하여 신라 정벌을 중단할 것에 대해 간언하는 내용이다. 같은 내용의 기록이『구당서』·『冊府元龜』·『신당서』[11]에도 보인다. 본고에서 다른 사서의 기록 대신『자치통감』의 기사를 인용한 까닭은 시기가 기재되어 있기 때문이다.『자치통감』에 따르면, 장문관이 간언을 올린 시기는 儀鳳 3년, 즉 678년에 해당된다. 정확히는 9월의 기사이므로, 675년 2월을 기준으로 보면 3년 6개월 정도 지난 時點에서 일어난 일이라고 할 수 있다.

사료 A는 당을 둘러싼 당시의 국제 정세가 잘 드러나 있어 장문관의 간언 내용 및 시기는 문제가 없다고 판단된다. A에서 장문관은 당의 동부 전선인 신라와 서부 전선인 토번 중 후자가 더 중대하고 위급한 사안이며, 전선을 양쪽으로 확대하는 것은 국가에 큰 위험을 초래할 수 있다고 경고하고 있다. 여기에서 주목되는 구절은 ‘新羅雖云不順 未嘗犯邊’이다.

‘신라가 비록 멀어서 不順하더라도 일찍이 변경을 침범하지는 아니하였으니’라는 말에서 신라는 당에게 고분고분하지 않았던 것으로 여겨진

---

10 『資治通鑑』卷202, 唐紀18, 高宗 儀鳳 3年 9月. “上將發兵討新羅 侍中張文瓘臥疾 在家 自輿入見 諫曰 ‘今吐蕃爲寇 方發兵西討 新羅雖云不順 未嘗犯邊 若又東征 臣恐公私不堪其弊.’ 上乃止 癸亥 文瓘薨.”

11 『舊唐書』卷85,「張文瓘傳」;『冊府元龜』卷327, 宰輔部20 諫諍3 張文瓘;『新唐書』卷113,「張文瓘傳」

다. 또한 변경을 침범하지는 않았다는 것은 변경이 아니면 침범하기도 하였다는 뜻으로 해석할 수 있다. 즉, 백제·고구려 故址에 대해서는 신라가 영토로 편입시키는 활동을 지속하였을 가능성이 높다. 장문관은 이를 신라의 태도나 언행이 이중적인 것으로 인식하여 '不順'으로 표현하였다고 봄이 자연스럽다.

따라서 675년 2월에 당이 승리하고 신라가 항복하면서 사죄사를 파견하여 문무왕의 관작이 회복되는 것으로 나당전쟁이 마무리되었다는 견해는 실상과 부합하지 않는다. 나당전쟁이 완전히 종결되었다면, 당 조정의 신라 인식 및 반응이 사료 A와 같을 수는 없다. 675년 2월 이후에는 당 고종이 신라를 토벌하려고 마음먹을 필요도 없고, 이를 장문관이 말렸을 수도 없기 때문이다. 결국 675년 2월 이후에도 나당전쟁은 지속되었음이 분명하다.

그렇다면, 이제 675년 2월의 나당전쟁 기사를 분석해보고자 한다. 각 사료들을 편찬된 순서대로 제시해보면 다음과 같다.

> B. 2월에 雞林道行軍大總管이 신라의 무리를 七重城에서 大破하니, 목을 베고 사로잡음이 매우 많았다. 신라는 사신을 보내 入朝해서 方物을 바치고 머리를 숙여 자기 죄를 인정하였다. 이를 赦免하고 그 왕 金法敏의 官爵을 회복시켰다.[12]

> C. [上元] 2년 2월에 雞林道行軍大總管 劉仁軌는 신라의 무리를 七重城에서 大破하고 돌아왔다. 신라는 이에 사신을 보내 入朝해서 머리를 숙여 자기 죄를 인정하고, 아울러 方物을 바치니 앞뒤로 서로 이어졌다. 황제(당 고종)가 金法敏(문무왕)의 官爵을 회복시켰다.[13]

....

12 『舊唐書』卷5, 本紀5 高宗 下, 上元 2年 2月. "二月 雞林道行軍大總管大破新羅之衆於七重城 斬獲甚衆 新羅遣使入朝獻方物伏罪 赦之復其王金法敏官爵."

D. [上元] 2년에 鷄林道行軍大總管 劉仁軌는 신라의 무리를 七重城에서 大破하고 돌아왔다. 신라는 이에 사신을 보내 入朝해서 머리를 숙여 절하며 자기 죄를 인정하고, 方物을 바치니 앞뒤로 서로 이어졌다. 후에 敏(문무왕 김법민)에게 官爵을 베풀었는데 이미 백제의 땅과 고구려의 南境이 다 있었다. 동서는 약 9백里, 남북은 약 1천 8백里이며 경계 내에 尙·良·康·熊·金(全의 誤記)·武·漢·朔·溟 등 9州를 설치하였다.14

E. 上元 2년 2월에 劉仁軌는 신라의 무리를 七重城에서 大破하였다. 또한 靺鞨兵과 함께 바다를 건너 남쪽으로 신라의 南境을 치니, 목을 베고 사로잡음이 매우 많았다. (劉)仁軌가 군사의 隊伍를 정돈하여 점검하고 돌아왔다. 조서를 내려 李謹行으로 安東鎭撫大使를 삼고 신라의 買肖城에 군대를 주둔시켜 經略의 前後로 세 번 싸웠는데, 신라가 모두 패하였다. 신라는 이에 사신을 보내 入朝해서 머리를 숙여 자기 죄를 인정하고, 아울러 方物을 바치니 앞뒤로 서로 이어졌다. 황제(당 고종)가 마침내 그것을 허락하여 그 왕 金法敏의 官爵을 회복시켰다.15

....

13 『唐會要』卷95, 新羅傳. "二年二月 鷄林道行軍大總管劉仁軌大破新羅之衆於七重城而還 新羅於是遣使入朝伏罪並獻方物前後相屬 帝復金法敏官爵."
14 『太平寰宇記』卷174, 四夷3 東夷3 新羅國. "二年 鷄林道行軍大總管劉仁軌 大破新羅之衆於七重城而還 新羅於是遣使入朝 伏罪拜首 貢方物 前後相屬 後加敏官爵 旣盡有百濟之地及高麗南境 東西約九百里 南北約一千八百里 於界內 置尙良康熊金武漢朔溟等九州." (밑줄 : '이미 백제의 땅이 다 있었고 고구려 남경에 이르렀다.'로도 해석 가능)
15 『冊府元龜』卷986, 外臣部31 征討5. "上元二(門)年二月 劉仁軌大(火)破新羅之衆於七重城 又以靺鞨兵(闡幢/誅羈兵)浮海而南略(暮)新羅之南境 斬獲甚衆 仁軌勒兵而還 詔以李謹行爲安東鎭撫大使屯兵於新羅之買肖城 以經略之(容步)前後三戰新羅皆敗 新羅於是遣使(便)入朝伏罪並獻方物前後相屬 帝竟許之(復)(複)其王金法敏官爵." 괄호 부분은 바로 앞의 밑줄 친 글자가 다른 판본에서 다른 글자인 경우 (단, 정자·속자는 한국식으로 통일)

F. 上元 2년 2월에 (劉)仁軌는 七重城에서 그 무리를 깨뜨리고 靺鞨兵과 함께 바다를 건너 南境을 치니, 목을 베고 사로잡음이 매우 많았다. 조서를 내려 李謹行을 安東鎮撫大使로 삼고 買肖城에 주둔시켜 세 번 싸웠는데, 오랑캐(신라)가 모두 달아났다. (金)法敏이 사신을 보내 入朝해서 謝罪하는데, 貢物의 광주리가 줄을 이었다. (金)仁問이 이에 [신라에서 당으로] 돌아와서 왕위를 사양하자 조서를 내려 (金)法敏의 官爵을 회복시켰다. 그러나 [신라는] 백제의 땅을 많이 취하였고 드디어는 고구려의 南境에 이르렀다. 尚·良·康·熊·全·武·漢·朔·溟의 9州를 설치하였으며, 州에는 都督을 두고 10郡 혹은 20郡을 다스리게 하였다. 郡에는 太守를, 縣에는 小守를 두었다.[16]

G. 2월에 劉仁軌는 신라의 무리들을 七重城에서 大破하였고, 또한 말갈로 하여금 바다를 건너 신라의 南境을 치게 하니, 목을 베고 사로잡음이 매우 많았다. (劉)仁軌가 이끄는 군대가 돌아왔다. 조서를 내려 李謹行을 安東鎮撫大使로 삼아 신라의 買肖城에 주둔시켜 이를 經略하게 하였고, 세 번 싸워 모두 이겼다. 신라가 이에 사신을 보내 入貢하고 또 謝罪하자 황상(당 고종)은 이를 赦免하고 신라왕 (金)法敏의 官爵을 회복시켰다. 金仁問이 중도에 돌아오니 臨海郡公으로 고쳐 책봉하였다.[17]

H. 2월에 劉仁軌는 七重城에서 우리(신라) 군대를 깨뜨리고 (劉)仁軌가

16 『新唐書』卷220, 列傳145 東夷 新羅. "上元二年二月 仁軌破其衆於七重城 以靺鞨兵浮海略南境 斬獲甚衆 詔李謹行爲安東鎮撫大使屯買肖城 三戰虜皆北 法敏遣使入朝謝罪貢篚相望 仁問乃還辭王 詔復法敏官爵 然多取百濟地 遂抵高麗南境矣 置尚良康熊全武漢朔溟九州 州有都督統郡十或二十 郡有大守 縣有小守."

17 『資治通鑑』卷202, 唐紀18, 高宗 上元 2年. "二月 劉仁軌大破新羅之衆於七重城 又使靺鞨浮海略新羅之南境 斬獲甚衆 仁軌引兵還 詔以李謹行爲安東鎮撫大使屯新羅之買肖城以經略之 三戰皆捷 新羅乃遣使入貢且謝罪 上赦之復新羅王法敏官爵 金仁問中道而還改封臨海郡公."

이끄는 군대는 돌아갔다. 조서를 내려 李謹行을 安東鎭撫大使로 삼아 經略하게 하였다. 왕(문무왕 김법민)은 이에 사신을 보내 入貢하고 또 謝罪하자 황제(당 고종)는 이를 赦免하고 왕(문무왕 김법민)의 官爵을 회복시켰다. 金仁問이 중간에 오는 길에 [당으로] 돌아가니 臨海郡公으로 고쳐 책봉하였다. 그러나 [신라는] 백제의 땅을 많이 취하였고 드디어는 고구려의 南境에 이르기까지 州·郡을 삼았다. 唐兵이 거란·말갈병과 함께 쳐들어온다는 것을 들고 九軍을 내보내 기다리게 하였다.[18]

B는 『舊唐書』, C는 『唐會要』, D는 『太平寰宇記』, E는 『冊府元龜』, F는 『新唐書』, G는 『資治通鑑』, H는 『三國史記』의 기록으로 모두 675년 2월의 기사이다. 그런데, 각각의 기록은 차이가 보인다. 앞의 사료에 있는 내용이 뒤의 사료에는 없는 경우가 있고, 뒤의 사료에 있는 내용이 앞의 사료에는 없는 경우도 있다. 내용이 같더라도 어감에 미묘한 차이가 있는 경우 또한 있다. 글자가 추가되었다가 중간에 빠지더니 다시 추가되기도 한다. 이를 효과적으로 분석하기 위해 동일 내용을 담고 있는 구간을 나누어 정리하였는데, <표 1>과 같다.

---

18 『三國史記』卷7, 新羅本紀7, 文武王 15年 2月. "二月 劉仁軌破我兵於七重城 仁軌 引兵還 詔以李謹行爲安東鎭撫大使 以經略之 王乃遣使入貢且謝罪 帝赦之復王官 爵 金仁問中路而還改封臨海郡公 然多取百濟地 遂抵高句麗南境爲州郡 聞唐兵與 契丹靺鞨兵來侵 出九軍待之."

<표 1> 한·중 사서의 675년 2월 나당전쟁 기사 비교

	『舊唐書』 (945)	『唐會要』 (961)	『太平寰宇記』 (979)
①	二月	二年 二月	二年
②	雞林道行軍大總管 大破 新羅之衆於七重城	雞林道行軍大總管 劉仁軌大破 新羅之衆於七重城	鷄林道行軍大總管 劉仁軌大破 新羅之衆於七重城
③	斬獲甚衆		
④		而還	而還
⑤			
⑥			
⑦			
⑧	新羅遣使 入朝 獻方物 伏罪	新羅於是遣使 入朝伏罪 並獻方物前後相屬	新羅於是遣使 入朝伏罪拜首 貢方物前後相屬
⑨	赦之 復其王金法敏官爵	帝 復金法敏官爵	後加敏官爵
⑩			旣盡有百濟之地 及高麗南境 東西約九百里 南北約一千八百里
⑪			於界內置尙良康熊金武漢朔溟等九州
⑫			

<표 1>를 통해 확인되는 첫 번째 문제는 <표 1-②> 구간의 『구당서』 부분이다. 다른 기록에 모두 보이는 劉仁軌가 보이지 않는다. 그렇다면 '雞林道行軍大總管'이 유인궤가 아닐 가능성도 있을까? 미리 말하자면 유인궤

『冊府元龜』(1013)	『新唐書』(1060)	『資治通鑑』(1084)	『三國史記』(1145)
上元 二年 二月	上元 二年 二月	二月	二月
劉仁軌大破新羅之衆於七重城	仁軌破其衆於七重城	劉仁軌大破新羅之衆於七重城	劉仁軌破我兵於七重城
又以靺鞨兵浮海而南略新羅之南境斬獲甚衆	以靺鞨兵浮海略南境斬獲甚衆	又使靺鞨浮海略新羅之南境斬獲甚衆	
仁軌勒兵而還		仁軌引兵還	仁軌引兵還
詔以李謹行爲安東鎭撫大使	詔李謹行爲安東鎭撫大使	詔以李謹行爲安東鎭撫大使	詔以李謹行爲安東鎭撫大使
屯兵於新羅之買肖城	屯買肖城	屯新羅之買肖城	
以經略之前後三戰新羅皆敗	三戰虜皆北	以經略之三戰皆捷	以經略之
新羅於是遣使入朝伏罪並獻方物前後相屬	法敏遣使入朝謝罪貢篚相望	新羅乃遣使入貢且謝罪	王乃遣使入貢且謝罪
帝竟許之復其王金法敏官爵	仁問乃還辭王詔復法敏官爵	上赦之復新羅王法敏官爵金仁問中道而還改封臨海郡公	帝赦之復王官爵金仁問中路而還改封臨海郡公
	然多取百濟地遂抵高麗南境矣		然多取百濟地遂抵高句麗南境
	置尙良康熊全武漢朔溟九州 州有都督 統郡十或二十 郡有大守 縣有小守		爲州郡
			聞唐兵與契丹靺鞨兵來侵出九軍待之

가 아닐 가능성은 없다고 판단된다. 『구당서』에서 해당 기사 바로 앞부분이자 1년 전에 해당하는 674년 2월 기사에 유인궤를 '雞林道大總管'으로 삼았다[19]는 기록이 확인되기 때문이다. 『구당서』의 편찬자가 675년 2월

기사에서 유인궤를 생략한 것은 아마도 전후 문맥을 고려함과 동시에 <표 1-③·④> 구간에서 다른 사서에 보이는 유인궤의 戰功 관련 내용들이 실상은 그리 크지 않다고 판단한 것에 그 원인이 있지 않을까 한다.

그러면 두 번째로 살펴볼 문제는 <표 1-③·④> 구간이 되겠다. <표 1-③>에서 『구당서』의 '斬獲甚衆'은 『당회요』와 『태평환우기』에는 보이지 않다가 『책부원구』·『신당서』·『자치통감』에서는 '斬獲甚衆' 앞에 바다를 통한 말갈의 南境 공략에 대한 내용이 추가되었는데, 『삼국사기』에서는 이 부분들이 모두 사라진다. 그리고 <표 1-④>에서 '(而)還'은 『구당서』와 『신당서』에 없다. 그런데 일단 '(而)還'은 당시의 상황과 문맥을 참작할 때 생략된 것으로 보고자 한다. 결국 유인궤와 말갈이 바다를 통해 南境을 공략한 내용을 어떻게 볼 것인지가 관건이다. 이는 『책부원구』에 처음으로 등장하며, 『책부원구』와 『자치통감』은 신라의 南境을 공략한 것으로, 『신당서』는 그냥 南境을 공략한 것으로 되어 있다. 따라서 각각의 기록이 찬술될 때 동일하거나 유사한 사료 또는 전혀 다른 사료를 원전으로 채용하였는지의 여부 확인을 떠나 우선 선후의 영향관계가 어떻게 되는지를 더 고려해보아야 할 필요성이 제기된다.

앞서 편찬된 기록은 후대에 나온 기록을 볼 수 없다. 그렇다면 『책부원구』·『신당서』·『자치통감』에 보이는 유인궤의 (신라?) 南境 공략 기사는 조작된 내용이 추가된 것일까? 그렇지는 않다고 여겨진다. 『삼국사기』까지 포함하여 이후에 연결되는 <표 1-⑤·⑥·⑦>의 내용을 종합적으로 감안하면, 유인궤가 칠중성 전투에서 신라군을 격파한 후 정확한 위치는 알 수 없는 南境을 공략한 전과는 분명 존재한듯하다. 당의 매소성 주둔과

---

19 『舊唐書』卷5, 本紀5 高宗 下, 咸亨 5年 春 2月. - 五年春二月壬午 遣太子 左庶子 同中書門下三品劉仁軌爲雞林道大總管 以討新羅 仍令衛尉卿李弼右領大將軍李謹 行副之

연결되기 때문이다. 나중에 편찬된 기록이 이전에 편찬된 기록 또는 그 원전 자료를 모두 참고하였을 것으로 가정하면, 『삼국사기』는 이를 의도적으로 누락시켰다고 볼 수 있다.

그렇지만, 『삼국사기』만 문제가 있는 것은 아니다. 바다를 건너 공략한 (신라의?) 南境은 어디인가? 당시 나당전쟁의 戰場인 지금의 임진강·한탄강 유역을 포함한 경기 북부에서 바다를 건너 도달할 수 있는 南境이란 어디를 말하는 것인지 감을 잡기가 쉽지 않다. 나아가 신라의 南境이라고 하면 지금의 전라도·경상도에 해당되는 지역으로 서해안이나 남해안으로 침투해서 성과를 거두었다는 의미인데, 이렇게 보는 것이 과연 타당한가?

당의 입장에서 보면, 유인궤가 칠중성 전투에서 승리하고 귀환하는 과정에서 바다를 건너 공략을 통해 자연스럽게 전공을 올릴 수 있는 지역은 임진강을 지나 한강 하류를 거쳐 서해로 나가는 구간 중에서 찾아야할 것이다. 칠중성은 지금의 경기도 파주시 적성면으로 그 위치가 비정되는데, 물길은 서해로 나가기 전까지 西南向으로 형성되어 있다.[20] 따라서 '新羅之南境', 즉 '신라의 南境'을 공략하였다는 『책부원구』와 『자치통감』의 기록은 잘못 전달된 정보가 반영된 원전 자료를 그대로 인용하여 나타난 오류로 추정된다. 만약 그것이 아니라면 편찬자의 판단에 따른 조작이 개입되

---

20 참고로 필자는 유인궤가 말갈병을 이끌고 바다를 건너 공략하여 전과를 세운 지역은 그 범위를 파주 烏頭山城부터 교동도 사이의 구간에서 인접한 곳으로 잡아야 한다고 생각한다. 바다를 건너갔다면 배로 이동하였을 것이 틀림없는데, 水戰과 관련된 정보는 파악되지 않고 상대의 인적 손실에 대한 기록만 있다는 것은 바다와 인접한 육지에서 전투가 벌어졌을 것임을 시사한다. 또한 그 육지는 섬일 가능성도 있다. 유인궤가 海路로 당에 귀환하기 전임과 말갈병을 거느리고 있었음을 감안하고, 신라의 戰船과 교전을 거의 치르지 않았거나 공이 부풀려졌을 가능성도 가정해야 되기 때문이다. 어쨌든 확실한 위치를 비정하기 위해서는 더 많은 근거가 필요한 만큼 이는 일단 차후에 풀어야 할 과제로 남겨놓고자 한다.

었을 여지도 있다.

　이와 같이 판단하는 근거는 『신당서』의 경우 『책부원구』와는 달리 그냥 南境으로 기록하는 대신 <표 1-⑩>의 『신당서』 부분을 통해 확인되듯이 기사 말미에 '高麗南境', 즉 '고구려의 南境'이라고 기록한 것에 있다. 편찬 주체를 고려할 때 그냥 南境이라고 하면 당의 南境이 되고, 이는 당의 동부 전선인 신라와의 경계 부근이 된다. 675년 2월 기사를 작성한 『신당서』의 편찬자는 해당 근거 사료들을 비교하여 검토해본 결과 '新羅之'는 반영하지 않고 그냥 南境으로 기재하는 것이 타당하다고 보았을 개연성이 높다. '고구려의 南境'은 바로 앞의 '百濟地(백제의 땅)'와 연계된 표현으로 보는 것이 자연스럽다. 이로 볼 때 『자치통감』에서 '新羅之南境'으로 다시 기록이 바뀐 것은 다분히 고의적인 성격이 짙다. 이로 인해 『삼국사기』의 편찬자는 <표 1-③>의 내용을 누락시킨 것으로 여겨진다.

　세 번째로 문제가 되는 부분은 <표 1-⑥·⑦> 구간이다. 『구당서』·『당회요』·『태평환우기』에는 없는 내용이 『책부원구』·『신당서』·『자치통감』에는 보이다가 『삼국사기』에서는 중간의 '以經略之'만 남고 앞뒤의 기록이 사라진다. 두 번째로 문제가 된 부분과 매우 유사한 경향을 띠고 있다. 그렇다면 『책부원구』·『신당서』·『자치통감』에 보이는 이근행 부대의 매소성 주둔 및 經略 기사는 조작된 내용이 추가된 것일까? 이번 경우도 역시 그렇지는 않다고 여겨진다. 후술할 『삼국사기』의 675년 9월 전투 기사를 염두에 두면, 당연히 존재해야 할 수순이 되기 때문이다. 『삼국사기』에 '以經略之'만 보인다는 것은 누락에 의한 은폐로 볼 수 있다. 이는 이전에 필자가 졸고를 통해 확인한 바 있다.[21]

　네 번째로 문제가 되는 부분은 <표 1-⑨> 구간으로, 다른 기록은 모두

21 김병희, 앞의 석사학위논문, 2011, 45~52쪽 ; 앞의 논문, 2014, 215~219쪽.

문무왕 김법민의 관작 회복을 언급하고 있는데,『태평환우기』만은 '後加敏官爵'이라 하여 관작 회복과는 다른 뉘앙스를 풍기고 있다. 아무래도 계통이 다른 기록을 참조하는 과정에서 후대에 정리된 기사를 인용한 경우라고 추정된다. <표 1-⑩·⑪> 구간 역시 마찬가지라고 할 수 있다.

참고로 <표 1-⑨> 구간에서『자치통감』과『삼국사기』에만 보이는 김인문의 당 귀환 및 臨海郡公 改封 기사는『삼국사기』찬자가 신라의 자체적인 전승기록을 기초로 하고 중국 사서를 참조하여 신라본기에 첨입한 경우 또는『삼국사기』찬자가 중국 사서에 전하는 기록을 기초로 하면서도 신라 자체의 전승기록을 참고하여 신라본기의 기록을 찬술하였음을 추론할 수 있는 경우22 중 하나에 해당된다고 보이기에, 큰 문제는 되지 않는다고 생각한다. 중국 측 사서의 편찬자 입장에서는 문무왕 김법민이 당의 통제 하에 있는 동생 김인문 보다 훨씬 더 중요하게 다루어질 수밖에 없음을 감안하면, 이전의 기록에서 김인문에 대한 기록이 보이지 않는 것은 이해가 충분히 가능하다.

다섯 번째로 문제가 되는 부분은 <표 1-⑩> 구간이며,『태평환우기』·『신당서』·『삼국사기』에만 기사가 보인다. 큰 틀에서 보면 이 3개 기사는 같은 의미의 내용23이기는 하지만,『태평환우기』는 후대의 정리된 자료를 참조한 반면에『신당서』와『삼국사기』는 후대에 편찬되었다고 하더라도

....

22 전덕재,『三國史記 본기의 원전과 편찬』, 주류성, 2018, 155~156쪽. 필자는 이 경우 후자 보다는 전자가 더 가능성이 높다고 생각한다. 신라 입장에서는 문무왕 김법민의 동생인 김인문에 대한 기록도 매우 중요한 가치를 지니고 있기 때문이다.

23 신라의 영토에 대한 묘사가 당시의 상황과 대체로 부합한다는 점에서 3개 기사 모두 같은 의미의 내용으로 본 것이다. 다만, 고구려 南境의 위치를 정확히 어디로 볼 것인가도 중요한 문제인데, 이는 본고의 주제와 직접적인 연관이 있는 것은 아니기에 후속 논문을 통해 언급하는 것으로 일단 미루고자 한다.

당대의 상황이 반영된 기록을 참조하였을 것으로 여겨진다. 『태평환우기』의 '旣盡有'는 완료형, 『신당서』와 『삼국사기』의 '然多取' 및 '遂抵'는 진행형의 뉘앙스를 전달하기 때문이다.24

게다가 『태평환우기』에만 보이는 '동서 약 9백리, 남북 약 1천8백리'는 이를 더욱 뒷받침한다. 편의상 1백리를 40km로 환산하면 『태평환우기』에 보이는 신라의 영토는 동서로 약 360km, 남북으로 약 720km이다. 그런데 직선거리로 계산하면 부산에서 신의주까지가 약 700km 정도가 된다. 고대 도로의 특성을 감안할 때 실제 거리는 지도에서 보는 직선거리 보다 훨씬 더 늘어나는 만큼 신라의 북방 경계선은 신의주 이남에서 파악하는 것이 합리적이다. 그렇다면 <표 1-⑩> 구간의 『태평환우기』 부분은 태조 王建이 후삼국 통일을 이룩한 936년 이후의 고려 영토를 나당전쟁이 종료될 무렵의 신라 영토와 별반 차이가 없는 것으로 인식한 자료의 수치를 그대로 인용한 경우일 듯하다.

여섯 번째로 문제가 되는 부분은 <표 1-⑪> 구간이다. 다섯 번째로 문제가 된 부분과 마찬가지로 『태평환우기』・『신당서』・『삼국사기』에만 기사가 보이며, <표 1-⑩> 구간과 달리 모두 후대에 정리된 자료를 참조하되 해당 기록 편찬자의 입장에 맞추어 찬술된 것으로 짐작된다. 『태평환우기』는 신라의 9주 완비, 『신당서』는 신라의 9주 완비 및 외관 임명에 대한 기사로 이는 675년 2월에 실시된 조치가 아니라 神文王 때인 685년 이후부터 시행된 조치25에 해당되기 때문이다. 『삼국사기』는 <표 1-⑩>과 연결되어 영토가 된 백제 지역과 고구려 南境에 신라가 州・郡을 두었다는

---

24 <표 1-⑩> 구간의 『신당서』 기록과 『삼국사기』 기록은 한 글자도 틀리지 않고 똑같다. 이 부분에서 두 사서는 직접적인 영향관계 또는 동일한 典據 자료를 인용한 경우 중 하나에 해당된다.

25 『三國史記』卷8, 新羅本紀8, 神文王 5年 春. "五年春 復置完山州 以龍元爲揚管 挺居列州以置菁州 始備九州 以大阿湌福世爲揚管."

내용을 간략하게 '爲州郡'이라는 3글자의 압축된 표현으로 마무리하였다.

마지막으로 문제가 되는 부분은 <표 1-⑫>이다. 이 구간은 『삼국사기』에만 기록이 있고 중국 측 기록에는 없다. 아마도 그 이유는 내용의 중요성에 있을 것이다. 이를 『삼국사기』가 꾸며낸 기록으로 보기에는 당시의 상황을 고려할 때 수긍하기 곤란하다.[26] 신라 9軍의 '待(기다림)'는 중국 기록의 편찬자 입장에서 볼 때 중요한 내용이 아니기에, 기사에 반영하지 않은 것으로 여겨진다. 반면 신라 측 입장은 그 반대였을 것이다. 그런데 유의해야 할 점은 675년 2월 기사로 되어 있지만, 실제로 신라의 9軍이 당·거란·말갈의 군사를 기다린 시점은 675년 2월부터 9월 이전 사이의 범위에서 잡아야 한다. 675년 9월에 벌어진 천성·매소성 전투를 염두에 두면 그렇다. 아마도 9월에 가까울 가능성이 높다.

한 가지 더 짚고 넘어갈 것은 <표 1-⑨·⑩·⑪>을 묶어서 볼 경우 나당전쟁이 종료되었다는 인식을 처음으로 드러내는 기록은 『신당서』가 아니라 『태평환우기』라는 점이다. <표 1-⑧>과 <표 1-⑨>의 『태평환우기』 부분을 보면 '신라 사죄사의 당 入朝'와 '後加敏官爵' 사이에는 시간차가 상당하다는 느낌을 받는다. 그리고 地誌라는 특성상 '東西約九百里 南北約一千八百里'라는 기록이 들어가 있는 점도 시간차와 함께 나당전쟁 종료의 인식을 강화시켜주고 있다.

....

26 서영교는 전쟁 종료 이후에도 재침은 언제든지 있을 수 있는 일이며, 적대국가가 건재해 있을 경우 양국의 국력이 현저한 차이가 있다면 전쟁 재발에 대한 우려감은 대개 약소국의 몫으로 나당전쟁의 경우 여기에 해당된다고 하였다. 또한 정해진 결과를 놓고 과거의 원인을 추적하는 것, 즉 결과에 부합되는 원인만 찾는 경향은 문제가 있다고 하였다(서영교, 『羅唐戰爭史 硏究 - 약자가 선택한 전쟁』, 아세아문화사, 2006, 12쪽 및 294쪽). 필자는 이러한 견해에 전적으로 동의한다. '675년 2월 나당전쟁 종료'를 결과로 정해놓는다면 그 원인은 한정될 수밖에 없다.

『신당서』의 해당 기사는 이러한 『태평환우기』(또는 그 해당 典據)의 기록을 편찬자의 입장에 맞게 취사선택하여 사서라는 특성에 맞추어 찬술한 것으로 보이는데, 이는 전쟁 종료에서 더 나아가 나당전쟁은 당이 승리하였음을 강조하려는 의도에서 비롯된 것이 아닐까 한다. 다시 말하면, 신라의 사죄사 파견 및 문무왕의 관작 회복으로 마무리되는 이전 중국 측 사서들의 스토리텔링(storytelling)에서 더 나아가 『신당서』에서는 보다 완결성을 부여하기 위해 <표 1-⑨> 부분의 처음에 金仁問 기사를 선보이고, <표 1-⑩·⑪> 부분에서 후대의 사실을 당시에 해당하는 675년 2월 기사로 묶었다는 느낌이 강하다. 결국 그 의도에 대한 의심이 생길 수밖에 없다.

『자치통감』의 경우 편찬과정에서의 검토를 통해 <표 1-⑪>의 『태평환우기』와 『신당서』에 보이는 9주의 설치 기사를 걸러낸 것으로 추정되며, 대신 <표 1-⑨>의 뒷부분을 통해 확인되듯이 太宗 武烈王의 둘째 아들이자 문무왕의 친동생인 김인문이 당으로 돌아가서 임해군공으로 개봉되었다는 내용을 추기하였다. 『삼국사기』 역시 검토를 통해 <표 1-⑪>에서 9주 기사를 걸러내는 대신 '爲州郡'으로 압축하여 간결하게 기록하는 것으로 넘어가고 있다. 다만, 『자치통감』에만 보이는 김인문의 임해군공 개봉 기사가 『삼국사기』에도 보인다는 점에서 『삼국사기』는 『자치통감』(또는 그 해당 元典 사료)의 영향을 가장 크게 받았음이 틀림없다. <표 1-④·⑤·⑧·⑨>는 『자치통감』과 『삼국사기』의 경우 글자가 거의 똑같고 문장의 구조가 일치한다는 점에서 이를 강화시키는 근거들이라 할 수 있다.[27]

----

27 전년도인 674년에 당 고종은 조서를 내려 문무왕의 관작을 삭탈하고 동생인 김인문을 신라왕으로 삼았다는 기사가 『구당서』를 제외한 중국의 사서들 및 『삼국사기』에 전해진다(『唐會要』卷95, 新羅傳 上元 元年 2月 ; 『冊府元龜』卷986, 外臣部31 征討5 咸亨 5年 2月 ; 『新唐書』卷220, 列傳145 東夷 新羅 咸亨 5年 ; 『資治通鑑』卷202, 唐紀18, 高宗 上元 2年 正月 ; 『三國史記』卷7, 新羅本紀7, 文武

이상의 내용을 염두에 두고 675년 2월의 기사를 종합하면 다음과 같이 정리할 수 있다.

첫째, 중국의 사서들은 유인궤가 칠중성 전투에서 승리한 다음 귀국하기 전에 세운 공을 과장하려는 시도가 보인 반면, 『삼국사기』는 유인궤의 南境 공략 자체를 기사로 다루지 않았다. 이는 『삼국사기』의 편찬자가 유인궤의 공을 부풀려진 것으로 보아 기재하지 않았거나 우리나라에 전해지는 원전 사료들 가운데 근거를 삼을 수 있는 경우가 없어 채용하지 않은 것으로 짐작된다. 어찌되었든 『삼국사기』의 편찬자는 이를 중요하게 여기지는 않았음이 확실하며,[28] 유인궤의 南境 공략 장소는 경기 북부의 해안가나 섬일 가능성이 높다.

둘째, 이근행 부대의 매소성 주둔 및 경략 기사는 『삼국사기』에는 없

王 15年 正月). 『신당서』는 연도만 기재되어 있고, 『당회요』와 『책부원구』는 674년 2월이라고 한 반면, 『자치통감』과 『삼국사기』는 674년 1월이라고 기록하였다. 1월과 2월 중 언제인지를 판명할 수는 없으나, 이 역시 『삼국사기』가 『자치통감』(또는 그 해당 원전 사료)의 영향을 가장 크게 받았음을 분명하게 알려주는 또 다른 근거라고 할 수 있다.

28 Jamieson은 나당전쟁에 참전한 당의 장수 薛仁貴·高侃·劉仁軌·楊昉·李弼·李謹行 6명에 대한 기록을 분석한 결과, 유인궤만 승전 중심으로 정리되고 다른 장수들에 대해서는 관련 기록이 없다는 점을 지적하면서 특히 674~675年 會戰의 結果報告를 유인궤 자신이 썼거나 아니면 적어도 중요한 細目을 그가 提供하였으리라는 金富軾의 明察은 妥當한 것이라고 생각하며, 그 근거로 유인궤가 675年 前後에 監修國史가 된 것을 들었다(John Charles Jamieson, 앞의 논문, 1969). 필자 역시 이러한 견해에 기본적으로 동의한다. 그러나 중국 기록인 『구당서』·『당회요』·『태평환우기』에는 <표 1-③> 구간에서 南境 공략 기사가 보이지 않는 만큼 후대에 사서를 편찬한 이들의 의도에 의해 과장되었을 수도 있다. 물론, 없는 사실을 조작한 것으로 보지는 않는다. 뒤에 이어질 매소성 기사 때문에 그렇다. 그리고 '斬獲甚衆'이라는 표현은 수치가 제시되지 않는 이상 그 기준이 다분히 주관적일 수밖에 없다. 따라서 유인궤가 당에 귀환하기 전에 세웠다는 전과는 그리 크지 않았을 가능성도 충분히 존재한다.

고 중국 사서들에만 보이지만, 이는 분명한 역사적 사실이다. 그리고 그 과정을 가장 상세하게 기록한 것은 『책부원구』인데, 이에 따르면 이근행은 자신이 거느린 부대 외에 유인궤가 잘 정비한 군대(의 일부 또는 상당수)를 인수인계 받아 매소성에 주둔시켰고, 경략의 전후로 신라군과 3번 싸워 모두 이겼음을 알 수 있다. '前後'라는 표현에서 아마도 성을 함락시킨 전투가 최소 1번, 그리고 함락시킨 성을 지키기 위한 전투가 최소 1번 있었을 것으로 추정된다. 남은 전투 1번은 이근행이 성을 함락시키려 실패한 전투는 아닐 것이므로, 675년 2월에 벌어진 매소성 전투의 과정은 경략 이전 당의 攻城 1회 및 경략 이후 당의 守城 2회로 전개되었다고 보는 것이 합리적이다.

셋째, 신라의 사죄사 파견은 나당전쟁의 종결과는 무관하며, 이는 전쟁과 외교의 분리를 고수한 신라의 和戰 양면(2 track) 전략·전술에 따른 대응[29]으로 보는 것이 타당하다. 이전과 이후에도 신라는 문제가 있을 때마다 사죄사를 파견하였지만, 원인 제공 및 先攻 여부를 떠나 1년 이내에 다시 당과 전투를 벌였다.[30]

Ⅲ. 670년대 설인귀의 행적에 대한 재검토

앞서 한·중 기록의 675년 2월 기사를 모두 분석한 결과, 이후에도 나

....

29 張元燮, 「신라 삼국통일 연구」, 韓國學中央研究院 박사학위논문, 2017, 228쪽 ; 장원섭, 『신라 삼국통일 연구』, 학연문화사, 2018, 398쪽.
30 羅唐戰爭期 신라의 사죄사 파견은 『삼국사기』에 근거할 경우 총 4회에 걸쳐 이루어졌다.(『三國史記』卷6, 新羅本紀6, 文武王 9年 5月 ; 卷7, 新羅本紀7, 文武王 12年 9月 ; 15年 2月 ; 15年 9月29日.) 흥미로운 점은 뒤로 갈수록 사죄사의 관등이 낮아지거나 사죄사의 신상 또는 사죄 여부 자체를 확인할 수 없다는 것이다.

당전쟁은 지속되었음을 확인하였다. 이제 675년 2월 이후에 벌어진 전투 기록을 살펴보고자 한다. 그런데 그전에 짚고 넘어가야 할 점이 있다. 바로 설인귀의 행적과 관련된 문제이다.

『삼국사기』에 따르면 설인귀는 675년 9월의 천성 전투 및 676년의 伎伐浦 전투에 참전하였다. 반면, 중국 사서에 따르면 이 시기에 설인귀는 유배 중이므로 전선에 투입될 수 없다. 이로 인해 국외 학계에서는 천성 전투 및 기벌포 전투 등 675년 2월 이후에 벌어진 나당전쟁에 대한 기사를 신뢰하지 않는 경향을 보이고 있다. 따라서 설인귀의 행적에 대해 검토를 해보는 것이 선행되어야 하겠다. 관련 사료를 확인해보고자 한다.

> I-① 뒤를 이어 고구려의 무리들이 서로 따르며 다시 반란을 일으키자 조서로 (薛)仁貴를 起用하여 雞林道總管으로 삼아 그들을 經略하게 하였다. 上元 연간 中에 어떤 일에 連坐되어 象州로 유배를 갔다가 때마침 赦免되어 돌아왔다.[31]

> I-② 薛仁貴는 絳州 龍門 사람이다. 어려서 가난하고 천하여 농사를 업으로 삼았다. … 얼마 안 되어 고구려의 남은 무리들이 반란을 일으키자 [설인귀를] 起用하여 雞林道總管으로 삼았는데, 다시 어떤 일에 連坐되어 象州로 유배를 갔다가 때마침 赦免되어 돌아왔다.[32]

> I-③ 戊午(22)일에 … 때마침 우레와 번개가 치는데 龍門 사람 薛仁貴가 기이한 服裝으로 나타나 크게 소리치며 陳을 陷落시키니, 향하는 곳에 적이 없어 고구려 군사들은 쓰러지고 쓰러졌다. 大

---

31 『舊唐書』卷83, 列傳33 薛仁貴. "尋而高麗衆相率復叛 詔起仁貴爲雞林道總管以經略之 上元中 坐事徙象州 會赦歸."

32 『新唐書』卷111, 列傳36 薛仁貴. "薛仁貴 絳州龍門人 少貧賤 以田爲業 … 未幾 高麗餘衆叛 起爲雞林道總管 復坐事貶象州 會赦還."

軍(唐兵)이 이를 틈타 고구려 군대는 크게 무너졌고, 머리를 벤 것이 2만 여級이었다. 황상(당 태종)이 (薛)仁貴를 멀리서 바라보다가 불러서 만나보고 游擊將軍으로 뽑았다. (薛)仁貴는 (薛)安都의 6세손으로, 이름은 禮인데 字라고도 하였다.[33]

I-④ (薛)仁貴가 스스로 海東이 해결되도록 힘썼으나 공은 尺寸도 없었고, 재물(金帛)을 탐한 것에 連坐되어 物貨를 세는데 만족함이 없었는데, 지금 또한 목을 베지 않으니 제멋대로 악함이 더욱 심해졌다.[34]

I-⑤ 薛仁貴가 받들어 황제·황후를 위하여 공경하며 阿彌陀像 한 軀와 두 菩薩을 만들었으니, 두루 모든 法界와 蒼生은 이 福을 함께 얻었다. 咸亨 4년 5월에 造成되었다.[35]

I군의 사료는 모두 설인귀의 행적과 관련된 중국 사서들의 기록이다. 학계에서 논란이 되는 내용은 바로 I-①의 밑줄 친 부분과 I-②의 두 번째 밑줄 친 부분이 되겠다. 이를 합쳐서 고찰하면 설인귀의 유배는 上元 연간이 되는데, 이 기간은 674년 8월부터 676년 11월까지이다. 천성 전투와 기벌포 전투의 시기가 겹친다. 정확히는 675년 9월부터 676년 11월까지가 겹치는 것이다.

....

33 『資治通鑑』卷198, 唐紀14, 太宗 貞觀 19年 6月. "戊午 … 會有雷電 龍門人薛仁貴 著奇服 大呼陷陳 所向無敵 高麗兵披靡 大軍乘之 高麗兵大潰 斬首二萬餘級 上望 見仁貴 召見 拜游擊將軍 仁貴 安都之六世孫 名禮 以字行."
34 『舊唐書』卷96, 列傳42 魏元忠. "仁貴自宣力海東 功無尺寸 坐玩金帛 瀆貨無厭 今 又不誅 縱惡更甚." 거의 같은 내용의 기사가 『資治通鑑』卷202, 唐紀18, 高宗 儀 鳳 3年 9月 丙寅(12일)에 실려 있다. 678년에 해당된다.
35 陸增祥, 『八瓊室金石補正』卷31, 薛仁貴題記. "薛仁貴奉爲皇帝皇后敬造阿彌陀像一 軀並二菩薩 普共法界倉生同得此福 咸亨四年五月造."

만약 '上元中'을 '상원 연간 기간 중 내내'로 본다면, 『삼국사기』는 설인귀의 행적에 대해 거짓말을 한 셈이 된다. 나아가 천성 전투와 기벌포 전투의 실재 자체가 의심받을 수 있다. 반면, '上元中'은 '상원 연간 기간 중 일부'를 나타내며 천성 전투와 기벌포 전투가 역사적 사실이 확실하다면, 설인귀 유배 기간의 범위는 674년 8월에서 675년 9월 이전까지로 잡아야할 것이다. 앞의 2가지 모두 해당사항이 없다면, '上元中'은 착오 또는 조작으로 보아야 한다.

그런데, I-②의 첫 번째 밑줄 친 부분과 I-③의 밑줄 친 부분을 비교해 보면 의아한 점이 생긴다. 두 기사를 합쳐 보면 설인귀는 어려서 가난하고 賤하여 농사를 업으로 삼았는데, 설안도의 6세손으로 이름은 예 또는 자로 불렸다. 설안도는 위진시대에 송과 북위 사이에서 용감한 장수로 이름이 나 있었다고 한다.[36] 장수의 후손이라도 시간이 지나면서 가난하게 되어 어려서부터 농사짓고 살 수 있다. 그렇지만 인귀·자·예 등으로 불리면서 선조와 후대의 친족관계가 전해지는 인물을 賤하다고 볼 수 있을까? 더구나 인귀의 이름 중 '귀'는 한자로 '貴'이다. 또한 家風이 지속되었다면 과연 어려서부터 농사를 짓고 살았을까? 중국 사서들의 설인귀 기록에서 석연치 않은 점들이 보이기에, '上元中'이라는 기록 자체에 착오 또는 조작이 있었을 가능성을 아예 부정할 수는 없을 듯하다.

물론, I-③의 내용을 보면 기이한 복장으로 나타나 전공을 세우고 있다고 되어 있어, 어려서는 천하였지만 장수의 피가 흐르고 있다는 점이 연결되기에 별 문제가 없는 서술로 여길 수도 있다. 그러나 I-③은 『자치통감』에서 가장 먼저 등장하는 설인귀의 기사로 일종의 데뷔 무대이며, 스토리텔링(storytelling)과 내러티브(narrative)의 요소가 가미되어 있다. 한

---

36 사마광, 권중달 譯, 『資治通鑑』21, 삼화, 2009, 205쪽, 각주12.

마디로 과장된 느낌이 강하다. I-③은 645년 당 태종의 고구려 원정 기사에서 상당한 분량을 차지하는 안시성 전투 기록의 일부임을 간과해서는 안 된다.

그러나 가능성을 의심해볼 수는 있어도 '上元中'이 착오 또는 조작이라고 볼 직접적인 증거는 없다. 또한 '上元中'은 『구당서』(I-①)의 기록이지만, 제시된 신상 정보의 모순이 보이는 사료는 『신당서』(I-②)와 『자치통감』(I-③)이다. 그래도 설인귀의 유배 기간이 '上元中'은 아니라고 한다면, 아마도 670년에 吐蕃의 명장 가르친링(論欽陵)에게 대패한 大非川 전투 직후부터가 아닐까 한다. 이때 설인귀는 除名되었기 때문이다.37 이 경우 나중에 사면되면서 이후의 한반도 전선에 설인귀가 등장하게 된 것으로 볼 수 있다.

'上元中'이 '상원 연간 기간 중 일부'를 의미하면서 675년 2월부터 설인귀가 한반도 전선에 투입된 것 역시 확실하다면, I-④와 I-⑤의 기사가 주목된다. I-④는 설인귀가 '海東'38 문제 해결을 위해 노력하였으나 공은 얼마 없었고, 재물에 대한 욕심이 끝이 없어 죄를 지어도 죽이지 않으니, 제멋대로 행동하는 것이 더욱 심해졌다는 내용으로 678년 9월에 위원충이 한 말이다. 공에 대한 판단은 주관적일 수 있기에 넘어가겠다. 그 다음에는 '今又不誅(지금 또한 목을 베지 않으니)'라고 되어 있다. '또한(又)'이

. . . .

37 설인귀의 除名에 대한 기록은 '仁貴坐除名'(『舊唐書』卷83, 列傳33 薛仁貴), '有詔原死 除名爲庶人'(『新唐書』卷111, 列傳36 薛仁貴), '免死除名'(『資治通鑑』卷201, 唐紀17, 高宗 咸亨 元年)이라고 표현되어 있다. 이를 종합해보면 설인귀는 원래 죽어야 되었지만 사형은 면하게 해주는 대신 제명되면서 서인으로 강등된 것이다. 아마도 654년 萬年宮 홍수 사건 때 설인귀에게 목숨을 빚진 것에 대해 잊지 않았던 당 고종의 영향이 작용하였을 것으로 생각된다. 그렇지만 이때 유배도 갔을 것으로 추정되는데, 기록이 확인되지 않아 단정하기는 어렵다.

38 설인귀를 기준으로 보면, '海東'은 고구려와 신라를 말한다.

라는 표현에서 670년 大非川 전투의 상황이 오버랩(overlap)된다. 그리고 설인귀의 행실이 여러 차례 문제가 되었음을 '縱惡更甚'라고 하였다. 재물에 대한 탐욕과 관계된 것에 그 원인이 있는 것으로 보인다.

이러한 점들을 연결시킬 수 있는 사료가 I-⑤이다. I-⑤는 673년 5월에 설인귀가 황제와 황후를 위한 불상을 만들었다는 내용인데, 이 과정에서 불상 제작 기술자들 또는 불상 조성 지역인 洛陽의 유력 인사들이나 주변의 土豪 세력들과 관련되었을 수 있다. 다시 말하면, 부당한 압력이나 부정한 청탁 또는 불필요한 모종의 거래에 설인귀가 연루되었을 가능성이 존재한다. 위원충의 말대로라면 설인귀는 654년 萬年宮 홍수 사건 때 당고종을 구하면서 황제의 총애를 받게 된 이후, 황제가 뒤에 있음을 은연중에 내세워 사적인 이익을 수차례 도모하였을 것으로 짐작되기 때문이다. I-②의 '復坐事(다시 어떤 일에 연좌되어)'에서 '復(다시)'도 이러한 의미를 나타내는 것으로 보인다.

어쨌든 673년 5월의 불상 건립과 관련된 비리가 674년 8월 이후에 드러나면서 유배를 갔다가 675년 9월 이전에 풀려났으면 천성 전투와 기벌포 전투의 기사에 설인귀가 등장하는 것은 아무런 문제가 되지 않는다. 『자치통감』에 따르면 상원 연간의 사면은 총 3번 있었는데,[39] 2번째 사면은 675년 6월에 이루어졌다. 이때 설인귀가 풀려났다고 보면 유배지에서 돌아오는 시간을 감안해도 문제될 것은 없다. 첫 번째 사면과 세 번째 사면은 모두 시간상 간격이 너무 짧고 여유가 없어 촉박하기 때문에 실제로 적용하기에는 무리가 따른다.[40]

....

39 상원 연간의 사면 시기 (기준 : 음력) - 『資治通鑑』卷202, 唐紀18, 高宗 上元.
　　① 元年　　八月 壬辰 = 674년　8월15일 : 改元 赦天下
　　② 二年　　六月 戊寅 = 675년　6월 5일 : 立雍王賢爲皇太子 赦天下
　　③ 三年 十一月 壬申 = 676년 11월 8일 : 改元 赦天下
40 이상훈은 설인귀가 676년 11월 기벌포 전투 패배 직후 곧 바로 유배형에 처해

이처럼 설인귀가 상원 연간 중에는 유배의 상태였다고 해서 675년 9월 이후 한반도 전선에 나타날 수 없다고 단정하는 것은 곤란하다. 설인귀가 천성 전투와 기벌포 전투의 등장인물이 아니라면, 설인귀는 상원 연간 처음부터 끝까지 사면을 받지 않고 유배 간 象州에서 머물러 있어야 한다. 즉, 『삼국사기』의 천성 전투와 기벌포 전투를 나당전쟁에서 비중이 낮은 경우 또는 존재 여부가 의심되는 경우로 보는 견해 역시 필자가 제기한 가능성을 염두에 두고 다시 살펴볼 필요성이 있음을 제기하는 바이다.[41]

IV. 매소성 전역의 과정 및 의의

이제 『三國史記』의 675년 9월 기사에 실린 전투 내용을 중심으로 당시의 전황을 재검토해보고자 한다. 해당 기사를 열거해보면 다음과 같다.

J-① 가을 9월에 薛仁貴는 宿衛學生 風訓의 아버지 金眞珠가 본국(신라)에서 사형을 당하였으므로, 風訓을 끌어들여 鄕導로 삼아 泉

....

졌을 것인데, 기벌포 전투가 발생한 676년 11월 당에서는 改元과 大赦가 동시에 시행되었으므로, 상주로 유배를 가던 도중 곧 바로 사면을 만나 귀환할 수 있게 되었다(李相勳, 「羅唐戰爭期 伐伐浦 戰鬪와 薛仁貴」, 『大丘史學』90, 2008, 42~49쪽 : 『나당전쟁 연구』, 주류성, 2012, 50~58쪽.)고 하였다. 정리하면 676년 11월 1~7일 중에 기벌포 전투가 발생하였고, 이에 대한 패전 책임으로 인해 설인귀는 유배를 가게 되었으나 상원 연간의 세 번째 사면으로 풀려나게 되었다는 것이다. 이는 전혀 불가능한 추정이라고 볼 수는 없지만, 전투 발생 후 당 조정에 결과가 보고되고 유배를 결정하는데 소요되는 시간 등을 감안하면 필자의 추정에 비해 확률은 떨어진다고 볼 수 있다. 대략 1주 만에 이 모든 것이 이루어졌다고 보기에는 시간적인 여유가 너무 촉박하다.
41 본고의 주제 및 지면 관계상 설인귀와 기벌포 전투에 대한 논의는 김병희, 앞의 논문, 2019 참고.

城을 쳐들어왔다. 우리(신라) 장군인 文訓 등이 맞서 싸워 그들을 이겼는데, 머리를 벤 것이 1천 4백 級이었고 兵船 40척을 취하였으며, (薛)仁貴가 포위를 풀고 물러나서 달아나자 戰馬 1천 필을 얻었다.[42]

J-② ㉠ 29일에 李謹行이 군사 20만을 거느리고 買肖城에 주둔하였다. 우리(신라) 軍이 공격하여 그들을 달아나게 해서 戰馬 3만 3백 8십 필을 얻었으며 그 남거놓은 兵仗器도 이에 이르렀다. / ㉡ 사신을 보내 唐에 들어가 方物을 바쳤다. / ㉢ 安北河를 따라 關과 城을 설치하였고, 또한 鐵關城을 쌓았다.[43]

J-③ ㉠ 말갈이 阿達城에 들어와 위협하고 노략질하자 城主 素那가 맞서 싸우다가 죽었다. / ㉡ 唐兵이 거란·말갈병과 함께 와서 七重城을 포위하였으나 이기지 못하였고, 小守 儒冬이 죽었다. / ㉢ 말갈이 또한 赤木城을 포위하여 滅하였다. 縣令 脫起가 백성을 거느리고 그들을 막다가 힘이 다하여 모두 죽었다. / ㉣ 唐兵이 또한 石峴城을 포위하고 쳐서 빼앗았는데, 縣令 仙伯과 悉毛 등이 힘껏 싸우다가 죽었다. // ㉤ 또한 우리(신라) 군대가 唐兵과 크고 작은 18번의 전투에서 모두 그들을 이겼는데, 머리를 벤 것이 6천 4십 7級이었고 戰馬 2백 필을 얻었다.[44]

....

[42] 『三國史記』卷7, 新羅本紀7, 文武王 15年 9月. "秋九月 薛仁貴以宿衛學生風訓之父 金眞珠伏誅於本國 引風訓爲鄕導 來攻泉城 我將軍文訓等 逆戰勝之 斬首一千四百 級 取兵船四十艘 仁貴解圍退走 得戰馬一千匹."
[43] 『三國史記』卷7, 新羅本紀7, 文武王 15年 9月. "㉠ 二十九日 李謹行率兵二十萬 屯 買肖城 我軍擊走之 得戰馬三萬三百八十匹 其餘兵仗稱是 / ㉡ 遣使入唐 貢方物 / ㉢ 緣安北河設關城 又築鐵關城."
[44] 『三國史記』卷7, 新羅本紀7, 文武王 15年 9月. "㉠ 靺鞨入阿達城劫掠 城主素那逆 戰 死之 / ㉡ 唐兵與契丹靺鞨兵 來圍七重城 不克 小守儒冬死之 / ㉢ 靺鞨又圍赤 木城 滅之 縣令脫起率百姓拒之 力竭俱死 / ㉣ 唐兵又圍石峴城 拔之 縣令仙伯悉 毛等力戰 死之 // ㉤ 又我兵與唐兵 大小十八戰 皆勝之 斬首六千四十七級 得戰馬

J군의 사료는 모두 『三國史記』 新羅本紀의 675년 9월 기사이며, 기록된 순서대로 나열하였다. 이제 차례대로 내용에 대한 검토를 해보고자 한다.

1. 천성 전투 기사 분석

우선 J-①은 아버지를 죽인 것에 앙심을 품고 있던 신라 출신 유학생 風訓을 설인귀가 길잡이로 끌어들여 천성으로 쳐들어갔는데, 신라 장군 文訓 등이 맞서 싸워 승리하고 설인귀는 달아났다는 내용이다. 그런데 문훈은 667년에 사망하였으며 중요 인물에 대해 동명이인을 설정하는 것은 무리가 있으므로, J-①은 다른 시기의 기사가 들어온 것이거나 附會된 설인귀와 문훈 등을 등장시켜 내용을 가공한 것이라고 지적한 견해가 있다.[45] 과연 그러할까? 설인귀의 경우 앞서 부회나 가공의 대상이 되지 않을 가능성은 충분히 존재하였음을 밝혔으므로, 언급을 생략하고자 한다. 이제 남은 인물은 풍훈과 문훈이다. 먼저 풍훈부터 언급하겠다.

풍훈에 대한 기사는 단 2개만이 전해지며 모두 『삼국사기』에 있는데, 하나는 J-①이고 다른 하나는 强首 열전에 이름만 등장하는 경우이다.[46] 후자의 기록을 따르면 풍훈은 문장으로 유명하였으나, 『삼국사기』 편찬 당시에 事跡이 전하지를 않아 어떤 인물이었는지는 단언하기 어렵다. 그렇지만 아버지 김진주의 사형으로 자국에 원한을 가지게 된 신라 출신 풍훈을 끌어들여 길잡이로 삼았다는 J-①의 내용은 당의 동부 전선 가운데 요동 중심의 대 고구려 전선에 주로 투입되어 한반도 중심의 대 신라 전

二百匹."

45 윤경진, 앞의 논문, 2017-b, 277쪽.

46 『三國史記』卷46, 列傳6, 强首. "新羅古記曰 文章則强首帝文守眞良圖風訓骨沓 帝文已下 事逸不得立傳."

선에 대해서는 정보에 대한 체감도 및 실전 감각이 저하되어 있었을 설인귀가 이를 보완하기 위해 취한 조치였던 것으로 이해된다. 풍훈이 도당 유학생이자 숙위학생이었음을 감안하면 설인귀와의 의사소통에도 문제가 없었을 것이며, 풍훈의 뛰어난 문장 실력은 설인귀의 작전 수립에 분명 영향을 끼쳤을 것으로 추정된다. 결국 풍훈의 존재는 오히려 J-①, 즉 천성 전투 기사가 역사적 사실임을 강화시켜주는 근거이다.

다음으로 문훈에 대해서 살펴보겠다. 문훈은 662년 정월에 中侍가 되었다가[47] 665년 2월에 벼슬에서 물러났고[48] 667년 12월에 卒하였다.[49] 667년 12월에 죽은 문훈은 J-①의 기사에 등장하는 문훈과 동명이인일 가능성도 있다. 문훈이 죽은 이후인 668년 6월21일 기사[50]에 문훈이 보이기 때문이다. 그러나 고구려 정벌을 위해 총관을 삼은 신라인들의 명단을 나열한 이 기사는 문제가 있다. 金庾信을 포함한 30명의 장군들이 고구려 정벌을 위해 '出京'한다는 내용인 667년 8월 기사[51]를 감안하면, 문훈이 포함된 668년 6월21일 기사의 실제 時點은 1년 전인 667년 6월21일이었을 가능성이 높기 때문이다. 이러할 경우 668년 6월21일 기사의 문훈은 667년에 죽은 문훈과 동일인이 될 가능성이 매우 높으며,[52] 필자 견해의 논거로 사용할 수 없게 된다.

그렇지만 죽은 문훈과는 다른 동명이인에 해당하는 문훈의 기사 역시

....

47 『三國史記』卷6, 新羅本紀6, 文武王 2年 正月. "拜伊湌文訓爲中侍."
48 『三國史記』卷6, 新羅本紀6, 文武王 5年 2月. "中侍文訓致仕 以伊湌眞福爲中侍."
49 『三國史記』卷6, 新羅本紀6, 文武王 7年 12月. "中侍文訓卒."
50 『三國史記』卷6, 新羅本紀6, 文武王 8年 夏 6月21日.
51 『三國史記』卷6, 新羅本紀6, 文武王 7年 秋 8月. "秋八月 王領大角干金庾信等三十將軍 出京."
52 2018년 6월23일 한국고대사탐구학회 학술대회에서 본고로 발표를 하였던 필자의 토론자인 김희만의 지적을 수용한 것이다. 투고 전에는 파악하지 못하였던 사항이기에 진심으로 감사드린다.

풍훈과 마찬가지로 단 2개만이 전해지며 모두 『삼국사기』에 있는 경우를 상정해볼 수 있다. 하나는 J-①이고 다른 하나는 앞서 살펴본 668년 6월 21일 기사이다. 전자에 해당되는 卒한 문훈은 665년 2월에 벼슬에서 물러나 667년 12월에 죽었다. 퇴직 후 2년 10개월이 지나 죽은 것이다. 건강상의 이유 또는 고령으로 관직에서 물러났음이 짐작된다. 따라서 죽기 직전의 전투에 총관으로 이름이 올라가 있다는 것은 상식적으로 납득이 가지를 않는다.

결국 667년이든 668년이든 현장에서 전투 지휘가 가능한 신체를 유지하고 있으며, 죽은 문훈에 비해 상대적으로 나이가 어린 동명이인의 현직 장군 문훈이 있었을 가능성도 존재한다. 또한 죽은 문훈은 2관등 伊飡으로 표기된 반면, 668년 6월21일 기사의 문훈은 3관등 迊飡으로 표기된 것도 동시대에 동명이인이 있었음을 알려주는 근거일 수 있다. 나아가 7~8년 후인 675년 9월에 벌어진 천성 전투의 문훈은 후자에 해당되는 동명이인일 가능성이 있다. 어쨌든 J-①, 즉 675년 9월에 벌어진 천성 전투의 기사에서 문훈은 전공을 세우고 있음이 나타난다. 육체적인 조건이 뒷받침되지 않는다면 불가능한 일이다.

한편, 당시에 경기·강원 북부에서 활동하였던 것으로 여겨지는 당의 兵馬는 장기간 원정에 따른 피로 상승과 보급품 소모로 인해 상당히 지쳐 있는 상태였을 것이다. 이에 따라 한반도 원정군의 병력 교체 및 보급까지 해결해야 되는 당의 대규모 전투 선단이 천성으로 향하게 되었음을 알려주는 사료 또한 바로 J-①이라고 본다.[53] 설령 당의 군대가 屯田 경영·사냥·채집·약탈 등을 통해 자체적으로 필요한 물자를 해결해왔다고 치더

---

53 필자는 천성·매소성 전투에 있어 상호 연관성 및 결과를 초래한 가장 큰 원인을 보급 문제로 보았는데, 이는 서영교의 연구에서 그 영향을 크게 받았다(서영교, 앞의 책, 2006, 233~236쪽).

라도 장기 원정에 따른 한계는 분명 존재하였을 것이다. 이에 추수 이후 식량을 포함한 보급품의 수취가 당 조정에서 어느 정도 이루어지자, 설인귀 부대는 신속하게 최단 경로로 이를 수송하면서 당은 신라와의 전쟁에 박차를 가하였다. 시기를 감안할 때 이는 자연스러운 수순이다.

신라 역시 675년 2월 이후 시간이 지나면서 점차 당이 원정에 따른 곤란을 겪고 있다는 정보를 미리 알고 있었을 것으로 판단되며, 이러한 문제점 해결을 위한 교체 병력 및 군수물자의 수송을 사전에 차단하기 위해 해상에서의 감시와 매복을 철저하게 준비하였던 것으로 추정된다.[54] 특히 추수 이후를 노릴 것으로 예상하고 그 이전부터 만반의 준비를 갖추어 왔음이 앞서 살펴본 사료 H의 마지막 부분 '出九軍待之(9군을 내보내 기다리게 하였다)'를 통해 드러난다. 결국 675년 9월에 지금의 파주 오두산성으로 비정되는 천성에서 신라와 당이 맞붙게 되었고 그 과정은 水陸戰(당의 上陸戰) 형태로 진행되었다고 보이는데, 이때 신라가 죽인 1천 4백 명과 획득한 말 1천 필은 당의 교체 대상 병력 중 일부였을 것이다. 설인귀는 신라 출신 풍훈을 이용하여 효과적인 전투를 벌이고자 하였으나, 치밀하게 준비해왔던 신라가 상대의 작전을 간파하여 천성에서 이를 물거품으로 만들어버렸다.

....

54 송영대는 신라가 서해에 해상 병력을 주둔시켰으며, 海上力을 바탕으로 羅唐戰爭 期에 서해안의 制海權을 장악하여 해상전략을 전개한 결과 당에 비해 상대적으로 열세였음에도 나당전쟁에서 승리할 수 있었던 주요 動因을 마련하였다고 평가하며, 그 중심 지점을 당항성으로 추정하였다(宋令旲, 「6~7세기 신라의 전략· 전술·무기체계의 개발」, 한국전통문화대 석사학위논문, 2015, 29쪽 : 「6~7세기 신라의 전략·전술 입안과 활용」, 『韓國史研究』169, 2015, 51쪽). 필자는 송영대의 이와 같은 견해에 기본적으로 동의하여 본고에 활용하였지만, 그 중심 지점과 천성 전투의 연관성에 대해서는 더 논의를 해볼 필요가 있다고 생각한다.

2. 매소성 전투 기사 분석

천성 전투 패배의 여파는 매소성을 중심으로 경기·강원 북부에 주둔하였던 당의 군대에 막대한 영향을 끼쳤다. 이를 알려주는 사료가 바로 J-②이다. 이 기사는 전투 발생 시점을 675년 9월 29일로 밝히고 있는데, 미리 언급하면 이때 675년의 나당전쟁이 사실상 모두 종결되는 端初를 마련하였다고 본다. 필자가 이와 같이 판단한 이유에 대해 J-② 기사를 세부적으로 살펴보면서 밝히도록 하겠다.

먼저 J-②-㉠을 통해 매소성에 주둔하고 있었던 李謹行 부대부터 살펴보자. 주둔 당군 20만이라는 수치에 대해 필자는 기존의 졸고에서 한반도 전선에 투입되었던 모든 당군 또는 적어도 매소성을 필두로 지금의 경기 북부에 주둔하고 있었던 모든 당군을 의미하는 것으로 보았다.[55] 이는 당시 당군의 기병과 보병 비율이 3 : 7이었다는 점[56]과 『삼국사기』의 해당 부분 기사에 대한 일종의 신뢰가 그 基底에 있었기 때문에 내린 판단이었다. 그러나 지금은 또 다른 경우의 수가 있을 수 있다고 본다. 다른 연구자들은 20만이라는 수치가 과장되었으며, 실제로는 10만 전후 또는 4~5만 정도일 것으로 추산하였다.[57] 필자는 이와 달리 착오일 가능성도 있다

....

55 김병희, 앞의 석사학위논문, 2011, 7쪽, 각주21 ; 앞의 논문, 2014, 201쪽.

56 KBS 역사스페셜, 『역사스페셜』6, 효형출판, 2003, 72쪽.

57 買肖城 또는 675년 9월 당시 한반도 전선에 투입된 당군 병력 수치에 대한 연구 소개

　① 당군 최대 4~5만 명 추산 : 閔德植, 「羅·唐戰爭에 관한 考察 - 買肖城(매소성) 전투를 중심으로」, 『史學研究』40, 1989, 171쪽 ; 李昊榮, 『新羅三國統合과 麗·濟敗亡原因研究』(재판), 書景文化社, 2001, 247쪽.

　② 당군 최대 10만 명 추산 : 拜根興, 앞의 박사학위논문, 2002, 98~99쪽.

　③ 당군 최소 10만 명 이상 추산 : 이상훈, 「羅唐戰爭의 종전배경과 新羅의 역할」, 『東北亞歷史論叢』32, 2011, 346~347쪽.

고 생각한다.

사서는 세로로 쓰인다는 점에 착안하면 '二十萬'은 원래 원전 사료에서 '三萬'으로 쓰인 것을 옮겨 쓸 때 '三'을 쓴 뒤 '萬'을 쓰는 과정에서 '三'의 하단 '一' 중간에 'ㅣ'가 덧붙여졌을 수 있다. 바로 뒤에 남겨놓은 병장기가 3만 정도에 이르렀다는 점도 이를 방증한다. 획득한 말이 3만 3백 8십 필이었다는 것도 사실은 3천 3백 8십 필이었을 수 있다. J-③의 마지막 부분에는 신라가 죽인 적군이 6천 4십이고 얻게 된 말이 2백 필이라고 되어 있는데, 당 부대의 보병과 기병 비율을 감안하면 전투의 결과로 얻을 수 있는 성과의 단위는 전투의 규모에 따라 '만 대 천' 또는 '천 대 백'으로 나타나는 것이 정상적이기 때문이다.

획득 전마의 단위가 '천'에서 '만'으로 바뀐 이유는 의도 유무를 떠나 '二十萬'으로 쓰인 보병 수치에 『삼국사기』편찬자가 기병 수치를 맞추다 보니 발생한 문제라고 보인다. 정리하면 필자는 매소성 주둔 당군 20만의 경우 원전 사료에 3만으로 쓰인 것을 채록하는 과정에서 誤記한 것이며, 획득 전마 3만 餘는 이에 따라 『삼국사기』편찬자가 3천 餘를 수정한 것일 가능성이 높다고 생각한다. 방법을 착안한 토대는 다르지만, 필자는 이전의 졸고에서 당군 병력을 3만 정도로 보고 수용 가능성 및 음가와 지형 등을 고려하여 매소성의 위치를 비정해본 결과, 연천 大田里山城 보다는 양주 大母山城이 타당할 것으로 추론한 바 있다.[58]

다음으로 교전 여부 및 전리품 획득 이후의 상황에 대해 살펴보겠다. 선학들에 의해 여러 번 지적되었듯이 매소성 전투 기사는 신라 측의 출전 장수와 전사자 및 교전 내용에 대한 언급이 없고 전리품 획득 수치만 밝히고 있어 의문과 궁금증을 자아낸다. 현재까지 내용을 확인할 수 있는

---

58 김병희, 앞의 석사학위논문, 2011 ; 앞의 논문, 2014.

사료는 『삼국사기』만 있는 만큼 이를 기반으로 추리해보면, 전반적인 상황을 참작하였을 때 보급 문제 해결을 위한 이근행 부대의 작전상 후방 이동 내지 철군 외에는 달리 설명할 방도가 없다. 여러 정황을 고려할 때 매소성 중심의 한반도 전선에서 이근행 부대가 사실상 철군하였던 것으로 보는 것이 합리적이다. 곧 추위를 동반하는 겨울이 시작될 시기임도 고려해야 한다.

한편, J-②-ⓛ은 주의를 요한다. 얼핏 보면 이는 신라가 매소성 전투 직후 당에 사죄사를 파견한 조치로 볼 수 있는 기록이다. 필자 역시 이전의 졸고에서 그렇게 보았다.[59] 그러나 그렇지가 않다. 『책부원구』에서도 동일한 내용의 기록이 675년 9월 기사로 기재되어 있기 때문이다.[60]

신라의 수도인 금성(경주)에서 사신이 출발하여 당의 수도인 장안에 당도하기까지는 대략 3개월 정도가 소요되었다고 한다.[61] 그리고 중국에서는 외국의 사신이 수도에 들어왔을 경우 사서에 황제를 謁見한 시점을 기준으로 내용을 기술하였다고 알려졌다. 이러한 사실을 염두에 둔다면, 『삼국사기』의 신라본기에 전하는 사신 파견 기록 가운데 중국 사서에 전하는 기록과 연도 및 월이 같은 경우는 『삼국사기』 찬자가 중국 사서에서 인용한 것에 해당한다고 봄이 자연스러울 것이다.[62]

이를 감안하면 『삼국사기』와 『책부원구』의 675년 9월 기사에 보이는 신라 사신은 675년 6월에 문무왕 김법민 및 신라 수뇌부의 결정에 따라 출발하였던 것으로 여겨진다. 만약 675년 9월29일 또는 9월30일에 당 고

---

59 김병희, 앞의 석사학위논문, 2011, 33~34쪽 ; 앞의 논문, 2014, 216~222쪽. 사신은 사죄사로 보았다.
60 『冊府元龜』卷970, 外臣部15 朝貢3. "上元二年 … 九月 新羅王金法敏遣使獻方物."
61 權悳永, 『古代韓中外交史 - 遣唐使研究』, 一潮閣, 1997, 214~220쪽.
62 전덕재, 앞의 책, 2018, 152쪽.

종을 알현한 것이라면 7월 초에 출발하였을 가능성도 있다. 그러나 이에 대한 신라 자체의 전승 기록이 부족함으로 인해서『삼국사기』의 편찬자는『책부원구』(또는 그 원전 사료)를 참고하여 그냥 675년 9월 기사로 처리하였다고 보는 것이 나을 듯하다.

그 다음 기사인 J-②-ⓒ도 주의를 요한다. 安北河[63]를 따라 관문과 성을 설치한 것에 더하여 鐵關城[64]을 쌓았다는 내용은 매소성 전투 이후 나중에 있을지 모를 당과의 전투에 대비하여 당시의 경계를 따라 방어막과 방어 기지를 축조한 것으로 볼 수 있다. 그러나 바로 앞의 J-②-ⓛ 기사 時點이 675년 6월 또는 7월 초라면, 달리 생각해볼 필요성이 생긴다.

여기서부터 심도 있게 짚고 넘어가야 할 내용이 있다. 전덕재의 최신 연구 성과에 따르면『삼국사기』의 찬술 기준 가운데 하나는 '연도는 정확하게 알 수 있지만, 월(月)을 알 수 없는 역사적 사건의 경우, 해당년조의 말미에 그것을 첨입하는 것이 일반적'[65]이라 하였다. 그리고 植田喜兵成智의 최근 연구 성과에 따르면 H 및 J군의 사료, 즉『삼국사기』신라본기의 675년 2월·9월 기사는 '단일한 전거가 아니라 중국 측 사료를 인용한 부분과 국내 측 고유전거로 추정되는 부분들이 뒤섞여 있는 복잡한 구성으로, 시계열 순에 따라 일관되게 정리된 것이 아니라, 독자적인 성격의 여

---

63 『三國史記』卷37, 雜志6, 地理4, 三國有名未詳地分. 안북하는 뒤에 등장하는 石峴城과 함께『三國史記』에서 편찬 당시인 고려시대에도 어디인지 알 수 없던 곳으로 분류하였는데, 한자의 뜻과 당시 상황을 고려하면 지금의 한탄강을 가리키는 것으로 보인다(김병희, 앞의 석사학위논문, 2011, 40~41쪽 ; 앞의 논문, 2014, 222~223쪽).

64 『三國史記』卷35, 雜志4, 地理2, 新羅. "鐵城郡 本高句麗鐵圓郡 景德王改名 今東州領縣二." 이 기사와 안북하를 한탄강으로 보는 입장에 의거하여 필자는 철관성을 지금의 강원도 철원군 철원읍에 위치한 東州山城으로 본다. 철관성은 안북하를 따라 설치한 관문과 성의 중심 역할을 하였을 것으로 추정된다.

65 전덕재, 앞의 책, 2018, 137쪽.

러 자료들이 본래 형태를 유지한 채로 나름의 규칙성을 가지고 하나의 편년 기사 안에 결합된 구조였을 가능성이 높은 것'[66]이라 하였다.

이들 연구의 성과를 종합하여 적용해보면, J-②-ⓒ은 일단 675년 기사들 중 가장 나중에 있었던 史實로 추론할 수 있다. 신라의 입장에서 볼 때, 전투에서 패배한 것이 아니라 승리하고 난 뒤에 경계가 되는 하천을 따라 관문과 성을 설치하였다는 내용은 전투 중간에 있었던 일로 볼 수 없기 때문이다.

3. 매소성 전역의 과정

다음으로 『삼국사기』의 매소성 전투 기록 다음에 등장하는 전투 기사들을 확인하기에 앞서 제시할 사항이 있다. 필자는 본 절의 제목에서 '매소성 戰役'이라는 용어를 사용하였다. 이는 미리 언급하자면 매소성 전투를 포함하여 675년에 벌어진 신라와 당의 전투 전 과정을 가리키는 의미로 사용한 것이다.

원래 이 용어는 필자가 이전에 집필한 졸고에서 이상훈이 제시한 개념[67]을 수용하되 논지에 맞게 676년 7월의 道臨城 전투는 제외한 것인데,[68] 본고를 통해 그 개념을 다시 수정하였다. 참고로 필자가 675년에 벌

66 植田喜兵成智, 「羅唐戰爭終結期記事にみる新羅の對唐意識 -『三國史記』文武王 一四·一五·一六年條の再檢討」, 『史滴』36, 2014, 107~113쪽.

67 李相勳, 앞의 논문, 2007, 118쪽 ; 이상훈, 앞의 책, 2012, 223쪽.
　　→ 매소성 전역 : 675년 9월 천성 전투~676년 7월 도림성 전투

68 김병희, 앞의 석사학위논문, 2011, 33~34쪽, 각주75 ; 앞의 논문, 2014, 219~220쪽, 각주36.
　　→ 매소성 전역 : 675년 9월 천성 전투~675년 9월29일 매소성 전투 및 기타 전투 (기존 견해)

어진 신라와 당의 모든 전투들 가운데 '매소성 전투'에 대표성을 부여하여 '매소성 전역'이라는 용어를 쓴 이유는 매소성이 675년 2월부터 9월까지 한반도 전선에서 활동한 당군의 治所 역할을 하였으며,[69] 한·중의 사서 모두 매소성 전투를 나당전쟁의 分水嶺으로 보았다고 판단한 것에 있음을 미리 밝혀둔다. 이제 수정한 내용을 구체적으로 소개해보겠다.

J-③ 기사는 675년 9월29일 기사에서 맨 뒤에 배치되어 있다. 『삼국사기』의 신라본기는 675년 10~12월 기사가 없으므로 J-③은 675년 전체 기록들 중 맨 뒤에 있는 것이다. 그러나 이 기사의 모든 내용을 675년 9월29일 이후의 기사로 볼 수는 없다. 기존의 연구 성과 및 시기와 당시 전황을 감안할 때 문제점이 드러나기 때문이다. 그렇지만 편의상 『삼국사기』의 신라본기에 기재된 순서대로 살펴보겠다.

1) 아달성 전투 기사 분석

J-③-㉠은 소나가 말갈에 의해 아달성 전투에서 전사하였다는 기록이다. 그런데 675년 9월29일 이후로 되어 있는 이 기사가 『삼국사기』의 소나 열전에는 봄으로 되어 있다.

> K. 素那를 阿達城으로 옮기어 북쪽 변방을 막도록 하였다. 上元 2년 乙亥 봄에 阿達城 太守 級湌 漢宣이 백성들에게 下敎하기를, 어떤 날에 모두 나가 삼(麻)을 심도록 하고 어거서는 안 된다고 령을 내렸다. 말갈 첩자가 이를 알고 돌아가 某 추장에게 告하였다. 그 날에 이르러 백성들이 모두 성을 나가 밭에 있었다. 말갈이 몰래 행군하여 갑자기 성에 들어가 성 전체를 위협하고 노략질하니, 노인들과 아이들이 당황하여 어찌할 바를 몰랐다. 어쩔 줄을 몰

---

69 김병희, 앞의 석사학위논문, 2011, 22~29쪽.

랐다. 素那가 칼을 휘두르며 적을 향하여 크게 소리쳐 말하기를 "너희들은 신라에 沈那의 아들 素那가 있음을 아느냐? 진실로 살기를 도모함으로 죽기를 두려워하지 않을 것이니, 싸우고자 하는 者가 어찌 나오지 않는가?"라고 하면서 마침내 분노하여 적에게 돌격하니, 적이 감히 압박하지 못하고 다만 그를 향하여 화살을 발사할 뿐이었다. 素那 또한 화살을 쏘니 날아다니는 화살들이 밤낮으로 벌떼와 같았다. 素那의 몸에 박힌 화살들이 고슴도치 같이 되자 드디어 넘어져서 죽었다.[70]

사료 K는 『삼국사기』 소나 열전의 일부로 중간 부분에 해당한다. 上元 2년은 675년이므로, 내용을 비교해보았을 때 사료 J-③-㉠과 K는 같은 사건을 다룬 것으로 보아도 무방하다. 다만, 구체적인 시기와 분량 및 城主의 차이가 있는데, 본고의 주제가 아달성의 성주 검토는 아니므로 이는 다루지 않고자 한다. 정리해보면 분량이 적은 본기 기사는 9월29일 이후라 하고 있고, 상대적으로 분량이 풍부한 열전 기사는 봄이라 하고 있다. 전자와 후자 중 어느 기사를 신뢰하는 것이 적절한 선택일까?[71]

선택의 기준이 될 수 있는 근거가 하나 있다. 바로 '삼(麻)'이다. 사료 K를 보면 아달성 백성들이 '種麻', 즉 삼(麻)을 심었음이 확인된다. 이에 한·중 전근대 農書들을 확인해보았다. 각 농서의 삼(麻)에 대한 기록을 정리하여 편찬된 순서대로 제시한 것이 <표 2>이다.

....

70 『三國史記』卷47, 列傳7, 素那. "遷素那於阿達城 俾禦北鄙 上元二年乙亥春 阿達城 大守級湌漢宣敎民 以某日 齊出種麻 不得違令 靺鞨諜者認之 歸告某酋長 至其日 百姓皆出城在田 靺鞨潛師 狌入城 剽掠一城 老幼狼狽 不知所爲 素那奮刃向賊 大 呼曰 '爾等知新羅有沈那之子素那乎 固不畏死以圖生 欲鬪者曷不來耶.' 遂憤怒突賊 賊不敢迫 但向射之 素那亦射 飛矢如蜂 自辰至酉 素那身矢如猬 遂倒而死."

71 국방부 군사편찬연구소 회의실에서 열린 2017년 2차(6월15일) 군사사 연구논문 발표회에서 발표자 이상훈이 필자에게 질문한 내용이다. 본고의 집필 계기가 되었기에 진심으로 감사드린다.

	편찬 시기	편찬자	種麻 시기[73] (음력)	재배 지역
『范勝之書』	前漢 (B.C 1세기)	范勝之	2월 하순에서 3월 상순까지	山西省 황토 고원지대
『齊民要術』	北魏 ~ 東魏 (A.D 6세기)	賈思勰	夏至 10일 전에서 夏至 10일 후까지	黃河 중하류 華北 지방
『農桑輯要』	1273년 집성 1286년 발간	元 世祖 大司農司		중국
『農事直說』	1429년 간행	朝鮮 世宗 鄭招·卞孝文 등	正月 (조건 : 氷解 + 良田)	우리나라

<표 2>에 따르면 농서마다 삼(麻)을 심는 시기가 다른데, 그 이유는 재배하는 지역의 토질과 기후의 차이에서 비롯된다. 나당전쟁이 일어난 시기와 사실상 동시대에 편찬되었다고 할 수 있는 『齊民要術』에는 種麻 시기가 夏至 전후 10일로 기술되어 있는데, 하지는 기원전 3세기 이래 중국의 曆日로 치환하면 양력 6월21~23일이 된다고 한다.[74] 삼(麻)을 심는 시기가 양력으로 6월 중·하순이 되는 셈이다. 『農桑輯要』는 『제민요술』의 영향을 받아 種麻 시기를 그대로 인용하고 있으며, 『范勝之書』 역시 황토 고원지대의 농경에 대한 서술이므로 우리나라의 실정에는 부합하지 않는

---

72 범승지(范勝之), 구자옥·김장규·홍기용 譯, 『범승지서(范勝之書) - 인류 최초의 기원전 농서』, 한국농업사학회, 2007, 14·51·63쪽 ; 가사협(賈思勰), 구자옥·홍기용·김영진·홍은희 譯, 『제민요술(齊民要術) - 동양 최고의 고대 생업경전서』, 한국농업사학회, 2007, 20·133·136쪽 ; 원(元) 대사농사(大司農司), 무계유(繆啓愉) 교석, 구자옥·홍기용 역주, 『농상집요(農桑輯要)』, 농촌진흥청, 2008, 132, 131쪽 ; 金榮鎭 譯註, 『朝鮮時代前期農書 - 撮要新書/農事直說/衿陽雜錄/閑情錄/農家集成』, 韓國農村經濟硏究院, 1984, 49~50쪽.

73 해당 기사의 출처 및 원문
『范勝之書』, 種麻. "二月下旬 三月上旬 傍雨種誌."
『齊民要術』卷2, 種麻8. "夏至前十日爲上時 至日爲中時 至後十日爲下時."
『農桑輯要』卷2, 播種, 麻. "夏至前十日爲上時 至日爲中時 至後十日爲下時."
『農事直說』, 種麻. "正月氷解 擇良田 田多則歲易."

74 범승지(范勝之), 구자옥·김장규·홍기용 譯, 위의 책, 2007, 23쪽.

다. 아달성 전투가 있었던 675년을 기준으로 보았을 때 편찬 시기가 가장 멀리 떨어진『農事直說』의 기록을 결국 신뢰할 수밖에 없다. 재배 지역과 기후가 동일하고 우리나라의 농법이 반영된 기록이기 때문이다.

『농사직설』에는 우리나라의 種麻 시기가 정월이라고 되어 있다. 단, 조건이 있는데 얼음이 녹은 다음 좋은 밭을 택하여 심어야 하며, 麻田이 많으면 歲易[75]한 밭에 심는 것이 좋다고 한다. 즉, 추위가 풀리고 난 음력 1월이 우리나라에서 種麻의 최적기라고 할 수 있다.『농사직설』의 種麻 기사를 근거로 필자는 아달성 전투가 675년 2월의 칠중성 전투 이전에 발생하였다고 본다.[76] 아달성은 현재 북한의 강원도 철원군 철원읍[77]으로 비정되는데, 전투의 순서와 거리 및 행군 속도를 감안하였을 때 아달성 전투에서 보이는 말갈은 사료 H 기사, 즉 675년 2월의 칠중성 전투 기사에서 보이는 말갈의 일부일 가능성이 생긴다. 따라서 사료 K 기사, 즉『삼국사기』소나 열전에 보이는 '某 추장'은 이근행일 가능성도 있다.

2) 칠중성 전투 기사 분석

『삼국사기』신라본기의 아달성 전투 기사 다음에는 또 다른 칠중성 전투 기사가 실려 있다. 사료 H와 J-③-ⓛ 기사를 비교해보면, 둘은 같은 전투가 아니라는 것을 알 수 있다. 사료 H, 즉 675년 2월의 칠중성 전투는 유인궤의 당군이 신라의 칠중성을 공격하여 함락시킨 사건이다. 성을 함락시켰다는 표현은 보이지 않지만, 더 남쪽에 있는 매소성까지 경략하려

---

75 우리말로는 '해바꿈' 또는 '해걸이'라고도 하는데, 休閑 또는 輪作(돌려짓기)을 말한다.

76 권창혁은 아달성 전투가 675년 2월에서 9월 사이에 벌어졌으며, 675년 2월의 칠중성 전투를 제외한 나머지 전투 중 시기가 가장 앞선 것으로 보았다(權昶赫, 앞의 석사학위논문, 2017, 21~30쪽 : 앞의 논문, 2019, 297~305쪽).

77 1952년 12월 북한의 행정구역 개편 이전에는 지명이 강원도 이천군 안협면이었다.

면 후방의 칠중성은 반드시 당의 수중에 들어가 있어야 한다. 반면, 675년 9월 29일 기사의 칠중성 전투에서 수성 주체는 다시 신라군이다. 그리고 이 전투에서 당은 성을 포위하고도 이기지 못하였다. 성을 함락시키지 못한 것이다. 결국 전투 장소는 같지만, 이 둘은 내용과 결과가 모두 다른 별개의 전투라고 할 수 있다.[78]

그러면 이제는 둘 간의 순서를 고민해야 할 차례인데, 경우의 수는 정해져 있다. J-③-ⓒ 기사가 H 기사 보다 먼저라면 <표 1-③·④>의 기사들은 나타날 수 없다. 유인궤가 전공을 세우고 귀환한 것이 아니기 때문이다. 또한 귀국 전에 南境을 공략하였을 여유도 없다. 신라의 南境은 더더욱 아니다. 따라서 사료 H 기사가 먼저, 사료 J-③-ⓒ 기사가 나중이다. 그러면 중간에 칠중성을 다시 탈환하는 전투가 있어야 한다.

기록으로는 보이지 않지만, 신라군이 칠중성을 다시 탈환하는 때는 675년 9월 29일에 벌어진 매소성 전투 이후라고 보는 것이 합리적이다. 매소성에서 철군한 당의 이근행 부대가 병력 교체나 보급 문제 등의 해결을 위해 물러난 곳이 바로 뒤의 칠중성은 아닐 것이기 때문이다. 칠중성은 매소성에서 거리도 가깝고, 무엇보다 매소성에서는 물러났는데 칠중성

---

78 『삼국사기』 신라본기에서 675년 2월 기사에 실린 칠중성 전투와 675년 9월 29일 매소성 전투 기사 뒤에 실린 칠중성 전투를 동일 전투로 본 견해도 있다. 植田喜兵成智와 권창혁은 2개의 칠중성 전투 모두 675년 2월경에 벌어졌던 동일한 사건이지만, 중국 측 전거와 국내 전거의 차이점으로 인해 같은 사료 내에서도 단락에 따라 나뉘어 기술되었으리라 생각된다고 하였다(植田喜兵成智, 앞의 논문, 2014, 115~116쪽 ; 權昶赫, 앞의 석사학위논문, 2017, 26쪽 : 앞의 논문, 2019, 302쪽). 필자는 이와는 다른 생각을 하고 있다. 뒤에서 다시 언급하겠지만 필자는 675년 2월 기사의 칠중성 전투는 유인궤의 지휘 하에 당이 승리한 전투이고, 675년 9월 29일 기사 뒤의 칠중성 전투는 설인귀의 참전 가능성이 있는 동시에 당의 '不克(이기지 못함)'으로 마무리되면서 성의 함락에 당이 실패한 전투로 본다.

에서는 물러나지 않았다는 것은 납득하기 어렵다.

당시 상황을 고려할 때 매소성 주둔군이든 칠중성 주둔군이든 당의 대다수 병력은 최소한 임진강을 넘어가서 위기를 타개하였을 것으로 판단된다. 그리고 나서 신속하게 당으로 돌아가기 위해 다시 칠중성을 포위 공격하여 신라의 추격을 지연시킨 다음, 후속 추격을 분산시키기 위해 唐兵은 임진강 수로를 통해 서해로 나가 귀국하고, 蕃兵은 육로를 통해 자신들의 본거지로 이동하였을 것으로 여겨진다.

이상에서 칠중성 전투와 매소성 전투에 대한 중간 정리를 할 필요가 있다. 공성·수성 주체와 시기 및 결과 등이 각기 다른 경우가 존재하기 때문이다. 편의상 이를 1차와 2차로 나누어 구분하고자 한다. 정리해보면 <표 3>과 같다.

〈표 3〉 칠중성·매소성 전투의 시기 구분 및 공성·수성 주체

전투명	시기	세부 전투	공성	수성	결과
1차 칠중성 전투	675년 2월	기록 無	당	신라	당 승리
1차 매소성 전투	675년 2월 이후	一戰 (經略 前)	당	신라	
		二戰 (經略 後)	신라	당	신라 패배
		三戰 (經略 後)	신라	당	
2차 매소성 전투	675년 9월29일	기록 無	신라	당	당 철군
2차 칠중성 전투	675년 9월29일 이후	最初 전투	신라	당	신라 탈환
		最終 전투	당	신라	무승부 (不克)

<표 3>에서 설인귀의 행적이 연결될 수 있는 지점이 보인다. 설인귀는 2차 매소성 전투 직전에 벌어진 675년 9월의 천성 전투에서 패배하여 달아났다. 천성 전투는 수륙전(당의 상륙전)으로 전개되었는데, '走'라고 하였으니 설인귀는 수로가 아닌 육로를 이용하여 몸을 피하였을 것이다. 그리고 '解圍'라고 한 것에서 전력에 분명 손실은 있었지만, 포위를 풀고 나올 만큼의 병력은 상실하지 않았던 것으로 보인다. 주목되는 것은 지금의

경기도 파주시 적성면으로 비정되는 칠중성 바로 옆의 감악산이다. 감악산 정상에는 글자가 보이지 않는 비석이 '설인귀 碑'로 알려져 있고, 감악산 주변에서는 설인귀 전설이 현재까지 전승되어 왔으며, 이와 관련된 기록이 문헌으로도 존재한다.[79]

오두산성에서 칠중성까지는 도보(기준 : 현재의 간선도로)로 약 35km 정도의 거리이므로, 3일이면 도착이 가능하다. 행군 속도는 지형과 상황에 따라 차이가 나게 되므로 일반화시키기는 어렵지만, 『孫子兵法』에서는 고대 병력이 하루에 이동 가능한 거리를 30리(약 12km) 정도로 계산하였다.[80] 따라서 시간상으로 설인귀가 2차 칠중성 전투의 최종 전투에 참전할 수 있는 가능성은 충분히 있다. 그렇지만, 결과는 '不克'인데 설인귀가 전설을 남길 수 있을 정도로 강렬한 인상을 남겼는지는 의문이 들 수 있을 것이다.

여기에서 다시 눈이 가는 대목은 小守 儒冬이 죽었다는 기록이다. 지방관이 죽었을 정도면 전투가 매우 치열하였다는 뜻인데, 이는 설인귀에게서 그 원인을 찾을 수 있지 않을까 한다. 설인귀의 활약과 儒冬의 죽음이 관계가 있다면, 감악산의 신이 되어 전설로 남을 가능성은 충분히 있는 셈이다.

그러나 이는 기록으로 확인되지는 않는데, Jamieson과 拜根興의 지적대로 유인궤가 675年 前後에 가졌던 官位 中 特出한 것이 監修國史의 職位이고, 國史(실록) 改修의 과정에서 사적을 지나치게 수정하였다는 혐의까지 받는다는 점[81]과 밀접한 연관을 지녔을 것으로 추정된다. 『자치통감』의 675년

79 『新增東國輿地勝覽』卷11, 積城縣 祠廟條에 紺岳祠가 있는데, 신라에서 唐나라 장수 薛仁貴를 山神으로 삼았다 하고, 조선에서도 中祀로서 제사지낸다고 하였다(정구복 외 4인 역, 『역주 삼국사기』4 주석편(하), 한국학중앙연구원출판부, 2012, 35쪽 주84 겸악).

80 손무, 노태준 譯解, 『손자병법』, 홍신문화사, 2007, 180~181쪽.

기사가 8월까지만 있고, 9월부터 12월까지가 없는 것도 이러한 연유가 영향을 준 것에서 그 답을 찾아야 할 것이다.[82]

한편, 앞서 살펴본 아달성 전투 및 칠중성 전투를 포함하여 『삼국사기』 신라본기의 675년 9월 29일 매소성 전투 기사 이후에 실린 전투들은 실제로 675년 9월 29일 이후에 벌어진 것이 아니라 675년 2월부터 9월 사이의 기간으로 조정하여 이해한다면, 전투 전반의 전개가 합리적으로 설명될 수 있다는 견해가 있다.[83] 이는 앞서 확인한 『삼국사기』의 찬술 기준 가운

....

81 John Charles Jamieson, 앞의 논문, 1969, 6~8쪽 ; 拜根興, 앞의 논문, 2002, 248쪽.
82 이상훈은 670년대 『자치통감』에 기재된 월별 기사를 정리하여 표로 제시하면서 다른 해와 달리 675년에는 9~12월 기사가 없음을 고의적인 누락으로 지적하였는데(李相勳, 「唐의 軍事戰略을 통해 본 羅唐戰爭期의 買肖城 戰鬪」, 『新羅文化』 29, 2007, 95~99쪽 ; 『나당전쟁 연구』, 주류성, 2012, 44~49쪽), 이에 대해 필자는 충분히 합리적인 의심에 해당된다고 본다. 한편, 윤경진은 이에 대해 『資治通鑑』 675년 2월 기사가 『新唐書』 신라전의 기사를 부분적으로 채용하여 전쟁의 종결을 반영하기 때문에 이후 전투 기사가 나올 여지는 없고, 同書 684년 기사의 경우에도 9월까지만 있고 10월 이후가 없기에 675년 기사의 편집은 원전 자료의 부실을 지적할 수는 있어도 고의적인 누락을 지적할 수는 없다고 반박하였다(윤경진, 앞의 논문, 2017-a, 158쪽). 앞서 필자는 678년 9월에 시중 장문관이 간언한 내용을 토대로 675년 2월에 전쟁이 종결되지 않았음을 밝혔고, 『신당서』 기사에도 문제가 있을 수 있음을 지적하였다. 그리고 확인해본 결과 『자치통감』에는 684년에 11월과 12월 기사가 있다. 또한 없다고 치더라도 이때는 나당전쟁 기간이 아니다. 비교가 잘못되었다. 게다가 2차 매소성 전투의 월일을 9월 29일이 아니라 3회에 걸쳐 9월 26일이라고 모두 誤記하였다(윤경진, 앞의 논문, 2017-a, 162쪽 및 175쪽). 신라의 사죄사 파견도 전반적인 흐름을 보았을 때 3차에서 문무왕 관작의 회복이라는 성과를 거두었지만, 이는 나당전쟁의 종결이 아니다. 후속 전투가 발생하고 있기 때문이다. 따라서 이는 전쟁과 외교의 분리를 고수해온 신라의 和戰 양면 전략·전술과 당 중심의 조공책봉체제에 따르는 형식적 절차를 서로가 각자의 상황에 맞게 준수한 것으로 보아야 한다. 결국 중국 사서에서 후속 전투 기사를 찾을 수 없다는 점을 근거로 나당전쟁의 종료를 675년 2월로 보는 시각은 再考할 필요가 있다.
83 植田喜兵成智, 앞의 논문, 2014, 114쪽 ; 權昶赫, 앞의 석사학위논문, 2017, 25쪽

데 하나인 '연도는 정확하게 알 수 있지만, 월(月)을 알 수 없는 역사적 사건의 경우, 해당년조의 말미에 그것을 첨입하는 것이 일반적'[84]이라는 시각과 맞물려 있다는 점에서 경청할만하다.

그러나 짚고 넘어갈 것이 있다. 필자는 아달성 전투가 675년 1월에 있음을 확인하였다. 나아가 2개의 칠중성 전투 기사는 3번의 칠중성 전투가 있었음을 알려주는 단서로 보았다. 그리고 675년 2월의 칠중성 전투를 제외한 나머지 2번의 칠중성 전투는 675년 9월 29일 이후에 발생한 것으로 파악하였다. 매소성 전투 기사 이후에 등장하는 다른 전투들의 시기를 굳이 675년 2월에서 9월 사이의 기간으로만 조정해서 고찰해야 하는가? 月 미상 기사는 당해의 말미 기사로 첨입하는 것이 『삼국사기』 신라본기의 일반적인 찬술 기준이라면 범위를 1월에서 12월 사이, 즉 675년 전체가 될 수 있음을 전제로 고찰할 필요가 있다. 이제 이를 염두에 두고 각 전투들을 분석해보고자 한다.

3) 적목성 전투 기사 분석

사료 J-③-ⓒ은 赤木城 전투 기사이다. 적목성은 현재 북한 강원도 회양군 난곡면으로 비정되는데, <표 3>에서 보이는 675년의 전반적인 전황을 감안하였을 때 아달성 전투와 마찬가지인 경우라고 생각된다. 배로 이동하는 경우가 아니라면 큰 틀에서 볼 때 말갈병 부대들끼리는 전투를 위한 이동에서 동일하거나 유사한 성격의 움직임을 보여주었을 것으로 추정되기 때문이다. 아마 작전 장소나 이동 경로만 세부적인 차이가 있었을 것으로 판단된다.

....

; 앞의 논문, 2019, 300~301쪽.
84 전덕재, 앞의 책, 2018, 137쪽.

신라의 입장에서 보면 적목성 전투는 동북부 전선의 전투가 되겠고, 아달성 전투는 중북부 전선의 전투였던 것으로 볼 수 있다. 따라서 적목성 전투의 말갈 부대는 1·2차 칠중성 전투에서 유인궤·이근행 부대와 합류하지 않았을 가능성도 있다. 이로 인해 전투 시기는 단정할 수 없으며, 그 범위는 675년 1월부터 9월 전까지로 잡아야 할 것이다. 그렇지만 아무래도 아달성 전투가 있었던 시기와 근접할 것 같다. '靺鞨又'의 '又'가 주는 어감 때문이다. 따라서 675년 1월 아니면 2월이 아닐까 한다.

4) 석현성 전투 기사 분석

사료 J-③-㉣은 石峴城 전투 기사로 석현성의 위치는 현재 미상이다. 이상훈은 석현성이 지금의 위치가 어디인지 정확히 알 수 없지만, 현재 경기도 양주시 장흥면에는 石峴里와 石峴川이라는 지명이 남아 있다[85]고 하였는데, 간과할 수 없다. 이를 따를 경우 매소성이 현재의 양주 대모산성임을 알려주는 근거 가운데 하나가 될 수 있기 때문이다.

그런데, 내용상 J-③-㉣ 기사는 J-②-㉡의 신라 사죄사 기사와 관련이 있어 보인다. 당에 파견되어 방물을 바쳤던 신라 사신이 672년 석문 전투 패배 후 보낸 사죄사[86]와 마찬가지의 경우라면, 신라 입장에서는 또 다시 매우 다급한 상황에서 취한 조치였을 것이다. 아달성 전투와 적목성 전투에서는 각각 지방관 1명이 전사하였지만, 석현성 전투는 縣令 仙伯·悉毛 등 지방관이 2명 이상 전사하였다. 또한 아달성·적목성 전투는 신라의 동북 전선에서 벌어진 말갈과의 충돌이었지만, 석현성 전투는 신라의 서북 전선 최남단에서 벌어진 당병과의 충돌이었다. 중간에 벌어진 1차 칠중

---

85 李相勳, 앞의 논문, 2007, 111쪽 ; 이상훈, 앞의 책, 2012, 217쪽.
86 『三國史記』卷7, 新羅本紀7, 文武王 12年 8·9月.

성·매소성 전투에서도 신라는 모두 패하였다.

따라서 이러한 모든 상황을 감안하였을 때 신라는 석현성 전투 직후 사죄사를 파견할 수밖에 없었을 것으로 추정된다. 그리고 그 時點을 675년 2월에서 9월 사이로 잡아야 한다면 앞서 다룬 J-②-ⓒ 기사가 연결된다. 실상을 분석한 결과 J-②-ⓒ 기사의 신라 사신은 경주에서 675년 6월 또는 7월 초에 출발한 것이 확실시되기 되기 때문이다. 그렇다면 패배 결과를 보고 받고 조정에서 결정을 내리는 시간까지 고려하였을 때 석현성 전투는 675년 5월 또는 6월에 있었을 것으로 판단된다.

5) 기타 전투 기사 분석 및 매소성 전역의 개념 정립

J-③-ⓜ은 정확한 시간과 장소를 알 수 없는 전투 기사이다. 그저 675년에 있었던 전투들로 볼 수밖에 없다. 즉, 범위를 675년 1월에서 12월까지로 잡아야 한다. 그러나 '又我兵與唐兵 大小十八戰 皆勝之'라는 표현에서 '我兵', 즉 신라군이 주어(주체)가 되어 唐兵과 '又(또)' 전투를 벌였는데, 그 회수는 18번이고 모두 이겼다는 내용이 당해 말미 月 미상 기사 중에서도 가장 마지막에 등장한다는 점을 고려할 때 이 기사는 2차 매소성 전투 이후 철군하는 당군을 추격하는 신라군에 대해 묘사한 기록으로 여겨진다.

피로가 쌓였고 부족한 보급에 추위까지 다가오는 상황에서 퇴각하며 싸우는 전투 당사자들은 누가 보더라도 계속 패하여 밀리는 것으로 생각될 것이다. 18전을 싸워 1번도 패하지 않고 모두 이겼다는 내용은 과장이 있는 것이 아니라면 이러한 경우 외에는 상상하기 어렵다. 首級의 수가 6천 4십 7, 획득 전마의 수가 2백이라는 것은 2차 매소성 전투에서 철군한 병력을 3만 정도로 보고 남겨놓고 가는 말을 3천 정도로 보았을 때 전과가 정확하게 반영된 사실적인 수치로 봐도 무방하다.

결국 매소성에서 철군하기 시작한 당과 전투를 벌이며 별다른 전과가 없었던 것 같은 2차 매소성 전투는, 후속 기사들 간에 상호 관련이 있다는 시각으로 접근할 경우 나당전쟁이 마무리되어 가는 분위기가 감지되기 시작하였음을 알려준다. 당의 서부 전선은 아예 水戰이 없다고 봐도 무방하지만, 동부 전선은 수전과 해로 이동이 당 조정과 당병 모두에게 큰 부담으로 작용하였을 것은 확실하다. 매소성 전역이 마무리되고 겨울을 지내고 나서 다음 해 초반인 676년 2월에 당은 安東都護府와 熊津都督府를 모두 요동 지역으로 옮기는 조치를 취하였다.[87] 이는 나당전쟁의 종료 始點에 대한 당대 신라인들의 인식이 싹 트는데 영향을 끼친 것으로 여겨진다.[88] 675년의 나당전쟁, 즉 매소성 전역의 역사적 의미는 여기에 있다.

6) 매소성·매소천성 전투 및 위치 비정 관련 이견에 대한 小考

필자는 買蘇川城 전투[89]에 대해 기존의 입장과 변함이 없다. 이에 따라 매소성 전투와 매소천성 전투를 같은 전투로 보지 않는다. 공성과 수성의 주체가 상반되기 때문이다. 물론 매소천성 전투 역시 675년의 '매소성 전역'에 포함되며, 그 위치는 연천 대전리산성으로 비정한다.[90] 또한 <표 3>에 나타난 전황과 元述의 행적을 토대로 전투 시기는 2차 매소성 전투 이후일 것으로 추정한다. 그런데 필자의 시각에 착안하여 매소성과 매소천성을 같은 전투로 보지 않으면서도 위치는 전혀 다르게 비정한 견해가 있

87 『資治通鑑』卷202, 唐紀18, 高宗 儀鳳 元年(上元 3年). "二月 甲戌 徙安東都護府於遼東故城 先是有華人任安東官者 悉罷之 徙熊津都督府於建安故城 其百濟戶口先徙於徐 袞等州者 皆置於建安."
88 구체적인 내용에 대해서는 김병희, 앞의 논문, 2019 참고.
89 『三國史記』卷43, 列傳3, 金庾信 下, 元述. "元述嘆曰 '爲淡凌所誤 至於此極.' 乃入大伯山 至乙亥年 唐兵來攻買蘇川城 元述聞之 欲死之以雪前恥 遂力戰有功賞."
90 김병희, 앞의 석사학위논문, 2011 ; 앞의 논문, 2014.

어 주목된다.

윤경진은 기존 연구가 나당전쟁 당시 신라와 당의 경계를 임진강으로 제한하고 있는 인식에 비판을 가하면서 『삼국사기』의 「答薛仁貴書」에 실린 '平壤已南 百濟土地' 구절과 한·중 사서에 보이는 '高(句)麗 南境'을 분석한 결과 신라의 최종 북방 경계는 대동강이었으므로, 지명에 대한 음가 및 문자 형태의 유사성 여부 판단과 새롭게 이해한 영토 개념을 적용하여 매소성을 水谷城(황해도 新溪)으로, 매소천성을 買召城(인천)으로 비정하였다. 그리고 필자가 비정한 내용은 기존에 비정되는 두 곳인 양주와 연천을 선택적으로 연결한 것 이상으로 근거를 찾을 수 없다고 하였다.[91]

필자는 선학들의 기존 연구를 존중하여 양주와 연천 외에는 매소성이 될 가능성이 있는 지역은 없다고 보았으며, 이를 여과 없이 수용한 것이 아니라 비판적으로 수용하기 위해 지명에 대한 음가 및 문자 형태의 유사성 여부 판단 이외에도 治所 및 領縣의 관계가 후대의 지리서에서 어떻게 변천되었는지[92]부터 보급 문제에 따른 후퇴가 용이한지, 그리고 주둔 병력을 수용할 수 있는 공간과 식수 등 용수로 활용할 수 있는 하천이 있는지[93] 등에 그 기준을 두고 결론을 도출하였다. 그 결과 양주 대모산성을 매소성으로 보았고, 태백산[94]에 기거하고 있었을 것으로 추정되는 원술이 여러 戰場 가운데 당의 침공 소식을 듣고 신속하게 이동하여 참전할 수 있는 도보(騎馬 이동 감안)상 최단 거리에 있는 거점과 공을 세울 수 있는 조건까지 고려하여 가장 타당한 곳을 매소천성으로 비정한 것이었다. 위

---

91 윤경진, 앞의 논문, 2017-a ; 앞의 논문, 2017-b, 259~260쪽.
92 김병희, 앞의 석사학위논문, 2011, 16~30쪽.
93 김병희, 위의 석사학위논문, 2011, 8~9쪽.
94 태백산도 위치에 대한 여러 견해가 있지만, 원술의 행적 및 나당전쟁 당시의 상황을 고려할 때 백두산 등은 아닐 것이므로 지금의 태백산과 동일한 장소로 보았다.

치 비정에 있어 단순하게 양주와 연천 둘 중 하나를 선택한 것은 절대 아니었다.

그리고 윤경진이 새롭게 도출한 신라의 북방 경계와 675년의 나당전쟁 기간 중에 벌어진 전투들의 위치를 비정한 지역은 보급과 이동 및 행군 속도·방향 등을 감안할 때 간격이 너무 벌어지고 전선이 너무 넓게 형성되어 각 전투 간의 연계성 및 인과관계를 설명하는 것에 애로사항이 있다. 예를 들어 매소천성이 지금의 인천이라면 태백산 기거 여부를 떠나 원술이 다른 곳을 두고 군이 왜 가장 서쪽에 있는 전장으로 갔을지 의문이 제기된다. 또한 매소성의 경우 당군이 공격한 신라의 아달성(강원도)보다 북쪽에 위치했다고 보는 것이 합리적[95]이라고 하였는데, 그렇다면 왜 남쪽(경기 북부)에 위치했다고 보는 것은 합리적이지 못한지에 대해 구체적인 근거를 들어 밝힐 필요가 있다고 여겨진다.

眞興王 때 신라의 영토가 가장 확대된 時點의 영역을 봐도 그렇고, 對고구려전쟁 또는 對당전쟁에서 신라의 북부 전선은 지도상으로 보았을 때 서북 전선 보다 동북 전선이 대체로 더 북쪽에서 형성되었다. 원술이 태백산에서 출발한 것이 확실하다면 길이 멀고 불편한 동북 전선 보다는 가까운 서북 전선으로 갔다고 보는 것이 합리적이듯이, 比列忽 장악을 둘러싸고 대치한 동북 전선이 당연히 서북 전선 보다 북쪽으로 높게 형성될 수밖에 없다.

윤경진의 견해는 나당전쟁 기사의 경우 『삼국사기』보다 『신당서』에 더 신빙성을 부여한 반면, 당과 신라의 북방 경계는 임진강이 아닌 대동강으로 해석을 하다 보니 결국 역사적 의미의 비중이 높은 장소와 전투 결과에 대해 너무 무리하게 추정을 한 감이 있다. 앞서 언급한 설인귀의

....

95 윤경진, 앞의 논문, 2017-a, 171쪽.

유배 시기와 관련된 내용들도 마찬가지이다.[96] 그러나 본고의 논지 전개에 긍정적인 기여도 하였다. 이를테면, 675년 말미에 편집·정리된 기사는 전사자의 포상과 관련된 일괄 자료를 채용한 것[97]이라고 본 시각은 필자가 매소성 전역을 재구성하는 것에 있어 큰 영향을 끼쳤다.

V. 맺음말

최근 들어 나당전쟁이라는 주제는 학계의 관심과 연구가 증가하고 있는 추세이다. 이를 자세히 들여다보면 기존의 연구 성과들 가운데 상당수는 국내 학계 및 국외 학계로 나누어져 각각의 입장에서 논의가 전개된 측면이 강하였음을 엿볼 수 있다. 이는 특정 사서 하나 또는 특정 群의 사서들에 신빙성의 무게중심을 두고 논의가 지속되었기 때문이다. 이러한 학문적 분위기가 지속된다면, 앞으로도 나당전쟁에 대한 국내·외 학계의

<hr>

96 윤경진은 설인귀가 유배 중이고 문훈이 사망한 때에 발생하였다는 천성 전투 기사의 경우 칠중성 전투의 연장에서 이루어진 전황을 바탕으로 후대에 윤색된 것일 가능성이 높다고 하였다. 특히 문훈을 동명이인으로 볼 수 있겠으나 특정 시기에 활동하였고 여러 차례 기사가 나오는 중요 인물에 대해 동명이인을 설정하는 것은 무리가 있으므로, 천성 전투 기사는 다른 시기의 기사가 들어온 것이거나 문훈을 부회한 것이라고 볼 수밖에 없다고 하였다.(윤경진, 앞의 논문, 2017-b, 260~263쪽 및 277쪽). 필자는 설인귀의 행적을 검토해본 결과 유배 중이 아니었을 가능성이 있고, 문훈은 동명이인일 가능성도 있으며, 설인귀·풍훈·문훈의 등장이 오히려 천성 전투가 윤색 없는 역사적 사실을 반영하는 근거가 될 수 있음을 앞서 언급하였다. 참고로 『삼국사기』 기사 내에서 동명이인일 가능성이 높아 논란이 되는 다른 사례는 解仇(470년대 백제), (金)眞珠(7세기 중반 신라), 金忠恭(9세기 초반 신라) 등을 들 수 있다. 문훈도 마찬가지이며, 가능성을 열어두어야 한다.

97 윤경진, 앞의 논문, 2017-a, 176쪽 ; 위의 논문, 2017-b, 253·264쪽.

연구 성과는 그 입장의 간극을 줄여나가기가 쉽지 않을 것으로 전망된다. 이에 필자는 한·중 사서에 실린 관련 기록들에 대한 재검토 및 비교 분석을 통해 675년의 나당전쟁 전황을 새롭게 재구성해보려는 시도를 하였다. 본고는 이러한 의도에 입각하여 작성된 것이며, 그 결과를 요약하여 정리해보면 다음과 같다. 이를 맺음말로 대신하고자 한다.

우선, 나당전쟁의 종료를 675년 2월로 보는 견해는 再考할 필요가 있다. 이후의 상황에 대해 중국 측 기록의 678년 9월 기사를 보면, 당 고종의 신라 토벌 계획을 말리는 내용이 확인되기 때문이다. 675년 2월에 나당전쟁이 종료되었다면, 678년 2월 기사에 보이는 당 조정의 이와 같은 반응은 납득할 수 없다. 나당전쟁은 675년 2월 이후에도 지속된 것이다.

다음으로 675년 2월의 한·중 기록을 종합해보면 아래와 같이 정리할 수 있다.

첫째, 중국의 사서들은 유인궤가 칠중성 전투에서 승리한 다음 귀국하기 전에 세운 공을 과장하려는 시도가 보인 반면, 『삼국사기』는 유인궤의 南境 공략 자체를 기사로 다루지 않는데, 『삼국사기』의 편찬자는 이를 중요하게 여기지 않았기 때문으로 추정된다.

둘째, 이근행 부대의 매소성 주둔 및 경략 기사는 『삼국사기』에는 없고 중국 사서들에만 보이지만, 이는 분명한 역사적 사실이다.

셋째, 신라의 사죄사 파견은 나당전쟁의 종료와는 무관하며, 이는 전쟁과 외교의 분리를 고수한 신라의 和戰 양면(2 track) 전략·전술에 따른 대응으로 보는 것이 타당하다.

675년 2월 이후의 나당전쟁 기사에서 문제가 되는 설인귀의 행적은 유배 기간을 어떻게 볼 것인지가 관건이다. 『구당서』 기록 '上元中'을 근거로 여러 학자들이 당시 한반도 전선에 설인귀가 참전할 수 없다고 보았는데, 상원 연간의 赦免 기사 및 중국 사서들 간의 整合되지 않은 서술을 감안할 때 필자는 그렇지 않을 가능성도 충분하다고 본다.

따라서 『삼국사기』에 보이는 설인귀 참전 기사를 가공된 기록으로 간주할 수는 없기에, 필자는 이를 포함하여 675년에 벌어진 신라와 당의 모든 전투를 '매소성 전역'으로 규정하고자 한다. 그리고 『삼국사기』의 매소성 전투 기사 바로 뒤에 실린 나당전쟁 기사는 原典 또는 계통이 다른 사서의 내용을 채록하여 함께 정리한 것으로 보았다. 그 결과 해당 부분에는 매소성 전투 이전에 있었던 전투도 기재하였음을 확인하였는데, 대표적인 경우로 아달성 전투를 들 수 있다. 『삼국사기』 素那 열전의 아달성 전투 기사에 보이는 '種麻'의 시기에 대해 한·중 농서를 통해 파악해보니 음력 1월로 확인되었기 때문이다.

이상의 연구를 토대로 675년의 나당전쟁 전황을 언급해보면, 아달성 전투로 시작하여 설인귀가 참전한 천성 전투를 거쳐 매소성 및 경기·강원 북부 일대에서 벌어진 전투들로 마무리된 과정을 '매소성 전역'으로 볼 수 있으며,[98] 이는 나당전쟁의 종료 始點에 대한 당대 신라인들의 인식이 싹 트는데 영향을 끼쳤다는 점에서 그 의의를 찾을 수 있다. 이제 '매소성 전역'의 전 과정을 <표 4>로 정리하여 제시하는 것으로 본고를 마무리하겠다. 향후 많은 질정을 부탁드린다.

---

98 필자와 달리 권창혁은 675년 2월에서 9월 사이에 아달성·칠중성·적목성·석현성 전투 및 大小 18전이 벌어졌고, 675년 9월에는 천성·매소성 전투 및 사죄사 파견이 있었으며, 681년에 안북하를 따라 關·城 설치 및 철관성 축조가 이루어진 것으로 보았다(權昶赫, 앞의 석사학위논문, 2017, 18~30쪽 : 앞의 논문, 2019, 294~305쪽). 철관성을 함경남도 문천군 덕원의 철관으로 보는 학계의 기존 입장이 맞을 경우, 681년에 철관성을 쌓았다고 보는 시각은 필자도 충분히 가능성이 있다고 생각하는 바임을 일러둔다.

<표 4> 675년 매소성 전역의 과정

시기 (음력)	전투명 (위치 비정)	세부 내용	현재 행정구역명	당군 구성 (당의 장수)	공성	수성	결과
675년 1월	아달성 전투	소나 전사	강원도 이천군 안협면	말갈	당	신라	당 승리
675년 1월/2월	적목성 전투	탈기 전사	강원도 회양군 난곡면	말갈	당	신라	
675년 2월	1차 칠중성 전투	유인궤 南境 공략	경기도 파주시 적성면	당병·말갈 (유인궤)	당	신라	
675년 2월 이후	1차 매소성 전투 (대모산성)	1전	경기도 양주시 양주1동	(이근행)	당	신라	신라 패배
		2전			신라	당	
		3전			신라	당	
675년 5월/6월	석현성 전투	선백·실모 등 전사	경기도 양주시 장흥면	당병	당	신라	
675년 6월/7월	×	사신 파견 (9월 도착)	×	×	×	×	貢方物 獻方物
675년 9월	천성 전투 (오두산성)	풍훈 향도 문훈 전승	경기도 파주시 교하동	(설인귀)	당	신라	신라 승리
675년 9월29일	2차 매소성 전투	전사자 ?	경기도 양주시 양주1동	(이근행)	신라	당	당 철군
675년 9월29일 이후	2차 칠중성 전투	최초 전투	경기도 파주시 적성면	?	신라	당	신라 탈환
	18전	大小	?	당병	추격전		신라 승리
	매소천성 전투 (대전리산성)	원술 참전	경기도 연천시 청산면	당병	당	신라	
	2차 칠중성 전투	최종 전투 유동 전사	경기도 파주시 적성면	거란·말갈 당병 (설인귀?)	당	신라	무 (不克)
	×	철관성 축조	강원도 철원군 철원읍	×	×	×	전쟁 종료

신라 통일기 三武幢의 설치와 麗濟 유민

한 준 수 | 국민대학교 교양대학 조교수

Ⅰ. 머리말

신라 군사조직 연구의 기본적인 사료는 『삼국사기』 직관지 무관조의 凡軍號에 기록된 23개 군단이다. 군단의 창설이나 편성 등 기본적 인식의 틀을 제공한다는 점에서 연구의 토대가 되고 있지만, 고찰하지 못한 것들이 있어 아쉬움이 남는다. 소략한 자료가 근본적 원인이기는 하지만 적극적인 고찰이 부족했던 것도 한 요인이라 생각된다. 三武幢 역시 그러한 군사조직의 하나인데 개략적인 언급이 제시되었을 뿐 구체적인 접근이 이어지지는 않았다.

고찰에 따르면 삼무당이 그 명칭으로 보아 9서당의 편성과 어떠한 관계가 있던 군사조직으로 추측하거나,[1] 신라가 백제인, 보덕국인, 고구려인을 구성원으로 하여 異國人 군관에 대한 예우적 조처에서 창설한 부대로 보았다.[2] 이후 문무왕대 군사력 강화차원에서 신설된 군사조직의 하나로 이해하며, 처음에는 백금무당과 백금무당주로 호칭되었을 것이라는 분석이 있었다.[3] 이들 견해가 1차적으로 군단의 명칭을 통해 구성원을 추론한

---

1 金義滿, 「新羅 神文王代의 政治狀況과 兵制」, 『新羅文化』 9, 1992, 17쪽.
2 李仁哲, 『新羅政治制度史研究』 一志社, 1993, 348쪽.
3 李文基, 「新羅 文武王代의 軍事政策에 대하여」, 『歷史敎育論集』 32, 2004, 172~173쪽.

지적은 타당하다고 여겨지는데, 삼무당이 일정한 시차를 두고 차례로 설치되었다는 점에서 시대 상황과 관련하여 단계별 이해가 더해질 필요가 있다. 3개 군단의 성립 시기가 주요한 사건과 시간의 흐름상 맞물려 있기 때문이다.

백금무당은 문무왕 15년(675), 적금무당은 신문왕 7년(687), 황금무당은 신문왕 9년(689)으로 나타나고 있어 신라 통일기의 군사정책은 물론 체제정비 과정을 이해하는데 도움을 주고 있다. 나당전쟁의 종식과 삼국 통일 이후 진행된 국가체제 정비와 일정한 궤를 같이하고 있기 때문이다. 특히 삼무당은 구서당과 더불어 여제유민의 신라화 정책과 직접 맞닿아 있다는 점에서 의미가 남다를 수밖에 없다. 소속 군단의 창설 과정과 시대 상황을 유기적으로 연결한다면 삼무당의 설치 목적과 기능을 이해할 수 있을 것이라 생각된다.

본 고찰은 삼무당의 소속 군단에 대한 개별적 검토를 통해 그 역사적 의의를 살펴보려는 것이다. 제2장에서는 나당전쟁의 종결 시점에 이루어진 백금무당의 설치와 그 배경을, 제3장에서는 통일전쟁 후 평시 체제로의 전환과 여제 유민의 신라화 과정을, 제4장에서는 국왕의 직할체제 구축에 따른 친위 군사력의 확보와 적금·황금무당의 설치를 다루었다. 고찰을 통해 신문왕대 삼무당의 설치가 군사적 측면에서 진행된 삼국민 통합 정책인 동시에 친위 군사력의 정비과정이었음을 확인할 수 있었다.

II. 나당전쟁의 격화와 白衿武幢의 창설

삼무당은 신문왕 9년(689)에 완성되었지만 예하 3개 군단이 동시에 성립된 것이 아니라 각각 일정한 시차를 두고 설치되었으므로 개별 군단이 설치되던 상황에 대한 이해가 필요하다. 삼무당의 첫 번째 군단인 백금무당이 삼무당 편제의 기준이 되었을 것이므로 그에 대한 접근이 있어야 할 것 같다. 백금무당이 설치되던 문무왕 15년(675)은 나당 전쟁의 막바지 시기였다. 결과적으로 신라가 전쟁에 승리하였지만, 당시로서는 승리를 장담할 수 없는 긴박한 상황이 전개되고 있었다. 주요 戰場은 漢山州를 중심으로 한 서부 지역과 牛首州를 중심으로 한 동부 지역이었다.4 이 가운데 한강 유역은 唐軍의 주력이 활동했고, 남한강 수운을 통해 소백산맥 지역까지 진출할 수도 있었으므로 반드시 지켜야 하는 전략적 요충지였다. 그렇기에 이 지역을 둘러 싼 나당 간 전투는 치열했다.

> A-1) 劉仁軌가 七重城(파주)에서 우리 군사를 깨뜨렸다. 인궤는 군사를 이끌고 돌아가고 詔勅으로 李謹行을 안동진무대사로 삼아 그곳을 다스리게 했다. 그래서 (문무왕이) 사신을 보내 조공하고 죄를 사하였더니 황제(당 고종)가 왕의 관작을 회복시켜 주었다. 金仁問이 (당으로) 되돌아가니 그를 임해군공으로 고쳐 봉했다. 그러나 신라는 백제 땅을 많이 빼앗아 드디어 고구려 남쪽 경계지역에 이르기까지를 州와 郡으로 삼았다. 당나라 군사가 거란·말갈 군사와 함께 침략해 온다는 말을 듣고 九軍을 내어 대비하였다.5

A-1)은 칠중성 전투(675)로 백금무당이 설치되던 당시의 상황을 잘 보여준다. 당군의 위협에 맞서 신라가 보여준 모습은 상황이 녹록치 않았음을 방증하고 있다. 신라군이 칠중성 전투에서 패한 뒤 문무왕이 唐帝에게 사과를 해야 할 만큼 위기이기도 했다. 다만 그러한 상황 속에서도 신라

---

4 한준수, 「신라 통일기 新三千幢의 설치와 운용」『韓國古代史硏究』78, 2015, 295~296쪽.
5 『三國史記』卷第7, 新羅本紀 第7, 文武王 15年 2月.

가 백제 땅을 확보하고 자신들의 영토로 편입하였던 것을 보면 비교적 잘 대응했다고 생각된다. 당군과 거란·말갈 군사가 연합하여 내침할 것을 미리 알고 대비한 모습은 신라군의 대응체계가 일정한 수준에 있었음을 보여준다.

그런데 사료에서 "九軍을 내어 대비하였다"는 표현이 예사롭지 않다. 당시 신라중대 왕실의 인식이 상징적으로 드러난 것은 아닌지 생각해 볼 여지가 있기 때문이다. 글자 그대로 9개의 부대로 이해할 수 있겠으나,[6] 麗濟 멸망 이후 형성된 신라의 천하의식과 관련된 것으로 볼 수도 있다. 형식상 대군을 지칭하지만 분석이 필요한 부분이다. "황제의 六軍과 제후의 三軍"을[7] 지칭하는 개념을 토대로 한다면 삼국통일 이후 문무왕대 성립된 신라의 독자적 세계관이 투영된 것이라 이해할 수 있다. 신라적 외왕내제(外王內帝)라 하겠다.[8]

> A-2) 백제인 관등: 문무왕 13년에 백제에서 온 사람들에게 중앙과 지방의 관직을 주었는데 관등은 본국(백제)의 관품에 준하였다.[9]

> A-3) 安勝을 報德王에 책봉하였다.(문무왕 10년에 안승을 고구려왕으로 책봉하였는데 지금 다시 책봉한 것이다. 보덕이란 말이 歸命

....

6 정구복 외, 『역주 삼국사기』 2, 한국학중앙연구원출판부, 2012, 215쪽에서 "아홉 부대의 군사"라 하였으나, 李丙燾 譯註, 『三國史記』(上), 을유문화사, 1983, 142쪽에서는 "九軍"이라 표현하고 있다.
7 陳鼓應, 『莊子今註今譯』 德充符, 中華書局, 169쪽, 주㉑, "九軍爲合天子六軍與諸侯三軍".
8 『三國遺事』 奇異 「太宗春秋公」에서 무열왕의 왕비를 "文明皇后"라 하고, 「文虎王法敏」에서 車得이 문무왕을 "陛下"라 하였는데, 이는 삼국통일 후 형성된 신라인의 세계관이 반영된 것이라 할 수 있다.
9 『三國史記』 卷第40, 雜志 第9, 外官, 百濟人位, "文武王十三年 以百濟來人授內外官 其位次視在本國官銜(중략)".

한다는 말과 같은 뜻인지 혹은 땅 이름인지 알 수 없다). 영묘사 앞길에 행차하여 군대를 사열하고, 아찬 薛秀眞의 六陣兵法을 관람하였다.[10]

　사료 A-2)는 문무왕 13년(673) 백제인 관위 수여 기록이며, A-3)은 문무왕 14년(674) 안승의 보덕국왕 임명 기록이다. 두 사료가 표면상 직접 연결되지는 않지만, 그 바탕에는 삼국통일 후 형성된 신라의 자부심이 자리하고 있다. 백제인을 신라의 지배체제 내로 편입하는 것과 신라 내 고구려인의 자치국으로서 보덕국의 설치는 불가분의 관계였다. 비록 나당 전쟁으로 인해 삼국통일의 승리를 자축할 겨를은 없었지만 그 인식만큼은 뚜렷했다. 고구려인의 경우 관위 수여가 신문왕 6년(686)에 시행되지만 이미 신라질서에 흡수된 현실에서 큰 차이는 없었다. 문무왕이 구군이라 한 것은 신라군과 더불어 여제 유민으로 편성된 군사조직을 아우른 것으로 해석할 수 있을 것이다. 그러한 가능성을 살펴본다.

> A-4) 耽羅國主인 좌평 徒冬音律(또는 津이라고도 한다.)이 항복해 왔다. 탐라는 武德[11] 이래로 백제의 속국이었기에 좌평을 관직의 호칭으로 삼았는데, 이때에 이르러 항복하여 (신라의) 속국이 되었다.[12]

　사료 A-4)는 문무왕 2년(662) 탐라국이 백제 소멸 후 스스로 신라에 복속하였음을 보여주는데, 신라가 탐라국을 번국으로 인식한 모습이다.[13]

---

10 『三國史記』 卷第7, 新羅本紀 第7, 文武王 14年 9月.
11 무덕에 대해서는 威德王(李丙燾), 唐 무덕 연간의 백제왕(井上秀雄), 武寧王(주5) 등의 견해가 있는데, 구체적으로 기록 오류가 확인되지 않는 한 唐 무덕 연간으로 보는 것이 타당하다고 생각한다.
12 『三國史記』 卷第6, 新羅本紀 第6, 文武王 2年.

이 관계가 얼마나 확고했는지 단언할 수는 없지만, 적어도 한반도와 그 주변 지역의 공식적 지배자가 신라임을 보여준 것은 틀림없다. '백제→탐라→고구려'가 신라의 질서 속에 편입된 것인데, 탐라국의 정치적 위상이 미약했을지라도 신라가 자신들의 위상을 대외적으로 과시하는데 효과적인 활용 대상이었다. 신라가 독자적 세계관에 근거하여 새로운 인식을 형성하면서, 그에 기반한 군사정책을 전개하였을 가능성이 높아 보인다.

신라는 나당 전쟁의 막바지에 상황이 악화되자 주요 戰場인 한강 하류 임진강 유역의 군사력 증강에 나섰다. 삼국의 주된 쟁패지역이었던 이곳에 상대적으로 지역적 연고가 강한 백제인을 구성원으로 하는 군단을 신설하였는데 그것이 백금무당이었다. 백제인을 새로운 병력자원으로 삼아 군사력을 강화한 것이다.[14] 다만 군단의 지휘부는 대체로 신라인이었을 것으로 생각된다. 실제 전투에 투입되어 작전을 수행할 경우 신라군의 지휘체계와 전술에 대한 이해 선행되어야만 했고, 신라적 위계질서가 확고히 투영되어야 했기 때문이다. 그렇다면 군단의 운용 상태는 어떠했을까? 군사조직의 특성상 안정성이 전제되어야 할 것이라는 점에서 궁금해진다.

> A-5) 셋째는 백금서당이며 문무왕 12년(672) 백제인으로 당을 만들었는데 금색은 백청색이다.[15]

> A-6) 당나라 병사가 韓始城, 馬邑城을 공격하여 이겼다. 병사를 白水城으로부터 5백보쯤 떨어진 곳까지 전진시켜 진영을 설치하였다. 우리 병사와 고구려 병사가 맞아 싸워 수천 명의 목을 베

---

13 채미하, 『신라의 오례와 왕권』 혜안, 2015, 96쪽.

14 李文基, 앞의 논문, 2004, 173쪽.

15 『三國史記』卷第40, 雜志 第9, 九誓幢. "三日白衿誓幢 文武王十二年 以百濟民爲幢 衿色白靑".

었다. 고간 등이 후퇴하자 石門(황해도 서흥)까지 쫓아가 싸웠
으나, 우리 병사가 패배하여 (중략).16

　사료 A-5)는 신라의 중앙군단을 대표하는 9서당의 백금서당을 보여준
다. 문무왕 12년(672)에 설치되었으며 백제인을 대상으로 하였는데, A-2)
의 백제인 관위 수여는 이와 관련 있을 것 같다. 백제 관등 소지자에게
신라의 관등을 단계적으로 수여했을 것으로 생각되는데, 대체로 신라의
정책을 적극적으로 따르는 자들이 우선적 고려 대상이었을 가능성이 높
다. 백금서당은 여제 유민을 대상으로 편성한 군사조직 가운데 처음 창설
되었는데, 당시의 戰域이 설치에 영향을 주었던 것으로 생각된다. A-6)에
서 전투가 벌어졌던 한시성, 마읍성(평양 부근), 백수성(파주) 등의 대략적
위치가 평양이나 한강 하류 지역으로 짐작되므로 군단의 창설과 관련지
어 볼 수 있다. 지역적 연고를 배경으로 하는 것이다. 백제가 개로왕대
(475) 고구려에 의해 한성을 함락당한 후에도 失地 회복을 위해 노력했던
모습이 나타난다.

　　A-7) 달솔 優永을 보내 병사 5천으로 고구려 水谷城을 습격하였다.17

　　A-8) 병사를 보내 고구려의 변경을 침범하였다.18

　　A-9) 양나라에 사신을 보내 조공하였다. (중략) 이때 표문을 올려 이
　　　　르기를 "백제가 여러 번 고구려를 격파하였고, (중략) 다시 강
　　　　국이 되었다(更爲强國)"고 하였다.19

. . . .

16 『三國史記』 卷第7, 新羅本紀 第7, 文武王 12年 8月.
17 『三國史記』 卷26, 百濟本紀 第4, 武寧王 元年 1月.
18 『三國史記』 卷26, 百濟本紀 第4, 武寧王 2年 1月.

A-10) 왕이 漢城으로 행차하여 좌평 因友, 달솔 沙烏 등을 시켜 漢水
　　　이북의 州와 郡에서 15세 이상의 백성들을 징발하여 雙峴城을
　　　쌓도록 하였다.[20]

A-11) 왕이 漢城에서 돌아왔다.[21]

　사료 A-7)~11)은 무령왕대의 기록인데, 웅진천도 이후 잘 보이지 않던
백제의 對고구려 군사활동을 가시적으로 보여주고 있다. 해당 지역이 황
해도까지 이른다는 사실에서 영토회복이 꽤 진행되었다고 볼 수도 있다.
梁에 사신을 보내 다시 강국이 되었다고 표현했던 것은 그러한 자신감이
바탕에 위치했기에 가능했을 것이다. 특히 무령왕이 쌍현성을 축조하고,
한성에 1년 정도 머무르다 돌아온 것은 옛 백제영역에 대한 지배력을 확
실하게 회복했음을 보여준다고 말할 수 있다. 또한 한성 지역이 백제 왕
조의 발상지라는 점에서 단순히 변경지역의 회복과는 차원을 달리했을
것이라는 점도 유의해야 할 부분이다. 故土수복 의지와 지역 연고의식은
그들의 의식 속에 내면화되어 지속되었을 것이다.
　이러한 모습을 감안할 때 한강유역에 대한 백제의 점유와 연고의식은
백제멸망 시점까지 단절되지 않고 지속된 것으로 여겨진다. 즉 지역적 연
고를 바탕으로 신라가 백제인을 병력으로 충원할 수 있었으며 긍정적인
결과로 이어질 수 있었다. 9서당에 여제 유민을 대상으로 한 군단이 계속
증설되었던 사실은 그러한 추측을 뒷받침한다. 백금무당의 설치는 그 연
장선이었을 것이다.

· · · · · · · · · · · · · · · · · · · ·

19 『三國史記』 卷26, 百濟本紀 第4, 武寧王 21年 5月.
20 『三國史記』 卷26, 百濟本紀 第4, 武寧王 23年 2月.
21 『三國史記』 卷26, 百濟本紀 第4, 武寧王 23年 3月.

A-12) …신문대왕 때에 고구려의 남은 세력 悉伏이 報德城에서 반란을 일으키자, 왕이 토벌을 명할 때에 金令胤을 黃衿誓幢의 步騎監으로 삼았다. …드디어 적진에 나가 싸우다가 죽었다. 왕이 이를 듣고 슬퍼하여 눈물을 흘리면서 말하기를 "그런 아버지가 없었으면 이런 자식이 있을 수 없다. 그 의로운 공이 가상하다."하며 벼슬과 상을 후하게 내렸다.[22]

사료 A-12)는 보덕성 반란을 진압하는 과정에서 활약했던 김영윤의 모습이다. 주목되는 것은 그가 황금서당에 배속되었던 상황이다. 황금서당은 9서당 가운데 고구려인으로 편성된 부대인데, 신라인 김영윤이 군관으로 활동했다는 점이 이채롭다. 그가 金欽純의 손자로서 金庾信 가문의 일원이며 신라중대 왕실의 주요 지지세력이라는 점을 참고할 때 군단의 위상이 미약했던 것은 아닌 듯하다. 황금서당 역시 백금서당처럼 지휘관은 신라인, 병졸은 유민 형태를 띠었을 것이다. 이러한 사례를 감안할 때 백금무당의 경우도 비슷한 형태였을 것이다. 배속된 군관조직을 통해서 삼무당이 의례적·형식적 군단이 아니라 주요 전투군단이었음을 확인할 수 있다.

〈표 1〉 삼무당 군관 조직

군 관	관 등	백금무당 (문무15, 675)	적금무당 (신문7, 687)	황금무당 (신문9, 689)	비고
군사당주	일길찬~나마 (7)~(11)	1	1	1	
보기당주	사찬~나마 (8)~(11)	2	2	1	기병
삼무당주	급찬~사지 (9)~(13)	16	16	16	
보기감	대나마~나마 (10)~(11)	2	2	2	기병
감사지	대사~사지 (12)~(13)	1	1	1	
화척	대사~ (12)~	8	8	8	
계		30	30	29	

....

22 『三國史記』卷第47, 列傳 第7, 金令胤.

<표 1>는 삼무당의 군관조직을 정리한 것인데, 우선 군관의 관등이 전투를 수행하기에 알맞은 전형적인 군단의 모습이다. 고위관등이 아닌 중간층이라는 점이 활발하게 작전을 전개하기에 적합한 구조였을 것이다. 군관의 유형에서도 특징이 잘 드러난다. 보기당주와 보기감은 기병 지휘관이므로 삼무당이 보병과 기병의 합동작전을 수행하는 군단임을 보여준다. 삼무당의 기병은 배속 군관의 숫자에서 알 수 있듯이 주력인 보병을 지원하는 기능을 수행했던 것 같다.

즉 삼무당은 기병이 보완된 보병군단이었다. 군관 30명 중 26명이 보병이고, 대략 10% 정도인 4명만 기병이기 때문이다. 이 무렵 신라군의 주요 군단과 비교하면 성격은 보다 명확해 진다. 6정은 극소수의 기병만 존재했고, 10정 역시 기병이 보조적 역할에 한정되었던 점을 생각하면 삼무당은 그 편제에서 크게 다르지는 않았다. 그렇다면 차별성이 크지 않은 삼무당이 설치된 이유는 어디에 있을까? 백금서당처럼 지리적 요인에 있었던 것으로 생각된다. 백제인 군단인 백금서당이 뛰어난 활약을 보였기 때문은 아닐까?

주요 戰場인 임진강 유역을 포괄하는 한강 하류가 본래 백제 귀속성이 강한 곳이라는 점이 작용했을 것이다. 백제의 중심지가 후반기로 갈수록 남쪽으로 이동되었지만 한성 시기가 차지하는 비중이 70%가 넘는다는 점을 생각하면 백제인 고유의 영토의식은 강하게 잔존했을 것이다. A-3)에서 보듯이 문무왕이 보덕국이라는 자치국을[23] 허용한 사례도 백제인들에게 영향을 주었을 것이다. 선택의 여지가 없는 현실에서 외세인 唐보다는

---

23 이재석, 「7세기 후반 報德國의 존재 의의와 왜국」,『日本歷史研究』31, 2010, 40쪽. 신라는 보덕왕을 책봉함으로써 자국의 영토 안에 별도의 제후국을 두는 종주국이자 자체 대국으로서 위용을 과시하는 효과와 더불어 唐에 대해 고구려 故土에 대한 지배권을 선점하는 의미를 지니고 있었다.

어느 정도 정서가 공유되는 신라를 대안으로 느끼기에 충분했다고 생각된다. 백제가 소멸했더라도 자신들의 영역에서 공동체를 유지하며 생존 영역을 구축할 수 있다면 신라에 적극적으로 협력하였을 것이다.[24] 백금무당은 바로 이러한 시대 상황 아래서 창설되었다.

III. 평시 체제로의 전환과 麗濟 유민의 新羅化

삼국통일전쟁이 종식된 후 신라는 새로운 통치질서의 정립이 필요했다. 장기간 총력전을 전개하였으므로, 그 과정에서 피폐해진 민생을 안정시키고, 군사적 기능에 편중된 정치질서도 전환해야만 했다. 신라 중고기와는 구조적으로 달라진 사회질서를 이끌어 갈 정치체제의 정립이 요구되었다. 왕경인과 지방민의 차별에 더하여 신라인과 비신라인의 구별이 가중된 현실에서 기존 질서로는 새로운 정치·사회적 이상을 담아내는데 한계가 있었다. 문무왕 14년(674) 외위제 폐지와 같은 조치들은 시행될 수밖에 없었던 시대적 배경이 있었다. 전쟁이 종식된 이후 근본적인 변화는 불가피했다. 문무왕의 遺詔에서 그러한 모습이 확인된다.

> B-1) (중략) 위로는 조상들이 남긴 유명을 달래었고 아래로는 부자의 묵은 원수를 갚았으며, 살아남은 자와 죽은 자에게 상을 공평히 주었고, 중앙과 지방에 있는 사람들에게 벼슬을 고르게 하였다. 무기를 녹여 농기구를 만들었으며 백성을 어질고 천수

---

24 계유년(673년)에 조성된 「계유명삼존천불비방」·「계유명아미타삼존불비상」의 銘文은 백제 유민들이 亡國의 백성으로서 새로운 신라체제 내에 안착하기를 기원하던 모습이 잘 드러나 있다(한준수, 「香徒를 통해서 본 신라 中·下代 지방사회의 변동」『韓國學論叢』49, 2018, 120~121쪽).

를 다 할 수 있도록 하였다. <u>세금을 가벼이 하고 요역을 줄여</u>
<u>집집마다 넉넉하고 백성들은 만족하며 민간은 안정되고 나라</u>
<u>에 근심이 없게 되었다.</u> (중략) 변경의 성과 요새, 주와 현의
세금은 반드시 필요한 것이 아니면 모두 헤아려 폐지하고 <u>율령</u>
<u>격식에 불편한 것이 있으면 즉시 고치도록 하라.</u> 멀고 가까운
곳에 포고하여 나의 뜻을 알게 하고, 맡은 자는 시행하라.[25]

사료 B-1)은 문무왕 유조의 일부로 신라중대 왕실의 의지를 잘 보여주
고 있다. "중앙과 지방에 있는 자들에게 벼슬을 고르게 주었다"는 것은
외위제 폐지와 연결해 볼 수 있으며, 지방민 나아가 여제 유민들을 신라
체제 안으로 흡수하려던 적극적 정책의지의 표현으로 생각된다. 또한 "세
금을 가볍게 하고 요역을 줄여"라는 것도 기층민의 삶에 대한 관심을 드
러낸 것으로 일맥상통 한다.

그런데 "무기를 녹여 농기구를 만들었으며"라는 표현이 평범해 보이
지 않는다. 전란이 끝난 뒤이므로 외견상 당연한 듯하지만 군사조직의 정
비는 지배체제와 직결되는 핵심사항이기 때문이다. 비대해진 군사력의 축
소는 통일전쟁 과정에서 활약한 귀족세력과도 관련 있는 민감한 사안이
었다. 군사조직이나 병력을 감축함에 있어 어떠한 방향으로, 어느 정도의
규모로 진행할 것인지 의견이 대립될 수 있었다. 귀족세력의 군사적 기반
을 박탈하고 새로운 군사조직을 창설하려던 의도가 바탕에 있었던 것 같
다.[26] 그러한 점에서 생산력을 높이고 동시에 장군들의 사적인 무장을 해
제하기 위한 것이라는 지적은 타당해 보인다.[27] 신라중고기부터 통일전쟁

....

25 『三國史記』 卷第7, 新羅本紀 第7, 文武王 21年, 7月 1日.
26 金壽泰, 『新羅中代政治史研究』 一潮閣, 1996, 20~21쪽
27 盧重國, 「신라 통일기 九誓幢의 성립과 그 성격」 『韓國史論』 41·42, 1999,
   186~187쪽.

기까지 신라 군사력의 중핵적 기능을 담당했던 6정은 귀족세력의 사병적 성격이 잔존했고,[28] 귀족연합적 지배방식이 兵權에도 재현되었음을 감안할 때[29] 당연한 수순이었다.

이 무렵 진행된 10정의 설치는 신라중대 왕실의 새로운 통치질서 수립에 따른 군사력 재편의 상징적 조치였다. 9주를 배경으로 새롭게 생성된 국토관을 기반으로 군사력을 정비하였기 때문이다.[30] 체제정비의 핵심은 국왕 직할체제의 구축에 있었다. B-1)에 언급된 "율령격식"은 본질적으로 왕권의 법제화를 목표로 하므로 군제의 정비 역시 그 틀 안에서 이루어졌을 것이다. 신문왕이 즉위 후 시행한 조치들은 이를 잘 보여준다.

> B-2) 소판 김흠돌, 파진찬 흥원, 대아찬 진공 등이 반란을 꾀하다가 사형을 당하였다.[31]

> B-3) (중략) 喪中에 서울에서 반란이 일어날 것을 어찌 생각이나 하였으랴! 역적의 우두머리인 흠돌·흥원·진공 등은 재주가 있어 벼슬에 오른 것이 아니요, 관직도 실은 은전에 의하여 오른 것이다. (중략) 흉악하고 간사한 자들을 불러들이고 궁중의 근수(近竪)들과 서로 결탁하여 화근이 안팎으로 통하게 하였으며, 못된 무리들을 모아 날을 정하여 반란을 일으키려고 하였다. (중략) 가지나 잎사귀 같은 잔당들은 이미 모두 죽여 없앴으며, 사나흘 안에 죄인의 우두머리들도 모두 소탕되었다.[32]

---

28 井上秀雄, 『新羅史基礎研究』 東出版, 1974, 187~190쪽.
29 李文基, 「新羅 6停軍團의 運用」 『大丘史學』 29, 1986, 17~18쪽.
30 한준수, 『신라중대 율령정치사 연구』 서경문화사, 2012, 119쪽.
31 『三國史記』 卷第8, 新羅本紀 第8, 神文王 元年 8月 8日.
32 『三國史記』 卷第8, 新羅本紀 第8, 神文王 元年 8月 16日.

B-4) 이찬 軍官의 목을 베고 교서를 내려 말하였다. (중략) 역적인 흠돌 등과 사귀면서 그들이 반역을 꾀한다는 사실을 알고서도 미리 고하지 않았으니 (중략) 무리들과 함께 처형함으로써 뒷 사람들을 경계로 삼는 것이 마땅하리라. 군관과 그의 친아들 한 명은 스스로 목숨을 끊도록 하고, 멀고 가까운 곳에 포고하여 모두가 이것을 알게 하라.[33]

B-5) 시위감을 없애고 장군 6인을 두었다.[34]

사료 B-2)~4)는 김흠돌의 난과 관련된 기록인데, 주동자들이 왕경의 주요 귀족이라는 점에서 영향이 꽤 컸음을 짐작할 수 있다. 귀족이 세력을 과시하다가 신질서와 충돌한 면도 있었으며,[35] 통일전쟁을 전후한 시기에 진행된 중앙귀족 도태작업[36]의 완결이었다. 이찬 군관이 '不告知罪' 명목으로 처형될 당시 그가 병부령이었다는 사실은 군사조직에 대한 국왕의 장악력이 완전하지 못했음을 방증한다. "궁중의 근수들과 결탁하여"라는 표현에서는 권력 핵심부의 갈등이 심각했음이 느껴지기도 한다. 근수가 어떠한 인물들을 지칭하는지 단정할 수는 없지만 일부 호위군이 포함되었을 가능성도 배제할 수 없다.

사료 B-5)의 시위부 개편에서 그러한 가능성을 추측해 볼 수 있다. 직접적인 목적은 귀족의 위협으로부터 국왕을 보호하기 위한 금위부대의 강화이지만,[37] 그 시행 배경에는 관심이 모아진다. 근수가 後代의 내시나

33 『三國史記』卷第8, 新羅本紀 第8, 神文王 元年 8月 28日.
34 『三國史記』卷第8, 新羅本紀 第8, 神文王 元年 冬 10月.
35 盧泰敦, 『三國統一戰爭史』서울대학교출판문화원, 2009, 277쪽.
36 李基東, 『新羅 骨品制事會와 花郎徒』一潮閣, 1984, 116쪽.
37 李基白·李基東, 『韓國史講座』古代編, 一潮閣, 1984, 340쪽 ; 金壽泰, 앞의 책, 1996, 26쪽 ; 李文基, 『新羅兵制史研究』, 一潮閣, 160쪽.

환관 같은 자들에 국한되는지 아니면 侍衛나 近衛를 포괄하는 개념인지 숙고할 필요가 있다. 전자와 같이 좁은 의미보다는 후자의 가능성이 높지 않을까 하는데, 그 이유는 삼국통일전쟁을 거치며 군사적 긴장이 고조된 시기였던 만큼 무력적 기능이 요구되었을 것이기 때문이다. 시위부 개편은 관련자들을 제거하면서 생겨난 공백을 처리하는 과정에서 파생된 결과였을 것이다. 즉 국왕 직할군단의 기능 강화인 동시에 친위세력 재편성이었다.[38]

이러한 일련의 사건을 통해서 볼 때 신문왕대 정책방향은 권력기반의 제도적 강화에 중점이 두어졌음을 알 수 있다. 무열·문무왕대 정책과 비교할 때 정치적 지향점은 비슷했을지라도 국왕권 강화의 측면에서 본다면 그 강도는 차원을 달리했다. 상징적인 수준을 넘어 국가체제의 틀을 전면적으로 혁신하는 수준으로 정책이 진행되었다. 신문왕은 재위 5년(685) 전국의 군현을 개편했다.

> B-6) 봄, 완산주를 다시 설치하고 龍元을 총관으로 삼았다. 거열주를 나누어 청주를 설치하니 비로소 9주가 갖추어졌는데, 대아찬 福世를 총관으로 삼았다.
> 3월, 서원소경을 설치하고 아찬 元泰를 사신으로 삼았으며, 남원소경을 설치하고 여러 주와 군의 백성들을 옮겨 그곳에 나누어 살도록 하였다.[39]

사료 B-6)은 신문왕 5년(685) 9주 체제의 정립과 더불어 5소경도 완성되었음을 보여준다. 지방제도의 개편은 국가행정력을 통한 국왕권의 직할체제 구축에 목적이 있었다. 삼국통일 이후 확대된 영토와 民에 대해 일원

---

38 李文基, 앞의 책, 1997, 163쪽.
39 『三國史記』 卷第8, 新羅本紀 第8, 神文王 5年.

적인 지배와 체계적인 관리가 필요했다. 여제 유민의 토착질서나 전통을 존중하는 것이 방임으로 이어진다면 체제 이완으로 이어질 수 있었기 때문이다. 특히 9주가 지니는 정치적 이상이 국토의 통일을 뜻하는 천하관을 담고 있다는 점에서[40] 가능성은 충분하다.

따라서 지방제도의 정비과정에서 州治나 小京에 파견된 인물들이 국왕의 측근임을 예측할 수 있는데, 실제 현실에서 그들의 관계는 상당히 견고했던 것으로 보인다. B-6)에서 서원경 사신으로 임명된 元泰의 경우 신문왕의 2子인 성덕왕의 國舅, 즉 성정(엄정)왕후의 아버지라는 점에서 신문왕대 최측근으로서 활약했음을 알 수 있다. 이러한 인물들이 지방의 주요 거점에 배치되었다면 구조적으로 지배력을 고도화하는데 효과적이었을 것이다. 「청주 운천동 사적비(686)」의 "民合三韓" 표현은 통일의식이[41] 지방사회에도 일반화되었음을 보여주는데, 김원태의 재임기간과 거의 같다는 점에서 당시의 분위기가 느껴진다.

하지만 그에 따른 반작용도 나타났다. 여제 유민에 대한 통제력이 강화될수록 반발력은 커질 수밖에 없었기 때문이다. 망국의 서러움을 경험한 여제 유민은 패배감에 더하여 상실감을 느꼈을 것이다. 자신들의 고유 정서와 사회질서가 분해되는 과정을 맞게 되었다. 백제유민을 분산시키는 적극적인 사민정책 등이 실시되었다.[42] 보덕국 해체와 大文의 난은 상징적 사건이었다.

B-7) 안승의 簇子 장군 大文이 金馬渚에서 반역을 꾀하다가 일이 발

40 申瀅植, 『統一新羅史硏究』 三知院, 1990, 127쪽.
41 盧泰敦, 「三韓에 대한 認識의 變遷」 『韓國史硏究』 38, 1982, 38쪽 ; 신정훈, 「新羅 雲泉洞 新羅寺蹟碑 再檢討」 『白山學報』 65, 2003, 135쪽.
42 김주성, 「연기 불상군 명문을 통해 본 연기지방 백제유민의 동향」 『선사와 고대』 15, 2000, 78~79쪽.

각되어 사형을 당하였다. 남은 무리들은 대문이 목이 베여 죽은 것을 보고는 관리들을 죽이고 邑을 차지하여 반란을 일으켰다. 임금이 병사들에게 명하여 토벌하였는데, 그들과 맞서 싸우던 당주 핍실이 그곳에서 죽었다. 성을 함락한 후 그 지방 사람들을 남쪽의 州郡으로 옮기고, 그 땅을 金馬郡으로 삼았다.(대문을 혹은 悉伏이라고 한다.)[43]

B-8) (중략) 문명 원년 갑신에 고구려의 남은 적들이 보덕성에 자리 잡고 반란을 일으켰다. 신문대왕이 장수에게 토벌을 명하였는데, 핍실을 귀당 제감으로 삼았다(중략).[44]

B-9) (중략) 신문대왕 때, 고구려의 殘賊인 悉伏이 보덕성에서 모반하자 왕이 토벌할 것을 명령하고, 영윤을 황금서당의 보기감으로 삼았다. 그가 떠날 때 사람들에게 말했다. "내가 이번에 가면 가족이나 친구들에게 좋지 못한 소문이 들리지 않게 하겠다." 이윽고 가서 보니, 실복이 가잠성 남쪽 7리까지 나와 진을 치고 기다리고 있었다.(중략)[45]

사료 B-7)~9)는 신문왕 4년(684) 발생한 대문의 난을 보여준다. 금마저는 보덕국이 위치했던 곳으로 보덕왕 안승이 경주로 移居되자 대문을 중심으로 잔여 세력이 거병하였다. 보덕국은 나당전쟁이 임박한 가운데 신라가 고구려 유민에게 신라의 구성원으로서 唐에 대적할 임무를 부여하는 과정에서 성립되었다.[46] 고구려 유민을 옛 백제지역의 지배에 동원하려는 以夷制夷的 성격도 담겨 있었다.[47] 유력한 재지 백제세력을 견제하려던 신

---

43 『三國史記』 卷第8, 新羅本紀 第8, 神文王 4年 11月.
44 『三國史記』 卷第47, 列傳 第7, 驟徒.
45 『三國史記』 卷第47, 列傳 第7, 金令胤.
46 이미경, 「新羅의 報德國 지배정책」 『大丘史學』 120, 118쪽.

라의 필요에 의해 국가로서 성립되었으나,[48] 신문왕대 대내외적 상황이 변화하면서 그 존재의 필요성이 없어져 해체된 것이다.[49] 고구려 유민의 이주지로서 금마저가 떠오른 것은 고구려에서 백제로 망명한 승려 普德의 동향이 고려된다. 비록 보덕과 제자들의 활동이 생각보다 크지 않아 영향이 제한적이었을 가능성도 있지만,[50] 고구려의 독자성을 유지하고, 고구려 계승의지를 견지하는데 영향을 줄 수 있었기 때문이다.[51]

보덕국은 나당전쟁 기간 중 신라에 협력하며 자신들의 생존 영역을 구축하는데 성공했으나 역설적으로 전란이 종식됨에 따라 소멸의 길을 걷게 되었다. 강력한 지배체제를 구축하려는 신라중대 왕실 앞에 자치국 형태의 반독립적 존재는 용납될 수 없었다. 여제 유민의 신라화 조치가 본격화되고, 그에 따라 보덕국의 상징인 안승이 왕경으로 이주되었는데, 이 과정에서 유민들의 대응방식에 차이가 있었던 것으로 보여진다. 일부는 안승과 정치적 행보를 같이하였고, 반대하던 세력은 금마저에 잔류하며 대문을 중심으로 결속한 것이다. 결국 보덕국 해체작업이 가속화되자 불만은 난으로 표출되었다.

그런데 난이 생각보다 확대되었던 것으로 여겨진다. 충돌지점이 금마저가 아니라 가잠성이라는 사실에서 확인할 수 있다. 가잠성의 위치[52]를

----

47 金壽泰,「統一期 新羅의 高句麗遺民支配」『李基白先生古稀紀念 韓國史學論叢』 1994, 343~349쪽 ; 조법종,「고구려유민의 백제 金馬渚 배치와 報德國」『韓國古代史研究』78, 2015, 99~100쪽.
48 임기환,『고구려정치사연구』한나래, 2004, 337~341쪽.
49 정선여,「新羅 神文王代 報德國民의 반란」『역사와 담론』66, 2013, 41쪽.
50 김주성,「보덕전의 검토와 보덕의 고달산 이주」『韓國史研究』121, 2003, 22~23쪽.
51 정선여,「신라로 유입된 고구려 유민의 동향」『역사와 담론』56, 2010, 92~93쪽.
52 가잠성의 위치에 대한 견해가 다음과 같다. ① 충북 괴산(井上秀雄,『三國史記』 1, 1980) ② 경남 거창(전용신,『한국고지명사전』고려대민족문화연구소, 1993) ③ 경기 안성(金泰植,『백제의 중앙과 지방』충남대 백제연구소, 1997 ; 김병남,

단정할 수는 없지만 적어도 금마저는 아니라 여겨지는 바, 양측의 충돌지역이 주목된다. 이는 반란군이 일시적이나마 신라의 통제력 밖에 위치했음을 보여준 것이며, 자칫 여제의 故土로 난이 확산될 수도 있었음을 보여주기 때문이다. 신라 왕실은 강력히 대응하였고 중앙군의 기능을 담당한 황금서당이 투입되었다.

그렇다면 황금서당이 나서게 된 요인은 무엇인가? 여기에서 여제 유민에 대한 신라중대 왕실의 대응방식을 엿보게 한다. 신라출신 군사력을 동원하여 진압에 나설 경우 생겨날 부정적 영향을 우려했던 것 같다. 전쟁의 상흔이 겨우 아물어 가는 시점이고, 사회적 안정이 중요한 당면과제였던 만큼 분열과 대립을 최소화하려던 의지가 작용했다. 고구려를 연고로 한 황금서당이 나서게 된 이유가 여기에 있었다.

황금서당이 고구려민이라 했으므로[53] 출신을 확인하는 것은 어렵지 않지만 어떠한 계통이었는지 고찰은 필요해 보인다. 삼국통일전쟁에서 발생한 포로들로 편성된 부대,[54] 보덕국민과는 별개로 신라에 편입된 고구려 유민,[55] 673년 호로하 전투 패배 후 신라로 옮겨온 고구려민,[56] 안승과 함께 경주로 움직였던 보덕국민[57] 등 견해가 다양하다.

「백제 무왕대의 영역확대와 그 의의」『한국상고사학보』38, 2002 ; 정선여, 앞의 논문, 2013) ④ 충북 영동(全德在, 「가잠성의 위치와 그 전투의 역사적 성격」『역사와 경계』87, 2013) ⑤ 전북 익산(尹善泰, 「백제 불교문화의 보고 미륵사」국립문화재연구소 국제학술심포지움, 2010) ⑥ 전북 무주(서영교, 『고대 동아시아 세계대전』글항아리, 2015) 등이다.

53 『三國史記』卷第40, 雜志 第9, 九誓幢, "…五日黃衿誓幢 神文王三年 以高句麗民 爲幢 衿色黃赤…".
54 이인철, 「고대국가의 군사조직과 그 운영」『강좌 한국고대사』2, 2002, 335쪽.
55 임기환, 앞의 책, 2004, 349쪽.
56 서영교, 『백제의 멸망과 부흥운동』충청남도역사문화원, 2007, 345쪽.
57 정선여, 앞의 논문, 2010, 95쪽.

황금서당의 창설은 신문왕 3년(683)이므로 대문의 난과 불과 1년 정도의 시간차일 뿐이다. 왕경에 주둔하는 중앙군이라면 충성이 남달라야 했을 것인데, 안승을 따라 이주한 보덕국인들이 그러한 인식을 바로 형성하는 것이 가능했을지 의문이 든다. 고구려 포로들을 대상으로 했다는 견해도 동의하기 어렵다. 중앙군의 특성상 왕경을 지켜야 하는데 이 또한 가능성이 의문시되기 때문이다.

아마도 淵淨土와[58] 같이 고구려 멸망 이전 신라에 귀부하여 나당 전쟁에 적극적으로 참여했던 자들이 우선적 대상이지 않았을까 생각된다. 이들은 고구려 유민의 신라화 촉진 기능도 기대되었을 것이다. 문무왕이 여제 유민을 대상으로 관위를 수여할 때 고구려 출신을 우대한 것은 이러한 요인이 있었기 때문이며, 여제 유민의 적극적 활동이 그 바탕에 위치하고 있었다. 결과적으로 보덕국 해체는 고구려 유민에 국한되는 사건이었지만, 근본적으로 신라 지배질서의 평시 체제로의 전환과 여제 유민의 신라화 정책 추진에 따른 불가피한 성장통이었다.

IV. 친위 군사력의 확대와 赤衿·黃衿武幢의 창설

신문왕은 제도정비를 통해 왕권을 구조적으로 강화하려고 하였다. 귀족의 영향력이 남아있던 군사력을 국왕 중심으로 재편하고, 여제 유민의 신라화를 가속화하여 일통삼국을 달성한 명실상부한 통일국가의 위상을 세우려던 것이다. 무열왕과 문무왕대의 정책으로는 한계가 있었기에 근본

---

58 『三國史記』卷第6 新羅本紀 第6, 文武王 6年 12月, "高句麗貴臣淵淨土 以城十二 戶七百六十三 口三千五百四十三來投 淨土及從官二十四人 給衣物糧料家舍 安置 王都及州府 其八城完 並遣士卒鎭守".

적인 쇄신을 시도하였다. 일시적 조치는 단기적인 휘발성 정책이었을 뿐, 지배체제를 영속적으로 보장하지 못한다는 점에서 한계가 있었기 때문이다. 평시 체제로의 전환과 강력한 지배체제의 구축은 필요했다. 왕권의 양대 축으로서 관료제도와 군사제도에 대한 지배력 강화가 진행되었다.

C-1) 위화부령 2인을 두어 관리의 選擧 사무를 맡게 하였다.[59]

C-2) 國學을 세우고 卿 1인을 두었다.[60]

C-3) 교서를 내려 문무 관료에게 토지를 차등 있게 주었다.[61]

사료 C-1)~3)은 신문왕대 관료질서 정비 기록이다. 위화부는 관리 선발을 담당하였으며 선거라는 표현에서 그 역할과 기능이 드러난다. 과거제는 아니라도 그에 준하는 방식의 시행을 보여준다.[62] 國學은 공적인 교육기구의 창설로서,[63] 관료 질서의 형성에 영향을 주었을 것인데, 새로운 정치세력 공급원으로서의 기능을 담당했다. 관료전은 관료질서의 물적 토대를 국가가 관리하려던 조치였다.

관료질서 강화에 더하여 군사제도 정비가 이루어졌다. 신문왕대 정비된 군단은 육정, 구서당, 삼무당, 개지극당, 삼변수당 등인데, 개지극당과

59 『三國史記』 卷第8, 新羅本紀 第8, 神文王 2年 夏 4月.
60 『三國史記』 卷第8, 新羅本紀 第8, 神文王 2年 6月.
61 『三國史記』 卷第8, 新羅本紀 第8, 神文王 7年 5月.
62 한준수, 「신라 중대 國學의 설치와 운용」 『한국고대사탐구』 17, 2014, 55쪽.
63 국학의 성립 시기에 대해서는 진덕왕 5년설(단계적 성립)과 신문왕 2년설(일시 성립)로 나누어 볼 수 있다. 이에 대한 연구는 채미하, 「신라 국왕의 시학과 그 의미」 『한국사상사학』 32, 2009 ; 김덕원, 「신라 국학의 설립과 그 주도세력」 『진단학보』 112, 2011 참조.

삼변수당은 중앙의 제도정비와 직접적인 관련성이 적어 순수한 군사력 정비로 이해된다. 육정 또한 군단의 증감 없이 완산정의 개편에 국한되고 있으므로,[64] 신문왕대 군사제도 정비의 핵심은 구서당과 삼무당으로 압축할 수 있다. 이들 군단이 구서당이나 삼무당이라는 명칭으로 완성되는 과정이 신문왕대 집중적으로 진행되었다는 사실이 이를 뒷받침하며, 중앙군이라는 점은 의미를 높여 준다.

구서당이 삼국민 융합정책임은 주지하는 바이지만, 국왕의 군사권 강화측면에서 주목된다. 구서당의 구성원인 피정복민이 기존의 신라 귀족과는 직접적인 관련이 없다는 점에서 그들의 통제를 받지 않았음을 의미하기 때문이다.[65] 여기에서 신문왕대 군제 개편의 큰 틀을 살펴볼 필요가 있다. 시위부를 필두로 한 구서당과 삼무당의 확대는 친위 군사력의 강화로 귀결되었다. 신문왕대는 군사력에 대한 지배권이 귀족으로부터 국왕에게 전환되는 분기점이었다. 金欽突과 金軍官을 제거하고 시위부를 개편한 것은 그 첫 걸음이었다. 여제 유민의 신라화 과정에서 발생한 大文의 난을 진압하는데 공을 세운 고구려인과 안승과 행보를 같이하며 친신라 성향의 보덕국인들은 친위 군사력 확보에 중요한 인적 자산이 되었을 것이다.

> C-4) 일곱째는 벽금서당으로 신문왕 6년(686)에 보덕성 사람으로 당을 만들었는데 금의 색깔은 벽황색이다. 여덟째는 적금서당으로 신문왕 6년(686)에 역시 보덕성 사람으로 당을 만들었는데 금의 색깔은 적흑색이다. 아홉째는 청금서당으로 신문왕 7년(687)에 백제의 남은 백성으로 당을 만들었는데 금의 색깔은

....

64 6정 예하 군단의 증설 없이 완산정의 개편만 나타나고 있으며, 6정의 기본적 성격과 운용이 신라중고기 귀족세력과 연결되고 있다는 점에서 신문왕대 군제개편의 핵심으로 이해하기는 어렵다.

65 盧重國, 앞의 논문, 1999, 191~193쪽.

청백색이다.66

C-5) 고구려인 관등: 신문왕 6년(686)에 고구려 사람들에게 京官을 주었는데 본국(고구려)의 관품에 준하였다….67

사료 C-4)는 구서당 가운데 벽금·적금서당과 청금서당의 창설을 보여주는데, 보덕국인 2개 서당은 그들의 정치적 행적에 따른 보상으로 생각된다. 안승이 김흠돌 처형 직후 사신을 보내 신문왕을 축하한 것에서68 신속한 대응이 느껴지는데, 이러한 모습들은 고구려 유민들을 우호적으로 인식하게 했을 것이다. 사실 대문의 난은 보덕국의 폐지에 대한 반발이었던 것이지, 본질적으로 신라의 지배질서에 대한 거부는 아니었다.

그런데 벽금·적금서당이 창설된 시기가 주목된다. C-5)에 따르면 신문왕 6년(686) 고구려인에게 신라의 관등을 수여하고 있는데 그 대상이 궁금하다. 단순히 고구려 관등 소지자에게 바로 신라 관등을 수여하지 않았을 것이기 때문이다. 문무왕 13년(673) 백제인 관위 수여와 비슷하게 친신라적 인물들이었을 것이다. 군단의 설치와 고구려인 관위 수여 시기의 일치는 우연이 아니다.

청금서당의 경우 백제 잔민(百濟殘民)이라 하는데, 잔민은 잔여민을 지칭하는 것이므로 의미상 유민과 통할 수 있다.69 백제 패망 후 적극적으로 신라에 귀부한 세력을 백금서당으로 창설한 뒤, 나당전쟁 종료 후 친신라

---

66 『三國史記』 卷第40, 雜志 第9, 九誓幢, "七曰碧衿誓幢 神文王六年 以報德城民爲幢 衿色碧黃 八曰赤衿誓幢 神文王六年 又以報德城民爲幢 衿色赤黑 九曰靑衿誓幢 神文王七年 以百濟殘民爲幢 衿色靑白".

67 『三國史記』 卷第40, 雜志 第9, 外官, 高句麗人位, "神文王六年 以高句麗人授京官 (중략)".

68 『三國史記』 卷第8, 新羅本紀 第8, 神文王 元年 8月 13日.

69 백제 잔민을 웅진도독 부여융 지배하에 있던 백제민으로 파악하기도 한다(노중국, 앞의 논문, 1999, 196쪽).

적 백제인을 대상으로 증설한 것으로 보인다. 대문의 난 발생 당시 보덕국의 위치를 고려할 때 백제인들의 군사적 공헌도 일부 있었을 것이므로, 그들을 대상으로 하여 편성했을 가능성이 있다. 9서당은 이러한 과정을 통해 완성되고 중앙군으로 자리하게 되었다. 물론 당군의 재침에 대한 경계심도 작용했을 것이다.[70]

그렇다면 신문왕이 시위부의 존재에도 불구하고 직할 군단을 확대해간 이유는 무엇인가? 군사제도와 밀접한 지방제도의 정비를 살펴본다. 새로이 확대된 영토와 민이 배경이 되었겠지만, 왜 9주 체제로 정비하였는지 궁금하다. 신라, 고구려, 백제지역을 지역적 등가성만으로 분할했다고 판단하기에는 설득력이 부족해 보인다. 여기에는 다른 요인 즉 신라의 천하관이나 세계관이 반영된 것은 아닌지 생각해 볼 여지가 있다. 삼국을 통일하고 唐을 물리치면서 형성된 자부심이나 자신감은 세계를 인식하는 틀을 근본적으로 바꾸게 했을 것이다. 신문왕과 효소왕대 대당조공이 단절된 것도[71] 이러한 인식과 닿아 있다고 생각된다. 독자적인 천하의식[72]이 나타났을 가능성이 점쳐진다. 전국을 9주,[73] 중앙군을 9서당으로 편성한 것은 그러한 인식의 연장이라 할 수 있겠다.

지방제도의 정비에 따라 통치력이 강화되면서, 국왕 직할군단의 전개가 더해졌다. 국왕을 근거리에서 호위하는 시위부, 왕경의 중앙군인 9서당, 지방에 주둔한 10정이 그것인데, 10정을 통해 변화하던 모습을 살펴

---

70 서영교, 「九誓幢 완성 배경에 대한 新考察」, 『韓國古代史研究』 18, 2003, 241~254쪽.

71 申瀅植, 『韓國古代史의 新研究』 一潮閣, 1984, 327쪽.

72 노중국, 앞의 논문, 1999, 177~182쪽.

73 신라가 음양오행상 金德의 나라였기에 황룡사 9층탑을 세우고, 전국을 9주로 편제하였다는 견해가 있는데(한영우, 『한국선비지성사』 이화학술원총서1, 지식산업사, 2010, 123쪽), 신라가 독자적 세계관을 형성했을 가능성은 충분해 보인다.

볼 수 있다. 주둔지와[74] 군단의 별칭이 그것이다. 10정은 별칭이 三千幢이었고, 여기에서 파생된 군단이 新三千幢이었다.

그런데 사료에 신삼천당을 외삼천이라 별칭하여[75] 관심을 끈다. 신삼천당이 외삼천이면 10정(삼천당)은 내삼천이어야 한다. 기본적으로 內外는 대칭적 개념이며 중앙과 지방을 지칭하는 표현으로 사용해 왔다. 주둔지에 근거해 신삼천당을 외삼천이라 했다면, 10정은 중앙에 주둔해야만 하는데, 오히려 지방에 분산 배치되어 논리상 모순된다. 결국 군단의 주둔지가 아닌 다른 것에서 기준을 찾아야 하는데 구성원의 출신에 따른 구분 가능성을 떠올려 본다. 즉 10정이 왕경인으로 편성된 군단이라 하겠으며,[76] 이러한 군단의 배치가 신문왕대 친위 군사력을 범주화하려던 의도에서 시작된 것은 아닌지 생각케 한다.

시위부는 국왕의 호위를, 구서당은 왕실을 포함한 왕경의 방어를 담당했으며, 10정이 지방의 주요 거점과 교통로를 방어하는 임무를 담당함으로써 친위 군사력의 기능을 수행하였는데, 여기에 삼무당이 증설되어 구서당의 지원군단으로서 역할을 했던 것이다. 당시의 사회경제적 현실을 고려할 때 전국의 9주를 포괄하는 직할 상비군 체제를 유지하는 것은 군사정책으로서 최상의 방안이었을 것이다. 3重의 직할군단은 국가의 公兵인 동시에 국왕의 私兵으로서 복합적 기능을 수행하기에 충분했다. 지방군의 경우 이원체제였다고 하겠다. 10정의 경우 왕경인으로 구성된 친위군단으로 지방의 주요거점에 주둔하며 중핵적 역할을 했고, 일반 지방민으로 구성된 지방군으로 緋衿幢, 萬步幢 등이 존재하며 일반적인 군사활동

....

74 『삼국사기』 지리지를 확인한 결과에 따르면 10정 중 음리화정, 미다부리정, 남천정, 벌력천정은 州 직할지에 위치하지만, 고양부리정, 거사물정, 삼량화정, 골내근정, 이화혜정은 일반 군현에 위치하고 있다(한준수, 앞의 책, 2012, 118쪽).

75 『三國史記』 卷第40, 雜志 第9, 新三千幢, "新三千幢一云外三千".

76 한준수, 앞의 논문, 2015, 305~307쪽.

을 전개했다고 표현할 수 있겠다. 삼국통일전쟁 이후 피폐해진 일반 民의 사회경제적 상황을 고려할 때 가장 현실적인 운영이지 않았을까 추정해 본다. 여제유민의 의식 속에 신라인이라는 인식이 위치하기까지 일정기간 이원적으로 운영되었을 가능성이 있다.

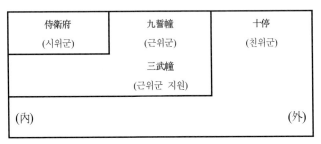

[그림 1] 직할 군단 구분도

[그림 1]은 국왕의 직할군단을 3개 영역으로 도식화 한 것이다. 이들 군단은 중앙과 지방에 주둔하며 국왕의 직할군단으로서 주어진 영역을 담당했다. 전란이 끝난 뒤이지만 김흠돌의 난과 같은 사건이 중앙이나 지 방에서 발생할 경우 신속히 대응할 수 있는 군사력이 요구되던 시점이다. 따라서 국왕의 사병적 성격이 강할 수밖에 없었다.

당시에 설치된 관부를 보면 가능성은 충분하다. 『삼국사기』 직관지에 는 44개의 행정관부와 115개의 내정관부가 기록되어 있는데,[77] 비서기능 에 가까운 내정관부가 비대할 정도로 많이 설치되어 있다. 이러한 점을 참고하면 군사력 역시 국왕의 직할군단이 핵심적 역할을 수행했을 것으 로 추정된다. 그 과정에서 여제 유민이 얼마나 주요한 역할을 했는지 궁 금해지는데 관료제도의 정비과정을 통해 유추해 볼 수 있다. 國學은 6두품 을 대상으로 하여 귀족을 배제하려는 정치적 의도를 띠고 있었다. 신문왕

....

77 『三國史記』 卷第38, 雜志 第7, 職官 上 및 『三國史記』 卷第38, 雜志 第8, 職官 中.

이 새로운 정치 세력으로 6두품을 주목한 이유를 생각할 때, 중앙군 역시 귀족의 영향을 차단하고 국왕의 지배력을 한층 강화시킨 조직의 창설을 시도되었을 것이다. 나당전쟁이나 대문의 난 등에서 충분한 활약을 보였던 여제 유민이 친위 군단으로 활용되는데 어려움은 크지 않았을 것이다. 중앙군의 증설이 이루어졌다.

> C-6) 삼무당 첫 번째는 백금무당으로 문무왕 15년(675)에 두었으며, 두 번째는 <u>적금무당</u>으로 신문왕 7년(687)에 두었고, 세 번째는 <u>황금무당</u>이며 신문왕 9년(689)에 두었다.[78]

사료 C-6)은 보덕국인을 대상으로 한 적금무당(687), 고구려인을 대상으로 한 황금무당(689)의 설치를 나타낸다. 여제 유민을 대상으로 한 군단이 구서당에 존재함에도 불구하고 증설되었다. 이미 백금무당이 설치되었기에 새로운 현상은 아니지만, 나름의 편성 배경이 있었다고 생각된다. 아마도 새로운 통일국가에서 적극적으로 자신의 삶을 개척하려던 여제 유민이 적지 않았기 때문은 아닐까? 여제 유민은 이전과는 다른 새로운 국가, 새로운 신분질서 아래서 불확실성을 극복하려 했을 것이다. 나당전쟁에서 신라인과 함께 싸우며 형성된 동류의식도 영향을 주기에 충분했다. 특히 중앙군으로 선발되었을 경우 주어지는 대우는 사회경제적 안정을 바라는 그들에게 희망으로 다가왔을 것이다. 구서당의 지원군으로서 훌륭한 역할이 기대되는 이유가 여기에 있다. 징발병이 아닌 자발적인 召募兵이 삼무당의 근간이 되었을 것이다.

중앙군을 지원하는 군단으로 삼무당이 완성되었다. 편제는 기존 백금무당의 조직을 그대로 따랐는데, 앞서 살핀 [표 1] 군관조직은 그것을 잘

---

78 『三國史記』 卷第40, 雜志 第0, 三武幢.

보여주고 있다. 3개 군단이 하나로 결속됨으로써 핵심 군관의 명칭이 통일되었다. 백금무당주, 적금무당주, 황금무당주가 아닌 삼무당주로 명명되었다. 삼무당주는 신라의 다른 군사조직에서는 보이지 않으므로 삼무당고유의 특색을 드러냈다고 여겨진다. 삼무당이 여제 유민을 대상으로 한다는 점에서 군관직에는 여제 유민이 다수 배속되었다고 할 수 있다. 전쟁이 종료된 시점이므로 유민의 등용이 확대되는데 큰 무리는 없었을 것이다. 다만 흑금서당을 구성한 靺鞨이 삼무당에 편제되지 못한 것에서 그들을 포용대상으로만 생각했던 신라인의 인식을 느낄 수 있다. 그들이 여제 유민에 비해 숫적으로 열세인 이유도 있었지만, 근본적으로 통일국가의 동반자로 인식된 것은 아니었기 때문이다. 이를 볼 때 신라인과 여제유민은 일통삼한의 주체로서 존재했으며, 구서당과 삼무당은 그러한 상황을 상징하는 군사정책이었다고 하겠다.

V. 맺음말

신라는 문무왕 15년(675) 나당 전쟁의 막바지에 상황이 악화되자 한강하류 임진강 유역의 군사력을 증강하였다. 삼국의 주된 쟁패지역이었던 지역에 지역적 연고가 강한 백제인을 구성원으로 하는 군단을 신설한 것인데 바로 백금무당이었다. 백제인을 새로운 병력자원으로 삼아 군사력을 강화하였으며 결과는 긍정적이었다. 이후 9서당에 여제 유민을 대상으로 한 군단이 계속 증설되었던 사실은 이를 뒷받침한다.

삼무당의 군관조직을 보면 전투에 알맞은 전형적인 군단의 모습이었다. 고위관등이 아닌 중간층이라는 점은 활발하게 작전을 전개하기에 적합했다. 군관의 유형에서는 기병이 보완된 보병군단이라는 특징이 잘 드러난다. 소수의 기병 지휘관은 이를 보여준다. 백제인이 나당전쟁에서 뛰어난 활약을 보였던 것은 자신들의 삶을 개척하려던 적극적 의지의 표현이었다. 백제는 소멸했지만 자신들의 공동체를 유지하며 생존 영역을 구축하고자 염원하였기 때문이었다.

삼국통일전쟁이 종식된 후 신라는 새로운 통치질서를 정립하려고 하였다. 장기간 총력전을 전개하였으므로 피폐해진 민생을 안정시키고, 군사적 기능에 편중된 정치질서도 전환해야만 했다. 신문왕은 권력기반의 제도적 강화에 중점을 두었다. 무열·문무왕대 정책과 비교할 때 정치적 지향점은 비슷했을지라도 국왕권 강화의 측면에서 볼 때 그 강도는 차원이 달랐다.

9주제 실시 등 국가체제의 틀을 전면적으로 혁신하는 정책이 시행되었다. 여제 유민에 대한 신라화 정책도 적극적으로 진행되었다. 신문왕의 측근이 주요 거점에 파견되었던 것은 그러한 목적을 담고 있었으며, 「청주운천동사적비」의 民合三韓은 당시의 분위기를 잘 보여주고 있다. 하지만 그에 대한 반발도 나타났다. 대문의 난이 그것으로 여제 유민의 고유한 정서와 질서를 지키고 싶어 했던 바람이었다. 결국 난은 진압되었는데 이는 신라 지배질서의 평시 체제로의 전환과 여제 유민의 신라화 정책 추진에 따른 불가피한 성장통이었다.

신문왕은 제도정비를 통해 왕권을 구조적으로 강화하려고 하였다. 국왕 중심으로 군사력을 재편하고, 일통삼국을 달성한 명실상부한 통일국가의 위상을 세우려 하였다. 나당 전쟁과 대문의 난을 진압하는 과정에서 활약한 여제 유민이 중앙군의 한 축을 담당하게 되었다. 또한 중앙군의 완성은 단순한 양적 확대에 그친 것이 아니라 직할 군단의 체계화에 정치적 목적이 있었다. 시위군-근위군-친위군으로 시위부-구서당·삼무당-십정이 구축되었다.

9세기 후반 일본의 弩師 배치 배경*

정 순 일 | 고려대학교 역사교육과 부교수

Ⅰ. 머리말

　9세기가 되면 일본열도로 신라인이 내항하는 사례가 현저하게 증가한
다. 그들은 한반도에 존재한 고대 국가 신라가 공적으로 파견한 사절이라
기보다 어떠한 사정에 의해 바다를 건너게 된 집단 내지는 개인이라 할
수 있다. 일본열도 연해 지역에서는 그와 같은 신라인들이 내착함에 따라
다양한 형태의 문제가 발생한다. 신라 문제로 불려도 좋을 만한 이와 같
은 현상이 9세기 후반에 한정되었다고는 말하기 어렵지만 일본 지배층의
입장에서 보면 그것이 9세기 중엽을 기점으로 더욱 화급한 현안이 되고
있었음은 틀림없다.[1]

　한편, 일본 측에서는 그러한 신라 문제에 대해 다양한 방비책으로 대
응하고 있었음이 여러 사료에서 확인된다. 특히, 신라해적과 같은 현실적

----

* 이 글은 鄭淳一, 「貞觀年間における弩師配置と新羅問題」 『九世紀の來航新羅人と
　日本列島』, 勉誠出版, 2015(初出 2011)을 바탕으로 하여 수정·보완한 것임을 밝
　혀둔다.
1 이 시기 신라문제에 관한 대표적 연구로는 遠藤元男, 「貞觀期の日羅關係について」
　『駿台史學』 19, 1966 ; 佐伯有淸, 「九世紀の日本と朝鮮」 『日本古代の政治と社會』,
　吉川弘文館, 1970(初出1964) ; 石上英一, 「古代國家と對外關係」 『講座日本歷史』 古代
　2, 東京大學出版會, 1984 등을 들 수 있다.

인 위협에 대해서는 俘囚의 배치, 統領·選士의 증원, 健兒의 활용 등 인력의 증원·재배치 등 군사적인 대책을 세워 대응해나갔음을 지적할 수 있다. 같은 시기에 행해진 연해 지역의 弩師 배치도 그와 같은 방비책의 일환으로 평가할 수 있을 것이다. 최근, 그와 같은 연해 지역을 대상으로 한 방비 대책에 대한 분석이 시도된 바 있으나[2] 그것은 건아, 통령, 선사, 부수를 중심으로 한 논의이며, 그 이외의 대책 하나하나에 관한 구체적인 검토는 여전히 충분하지 않은 듯 생각된다. 그래서 이 글에서는 종래에 상세히 다루어진 바 없는 海防 대책 가운데 노사 배치에 초점을 맞추어 고찰을 진행하고자 한다.[3] 논의의 편의상 분석 대상은 貞觀期(859~877년)를 전후로 한 시기로 한정하고자 한다.[4] 이와 같은 작업을 통하여 9세기 후반

----

2 寺田浩, 「九世紀の地方軍制と健兒」 『律令國家史論集』, 塙書房, 2010은 이른바 軍団兵士制 폐지 후에도 9세기를 통틀어 연안 경비 등에 병력이 동원되는 기사가 다수 보인다는 점에 특히 주목하여, 지방 군제라는 틀 속에서 그 실태를 검토하고 있다. 여기서는 俘囚, 統領, 選士, 健兒 각각에 관한 기본 사료 및 선행연구가 소개되어 있어 참고가 된다.

3 弩 혹은 弩師에 대한 선행 연구로는 八幡一郎, 「古代中國の弩について」 『史潮』 84·85, 1963과 같이 중국 및 한반도의 노를 검토한 연구, 그리고 加藤孝, 「弩·弩台考－古代東北の城柵跡の考古學的研究－」 『東北學院大學論集(歷史學·地理學)』 7, 1976 ; 岩城正夫, 「古代「弩」復元の試み－「弩」復元過程でみえてきた私の研究法－」 『和光大學人間關係學部』 5, 2000과 같이 고고학의 성과를 바탕으로 한 연구 등을 들 수 있으나 일본 고대의 노·노사를 주된 소재로 한 연구는 찾아보기 어렵다. 다만, 板橋源, 「鎭守府弩師考」 『岩手大學學芸學部研究年報』 8, 1955와 같이 동북 지방의 노에 주목한 연구가 있으며, 최근에는 五十嵐基善, 「古代日本の弩に關する基礎的考察: その構造と運用を中心として」 『文學研究論集』 37, 2012 ; 大日方克己, 「日本古代における弩と弩師」 『社會文化論集: 島根大學法文學部紀要(社會文化學科編)』 10, 2014 등이 간행된 바 있다. 한국 고대의 노(弩)에 대해서는 이정빈, 「6-7세기 고구려의 쇠뇌 운용과 군사적 변화」 『군사』 77, 2010 ; 이준성, 「서양, 중국, 한국에서 쇠뇌(弩)의 역사와 전술적 운용 고찰」 『군사연구』 137, 2014 등이 이해를 돕는다.

4 논의의 편의를 위해서이기도 하지만, 필자가 貞觀期의 획기성에 주목하고 있기 때문이기도 하다. 이 시기는 불특정 다수의 신라인이 내항한다는 면에서 9세기

의 해방 대책이 가지는 특징이 어느 정도 해명되리라 기대한다.

II. 緣海諸國으로의 노사 배치와 부임자

1. 노사 배치의 현황과 특징

우선 貞觀期 弩師의 補任을 전하는 기사를 열거해두고자 한다.

[사료1 - ①] 太政官符
應停史生一人補弩師事
　右得隱岐國解偁, 被太政官去貞觀九年五月廿六日符偁, 新羅凶醜不顧恩義, 早懷毒心常爲咒咀, 迺者兆卦之 數告兵革, 卜筮之識不可不愼, 右大臣宣, 奉勅, 彼國地在邊要, 壃近新羅, 警備之謀當異他國, 宜早下知殊令警護者, 此國素無弩「師」具, 又無其師, 望請, 省史生任弩師, 少大之賊應機討滅, 謹請官裁者, 中納言兼左近衛大將從三位行陸奧出羽按察使藤原朝臣基經宣(藤良相), 奉勅, 依請.
　貞觀十一年三月七日[5]

[사료1 - ②] 勅廢隱岐國史生一員, 置弩師一員.[6]

[사료2 - ①] 太政官符

....

전반과 그다지 다르지 않지만, '신라해적'이라는 말이 처음으로 나오는 등 내항 신라인에 대한 반감·경계감이 확연히 고조되는 특징을 보인다(鄭淳一, 『九世紀の來航新羅人と日本列島』, 勉誠出版, 2015, 6~7쪽). 노사 배치의 배경도 같은 맥락에서 이해할 수 있다고 생각하는 것이다.

5 『類聚三代格』 卷5, 貞觀 11年(869) 3月 7日 官符.
6 『日本三代實錄』 卷16, 淸和天皇, 貞觀 11年(869) 3月 7日條.

應停史生一人任弩師事

右得長門國解偁, 此國素置軍団調習兵戎, 而有弩機無其師, 若有不虞何得適用, 望請, 停史生置弩師, 謹請官裁者, 大納言正三位兼行皇太子傅藤原朝臣氏宗宣, 奉勅, 依請,

貞觀十一年十一月廿九日[7]

[사료2-②] 省長門國史生一員, 置弩師一員.[8]

[사료3-①] 太政官符
應以權史生鴈高松雄遷補弩師事

右得出雲國解偁, 謹案太政官去二月十二日下當道符偁, 大宰府解偁, 大鳥集于兵庫樓上, 訪之卜筮當有隣國兵事者, 如聞, 新羅商船時々到着, 仮令託事商賣來爲侵暴, 忽无其備恐同慢藏, 右大臣(藤氏宗)宣, 奉勅, 居安慮危, 有國所先, 愼微防萌, 安民急務, 宜仰緣海國勤修武衛屢加巡察俾愼斥候, 又作「候」[77]弩調習以備機急, 兼有堪爲師者点定言上者, 今件松雄昔備宿衛頗習兵弩, 見其才略良堪爲師, 望請, 遷補弩師令傳其術, 秩限六年俸准一分, 謹請官裁者, 從三位守大納言兼左近衛大將行陸奥出羽按察使藤原朝臣基經宣, 奉勅, 宜依請補之, 但史生一人待闕停止永補弩師,

貞觀十二年五月十九日[9]

[사료3-②] 勅出雲國廢史生一員, 置弩師一員, 永以爲例. 卽以權史生從八位下鴈高宿祢松雄爲弩師, 以善作弩也.[10]

[사료4] 太政官符
應減史生一員置弩師事

---

7 『類聚三代格』卷5, 貞觀 11年(869) 11月 29日 官符.
8 『日本三代實錄』卷16, 淸和天皇, 貞觀11年(869) 12月 2日 乙酉條.
9 『類聚三代格』卷5, 貞觀 12年(870) 5月 19日 官符.
10 『日本三代實錄』卷17, 淸和天皇, 貞觀 12年(870) 5月 19日 庚午條

右得因幡國解偁, 被太政官去二月十二日符偁, 有堪弩師者擇定言上者, 因搜
求部內黃文眞泉, 元直宿衛能習弩術, 望請, 補之弩師勤修武術者, 從三位大納言
兼左近衛大將行陸奧出羽按察使藤原朝臣基經宣, 奉勅, 宜減史生一人依請補之,
　　貞觀十二年七月十九日[11]

[사료5]
先是, 對馬嶋言, 境近新羅, 動恣侵掠, 旣無其師, 弩機何用. 絶域孤嶋, 誰救
警急. 迺者有聞, 彼國寇賊, 學釼習戰. 若不予備, 恐難應卒. 望請置弩師一員.
勅大宰府簡擇其人, 補任置之, 立爲恒例.[12]

[사료6] 太政官符
　應停史生一員置弩師事
　右得伯耆國解偁, 太政官去年二月十二日符偁, 有堪弩師者擇定言上者, 謹依
符旨歷試其術, 高市金守誠堪爲師, 望請, 以件金守補任弩師者, 從三位守大納
言兼左近衛大將陸奧出羽按察使藤原朝臣基經宣, 奉勅, 依請, 但停史生一員永
置弩師,
　　貞觀十三年八月十六日[13]

[사료7] 太政官符
　應停史生一員補弩師事
　右得石見國解偁, 被太政官去二月七日符偁, 津守稲利去正月廿二日任彼國弩
師畢者, 國依符旨任用已畢, 而今件弩師是新置之職, 至于俸料未知據行, 望請,
准出雲伯耆等國例停史生一人宛給其公廨, 謹請官裁者, 右大臣^(基經)宣, 奉勅, 依請,
　　貞觀十七年十一年十三日[14]

‥‥‥‥‥‥‥‥‥‥
11 『類聚三代格』卷5, 貞觀 12年(870) 7月 19日 官符.
12 『日本三代實錄』卷17, 淸和天皇, 貞觀 12年(870) 8月 28日 戊申條.
13 『類聚三代格』卷5, 貞觀 13年(871) 8月 16日 官符.
14 『類聚三代格』卷5, 貞觀 17年(875) 11月 13日 官符.

이상의 사료에서는 隱岐⇒長門⇒出雲⇒因幡⇒對馬⇒伯耆⇒石見의 순서로 각각 1명의 노사가 설치된 것을 확인할 수 있다. 이들 일곱 군데는 모두 현재의 와카사만(若狹灣) 以西에 위치하고 있으며 長門와 對馬를 제외한 다섯 군데는 산인도 제국(山陰道諸國)에 해당하는 지역이다. 長門의 경우 산요도(山陽道)로 분류되지만 실질적으로는 산인도 서단인 石見에 인접해 있어 산인도 제국과 마찬가지로 동해[15] 연안에 면하고 있는 점에서 隱岐, 出雲, 因幡, 伯耆, 石見 등의 쿠니와 어느 정도 동질적인 권역에 속하고 있었다고 봐도 좋을 것이다. 그렇게 되면 貞觀期의 노사 배치란, 산인도 지역이 가지는 특수한 사정과 밀접하게 연관되어 있었을 가능성이 높다고 하겠다.[16]

다음으로 노사가 배치된 시기에 주목하게 되면 貞觀11년이 2건, 貞觀12년이 3건, 貞觀13년이 1건, 貞觀17년이 1건으로 7건 가운데 6건이 貞觀11년~13년에 집중되고 있음을 알 수 있다. 그와 같은 추세는 아래 〈표 1〉 '弩師 배치 연표 (9세기까지)'에서도 확인된다. 이는 노사 배치라는 것이 貞觀11년~13년을 전후로 하는 시기의 국내외 동향과 깊은 관련성을 가지고 있음을 암시한다.[17]

....

15 일본어로는 '東海'를 '토카이'로 읽으며, 동일본의 태평양 연안 지역을 가리키는 경우가 대부분이라 일본사의 맥락에서 아무런 설명 없이 '동해'라고 사용하게 되면 혼동을 일으키기 쉽다. 본문에서 말하는 '동해'는 일본에서 '일본해'라고 부르는 바다를 지칭한다.

16 『日本三代實錄』貞觀 8年(866) 11月 17日條에 따르면 당시 怪異가 끊임 없이 나타나 복서(卜筮)를 해보았더니 그것은 新羅賊兵이 틈을 노릴 것이라는 예조(予兆)라는 결과가 나왔다고 한다. 그래서 諸神에게 班幣하고, 병사 훈련시키는 것 등을 명하였는데, 그 명령이 내려간 지역으로 "能登·因幡·伯耆·出雲·石見·隱岐·長門·大宰府等"이 들어지고 있다. 여기에서도 산인도에 속하는 因幡·伯耆·出雲·石見·隱岐 등 연해 지역이 중요시되고 있는 것이 주목된다.

17 松原弘宣, 「九世紀における對外交易とその流通」『古代國家と瀨戶內海交通』, 吉川弘文館, 2004(初出 1999), 381~382쪽에서도 특히 貞觀 11~12년 사이에 일본·신라 관계가 중시되고 있다.

노사 배치의 현황에서 확인할 수 있는 이상의 두 가지 특징은 노사 보임이 왜 다른 지역이 아닌 산인도에 집중하고 있는가, 왜 다른 시기가 아니라 貞觀 11년~13년 사이인가라는 두 가지 논제로 이어진다. 따라서 이하에서는 이들 논제에 유의하면서 논의를 전개하고자 한다.

〈표 1〉 弩師 배치 연표 (9세기까지)

NO	시 기	내 용	전 거
1	天平寶字 6(762). 4. 22	비로소 大宰府에 弩師를 두다.	『續紀』
2	延曆 16(797)	大宰府의 弩師를 정폐하다.	『類三』卷5, 弘仁 5.5.21官符
3	弘仁 5(814). 5. 21	大宰府, 史生1員을 정폐하고 弩師1員을 두다.	同上
4	承和 2(835). 9. 13	島木史眞, 新弩를 개발하다.	『續後紀』
5	承和 5(838). 7. 25	壹岐島, 新羅商人의 왕래에 대비하기 위해 史生1員을 정폐하고 弩師1員을 두다,	『類三』卷5
6	嘉祥 2(849). 2. 25	對馬島, 史生1員을 정폐하고 弩師1員을 두다.	『續後紀』
7	貞觀 11(869). 3. 7	隱岐國, 史生1員을 정폐하고 弩師1員을 두다.	『三實』·『類三』卷5
8	貞觀 11(869). 11. 29	長門國, 史生1員을 정폐하고 弩師1員을 두다.	『三實』·『類三』卷5) [다만, 『三實』에는 12月2日로 나옴]
9	貞觀 12(870). 5. 19	出雲國, 史生1員을 弩師1員으로 遷補하다. [新羅商船의 도착을 의식하고 있음]	『三實』·『類三』卷5
10	貞觀 12(870). 7. 19	因幡國, 史生1員을 감하고 弩師1員을 두다.	『類三』卷5
11	貞觀 12(870). 8. 28	對馬島, 신라의 寇賊에 대비하여 弩師1員을 두다. 大宰府가 적임자를 골라 補任하다.	『三實』
12	貞觀 13(871). 8. 16	伯耆國, 史生1員을 정폐하고 弩師1員을 두다.	『類三』卷5
13	貞觀 17(875). 11. 13	石見國, 史生1員을 정폐하고 弩師1員을 두다.	『類三』卷5
14	元慶 3(879). 2. 5	肥前國, 史生1員을 정폐하고 弩師1員을 두다.	『類三』卷5
15	元慶 4(880). 8. 7	佐渡國, 弩師1員을 두다.	『類三』卷5
16	元慶 4(880). 8. 12	越後國, 史生1員을 줄이고 弩師1員을 두다.	『類三』卷5
17	寬平 6(894). 8. 21	能登國, 史生1員을 정폐하고 弩師1員을 두다.	『類三』卷5
18	寬平 6(894). 9. 13	大宰府, 史生1員을 정폐하고 弩師1員을 두다.	『類三』卷5
19	寬平 7(894). 7. 20	越前國, 史生1員을 정폐하고 弩師1員을 두다.	『類三』卷5

NO	시 기	내 용	전 거
20	寬平 7(894). 11. 2	伊予國, 史生1員을 정폐하고 弩師1員을 두다.	『類三』卷5
21	寬平 7(894). 12. 9	越中國, 史生1員을 정폐하고 弩師1員을 두다.	『類三』卷5
22	昌泰 2(899). 4. 5	肥後國, 史生1員을 정폐하고 弩師1員을 두다.	『類三』卷5

* 『續紀』=속일본기, 『續後紀』=속일본후기, 『三實』=일본삼대실록, 『類三』=유취삼대격

2. 노사의 담당자

산인도를 중심으로 한 연해제국에 배치된 노사는 실제로 어떠한 역할을 수행하였던 것일까. 그것을 명확히 보여주는 사료는 찾아지지 않으나 앞서 소개한 [사료1]~[사료7]에는 노사가 어떻게 기능하고 있었는지를 이야기해주는 기술이 등장한다.

[사료3 - ①]의 "作「候」弩調習以備機急", [사료3 - ②]의 "鷹高宿祢松雄爲 弩師,以善作弩也"이라는 문구로부터 노사란 弩의 제작 및 조작 연습을 관장하는 자이며, 긴급 상황이나 비상사태에 대비하는 임무를 수행하였던 것으로 생각된다. 나아가 같은 사료에서 "傳其術"을 명하고 있는 점으로부터는 자신이 보유하고 있는 기술을 전수하도록 의무가 부여되었던 것으로 추측된다.

노사에 보임되는 인력은 현지에서 충당된 것처럼 보인다. [사료3 - ①], [사료4], [사료6]은 연해의 제국이 "有堪弩師者擇定言上者"라고 한 貞觀 12년 2월 12일부 太政官 下知에 바탕하여 "部內"[18]에서 한 사람의 적임자를 택정하여 언상하는 경위를 전하고 있다. 또 [사료5]에는 "勅大宰府簡擇其人, 補任置之, 立爲恒例"이라고 되어 있어 對馬嶋를 관할하는 大宰府가 적임자를 간택하는 것을 기본 방침으로 하였음이 확인된다.

. . . .

18 [사료4]의 "有堪弩師者擇定言上者. 因搜求部內黃文眞泉".

산인도 제국에 보임되었던 것으로 보이는 노사 가운데, 出雲의 鷹高松雄([사료3-①·②]), 因幡의 黄文眞泉([사료4]), 伯耆의 高市金守([사료6]), 石見의 津守稻利([사료7]) 등은 구체적인 人名까지 알려지고 있다. 그러면 그들은 대체 무엇 때문에 노사로 선발된 것일까.

유감스럽게도 위에 열거한 네 사람의 이름이 다른 사료에서는 찾아지지 않는다. 다만, 그들이 가지는 氏名에서 어느 정도 정보를 얻을 수 있을 것 같다. 우선, [사료3-①·②]에 보이는 鷹高松雄에 대해서이다. 이 인물은 [사료3-②]의 기재 내용으로부터 鷹高宿祢라는 姓을 지니고 있음이 확인된다. 鷹高宿祢의 옛 姓은 본래 昆解였는데 寶龜 6年(775) 8月에 昆解沙彌麻呂가 宿祢의 姓을 사여받았고,[19] 나아가 延曆 4년(785) 5月에 鷹高宿祢의 氏姓을 받은 바 있다.[20] 『新撰姓氏錄』에는 "鷹高宿祢, 百濟國의 貴首王으로부터 나왔다"[21]라고 되어 있어 결국 [사료3-①·②]에 보이는 鷹高松雄은 백제계 도래인을 선조로 하고 있음을 알 수 있다. 또한, 鷹高宿祢와 同族이라고 생각되는 씨족에 無姓인 昆解氏가 있는데 承和 2年(835) 5月에 廣野宿祢라는 씨성을 받고 있다.[22] 흥미로운 것은 해당 씨족도 백제계 도래인인듯 생각된다는 사실이다.[23]

이어서 [사료4]의 黄文眞泉에 대해서 살펴보자. 이 인물의 경우 어떠한 姓을 가지고 있었는지는 불명확하지만 『新撰姓氏錄』에는 "黄文連, 高麗國의 사람으로 久斯祁王으로부터 나왔다"[24]라고 보이고 있는 점에서 高麗, 즉 고

．．．．．．．．．．．．．．．．．．．．．

19 『續日本紀』 卷33, 光仁天皇, 寶龜 6年 8月 7日條 "從五位下昆解沙彌麻呂賜姓宿祢".

20 『續日本紀』 卷38, 桓武天皇, 延曆 4年 5月 4日條 "右京人從五位下昆解宿祢沙彌麻呂等, 改本姓賜鷹高宿祢".

21 『新撰姓氏錄』 卷24·右京諸蕃下·百濟.

22 『續日本後紀』 卷4, 仁明天皇, 承和 2年(835) 5月 癸酉(29日)條 "右京人丹波權大目昆解宮繼. 內竪同姓河繼等賜姓廣野宿祢. 百濟國人夫子之後也".

23 주22)와 같음.

구려계 도래 씨족일 가능성이 상정된다.

다음은 [사료7]의 津守稻利인데, 그에 관한 것도 다른 사료에는 보이지 않는다. 단지 津守氏에 관해서는 『新撰姓氏錄』에 "津守宿祢, 尾張宿祢와 같은 조상이다. 火明命의 八世孫이며 大御日足尼의 후예이다"[25]라고 되어 있어 추론의 실마리가 된다. 이 津守宿祢의 옛 姓은 津守連으로 알려져 있는데,[26] 津守連 일족 가운데 津守連己麻奴跪는 遣百濟使,[27] 津守連大海는 遣高句麗使,[28] 津守連吉祥은 遣唐使[29]에 임명된 사실이 있는 것을 비롯하여 津守宿祢客人이 遣唐使神主,[30] 津守宿祢池吉이 遣唐神主,[31] 津守宿祢男足이 遣渤海神主,[32] 津守宿祢國麻呂가 遣唐主神[33]였던 것으로 확인되는 것처럼 계속해서 견당·견발해 신주(주신)을 담당하고 있었음을 알 수 있다.

이상의 노사 3인에 대해서는 다른 곳에서 그 이름이 보이지 않음에도 불구하고 그들이 가지는 씨성의 성격을 분석해보는 한, 도래계 씨족이거나, 한반도 제국 및 당에 사신으로서 파견된 바 있는 씨족 출신 인물이 노사에 임명되고 있는 사실을 엿볼 수 있다.

그러나 문제는 [사료6]의 高市金守이다. 다른 3인의 노사와 마찬가지로 高市金守라는 인명은 다른 사료에 나타나지 않는다. 따라서 그의 성격에 대해서도 씨족 출자로부터 추측할 수 밖에 없다. 高市라는 氏名은 大和國

---

24 『新撰姓氏錄』 卷25, 山城國諸蕃, 高麗.
25 『新撰姓氏錄』 卷18, 攝津國神別, 天孫.
26 『日本書紀』 卷29, 天武天皇 下, 13年(684) 12月 己卯條.
27 『日本書紀』 卷19, 欽明天皇 4年(543) 11月 甲午條 등.
28 『日本書紀』 卷24, 皇極天皇 元年(642) 2月 戊申條.
29 『日本書紀』 卷26, 齊明天皇 5年(659) 7月 戊寅條 등.
30 天平3年 7月 5日 <住吉大社司解>(『平安遺文』 101補1号, 東京堂出版, 1965).
31 『津守氏系圖』(加地宏江, 「津守氏古系圖について」 『人文論究』 37-1, 1987 참조.
32 주31)과 같음.
33 『續日本紀』 卷35, 光仁天皇, 寶龜 9年(778) 11月 乙卯條 등.

高市郡(현재의 나라현 高市郡)의 지명에 기원한다. 『日本書紀』 天武 12년 (683) 10월 己未조에 "… 高市縣主, … 賜姓曰連"이라고 나오는 것처럼 縣主에서 후에 連이 되었음을 알 수 있다. "高市連"은 『新撰姓氏錄』에서 右京神別下에 속하고 있어 일견 앞서 검토한 3인의 노사와는 성격을 달리하고 있는듯 생각되기도 한다. 다만, 『續日本紀』에는 "高市連大國", "高市連眞麻呂"이라는 이름이 "大鑄師"로서 등장하고 있으며 그들은 東大寺 대불 주조에 관여하였다고 기록되고 있는 사실에서 高市 씨족이 사물 제작(물건 만들기, モノづくり)에 뛰어났음을 추찰할 수 있다. 이는 [사료4]의 黃文氏가 "畫工"에 뛰어났다고 되어 있는 점을 연상시킨다.[34]

게다가 "高市連屋守"는 大和國 高市郡의 擬大領, "高市連廣君"은 같은 郡의 擬少領이었던 사실에서[35] 大和國 高市郡의 군령 씨족 출신이었음을 알 수 있다. 『倭名類聚抄』에 의하면 高市郡에는 巨勢, 波多, 遊部, 檜前, 久米, 雲梯, 賀美 등 일곱 개의 鄕이 있었던 것 같고 그 가운데 巨勢, 波多, 檜前鄕 등지에는 도래인이 집단적으로 거주하고 있었던 듯하다.[36] 高市氏는 당해 지역의 유력 씨족으로서 도래계 씨족과의 빈번한 접촉을 통하여 弩의 제작 기술 및 사용 기술과 같은 능력을 익혔을 가능성도 무시할 수 없는 것이다.

한편, 貞觀期 이외의 시기에도 노와 관련된 인물이 몇 명인가 확인된다. 우선 『續日本後紀』 承和2년(835) 9월 13일조에는 新弩를 개발한 島木史眞가

. . . .

34 佐伯有淸, 『新撰姓氏錄の硏究 考証篇·第3』, 吉川弘文館, 1982, 327~329쪽.

35 佐伯有淸, 위의 책, 1982, 365쪽.

36 지명의 비정에 대해서는 奈良縣史編集委員會編, 「「倭名類聚鈔」郡·鄕名考」 『奈良縣史·14·地名 – 地名傳承の硏究』, 名著出版, 1985, 370~371쪽, 당해 지명과 씨족명과의 관련성에 대해서는 岸俊男, 「ワニ氏に關する基礎的考察」 『日本古代政治史硏究』, 塙書房, 1966, 당해 지역과 도래계 씨족과의 관계에 대해서는 上田正昭, 「檜隈と渡來氏族」 『古代の道敎と朝鮮文化』, 人文書院, 1989 ; 加藤謙吉, 『秦氏とその民 – 渡來氏族の實像』, 白水社, 1998 ; 水谷千秋, 『謎の渡來人秦氏』, 文芸春秋, 2009 참조.

보이고 있다. 흥미를 끄는 것은 『新撰姓氏錄』에 "島木史는 高麗國의 能祁王으로부터 나왔다"[37]라고 기록되어 있는 점이다. 이어서 『日本三代實錄』元慶4년(880) 2월 17일조에는 "(陸奥國)前弩師從七位上秦忌寸能仁"의 존재가, 『類聚符宣抄』권7 天曆8년(954) 12월 29일의 宣에서는 "出雲弩師桑原値生"이 확인된다. "秦忌寸"에 대해서는 『新撰姓氏錄』제25권 山城國諸蕃 및 同 제26권 大和國諸蕃, 게다가 同 제21권 左京諸番上 등에 漢系 도래 씨족으로서 나오고 있다. 또한, "桑原値"의 경우는 『新撰姓氏錄』에 "桑原村主와 같은 조상이다"[38]라고 되어 있어서 漢系 씨족의 후예임을 알 수 있다. 이 "桑原値"에 대한 기술은 『續日本紀』天平寶字 2년(758) 6월 乙丑條에도 보인다. 거기에는 "桑原史年足"가 "値"의 姓을 사여받았다고 나오는데 이 정보로부터는 "桑原値"의 옛 姓이 "桑原史"였다는 사실을 확인할 수 있다. 그런데, "桑原史"는 『新撰姓氏錄』제25권 山城國諸蕃에 狛國 즉, 고구려계 씨족으로서 등장하고 있다. 각각 漢系, 고구려계를 칭하고 있으나 어느 쪽이 되었든 도래계 씨족의 후예가 되는 셈이다.

노사의 인명이 분명하게 보이는 사료는 얼마 안 되기 때문에 단정하기는 어렵지만 노사에 보임하는 인물의 출자가 한반도계 내지는 중국 대륙계의 도래 씨족이라는 점은 단순한 우연이라기보다 특정한 이유가 있었기 때문이 아닐까 여겨진다.[39] 예를 들어, 산인도 노사의 기원이 된 씨족이 渡日하기 전부터 익히고 있었던 노 제작 및 조작 능력[40]이 이후에도 높게 평가받았을 지 모르며, 일본 측이 신라에 의해 무너진 고구려, 백제

....

37 『新撰姓氏錄』 卷24, 右京諸蕃下, 高麗.
38 『新撰姓氏錄』 卷26, 大和國諸蕃.
39 八幡一郎, 앞의 논문, 1983에는 중국 및 한반도의 노 출토 사례가 소개되어 있다. 노와 같은 무구가 상당히 이른 단계부터 양 지역에 실존하였음을 알 수 있다.
40 그 실태에 대해서는 이정빈, 앞의 논문, 2010 참조.

출신의 씨족(鷹高, 黃文, 島木), 혹은 신라를 제외한 고구려, 발해, 백제와의 외교에 깊이 관여하고 있던 씨족(津守)이 지니고 있었을 신라에 대한 특수한 감정을 활용하고자 했을 가능성도 상정할 수 있다. 실제로 8세기 단계에는 도래계 군사 귀족, 특히 백제계, 고구려계의 왕족이나 귀족이 신라 출병 계획에 깊이 관여하고 있었다는 지적도 있으며, 나라시대의 율령 군제에서도 도래계 무사들이 일정한 역할을 수행했다는 평가도 존재한다.[41] 그러한 의미에서는 도래계 씨족이 9세기의 노사 운용에 있어서도 중요한 지위를 차지하고 있었다는 것은 충분히 있을 수 있는 이야기이다.

노사 증원·임명과 史生 감원·면직의 관계에 대해서도 첨언해두고자 한다. 앞서 제시한 〈표 1〉 '弩師 배치 연표 (9세기까지)'에 의하면 각 쿠니(國)에 노사 1명을 배치할 때 그 대신에 사생 1명을 정폐하고 있음을 알 수 있다. 두 직책 간에 특별한 상관관계가 있는 게 아닌가 생각되기도 한다. 그러나 이것은 각 쿠니의 재정 운용과 관련된 것으로 이해하면 좋을 것이다.

고대 일본의 율령 관제에 의하면 중앙의 각 기구나 지방 행정 단위인 쿠니에 이른바 4등관(四等官)을 두었다. 4등관이란 가미(守), 스케(介), 조(掾), 사칸(目)을 가리킨다. 사생은 바로 이 4등관 바로 아래에 있었던 職員을 말하며 9세기 단계에는 각 쿠니마다 일정한 인원이 임명되었다. 이들은 調, 庸, 雜徭 등이 면제되고 公廨田과 그를 경작하는 事力 2인을 지급받기도 했다.[42] 즉 사생의 운용에는 지방 재정이 소요된다는 의미이다. 각 쿠니에 배치되는 노사 또한 4등관이나 사생과 마찬가지로 일종의 국사(國司)이다. 노사의 운용에는 당연히 재정 소요가 수반되는 것이다. 쿠니에 노사를 새롭게 배치하는데 기존의 인원을 그대로 두었다가는 재정적 부

---

41 保立道久, 「奈良時代の東アジアと渡來人」『黃金國家－東アジアと日本』, 靑木書店, 2004, 76~81쪽.
42 早川庄八, 「史生」『日本史大事典』 3, 平凡社, 1993.

담에 직면하게 되었을 것이다. 그 결과가 사생 1명의 감원이라는 불가피
한 조처로 이어진 것이라 볼 수 있다.

III. 四天王法과 신라 문제

1. 산인도(山陰道) 제국의 사천왕법과 신라

隱岐國에 대한 노사 배치를 전하고 있는 [사료1-①]에서 그 법적 근거
를 貞觀9년 5월 26일부 太政官符에 두고 있는 것이 주목된다. 여기에서는
우선 그 태정관부의 내용을 검토해보고자 한다. 이때 참고가 되는 것이
다음의 [사료8]이다.

> [사료8] 造八幅四天王像五鋪, 各一鋪下伯耆, 出雲, 石見, 隱岐, 長門等國.
> 下知國司曰, 彼國地在西極, 堺近新羅, 警備之謀, 當異他國. 宜歸命尊像, 勤誠修
> 法, 調伏賊心, 消却災變. 仍須点擇地勢高敞瞼瞰賊境之道場, 若素无道場, 新擇
> 善地, 建立仁祠, 安置尊像. 請國分寺及部內練行精進僧四口, 各當像前依最勝王
> 經四天王護國品, 晝轉經卷, 夜誦神咒, 春秋二時別一七日, 清淨堅固, 依法薰
> 修.43

[사료8]에 의하면, 八幅의 四天王像 5포를 만들어 각각 伯耆, 出雲, 石見,
隱岐, 長門 등의 쿠니에 1포를 내린다고 한다. 애당초 이들 쿠니의 위치는
"西極"에 있고, 경계를 신라와 접하고 있기 때문에 다른 쿠니들보다 더욱
警護의 필요가 있다는 것이다. 그래서 사천왕법을 행하여 "賊心"을 "調伏"

43 『日本三代實錄』 卷14, 淸和天皇, 貞觀 9年(867) 5月 26日條.

하고, "災變"을 "消却"해야 한다고 한다. 그 방법은 尊像을 安置하고 國分寺 및 部內의 練行精進僧 4口를 청하여 각 상 앞에서 最勝王經 四天王護國品에 바탕하여 낮으로는 經卷을 전독하고, 밤으로는 神呪를 암송하여 春秋二時마다 일칠일(一七日), 淸淨堅固로서 법에 따라 薰修해야 함을 정하고 있다. 그런데, [사료8]의 내용은 貞觀期에 돌출한 것이 아니라 다음의 [사료9]에 바탕한 것이라 생각된다.

[사료9] 太政官符
應奉造四天王寺捻像四軀事〈各高六尺〉

　右被內大臣從二位藤原朝臣宣偁(良繼), 奉勅, 如聞①新羅兇醜不顧恩義, 早懷毒心常爲咒詛, 佛神難誣慮或報應, ②宜令太宰府直新羅國高顯淨地奉造件像攘却其災, 仍請淨行僧四口, 各當像前, 一事以上依最勝王經四天王護國品, 日讀經王, 夜誦神咒, 但春秋二時別一七日, 彌益精進依法修行, 仍監已上一人專當其事, 其僧別法服, 麻袈裟蔭脊各一領, 麻裳 綿袴各一腰, 絁綿襖子汗衫各一領, 襪菲各一兩, 布施絁一疋, 綿三屯, 布二端, 供養布施並用庫物及正稅, 自今以後永爲恒例,
　寶龜五年三月三日[44]

『扶桑略紀』寶龜 5년(774) 是歲條에 "太宰府起四王院"이라고 있는 것처럼 西海道에서의 四王院은 寶龜 5년(774)에 창건되었다고 봐도 좋을 것이다. 위의 [사료9]에는 그 사왕원이 설치된 목적을 비롯하여 거기서 행해지는 사천왕법의 구체적인 내용이 기록되어 있다. 그에 따르면 사왕원은 신라·신라인과의 긴장 관계를 배경으로, 국가 진호를 목적으로 하여 설치되었으며, 해당 장소에서 행해지는 사천왕법에 대해서는 승려 4인이 사천왕의 각 상 앞에서 最勝王經·四天王護國品에 따라 낮으로는 經卷을 읽고, 밤으로

----

44 『類聚三代格』卷2, 寶龜 5年(774) 3月 3日 官符.

는 神咒를 암송하는 것, 봄가을에 사천왕 수법을 행해야 할 것, 공양의 보시는 大宰府의 庫物 및 정세를 이용할 것 등이 정해져 있다.[45]

이 [사료9]에서 "마땅히 大宰府로 하여금 신라가 내려다 보이는 高顯의 地에 그 상을 만들어 바쳐, 그 災를 물리치도록 할 것"([사료9]의 밑줄 ②)이라 되어 있는 것은 [사료8]의 "따라서 모름지기 지세가 高敞한 곳에 賊境을 瞰矖하는 도량을 点擇)할 것"([사료8]의 밑줄 친 부분)이라는 문구와 의미가 서로 통한다. 그것은 사천왕법이 행해지는 장소의 입지 조건이면서 동시에 노사가 설치되는 장소의 조건이기도 했을 것이다.

이어서 사천왕법에 있어서 신라의 존재가 강하게 의식되고 있었던 시대적 배경은 무엇이었을지를 생각해보자. 선행연구에서는 [사료9]에서 확인되는 對신라 인식에 대해서, 같은 해 대재부에 來泊한 신라 사절 김삼현이 "본래 臣이라 칭하고 調를 바쳐야 하는데 "調를 信物이라 칭하고 朝貢을 修好라고 한" 행위는 심히 "無礼敎'라고 하여 放還된 사건[46]에 관한 시책으로 나온 것으로 보고 있다.[47] 물론 그것은 그 나름으로 설득력이 있다고는 생각되지만, [사료9]를 다음의 사료와 연결시켜 생각해보면 어떨까.

[사료10] 太政官符
應大宰府放還流來新羅人事
(藤良繼)
右被內大臣宣, 奉勅, 如聞, 新羅國人時有來着, 或是歸化, 或是流來, 凡此

....

45 三上喜孝, 「古代日本の境界意識と佛敎信仰」『古代日本の異文化交流』, 勉誠出版, 2008(初出은 「古代の邊要國と四天王法」『山形大學歷史·地理·人類學論集』 5, 2004 및 「「古代の邊要國と四天王法」についての補論」『山形大學歷史·地理·人類學論集』 6, 2005), 289쪽 참조.
46 『續日本紀』 卷33, 光仁天皇, 寶龜 5年(774) 3月 癸卯條.
47 關口明, 「九世紀における國分寺の展開」『古代東北の蝦夷と北海道』, 吉川弘文館, 2003, 231쪽.

流來非其本意, 宜每到放還以彰弘恕, 若駕般破損, 亦無資糧者, 量加修理, 給
糧發遣, 但歸化來者, 依例申上, 自今以後, 立爲永例, 自今以後, 立爲永例,
寶龜五年五月十七日[48]

[사료10]에 따르면, 太政官이 大宰府에 勅하기를 이 무렵 끊임없이 내착
하여 일본에 머무는 신라인은 귀화가 아니라 流來가 많다는 것이다. 그래
서 이후 이와 같은 신라인에게는 필요한 배와 식료를 지급하여 귀국시켜
야 한다고 명하고 있는 내용이다.

여기에서의 "이 무렵"이란, 寶龜 5년(774) 3월 3일 관부가 나오는 시기
를 포함하는 것이라 생각된다. 이 시기 신라인의 내착 사례를 하나하나
사료에서 확인하는 게 어려우나 流來의 형태로 신라인의 내착이 빈번하게
이루어지고 있었던 것은 틀림없는 사실이었을 것이다. 나아가, 寶龜 5년
(774) 3월 3일 관부에 보이는 것과 같은 四天王修法을 大宰府 주변에서 행
하였던 것도 [사료10]에 보이는 신라인의 내착 상황과 무관하지는 않을
것이다. 즉, 寶龜 5년을 전후로 하는 시기에 신라인이 빈번하게 내착하는
현상 그 자체가 문제시되고 있었던 것은 아닐까 생각되는 것이다. 그런
의미에서 [사료10]은 [사료9]가 행해지고 있었던 당시의 상황을 잘 보여
주고 있다고 이야기할 수 있는 것이다.

[사료11] 勅, 令因幡, 伯耆, 出雲, 隱岐, 長門等國, 調習人兵, 修繕器械,
戒愼斥候, 固護要害. 災消異伏, 理歸佛神. 亦須境內群神班幣, 於四天王像僧
前修調伏法. 以蓍龜告加邊警也.[49]

위의 [사료11]은 元慶年間의 상황을 전하고 있다. 이에 따르면, 시구(蓍

48 『類聚三代格』卷18, 寶龜 5年(774) 5月 17日 官符.
49 『日本三代實錄』卷33, 陽成天皇, 元慶2年(878) 6月 23日條.

龜)에 의해 연해 제국에 대한 警固 필요성이 보고되었기 때문에 因幡, 伯耆, 出雲, 隱岐, 長門 등 동해 연안 제국에 명하여 사천왕상 앞에서 "調伏의 法"을 행하게 하였다고 한다. 그런데 [사료11]에 보이는 조치가 당시의 어떠한 상황을 의식한 것인지는 분명하지 않다. 다만 앞서 인용한 [사료8]의 사례와 마찬가지로 산인도를 비롯한 연해 제국에서 경비가 견고해지고, 사천왕상 앞에서 조복의 수법이 행해지고 있는 사실에서 貞觀年間에 당해 지역이 직면하고 있던 상황이 元慶 初期까지도 지속되었을 가능성은 충분히 추찰할 수 있다. 이는 현존 사료에는 전해지지 않지만 元慶期에도 신라인이 산인도 지역으로 내착하는 현상, 혹은 신라인과 현지인의 접촉이 드물지 않았음을 역설적으로 이야기해주고 있는 것이며, 그러한 가운데 증폭된 신라·신라인에 대한 경계의식이 [사료11]의 사천왕수법으로 나타난 것이라 생각된다.

사천왕상 앞에서 읽고 있는 것은 나라시대 전후에 가장 강하게 사상계를 지배한 金光明最勝王經四天王護國品이다.[50] 四天王護國品을 護持함으로써 "怨敵", "飢饉", "疾疫" 등을 진정시킬 수 있었고, 특히 "隣國怨敵"이 四兵을 갖추고 경계를 침범하여 여러 災變과 疫病이 발생하려고 할 때 이 경전의 힘에 기대어 미연에 방지한다는 인식이다. 즉, 四天王護國品은 對신라 관계가 긴장 상태에 있을 때 독경되는 것으로서 매우 잘 어울리는 내용을 담고 있었다 할 수 있다.[51]

한편, 최근에는 한반도의 신라 또한 四天王寺를 조영하여 四天王法을 행하였다는 연구가 발표되어 주목을 모으고 있다.[52] 그에 따르면 『三國遺事』

<hr />

50 『大正新脩大藏經』第16卷, 最勝王經四天王護國品(『國譯大藏經』經部 第11卷, 國譯金光明最勝王經)가 참고된다. 關口明, 앞의 논문, 2003, 231~232쪽에 일부 소개되어 있다.

51 關口明, 위의 논문, 2003, 232쪽.

52 三上喜孝, 앞의 글, 앞의 책, 2008.

卷2·文虎王法敏條에 보이는 신라의 사천왕법은 대단히 反唐的인 성격을 지니고 있다고 한다. 그러한 사천왕사 조영의 對自的 성격이 9세기 후반에 산인도를 비롯한 일본 열도의 동해 연안 지역을 중심으로 행해진 사천왕법의 사례와 상당히 유사하다는 것이다. 이 점에 주목하면 사천왕법이 당시 동아시아 제 지역 속에서 "調伏의 法"으로서 통용되고 있었을 가능성도 완전히 배제할 수 없을 것이다. 그런 의미에서 [사료9]에 등장하는 "新羅凶醜, 恩義를 돌아보지 않고 일찍부터 毒心을 품어 늘 呪詛를 건다"([사료9]의 밑줄 ①)와 같은 사례, 즉 신라가 일본에 대해 呪詛, 즉 저주를 거는 여러 사례를 분석하여 신라·일본 양국이 상호 간에 敵國調伏으로 대항하는 구조가 나타나고 있었음을 논한 근년의 한 연구는 충분히 음미해볼 가치가 있다고 생각된다.[53]

2. 노사 배치 배경으로서의 신라 문제

이어서 貞觀期에 특별히 산인도를 중심으로 하는 연해 제국에 노사를 배치한 이유가 무엇인지에 대해 생각해보도록 하자. 통모 사건, 표착 사례, 해적 사건과 관련지어 논하기로 한다.[54]

. . . .

53 松本眞輔,「呪詛をめぐる新羅と日本の攻防－利仁將軍頓死說話と『三國遺事』の護國思想－」『アジア遊學』114, 2008.

54 이 시기의 통모 사건과 신라해적사건과의 관계에 대해서는, 鄭淳一,『九世紀の來航新羅人と日本列島』, 勉誠出版, 2015의 第2部 第7章에서 논하였다. 그 이외에도 山崎雅稔,「貞觀十一年新羅海賊來寇事件の諸相」『國學院大學院紀要』32, 2001 ; 渡邊誠,「承和·貞觀期の貿易政策と大宰府」『平安時代貿易管理制度史の研究』, 思文閣出版, 2012(初出 2003) ; 保立道久, 앞의 논문, 2004 ; 松原弘宣, 앞의 글, 앞의 책, 2004 ; 渡邊誠,「藤原元利麻侶と新羅の「通謀」」『平安時代貿易管理制度史の研究』, 思文閣出版, 2012(初出 2007) 등을 참고할 수 있다.

① 통모 사건(通謀事件)

우선 전게 [사료1]에서도 확인된 것처럼 산인도를 비롯한 연해 제국 가운데 가장 최초로 노사가 설치된 隱岐國의 사정에 눈을 돌려보자.

[사료12] 太政官論奏曰, 刑部省斷罪文云, 貞觀八年隱岐國浪人安曇福雄密告. 前守正六位上越智宿祢貞厚, 與新羅人同謀反造. 遣使推之, 福雄所告事是誣也. 至是法官覆奏, 福雄應反坐斬. 但貞厚知部內有殺人者不擧. 仍應官當者. 詔, 斬罪宜減一等處之遠流. 自余論之如法.55

위의 사례는 貞觀8년(866) 隱岐國의 浪人 安曇福雄가 隱岐國 前守 越智貞厚와 신라인의 반역 계획을 밀고한 내용이다. 결국, 그 밀고는 허위였음이 밝혀져 형부성은 誣告한 福雄을 斬刑에 처해야 한다고 上申하였다는 것이다.

[사료12]에 보이는 貞觀8년(866)의 통모 사건은 [사료1-①] 관부가 나온 법적 근거가 되는 [사료8]보다 시기적으로 약간 선행하고 있다는 사실이 주목된다. 즉, [사료12]와 같은 움직임이 [사료8]에 보이는 신라에 대한 경계의식을 생성 내지는 증폭시켰을 가능성이 상정되는 것이다.

나아가 다음의 [사료13] 및 [사료14] 두 가지 사례에서도 알 수 있는 것처럼 같은 시기, 즉 貞觀8년 무렵 변경 지역에서 일본인과 신라인이 결탁·통모하는 사건이 발각됨으로써 신라인의 내착, 그리고 그에 동반한 신라인과 당해 지역 일본인과의 -모든 의미에서의- '私的 交流'가 顯在化해 갔던 것이라 생각된다. 이와 같은 흐름 속에서 隱岐國을 비롯한 산인도 제국에 대한 海防策의 필요성이 증대된 것이다.

[사료13] 大宰府馳驛奏言, 肥前國基肆郡人川邊豊穗告, 同郡擬大領山春永

55 『日本三代實錄』 卷16, 淸和天皇, 貞觀 11年(869) 10月 26日條.

語豊穂云, 與新羅人珎賓長, 共渡入新羅國, 教造兵弩器械之術. 還來將擊取對馬嶋. 藤津郡領葛津貞津, 高來郡擬大領大刀主, 彼杵郡人永岡藤津等, 是同謀者也. 仍副射手冊五人名簿進之.[56]

[사료14-①] 筑後權史生正七位上佐伯宿祢眞繼奉進新羅國牒, 即告大宰少貮從五位下藤原朝臣元利万侶與新羅國王通謀欲害國家, 禁眞繼身付檢非違使.[57]

[사료14-②] 勅大宰府, 追禁少貮藤原朝臣元利万侶, 前主工上家人, 浪人清原宗繼, 中臣年麿, 興世有年等五人. 以從五位下行大內記安倍朝臣興行, 爲遣大宰府推問密告使, 判官一人, 主典一人.[58]

[사료13]에서는, 大宰府가 馳驛하여 肥前國 사람들이 신라인 珎賓長과 함께 신라로 건너가 '兵弩機械'를 만드는 기술을 배워 돌아왔는데 쓰시마(對馬)를 討取하려고 계획을 꾸몄다며 보고하였다고 한다. 통모의 증거로 射手 45명의 명부를 바쳤다고 전하고 있는 것이다.[59] 통모에 관여한 자(=공모자) 가운데 구체적으로 이름까지 알 수 있는 인물은 합쳐서 3명으로, 각각 "藤津郡領", "高來郡 擬大領", "彼杵郡人"으로 등장한다. 이 같은 사실에서 肥前國의 군령층이 신라인과 일정한 형태로 결탁·결합하고 있었던 모습을 엿볼 수 있다.

[사료14]에 보이는 大宰少貮 藤原元利万侶와 신라인의 통모 사건은, 筑後

....

56 『日本三代實錄』 卷13, 清和天皇, 貞觀 8年(866) 7月 15日條.
57 『日本三代實錄』 卷18, 清和天皇, 貞觀12(870)年 11月 13日條.
58 『日本三代實錄』 卷18, 清和天皇, 貞觀 12年 11月 17日條.
59 "共渡入新羅國, 教造兵弩器械之術"의 해석을 둘러싸고 연구자에 따라 "함께 신라국에 건너 들어가, 兵弩機械를 만드는 기술을 가르쳐주고 돌아와"로 읽는 경우도 읽지만, 이 글에서와 같이 "함께 신라국에 건너 들어가, 兵弩機械를 만드는 기술을 배우고 돌아와"로 해석해야 한다고 생각된다.

權史生佐伯眞繼가 "新羅國牒"을 증거로 하여 元利万侶가 신라 국왕과 공모하여 국가를 해하려고 한다는 사실을 고발한 사건이다. 조정은 元利万侶 및 공모자로서 上家人, 淸原宗繼, 中臣年麿, 興世有年 등 5명의 신병을 구속하고 大宰府에 推問密告使를 파견하였는데, 그 후의 처분에 대해서는 사료에 상세히 나오지 않기 때문에 통모의 진위는 불투명하다. 특히 신라 국왕이 大宰少貳와 통모하였다는 설정에 대해서는 의문이 남는다. 다만 당시에 신라에서 전해진 牒式文書(첩장)은 대재부뿐 아니라 경우에 따라서는 筑前國[60]이나 肥後國[61] 등에서 접수하는 사례도 있었던 사실에서 筑後 權史生인 佐伯眞繼가 "新羅國牒"을 입수하였다고 하는 것 자체는 충분히 있을 수 있는 이야기라 봐도 좋을 것이다.[62]

이상에서 검토한 세 가지 통모 사건이 일어난 공간이 각각 산인도의 "隱岐國"이며, 아리아케해(有明海) 연안의 "肥前國", 그리고 大宰少貳 藤原元利万侶를 밀고한 자도 "筑前"의 權史生이라는 점을 고려한다면, 이 시기에 문제시된 "新羅商船"([사료3 - ①], [사료17])이란, 大宰府 博多津 이외의 지점에서 내항하여 大宰府 관리 하에 속하지 않는 신라상인의 배였던 것으로 보이며, 그렇기 때문에 더욱 강한 불신감을 초래한 것이 아닐까 여겨진다.[63]

② 산인도(山陰道)로의 표착 사례

[사료15] 先是, 丹後國言, 細羅國人五十四人來着竹野郡松原村, 問其來由,

60 『續日本後紀』 卷11, 仁明天皇, 承和 9年(842) 正月 10日條의 "閻丈이 筑前國에 올린 牒狀".
61 『日本三代實錄』 卷37, 光孝天皇, 仁和 元年(885) 6月 20日條의 "執事省牒".
62 鄭淳一, 앞의 책, 2015, 第2部 第7章.
63 渡邊誠, 앞의 논문, 2003, 11쪽.

言語不通, 文書無解, 其長頭屎鳥舍漢書答云, 新羅東方別嶋, 細羅國人也, 自外更無詞. 因幡國言, 新羅國人五十七人, 來着荒坂浜頭, 略似商人. 是日, 勅給程粮, 放却本蕃.[64]

이 사료는 丹後國이 細羅國人의 내착을 보고하는 것이다. 세라국인 屎鳥舍漢 등 54명이 竹野郡 松原村에 도착하여 내항의 이유를 물었는데, 그들과는 언어, 문서에 의한 의사 소통이 잘 이루어지지 않았던 모양이다. 그럼에도 "長頭"인 屎鳥舍漢은 어떻게든 자신들이 "新羅東方의 別島 세라국 사람"이라 답했다고 한다.

게다가 사료의 후반부에는 因幡國에 대한 내용이 전해진다. 新羅人 57명이 荒坂浜에 도착한 사실을 보고하는 장면이다. 신라인들을 가리켜 "거의 상인과 닮았다"고 전하고 있다. 나아가, 기사 내용에서는 귀국할 때에 路糧을 지급받았다는 정보도 얻을 수 있다.

우선은 [사료15]에서 내착지로 들어지고 있는 丹後國, 因幡國 양 쿠니 모두 산인도(山陰道)에 속한다는 점이 흥미를 끈다. 특히 丹後國에 내착한 세라국인이 스스로의 정체성에 대해 "新羅東方別嶋, 細羅國人也"라고 진술한 것이 인상적이다. 제한된 정보만으로는 신라와 세라국의 위치 관계나 정치적 관계를 밝히는 것이 대단히 어려운 일이지만 세라국인들이 제3국인 일본에 도착하여 자국의 위치를 설명하는 기준점으로서 신라를 들었다는 사실은 신라와 세라국 사이에 항상적 교류가 존재했을 가능성을 간접적으로 보여주는 것이 아닐까 생각된다. 또, 因幡國에 도착한 신라인에 대해 "거의 상인과 닮았다"라고 판단한 것은 因幡國과 외국 상인과의 접촉 횟수가 적지 않았음을 역설적으로 이야기해주는 사례라 보여진다.

. . . .

64 『日本三代實錄』 卷7, 淸和天皇, 貞觀5年(863) 11月 17日條.

[사료16] 先是, 去年新羅國人卅余人漂着石見國美乃郡海岸, 死者十余人, 生者廿四人. 詔國司給程粮放却.[65]

[사료16]은 石見國司가 신라인들의 표착을 보고하는 장면이다. 최초 시점에서의 사람 수는 대략 30명 정도였는데 보고되는 시점에는 이미 사망자가 10명 정도 발생하여 살아남은 자는 24명이었다고 한다. [사료15]와 마찬가지로 결국 放却 방침이 취해져 표착자에게 路糧을 지급하여 돌려보냈다는 것이다. 그런데 [사료16]은 표착자가 발생한 1년 후의 일을 전하고 있다는 점에서 주목된다. 왜냐하면, "去年"의 몇 월 며칠에 표착하였는지까지는 알기 어려우나 기사 자체의 날짜가 "2월 17일"이라 되어 있는 점에서, 착한 신라인들은 적어도 2개월 반 이상을 당해 지역에서 체재하였다는 의미가 되기 때문이다. 이것을 적극적으로 해석하면 표착민의 체재 기간 중, 현지민과의 사이에서 다양한 교류가 행해졌을 가능성도 상정할 수 있다.

이상의 사례에서 貞觀年間에 丹後國, 因幡國, 石見國 등 산인도 제국의 해안에 신라인 혹은 신라를 잘 아는 사람들이 표착하였음을 확인할 수 있었다. 얼마 되지 않는 사례이긴 하지만 같은 무렵의 표착 기사 자체가 극소수인 가운데, 그 대부분이 산인도로의 표착을 전하고 있다는 사실은 커다란 의미를 지닌다고 말하지 않을 수 없을 것이다.[66]

③ 목격담과 해적 사건
앞 절에서 다루었던 노사 배치 기사(특히 [사료3], [사료4], [사료6])의

---

65 『日本三代實錄』 卷8, 清和天皇, 貞觀6年(864) 2月 17日條.
66 표류 기사에 대해서는 山內晋次, 「朝鮮半島漂流民の送還をめぐって」 『奈良平安期の日本とアジア』, 吉川弘文館, 2003.

법적 근거가되는 것이 다음의 [사료17]이다. 여기서는 [사료17]이 전하고 있는 당시의 시대적 상황을 파악한 뒤에 신라해적사건과 노사 배치와의 관련성에 대해서 고찰하고자 한다.

[사료17] 先是. 大宰府言, 對馬嶋下縣郡人卜部乙屎麻呂, 爲捕鸕鷀鳥, 向新羅境乙屎磨爲新羅國所執, 囚禁土獄. 乙屎磨見彼國挽運材木, 搆作大船, 擊鼓吹角, 簡士習兵. 乙屎磨窃問防援人, 曰, 爲伐取對馬嶋也. 乙屎磨脫禁出獄, 纔得逃歸. 是日, 勅, 彼府去年夏言, 大鳥集于兵庫樓上, 决之卜筮, 當夏隣兵, 因玆, 頒幣轉經, 予攘災眚. 如聞. 新羅商船時々到彼, 縱託事貿販, 來爲侵暴, 若無其備, 恐同慢藏, 况新羅凶賊心懷覬覦, 不收蠆尾, 將行毒螫, 須令緣海諸郡特愼警固. 又下知因幡, 伯耆, 出雲, 石見, 隱岐等國, 修守禦之具焉.[67]

우선 위의 [사료17]에 대해서이다. 이 기사에 따르면 大宰府는 이보다 앞서 노자조(鸕鷀鳥, 가마우지)를 잡기 위해 신라 국경으로 건너가 신라에 구금되었던 對馬島 下縣郡 사람 卜部乙屎麻呂의 목격담을 言上하고 있다. 신라에서 도망쳐 돌아온 그의 진술에 의하면, 신라는 大船을 건조하고 병사를 조련하여 쓰시마 탈취를 계획하고 있다는 것이다. 이에 대해 太政官은, 大宰府에 勅하여 연해제국에 警固를 견고히 하도록 명하는 한편, 因幡, 伯耆, 出雲, 石見, 隱岐 등 각 쿠니에는 "守禦의 具"(=弩)를 익히도록 명했다는 것이다.

이 사료에서는 "彼府去年夏言…(中略)…如聞, 新羅商船時々到彼, 縱託事貿販, 來爲侵暴. 若無其備, 恐同慢藏, 况新羅凶賊心懷覬覦, 不收蠆尾, 將行毒螫"라는 기재가 대단히 흥미를 끈다. 이 사실에서 산인도 제국에 대한 警固强化는 "去年의 夏(작년 여름)", 즉 貞觀 11년(869) 5월 22일에 출현한 "新羅海賊"[68]

67 『日本三代實錄』 卷17, 淸和天皇, 貞觀 12年(870) 2月 12日條.
68 『日本三代實錄』 卷16, 淸和天皇, 貞觀 11年(869) 6月 15日條, "大宰府言, 去月卄

을 강하게 의식한 조치임을 알 수 있기 때문이다. 大宰府는 "去年의 夏"에 복서(卜筮)를 행해보았더니 "隣兵"이 예조되어 "반폐전경(頒幣轉經)"의 조치를 취함으로써 災異를 피하고자 했던 것이다. 게다가 뒤이어서 "들으니, 신라상선이 때때로 그쪽에 도착하여 하고 싶은 대로 賈販에 위탁하고, 와서 침폭을 행한다'라고 되어 있는 사실로부터는 그 "신라해적"이라는 존재가 당시 문제시되고 있던 "新羅商船"의 내착과 밀접하게 관련되어 있는 사정을 읽어낼 수 있다. 결국 [사료17] 안에서는 因幡, 伯耆, 出雲, 石見, 隱岐에 대한 "守禦의 具" 즉 "弩"의 조치가 행해지는 배경으로 "신라해적" 및 "신라상선"이 지목되고 있는 셈이다.

그런데, 貞觀期 전후에 "新羅海賊"이 실제로 출현한 것은 貞觀 11년(869) 5월 22일 밤뿐이며, 오히려 貞觀年間에 산인도를 대상으로 하는 노사 배치의 초건은 貞觀 11년 3월 9일부의 隱岐國에 대한 노사 배치([사료1])이기 때문에 반드시 "신라해적"의 출현이 노사 배치의 직접적인 원인이 되었다고 말하기는 어렵다.

그러면 자연스레 관심은 "신라상선(新羅商船)"으로 옮겨갈 수밖에 없는 듯하다. 이 시기에 "신라상선"이 문제시되었던 이유는 이들이 교역 관리 시스템 바깥에서 활동하고 있었기 때문이며, 앞에서도 보았던 것처럼 통제를 벗어난 신라상인 집단이 연해 지역의 일본인들과 결합·결탁함은 물론, 나아가 그들이 국가 권력으로부터 이탈·이반해가는 현상을 가속화시키고 있었기 때문이다.

한편, 신라해적사건이 처리되는 과정 가운데 대재부 관내 거주 신라인의 존재가 현재화한 사실도 "신라상인"에 대한 불신감이 높아진 하나의 원인이었다고 생각된다. 집단 거류지를 형성하고 "交關"에 종사하는 신라

－－－－－－－－－－

二日夜, 新羅海賊, 乘艦二艘, 來博多津, 掠奪豊前國年貢絹綿, 卽時逃竄, 發兵追, 遂不獲賊".

인 그룹에 대해 일본의 조정이 동국 및 동북 지방으로의 移配를 단행한 것도, 다양한 레벨의 재지 세력과 내착 신라인과의 은밀한 결합을 사전에 차단하는 것에 일차적인 목적을 두고 있었다고 볼 수 있다.[69]

전게 [사료17]은 기본적으로 신라·신라인에 대한 경계의식을 보여주는 사례라 여겨진다. 표면적인 이유로서는 신라인에 의한 "侵暴", "覘覦", "毒螫"이 내세워지고 있으며, 신라·신라인이 "兵士를 練習하"며, "간사하게 틈을 보아 왕래"하는 존재로서 강조되고 있다. 그러나 그 이면에는 때때로 도래하는 "신라상선" 및 장기간 대재부 관내에 거주하면서 "交關"에 종사하는 사람들에 대한 위기의식이 있었던 듯 생각된다. 즉, 활발히 해상을 왕래하는 신라인들이 현지민과 사적으로 결탁하고, 교류·교역에 수반하는 다양한 이익을 확대해가는 현상 그 자체에 대한 경계의식이 강하게 반영되어 있는 것이다. 특히 [사료17]은 앞서 지적한 바와 같이 [사료3](=出雲), [사료4](=因幡), [사료6](=伯耆)에 보이고 있는 산인도 제국에 대한 노사 배치의 법적 근거가 되기도 한 셈인데, 그것은 왜 다른 시기가 아니라 貞觀11년~13년을 전후로 하는 시기에, 또 다른 지역이 아니라 산인도 지역에 노사가 두어지게 되었는가를 가장 잘 보여주는 대목이라 할 수 있다.

IV. 맺음말

종래의 연구에서는 노사 배치가 헤이안 시대 초기 군제 개편의 일환으로 다루어져왔다. 그것은 변경 지역에서의 외적 침입을 상정한 평가이며, 특히 신라에 의한 군사적 도발 내지는 침략에 대한 해방 정책으로 파악하

---

69 『日本三代實錄』 卷17, 淸和天皇, 貞觀 12年(870) 2月 20日條 및 鄭淳一, 앞의 책, 2015, 第2部 第7章 등 참조.

고자 하는 시각에 바탕하고 있다. 그러나, 貞觀期의 노사 보임 기사를 검토해본 결과, 산인도를 중심으로 하는 4변경에서 실제로 문제시되고 있었던 것은 신라·신라인에 의한 군사적 움직임이었다기보다도 당해 지역의 인민이 신라인, 그 가운데서도 상인적 성격을 가지는 신라인들과 결탁해가는 사태 그 자체였음을 확인할 수 있었다.

다만 대외적 위협의 실태가 어떠했든지 일본 측은 신라에 대해 대단히 강한 경계의식을 가지고 있었던 것은 분명한 사실이다. 노사 인사에서 反신라적인 감정을 품고 있었을 가능성이 높은 씨족이 임명되었던 것도 그와 무관하지 않을 것이다. 또, 사천왕법이 산인도를 중심으로 한 연해 지역에서 행해진 사실도 해당 지역에서의 신라 문제가 "怨敵", "飢饉", "疾疫"와 같은 災異의 일종으로 인식되고 있었던 것을 보여준다고 생각된다. 설령 그것이 관념적, 주술적인 내용과 연동하고 있었다고 하더라도 외적 위협에 대한 방비책으로서는 나름대로 충실히 기능하고 있었던 것은 틀림없는 듯 보인다.

그렇다고는 하더라도 貞觀期 일본이 노사 배치를 통해서 무엇을 꾀하고자 하였는가에 관심을 돌리면 그것은 분명히 국가 내부적인 요인 및 과제에 연결되고 있음을 알 수 있다. "신라상선"으로 표현되는 내착 신라인에 호응하는 세력이 변경 지역에서 생겨나기 시작했던 것은 물론, 그러한 시대의 흐름에 편승하여 국가 권력에서 이탈·이반해가려고 하는 인민이 늘어나게 된 현상, 그 자체를 차단하기 위한 하나의 방편으로 노사 배치가 단행되었던 측면도 무시할 수 없는 것이다.

이것은 貞觀期 이전, 弘仁·承和·嘉祥年間의 노사 배치 배경과 매우 흡사하다고 말할 수 있다. 天平寶字 6년(762) 4월 22일, 비로소 설치된 "大宰弩師"[70]는, 그 후 延曆 16년(797) 무렵 어떠한 이유에서인가 정폐된다.[71] 그것이 또 弘仁 5년(814) 5월 21일 관부에 의해 復置되는데,[72] 그 시기를 전후로 하여 "신라의 배"[73] 혹은 "신라상인"[74]의 내착이 문제시되고 있었다. 承和·嘉祥年間에도 壹岐島 및 對馬島에 각각 사생 1명을 대신하여 노사 1명을 두게 되는데 그때도 "신라상인의 왕래"[75]나 "신라"의 움직임[76]이 직접적인 원인이 되고 있다. 大宰府가 承和 初期에 신라상인의 왕래가 끊이지 않는다고 하는 판단 아래 壹岐島民 330명에게 兵仗을 소지하게 하여 要害의 지점에 배치하기를 청하는 등 신라인의 내항을 강하게 의식하는 해상 방위 대책을 세운 사실이나,[77] 大宰大貳 藤原衛가 신라의 "商賈之輩"에 관한 문제를 기청하는 장면[78]도 맥락을 같이 하는 일이라 생각할 수 있다.

弘仁年間에서 貞觀年間에 걸친 노사 배치와는 다르게 元慶年間 이후가 되면 노사가 두어지는 지역이 北陸道 쪽으로 이동해간다.[79] 다만 그것은 반드시 규칙적이라고 말할 수 없는, 하나의 경향성을 보여주는 것에 불과하다. 게다가 寬平 7년(895) 11월 2일 관부로부터는 南海道 伊予國에 대한 노사 배치도 확인되는 등 이전과는 다른 상황이 엿보인다. 또한 이 시기가 되면 노사 배치에 있어 신라·신라인뿐 아니라 에미시(蝦夷)의 존재도 강하게 의식하고 있었음을 확인할 수 있다. 이는 元慶期 이후의 노사 배치

70 『續日本紀』 卷24, 淳仁天皇, 天平寶字 6年(762) 4月 辛未(22日)條.

71 『類聚三代格』 卷5, 弘仁 5年(814) 5月 21日 官符.

72 주71)과 같음.

73 『類聚三代格』 卷5, 弘仁 4年(813) 9月 29日 官符.

74 『類聚三代格』 卷18, 天長 8年(831) 9月 7日 官符.

75 『類聚三代格』 卷5, 承和 5年(838) 7月 25日 官符.

76 『續日本後紀』 卷19, 仁明天皇, 嘉祥 2年(849) 2月 庚戌(25日)條.

77 『續日本後紀』 卷4, 仁明天皇, 承和 2年(835) 3月 己未(14日)條.

78 『續日本後紀』 卷11, 仁明天皇, 承和 9年(842) 8月 丙子(15日)條.

79 『類聚三代格』 卷5, 元慶 3年(879) 2月5日(肥前國), 同 4年 8月 7日(佐渡國), 同 4年 8月 12日(越後國), 寬平 6年(894) 8月 21日(能登國), 同 9月 13日(大宰府), 同 7年(895) 7月 20日(越前國), 同 11月 2日(伊予國), 同 12月 9日(越中國), 昌泰 2年(899) 4月 5日(肥後國) 官符.

를 단순히 당시의 신라 문제와 관련지어 생각해온 선행 연구에 재검토의 여지가 있음을 말해주는 대목이기에 주의가 요구된다.[80]

노사 배치 배경을 '연속'과 '단절'의 시점에서 검토하는 시도나, 노사 배치 이외의 해방 대책과 신라 문제와의 관련성에 대한 분석 등 이글에서 충분히 고찰할 수 없었던 주제는 금후의 과제로 남겨두고 싶다.

80 關幸彦, 「平安期, 二つの海防問題」『古代文化』 41-10, 1989.

저자 소개

| 이유표 |

중국 北京大學에서 『西周王朝軍事領導機制研究』로 박사 학위를 취득하고, 현재 동북아 역사재단 연구위원으로 재직하면서 중국 고대사·군사사를 연구하고 있다. 주요 논저로는 『西周王朝軍事領導機制研究』(上海古籍出版社, 2018), 「西周 金文에 보이는 '秦夷'와 『繫年』의 '商奄之民'」(『동양사학연구』 135, 2016), 「西周 시기 嬴姓族의 분포 및 그 지역적 성격」(『중국고중세사연구』 52, 2019) 등이 있다.

| 위가야 |

성균관대학교 대학원에서 문학 박사 학위를 취득하고, 현재 성균관대학교 박물관 학예사로 재직하고 있다. 저술한 논저로는 『한국 고대사와 사이비역사학』(역사비평사, 2017)(공저), 『욕망 너머의 한국 고대사 - 왜곡과 날조로 뒤엉킨 사이비역사학의 욕망을 파헤치다』(서해문집, 2018)(공저), 『문헌과 고고자료로 본 가야사』(주류성, 2019)(공저)와 「472~475년 백제·고구려의 對북위 외교전과 한성 함락」(『高句麗渤海研究』 66, 2020), 「6세기 전반 한반도 남부의 정세와 '안라국제회의'」(『역사와 현실』 115, 2020), 「삼한·삼국 분국설의 구상과 파급」(『사학연구』 137, 2020) 등이 있다.

| 송영대 |

한국전통문화대학교에서 문학 학사·석사·박사 학위를 받았다. 현재 건국대학교 강사로 있으며, 공저로는 『太王의 나라 고구려 유적』(서경문화사, 2011)과 『육조고도 남경: 비극의 역사 그러나 불멸의 땅』(주류성, 2014)이 있다. 「『삼국사기』·『삼국유사』 찬자의 『통전』 활용과 인식 고찰」(『韓國史硏究』 186, 2019)을 포함하여 11편의 논문을 저술하였다.

| 정동민 |

한국외국어대학교 대학원에서 사학과 문학 석사, 문학 박사 학위를 받고, 현재 한국외대 역사문화연구소 HK연구교수로 재직하고 있다. 저서로는 『동북공정 이후 중국의 고구려사 연구동향』(역사공간, 2017)(공저), 『접경공간의 형성 - 조우와 충돌』(소명출판, 2019)(공저)이 있으며, 대표 논문으로는 「高句麗 重裝騎兵의 特徵과 運用形態의 變化」(『韓國古代史研究』 52, 2008), 「612년 고구려 원정 隋軍의 군단 편성과 兵種 구성」(『韓國古代史研究』 82, 2016), 「613・614년 高句麗-隋 전쟁에 보이는 遼西 상황과 隋軍의 전략」(『西江人文論叢』 55, 2019) 등이 있다.

| 정덕기 |

연세대학교 역사문화학과를 졸업하고 연세대학교 대학원 사학과에서 문학 박사 학위를 취득하였다. 현재 서울대학교 기초교육원 강사로서 인문학 글쓰기를 강의하고 있다. 최근 지은 글로 『新羅 上・中代 中央行政制度 研究』(연세대학교 사학과 대학원 박사학위논문, 2019), 「통일신라 연령등급제의 연령과 속성」(『歷史學報』 242, 2019), 「신라 중고기 병부의 人事權 掌握과 그 영향」(『한국고대사탐구』 32, 2019) 등이 있다.

| 신범규 |

고려대학교 대학원 한국사학과 문학 석사 학위를 받고, 동 대학원 한국사학과 박사과정을 수료했다. 현재 국방부 군사편찬연구소 군사사부 연구원으로 재직하고 있다. 대표 논저로는 「6~7세기 新羅 軍律의 운용과 그 양상」(『韓國古代史研究』 78, 2015), 「신라 중고기 軍役의 형태와 운영 양상」(『韓國古代史探究』 30, 2018), 「신라 중고기 시위부의 활동범위와 주둔지 운용」(『韓國史學報』 78, 2020) 등이 있다.

| 이정빈 |

경희대학교 사학과 및 대학원을 졸업하고 문학 박사 학위를 취득하였으며, 현재 충북대학교 역사교육과 조교수로 재직하고 있다. 대표 논저로는 『고구려-수 전쟁-변경 요서에서 시작된 동아시아 大戰-』(주류성, 2018), 『한중관계사상의 교역과 교통로』(주류성, 2019)(공저), 『동북아 정세와 고구려 역사문화』(동북아역사재단, 2020)(공저) 등이 있다.

| 윤진석 |

계명대학교에서 철학과 사학을 복수전공하고, 같은 학교 대학원에 진학하여 석사 학위와 박사 학위를 받았다. 7세기 삼국통일 과정에 대한 관심으로 역사공부를 시작하여, 5~7세기 삼국의 정치제도와 삼국관계사 등으로 관심을 넓혀 가고 있다. 현재 계명대학교 강사로 재직하고 있다. 박사학위논문은 『5~6세기 신라의 정치운영과 갈문왕』(2013)

이며, 대표 논저는 「신라 지도로 갈문왕의 섭정」(『한국고대사연구』 55, 2009), 「백제 멸망기 태자문제의 재검토」(『지역과 역사』 29, 2011), 「신라 부체제의 특징」(『역사와 담론』 77, 2016) 등이 있다.

| 이민수 |

건국대학교를 졸업하고, 한국전통문화대학교에서 석사 학위를 취득했다. 현재 한국고대사 연구 및 역사 교육 관련 대외활동과 한국사 문화콘텐츠 개발에 힘쓰고 있다. 논문으로는 「高句麗 遺民 李他仁의 族源과 柵城 褥薩 授與 배경에 대한 고찰」(『대구사학』 128, 2017), 「李他仁의 唐 投降과 扶餘城의 高句麗 復國運動 鎭壓에 대한 分析」(『역사와 경계』 106, 2018), 「645년 唐의 高句麗 원정군 규모 推算」(『한국상고사학보』 100, 2018) 등 5편을 저술하였다.

| 이재준 |

육군사관학교 38기 예비역 대령으로 영남대학교에서 박사 학위를 취득하였고, 현재 건양대학교 군사학과 겸임교수로 재직하고 있다. 저서로는 『백제 멸망과 부흥전쟁사』(경인문화사, 2017) 등이 있다.

| 이상훈 |

경북대학교에서 문학 박사 학위를 취득하고 현재 육군사관학교 군사사학과 교수로 재직 중이며, 사관생도들에게 한국사와 군사사를 강의하고 있다. 지은 책으로 『나당전쟁 연구』(주류성, 2012), 『전략전술의 한국사』(푸른역사, 2014), 『신라는 어떻게 살아남았는가』(푸른역사, 2015), 『전쟁 이후의 한국사』(추수밭, 2018) 등이 있다.

| 김병희 |

경기대학교 대학원 사학과 석사를 졸업하고 같은 대학원에서 박사 과정을 수료하였으며, 현재 경기대학교 강사로 재직하고 있다. 대표 논저로는 「매소성 전투의 위치와 실상에 대한 고찰」(『軍史』 91, 2014), 「羅唐戰爭의 終了始點에 대한 再檢討및 買肖城戰役의 過程研究」(『한국고대사탐구』 30, 2018), 「伐浦 戰鬪와 羅唐戰爭의 終了」(『新羅史學報』 46, 2019) 등이 있다.

| 한준수 |

국민대학교에서 문학 박사 학위를 받고, 현재 국민대학교 교양대학 조교수로 재직하고 있다. 대표 논저로는 『신라중대 율령정치사 연구』(서경문화사, 2012), 「신라 통일기 新三千幢의 설치와 운용」(『한국고대사연구』 78, 2015), 「나말려초 금석문에 다타난 불교 사원과 승려의 교류와 소통」(『한국중세사연구』 47, 2016), 「신라 통일기 三武幢의 설치와 麗濟 유민」(『한국고대사탐구』 30, 2018), 「신라의 浿江 지역 진출과 서북 島嶼의 지배」(『한국학논총』 52, 2019), 「신라 신문왕대 皆知戟幢의 창설과 통일국가의 위상강화」(『탐라문화』 63, 2020) 등이 있다.

| 정순일 |

고려대학교 역사교육과를 졸업하고, 같은 대학 대학원 사학과에서 석사 과정을, 와세다대학 대학원 문학연구과에서 박사 과정을 마쳤다. 현재 고려대학교 역사교육과 부교수로 재직 중이며, 일본 고대사, 동아시아 해역사를 전공하고 있다. 대표 논저로는 『9세기의 내항 신라인과 일본 열도(九世紀の來航新羅人と日本列島)』(勉誠出版, 2015), 『바다에서 본 역사』(민음사, 2018)(공역), 『전근대 동아시아의 <술수문화>(前近代東アジアにおける〈術數文化〉)』(勉誠出版, 2020)(공저) 등이 있다.

고대 군사사와 동아시아

2020년 6월 15일 초판 인쇄
2020년 6월 25일 초판 발행

엮 은 이   한국고대사탐구학회
발 행 인   한정희
발 행 처   경인문화사
편 집 부   한주연 김지선 박지현 유지혜
관리·영업부   전병관 하재일 유인순
출 판 신 고   제406-1973-000003호
주   소   파주시 회동길 445-1 경인빌딩 B동 4층
대 표 전 화   031-955-9300   팩 스   031-955-9310
홈 페 이 지   http://www.kyunginp.co.kr
이 메 일   kyungin@kyunginp.co.kr

ISBN 978-89-499-4894-2 93910
값 38,000원